Thomas Mooren

Macht und Einsamkeit Gottes

Dialog mit dem islamischen Radikal-Monotheismus

D1640693

RELIGIONSWISSENSCHAFTLICHE STUDIEN

Herausgegeben von
A.Th. Khoury und L. Hagemann

17

Thomas Mooren, Macht und Einsamkeit Gottes. Dialog mit dem islamischen Radikal-Monotheismus.
Echter Verlag, Würzburg / Oros Verlag, Altenberge 1991, 408 S., DM 59,80.

WÜRZBURGER FORSCHUNGEN ZUR
MISSIONS- UND RELIGIONSWISSENSCHAFT

Thomas Mooren

Macht und Einsamkeit Gottes

Dialog mit dem islamischen Radikal-Monotheismus

 echter

Die Deutsche Bibliothek - CIP-Einheitsaufnahme

Mooren, Thomas:
Macht und Einsamkeit Gottes : Dialog mit dem islamischen
Radikal-Monotheismus / Thomas Mooren. - Würzburg : Echter;
Altenberge : Oros-Verl., 1991
  (Würzburger Forschungen zur Missions- und Religionswissenschaft :
  Abt. 2, Religionswissenschaftliche Studien ; 17)
  ISBN 3-429-01411-5 (Echter)
  ISBN 3-89375-040-1 (Oros-Verl.)
NE: Würzburger Forschungen zur Missions- und Religionswissenschaft /
  02

Umschlag: D. Rayen, Altenberge

Printed in W. Germany
Alle Rechte vorbehalten, 1991
Echter Verlag, Würzburg   Oros Verlag, Altenberge
Postfach 5560   Postfach 1145
8700 Würzburg   4417 Altenberge

Gesamtherstellung:
Oros Verlag, Altenberge

Meinen Mitbrüdern
in der Rheinisch-Westfälischen Kapuzinerprovinz

Für CUADRÖHM

Inhalt

Vorwort

*Die Verehrung des Einen ist der
einzige Endzweck des Mohammedanismus...
Die Grundzüge des Mohammedanismus
enthalten dies, daß in der
Wirklichkeit nichts fest werden
kann, sondern daß alles tätig,
lebendig in die unendliche Weite
der Welt geht, so daß die Verehrung des Einen das einzige Band
bleibt, welches alles verbinden
soll. In dieser Weite, in dieser
Macht verschwinden alle Schranken,
aller National- und Kastenunter-
schied; kein Stamm, kein politisches Recht der Geburt und des
Besitzes hat einen Wert, sondern
der Mensch nur als Glaubender.*

(Hegel, Vorlesungen über die
Philosophie der Geschichte:
Der Mohammedanismus)

*Das Abendland! Aus dem Mittel-
meer geboren... Über altlunare
Brücken kommen die Ortsgötter,
aber dies gezeitenlose schmale
Meer bringt den Monotheismus,
den Universalismus, aber damit
auch die Vorstufen zu dem verheerenden Begriff der Synthese,
der Gesetze, der Abstraktion...*

(Gottfried Benn,
Der Ptolemäer,
Berliner Novelle, 1974)

9

Monotheismusstudien führen zur Zeit ein recht stiefkindliches Dasein im Rahmen der Religionswissenschaft. Bezugnehmend auf Mircea Eliade stellt die große Islamgelehrte Annemarie Schimmel wohl mit recht fest, daß die islamische Thematik "in seinem Werk (wie in dem der meisten Religionshistoriker!) eigentlich nicht behandelt wird.[1]" Monotheistische Religionen scheinen nicht primitiv oder archaisch genug zu sein, um das Interesse des Geistes an exotischen Erscheinungsweisen von Kult und Religion zu befriedigen. In ihrer Mythenlosigkeit stehen sie starr und abweisend da, unwirtlichen Wüsten vergleichbar, die auch nur diejenigen anziehen, die, aus welchen Gründen auch immer, motiviert genug, sich nicht abschrecken lassen, eine Durchquerung zu wagen, um ihrem Geheimnis auf die Spur zu kommen.

Dabei wird stillschweigend vorausgesetzt, daß im Grunde jedermann über "Monotheismus" Bescheid weiß, ist es doch die Religionsform, die, zumindest im Westen, allgemein mit dem Christentum identifiziert wird, wobei dem Judentum, nach der Art des Eusebius von Cäsarea, die geschichtliche Rolle der Wegbereitung, der praeparatio evangelica, zugestanden wird. Dieses Junktim zwischen Westen und Monotheismus hat es erlaubt, bzw. erlaubt es in manchen Kreisen bis heute noch, im Eingottglauben diskussionslos die höchste Form von Religion zu sehen, da man technische Entwicklung und materiellen Fortschritt mit dem Fortschritt des Geistes ineinssetzte oder noch setzt.

Doch spätestens wenn der Islam ins Blickfeld gerät, ein damals, zur Zeit des byzantinischen Kaisers Heraklius (610-641), wie heute für viele im Grund nur störender und unerwünschter Gast auf der Bühne der Weltgeschichte, wird der Konsens über das, was Monotheismus sei, in Frage gestellt. Es zeigt sich dann, daß man im Rahmen der Benennung von "Systemen" mit dem Begriff "Monotheismus" so umgegangen ist, wie es schon Schelling in seiner Schrift über das Wesen der menschlichen Freiheit aus dem Jahre 1809 (mit Blick auf den Pantheismus) gebrandmarkt hat: "Hat man einmal zu einem System den rechten Namen gefunden, so ergibt sich das übrige von selbst, und man ist der Mühe, sein Eigentümliches genauer zu untersuchen, enthoben. Auch der

---

[1] *Gedankensplitter einer Islamistin*, S. 533, in: H.P. Duerr (Hrsg.), *Sehnsucht nach dem Ursprung. Zu Mircea Eliade*, Frankfurt/M. 1983, SS. 532-537.

Unwissende kann, sobald die allgemeinen Namen ihm nur gegeben sind, mit deren Hilfe über das Gedachteste aburteilen.[2"]

Man reagiert ärgerlich. Wozu auch das Eigentümliche des Monotheismus oder gar des Islams untersuchen, wenn es doch auf der Hand liegt, daß der arabische "troublemaker", der 600 Jahre nach Christus mit dem Anspruch auftritt, der "wahre" Monotheist zu sein, unmöglich recht haben kann! Denn er ist doch offensichtlich zu spät gekommen. Die Wahrheit konnte nicht solange verborgen geblieben sein! Da man den Muslim aber nicht ausmärzen konnte (Versuche dazu, von den Kreuzzügen bis hin zum Kolonialismus, sind gescheitert), drängte man ihn ab: Islam wird synonym für "Orient", für Basar, Parfüm und Harem, wissenschaftlich verwaltet von einer Sparte des "Orientalismus".[3]

Doch trotz aller Abdrängungsversuche scheint der Islam mit einer schier unermeßlichen Energie ausgestattet zu sein. Er sprengt die ihm vom "Orientalismus" gesteckten Grenzen und wird erneut aktiv, und zwar, seiner Rolle als "troublemaker" eingedenk, im Feld des Politischen. Also versucht man, nolens volens, ihn dort auch, zumindest intellektuell, zu fassen. Das hat zum einen den Vorteil, äußerst aktuelle Bezüge schaffen zu können, von Carter bis zu Iran-gate, vom Golfkrieg bis zu Salman Rushdie. Zum andern bietet sich auch hier wieder ein "allgemeiner Name" (Schelling) an, der allzu aufwendiges Forschen überflüssig zu machen scheint: der Begriff des *Fundamentalismus*, flankiert vom Bild des grimmigen, intoleraten Fanatikers. Das eigentlich Entscheidende, ohne das alles Politisieren und Räsonieren doch nur Stückwerk bleibt, nämlich die Erforschung des islamischen *Gottesbildes*, rückt dabei in immer weitere Ferne. Aber ohne eine eingehende Beschäftigung mit diesem Gottesbild dürfte es schwierig sein, so fundamentalen Fragen wie z.B. Islam und Säkularisation, Islam und das Verhältnis von Religion und Staat, Macht und Politik, und insbesondere der Frage nach *Gottes* Macht, gerecht zu werden.

Wir meinen das nicht in dem Sinn, daß man alles und jedes in islamischer Kultur und Gesellschaft *direkt*, in ununterbrochener

---

[2]   S. Dietzsch (Hrsg., Komment.), F.W.J. Schelling, *Schriften 1804-1812, Philosophische Untersuchungen über das Wesen der menschlichen Freiheit und die damit zusammenhängenden Gegenstände*, 1809, S. 135, in: *Texte zur Philosophie- und Religionsgeschichte*, Berlin 1982, SS. 131-207.

[3]   S. dazu u.a. E. Said, *Orientalism*, Cambridge 1978 (dt.: *Orientalismus*, Frankfurt/M., Berlin, Wien 1981); ders.: *Covering Islam*, New York 1981.

Kausalkette, auf Gott und Koran zurückführen müßte oder gar *könnte!* Wir sind jedoch der Auffassung, daß das - wie wir es nennen - *"radikal-monotheistische"* Gottesbild des Islam ein grundsätzlich anderes geistig-religiöses *Klima* erzeugt als das Gottesbild des Christentums z.B., und das auch dann noch, wenn man die Feststellung des in Algerien geborenen und in Paris lehrenden Islamtheoretikers M. Arkoun unterschreibt, Religion sei schließlich "auch nur ein Element unter anderen in der Kultur einer Gesellschaft.[4]"

Wir nennen das Gottesbild des Islam radikal-monotheistisch, weil uns dies der beste Weg zu sein scheint, es vom jüdischen und erst recht vom christlich-trinitarischen Monotheismusbegriff abzusetzen, nämlich als radikale Ablehnung sowohl des Konzepts eines auserwählten, Gott besonders nahestehenden Volkes, als auch anderer Götter oder göttlicher Personen, die in irgend einer Form an der Göttlichkeit Gottes teilhätten. Gott in seiner Allmacht ist auch ganz der Einzige, Alleinige - menschlich gesprochen: der Einsame.

Das Ernstnehmen des Radikal-Monotheismus ist aber auch noch in einer anderen, außerislamischen Hinsicht, von großer Bedeutung. Man kommt nämlich nicht darum herum, in ihm auch eine schonungslose Anfrage an die *christliche* Theologie zu sehen, nämlich wie weit sie noch mit dem "ticket" eines undifferenzierten, eher schlagwortartig gebrauchten Monotheismusbegriffs fahren will oder kann, ohne ihre eigene Identität zu verlieren. Anders: der 600 Jahre nach Christus aufgetauchte arabische Prophet, der den Anspruch erhebt, *der* wahre Monotheist zu sein, zwingt das Christentum, über die *Trinität* nachzudenken.

Ludwig Feuerbach hat einst in bezug auf die Zweigeschlechtlichkeit von Mann und Frau folgende These aufgestellt: "Das wirkliche, existierende Ich ist nur weibliches oder männliches Ich, kein geschlechtsloses Das... Ich denke, ich empfinde nur als Mann oder Weib... Wenn ich daher zuerst von der Gegenständlichkeit abstrahiere und dann frage: wie komme ich zu der Annahme eines Gegenstandes außer mir? so ist das gerade so viel, als wenn Ich als Mann zuerst vom Weibe

[4] In: M. Lüders, *Für eine Kritik der islamischen Vernunft. Ein Gespräch mit Mohammed Arkoun*, in: *Die Zeit*, Nr. 29, 10. Juli 1987, S. 32. S. auch M. Arkoun, *Pour une critique de la raison Islamique*, Paris 1984.

abstrahiere, es hinwegphilosophiere, und dann frage, wie komme ich zu der Annahme eines anderen Geschlechts, eines weiblichen Wesens außer mir?... das Sein geht dem Denken vorher...⁵"

Was uns an dieser These interessiert, ist, daß uns ein analoger Gedankengang in bezug auf das Denken der Trinität zwingend erscheint, d.h. ein Denken, das von Grund auf, von voneherein, *Alterität* in die Thematik der Identität miteinbezieht.

Es kann keine Methode christlicher Theologie sein, bei der Erstellung ihres Gottesbildes, den Sohn und den Hl. Geist "wegzuphilosophieren", um zunächst einmal bei einem "abstrakten" Deus Unus anzusetzen, an den diese beiden *dann* im additiv-spekulativen Verfahren wieder angehängt würden. Ebenso unglücklich sind exklusiv christozentrische Ansätze. Reine sogenannte Christologien "von unten" hingegen verfangen sich unvermeidlich in den Mäandern des Problems einer "Deifizierung" Jesu und müssen sich die bohrende Frage des Korans gefallen lassen:

Und damals als Gott sagte: "Jesus, Sohn der Maria! Hast du etwa zu den Leuten gesagt: 'Nehmt euch außer Gott mich (und meine Mutter) zu Göttern!'?" Er sagte: "Gepriesen seist du! Wie dürfte man dir andere Wesen als Götter beigesellen! Ich darf nichts sagen, wozu ich kein Recht habe... Ich habe ihnen nur gesagt, was du befohlen hast: 'Dienet Gott, meinem und eurem Herrn!'"

(Sure 5,116/117)

In all diesen Ansätzen muß die Trinität als zusammengestückelt oder auf illegitimer "Vergöttlichung" des Sohnes aufgebaut erscheinen. Oder sie kommt einem arithmetischen Kunstgriff gleich, über den schon Mephistopheles im Faust (I, Hexenküche) gehöhnt hat:

Mein Freund, die Kunst ist alt und neu.
Es war die Art zu allen Zeiten,
Durch Drei und Eins, und Eins und Drei
Irrtum statt Wahrheit zu verbreiten.
So schwätzt und lehrt man ungestört;

---

⁵ *Über Spiritualismus und Materialismus*, Nr. 15: *Kritik des Idealismus*, in: *Sämtl. Werke* neu hrsg. v. Bolin-Jodl, X, SS. 215-216; zit. nach: F.K. Mayr, *"Genos" und Geschlecht. Zum Problem der Metaphysik*, SS. 526/7, in: *Tijdschrift voor Filosofie*, (29) 1967, SS. 513-584.

Wer will sich mit den Narrn befassen?
Gewöhnlich glaubt der Mensch, wenn er nur Worte hört,
Es müsse sich dabei doch auch was denken lassen.

Trinität derart dargestellt ist nicht besser als ihr spiegelbildliches Mißverständnis in der muslimischen Apologetik, auf jeden Fall weit unter dem Verstehensniveau eines Mystikers vom Schlage Hallâǧ. Es gilt eben darzutun, daß Gott Trinität von "Anfang an" ist (wenn man das mal so zeitlich-logisch ausdrücken darf), als Geheimnis von communio, relatio, Selbsthingabe. Anders läßt sich der Eindruck des Additiv-Arithmetischen, des Assoziativen (arabisch: širk, Polytheismus) nicht vermeiden. Oder besser noch, es geht um eine *Praxis* aus dem Geist der *Liebe* Gottes, die aber dennoch im Sinne von 1 Petr 3,15 in der Lage ist, ihre Hoffnung und den Grund ihres Vertrauens zu rechtfertigen. Dies kann eine sehr unkonfortable Position für das christliche Sprechen über Gott beinhalten, da es gleichermaßen Mythologie als auch Leerlauf-Spekulation zu vermeiden gilt.

Ein Wort in diesem Zusammenhang über H.R. Niebuhrs Ansatz in seinem *Radical Monotheism and Western Culture*[6], dessen Intention sich in manchem mit der unseren deckt. Er schreibt dort u.a.: "Für den Radikal-Monotheismus besteht das Werte-Zentrum (value-center) weder in einer geschlossenen Gesellschaft, noch ist es das Prinzip derselben - sondern das Prinzip (des Radikal-Monotheismus) ist das Sein selbst. Es bezieht sich auf kein Seiendes unter den Seienden (the many), sondern auf das Eine hinter allen Seienden, von dem die Seienden ihr Sein empfangen... (Der Radikal-Monotheismus) ist die Zusicherung, daß ich, weil ich bin, auch wert bin zu sein (valued), und daß du, weil du bist, auch geliebt bist; und weil alles, was ist, Sein hat, deswegen ist es der Liebe wert (ibid., S. 32)." Aus diesem dem Seinsprinzip-Verpflichtetsein leitet Niebuhr u.a. die Möglichkeit universaler Loyalität zum Sein ab (s. ibid., S. 42) als auch, in Verlängerung von Gen 1,10, das Gutsein dessen, was ist (s. ibid., S. 37).

Sehen wir einmal von der stark scholastischen Sprache ab, in die Niebuhr das Eine (the One) verpackt hat, so kristallisiert sich im einzelnen folgendes Problem für uns heraus, nämlich daß Niebuhr die eben angedeutete Position eindeutig im *Sohne* Gottes festmacht ("Jesus

---

[6] New York 1960.

Christus repräsentiert die Inkarnation des radikalen Glaubens in einem noch größeren Maße als Israel <ibid., S. 42>"), bzw. im Glauben an "Gott den *Vater*, den allmächtigen Schöpfer Himmels und der Erde (ibid., S. 33)" (Sperrung Th.M.). Mit andern Worten heißt das jedoch: der Glaube des einzelnen Christen, in der Nachfolge Christi, mag durchaus radikal sein; der Monotheismus, so wie Niebuhr ihn formuliert, ist es unserer Meinung nach nicht. Es ist, in dem Moment wo der *Vater* eingeführt wird, zusammen mit Sohn und Geist, trinitarischer Monotheismus und - vom Islam her gesehen - kein "radikaler" mehr. Es ist ja gerade Gott als *Vater*, der - definitiv nämlich in seinem Sohn und zusammen mit dem Geist - verbürgt, daß die Schöpfung "gut" ist, Konsistenz und Sinn besitzt, etwas was der Islam *so* nicht sagen kann. Jedenfalls scheint es uns angebracht, noch einmal darauf hinzuweisen, in welchem Sinn *wir* den Ausdruck "Radikal-Monotheismus" verwenden, nämlich nicht so sehr als eine Beschreibung der Intensität des *Glaubens*[7], sondern als Beschreibung einer Radikalisierung der Einheit Gottes

---

[7] Niebuhr selbst erklärt, er sei auf den Begriff des Radikal-Monotheismus im Anschluß an R. Bultmanns "Radikal-Gehorsam" und E. Petersons Buch *Der Monotheismus als politisches Problem* gekommen (cf. *Radical Monotheism...*, Anm. 6, S. 32).

Besonders der Hinweis auf Bultmann macht deutlich, daß "radikal" mehr eine Haltung Gott gegenüber als die Radikalisierung des Gottesbegriffs selbst meint. - Im einzelnen wäre, abgesehen von dieser Begriffsklärung, noch viel zu Niebuhrs Ausführungen zu sagen. Er legt interessante Strukturen frei, wie z.B. das Gleichzeitigbestehen (im theo-logischen Sinn) von "secularization" und "sanctification of all things" (cf. *Radical Monotheism...*, SS. 52/3). Die grundsätzliche Schwäche seines Buches scheint uns allerdings darin zu bestehen, daß er zwar den "faith" radikalisiert, den Monotheismus jedoch, obgleich er ihn implizit trinitarisch begreift, nicht trinitarisch genug kritisiert. Wenn Niebuhr z.B. schreibt: "Unrepatant petitions for infidels and heretics, for countries and churches in conflict with others, the praise and defense of prayer itself: these are among the symptoms of the continuation of a religion of supplication uncriticized and unreorganized by faith in the One (ibid., S. 55)", so scheint er nicht zu sehen, daß es gerade der "faith in the One" ist, der, je radikaler je mehr, Ungläubige und Häretiker produziert, ein Land gegen das andere aufhetzt und unter dem Zugzwang der Geschichte, d.h. unter dem Zugzwang *stärker* zu sein als die andern, steht. Und dies gilt nicht nur für das "One", vorgestellt als der personale Gott, sondern auch für das metaphysische Eine "whence all the many derive their being, and by participation in which they exist (ibid., S. 32)". Es ist die Problematik von Macht und Willen gerade des Einen Gottes, sowie auch des metaphysischen Einen als MACHT gedacht, die von Grund auf neu durchdacht werden muß - u.a. ein Thema, zu dem das vorliegende Buch einen Beitrag darstellen möchte. - Von buddhistischer Seite - das sei hier nur am Rande

selbst.[8]

Zusammenfassend können wir feststellen: was Monotheismus ist, ist nicht unumstritten. Zwar vereint dieser Begriff *nominell* mindestens drei große Religionen: Judentum, Christentum und Islam. Doch die Verschiedenheit dieser drei voneinander (innerhalb desselben Konzepts) springt sofort ins Auge, je nachdem ob wir uns dem Gott, der sein Volk, "des lebendigen Gottes Söhne", liebt wie eine Mutter ihr Kind (Os 2,1; Kap. 11), dem Gott und Vater unseres Herrn Jesus Christus (Kol 1,3) oder dem kinderlosen, sohnlosen Gott der Urzeit (der "Fiṭra", Sure 30,30) zuwenden. Es ist so wie mit der Figur Abrahams und seiner zwei Söhne Isaak und Ismael, die zwar in allen drei Heiligen Büchern, AT, NT und Koran, vorkommen, aber jedesmal *anders*: ein (im doppelten Wortsinn) passionierendes Familiendrama, wo der Vater (Abraham) oder besser der Disput um ihn - bis hin zum jesuanischen "Ehe Abraham ward, bin ich"

---

erwähnt - ist dazu ein äußerst interessanter Vorstoß von K. Nishitani in seinem Werk *Was ist Religion?*, Frankfurt/M. 1982, bes. SS. 353ff, gemacht worden.

[8] Dieses Suchen nach der richtigen Begrifflichkeit in Sachen Monotheismus beginnt im Grunde mit jedem Forscher, der sich um dieses Thema kümmert, immer wieder neu. So entwickelt Schelling z.B. den Begriff des "wirklichen" Monotheismus für seine eigenwillige, teils an der *Trinität* ausgerichteten Neuinterpretation des "klassichen" Eingottglaubens (s. dazu Chr. Wild, *Reflexion und Erfahrung. Eine Interpretation der Früh- und Spätphilosophie Schellings,* München 1968, S. 130). Doch die jeweiligen begrifflichen Klassifikationsversuche sollten nicht von der Sache, um die es geht, ablenken. Johannes von Damaskus z.B. hat im Streitgespräch mit dem Islam, als es um Christus als Verbum Dei, um einen Gott der communio also, ging, folgendermaßen argumentiert: "Es ist besser zu sagen, Gott habe einen Genossen (Assoziierten), als ihn zu verstümmeln und auf eine Stufe mit einem Stein, einem Stück Holz oder irgendeinem anderen unbeseelten Objekt zu stellen." Und ohne jedwede terminologischen Komplexe fährt er dann fort: "Ihr (Muslims) könnt uns daher fälschlicherweise Assoziationisten (Polytheisten) nennen: wir (Christen), wir proklamieren euch 'Mutilateure' Gottes." (*Über die Häresien,* Kap. CI, col. 768, zit. nach: A. Ducellier, *Le Miroir de l'Islam. Musulmans et Chrétiens d'Orient au Moyen Âge <VIIe-XIe siècle>,* Paris 1971, S. 142). - Dies sind, dem muslimischen Gesprächspartner gegenüber, sicherlich keine sehr freundlichen Worte. Sie sind eindeutig polemisch-apologetischer Natur. Wir haben sie aber dennoch erwähnt, weil sie eines sehr deutlich machen: die Grenzen und die Relativität unserer begrifflichen Festlegungen, gerade in so einem konkreten Fall wie der Frage, was man eigentlich unter Monotheismus zu verstehen habe.

(Jo 8,58) - mehr trennt als eint[9], und es doch jener Vater Abraham ist, der das eigentliche, unverbrüchliche monotheistische Erbe gebracht hat: den *Glauben.*[10]

---

[9] Cf. auch M. Hayek, *Le Mystère d'Ismaël,* Paris 1964, S. 24 etc.
[10] Cf. auch H. Cazelles, *Le Dieu d'Abraham,* in: *Les quatre fleuves. Cahiers de recherches et de réflexions religieuses,* (6) 1976, SS. 5-17.

Einleitung

Ziel des vorliegenden Buches ist es, in ein Gespräch mit dem islamischen Monotheismus zu treten, genauer: von verschiedenen Seiten, und auch aus christlicher Perspektive, sein Gottesbild, das wir mit dem Begriff Radikal-Monotheismus umschreiben, zu beleuchten. Dieses Gottesbild ist die innere Klammer, gewissermaßen das Leitmotiv der hier vorgestellten Studien. Es ist ein Bild so reich an theologischen, philosophischen, spirituellen und gesellschaftlich-politischen Konsequenzen, daß es uns gerechtfertigt scheint, sich ihm in einer Serie in sich autonomer Beiträge zu nähern, anstatt es rein deduktiv unter einem einzigen Gesichtspunkt abzuhandeln. Unser Verfahren könnte man daher mit der Bewegung einer Spirale vergleichen, die sich in immer neuen Ansätzen um eine einzige Achse dreht, in unserem Fall den islamischen Monotheismus. So sollen von Runde zu Runde je neue Aspekte zum Thema vermittelt werden -, wobei das Bild der Spirale auch beinhaltet, daß dieser Prozeß virtuell unabschließbar ist, so daß wir mit unseren Untersuchungen nur zu einem vorläufigen, aber nicht grundsätzlichen Ende gekommen sind.

Wir beginnen in *Der Islam in theologischer, anthropologischer und philosophischer Sicht*[1] mit dem Versuch, die Religion des arabischen Propheten, nach einer geschichtlichen Einführung, in diesen drei Bereichen zunächst einmal zu orten. Dabei wird Grundsätzliches zum islamischen Monotheismus mitgeteilt mit Schwerpunkt auf jenen Folgeaspekten des muslimischen Glaubens, die wir unter dem Titel "Protest gegen die *Auserwählung*" (von Juden und Christen) in koranischer, biblischer und anthropologischer Perspektive (nativistic und revitalization movements etc.) analysieren.

Islam und Christentum im Horizont der anthropologischen Wirklichkeit weitet die Untersuchung des islamischen Monotheismus dahingehend aus, inwieweit Theologie überhaupt, als menschliches *Sprechen über* Gott, als positiver Diskurs also, abhängig ist von Bildern, die uns eben *auch* die konkrete anthropologische Realität des Menschen (Vaterschaft,

---

[1]   Zur Originalfassung der hier teilweise in leicht überarbeiteter Form wiedergegebenen Abhandlungen s. Literaturverzeichnis.

Sohnschaft etc.) liefert. Gezeigt wird dann, wie auf *dieser* Ebene islamischer Monotheismus und christliche Trinität je verschiedene Positionen beziehen, mit andern Worten Jesus als den *Sohn* Gottes, oder Gott als *Vater*, entweder ablehnen oder bejahen.

Der dritte Beitrag, *Mythos, Monotheismus und Spekulation*, stellt die spezifische Form des islamischen Gottesbildes (die Einzigkeit, Sohnlosigkeit etc. Gottes, seine Selbstgenügsamkeit und absolute Autonomie sowie die daraus erwachsende besondere Ausprägung seiner Macht, die nicht, wie im Polytheismus, einer "balance of power" verpflichtet ist) der Welt der *Mythologie* gegenüber. Woher kommt die so oft konstatierte "Mythenlosigkeit" des Monotheismus und ganz besonders des islamischen Radikal-Monotheismus? Es wird gezeigt, warum der mythologische Diskurs irrelevant für das islamisch-monotheistische Gottesbild ist, wie aber andererseits radikaler Monotheismus, zumindest unter gewissen Aspekten, eine besondere Affinität zur philosophisch-theologischen Spekulation besitzt. Auch hier wiederum gibt es Gemeinsamkeiten und Verschiedenheit im Vergleich zum christlichen Gottesbild und zu christlich-theologischer Spekulation.

Abstammung und Heiliges Buch befaßt sich mit einem weiteren wesentlichen Aspekt der islamischen Religion, nämlich mit der Tatsache, daß sie auf einem Heiligen *Buch* beruht, ihrem Charakter als *Schriftreligion*. Es wird oft zu wenig beachtet, welch eine geistige Revolution sich in der Vertextung der Offenbarung, der "Verräumlichung" des *Wortes* Gottes in einem Buch, Bahn bricht. Geht man davon aus, daß in vorislamischer Zeit das "Sakrale" in Fleisch und Blut, d.h. in die lebendige Gestalt einer menschlichen Gesellschaft und ihrer Überlebensprinzipien "eingeschrieben" war, so kommt dem Gestaltwandel hin zum Buchstaben eines Textes eine ganz wesentliche Bedeutung zu. Betroffen sind u.a. so wichtige Aspekte wie die Vorstellung von Gottes Wille und Gesetz, der Status der Welt als Schöpfung, die Universalisierbarkeit von Religion und die Möglichkeit von Mission.

Der nächste Beitrag *Muslimische und christliche Spiritualität: zwei Weisen des Handelns und In-der-Welt-Seins* zieht dann, nach einer Einführung in die Problematik vergleichender Untersuchungen zum Problem der Spiritualität in den Religionen, aus dem Charakter des Islam als Buch- bzw. Gesetzesreligion die Konsequenzen für das *spirituelle* Leben des Muslims, gefolgt von einem Vergleich mit christlicher Spiritualität. Dabei dürfte die Einbeziehung von Ansichten deutschstämmiger Muslims in den Themenkreis besonders interessant sein. Der Aufsatz *Hermeneutische Strategien im gegenwärtigen Islam* stellt in gewissem Sinn eine Ergänzung zum vorhergehenden Thema dar, insofern die Frage nach der *Hermeneutik* von der Spiritualität einer Religion nicht zu trennen ist (genausowenig wie man die Spiritualität ihrerseits von der Theologie ablösen kann). Wir gehen in diesem Beitrag der zur Zeit viel diskutierten Frage nach dem Wesen des *Fundamentalismus* nach. Die ägyptischen "Muslimbrüder" werden als Beispiel für eine fundamentalistische Strömung angeführt, wohingegen gewisse Richtungen im gegenwärtigen indonesischen Islam unter Umständen als Alternativkonzept hierzu gedeutet werden können.

Eng verbunden mit dem Problem des Fundamentalismus ist die Frage nach der Möglichkeit religiöser *Toleranz* in monotheistischen Religionen, angesichts eines *einzigen* Gottes, der (notwendigerweise) die *ganze* Wahrheit besitzt. Gottesbild, Spiritualität, Hermeneutik und noch vieles andere mehr fließen in der Bewertung und Praktizierung (oder Nicht-Praktizierung) von Toleranz zusammen. Wir haben daher dieser wichtigen Frage einen eigenen Aufsatz, nämlich *"Kein Zwang in der Religion!"*, gewidmet, wobei wir diesen in Sure 2,256 formulierten Imperativ unter Zuhilfenahme eines indonesischen Korankommentars eingehend erläutern.

Die drei dann folgenden Beiträge sind, wenn man so will, eher systematisch-philosophischer Natur, aber deswegen nicht von geringerem Interesse. Auch in ihnen steht natürlich das islamische Gottesbild im Zentrum. Es wird nun jedoch konfrontiert mit einigen ausgewählten fundamentalen Fragen, die sich dem Menschen, wenn er sein Menschsein in der Welt angesichts des Einen Gottes begreifen will, unausweichlich stellen. Diese Fragen haben alle in der einen oder anderen Weise *auch* mit einer ganz bestimmten Vorstellung von *Macht*, und besonders der Macht *Gottes* zu tun. Deswegen gehen wir in *Macht und Abstraktion* diesem Phänomen "Macht" gesondert nach. Dabei lautet die These, daß eine gewisse Form von Macht, auf der nicht zuletzt das Abendland beruht (die wissenschaftlich-ökonomische Form von Macht, die Macht der "Abstraktion"), ihr Gegenstück, ihre "Komplizen" gewissermaßen, in abendländischer Philosophie gekoppelt mit monotheistischer Theologie selbst hat.

Es wäre aber naiv und ungeschichtlich, den Weg, den die abendländische Geistesgeschichte gegangen ist, schlichtweg zu verwerfen. Er hat uns *auch* den Menschen als Individuum, die Emanzipation, das Recht etc. gebracht. Und monotheistische Theologie selbst, gerade mit Hinblick auf die "Natur", ist weniger eindeutig in ihrer Stellungnahme als es auf den ersten Blick scheinen mag. Der Aufsatz *Dei proles, genitrixque rerum* versucht dieser Problematik gerecht zu werden. Dabei wird auch die Frage nach der Ermöglichung von *Säkularisation* vor dem Hintergrund des Eingottglaubens erörtert, so wie die völlig neue Situation, die seit der Neuzeit entstanden ist, seitdem nämlich ein mit den Naturgesetzen unlösbar verbundener Gott für "tot" erklärt worden ist.

Schließlich diskutieren wir noch in *Auszug aus der Zeit in Kunst und Religion* das Verhältnis der monotheistischen Religionen zur *Zeitlichkeit* des Menschen. Dabei können unter bestimmten Aspekten, beide: Kunst und Religion, als Versuche oder Methoden gewertet werden, mit der Zeit fertig zu werden, mehr noch: sie zu übersteigen, zu überwinden, aus ihr "auszuziehen". Monotheistische Religionen nehmen aber auch hier wieder einen gesonderten Platz ein, der sie sowohl von der Welt der Kunst als auch von der Welt der anderen Religionen, der "primitiven" archaischen z.B. in ihrem Verhältnis zur Zeit und ihrer Überwindung unterscheidet. Prophetisches Wort, Kairos, Jüngstes Gericht sind nur einige Stichworte, die zeigen, wie nun mittels des *Glaubens* im Namen des Einen Gottes ein neuer Weg angesichts der Tod-Verfallenheit des Menschen beschritten wird.

Unser Dialog mit dem islamischen Radikal-Monotheismus wäre unvollständig, wenn er nicht auch ein bisher noch nicht behandeltes Thema miteinbezöge, nämlich die islamische *Mystik*, die viele der Standard-Vorstellungen über islamische Religion und Gesetz (wie im Christentum übrigens auch) auf den Kopf zu stellen scheint. *Die Provokation des Gesetzes und der Eine Gott* greift daher dieses Thema auf. Am Beispiel des berühmten Mystikers Ḥallâǧ soll aufgezeigt werden, *wie* und *daß* Mystik auch im Rahmen des Monotheismus möglich ist, wobei sie sich dem Gott des *Gesetzes* gegenüber aber in einer derart spezifischen, nämlich typisch semitischen Weise, verhält, daß uns ein Vergleich des Weges oder der Methode Ḥallâǧs mit dem von Jesus von Nazareth eingeschlagenen Weg als äußerst erhellend erscheint.

Wir schließen unsere Studie mit einem Aufsatz zum *apologetischen Schrifttum des Islam in Indonesien* ab. Dieser Text hat im Rahmen unseres Buches besonders zwei Funktionen: er soll einmal an für die Allgemeinheit schwer zugänglichen Quellen zeigen, was gewisse muslimische Kreise über den Islam in der modernen Welt und über das

Christentum, besonders die Trinitätstheologie denken; zum andern, und das braucht gar nicht näher herausgestrichen zu werden, wenn man die Texte liest, wie *schwierig* ein Dialog mit gewissen Kreisen des Islam ist. Apologetisches Schrifttum ist zwar nicht unbedingt repräsentativ für die Intelligenzia einer Religion oder Kultur, dafür aber um so mehr ein Gradmesser für das, was das "Volk" denkt, oder besser: die mit seiner Erziehung unmittelbar Beauftragten. Texte dieser Art legen in ziemlicher Ungehobeltheit dar, wo die gängigsten Mißverständnisse oder Wundstellen im Verhältnis der Religionen zueinander sind und können somit ein wertvoller Hinweis sein für das, was in Sachen Glaubensdialog auf den Seiten aller Beteiligten noch zu leisten ist.

Der Islam in theologischer, anthropologischer und philosophischer Sicht

Wine in ferment is a beggar suing for our ferment; Heaven in revolution is a beggar suing for our consciousness.
Do not speak, so that the Spirit may speak for thee: in the ark of Noah leave off swimming!
(Jalâlu'l-Dîn Rûmî)
Der Narr hinterläßt kein Erbe.
(Arabisches Sprichwort)
Muḥammad: "Seminator di scandalo e di scisma"
(Dante, Inferno XXVIII, 35)

1. Die geschichtliche Situation

Die Geschichte des Propheten Muḥammad führt uns notwendiger-weise auf die arabische Halbinsel. Arabien war weder unbesiedelt noch den Zeitgenossen unbekannt. Schon die assyrischen Könige hatten Kontakte mit Arabien. Keilschrifttexte unter Tiglathpileser III (745/744-727) und Sargon II (722-705) bezeugen dies[1]. Zabibê, eine Araberfürstin, war Tiglathpileser III tributpflichtig nach dessen Sieg über eine Anzahl syrischer Rebellenstaaten (738)[2]. Zwischen 550-540 wählte der letzte babylonische König Nabonid die zentralarabische Oase Taimâ' als Residenz. Die peripheren Regionen Nordarabiens waren immer ein

---

[1] Zur Geschichte Arabiens s.u.a. F.M. Pareja u.a., *Islamologie*, Beirut 1957-1963, SS. 60-62; L. Rathmann u.a., *Geschichte der Araber. Von den Anfängen bis zur Gegenwart*, Berlin 1975; R. Paret, *Mohammed und der Koran*, Stuttgart, Berlin, Köln, Mainz ³1972, SS. 9-31; T. Andrae, *Les origines de l'Islam et le christianisme*, Paris 1955, SS. 15-38 (franz. Übersetzung von *Der Ursprung des Islams und das Christentum*, Uppsala 1926).

[2] S. auch M. Weipert, *Zur Syrienpolitik Tiglathpilesers III*, S. 396 in: *Mesopotamien und seine Nachbarn. Politische und kulturelle Wechselbeziehungen im Alten Vorderasien vom 4. bis 1. Jahrtausend v. Chr.*, (XXV. Rencontre Assyriologique Internationale, Berlin 3.-7. Juli 1978), Hrsg. H.-J. Nissen u. J. Renger, Bd. II, Berlin 1982, SS. 395-408; s. auch ibid., S. 397 den Fall der Araberfürstin Shamshî (nach 733).

Zankapfel, weil hier die Weihrauchstraße, von Südarabien her, endete, bevor die Waren nach Syrien und dem Irak weitertransportiert wurden. Mekka befindet sich auf halber Höhe der Weihrauchstraße, gegenüber dem heutigen Jedda.

Zur Zeit des Propheten befand sich Nordarabien unter Einfluß der Byzantiner (über Syrien) und der Perser (Sasaniden). Persien übte seinen Einfluß nicht direkt aus, sondern über den Stamm der Lakhm, während Byzanz, zu demselben Zweck, auf die Ghassân zurückgriff. Lakhm und Ghassân waren dementsprechend auch untereinander verfeindet. Die politische Einflußnahme zog auch die religiöse mit sich. Dabei konnte unter den Lakhmiden allmählich der Nestorianismus Fuß fassen[3], während der syrische Monophysitismus unter den Ghassaniden eine starke Stütze hatte.

Monophysitischer Einfluß war auch, neben jüdischem, in Südarabien (Najrân) spürbar. Eine heftige Christenverfolgung im Jahre 523 von seiten des südarabischen Königs Dzû-Nûwas, eines jüdischen Proselyten, provozierte die Intervention der probyzantinischen, monophysitischen Abyssinier von Aksûm, die dann später unter Abraha sogar versuchten, Mekka zu erobern. Man sagte, daß der gescheiterte Feldzug gegen Mekka in das sog. "Jahr des Elefanten" (vgl. Hannibals Elefanten) fiel, was auch als Geburtsjahr des Propheten angenommen wird (570 n. Chr.). Gegen Ende des 6. Jh. vertrieb eine persische Expedition die Abyssinier. Die wenig effektive persische Oberherrschaft dauerte bis in die erste Zeit des Islam hinein.

Muhammad wurde als Sohn des ᶜAbdallâh und der Âmina geboren, die einem verarmten Zweig der Quraishiten angehörten[4]. Die Mutter des Propheten starb früh, so daß Muhammad sie kaum gekannt hat. Er mußte sich seinen Lebensunterhalt als Hirte verdienen. Später soll er

---

[3] Obwohl die Sasaniden Anhänger der Lehre Zarathustras waren, mußten sie doch, bes. im Westen ihres Reiches, mit einer starken, ökonomisch unentbehrlichen, nestorianischen Minderheit rechnen.

[4] Die Quraishiten waren reiche mekkanische Kaufleute. - Zur Lebensgeschichte des Propheten s. neben den schon zitierten Werken u.a. W.M. Watt, *Mahomet à la Mecque*, Paris 1958 (franz. Übersetzung von *Muhammad at Mecca*, Oxford 1953); ders.: *Mahomet à Médine*, Paris 1959 (franz. Übersetzung von *Muhammad at Medina*, Oxford 1956); M. Rodinson, *Mahomet*, Paris 1961; M. Gaudefroy-Demombynes, *Mahomet*, Paris 1957 u. 1969; Ibn Hishâm, *Sîrat al-nabî*, hrsg. F. Wüstenfeld: *Das Leben Muhammeds nach Muhammed Ibn Ishâk, bearbeitet von Abd al-Malik Ibn Hischam*, Bd. I, Text, Göttingen 1859.

gesagt haben, es gäbe keinen Propheten, der nicht einmal in seinem Leben als Hirte tätig war.

Erwachsen geworden arbeitete der Prophet als Kameltreiber. Die damit verbundenen Reisen führten ihn über seine engere Heimat hinaus bis nach Syrien, wo ihn besonders die christlichen Kirchen beeindruckten. Mit 25 Jahren heiratete er die 15 Jahre ältere Khadîja, eine wohlhabende Kaufmannswitwe, in deren Dienst er getreten war. Muḥammad wurde finanziell unabhängig. Aber in diese Zeit des Erfolges fällt auch seine religiöse Krise, die ihn nach langem Suchen und Ringen schließlich auf den Weg zu Allâh führt.

Muḥammad beginnt zu predigen, zur Buße, zur Umkehr des Lebenswandels aufzurufen. Aber seine Zeitgenossen ziehen den Luxus, ein Leben ohne moralische Verantwortung vor, beuten weiterhin Sklaven und Frauen aus, verscharren skrupellos ungeliebte neugeborene Mädchen im Sand. Im rein profit- und machtorientierten Mekka war es Muḥammad und seinen Anhängern nicht lange möglich zu bleiben[5]. Das Jahr 622 sieht die Hijra (Hedschra), Aussiedlung/Exil der Muslime nach Yathrib im Norden Mekkas. Diese Oase ist bekannt unter dem Namen Medîna, von "madînat al-nabî", Stadt des Propheten.

In Medîna nimmt der Islam als eine von Juden- und Christentum verschiedene Religion Gestalt an. Auch Beduinen aus dem Innern schließen sich dem Propheten an. Aber der Traum Muḥammads ist die Eroberung/Bekehrung seiner Vaterstadt. Der Prophet beginnt in diesem Sinn die Karawanen Mekkas, die, um nach Syrien zu gelangen, an Medîna vorbeiziehen müssen, anzugreifen. Im März 624 kommt es zum ersten größeren Kampf in der Nähe von Badr. Er geht für die Muslime erfolgreich aus. Der Koran (Sure 8,17) sieht das so:

Und nicht ihr habt sie (d.h. die Ungläubigen, die in der Schlacht bei Badr gefallen sind) getötet, sondern Gott. Und nicht du hast jenen Wurf ausgeführt (oder: jenen [Pfeil]schuß abgegeben) sondern Gott[6].

---

[5] Die erste Anhängerin des Propheten war seine Frau Khadîja, † 619; Sehr früh kamen auch hinzu: sein Adoptivsohn Zaid ibn Hâritha, sowie ʿAlî, Vetter des Propheten und späterer Kalif (Prophetennachfolger) sowie auch die zwei anderen späteren Kalifen Abû Bakr und ʿUthmân.

[6] *Der Koran*, Übersetzung R. Paret, Stuttgart, Berlin, Köln, Mainz 1979. Die hier gegebenen Übersetzungen richten sich nach diesem Text.

Allâh erscheint somit als der oberste Kriegsherr. - Doch die Mekkaner revanchieren sich in der Schlacht von Uḥud, März 625. So entsteht das theologische Problem, nämlich zu wissen, ob Allâh noch auf der Seite des Propheten ist. Muḥammad löst es dahingehend, daß er die Schuld am Versagen seinen Gefolgsleuten gibt (cf. Sure 3,152)[7]. Die Mekkaner unternehmen noch eine letzte Anstrengung, um die Muslime in die Knie zu zwingen. Es kommt im März 627 zur sog. Grabenschlacht, die ohne eigentlichen Sieger ausgeht[8].

Aber nicht nur in Mekka lauerten Muḥammads Gegner. Auch in Medina selbst, und zwar besonders unter den Juden, insofern sie Muḥammad nicht als Propheten anerkennen wollten. Die jüdischen Gegner wurden - auch für damalige Verhältnisse rücksichtslos - ausgerottet. Ferner erforderte die innere Situation Yathribs Muḥammads ganzes diplomatisches Geschick. Er und seine Muslime lebten dort ja zunächst nur auf Grund einer ihnen von den dort ansässigen Stämmen Aws und Khazraj angetragenen Vermittlerstellung.

Obwohl geschwächt, war Mekka noch nicht erobert. Der erste Schritt zur "Öffnung"[9] Mekkas war der im März 628 geschlossene Vertrag von Ḥudaibîa, der dem Propheten den Ḥâjj, die Pilgerreise nach Mekka für das folgende Jahr erlaubte[10]. So betritt Muḥammad im März 629 zum ersten Mal wieder Mekka, dessen endgültige Eroberung schließlich nicht lange auf sich warten ließ. Sie erfolgte am 11. Januar 630 ohne viel Blutvergießen.

Aber trotz der Kontrolle Mekkas war Muḥammad noch nicht der Herr des Inneren Arabiens, der Beduinen. Dazu bedurfte es noch der

---

[7] Daß Götter, um verehrt zu werden, siegen müssen, war allgemein verbreitete "heidnische" Auffassung. S. den Fall der mekkanischen Göttin al-ʿUzzâ; cf. auch Ibn al-Kalbî, *Kitâb al-asnâm*, Hrsg. Ahmed Zéki Pacha, Kairo 1914, SS. 8, 26, sowie Th. Mooren, *Le Kitâb al-Açnâm de Ibn al-Kalbî. Essai d'une traduction partielle*, Koblenz 1979, SS. 11, 23.

[8] Man gebrauchte Gräben (khandaq) zum ersten Mal als Mittel der Kriegsführung.

[9] Das arabische Wort für "Eroberung" = "al-fatḥ".

[10] "Le mot Hadj ... est d'origine grecque (Hagia) et utilisé par les Chrétiens orthodoxes pour désigner le pélerinage à Jérusalem. H.Z. Ülken, *Infiltrations des religions païnnes dans les moeurs et les coutumes Anatoliennes*, S. 159, in: *Traditions religieuses et para-religieuses des peuples Altaïques, Communications présentées au XIIIᵉ Congrès de la "Permanent International Altaistic Conference"*, Strasbourg 25-30 Juni 1970, Paris 1972, SS. 149-172".

Schlacht von Ḥunain, zu der der Prophet am 17.1.630 auszog. Muḥammad siegte und zumindest zu seinen Lebzeiten hielten die Beduinen still. Die öffentliche Krönung erfuhr das Werk des Propheten durch den letzten von ihm geleiteten Ḥâjj im März des Jahres 632. Muḥammad hatte sein Ziel erreicht. Der Islam herrschte von Mekka aus über weite Teile Arabiens. Am 8. Juni 632 starb Muḥammad in den Armen seiner Lieblingsfrau ᶜAisha, der Tochter seines alten Gefolgsmanns und zukünftigen Kalifen Abû Bakr.

2. Grundsätzliches zur Theologie des Korans

Wie schon angedeutet, Muḥammad, intelligent, sensibel kritischwachsamen Geistes, befand sich im Widerspruch zur materialistisch-oberflächlichen Ideologie seiner Zeit[11]. Selbst eine tiefe Krise durchlebend - und von Gott schließlich geheilt - suchte er auch seine Zeitgenossen auf den ihm von Gott geoffenbarten neuen Weg zu stellen, den Islam, die Unterwerfung unter Gottes Willen. Der Islam war Muḥammads eigene Methode mit seiner persönlichen und der Krise seiner Zeit fertig zu werden. Dabei hat er seinen eigenen Standpunkt sicherlich nicht gefunden ohne Auseinandersetzung mit den zur "heidnischen" Religion vorhandenen offiziellen Alternativen: Judentum und Christentum[12].

---

[11] Zur geistig-kulturellen Situation Mekkas zur Zeit des Propheten s. J. Chelhod, *Introduction à la sociologie de l'Islam. De l'animisme à l'universalisme*, Paris 1958.

[12] Was Muḥammad, unter dogmatischem Gesichtspunkt, vom Christentum wirklich gekannt hat, ist schwer auszumachen. Es hat nicht an Versuchen gefehlt, die verschiedenen orientalischen "Häresien" im Koran wiederzufinden: Nestorianismus, Monophysitismus, Doketismus etc. ..., ja den Islam selbst zu einer judeochristlichen Häresie zu erklären. Aus der zahlreichen Literatur zu diesem Thema s. u.a. T. Andrae, *Les Origines de l'Islam...*, ferner auch M. Hayek, *Le Christ de l'Islam*, Paris 1959. - Die Frage, was der Prophet selbst speziell vom Christentum gewußt hat (bzw., was überhaupt seine eigenen Ideen sind), wird im übrigen in ein ganz neues Licht gestellt, wenn man die These, der Koran sei Produkt späterer (Gemeinde)theologie - analog zu AT und NT - ernsthaft in Erwägung zieht. Muslimischerseits dürfte eine solche, gegen die Verbalinspiration gerichtete These zumindest zur Zeit wenig Gegenliebe finden. (Gemeinhin akzeptiert der Islam nur die Einteilung der Suren in solche, die in Mekka und solche, die in Medina geoffenbart wurden. Er erkennt aber auch spezifische Gelegenheiten an, zu denen Gott seine Offenbarung jeweils "herabgesandt" hat: "anzala/tanzîl". - Auch "westlicher"seits ist trotz aller Kritik im Detail die

Von *Christen*, genauer von Priestern und Mönchen, die Muḥammad sicherlich auch auf seinen Reisen nach Syrien kennengelernt hat, heißt es in Sure 5,82:

Und du wirst sicher finden, daß diejenigen, die den Gläubigen in Liebe am nächsten stehen, die sind, welche sagen: 'Wir sind Naṣârâ (d.h. Christen.' Dies deshalb, weil es unter ihnen Priester und Mönche gibt, und weil sie nicht hochmütig sind.

Neben moralischer Integrität wird besonders auch das Gebetsleben der Mönche/Einsiedler gelobt, und zwar in einer der schönsten Suren des Korans, Sure 24, genannt "das Licht", inspiriert von den in der Wüste weithin sichtbaren Öllampen in den Zellen der Mönche:

35. Gott ist das Licht von Himmel und Erde. Sein Licht ist einer Nische ... zu vergleichen, mit einer Lampe darin. Die Lampe ist in einem Glas, das (so blank) ist, wie wenn es ein funkelnder Stern wäre. Sie brennt (mit Öl) von einem gesegneten Baum, einem Ölbaum, der weder östlich noch westlich ist, und dessen Öl fast schon hell gibt, (noch) ohne daß (überhaupt) Feuer darangekommen ist., - Licht über Licht. Gott führt seinem Licht zu, wen er will. Und er prägt den Menschen die Gleichnisse. Gott weiß über alles Bescheid. 36. (Solche Lampen gibt es) in Häusern, hinsichtlich derer Gott die Erlaubnis gegeben hat, daß man sie errichtet, und daß sein Name darin erwähnt wird. Es preisen ihn morgens und abends 37. Männer, die sich weder durch Ware (oder: Handel), noch durch ein Kaufgeschäft davon ablenken lassen, Gottes zu gedenken, das Gebet zu verrichten und die Almosensteuer zu geben, und die sich auf einen Tag gefaßt machen, an dem (den Menschen) Herz und Gesicht umgekehrt werden ... 38. (Das alles wird ihnen gut geschrieben)

Auffassung, daß wir es mit dem Koran im wesentlichen mit Muḥammads Text selbst zu tun haben, lange erhalten geblieben. S. hierzu: Th. Nöldeke, *Geschichte des Qorans*, Göttingen 1860, 2. Ed. Fr. Schwally, 2 Bd., Leipzig 1909-19. Neues Licht in diese Frage hat J. Wansbrough, *Quranic Studies. Sources and Methods of Scriptural Interpretation*, London 1977, gebracht. Vergleichbar kritisch verfährt J. Burton in *The Collection of the Qur`ân*, Cambridge, London, New York, Melbourne 1977. Er kommt jedoch zu dem Wansbrough entgegengesetztem Ergebnis: "What we have today in our hands is the *muṣhaf* of Muḥammad (SS. 239/40)." Beide Arbeiten werden ausführlich besprochen in K. Rudolph. *Neue Wege der Qoranforschung?*, in: *Theologische Literaturzeitung* (105) 1980, Sp. 1-19. - Für den Rahmen unseres Artikels reicht der Hinweis auf den *moralischen* Impuls, den Muhammad mit Sicherheit von Christen empfangen hat, aus, ohne daß wir im einzelnen aufschlüsseln, mit welchen Schattierungen des christlichen Dogmas es der Prophet wohl zu tun gehabt haben könnte.

damit Gott ihnen (dereinst) ihre besten Taten vergelte ... und ... von seiner Huld noch mehr gebe. Gott beschert, wem er will ... 39. Die Handlungen der Ungläubigen sind dagegen wie eine Luftspiegelung in einer Ebene.

Zur Sprache kommt auch der stark eschatologische Zug des orientalischen Mönchtums[13]. - Es fehlt aber auch nicht an Kritik:
Ihr Gläubigen! Viele von den Gelehrten und Mönchen bringen die Leute in betrügerischer Weise um ihr Vermögen und halten (ihre Mitmenschen) vom Wege Gottes ab. Denjenigen nun, die Gold und Silber horten und es nicht um Gottes willen spenden, verkünde, (daß sie dereinst) eine schmerzhafte Strafe (zu erwarten haben) ... (Sure 9,34).

Die Beziehungen zwischen Islam und *Judentum* sind komplex, was nicht anders sein kann, da Muḥammad hier mit seinem Anspruch, Prophet desselben Einen Gottes zu sein, ja *der* Prophet (Siegel der Propheten, Sure 33,40), auf Granit stoßen mußte; oder anders gesagt: von seiner ganzen Natur her ist der Islam dem Judentum dogmatisch, rituell und politisch viel zu ähnlich[14], als daß er sich reibungslos in die nahöstliche Szene hätte einfügen können, ganz abgesehen davon, daß Muḥammad es in Medina mit Juden als reellen Nachbarn/Kontrahenten zu tun hatte[15]. Daß über kurz oder lang das Problem des auserwählten Volkes eine, ja wenn nicht die entscheidende Rolle in der Debatte

---

[13] Der "râhib", Mönch ist, wörtlich, derjenige, der (den Jüngsten Tag) fürchtet/erhofft.

[14] Das Prophetenargument hat Juden gegenüber ja ein ganz anderes Gewicht als in bezug auf Christen, da Christen letztlich von der Gottessohnschaft her argumentieren, Muhammad aber niemals behauptet hat, *Sohn* Gottes zu sein, sondern (nur) dessen Gesandter ("rasûl", Sure 48,29; 33,40 etc.). Er nimmt also Christen gegenüber nicht *dasselbe* theologische Feld in Anspruch - was in Hinblick auf die Juden ja der Fall ist -, sondern der Stoß geht in eine ganz andere Richtung: Muhammad muß nämlich aufzeigen, daß die Christen, wie es in der Terminologie des Korans heißt, "übertreiben", es "zu weit oder zu bunt treiben (Sure 5,77), wenn sie aus einem der Nahrungsaufnahme unterworfenen Menschen einen Gott machen (Sure 5,75), "einen von dreien "Sure 5,73)", anstatt ihn, was auch vom Koran her rechtmäßig ist, "nur" = mâ ... illâ als Propheten ("rasûl") zu betrachten (Sure 5,75).

[15] Zum Verhältnis Islam - Juden s. - neben den schon zitierten Werken über das Leben des Propheten - auch: M. Hayek, *Le Mystère d'Ismaël*, Paris 1964 u. ders. *Les arabes ou le baptême des larmes*, Paris 1972.

spielen würde, liegt auf der Hand. Wir kommen darauf gesondert zurück. Hier sei zunächst nur erwähnt, daß die Juden vor allem, neben der Vermittlung ritueller Praktiken, als Materiallieferanten biblischer Theologie und Geschichte fungierten[16].

Wir nannten oben Judentum und Christentum "offizielle" Alternativen, die sich dem Propheten auf seiner Suche nach dem wahren Gott anboten. Es gab nämlich auch noch eine inoffizielle Strömung zur Zeit des Propheten, gebildet von den sog. Hanîfen (Hanifismus). Die Hanîfen (ḥunafâᶜ) kann man grob gesprochen als a-konfessionelle Monotheisten bezeichnen, die sich außerhalb der dogmatischen Streitereien der großen Religionen "schlicht" an den Einen Gott hielten[17]. Wenn überhaupt, so ist es der Hanifismus, der Muhammad zutiefst beeindruckt und ihm das "pattern" für die Formulierung seiner Theologie geliefert hat[18]. Das geht klar aus Sure 30,30 hervor:

Richte nun dein Antlitz auf die (einzig wahre) Religion! (Verhalte dich so) als Hanîf! (Das ... ist) die natürliche Art (fiṭra), in der Gott die Menschen erschaffen hat. Die Art und Weise, in der Gott (die Menschen) geschaffen hat, kann ... man nicht abändern ... Das ist die richtige Religion.

Hier haben wir ein eindeutiges Bekenntnis zum Hanifismus. Es ist gekoppelt mit der Idee, daß der von den Hanîfen vertretene Glaube

---

[16] Dabei schreckten die Juden in ihren Diskussionen mit dem Propheten nicht davor zurück, ihn in die Irre zu führen. Durch geschickte Wortspiele machten sie sich seine Unkenntnis des Hebräischen zunutze. Der Koran erwähnt dergleichen in Sure 4,46: "Unter denen, die dem Judentum angehören, entstellen welche die Worte (der Schrift?) (indem sie sie) von der Stelle weg(nehmen), an die sie hingehören" (cf. auch Sure 2,104). M. Hayek, *Le Mystère* ... merkt dazu an: "Cet aveu du Coran montre quel fut le procédé du Juifs à l'égard du Prophète. Connaissant l'hébreu de la Bible et l'arabe, ils se servaient des mots hébraïques, à racines communes avec l'arabe, pour créer des quiproquos, afin de jeter la confusion dans l'esprit du Prophète. Et il faut reconnaître qu'ils ont réussi ... (S. 143)."

[17] Zum Begriff Hanifismus cf. u.a. M. Rodinson, *Mahomet*, S. 361 u. bes. M. Hayek, *op. cit.*, SS. 136-146. Zur Wortbedeutung s. auch unten Anm. 42.

[18] S. hierzu neben den Arbeiten von M. Hayek auch Th. Mooren, *Paternité et généalogie dans la pensée religieuse de l'Ancien Proche-Orient. Le discours monothéiste du Prophète Mahomet face à l'Arabie préislamique, Ugarit, Israël et le christianisme.* Thèse du Doctorat en Théologie, maschinenschriftl., Paris 1979, Institut Catholique, SS. 81/2.

gleichzeitig auch die *ursprüngliche* Religion darstellt, gewissermaßen die eingeborene unverfälschte "Naturreligion", die Religion der ersten Stunde (fiṭra), angesichts derer andere Religionen nur Abweichungen sein können[19].

Der Koran nennt auch einen Garanten für diese ursprüngliche Religion: Abraham, so wie auch den Inhalt dieses Urglaubens: den strikten Monotheismus:

> Sag: Mein Herr hat mich auf einen geraden Weg geführt, zu einem richtigen Glauben, der Religion Abrahams, eines Ḥanîfen - er war ... keiner von denen, die (dem einen Gott andere Götter) beigesellen ... (Sure 6,161).

Ferner Sure 16,120:

> Abraham war eine Gemeinschaft (für sich), (dem einen) Gott demütig ergeben, ein Ḥanîf und ... keiner von denen, die (dem einen Gott andere Götter) beigesellen ...

Ebenso Sure 16,123:

> Daraufhin ... haben wir dir (die Weisung) eingegeben: Folge der Religion Abrahams, eines Ḥanîfen, - er war kein Heide ...

Daß die Beigesellung (Assoziationismus, arabisch: "shirk") anderer Götter zum Einen Gott, der - griechisch gesprochen - "Polytheismus" in islamischer Perspektive späteren Datums ist, geht auch klar aus Sure 7,172/3 hervor, die von einem Pakt ("mithâq") Gottes mit der Nachkommenschaft Adams spricht, in dem er die Menschheit zum strikten Monotheismus verpflichtet[20].

---

[19]   Zur Frage der "fiṭra" (Naturordnung, Urschöpfung) s. M. Hayek, *op. cit.*, SS. 146-152 u. ders. *Les arabes ...*, SS. 16; Th. Mooren, *Islam und Christentum im Horizont der anthropologischen Wirklichkeit*, SS. 28/9 [hier: 84-86], in: *Zeitschrift für Missionswissenschaft und Religionswissenschaft*, (64) 1980, SS. 10-32 [hier: 62-86] u. ders.: *Monothéisme coranique et anthropologie*, S. 531, in: *Anthropos* (76) 1981, SS. 529-561; vgl. auch L. Gardet, *Vues musulmanes sur le Temps et l'Histoire (essai de typologie culturelle)*, SS. 236/37, in: *Les Cultures et le temps*, Paris 1975, SS. 223-241.

[20]   "Dieser Pakt, den Kommentatoren zufolge Tausende von Jahren vor der effektiven Schöpfung mit den Menschen, noch in Ameisengestalt, geschlossen, soll ... sicherstellen, daß der Götzendiener, d.h. der Nicht-Monotheist, unentschuldbar ist, sollte er versuchen, sich für seinen falschen Glauben auf die 'Geschichte' zu berufen (Th. Mooren, *Islam und Christentum ...*, S. 28)" [hier:

Von hier aus ist der Schritt nicht weit, zu jener typisch muslimischen Auffassung, daß in der Heilsgeschichte nichts mehr "passiert" (Einfrieren auf dem Nullpunkt), daß am Anfang alles schon gesagt worden ist (Offenbarung des strikten Monotheismus) und dementsprechend die von Gott geschickten Propheten, was auch immer ihr geschichtlicher Kontext sein mag, ob sie Moses, Jesus oder letztlich Muḥammad heißen, immer nur das eine und selbe verkünden: den Glauben an den Einen Gott. Was davon abweicht oder darüber hinausgeht, ist Verfälschung. Sure 35,31:

Und was wir dir von der Schrift eingegeben haben, ist die Wahrheit (und dient zugleich) zur Bestätigung dessen, was (an Offenbarung) vor dir da war ...

Oder auch Sure 5,46:

Und wir ließen hinter ihnen (d.h. den Gottesmännern der Kinder Israels) her Jesus, den Sohn der Maria, folgen, daß er bestätige, was von der Thora vor ihm da war ... Und wir gaben ihm das Evangelium, das (in sich) Rechtleitung und Licht enthält, damit es bestätige, was von der Thora vor ihm da war ... (s. auch Sure 21,25)[21].

Dieses Einfrieren der Heilsgeschichte auf den Nullpunkt muß man demnach im Auge behalten, will man die Kritik des Propheten gerade an folgenden eklatanten Formen der Abweichung verstehen: Kritik am "Heidentum" wegen seiner Söhne und Töchter/Gemahlinnen Gottes, am Christentum wegen seines Sohnes Gottes, am Judentum wegen eines gewissen ʿUzair/Esdras als Gottessohn[22].

Die Abweichung vom ursprünglichen Monotheismus besteht in diesen Formen hauptsächlich in zweierlei: einmal in einer entschiedenen

---

84]. S. auch M. Hayek, *Le Mystère* ..., S. 147, Anm. 1.

[21] S. zu diesem Thema auch Th. Mooren, *op. cit.*, SS. 28/9 [hier: 84-86] u. ders. in: *Einige Hinweise zum apologetischen Schrifttum des Islam in Indonesien*, SS. 175/76 [hier: 371-373], in: *Zeitschrift für Missionswissenschaft und Religionswissenschaft*, (66) 1982, SS. 163-182 [hier: 355-381].

[22] Cf. Sure 9,30; s. dazu M. Rodinson, *op. cit.*, SS. 273/74; es handelt sich wohl um eine im medinensischen Judentum verbreitete nicht orthodoxe Auffassung oder um eine Anspielung auf die "Söhne Elohims" von Gen 6,2 in der rabbinischen Literatur ʿAzael oder ʿUzael genannt; s. R. Blachère, *Le Coran (al-Qorʾân)*, Paris 1966, S. 216 f. - Zum Ganzen cf. Sure 9,30; 19,35.88.91; 2,116; 4,171; 6,100 etc.; s. auch die eingehende Diskussion bei Th. Mooren, *Monothéisme* ..., SS. 533-538 u. ders. *Paternité* ..., SS. 82-90.

Schmälerung der *Macht* Gottes, da Verwandtschaftsbeziehungen, Assoziationen jeder Art und erst recht Söhne nur sinnvoll sind, wenn man schwach ist, Hilfe braucht und besonders jemanden, der die Erinnerung (dzikr) an einen auch post mortem durchhält (hier liegt der eigentliche, der zweite Tod eines sohnlosen Menschen: er wird vergessen) sowie das geistige und materielle Erbe antritt[23], - zum andern aber gerade darin, daß diese Aufweichung des heilsgeschichtlich einzig entscheidenden Urdatums mit der Vorstellung arbeitet, Gott könnte besondere Gruppen von Menschen privilegieren, speziell erwählen und in eine besondere Nähe zu sich stellen, nach dem anthropologischen Schema: Sohn - Vertrauter - Günstling:

> Und die Juden und Christen sagen: "Wir sind Gottes Söhne und seine Günstlinge" ... (Sure 5,18)[24].

[23] Der Koran betont immer wieder, daß Gott die Welt *allein* geschaffen hat und auch alleine (ohne Söhne und andere Assoziierte) regiert bzw. regieren kann (Sure 17,111; 22,64; 10,68; 2,115/16; 25,2; 38,9/10; 4,171; 35,40; 13,16), daß mehrere Götter kosmische Unordnung verursachen würden auf Grund interner Machtkämpfe (Sure 21,22; 23,91), kurz, daß Allâh alleine ist und unvergleichlich (Sure 112: 1. Sag: Er ist Gott, ein Einziger, 2. Gott durch und durch ... 3. Er hat weder gezeugt noch ist er gezeugt worden. 4. Und keiner ist ihm ebenbürtig.) - Der Koran braucht dieses Machtargument, um die Schöpferkraft abzusichern, die dann wiederum als Basis für die Ermöglichung der zweiten Schöpfung, der Auferstehung und des Gerichtes gilt (Sure 15,26 f; 79,27-33; 56,57-73; 50,6-11; 19,67; 36,77-83; 17,49-52; 75,36-40; 31,28; 45,26). Die klassische Theologie faßt das axiomatisch so zusammen: lianna al-khalq yastad'î al-qudrata: Schaffen erfordert Kraft/Macht (Zamakhsharî, al-kashshâf, Kairo 1948, II, S. 367, à propos Sure 112,3). Über die Tatsache, daß Gott auf Grund seiner *Ewigkeit* keine Söhne braucht (Erinnerung post mortem sowie Vererbung wird überflüssig) lassen sich auch die Korankommentatoren ausführlich aus. Zum Ganzen s. Th. Mooren *Monothéisme* ..., SS. 543-551; ders. *Paternité* ..., SS. 89-105; ders. *Islam und Christentum* ..., SS. 21-25 [hier: 76-80].

[24] Daß die Anthropologie neben der Idee: Nachkommenschaft aus Schwäche auch diesen Interpretationsstrang in bezug auf Filiation und Genealogie zuläßt, haben wir eingehend erläutert in *Abstammung und Heiliges Buch. Zur Frage der semantischen Bedeutsamkeit anthroplogischer Strukturen im Alten Vorderen Orient im Hinblick auf den koranischen Monotheismus.* SS. 14-28 [hier: 118-136], in: *Zeitschrift für Missionswissenschaft und Religionswissenschaft*, (65) 1981, SS. 14-39 [hier: 118-147]; s. auch Resumé dieses Aufsatzes: *Descent and Holy Book. Anthropological Structures and Monotheism in the Near East*, in: *abstracts in german anthropology*, (4) 1982, n° 82-166; s. auch unsere Arbeit *Parenté et Religion Arabe Préislamique*, Koblenz 1979, SS. 11-64. - Aus den Söhnen und Günstlingen können im übrigen schnell Ersatzgötter werden, die den Blick auf den wahren Gott verstellen - der Koran nennt das: das Licht Allâhs

Oder:

Und sie (Juden und Christen) sagen: "Niemand wird ins Paradies eingehen außer denen, die Juden und Christen sind" (Sure 2,111).

Mit andern Worten: in der Religion der "fitra", der ersten Schöpfungsstunde, sind wir mit den Themen Macht und Unparteilichkeit konfrontiert, wobei Macht im spezifischen Licht der Filiationsdiskussion besonders bedeutet: *Selbstgenügsamkeit* Allâhs[25] und Unparteilichkeit letztlich: *Universalismus*[26].

---

auslöschen wollen (Sure 9,32): "Sie haben sich ihre Gelehrten und Mönche sowie Christus, den Sohn der Maria, an Gottes statt zu Herren genommen. Dabei ist ihnen (doch) nichts anderes befohlen worden, als einem einzigen Gott zu dienen, außer dem es keinen Gott gibt. Gepriesen sei er! ... (Sure 9,31)."

[25] Die Selbstgenügsamkeit Gottes ist das umgekehrte Gesicht der Sohnlosigkeit oder genauer: des Es-Sich-Leisten-Könnens der Sohnlosigkeit (im Gegensatz zum Menschen), wie aus der Analyse des arabischen Terminus' "abtar", sohnlos, ohne Nachkommenschaft, in Sure 108,3 auf Muhammad angewandt - er blieb ohne überlebende männliche Nachkommen - erhellt. Zur Selbstgenügsamkeit Allâhs s. Sure 10,68: "Sie (d.h. die Ungläubigen ...) sagen: 'Gott hat sich ein Kind (oder Kinder) zugelegt.' Gepriesen sei er! Er ist der, der reich (oder auf niemand angewiesen) ist (und so etwas nicht nötig hat). Ihm gehört (ohnehin alles), was im Himmel und auf der Erde ist" (cf. auch Sure 31,26; 22,64; 4,131; 17,111; selbstgenügsam = ghanyyu). - Zur Diskussion des arabischen "abtar" und der theologischen Implikationen der daraus resultierenden Idee der Autonomie s. auch unsere Arbeiten: *Paternité* ..., SS. 90 ff; *Monothéisme* ..., SS. 538 ff; *Mythos, Monotheismus und Spekulation. Zur Rolle der Vernunft angesichts göttlicher Macht unter besonderer Berücksichtigung des Islams*, SS. 184-192 [hier: 95-105], in: *Theologie und Philosophie*, (57) 1982, SS. 178-201 [hier: 87-117]; *Macht und Abstraktion. Sprache und Wahrnehmung vor dem Hintergrund radikal-monotheistischer Theologie*, SS 243-248 [hier 248-256], in: *Theologie und Philosophie*, (59) 1984, SS. 235-248 [hier: 234-256] u. speziell in bezug auf das Problem der Zeitlichkeit: *Auszug aus der Zeit in Kunst und Religion. Gedanken im Anschluß an Marina Scriabine*, SS. 43/4 [hier: 303-307], in: *Wissenschaft und Weisheit*, (46) 1983, SS. 36-52 [hier 294-317].

[26] Der sohnlose Gott ist kein partikularer Stammesgott, sondern, frei von jeder Verwandtschaft ("nasab", cf. Sure 37,158), kann er als der Gott *aller* arabischen Stämme fungieren, bevor er, über den Missionsweg, als Gott aller Menschen anerkannt werden kann. - Der politische Effekt der Unparteilichkeit Gottes - Einigung Arabiens - ist demnach nicht zu unterschätzen. Zum Problem Monotheismus und arabische Einigung s. auch G.E. von Grunebaum, *The Nature of Arab Unity*, bes. S. 7, in *Arabica* (10) 1963, SS. 5-23; M. Rodinson, *op. cit.*, SS. 249-329; W.,M. Watt, *Mahomet à Médine*, SS. 99-179; Th. Mooren, *Paternité...*, SS. 109-120; ders. *Monothéisme* ..., SS. 554/555; ders. *Abstammung* ..., S. 32 [hier: 142]; ders. *Parenté* ..., SS. 55/6; J. Chelhod, *Introduction* ..., z.B. SS.

Eine Konsequenz dieses autonomen, in seiner Macht durch nichts geschmälerten Gottes ist seine radikale Transzendenz, die trotz der fundamentalen Behauptung seiner Barmherzigkeit ("arrahmân - arrahîm") den Menschen zuallerst in *Glaube, Dienst* und *Gehorsam* und nicht in die *liebende Nähe* beruft. Gott ist eben vor allem und kompromißlos der Ganz-Andere[27].

Diese fundamentale, unüberbietbare Distanz zwischen Gott und Mensch zeigt sich schon in den Berufungsvisionen des Propheten Muhammad, in jenen beeindruckenden Versen der Sure 53, genannt "der Stern", die den Durchbruch Muhammads zu innerem Frieden und Sicherheit, zu *seinem* Weg markieren:

152/3. - Schließlich sei noch auf die vergleichbare Problemlage des ebenfalls sohnlosen Yahwes verwiesen. S. dazu z.B. B. Lang, *Jahwe allein! Ursprung und Gestalt des biblischen Monotheismus*, bes. SS. 33/4, in: *Concilium* (21) 1985, SS. 30-35.

[27] S. dazu Sure 19,93: "Es gibt niemanden im Himmel und auf der Erde, der nicht ... als Diener ('abd) zum Barmherzigen kommen würde." S. ferner auch Sure 6,103: "Die Blicke (der Menschen) erreichen ihn nicht, werden aber von ihm erreicht." S. hierzu auch unsere Erörterungen in *Monothéisme* ..., S. 547; *Paternité* ..., S. 98/9, 187-231; *Islam und Christentum* ..., SS. 14/5, 25/6 [hier: 67-69, 80-82]; *Abstammung* ..., SS. 28-36 [hier 136-147]; *Mythos* ..., SS. 192-201 [hier 105-117]; *Macht und Abstraktion* ..., S. 246 [hier: 252-254]. - S. hierzu auch R. Caspar, *Der Monotheismus des Islams und seine bleibende Bedeutung*, in: *Concilium*, (21) 1985, SS. 46-54, wo das Ganz-Anders-Sein Gottes ebenfalls anerkannt wird (bes. ibid., S. 48: "Er ist der ganz Andere und 'nichts ist ihm gleich'..."), der Autor dann aber fortfährt: "Es ist aber erneut darauf zu achten, daß Transzendenz nicht Ferne bedeutet ... Gott ist dem Menschen nahe und lädt ihn ein, näherzutreten (Koran) (ibid., S. 48)." - Dazu möchten wir folgendes anmerken: zur "Nähe" s. weiter unten unsere Erläuterungen im Zusammenhang mit Sure 53; ferner: selbst, wenn man anerkennt, daß der philosophische Begriff Transzendenz nicht *dasselbe* ist wie Ferne, sondern auch noch anderes an mehr sagt, muß doch grundsätzlich unterschieden werden zwischen der theoretisch-theologischen Aussage und Ausformulierung des Gottesbildes, die *Distanz* aufrichten können, und der *faktisch* möglichen Nähe, z.B. im Geschenk des Glaubens und vor allem des *Gebetes*, das das Innere eines jeden Herzens betrifft und daher jede *Dogmatik "transzendiert"*. Wahres Beten z.B. entzieht sich ipso facto jedem Zugriff und bedeutet immer Nähe Gottes, ganz gleich, wie der theologisch-systematische Kontext aussieht! - Im übrigen spricht Caspar selbst ein wenig später (ibid., S. 50) auch von einem "grundsätzlich verschiedenen Verständnis von der Einzigkeit und Transzendenz Gottes" in Christentum und Islam; - s. hierzu auch Th. Mooren, *Islam und Christentum* ..., Anm. 39, S. 23 [hier: 78]. - Zum Ganzen s. auch unten Anm. 30,65 u. 66.

1. Beim Stern, wenn er ... fällt! 2. Euer Landsmann ... ist nicht fehlgeleitet und befindet sich nicht im Irrtum. 3. Und er spricht auch nicht aus (persönlicher) Neigung. 4. Es ... ist nichts anderes als eine inspirierte Offenbarung. 5. Gelehrt hat (es) ihn einer, der über große Kräfte verfügt, 6. und dem Festigkeit eigen ist. Er stand aufrecht da, 7. (in der Ferne) ganz oben am Horizont. 8. Hierauf näherte er sich und kam (immer weiter) nach unten 9. und war (schließlich ...) zwei Bogenlängen ... (entfernt) oder ... näher ... 10. Und er gab seinem Diener (d.h. Mohammed) jene Offenbarung ein. 11. Was er ... gesehen hat, hat er nicht ... sich selber vorgelogen ... 12. Wollt ihr denn mit ihm streiten über das, was er (mit eigenen Augen) sieht?

Es ist jene Distanz von, symbolisch gesprochen "zwei Bogenlängen", hinter die der Prophet nicht zurück kann. Weiter vorzudringen, hätte er, wie es anläßlich einer zweiten Vision heißt, als anmaßend ("ṭaghâ⁽ʳ⁾") empfunden (Sure 53,17). Zwar schweift der Blick des Propheten nicht ab (ibid., v. 17), Wie gebannt sieht er die "großen Zeichen seines Herrn" (ibid., v. 18) - aber wir sind weit entfernt vom "eingeborenen Sohn, der an der Brust des Vaters ruht" ("eis ton kólpon tou patros", Jo 1,18)[28]. Auch die mystische, von Jerusalem aus unternommene Fahrt in den Himmel bringt Muḥammad nicht weiter: Gott läßt ihn etwas von seinen Zeichen sehen (Sure 17,1), bzw., wie fromme Tradition wissen will, Muḥammad begegnet im Siebten Himmel Abraham, der aussieht wie er selbst[29] - und den Schutz Abrahams des Ḥanîfen verläßt Muḥammad Zeit seines Lebens nicht[30].

[28] Auch Muḥammad als Prophet, so wie überhaupt jeder Mensch, befindet sich grundsätzlich immer in der von Jesus in Sure 5,116 beschriebenen Situation, wenn es um das Verhältnis zu Gott geht: "... Du (gemeint ist Gott) weißt Bescheid über das, was ich (an Gedanken) in mir hege. Aber ich weiß über das, was du in dir hegst, nicht Bescheid ..."

[29] Cf. M. Hayek, Le Mystère ..., S. 287.

[30] Was grundsätzlich das Problem der Distanz im Offenbarungsakt angeht, so drückt spätere Theologie das so aus: der Standard jeglicher Offenbarung Gottes an den Menschen, abgesehen von der Art und Weise, wie Gott sich dem Propheten geoffenbart hat, ist die Begegnung des Moses mit Gott im brennenden Dornbusch. Mehr gibt es nicht zu sehen. Nur das göttliche Wort ist hörbar. Gott wendet im Offenbarungsakt ("fî zuhûr") der Schöpfung den Rücken zu (cf. Ex 33,23). Jede "Volloffenbarung" Gottes in der Fülle seines göttlichen Lichtes hätte Vernichtung der Schöpfung zur Folge: "atfâ, akhmada" - s. dazu z.B. die *maqâlah masîhiyah* ("peut-etre authentique") des Fatimidenkalifen Moʿizz (953-

3. Protest gegen die Auserwählung

a) Die Perspektive des Korans

Wir sprachen oben davon, daß, wohl mehr noch im Hinblick auf die Juden als auf die Christen, eine *direkte* Konkurrenzsituation zum Islam unvermeidbar war. Sure 5,18 gab schon das Thema an: Juden und Christen behaupten, Söhne Gottes und seine Günstlinge zu sein. Sure 5,64, in bezug auf die Juden, formuliert das noch viel schärfer:

> Und die Juden sagen: 'Die Hand Gottes ist gefesselt' ... Ihre eigenen Hände sollen gefesselt sein, und verflucht sollen sie sein (zur Strafe) für das, was sie (da) sagen. Nein! Er hat seine beiden Hände ausgebreitet und spendet, wie er will ...

Es geht also um ein klares Aufbegehren gegen die Idee des Auserwählten Volkes, die Vorstellung, die Schätze Gottes seien ein für alle mal vergeben, und zwar in der Form einer Monopolstellung *einer* Religion, bzw. eines *einzigen* Volkes. Dieses Monopol hätte zur Folge, daß nur Eingliederung in und Unterwerfung unter die Träger dieses Privilegs Außenstehenden den Zugang zu diesen Schätzen, zur Offenbarung, ermöglichen würde. Es ist jedoch klar, daß der Prophet diesen Weg nicht gewählt hat. Er ist weder Christ und erst recht kein Jude geworden. Im Gegenteil, *gerade im Namen des Monotheismus* schlägt er seine eigenen Zelte auf und beansprucht einen deutlich unterschiedenen Platz im Konzert der beiden großen Religionen. Dabei ist es charakteristisch, daß er den Monotheismus, wie wir gesehen haben, gerade damit er das Unterscheidungsmerkmal nicht nur "Heiden", sondern auch Juden und Christen gegenüber sein konnte, verschärft, dermaßen radikalisiert, daß er im Grunde nicht mehr als gemeinsamer Nenner für alle "Schriftbesitzer" fungieren kann, es sei denn nach dem Schema: ursprünglich richtige Wahrheit (insofern noch identisch mit dem

---

975), SS. 215-217, bes. S. 216, 1.2 ff, in: L. Massignon, *Recueil des textes inédits concernant l'histoire de la Mystique en pays d'Islam*, Paris 1929. - Der "Vernichtungseffekt" der Volloffenbarung wird christlicherseits nicht bestritten, aber inkarnatorisch gelöst, häufig im Bild Sonne-Sonnenstrahlen, Spiegel-Reflexion etc., s. Origenes, Gregor von Nyssa etc. Cf. u.a. J. Daniélou, *Platonisme et Théologie mystique. Essai sur la doctrine spirituelle de Saint Grégoire de Nysse*, Paris 1944; H. Crouzel, *Origène et la Philosophie*, Paris 1962; F. Bertrand, *Mystique de Jésus chez Origène*, Paris 1951.

Koran) - Abweichung[31]. Daran ändert auch die Tatsache nichts, daß die Kraft der muslimischen Negation letztlich doch nur auf Grund des in den *Positionen* liegenden Sprengstoffs zum Zünden kommt[32].

Wer als Garant dieses radikalen Monotheismus und damit der weit geöffneten Hände Allâhs fungiert, haben wir schon gesehen: es ist Abraham der Hanîf. Die konkreten Maßnahmen jedoch mit denen das Öffnen der Hände Gottes vorgenommen wird, lassen sich praktisch in dem einen Kampfruf zusammenfassen: eine arabische Religion für Araber![33] Erwähnt sei z.b. die Bedeutung der arabischen Sprache selbst, und zwar als Sprache der Offenbarung Gottes - im Gegensatz zu syrisch, hebräisch etc. Sure 16,103 betont mit Stolz in bezug auf den Koran: "Dies hingegen ist deutliche arabische Sprache." Und Sure 42,7 führt aus:

Und so haben wir einen arabischen Koran (als Offenbarung) eingegeben, damit du die Hauptstadt (d.h. Mekka) und die Leute in ihrer Umgebung warnst, und damit du (deine Landsleute) vor dem Tag der Versammlung warnst (dem jüngsten Tag), an dem nicht zu zweifeln ist.

Abraham wird "repatriiert", zum Ahnherrn der Mekkaner erklärt und in Sure 2,125.127 zum Erbauer der Kaʿba, zusammen mit Ismael - kurz: die ganze Politik der Islamisierung alten arabischen Traditionsgutes steht hier an. Abraham betet in Sure 2,218:

Und mach, Herr, daß wir (beide = Abraham und Ismael) dir ergeben sind, und (mach) Leute aus *unserer Nachkommenschaft* (min dzurriya-tinâ) zu einer dir ergebenen Gemeinde! Und zeig uns unsere Riten!

Und Sure 14 führt weiter aus:

35. Und (damals) als Abraham sagte: 'Herr! Mach diese Ortschaft (d.h. Mekka, die Stätte der Kaʿba) sicher! Und laß mich und meine Söhne es vermeiden, den Götzen zu dienen! 36. Herr! Sie (d.h. die Götzen) haben viele von den Menschen irregeführt. Wenn nun einer mir folgt, gehört er zu mir ... 37. Herr! Ich habe Leute aus meiner Nachkommenschaft in einem Tal, in dem kein Getreide wächst, bei deinem geheiligten Haus

---

[31] S. oben, Anm. 21.

[32] Zum Problem des Monotheismus als Bruchstelle und dem Verhältnis Position-Negation s. auch: Th. Mooren, *Paternité* ..., SS. 78-82, 99/100 u. bes. 208-211.

[33] S.M. Rodinson, *Mahomet*, S. 272. Zum Folgenden auch Th. Mooren, *op. cit.*, SS. 109-120.

(d.h. der Ka'ba) Wohnung nehmen lassen, Herr, damit sie das Gebet verrichten ... 40. Herr! Mach, daß ich das Gebet verrichte, (ich) und (auch) Leute aus meiner Nachkommenschaft, Herr, und nimm mein Gebet an! 41. Herr! Vergib mir und meinen Eltern und den Gläubigen am Tag, da die Abrechnung anhebt![34]

Aus dieser Perspektive heraus ist die von Muḥammad in Medina gegründete Gemeinde, die "umma", die im Grunde wie ein "monotheistischer Stamm" funktioniert[35], nichts anderes als die kernhafte, noch im Exil befindliche Verwirklichung dieses berühmten Abrahamgebetes. Sie wird, Mekka einmal zurückerobert, voll zur Blüte kommen. Stolz sagt daher der Prophet von seiner Gemeinde:

Ihr (Gläubigen) seid die beste Gemeinschaft (umma), die unter den Menschen entstanden ist ... ihr gebietet, was recht ist, verbietet, was verwerflich ist, und glaubt an Gott (Sure 3,110).

b) Die biblische Perspektive

Die obige Analyse hat gezeigt, wie der Koran die Monopolstellung des Christentums und erst recht des Judentums bricht. Biblischerseits kann allerdings mit diesem Protest gegen die Auserwählung ein Name verbunden werden, und zwar kein anderer als der des Abrahamsohnes *Ismael*. Damit meinen wir, daß es *theologisch* gesehen legitim erscheint, im Islam, gerade was die Seite des ihm innewohnenden Protestes angeht, die Einlösung des von Yahwe an den Abraham-Hagarsohn gegebenen Versprechens zu sehen: Gen 16,10/11; 17,20; 21,18[36].

---

[34] Zu dieser Verquickung von spirituellen und Verwandtschaftsbanden s. auch den Kommentar ad loc. von M. Hayek, *Le Mystère* ..., SS. 185/6.

[35] Es ist interessant, in diesem Zusmmenhang zu erwähnen, daß die Absage an jede Art von Verwandtschaftsideologie in bezug auf Allâh, in vertikalerweise also, auf der Horizontalebene, der Geschichtsachse, mit Abraham als Ahnherrn wieder eingeführt wird. S. hierzu Th. Mooren, *Monothèisme* ..., SS. 554/55.

[36] S. hierzu: Th. Mooren, *Islam und Christentum* ..., Anm. 36, SS. 21/22, wo wir bes. M. Hayeks bahnbrechenden Entwurf Ismael betreffend besprechen, wie dieser ihn in *Le Mystère* ... u. *Les arabes* ... dargestellt hat. S. auch unsere vor indonesischen Studenten entwickelten Ideen in: *Pengantar Agama Islam*, I. *Islam. Pencaharian Identitas Orang Arab* (Einführung in den Islam, I. Islam. Die Suche nach einer arabischen Identität), Pematang Siantar 1981, bes. SS. 53-72.

Dabei ist es unserer Meinung nach nicht notwendig, an der ideologischen Konstruktion einer *somatischen* Abstammung der Araber von Abraham-Ismael festzuhalten[37], selbst wenn die Ismaeldeszendenz der Araber biblischen Vorstellungen entspricht. Viel wichtiger erscheint uns, daß der Wildeselmensch von Gen 16,12, dessen Hand gegen jedermann gerichtet ist und jedermanns Hand gegen ihn, der all seinen Brüdern entgegengesetzt wohnt, *inhaltlich*, strukturell, d.h. vom theologischen Impetus und der theologischen Thematik her mit dem Islam assoziiert werden kann.

Ebensowenig ist die hier vorgeschlagene theologische Interpretation des muslimischen Protestes an die Frage gebunden, ob der Koran *explizit*, d.h. unter Hinweis auf die in der Bibel erzählte Geschichte die Konsequenzen aus der Ismaelverheißung zieht. Sicherlich, es dürfte äußerst unwahrscheinlich sein, daß Muḥammad bei seinen Disputen mit den Juden nichts von der Ismaelverheißung gehört hat, bzw. eher von der Verstoßung des Hagarsohnes - um jüdischerseits die Auserwählung

---

[37] An dieser Frage interessiert uns lediglich, daß das Abstammungsargument als zusätzliches *ideologisches* Argument koranischer wie biblischerseits benutzt wurde, um eine entsprechende Theologie zu untermauern. - anders jedoch M. Hayek, *Les arabes ...*, bes. SS. 121 ff. S. zu dieser Frage auch die Rezension R. Caspars der Arbeit von R. Dagorn, *La geste d'Ismaël d'après l'onomastique et la tradition arabes*, Paris 1981, in: *Islamochristiana* (8) 1982, SS. 280-286. - In der modernen apologetischen Tradition hat Rashîd Ridhâ` (gest. 1935), der Schüler Muḥammad ʿAbdus (gest. 1905), versucht, die Ismaelprophezeiung von Gen 17,20 ("... ich werde ihn zu einem großen Volke machen") für den Islam in Beschlag zu nehmen: "Throughout his arguments, Riḍâ` supplies ingenious arithmetical and linguistic evidence to prove that the scriptural references can only apply to Muḥammad. One such example is in connection with the word 'a great nation'... Quoting al-imâm Qurtubî, who in turn relies on the Jewish convert ʿAbd al-Salâm, our author explains that each letter in the Hebrew language stood for a number and that if we added the numbers in the words 'a great nation' the resulting figure would be the same as the one resulting from the name Muḥammad - i.e., 92. Hence, he concludes Muḥammad is actually alluded to in the above prophecy [Gen 17,20]." (Y.H.R. Seferta, *The Prophethood of Muhammad in the Writings of Muhammad ʿAbdu and Rashîd Ridâ`*, S. 14, in: *Hamdard Islamicus*, (8) 1985, SS. 11-29). - In unseren Augen erfüllt die behauptete Abrahamsdeszendenz dieselbe Funktion (wenn auch in entgegengesetzter Richtung) wie z.B. die von gewissen Papuas behauptete Abstammung von Ham, um im Rahmen des Cargo-Kultes die Benachteiligung den Weißen gegenüber zu erklären: P. Lawrence, *Die Cargo-Bewegung im südlichen Madang-Distrikt von Neuguinea*, S. 196, in: *Kölner Zeitschrift für Soziologie und Sozialpsychologie*, (13) 1969, Ss. 182-218.

Isaaks (Gen 17,19.21) herauszustreichen, - daß er nicht zumindest unbewußt irgendwie in die Rolle Ismaels eingestiegen ist[38]; aber als argumentativ-erläuternder Hinweis liegt das so nicht vor.

Dennoch - Muḥammad offenbart sich als "alter Ismael" durch die ganze Anlage seiner Theologie, durch die gesamte Stoßrichtung seines Handelns[39]: überall, und gerade nicht nur im geographischen Sinn, wohnt er Isaak entgegengesetzt, seine Hand ausstreckend gegen den Bruder und dieser gegen ihn. Setzt sein Bruder Positionen, verneint er (Beispiel Filiation), verschärft er (Beispiel Transzendenz), zieht gleich oder übertrumpft gar (Beispiel Auserwählung und Sure 3,110). Mekka wird gegen Jerusalem gestellt (Beispiel "qibla", Gebetsrichtung; Wallfahrt), das eintägige Fasten (yôm kippur) in den einmonatigen Ramadhân hinein verlängert etc.

Er tut dies aber noch als Bruder, wenn auch als "feindlicher", d.h. auf demselben theologisch-ideologischem Boden stehend. Auf diese Weise findet der Islam zu seiner Identität - der ausgestoßene, verachtete Araber ohne eigene Offenbarung macht gerade aus diesem Verachtetsein einen Ehrentitel, kehrt seinen Inhalt stolz ins Positive um. Wird Muḥammad abschätzig der "Heide" - "ummî" - genannt, so kontert der "theologische Wildesel"[40] stolz nch dem Schema: Heide ja - aber was für einer!, macht aus dem, was ihn theologisch vernichten sollte,

---

[38] Die wachsende Bedeutung Ismaels im Koran scheint das anzudeuten: es ist Ismael, der Abraham beim Bau der Kaʿba hilft (Sure 2,125.127), Ismael, der im Gebet Sure 14 vor Isaak genannt wird: "Lob sei Gott, der mir trotz meines hohen Alters den Ismael und den Isaak geschenkt hat" (v. 39), Ismael, der in der Aufzählung der Propheten in Sure 4,163 vor Isaak genannt wird - aber das *allein* wäre zu wenig, um von einer *expliziten* Inanspruchnahme der Ismaelverheißung durch den Koran zu sprechen. In diesem Punkt, aber nur in ihm (Position und Vorkommen des Namens Ismael) teilen wir Y. Moubarac's Skepsis: "En fait, Ismaël n'a pas plus de portée qu'Isaac dans la prédication coranique. Il fait en sorte qu'il y ait une appartenance charnelle de l'Islam par rapport à Abraham (*Abraham dans le Coran. L'Histoire d'Abraham dans le Coran et la Naissance de l'Islam*, Paris 1958, Anm. 1, S. 147); als Gesamtwertung kann dies jedoch in unseren Augen nicht gelten, und zwar wegen des mit Ismael gestellten theologischen Problems.

[39] Dieser Aspekt ist auch sehr gut in den genannten Werken M. Hayeks herausgearbeitet.

[40] Diese Bezeichnung ist keineswegs verachtend, sondern als Ausdruck der Sympathie gemeint.

unbesehen seinen "lettre de créance": Muḥammad, Gesandter Gottes, Heidenprophet![41] Nennt man ihn "Häretiker", geht er genauso vor[42].

Ist es aber möglich - wir haben uns hier natürlich auf eine grobe Skizzierung beschränken müssen -, auf diese Weise den muslimischen Protest gegen die Auserwählung *theologisch* mit dem *Charakter* Ismaels in Verbindung zu bringen, so sollte man ihm m.E. auch nicht die Frucht der an Ismael gerichteten Verheißung verwehren, theologisch gesprochen: jenen Platz in der Heilsgeschichte, den die Bibel selbst in Gen 16,10/11; 17,20; 21,18 Ismael als eine Art "Parallelverheißung", wenn auch nicht gleichwertig zur Isaakverheißung, zur Verfügung stellt. Höchstwahrscheinlich im Gegensatz zu den jüdischen Kontrahenten des Propheten und manch modernen Theologen, bindet die Bibel selbst also keineswegs (oder keineswegs ausschließlich) die Hände Gottes[43] - warum sollte es

---

[41] So in Sure 7,157 u. 158; der negative Gebrauch von "Heide" ist noch erhalten in 3,20: "... Und sag zu denen, die die Schrift erhalten haben, und zu den Heiden: Wollt ihr (jetzt) den Islam annehmen? ..." In der späteren traditionellen Exegese wird "heidnisch" = "ummî" mit ungebildet, des Schreibens und Lesens unkundig wiedergegeben, um durch dieses historisch keineswegs gesicherte Analphabetentum des Propheten das Wunder der Koranoffenbarung noch mehr zu unterstreichen. Der Begriff kommt jedoch aus dem Hebräischen "ommot ha-`olam", wo er die "Nationen", die "Heiden" bezeichnet. Er gehört zu jenen Wortspielen, mit denen die Juden den Propheten als "ethnikos", als zur "massa damnata" gehörig, zu disqualifizieren versuchten. S. hierzu M. Hayek, *Le Mystère* ..., SS. 83/4, bes. Anm. 5, SS. 83/4, wo Hayek J. Horovitz, *Koranische Untersuchungen*, Berlin, Leipzig 1926, SS. 52, 67 folgt; s. auch M. Hayek, *op. cit.*, SS. 142 ff. S. ferner in EI¹, Art. "ummi".

[42] Dies dürfte nämlich der eigentliche Sinn des Begriffes Ḥanîf sein, in der Grundbedeutung von "ḥanafa" sich abkehren, seinen Rücken wenden, verachten. Zur Erklärung stehen z.B. das syrische "ḥanfo-ḥanpâ": gottlos, heidnisch; das hebräische "ḥanef": pervers; das aramäische "ḥanfa": falschen Sinnes, hochmütig; das ugaritische "ḥnp": pietätlos, bereit. Muhammad nimmt auf, übernimmt, aber nie ohne zu verwandeln, in Positionen zu kehren, was Negation meint, und sei es: Häretiker in Rechtgläubiger. - S. hierzu auch M. Hayek, *op. cit.*, SS. 136-152; cf. auch bes. in bezug auf die philologische Seite des Begriffs die Bestandsaufnahme bei Y. Moubarac, *op. cit.*, Ss. 151-161.

[43] Sicher, der *Bund*, "berît", wird nur mit Isaak geschlossen (Gen 17,21), der heilsgeschichtliche Strom, mit Aussicht auf weitere Verheißungen und Zukunft, über diesen Sarasohn gelenkt; Ismaels "Ansprüche", dadurch daß er Vater der 12 Fürsten wird (Gen 17,20) gewissermaßen ein für alle mal "abgegolten". In der oft merkantilen Sprache des Korans könnte man auch sagen: Ismael wird "ausbezahlt".

also eine von der Bibel herkommende, besonders christliche Interpretation des Islam tun und ihm dieses Stück Heilsgeschichte bestreiten?

Es ist jedenfalls interessant, daß schon die esten christlichen Chronisten, noch überrascht vom plötzlichen Auftreten der Muslime auf der geschichtlichen Bühne, von "Hagaräern" oder "Ismaeliten" sprechen[44]. Und Kaiser Heraclius von Byzanz (610-641), der sich als erster in einer langen Reihe von Kaisern mit dem Islam und seinen Reitern auseinandersetzen mußte, äußert sich seinen Bischöfen und Generälen gegenüber folgendermaßen:

Dieses Volk ist wie der Abend, in der Mitte zwischen Tag und Nacht, weder klar noch dunkel; in derselben Weise: dieses Volk ist weder von der Sonne unseres Herrn Jesus Christus erleuchtet, noch völlig in die Finsternis der Idolatrie/Heidentum getaucht[45].

[44] S. dazu A. Ducellier, *Le Miroir de l'Islam. Musulmans et Chrétiens d'Orient au Moyen Age (VIIe-XIe siècle)*, Paris 1971, SS. 23-36.
[45] *Chronique de Séert, Patrologia Orientalis*, XIII, S. 626; zit. nach A. Ducellier, *op. cit.*, S. 36, übersetzt v. Th. M. - Und die Chronik berichtet weiter, daß die Bischöfe den Kaiser über die biblische Verheißung in bezug auf Abraham, Ismael informierten und daraus schlossen, daß das Erscheinen der Araber vor den Grenzen "notwendig" sei (weil biblisch vorhergesagt), s. ibid., S. 36. Die strategische Schlußfolgerung, die der Kaiser zog, ist interessant: "Héraclius ordonna à ses gens de ne pas s'opposer à l'ordre de Dieu en luttant avec ce peuple, mais de se borner à défendre les villes et les provinces qui leur étaient confiées et, dans le cas où on l'exigerait d'eux, de payer le tribut (ibid., S. 36)." - Zum Problem Islam-Byzanz in späteren Zeiten s. auch, was die theologische Seite betrifft: A.-Th. Khoury, *Polémique Byzantine contre l'Islam (VIIIe-XIIIe s.)*, Leiden ²1972. - Wir möchten zum Ganzen noch folgendes bemerken: M. Hayek schreibt in Hinblick auf den ismaelitischen Zweig der Heilsgeschichte: "Le Coran qu'il (Muḥammad) apporte est globalement un livre prophétique, dont le niveau théologique se situe là où Mahomet saisissait l'histoire religieuse: non point dans la chronologie de l'Histoire Sainte, six siècles après la Pentecôte, mais à cette étape archaïque de l'Histoire où Abraham chassa Ismaël et sa mère Hagar du foyer. Sa prophétie se limite à cette tranche de l'Histoire Sainte (*Le Mystère* ..., SS. 84/5)." - Das II. Vaticanum gesteht dem Islam diesen Platz nicht zu. Es läßt ihn, wie in *de religione Islamica*, § 3 der Deklaration über die nichtchristlichen Religionen (*nostra aetate*, 1965) und bes. *Lumen Gentium*, Kap. II, *De populo Dei*, § 16 lediglich den ersten Platz unter den monotheistischen, aber nicht biblischen Religionen einnehmen (s. dazu R. Caspar, *Cours de Théologie Musulmane*, Institut Pontifical d'Études Arabes, Rom 1968, SS. 33 bis u. ter). - Es dürfte ferner klar geworden sein, daß wir keineswegs Anhänger der "Voie parallèle" sind, Christus und Muhammad, Kirche (spirituelles Israel) und Islam (spirituelle Ismael) gleichsetzend. (Zu dieser Massignon-Moubarac-These s. ibid., SS. 36-38). Aber es schient uns möglich, in Ismael den Anwalt oder zwischen-

c) Die anthropologische Perspektive

Betrachtet man den soeben beschriebenen "ismaelitischen" Impetus des Islams, die Art und Weise, wie er die von Isaak und seinen Erben (leiblichen wie geistigen) "fälschlicherweise" für sich allein beanspruchten Schätze revindiziert, so kommt man nicht umhin, aus anthropologisch-religionsethnologischer Sicht die Aktion Muḥammads in eine Reihe ähnlicher Unternehmen zu stellen, die von Messianismus und Millenarismus bis hin zum Cargo-Kult reichen[46]. Die Terminologie in Hinblick auf diese Bewegungen ist so schwankend und vielschichtig wie diese Bewegungen selbst. Je nachdem, wo man auf diese Phänomene gestoßen war, sprach, bzw. spricht man, von Ghost- oder Sun Dance Religion, Vailala Madness, Peyotism, Naked Cult etc., allgemeiner von Krisen-Kulten oder Rebellionsbewegungen, Visionary Heresy oder kulturellen Adjustment-Bewegungen, man sah Protonationalismus oder Nationalismus oder unterstrich den Charakter der Primary Resistance. Allgemeiner

zeitlichen Sachwalter all der Völker und Kulturen zu sehen, die auf Grund der Tatsache, daß Inkarnation sich nur über konkret geschichtlichen *Ausschluß* (= Konzentrierung auf *eine* heilsgeschichtliche Linie) vollziehen konnte, draußen geblieben sind. Seit dem Erscheinen Christi ist - für Christen - dieses Schema zwar, einer Krücke gleich, überholt und ohne aktuelle Bedeutung (Gal 3,26-29; Jo 8,39 und noch schärfer mit Bezug auf das ganze zugrundeliegende Schema Mt 3,10) - solange aber diese heilsgeschichtliche Wende nicht auch *de facto* universal realisiert ist, bleibt die Interpellation aller sich noch mit Hagar und Ismael in der "Wüste" Befindenden (Gen 21,14) bestehen. - Wir müssen aber hier auch feststellen, daß die soeben entwickelte theologische Interpretation nur den Protest-Aspekt des Islam betreffen kann und nicht den ganzen, fertigen Islam in seinem heutigen Selbstverständnis. (S. Th. Mooren, *Islam und Christentum ...*, Anm. 36, S. 22) Der Islam kann nicht auf Ismael reduziert werden. Andererseits verliert er das Recht auf Anwaltschaft der Ausgestoßenen in dem Moment, wo er selber exklusivistisch-absolutistisch auftritt (Endphase). Er verwirkt dann gewissermaßen seine speziell biblischen Rechte, bzw. genauer, die an Ismael gebundenen, um im Rahmen etwa einer allgemeinen Theologie der sog. Naturreligionen einen neuen Platz zu finden - zwischen Bibel und Natur aber wird der Islam immer oszillieren. Daher auch die Schwierigkeit, ihn einzuordnen (s. Vat. II). - In der Entwicklung hin zum Exklusivismus liegt eine Tragik, die nicht nur dem Islam als geschichtlich konkrete Religion (de facto) zu eigen ist. (S. hierzu auch P.-W. Scheele, *Universaler Geltungsanspruch des Christentums*, SS. 191-231, in: A. Paus (Hrsg.), *Jesus Christus und die Religionen*, Graz, Wien, Köln, Kevelaer 1980, bes. mit Hinblick auf den Islam: SS. 200/201.) Wir kommen auf dieses Problem im nächsten Abschnitt zu sprechen.

[46] S. hierzu auch Th. Mooren, *Pencaharian Identitas ...*, SS. 101-106.

durchgesetzt haben sich schließlich die Bezeichnungen Nativistiv Movement (R. Linton 1943) und Revitalization Movement (A.F.C. Wallace 1956)[47]. Auch Begriffe wie Redemptive Movement oder Transformative Social Movement (D.F. Aberle 1966) erweisen sich als nützlich[48]. Wie aus diesen verschiedenen Bezeichnungen hervorgeht, sind trotz aller Differenzen Themen wie Krisenbewältigung, Ungleichheit im Kulturkontakt, besonders im religiösen Bereich, Identitätsfindung, Überwindung von (besonders kolonialer) Frustration, die Suche nach Authentizität häufig verbunden mit dem (Zurück)gewinnen politischer und sozialer Macht, charismatische Führerschaft (Propheten etc.) so ziemlich allen gemeinten Bewegungen in der einen oder anderen Form gemeinsam[49].

Wie zutreffend gerade auch für den Islam als "arabische Religion für Araber" die obigen Beschreibungsweisen (z.B. Redemptive Movement oder Transformative Social Movement) sind, zeigt der Hinweis von Jorgensen in bezug auf Ghost Dance und Sun Dance[50]:

Whereas transformative movements seek total change to the total social or natural oder, redemptive movements seek total change to the individual ... redemptive movements castigate society as they focus on transforming the individual. Finally all redemptive movements have two further constant characteristics: the individual's resistance to change must be overcome, and the redeemed must change his (her) relationship with others[51].

---

[47] R. Linton, *Nativistic Movements*, in: *American Anthropologist*, (45) 1943, SS. 230-240; A.F.C. Wallace, *Revitalization Movements*, in: *American Anthropologist*, (58) 1956, SS. 264-281; zur Terminologie sowie ausführlicher Diskussion des hier angesprochenen Problemkreises s. z.B. auch J. Siikala, *Cult and Conflict in Tropical Polynesia. A study of Traditional Religion, Christianity and Nativistic Movements*, Helsinki 1982, SS. 16-34.

[48] D.F. Aberle, *The peyote religion among the Navaho, Viking Fund Publications in Anthropology*, n° 42, Chicago 1966, bes. SS. 318-322; s. hierzu auch J.G. Jorgensen, *The Sun Dance Religion. Power for the Powerless*, Chicago, London 1972, SS. 6/7.

[49] S. hierzu auch die umfassende Studie von B. Ryan, *Die Bedeutung der Revitalisationsbewegungen für den sozialen Wandel in den Entwicklungsländern*, in: *Kölner Zeitschrift für Soziologie und Sozialpsychologie*, (13) 1969, SS. 37-65.

[50] Beides indianische Antworten auf die spätestens seit der Mitte des 19. Jahrhunderts einsetzende Akkulturation und kulturelle Frustration in weiten Teilen der USA. Jorgensen studiert speziell die Shoshonen und Utas.

[51] J.G. Jorgensen, *op. cit.*, S. 7.

Der Islam, gerade in seinem "ismaelitischen" Aspekt, verbindet beide Bewegungen, er will beides: die Gemeinschaft transformieren (der "monotheistische Stamm", die "umma", in Medîna gegründet, dann in Mekka eingepflanzt) und das Individuum erlösen (Glaube an Allâh). Ferner, wie bei der Sun Dance Bewegung, spielen beim Islam sicherlich auch ästhetische Aspekte, bei der Gewinnung von Anhängern, eine Rolle (Riten, Sprache etc.)[52]. Und ähnlich wie in der Sun Dance Religion verlangt der Islam nicht Weltauszug (dies gilt nicht für alle Redemptive Movements), sondern Kampf für das Gemeinwohl, ein aufrechtes Herz, Opfergeist für die andern, Selbstlosigkeit in Hinblick auf die Familie, Verwandtschaft und die ganze religiöse Kommunität[53].

Schließlich, was Jorgensen über die Führer des Sun Dances sagt, gilt so ziemlich für alle, gleich wie man sie nennen will: Redemptive, Nativistic oder Revitalization Movements, einschließlich wiederum des Islam: "that Sun dance chiefs vary in style, in supernatural power, and in the respect they command, but that all are visionaries and all suppress narrow individualism in favor of broad collective ends"[54]

Die "leader" (Propheten, Visionäre) sind also auf Transformation, Wechsel aus, aber nicht um des Wechsels willen. Vielmehr geht es darum, ein "Gut" im weitesten Sinn zu erwerben, sei es ein geistiges "Heils- oder Offenbarungsgut" oder schlichtweg Schiffs- oder Flugzeugladungen, zu denen einem der Zugang bisher versperrt war[55]. Den "Gütern" entsprechend und je nach kulturellem Kontext sehen dann auch die Formen des Wechsels aus: innere Bekehrung (Glaube) oder rein ritualistische Methoden, Rückkehr zu den Ahnen, mal "progressives", mal "erzkonservatives" Verhalten, mal völlig "verkehrtes"

---

[52] S. ibid., S. 8.
[53] Cf. ibid., S. 7; diese scheinbar biederen moralischen Anforderungen sind wichtig als Kampfmittel gegen die durch die Akkulturation erzeugte moralische Desintegration.
[54] *Op. cit.*, S. 7.
[55] Wie im Fall des Cargo-Kultes, s. z.B. P. Lawrence, *Die Cargo-Bewegung ...* in bezug auf Neuguinea.

Benehmen (bewußtes Tabubrechen), mal politische Aktivitäten etc. oder eine Kombination mehrerer Elemente[56].

In diesem Zusammenhang fällt ferner folgendes auf: häufig wird der auf das "Gut" behauptete Anspruch der Noch-Nicht-Besitzenden mit dem Vorwurf untermauert, die aktuellen Besitzer der entsprechenden Güter besäßen diese zu unrecht, auf Grund gefälschter "Dokumente" oder verfälschter Lehren[57]. In diesem Licht muß man die zahlreichen Vorwürfe des Korans gegen Juden und Christen sehen, sie hätten ihre Heiligen Schriften gefälscht, z.B. Sure 2,146/7:

> Diejenigen, denen wir die Schrift gegeben haben, kennen sie (so gut), wie sie ihre Söhne kennen. Aber zum Teil verheimlichen sie die Wahrheit, während sie (doch um sie) wissen. (Es ist) die Wahrheit (die) von deinem Herrn (kommt). Du darfst ja nicht (daran) zweifeln.

Die judenchristliche Fälschungsaktion zielt natürlich darauf ab, den alleinigen Heilsbesitz zu sichern. Dazu muß man nicht unbedingt nur auslassen, verheimlichen[58], sondern kann auch im Text Stehendes bewußt falsch interpretieren oder entstellen (s. den Vorwurf in Sure 4,46) - spätere islamische Polemik greift hier gerne auf den falsch interpretierten Parakletos von Jo 14,16 zurück, der eigentlich "Aḥmad", den "Gesegneten" und somit Muḥammad meint[59].

---

[56] S. hierzu z.B. den eschatologischen Nudismus der Bewohner von Espirito Santo unter Leitung des Propheten Tsek: M. Eliade, *Dimensions religieuses du renouvellement cosmique*, SS 241 ff, in: *Eranos Jahrbuch* (28) 1959, SS. 241-275. Zur rituellen Lösung s. z.B. P. Lawrence, *op. cit.*, SS 197, 199, 201, 203; Übergang der Cargo-Bewegung in Politik (Nationalismus): SS. 207 ff. - Die "Repatriierung" des Ahnen Abraham im Islam gehört sicherlich, in der Persepktive ideologischer Legitimierung, auch hierher.

[57] Vorwurf der Cargo-Bewegung im südlichen Madang-Distrikt in Neuguinea gegen die Missionare, s. P. Lawrence, *op. cit.*, S. 197; im ehem. Holländisch-Neuguinea warf man den Weißen vor, die erste Seite der Bibel zerrissen zu haben, um die Tatsache, Jesus sei Papua gewesen, zu verheimlichen: M. Eliade, *op. cit.*, S. 247.

[58] Eine spätere Polemik behauptet z.B. der Name Muhammads sei im Evangelium vorhanden gewesen, als dieses nach der Himmelfahrt Christi den Jüngern, während diese *schliefen*, eingegeben wurde, sei aber dann verheimlicht worden: s. A.-Th. Khoury, *Polémique* ..., SS. 27/8.

[59] S. Th. Mooren, *Einige Hinweise zum apologetischen Schrifttum des Islam* ..., S. 175 [hier: 371/72]. - S. auch die Zionisten-Sekte in Südafrika, die, ebenfalls mittels "richtiger" Übersetzung den "schwarzen Christus", genauer "Menschensohn" etabliert, auf Grund der Tatsache, daß in den entsprechenden Bantu-Sprachen Mensch und Zulu dasselbe Wort sind: "Si donc on parle d'un 'indodana yomuntu', d'un fils d'homme, on parle du fils d'un Zoulou, ou plutôt d'un

Schließlich sei darauf verwiesen, daß die "richtigen" Lehren, die nach Textreinigung, Verbesserung oder, meist auf Grund spezieller Zusatzoffenbarungen, durch Texterweiterung entstehen, unvermeidlich *synkretistischen* Charakter besitzen. Nativistische Bewegungen können gar nicht anders als synkretistisch vorgehen - die entsprechende Organisationsform nennt man häufig "Sekte" -, denn es soll ja nichts *völlig* Neues entstehen, sondern das für nützlich gehaltene andere, fremde "Gut" angeeignet werden, allerdings, und hier liegt der entscheidende Anstoß zum Synkretismus: *ohne* Verlust der eigenen Identität[60].

Betrachtet man nun, unter Einbeziehung all der soeben erwähnten Elemente, den Weg, den der Islam unter Muḥammad zurückgelegt hat, in einer Art Gesamtschau, so liegt ein ziemlich deutliches Schema vor: aus einer anfänglichen Sekten- oder Protestbewegung wird eine etablierte Religion, die nun ihrerseits mit Absolutheitsanspruch auftritt und dem Exklusivismus huldigt. Sure 3,110 kündigte dies schon an und Sure 8,39 ist nur eine von vielen Stellen, die daraus die Konsequenz ziehen:

fils de Zoulou (Wagner, *Les Sectes en Afrique du Sud*, S. 153, in: *Devant les Sectes non-chrétiennes. Rapports et Compte Rendu de la XXXIᵉ Semaine de Missiologie*, Louvain 1961, *Museum Lessianum-Section Missiologique* n° 42, SS. 144-163.

[60] In diesem Zusammenhang ist es aufschlußreich, daß die von J. Siikala (in Anschluß an A.F.C. Wallace, *Revitalization Movements*, bes. SS. 268-275) gegebene Beschreibung der eigentlichen Revitalisationsphase ziemlich genau die Funktionsmechanismen des Synkretismus wiedergibt: "Whether the movement is religious or secular, the *reformulation* of the mazeway generally seems to depend on a *restructuring of elements and subsystems which have already attained currency in the society and may even be in use, and which are known to the person who is to become the prophet or leader.* The prophet communicates his message and converts are made. A small clique of special disciples clusters about the prophet and an embryonic campaign organization develops. Because of the movement's revolutionary character it will inevitably encounter some resistance. The movement may therefore have to use *various strategies of adaptation.* ... As the whole or controlling portion of the population accepts the doctrine, a social revitalization and cultural transformation occur (*Cult and Conflict* ..., s. 39)." - Zur kritischen Stellungnahme in bezug auf Wallace's Thesen s. ibid., SS. 38-42. J. Siikala verweist neben der Frage nach der Weitmaschigkeit des Wallaceschen Begriffsnetzes zurecht auf das Problem, inwieweit soziale Prozesse und individuell-psychologische Streß-Situationen verglichen werden können: wie viele Leute aus einer Gesellschaft sich in einer dem Propheten ähnlichen Krisensituation befinden müssen, damit die Bewegung in Gang kommt (cf. ibid., SS. 39/40). - Propheten schrecken jedoch auch nicht (immer) vor Gewalt zurück...

Und kämpft gegen sie, bis niemand (mehr) versucht, (Gläubige zum Abfall vom Islam) zu verführen, und bis nur noch Gott verehrt wird.

Muḥammad ist damit der an die Mensch*heit* Gesandte: "Sag: Ihr Menschen! Ich bin der Gesandte Gottes an euch alle, (desselben Gottes), der die Herrschaft über Himmel und Erde hat" (Sure 7,158). Der missionarisch-politische Anspruch wird also auch noch durch die kosmische Herrschaft Allâhs abgesichert. Es liegt kein Zweifel vor: der Islam bindet nun seinerseits die Hände Gottes. Die ismaelitische Phase ist eben nur eine Durchgangsetappe, die dem aktuellen Selbstverständnis des Islams von heute keineswegs mehr (zumindest nicht ausschließlich) entspricht.

Sicher, der Arabismus klingt bis heute nach, und der revindikative, gegen jede Art von Frustration gerichtete Strang im Islam legt daher diese Religion Ländern der sogenannten III. Welt mit vergleichbarer Ausgangsposition als Alternative zur "Westkultur" vielleicht eher nahe als andere religiöse Formen. Doch bleibt es dabei: der Islam sieht sich fest in der Ur-religion, der Religion der ersten Stunde, dem reinen Monotheismus und der kompromißlosen Transzendenz Gottes verankert. Es bleibt ihm dann, theologisch gesehen, gar nichts anderes übrig - zumindest ist die Gefahr sehr groß - in der Rolle des Agenten eines solchen Gottes, sich auch entsprechend zu verhalten, d.h. militant-exklusivistisch. Christentum und Judentum haben nur noch relative Berechtigung, indem sie als *sprachlich* vom Islam unterschiedene Formen der einen monotheistischen Offenbarung auftreten, sie sind zu verwerfen, da, wo sie über diese Offenbarung hinausgehen. Der Islam ist in Sachen Offenbarung letzter Richter geworden.

Diese erstaunliche Form der Transformation von anfänglichem Nicht-Besitz in Total-Besitz ist jedoch letztlich in unseren Augen nur ein extrem geglücktes Beispiel für das, was möglich ist, wenn nativistische (oder wie immer man sie nennen will) Bewegungen das in ihnen steckende Potenzial realisieren: "... cultural transformation has been accomplished and the new cultural system proved itself viable ..."[61], so "viable", daß es sich als einzig berechtigtes System - im Bewußtsein

---

[61] J. Siikala, *op. cit.*, S. 39. S. auch J. Waardenburg, *"Leben verlieren" oder "Leben gewinnen" als Alternative in prophetischen Religionen*, SS. 57/8, in: G. Stephenson (Hrsg.), *Leben und Tod in den Religionen. Symbol und Wirklichkeit*, Darmstadt 1980, SS. 36-60.

absoluter Überlegenheit - fühlt: "Ihr seid die beste aller Kommunitäten!" (Sure 3,110).
Ist es Tragik, (sozio-ökonomischer) Fatalismus, Verblendung (cf. Mt 18,23-35) oder von allem etwas, was den Islam den Weg praktisch aller Protestbewegungen in Richtung Macht nehmen läßt, in diesem besonderen Fall allerdings noch verschärft durch das dogmatisch-"monotheisierte" Bewußtsein, Träger einer absoluten Wahrheit zu sein, einer Wahrheit, die gleichermaßen Religion, Staat und Gesetz ("dîn wa dawla") sagt?[62]

[62] S. hierzu auch die Bemerkungen über das Verhältnis von Ideologie und Wille zur Macht in G. Ruggieri, *Gott und Macht: Hat der Monotheismus eine politische Funktion?*, S. 18, in: *Concilium* (21) 1985, SS. 14-22 u. im selben Heft, R. Caspar, *Der Monotheismus des Islam ...*, S. 48 u. unten Anm. 87; s. auch Chr. Rajewsky, *Der gerechte Krieg im Islam* in: R. Steinweg (Red.), *Der gerechte Krieg: Christentum, Islam, Marxismus,* Frankfurt/M. 1980, SS. 13-71. - Allgemein: im *Innern* ist der Islam in Hinblick auf die eben besprochene Thematik (der revindikative Strang mit Umschlag in Exklusivismus und Absolutismus) nie zur Ruhe gekommen. Was der Prophet einmal vorgezeichnet hat - nach außen wie auch nach innen - vollzieht sich im Grunde in immer neuen Wellen, wenn auch unter veränderten Vorzeichen, im Kleinen, gewissermaßen als Neuauflage seiner "gesta", bis heute nach: im Mahditum, im Shiismus und bisweilen im Phänomen der Mujaddids (Reformer) wie auch der Freiheitskämpfer verschiedenster Herkunft (Afghanistan etc.), bis hin zur sog. "Reislamisierung". Angesichts veränderter geschichtlicher Situationen und im Namen jeweils verschiedener Ideologien, Theologien oder mystischer Inspirationen gleichen diese Bewegungen Variationen zu einem dem Islam von Anfang an innewohnenden Thema. S. dazu auch J.O. Voll, *Revivalism and Social Transformations in Islamic History,* S. 168: "Revivalism is inherent in the logic and experience of Muslims in history." (in: *The Muslim World,* (76) 1986, SS. 168-180.) S. dazu H. Laoust, *Les schismes dans l'Islam. Introduction à une étude de la religion musulmane,* Paris 1965; J.A. Williams (Hrsg.), *Themes of Islamic Civilization,* Berkeley, Los Angeles, London 1971, bes. SS. 191-251; M. Yasin, *A Social History of Islamic India 1605-1748,* New Delhi 1971, bes. SS. 118-127; 128 ff; zum Iran: K. Greussing (Red.), *Religion und Politik im Iran* (E. Veröff. d. Berliner Inst. für Vergleichende Sozialforschung), Frankfurt/M. 1981; zur "Reislamisierung" in Ägypten: G. Kepel, *Le Prophète et Pharaon. Les mouvements islamistes dans l'Égypte contemporaine,* Paris 1984; zum selben Phänomen in Indonesien: Th. Mooren, *Beobachtungen zum Islam in Indonesien,* bes. SS. 42-54, in: *Zeitschrift für Missionswissenschaft und Religionswissenschaft,* (66) 1982, SS. 35-57; etc.

4. Philosophische Schlußbemerkung

Der Preis, den der Islam für seinen "Sieg" in der Verlängerung von Sure 3,110 zahlt, ist hoch. Muḥammad hat sich all seinen Brüdern "entgegengesetzt", gerade auch im Namen seines Gottes. Dieser ist nun ein von Christentum und Judentum unterscheidbarer, ein "eigener" Gott mit "eigener" Kommunität ("umma"), eben der, auf Grund des *radikalen* Monotheismus, sohnlos gewordene Gott, anthropologisch gesprochen: der absolut "Einsame", der "Ganz-Andere".

Dieser absolut transzendente Gott aber wird in der Philosophie Hegels das "unendliche Objekt" genannt, im Sinne der Erläuterung des jungen Hegel in bezug auf die Juden: "... das Heilige war ewig außer ihnen, ungesehen, ungefühlt"[63]. Gott, der absolut Transzendente, ist das ewige "Draußen" des Menschen. Wir befinden uns im Bannkreis des "Unendlichen des Herrschens und Beherrschtwerdens..."[64].

Doch wenn es denkbar ist, daß Hegels Objekt-Gott philosophisch gesehen auch auf den monotheistischen Gott des Islams - in seiner dogmatisch-systematischen Ausformung[65] - paßt, dann bedeutet das, daß geistesgeschichtlich gesehen Muḥammad in die Fußstapfen Abrahams getreten ist[66], des Abrahams, der sich schließlich unter dem Joch purer

---

[63] G.W.F. Hegel, Werke I, *Frühe Schriften*, Suhrkamp, Frankfurt/M. 1971, S. 285 aus: *Der Geist des Christentums und sein Schicksal* (1798-1800); zur Interpretation des jungen Hegel s. auch: H.-J. Krüger, *Theologie und Aufklärung. Untersuchungen zu ihrer Vermittlung beim jungen Hegel*, Stuttgart 1966; E. de Guereñu, *Das Gottesbild des jungen Hegel. Eine Studie zu "Der Geist des Christentums und sein Schicksal"*, Freiburg, München 1969; H. Timm, *Fallhöhe des Geistes. Das religiöse Denken des jungen Hegel*, Frankfurt/M. 1979.

[64] G.W.F. Hegel, *op. cit.*, S. 371.

[65] Daß die rational-systematische Umschreibung Gottes nicht deckungsgleich ist mit dem Gott, zu dem man betet, wurde schon oben Anm. 27 erwähnt; s. auch unten Anm. 66.

[66] Des Hegelschen Abrahams, versteht sich. Denn der "historische" Abraham hat zwar mit dem Hegels manches gemein, aber er unterscheidet sich von Hegels Helden der Subjekt-Objekt-Spaltung ganz entschieden durch das Element des inneren Dialogs mit seinem *persönlichem* Gott (s. hierzu H. Cazelles, *Le Dieu d'Abraham*, in: *Les quatre fleuves. Cahiers de recherches et de réflexion religieuses*, (6) 1976, SS. 5-17 u. Th. Mooren, *Paternité ...*, SS. 152-154). Eben deswegen scheint uns Abraham weniger geeignet, Hegels Grundthesen zu erläutern, als der Prophet Muḥammad mit seinem viel radikaleren Monotheismus. Jedoch kommt auch Muḥammad dem Hegelschen Schema nur bedingt nahe, denn Allâh offenbart sich immerhin Muḥammad als sein "rabb", Meister, der ihn im

Objektivität, bloßer Herrschaft, wiederfand, obwohl er doch unter dem Thema Freiheit einst angetreten war - frei sein wollte, aber nicht lieben. Hier der berühmte Text:

Abraham, in Chaldäa geboren, hatte schon in der Jugend mit seinem Vater ein Vaterland verlassen; nun riß er sich auch in den Ebenen Mesopotamiens vollends von seiner Familie los, um ein ganz selbständiger, unabhängiger Mann, selbst Oberhaupt zu sein ... Der erste Akt, durch den Abraham zum Stammvater einer Nation wird, ist die Trennung, welche die Bande des Zusammenlebens und der Liebe

Innern seines Gewissens anspricht; und selbst Hegel anerkennt im Islam "Subjektivität ... (die) hier lebendig und unendlich (ist) (Werke XII, *Vorlesungen über die Philosophie der Geschichte*, Suhrkamp, Frankfurt/M. 1970, S. 429)", wenngleich auch diese Subjektivität "eine Tätigkeit (ist), welche ins Weltliche tretend dasselbe nur negiert ... (ibid., S. 429)". - Im übrigen wäre eine ganz dem Hegelschen Schema entsprechende "objektive" Religion wohl gar keine, denn sie wäre eine Religion ohne *Gebet*. (Allerdings muß gerade im Islam Beten nicht unbedingt immer Dialog mit Gott meinen, sondern ist zunächst einmal Erfüllung der Dienstpflicht, "ʿibāda" - s. "ʿabd", Gott gegenüber. S. zum Ganzen auch Th. Mooren, *Paternité* ..., SS 224, 230/31, 446/7.) - Was den *Unterschied* zwischen Muḥammad (Islam) und Abraham (Judentum) angeht, so streicht Hegel ferner richtig die Tatsache des islamischen Universalismus heraus, im Gegensatz zum allerdings zu scharf bewerteten jüdischen Partikularismus: "Jehova war nur der Gott dieses einzelnen Volkes, der Gott Abrahams, Isaaks und Jakobs: nur mit den Juden hat dieser Gott einen Bund gemacht, nur diesem Volke hat er sich offenbart. Diese Partikularität des Verhältnisses ist im Mohammedanismus abgestreift worden. In dieser geistigen Allgemeinheit, in dieser Reinheit ohne Schranken und ohne Bestimmung hat das Subjekt keinen anderen Zweck als die Verwirklichung dieser Allgemeinheit und Reinheit. Allah hat den affirmativen beschränkten Zweck des jüdischen Gottes nicht mehr. Die Verehrung des Einen ist der einzige Endzweck des Mohammedanismus, und die Subjektivität hat nur diese Verehrung als Inhalt der Tätigkeit, sowie die Absicht, dem Einen die Weltlichkeit zu unterwerfen (*op. cit.*, S. 429)." Und selbst wenn Hegel auch später vom islamischen Fanatismus, aus der Begeisterung für den *abstrakt* Einen geboren, spricht, so stellt er ihn doch sofort neben die Idee der Erhabenheit: "Diese Begeisterung war Fanatismus, d.i. eine Begeisterung für ein Abstraktes, für einen abstrakten Gedanken, der negierend sich zum Bestehenden verhält. Der Fanatismus ist wesentlich nur dadurch, daß er verwüstend, zerstörend gegen das Konkrete sich verhält; aber der mohammedanische war zugleich aller Erhabenheit fähig, und diese Erhabenheit ist frei von allen kleinlichen Interessen und mit allen Tugenden der Großmut und Tapferkeit verbunden. La religion et la terreur war hier das Prinzip ... (*op. cit.*, S. 431)." - Wir halten aber, wie wir unten zeigen werden, die historisch-politischen Aktionen der Umma durchaus dem Agieren des Hegelschen jüdischen Staates vergleichbar, und nicht nur begründet im Konflikt Abstraktes-Konkretes.

zerreißt, das Ganze der Beziehungen, in denen er mit Menschen und Natur bisher gelebt hatte; diese schönen Beziehungen seiner Jugend (Jos 24,3) stieß er von sich.
... Abraham wollte *nicht* lieben und darum frei sein ... Eben der Geist, der Abraham von seiner Verwandtschaft weggeführt hatte, leitete ihn durch die fremden Nationen, mit denen [er] in der Folge seines Lebens zusammenstieß, - der Geist, sich in strenger Entgegensetzung gegen alles fest zu erhalten ..."[67].

Es ist jener "freie" Abraham, der allen Götzendienst von sich stößt (aber mit ihm auch alle Bande, die ihn an die "Heimat" fesselten), Abraham, der (mythologisch gesprochen) "Trennungsheld"[68], der uns an Muḥammad, besonders den Muḥammad auf dem Weg nach Medîna, erinnert; genauso wie der Muḥammad des reifen Islam Hegels, zu Beginn dieses Paragraphen zitierten, "draußenstehenden", herrschenden Objekt-Gott in uns wachgerufen hat.
Auch was Hegel über den jüdischen Staat sagt, läßt uns an Muḥammad, bzw. seine "umma", seinen "Staat" denken. So kann, in der Perspektive Hegels, der jüdische Staat, als Agent des exklusiven Monotheismus, des Objekt-Gottes der absoluten Macht, die nur den Befehl kennt, gar nicht anders als "entgegengesetzt"[69] zu seinen Nachbarn leben, intolerant, fast erdrückt von der Last des göttlichen Absolutheitsanspruches, die individuelle Trennung und Absage Abrahams an das "natürliche" Leben und die "natürliche" Religion seiner Nachbarn im Großen nachvollziehend: "(die heidnisch-polytheistische Nation, Th. M.) läßt ... zugleich andere Teile zu und hat nicht das Unermeßliche sich vorbehalten und alles daraus verbannt, sondern räumt den andern mit sich gleiche Rechte ein und erkennt die Laren und Götter der anderen als Laren und Götter an; dahingegen in Abrahams und seiner Nachkommen eifersüchtigem Gotte die entsetzliche Forderung lag, daß er allein und diese Nation die einzige sei, die einen Gott habe"[70]. Feindschaft ist das Resultat, es ist das Eigentümliche des jüdischen

---

[67] G.W.F. Hegel, Werke I, SS. 277/8.
[68] S. die zahlreichen Mythen, wo Kultur und Menschenwelt auf Grund des Durchschneidens der Nabelschnur, die Himmel und Erde miteinander verband, entstehen.
[69] G.W.F. Hegel, *op. cit.*, S. 292.
[70] Ibid., S. 280.

Staates und seiner Bürger, daß ihre "Kraft ... nur auf Feindschaft ruhte"[71], folglich mit der Binnenwirkung, daß ohne Gegner das Band ihres Staates sich völlig auflöst[72]: nur das Feindschaft auslösende totale Anderssein im Vergleich zur Umwelt hält die Juden zusammen: "(der jüdische Staat, Th. M.) konnte nie dadurch einen Halt haben, daß alle Bürger einen Halt hätten; nur dadurch konnten sie als in einen Staat vereinigt bestehen, daß alle von einem Gemeinschaftlichen abhingen, aber von einem Gemeinschaftlichen, das nur ihnen wäre, allen Menschen entgegengesetzt sei"[73].

Wie kommt es aber nun, daß Abraham/Muḥammad, in Exodus, Protest und Freiheit beginnend in den Teufelskreis von Herrschen und Beherrschtwerden geraten? Daß gerade für sie sich Gott primär als *Macht*, als Herrschaft und Befehl darstellt[74]? M. a. W., wie kommt es, daß gerade für sie der Monotheismus, unter dem Gesichtspunkt der Freiheit, eine Falle wird, wo die eigentliche Falle, nach offizieller theologischer Darstellung, doch der Polytheismus ist[75]?

Hier, bei der Beantwortung dieser Frage, stoßen wir auf die Stärke und Schwäche Hegels zugleich, denn Hegel erklärt den Umschlag von absoluter Freiheit in ebenso absolute Unterwerfung unter einen als reine Macht dargestellten Gott mittels einer sozio-ökonomischen Analyse, und

---

[71] Ibid., S. 292.

[72] Cf. ibid., S. 292.

[73] Ibid., S. 292.

[74] "(ein gewisser, Th. M.) Mendelsohn rechnet es seinem Glauben zum hohen Verdienst, daß in ihm keine ewigen Wahrheiten geboten seien. Daß ein Gott ist, steht an der Spitze der Staatsgesetze, und wenn man ein in dieser Form Gebotenes eine Wahrheit nennen könnte, so ließe sich freilich sagen: welche tiefere Wahrheit gibt es für Knechte als die, daß sie einen Herrn haben. Aber Mendelsohn hat Recht, jenes nicht eine Wahrheit zu nennen, denn unter der Form von Wahrheiten, Glaubenssachen, erschien ihnen das nicht, was wir als Wahrheit bei ihnen finden; denn die Wahrheit ist etwas Freies, das wir weder beherrschen, noch von ihm beherrscht werden; deswegen kommt das Dasein Gottes nicht als eine Wahrheit vor, sondern als ein Befehl; von Gott sind die Juden durch und durch abhängig, und das, von dem man abhängig ist, kann nicht die Form einer Wahrheit haben, denn die Wahrheit ist die Schönheit, mit dem Verstande vorgestellt, der negative Charakter der Wahrheit ist Freiheit (ibid., S. 288)."

[75] Ironischerweise hängt das arabische Wort für Polytheismus, "shirk", mit arabisch "sharak", Falle, zusammen. - Hierzu auch Th. Mooren, *Abstammung* ..., S. 35 [hier: 146].

56

zwar der des *Nomadenlebens.* Nomade bedeutet für Hegel: "Abraham irrte mit seinen Herden auf einem grenzenlosen Boden umher, von dem er nicht einzelne Stücke sich durch Bebauung, Verschönerung nähergebracht und so liebgewonnen und als Teile *seiner* Welt aufgenommen hätte; den Boden weidete nur sein Vieh ab"[76].

Dieses Nomadenleben ist jedoch gekennzeichnet durch totale Schutzlosigkeit. Abraham sieht sich, nach Hegels Ansicht, einer total feindseligen Natur gegenüber, auf deren Beherrschung er qua Nomade verzichtet. Er muß jedoch überleben. In dieser Situation überläßt er Gott (in Hegels Sprache: seinem "Ideal") das Geschäft der Weltunterwerfung. Abraham selbst verweigert jegliche Bindung, jegliches Engagement: "Da Abraham selbst, die einzige mögliche Beziehung, welche für die entgegengesetzte unendliche Welt möglich war, die Beherrschung, nicht realisieren konnte, so blieb sie seinem Ideale überlassen ..."[77], oder: "...sein Ideal unterjochte sie (die Welt) für ihn (Abaraham), schenkte ihm soviel von ihr, als er brauchte, und gegen das übrige setzte es ihn in Sicherheit. Nur lieben konnte er nichts; ..."[78]. Damit ist der mit der Welt hergestellte Friede (die Versöhnung) ein fauler, nur gedachter, ideologischer, in Abrahams Kopf existierender, aber kein realer, durch *Arbeit* vermittelter; er ist "... das Gedachte erhoben zur herrschenden Einheit über die unendlich feindselige Natur"[79], und deswegen ist das Ideal, der Gott, auch nur Objekt, will heißen: primäre *Macht*, Herrschaft, Befehl: "... Feindseiliges kann nur in die Beziehung der Herrschaft kommen"[80].

Die vermeintliche Versöhnung nach vollzogenem Exodus in die Wüste des kompromißlosen Monotheismus hinein, ist also nur eine Art mephistotelischer Seelenhandel, bei dem Freiheit und Subjektivität,

---

[76] G.W.F. Hegel, *op. cit.*, S. 278; mit Bezug auf den Islam spricht Hegel zwar nicht von Nomadentum, aber von der *Wüste*: "Die mohammedanische Religion nahm ihren Ursprung bei den Arabern: hier ist der Geist ein ganz einfacher, und der Sinn des Formlosen ist hier zu Hause, denn in diesen Wüsten ist nichts, was gebildet werden könnte (Werke XII, S. 430)."

[77] G.W.F. Hegel, Werke I, S. 279.

[78] Ibid., S. 279; nicht mal seinen Sohn, denn er hatte die Gewißheit, "daß diese Liebe nur so stark sei, um ihm doch die Fähigkeit zu lassen, den geliebten Sohn mit eigener Hand zu schlachten (ibid., S. 279)."

[79] Ibid., S. 278.

[80] Ibid., S. 278.

Schönheit und Liebe den Preis zahlen. Sicher, Abraham genoß seine Gunst, so von Gott in Schutz genommen worden zu sein[81], doch da er *allein* Gottes Günstling war, inmitten einer feindlichen Umwelt, führt ihn das wieder ins Abseits, in die Entgegengesetztheit, in den Exklusivismus: "... und da die Wurzel seiner Gottheit seine Verachtung gegen die ganze Welt war, so war er auch ganz allein der Günstling"[82]. - Wir haben hier die Grundlage für das gesamte spätere Hegelsche Philosophieren, für die Dialektik Herr-Knecht und deren Inanspruchnahme durch Marx. In diesem Versuch einer sozio-psychologischen Erklärung des Umschlags von Freiheit in Knechtschaft liegt sicherlich Hegels Größe und Originalität, aber auch die Problematik seines Ansatzes. Dies insofern, als sein Nomadenbild eher einer seiner Zeit eigenen romantischen Freiheitssehnsucht entspricht als der Wirklichkeit - (selbst wenn man für den nicht arbeiten wollenden Nomaden Muhammad als Agent der zahlreichen Razzien gegen die Mekkaner einsetzt). Besonders zu kritisieren ist der Ansatz: daß die Natur, das Nicht-Ich, als *reine* Feindseligkeit auftritt. Sicherlich, die ökonomischen Bedingungen der Wüste unterscheiden sich von tropischer Üppigkeit, jedoch sollte das nicht überbewertet oder gar falsch interpretiert werden. Hegels Analyse gleicht hier eher einem phantasievollem Midrash.

Immerhin - irgendeinen Verbund sozio-ökonomischer Ursachen, in konkret-geschichtlichem Kontext, gekoppelt mit einer ganz bestimmten Psychologie, darf man sicherlich beim Zustandekommen des Umschlags von Ohnmacht in Macht vermuten[83]. Vielleicht sollte man Hegels Idee auf eine Art *religiös-geistiges* Nomadentum konzentrieren[84], Kategorie eines Bewußtsein, einer inneren Geisteshaltung, die primär durch das Oppositionsschema Feindschaft-Zuflucht/Macht-Ohnmacht gekennzeichnet ist[85].

---

[81] Cf. ibid., S. 279.

[82] Ibid., S. 279.

[83] S. auch oben, die Abschnitte über die biblische und die anthropologische Perspektive.

[84] Dann würde auch dem Problem Rechnung getragen, daß Muhammad vor seiner Berufung, Trennungserfahrung, Kaufmann war. - Der Kategorie eines religiös-geistigen Nomadentums käme vielleicht der "Sinn des Formlosen" nahe, den Hegel beim Ursprung des Islam am Werke sah (s. Anm. 76).

[85] S. hierzu auch M. Hayek, *Les arabes* ..., S. 162 ff.

Wir stehen also vor folgender Situation: Anfangs- und Endphase des radikalen Monotheismus sind der Hegelschen Intuition durchaus nicht fremd. Hegel hat Bleibendes entdeckt: daß jeder Monotheismus, jede sich auf die Bibel berufende Religion, mit einem *Bruch*/Trennung (Entzweiung) in bezug auf "Natur" beginnt[86], was u.a., auf theologischer Ebene, seinen Ausdruck auch in der "Schöpfung ex nihilo" findet; das Problem der Verobjektivierung des Gottesbegriffes, von Gesetzlichkeit und Befehl, Macht und Absolutheitsanspruch, Feindschaft und Intoleranz, Freiheit und Liebe, Natur und Geist, letztlich Subjekt und Objekt.

---

[86] Was bei Hegel Monotheismus als *Bruch* ist, stellt sich bei Schelling als der *bewußt* umgriffene Monotheismus des Abraham dar, allgemein als der relative Monotheismus der Juden, gegen die feindlich polytheistische Strömung gerichtet, die sich zur selben Zeit im Namen des Kronos ausbreitet. Relativ, weil exklusivistisch und einseitig, weil die Idee der Alterität nicht in die Einheit integriert ist: "... der absolute Gott ist ... als der nichts ausschließende auch von nichts bedroht (F.W.J. Schelling, Werke Stuttgart 1856 ff, XI: *Einleitung in die Philosophie der Mythologie*, S. 173)." - Abraham kann den Einen Gott, der zugleich der uralte und der des Melchisedek ist, seinem Wesen nach zwar als *wahren* und *lebendigen* begreifen. Zur vollen *Entfaltung* kommt der Eine Gott jedoch erst im wirklichen = trinitarischen Monotheismus. Für Abraham ist er daher hauptsächlich *Versprechen*, Verheißung, in Einklang mit Schellings Deutung von "Jahwe": sein *werden*. Der *Islam* in dieser Perspektive ist ein verspätetes letztes Aufbegehren des Gottes Abrahams - insofern es der uralte Gott war - gegen die inzwischen auf die Trinität hin entwickelte Geschichte; interessant auch die Bezeichnung der Muslime als Hagarsöhne: "Islam bedeutet nichts anderes als die vollkommene, d.h. die ganze, die ungeteilte Religion; Moslem ist der ganz dem Einen Ergebene. Man begreift auch das Spätere nur, wenn man das Älteste begriffen. Die den Monotheismus des Abraham bestreiten, oder dessen ganze Geschichte für fabelhaft halten, haben wohl nie über die Erfolge des Islam nachgedacht, Erfolge so furchtbarer Art, ausgegangen von einem Teil der Menschheit, der hinter dem, den er besiegte und vor sich niederwarf, um Jahrtausende in der Entwicklung zurückgeblieben war, daß sie nur aus der ungeheuren Gewalt einer Vergangenheit erklärbar sind, die wieder aufstehend in das inzwischen Gewordene und Gebildete zerstörend und verheerend einbricht. Die Einheitslehre Mohammeds konnte nie diese umstürzende Wirkung hervorbringen, wenn sie nicht von Urzeiten her in diesen Kindern der Hagar war, an denen die ganze Zeit von ihrem Stammvater bis auf Mohammed spurlos vorübergegangen war. Aber mit dem Christentum war eine Religion entstanden, die den Polytheismus nicht mehr bloß ausschloß, wie er vom Judentum ausgeschlossen war. Gerade da, an diesem Punkt der Entwicklung, wo die starre, einseitige Einheit ganz überwunden war, mußte die alte Urreligion sich noch einmal aufrichten - blind und fanatisch, wie sie gegen die viel entwickeltere Zeit nicht anders erscheinen konnte (ibid., S. 167)."

Allerdings ist es wahr, daß hauptsächlich die mehr dogmatische, legalistisch-politisierte Seite des Judentums sich in Hegels Analyse wiedererkennen kann, nicht der persönliche Gott Abrahams, nicht der Beter der Psalmen. Gleiches gilt entsprechend für den Islam. Auch hier müssen wir die Mystik (Sufismus), den auch im Islam möglichen inneren Dialog des Beters mit seinem Gott aus der oben angestellten Analyse ausklammern[87]. Es bleibt aber der Monotheismus als System, als innerlich kohärenter Verbund von Dogma, Politik und Gesetz, von Muḥammad selbst in *Übereinstimmung* mit den Prämissen seines Glaubens so in die Wege geleitet als Chef der medinesischen "Umma"[88]. Der legalistisch-politisierten Seite des Monotheismus jedoch, d.h. aller ins Absolute gesteigerten Macht, allem, was nur Gesetz und Objektivität sagt, setzt der junge Hegel den "Schrei des Lebens" entgegen:

Diesem Unendlichen des Herrschens und Beherrschtwerdens kann nur das reine Gefühl des Lebens entgegengesetzt werden, es hat in sich selbst seine Rechtfertigung und seine Autorität...[89].

---

[87] S. oben, Anm. 65.

[88] S. hierzu auch unsere Analyse des inneren Zusammenhangs von Gesetz, "sharīʿa", und Religion, "dîn", im Islam, in: *Abstammung* ..., S. 31; wir untersuchen dort unter dem Titel "monotheistische Revolution" im weiteren auch die Folgen für Welt und Mensch im Rahmen einer auf den Willen des Einen Gottes beruhenden Buchreligion (cf. ibid., SS. 28-36), bes. auch mit Blick auf die, wie wir meinen, durch den Monotheismus des Islam hervorgerufene "ontologische" Inkonsistenz von Mensch und Welt (Folge, mit Hegel formuliert, der "abrahamitischen" Trennungstat), cf. bes. ibid., S. 34. - S. auch R. Caspar, *Der Monotheismus* ... S. 49: "Im Bereich des muslimischen Gemeinwesens führt die alleinige Souveränität Gottes zur Weigerung, Zeitliches und Geistliches ("dîn" und "dunjâ") aufzuspalten, und also zur Staatsreligion ("dîn al dawla")." - Man sollte allerdings vorsichtig sein, den Islam ein für alle mal und jede geschichtliche Situation betreffend, auf diese Position festzuschreiben (s. auch die kritischen Bemerkungen bei Caspar, *op. cit.*, SS. 49 u. Anm. 9, S. 53). Eine der Zukunftschancen, gerade auch im Hinblick auf eine spirituelle Vertiefung, liegt für den Islam m.E. in einer Neuformulierung der Inspirationstheologie. S. dazu auch R. Caspar, *op. cit.*, S. 48 u. Anm. 7, S. 53; sowie auch den mutigen Artikel des Indonesiers Ismed Natsir, *Yang Muda yang Beragama* (Jugend und Religion), in: *Prisma* (5) 1978, SS. 40-42, wo klar zwischen prophetischer Inspiration und geschichtlichem Kontext unterschieden wird.

[89] G.W.F. Hegel, Werke I, S. 371.

Das kann Hegel sagen, weil er, über Abraham hinaus, den Weg zur *Liebe* gefunden hat: "Erst durch die Liebe wird die Macht des Objektiven gebrochen, denn durch sie wird dessen ganzes Gebiet gestürzt..."[90].

Muhammad jedoch, mitten in all seinem Ringen und Kämpfen, seinen Brüdern entgegengesetzt und diese ihm, für immer markiert durch die Hijra, den Exodus aus *seinem* Ur in Chaldäa, betet zu Gott in unerschütterlichen *Glauben*, oder wenn man so will, in Hegels Terminologie: in der Ungeschütztheit seines religiösen Nomadismus, in der Freiheit *seines* Monotheismus, getreu seinem Vorbild Abraham:

1. Sag: Ich suche *Zuflucht* beim *Herrn* der Menschen, 2. dem König der Menschen, 3. dem Gott der Menschen, 4. ... vor dem Unheil ... (Sure 114).

So schließt denn auch der Koran.

---

[90] Ibid., S. 363.

Islam und Christentum
im Horizont der anthropologischen Wirklichkeit

In seinem 1977 erschienenen Buch "*Dieu différent. Essai sur la symbolique trinitaire*" versucht der französische Dominikaner Christian Duquoc - wie andere Theologen der letzten Zeit[1] - unter anderm zu zeigen, wie es dazu kam, daß der im *Credo* formulierte Glaube an den dreieinigen Gott so wenig im Zentrum christlicher Frömmigkeit steht. Als einen wesentlichen Grund hierfür nennt er die Tatsache, daß die Theologie es vorgezogen hat - oder durch geschichtliche Umstände dazu gezwungen wurde, mit abstrakten Konzepten zu arbeiten und die Rolle der Bilder ("images") für die Strukturierung des christlichen Glaubens dabei vernachlässigt hat[2]. Nach Duquoc hat sich so allmählich eine Bewegung weg vom Bild, hin zu nur schwer verständlichen Kategorien vollzogen, die keine religiöse Anziehungskraft besitzen[3]. Der Versuch, christliche Frömmigkeit wieder "*trinitarisch*" zu beleben, muß hingegen mit den den dogmatischen Formulierungen zugrunde liegenden Bildern ernst machen, indem z.b. untersucht wird, was "*Sohnsein*" überhaupt bedeutet und wie es sich konkret in den Evangelien darstellt. Auf diese Weise rückt auch die vom CHristentum in ganz bestimmter Weise behauptete Vaterschaft Gottes wieder neu ins Blickfeld und mit ihr das Wirken des Hl. Geistes.

Mit andern Worten, die Theologie, die Duquoc vorschwebt, nimmt letztlich die Anthropologie im weitesten Sinn zum privilegierten Gesprächspartner. Denn der Ruf "Zurück zum Bild!" schließt notwendigerweise eine Erforschung der konkreten Realität ein, die der Theologie als "Material" zur Formulierung ihrer Dogmen dient.[4]

---

[1] Cf. L. de Vaucelles, Rezension von *Dieu différent*, SS. 553/554.

[2] Cf. Chr. Duquoc, *Dieu différent. Essai sur la symbolique trinitaire*, SS. 81/82.

[3] Cf. ibid., S. 82.

[4] Die "Verkonzeptualisierung" der Bilder, bzw. der hinter ihnen stehenden Erfahrung, war für die Theologie sicherlich ein unausweichlicher und notwendiger Schritt. Die nach Chalcedon z.B. von Amphilochius von Sidon geäußerte Auffassung, "that it would have been better to stay with the gospel formula rather than to compose a new decree" war sowohl a-historisch wie (deswegen auch) irrealistisch. (S. E. Ludwig, *Chalcedon and its Aftermath: three*

Einen solchen Versuch haben wir selbst in Form einer am *Institut Catholique* zu Paris verteidigten These unternommen, auf die wir uns im folgenden weithin berufen[5]. Wir haben dabei von Anfang an ein Gespräch mit dem Islam im Auge gehabt. Dies um so mehr, da nicht nur das Christentum, sondern auch der Islam von anthropologischen Argumenten durchaus Gebrauch machen, um die jeweilige Position zu verdeutlichen. Inwieweit die Anthropologie der Theologie als Material für ihre Ausdrucksweise dient und damit als Indiz der hinter den Begriffen stehenden inneren Dynamik einer religiösen Auffassung angesehen werden kann, das soll im folgenden zunächst für den islamischen Monotheismus aufgezeigt werden.

1. Der islamische Monotheismus

Ein wesentlicher Punkt der Monotheismusargumentation des Propheten Muḥammad besteht im Kampf gegen die Vorstellung, Allâh könnte Frauen, Töchter und Söhne haben, denn das ist mit dem Eingottglauben, so wie er ihn versteht, unvereinbar. Wir beginnen daher mit der Kritik der "Töchter" Allâhs. Wir brauchen uns dabei im Rahmen dieses Artikels nicht im einzelnen mit der Identität dieser "Töchter" zu beschäftigen[6]. Nur soviel sei vermerkt: es handelt sich dabei um die in Sure 53, 19, 20 genannten Göttinnen *Allât*, *al-ᶜUzzâ* und *Manât*. Alle drei erfreuten sich in Arabien eines überregionalen Ansehens. Jede jedoch besaß ihre spezielle Gruppe von Verehrern. So ist *Manât* eher

---

unresolved crises, S. 103, in: *Laurentianum* (27) 1986, SS. 98-120). Das kann jedoch nicht heißen, daß Theologie nun auf ewig auf ein bestimmtes corpus historisch gewachsener Formeln und Begriffe festzuschreiben sei. Daher ist es heutzutage legitim, eben in einer Art "Materialgeschichte" (nach Form- und Redaktionsgeschichte), beladen mit der historisch-philologischen Erfahrung, zu den Bildern "zurückzukehren" und sie zunächst einmal, bzw. erneut, auf ihren anthropologischen Aussagegehalt hin abzufragen.

[5] Cf. Th. Mooren, *Paternité et Généalogie dans la pensée religieuse de l'ancien Proche-Orient. Le discours monothéiste du Prophète Mahomet face à l'Arabie préislamique, Ugarit, Israël et le christianisme*. Diese These ist, von der Exegese her gesehen, so etwas wie ein materialgeschichtlicher Ansatz; s. Anm. 4.

[6] Cf. ibid., SS. 52-56; 308-311; 325-326, besonders auch die epigraphische Forschung die "drei Töchter" betreffend.

die Göttin der Aws und Khazradj von Yathrib, dem späteren Medina, *Allât* Schutzgöttin der Thakîf von Ṭâ'if, Rivalin der Vaterstad Muḥammads, Mekka. Mekka, d.h. die Qurayshiten verehrten in besonderer Weise *al-ʿUzzâ*. Es sei noch erwähnt, daß speziell *Allât* und *al-ʿUzzâ* enger zusammengehören, was auch daran sichtbar wird, daß die Mekkaner glaubten, Allâh verbringe den Sommer bei *Allât* und den Winter bei *al-ʿUzzâ*[7]. Ferner darf der Begriff "Töchter" nicht zu eng gefaßt werden. Es ist durchaus möglich in *al-ʿUzzâ* auch eine "Gemahlin" Allâhs zu sehen[8]. Andere Forscher nehmen das eher für *Allât* an[9]. Was uns interessiert ist jedenfalls die Art und Weise, in der Muḥammad Allâh von diesen drei Göttinnen befreit.

Und sie dichten Allâh - Heilig ist er! - Töchter an. Während sie (selbst) haben, was sie begehren.

Und wenn einem von ihnen die Nachricht von (der Geburt) einer Tochter gebracht wird, so verfinstert sich sein Gesicht, indes er den inneren Schmerz unterdrückt.

Er geht dabei so vor, daß er aufzeigt, was Töchter in der damaligen Auffassung der Araber bedeuten und schließt daraus, daß es unwürdig ist, Gott dergleichen anzudichten. Als Beispiel sei Sure 16,57-59 zitiert: Er verbirgt sich vor den Leuten ob der schlimmen Nachricht, die er erhalten hat: soll er sie trotz der Schande behalten oder im Staub verscharren? Wahrlich übel ist, wie sie urteilen! (cf. auch Sure 43,17).

Das Schlüsselwort der Argumentation Muḥammads lautet daher: unbillige Verteilung!
Wie sollten euch die Jungen sein und ihm die Mädchen?
Das wäre wahrhaftig eine unbillige Verteilung (Sure 53,21.22).

---

[7] Cf. Azrakî, t. I, S. 74.
[8] Cf. Ibn al-Kalbî, S. 19, wo der Schwur eines gewissen Dirhum b. Zayd al-Awsî überliefert wird: "Wahrlich..., beim Herrn der ʿUzzâ, der Glücklichen, bei Allâh..." (... warabbi al-ʿUzzâ ... wa Allâh), der es unter grammatischen Gesichtspunkten zuläßt, in Allâh den "Herrn" (Baal) der ʿUzzâ zu sehen, sobald man in "wa Allâh" eine Apposition (und keine Juxtaposition) zu "warabbi" sieht, im zweiten "wa" also eine Wiederholung des ersten "Schwur-'wa'"; cf. zum Ganzen auch Mooren, *op. cit.*, SS. 53/54.
[9] Cf. D. Nielsen, *Die altarabische Kultur*, S. 233; cf. ebenfalls ibid., SS. 197, 211, 224, 227, 228. Cf. auch T. Fahd, *Le Panthéon de l'Arabie centrale à la Veille de l'Hégire*, S. 116. Zum Ganzen: Mooren, *op. cit.*, S. 54.

Der Gottheit zuzusprechen, was in den Augen des Menschen wertlos ist, ist ein derart anstößiges Verfahren, daß sich für den Propheten die Frage der Realität der "Töchter Allâhs" (banât Allâh) von selbst erledigt (Sure 53,23: "es sind nur Namen, die ihr euch ausgedacht habt...").

Auch "Gemahlinnen" braucht Allâh nicht. Denn von der Perspektive Muḥammads aus, müßte er sie ja im Bereich seiner eigenen Schöpfung suchen - was wiederum seiner unwürdig wäre (cf. Sure 43,15.16). Außerdem, anthropologisch gesehen, stellt ein Dasein ohne "Gefährtin" (sâḥiba) die Bedingung des Freiseins von Nachkommenschaft dar:

Schöpfer der Himmel und der Erde! Wie sollte er einen Sohn haben, wo er keine Gefährtin hat...? (Sure 6,101).

Dieses Argument kann man auch in umgekehrter Richtung lesen: wenn es ausgemacht ist, daß Gott keine Nachkommen hat, warum ihm also eine "Gefährtin" an die Seite stellen?

Schwieriger als der Kampf gegen angebliche Töchter oder Frauen erweist sich da schon der Kampf gegen Söhne Gottes. Denn hier kann Muḥammad nicht vom sozial minderwertigen Status her argumentieren, der allein schon Töchter Gottes als einen Skandal erscheinen läßt, sondern er muß der Tatsache Rechnung tragen, daß zu seiner Zeit, und im alten vorderen Orient überhaupt, ein Mann ohne Söhne ein "toter Mann" ist. "Die Nicht-existenz des Sohnes zieht die Nicht-existenz des Vaters nach sich", sagt ein Korankommentator[10]. Dem ist so, weil ohne Sohn die Erinnerung (dhikr) an den Vater nicht weiterlebt, sein Name ausstirbt - und das bedeutet den eigentlichen Tod für den Semiten[11]. Es sei hier nur an Absalom, 2 Sam 18,18 erinnert:

Absalom hatte sich schon zu Lebzeiten das Denkmal, das im Königstal steht, errichten lassen, denn er dachte sich: "Ich habe keinen Sohn, um meinen Namen in Andenken zu erhalten." Er nannte das Denkmal nach seinem Namen. So heißt es noch heute "Säule Absaloms".

Ein sohnloser Mann ist ein soziales Nichts, einer unproduktiven Palme vergleichbar (ṣunbûr), ein Mensch ohne Ansehen und Schutz, wie

---

[10] Âlûsî al-Baghdâdî, t. IX, S. 467; cf. auch Mooren, op. cit., SS. 90-94.

[11] Das geht mit aller Deutlichkeit z.B. aus den Bemerkungen der Korankommentatoren Shawkânî (t. V. S. 504), Kâsimî (t. XVII, SS. 6277ff) und Ibn Kâthir (t. IV, S. 559) hervor.

abgeschnitten vom sozialen Ganzen[12], ohne Erben, der sein Werk fortführt[13]. Einen solchen Menschen nennt man *"abtar"*, eigentlich "schwanzlos", Schimpfwort, das Muḥammad selbst zu hören bekam, weil er Zeit seines Lebens ohne (überlebende) männliche Nachkommen war[14]. Von dort her, vom sozialen Wert des Sohnes aus gesehen, scheint es also nichts Unbotmäßiges zu sein, Gott einen solchen zuzugesellen. Doch Muḥammad weiß auch dieser neuen Situation, ganz im Sinne seiner anthropologischen Argumentationsweise, gerecht zu werden. Denn aus dem vorher Gesagten geht hervor, daß ein Mann versucht, Söhne zu haben, weil er sie *braucht*. Not (Unterstützungsbedürftigkeit) und Tod (*dhikr*) diktieren sie ihm[15]. Demgegenüber können der Prophet und in seinem Gefolge die Korankommentatoren zeigen, daß Allâh der einzig wahre Gott ist, weil er, da er weder Not noch Tod (*ḥâdja, fanâ'*) kennt, von diesem vitalen Imperatif frei ist. Ohne Vorgänger und ohne Nachfolger[16], außerhalb jeden Kontextes von Hilfe und Vererbung[17], zeugt er nicht und ist nicht gezeugt worden (Sure 112,3): sohnlos (d.h. allein, *"aḥad"*, *"ṣamad"*; Sure 112,1.2) ist er und nur er - der *Selbstgenügsame*[18]. Dieses Band von Selbstgenügsamkeit und Sohnlosigkeit kommt klar in Sure 10,68 zum Ausdruck:

Sie sagen: "Allah hat sich einen Sohn genommen." Preis ihm! Er ist der sich selbst Genügende (al-ghaniyyu). Sein ist, was in den Himmeln und

---

[12] Cf. vor allem den Kommentar von ʿAlâ' ad-Dîn al-Baghdâdî, t. VII, S. 253.

[13] So hält Ṭabarî den Gedanken fest, daß "Zeugen" immer schon auf Vererben angelegt ist, und daß überhaupt alles, was gezeugt wird, auf den Tod hin gezeugt wird (t. XXX, SS. 223/224); cf. auch Ibn Djuzayy al-Kalbî, t. IV, S. 224; Nasafî, t. III, S. 737.

[14] Cf. Sure 108,3. Cf. auch Âlûsî al-Baghdâdî, t. IX, p. 468. Da aber ein Leben ohne Nachkommen bar jeder "memoria" (dhikr) ist und das Werk des Vaters kein Erbe findet, schlossen die Feinde Muḥammads, bevor sich der Islam siegreich gefestigt hatte, aus einem solchen Sachverhalt, daß man sich Muḥammads wegen nicht weiter zu beunruhigen brauche: "Wenn Muḥammad tot ist, ist sein Gedächtnis abgeschnitten... und wir haben Ruhe vor ihm." (Nîsâbûrî, t. XXX, S. 180).

[15] Cf. Ibn Djuzzayy al-Kalbî, t. IV, S. 224.

[16] Cf. Nîsâbûrî, t. XXX, S. 207.

[17] Cf. Abû-l-Suʿûd al-ʿIrmâdî: "... er hat keinen, der ihm hülfe oder nachfolgte, nötig" (t. V, S. 292).

[18] Cf. zur Argumentation auch Zamakhsharî, t. III, S. 367.

66

was auf der Erde. Ihr habt keinen Beweis hierfür. Wollt ihr wider Allâh behaupten, was ihr nicht wißt? (cf. auch Sure 31,26; 22,64; 4,131).

Wenn Allâh aber keine Söhne braucht, so auch keine weiteren Verwandten und erst recht keine nebengeordneten Gehilfen anderer Art, die dem Menschen unerläßliche Stütze sind:

> Sprich: "Aller Preis gebührt Allâh, der sich keinen Sohn genommen hat in der Herrschaft, noch sonst einen Gehilfen aus Schwäche..." (Sure 17,111).

Auf dem Hintergrund der soeben entwickelten Argumente dürfte es klar geworden sein, wie eng für den arabischen Propheten Monotheismus und Selbstgenügsamkeit Gottes zusammengehören. Diese stellt geradezu den spezifischen Akzent seiner monotheistischen Theologie dar. Dabei braucht es uns hier im einzelnen nicht zu kümmern, ob Muḥammad in seiner Kritik der Filiation zuerst an heidnische, an jüdische (cf. Sure 9,30) oder christliche Vorstellungen gedacht hat, wobei noch die Frage zu stellen wäre, welche Art von Christentum er genau gekannt hat[19]. Für ihn ist jeder Versuch, ein Wesen mit Gott in engere Verbindung treten zu lassen, erst recht in der Art familiärer Beziehungen, eine "Übertreibung", eine Extravaganz (Sure 4,171), egal aus welchem Lager sie stammt, ob es sich um Engel, Geister oder den Messias handelt. Für Muḥammad liegt hier unzulässige "Vergottung" vor, d.h. heilloses Unterschätzen der Majestät Allâhs. Dergleichen Versuche bezeugen für ihn "... typisches Heidentum. Er konnte sie deshalb ohne weiteres unter demselben Stichwort zusammenfassen"[20].

Was jedoch im Zusammenhang unserer Fragestellung unbedingt festgehalten werden muß, ist die Tatsache, daß die Herausarbeitung der Selbstgenügsamkeit Allâhs für den Propheten die ideale Basis abgibt, die völlige Andersartigkeit Allâhs zu unterstreichen: "Keiner ist ihm gleich" (Sure 112,4)[21]. Besonders durch seine Sohnlosigkeit erscheint Allâh

---

[19] Cf. die genaue Erörterung der verschiedenen Gruppen, an die sich Muḥammad gewandt hat, bei Mooren, *op. cit.*, SS. 85-89.

[20] R. Paret, *Der Koran. Kommentar und Konkordanz*, S. 27.

[21] Cf. dazu vor allem das Argument Nîsâbûrîs, der aus diesem Tatbestand die Unmöglichkeit einer "Gemahlin" Allahs ableitet, da die Ehe "legaliter" (shariᶜatan) und "rationaliter" (ᶜaklan) Gleichheit voraussetzt (t. XXX, S. 208). Ähnlich argumentieren auch andere Korankommentatoren.

geradezu als der "Anti-Mensch", als der "Ganz Andere" mit dessen Gottheit menschliche Sorgen und menschliches Tun unvereinbar sind, wie z.B. so ein elementarer Akt des Menschen wie das Zu-Sich-Nehmen von Speise:

> Der Messias, Sohn der Maria, war nur ein Gesandter; gewiß, andere Gesandte sind vor ihm dahingegangen. Und seine Mutter war eine Heilige; beide pflegten sie Speise zu sich zu nehmen. Sieh, wie wir die Zeichen für sie (die Christen) erklären, und sieh, wie sie sich abwenden (Sure 5,75).

So erlaubt es also gerade die anthropologische Argumentationsweise dem Propheten, einen klaren Trennungsstrich zwischen *"Anthropos"* und *"Theos"* zu ziehen, mehr noch, einen tiefen Graben zwischen Gott und Mensch aufzurichten, den zu überbrücken erst recht keine Theologie der Inkarnation die Befugnis besitzt[22]. Die einzig würdige Haltung Gott gegenüber ist die eines "Dieners":

> Da ist keiner in den Himmeln noch auf der Erde, der dem Gnaden-reichen anders nahen dürfte denn als Diener (Sure 19,93).

Und: Blicke können ihn nicht erreichen, er aber erreicht die Blicke..." (Sure 6,103). Zwischen Gott und Geschöpf tut sich eine Kluft auf, die nichts mehr zu füllen vermag, "weder aufmerksame Fürsorge für ein Volk, das aus Liebe erwählt wurde, noch ein Erlöser, der aus ihm selbst hervorgegangen wäre und dem Leid der Menschen derart teilnehmend gegenübersteht, daß er es sogar teilt"[23].

Selbst wenn auch an anderer Stelle (Sure 50,16) behauptet wird, Allâh sei dem Menschen näher als seine Halsader, so gilt es dadurch eher zu zeigen, daß vor Gott nichts verborgen ist, auch nicht der kleinste Gedanke des Menschen, als eine *konkrete* liebende Nähe Gottes zu beschreiben[24].

Wie wir gesehen haben, argumentiert Muḥammad also keineswegs abstrakt philosophisch, von einem vorgegebenen Transzendenzbegriff ausgehend. Vielmehr greift er, sobald es darum geht, seinem Glauben eine formale, diskursive Gestalt zu verleihen, auf konkrete, anthropologi-

---

[22] Cf. M. Hayek, *Le Christ de l'Islam*, S. 25.

[23] M. Rodinson, *Mahomet*, S. 270.

[24] Cf. M. Hayek, *L'Originalité de l'apport chrétien dans les Lettres Arabes*, S. 125.

sche Argumente zurück. Mit ihrer Hilfe untermauern er und die nachfolgenden Korankommentatoren anschaulich die absolute Unvereinbarkeit von Gott und Mensch, die Darstellung Gottes als des "Ganz Anderen". Dabei muß allerdings festgehalten werden, daß Muḥammad die menschliche Realität, und vor allen Dingen die Vaterschaft (Sohnschaft), unter einem ganz bestimmten Gesichtspunkt interpretiert (Schwäche, Tod, Vererbung etc.), der zwar, wie wir sehen werden, keineswegs der einzig mögliche ist, aber um so mehr seiner Sache dient.

Diesen anthropologischen Hintergrund der islamischen Theologie nicht aus dem Auge zu verlieren, dürfte für einen sinnvollen Dialog mit dem Islam nicht ohne Belang sein, zumal es gerade auch christlicherseits möglich ist, Theologie in anthropologischer Weise zu betreiben. Nicht anders ist ja die Bibel auf weite Strecken vorgegangen. Bei dem Versuch, christliche Theologie von ihren anthropologischen Bildern her zu entwickeln, stände man somit auf einem Boden, der außer der Tatsache, daß er sich für die christliche Reflexion als fruchtbar erweisen kann, zugleich auch der theologischen Methode des Koran angemessen erscheint. Für die christliche Theologie hierzu im folgenden einige Anhaltspunkte.

2. Trinität und Inkarnation

Es ist wahr, daß die Einheit Gottes, so wie sie Muḥammad mit Hilfe seiner anthropologischen Argumentationsweise proklamiert, im Ergebnis als univok, als in sich geschlossen, betrachtet werden kann. Allâh ist der ewig mit sich selbst Identische. Jede Andersheit, Alterität, ist aus seinem Sein gebannt. Das ist der Sinn des arabischen Ausdrucks *"ṣamad"*[25].

---

[25] Cf. Sure 112,2: "Allâhu-s-samadu", was man etwa so übersetzen könnte: "Allâh ist der, der ganz 'allein' ist, der in sich selbst Ruhende". Cf. Tabaris Kommentar: "ṣamad ist einer, aus dem nichts 'heraustritt'" (t. XXX, S. 233). Blachère merkt folgendes an: "aṣ-ṣamadu 'le Seul'. Selon une vingtaine de Traditions, ce mot signifie incorporel (plus exactement qui ne boit ni ne mange). Cinq données lui prêtent le sens de: qui n'engendre pas et n'est pas engendré, tandis que quatre autres proposent l'acception de compact, homogène..." (*Le Coran. al-Quor`ân*, S. 671, anm. 2); cf. auch R. Paret, *op. cit.*, S. 530, einerseits: "Die Deutung des Ausdrucks aṣ-ṣamadu ist ganz unsicher", andererseits: "Die ... Bezeichnung 'fest' als Grundbedeutung von ṣamad wäre noch genauer zu definieren als 'massiv', 'gediegen', (im Gegensatz zu 'hohl', 'locker', 'porös')."

Der Koran denkt sich denn auch die christliche Vorstellung eines Sohnes Gottes, von diesem univoken Horizont her, als eine bloße Identischsetzung von Gott und Messias, Sohn der Maria:

Fürwahr, ungläubig sind, die da sagen: "Allâh ist kein anderer denn der Messias, Sohn der Maria..." (Sure 5,72).

Christlicherseits gilt es aber gerade darauf hinzuweisen, daß der Trinitätsglaube nicht eine einfache Gleichsetzung Gottes mit dem Sohne der Maria (*ibn Maryam*) bedeutet. Vielmehr liegt der charakteristische Zug der christlichen Theologie darin, daß sie nicht von drei "Gottheiten" spricht, sondern die anthroplogische Sprache vom "Vater" und "Sohn" im "Hl. Geist" gebraucht. So hat Augustinus klar festgestellt:

"Alle mir erreichbaren katholischen Erklärer der heiligen Schriften des Alten und des Neuen Testamentes, welche vor mir über die Dreieinigkeit, welche Gott ist, schrieben, wollen gemäß der Schrift lehren, daß Vater, Sohn und Heiliger Geist, von einer und derselben Substanz, durch ihre untrennbare Gleichheit die göttliche Einheit bezeugen und daß sie daher nicht drei Götter sind, sondern ein Gott, wenngleich der Vater den Sohn zeugte, und daher der Sohn nicht der gleiche ist wie der Vater, wenngleich ferner der Sohn vom Vater gezeugt ist, und daher der Vater nicht der gleiche ist wie der Sohn, wenngleich endlich der Heilige Geist weder Vater noch Sohn ist, sondern nur des Vaters und Sohnes Geist, auch seinerseits dem Vater und Sohne gleich und zur Einheit der Dreieinigkeit gehörend[26]."

Auf diese Weise wird nicht eine einfache, in sich ruhende Einheit ausgesprochen, sondern eine dynamische; im Bild des Zeugens und Gezeugtwerdens eine Identität, die im Heiligen Geiste durch das Anderssein hindurchgeht, aber nicht so, als verlöre sich der Vater im Sohn oder der Sohn im Vater. Im Geheimnis der Trinität wird die Spannung von Alterität und Identität durchgehalten, ohne daß das eine das andere zerstört. Es ist die Spannung der Liebe selbst, die Spannung wahrer *"communio"*, des Sich-Selbst-Wiederfindens in der radikalen Hingabe. Dabei ist es eben bezeichnend, daß die christliche Theologie auf die anthropologische Realität Vater-Sohn (in der Dynamis des Geistes) zurückgreift, um diesem Geheimnis Ausdruck zu verleihen. Denn die Spannung von Alterität und Identität kommt ja gerade dadurch

---

[26] Augustinus, *de Trinitate*, I, 4, 7; Trad. M. Schmaus, S. 10.

zum Ausdruck, daß der Sohn nicht der Vater ist, obwohl doch anthropologisch der ihm nächste, und wiederum der Vater sich nur im Sohn wiedererkennen kann, wenn er ihn zugleich als den völlig anderen anerkennt[27]. Der wahre Grund des Rückgriffs christlicher Theologie auf diese fundamentale anthropologische Realität als ihres genuinen "Materials" liegt natürlich in Jesus als dem Christus selbst, bezeugt nach Mt 16,16 als der *Sohn des lebendigen* Gottes.

Im Horizont wahrer *"communio"* ist also mit der Vater-Sohn-Vorstellung unmittelbar verbunden die Idee des Sich-Schenkens, der Gabe, des Akzeptierens des Anderen schlechthin, bzw. umgekehrt des Empfangens wie auch des radikalen Offenseins für einander[28]. Die jede

---

[27] Cf. auch die ausführliche Entwicklung dieses Gedankengangs bei Mooren, *op. cit.*, SS. 188-191.

[28] Daß Paternität und Filiation auch im rein anthropologischen Bereich in das Spannungsfeld von Geben und Empfangen, Teilnehmenlassen und Schenken, gestellt werden können, haben wir, Mooren, *op. cit.*, SS. 14-27, anhand der empirischen Analyse von Familie, Klan und Stamm im vorderen Alten Orient entwickelt. Es handelt sich hierbei gewissermaßen um die "positiven" Aspekte der im Rahmen unserer Arbeit untersuchten anthropologischen Wirklichkeit. Vgl. z.B. folgende dort erlangten Ergebnisse: "... le rôle du père est essentiellement celui d'un transmetteur de la vie ... qu'il avait reçue lui-même jadis à son tour" (ibid., S. 18) oder: "... l'idée de la descendance commune, établie au-delà de la famille nucléaire grâce aux généalogies, implique toujours celle de la *participation* à une vie commune, quelque soit l'échelon où cette participation se place (famille, clan, tribu). Ainsi quelle que soit la ramification de la vie commune, la transmission de la vie (donner et recevoir) se base en dernier lieu sur la paternité ... et le partage" (ibid., S. 27).
Mit andern Worten: es ist gerade die durch entsprechende Interpretation des *empirischen* Bildes (Vater/Sohn etc.) gewinnbare theologische Aussagequalität, auf die wir oben haben hinweisen wollen. Eine weitere *Systematisierung* des Bildmaterials jedoch (exakte Bestimmung des Verhältnisses von Vater und Sohn durch Natur- oder Substanzbegriffe etc.) oder gar ein historisches Nachzeichnen derartiger Systematisierungsversuche sind nicht das Ziel unseres Artikels. Wir bleiben gewissermaßen auf der "figurativen Schwelle" der Theologie stehen, die wir besonders auch mittels des vorher besprochenen islamischen "Gegenbeispiels" ein wenig näher beleuchten wollen. Von dieser "Schwelle" aus kann allerdings, ohne dem "Material" Gewalt anzutun, der Weg hin zu einer Theologie des Christus als *"eikôn tou theou"* (cf. Kol 1,15), wie überhaupt zu einer Theologie im Zeichen der *"communio"* Gottes, begangen werden.

"communio" begründende Dynamik der Differenz[29] macht es aber nicht nur möglich, sich in Bildern dem Mysterium der Trinität zu nähern, sondern auch jenem anderen, von ihm nicht trennbaren, nämlich dem der Inkarnation, der Überbrückung jener Kluft zwischen Gott und Mensch, die, wie wir sahen, das Ergebnis der islamischen Theologie von Gott als dem ganz Anderen ist. Die innere Bewegung der *"communio"*, dargestellt durch den "Sohn", macht vor dem Menschen nicht halt, sondern die Selbstmitteilung Gottes in Christus ist des Menschen ganzer Reichtum (1 Kor 1,4-6; Röm 8,23).

Mehr noch: die Schöpfung selbst kann in den Horizont der Inkarnation gestellt werden, so daß die Menschwerdung, einer gewissen theologischen Tradition gemäß, nicht nur als Akt der Erlösung, provoziert durch den Sündenfall, erscheint, sondern als Vollendung des Geheimnisses eines Gottes der *"communio"*. Dun Scotus, ganz im Sinne des *"bonum diffusivum sui"* der Theologie Bonaventuras[30] formuliert dies so:

"Ich sage also: 1. Gott liebt sich. 2. Gottes 'amor castus' ist auch am Werk in Bezug auf die Geschöpfe. 3. Gott will von jemanden geliebt werden, der, außerhalb seiner, ihm das Höchstmaß an Liebe schenkt. 4.

---

[29] Cf. den Bericht über das Pfingstwunder Apg 2,4: "Sie begannen in fremden Sprachen zu reden, wie der Geist ihnen die Worte eingab" (cf. auch Apg 2,7/8), wo es nicht darum geht, die Differenz zu beseitigen, sondern im Gegenteil in ihrem Recht als Manifestation des Reichtums des Geistes Gottes zu etablieren, als ein Element jeder wahren Identität. - Diese Auffassung hebt sich deutlich von der islamischen Vorstellung ab, der Andere, besonders der "andere Gott", sei ipso facto als Konkurrent zu begreifen (cf. Sure 23,91).

[30] Cf. Bonaventura, *Itinerarium mentis in Deum*, chap. IV: De speculatione beatissimae Trinitatis in eius nomine quod est bonum, und auch: "potes videre, per summam boni communicabilitatem necesse esse Trinitatem Patris et Filii et Spiritus sancti" (zit. nach H. D_méry; SS. 92, 94/5). Vgl. auch R. Lull, Diskussion mit dem Mufti von Bougie: "Was mich betrifft, so halte ich dafür, daß die Güte sich von Ewigkeit zu Ewigkeit verströmt. Es gehört in der Tat zur Natur des Guten, sich zu verströmen, denn Gott-Vater, der Gute, zeugt aus Güte den Sohn, der wiederum gut ist, und aus beiden geht durch Spiration der Hl. Geist, ebenfalls gut, hervor." (Autobiographie n° 37, zit. nach L. Sala-Molins, *Lulle*, S. 39).

Gott hat die Vereinigung mit einem solchen Menschen, der ihm das Höchstmaß an Liebe schenken soll, vorgesehen[31]."

Dies bedeutet jedoch vom Menschen aus gesehen, daß er sich als wesentlich offenes Wesen determiniert, von seinem Grund her als *"capax Dei"*, mit andern Worten: als Freiheit und Geist. Jedoch ist dies nicht in der Absicht einer rein philosophischen Anthropologie gemeint[32]. Vielmehr soll in einigen Zügen daran erinnert werden, mit Hilfe welchen Bildmaterials christliche Theologie die Situation des Menschen angesichts der Selbstmitteilung Gottes in Christus beschreibt. Zunächst Paulus im 2. Korintherbrief: "Der Herr ist der Geist. Wo aber der Geist des Herrn ist, da ist Freiheit" (3,17). Dieser Geist der Freiheit trägt jedoch einen Namen, nämlich den des *Sohnes*: "Weil ihr nun Söhne seid, sandte Gott in unsere Herzen den Geist seines Sohnes, der da ruft: 'Abba, Vater!" (Gal 4,6).

Doch nicht genug damit, Paulus zieht auch die Konsequenz aus dieser Situation der Sohnschaft: "Eben dieser Geist bezeugt unserm Geiste, daß wir Kinder Gottes sind. Sind wir aber Kinder, so sind wir auch Erben: Erben Gottes und Miterben Christi" (Röm 8,16.17). Die Freiheit der Sohnschaft bedeutet also die Freiheit zur *Teilhabe* am göttlichen Leben. Der Sohn als Erbe hat nichts gemein mit der von Unfreiheit und Furcht gekennzeichneten Existenz eines Sklaven, der diese "participatio" nicht kennt (Gal 4,7; Röm 8,15)[33]. Sicher fordert dieses Leben der Teilhabe seinen Preis: "Nur müssen wir mit ihm leiden, um mit ihm auch verherrlicht zu werden" (Röm 8,17) - doch wer

---

[31] "Dico igitur sic, primo: Deus diligit se; secundo: diligit se aliis est iste est amor castus; tertio: vult se diligi ab Alio qui potest Eum summe diligere, loquendo de amore Alicujus extrinseci; quarto: praevidit unionem illius naturae quae debet eum summe diligere" (Distinctio VII, diskutiert an der Sorbonne im Jahre 1308; zit. nach P. Déodat de Basly, *Un tournoi théologique*, S. 29).

[32] Allein schon deshalb nicht, weil das NT mit aller Entschiedenheit darauf hinweist, daß menschliche Teilhabe am Mysterium der *"communio"* Gottes auf jeden Fall eine Frucht der Bekehrung, selbst Geschenk des Hl. Geistes, ist: cf. Mk 1,15; Jo 3,1-21; Apg 2,38; 1 Kor 2,14 etc. Der Geist von dem das NT spricht, ist der Geist des Herrn und die Freiheit, die der Kinder *Gottes*.

[33] Die alte Sklavenrealität trägt für Paulus vor allem zwei Namen, je nach Kontext: Gesetz und "Fleisch" (Gal 4,5 und Röm 8,5). Daher die doppelte Argumentationsweise zugunsten der Freiheit: einmal in Bezug auf Hagar und Sara (Gal 4,21-31), zum andern in Bezug auf die Dinge "deren ihr euch jetzt schämt" (Röm 6,17-23).

wäre nicht bereit, ihn zu zahlen angesichts der Tatsache, daß *nichts* "... uns von der Liebe Gottes zu scheiden (vermag), die da ist in Christus Jesus unserm Herrn" (Röm 8,39).

Auch Johannes stellt Sklave und Sohn einander gegenüber (cf. Jo 8,30ff). Doch dient ihm dieses Gegensatzpaar vor allem dazu, die Unvereinbarkeit von Wahrheit, der Lehre Jesu, und Lüge, d.h. Sünde, herauszustellen. Wie ein Sklave leben, heißt der Sünde gemäß leben. Der Sohn jedoch lebt aus der Wahrheit, die allein frei macht (Jo 8,32). Auf diese Weise hat er einen bleibenden Platz im Hause des Vaters:

"Wahrlich, wahrlich, ich sage euch: wer die Sünde tut, ist der Sünde Sklave. Der Sklave bleibt nicht für immer im Hause, der Sohn bleibt immer. Wenn der Sohn euch freimacht, seid ihr wahrhaft frei" (8,34-36).

Es nützt nichts, sich darauf zu berufen, zur Rasse Abrahams zu gehören (8,33 und 37), wenn es sich nur um ein Alibi für ein Leben außerhalb der Wahrheit handelt: "Wenn ihr Kinder Abrahams seid, so tut auch die Werke Abrahams" (8,39). Wahre Abrahamsnachkommenschaft und damit die wahre Freiheit des Sohnes besteht im Leben aus Geist und Wahrheit (cf. auch Jo 4,21-24), ist nicht denkbar ohne konkretes Tun. In diesem Sinn unterstreicht Johannes besonders, daß der Sohn, als Vertrauter des Vaters, in der Lage ist, dessen Werke zu vollbringen. Dieses spezielle "Können" des Sohnes ist die Quelle seiner Freiheit[34].

Wir könnten die Analyse noch weiter fortsetzen - so ermahnt z.B. der Kolosserbrief dazu, dem Vater "der uns befähigt hat, am *Erbe* der Heiligen im Lichte teilzunehmen", dankzusagen (1,12) - jedoch geht aus dem Gesagten schon mit hinreichender Deutlichkeit hervor, daß die christliche Argumentationsweise auf die anthropologische Realität der Sohn- bzw. Vaterschaft zurückgreift, um das Leben aus dem "Geist Christi" zu verdeutlichen.

Abgesehehen von den spezifischen Pflichten - wie Leben aus der Wahrheit - des Sohnseins und auch dessen unvermeidbaren "Härten" -

---

[34] Cf. Jo 8,42; 10,38; 15,15: "Nicht mehr Knechte nenne ich euch; denn der Knecht weiß nicht, was sein Herr tut." Jo 5,19.20: "... Der Sohn kann nichts aus sich selber tun, sondern nur, was er den Vater vollbringen sieht. Was dieser wirkt, das wirkt in gleicher Weise der Sohn. Denn der Vater liebt den Sohn und zeigt ihm alles, was er selbst tut...".

"...denn wo ist ein Sohn, den der Vater nicht züchtigt?" (Hebr 12,7; cf. auch 12,4-13) - ist die anthropologische Redeweise besonders im Bild des Erben dazu geeignet, die Realität der *Teilhabe* am Leben Gottes darzustellen. Dient im Rahmen der Beschreibung des innertrinitarischen Lebens das Sprechen vom Sohn unter anderm dazu, der *"dynamis"* des Gebens und Sich-Schenkens, das schließlich zum Sichtbarwerden Gottes in Jesus führt[35], Ausdruck zu verleihen, so zeigt vom Menschen her gesehen das Sprechen vom Sohn die radikale Offenheit nach oben, zum Vater hin, an, das Empfangen des Geistes Christi, dessen Frucht die Freiheit ist, und zwar unwiderruflich, denn der Sohn besitzt einen festen Platz im Hause des Vaters.

Die Berechtigung und der eigentliche Grund für die zentrale Stellung dieser anthropologischen Realität als "materia prima" des christlichen Sprechens vom Leben aus dem Geist Christi ist natürlich auch diesmal wieder in Jesus, als dem Sohn des lebendigen Gottes selbst, zu suchen. Unsere Freiheit ist seine Freiheit (2 Kor 3,17). Wir sind Söhne, weil Christus, erhaben über Moses, Sohn ist: "Moses war treu in seinem ganzen Hause als Diener ... Christus aber steht als Sohn über seinem Hause" (Hebr 3,5/6), oder auch weil er der Erst-Geborene vor aller Schöpfung ist (Kol 1,16), in dem es dem Vater gefiel, die "ganze Fülle" wohnen zu lassen (Kol 1,20), und zwar gerade auch als "Haupt des Leibes, der Kirche" (v. 18).

Jedoch können wir unsere Fragestellung nach der Rolle der anthropologischen Realität in der christlichen Theologie noch radikalisieren. Denn das Mysterium der Menschwerdung bleibt sozusagen nicht nur bei der glänzenden Seite des Menschen, so wie sie sich in den Möglichkeiten der Sohnschaft darstellt, stehen, sondern nimmt den Menschen als "Sohn", und damit Gott als "Vater" eigentlich da erst richtig ernst, wo der *"Anthropos"* als ganzer in die innere Dynamik der Inkarnation miteinbezogen wird. Denn dieser *"Anthropos"* ist nicht nur auch schwach, sondern letztlich dem Tod preisgegeben. Als dessen Knecht und Sklave (Phil 2,7-8) ist er noch unfrei.

Der *Sohn* Jesus jedoch geht durch den Tod hindurch, teilt Not und Elend der menschlichen Existenz. Die Bewegung der Kenose im

---

[35] Vgl. zum *semantischen* Problem der Korrelation von Zeugen/Gebären und Sichtbarwerden für die Herausarbeitung der Trinitätslehre B. Studer, *Zur Theophanie-Exegese Augustins*, SS. 59/60.

Gehorsam, aber dem des Sohnes, zu Ende führend, stößt er bis auf den bitteren Grund der menschlichen Existenz durch, "die Sünde ausgenommen" (Hebr 4,15):

"In den Tagen seines Erdenlebens hat er unter lautem Aufschrei und unter Tränen, Bitten und Flehrufe vor den gebracht, der ihn vor dem Tode bewahren konnte... Und obschon er der Sohn war, lernte er an seinem Leiden den Gehorsam kennen" (Hebr 5,7.8; cf. auch 4,14-5,10).

In seiner Eindringlichkeit kommt diesem Text wohl nur noch der Philipperbrief gleich (2,5-9). Besser als jedes "bonum diffusivum sui" es sagen kann lesen wir hier: "Er, der in der Gottesgestalt war, erachtete sein gottgleiches Sein nicht für ein Gut, das er mit Gewalt festhalten sollte" (v. 6). Erst durch die Einbeziehung der äußersten Grenze des *"Anthropos"* in das Mysterium der Menschwerdung wird dieser, als Sohn zur Erbschaft bestimmt, endgültig frei, das Sich-Schenken Gottes, wiederum im Bilde des Sohnes, total. Dem ist natürlich so, weil der Tod nicht das letzte Wort hat, weil ein Leben in und aus Christus ein Leben aus der Auferstehung ist (Phil 2,10,11; 1 Kor 15,3-10,20-28 etc.)[36].

3. Ein Bild - zwei Interpretationen

Vergleichen wir das Ergebnis unserer gedrängten Skizze christlichen Sprechens von Gott und Mensch im Horizont von Trinität und Inkarnation mit dem der Analyse der Argumentationsweise des Korans und seiner Kommentatoren zugunsten eines in ganz bestimmter Weise

---

[36] Es würde hier zu weit führen, die gesamte neutestamentliche Theologie der Sohnschaft zu entwickeln, ihren Rückgriff auf Messianismus und Königspsalmen darzustellen und vor allem die Rolle der Genealogien bei Mt und Lk als *eine* Möglichkeit, dieser Theologie Ausdruck zu verleihen (cf. Mooren, *op. cit.*, SS. 175-200 und auch die dort angegebene Literatur). Wichtig wäre dabei vor allem der Hinweis, daß diese Theologie nach dem Zeugnis des NT vom konkreten *Tun* Jesu, letztlich von seinem Geschick selbst getragen wird. Jesus nimmt z.B. gerade da, wo er in Konflikt mit dem offiziellen Judentum gerät, die auch von den Juden in einer ganz bestimmten Weise keineswegs geleugnete Vaterschaft Jahwes (cf. ibid., SS. 152-161) *konkret* für sich in Anspruch, wodurch er sich als Sohn zeigt (vgl. zum Ganzen auch die ausführliche Diskussion bei Duquoc, *op. cit.*, SS. 81-94).

aufgefaßten Eingottglaubens, so kann zunächst festgehalten werden: beide, Christentum wie Islam, betrachten die anthropologische Realität als legitimen Grundstoff ("materia prima") ihres Sprechens von Gott, bzw. der Gott-Mensch-Beziehung. Zwar ist der Anlaß dazu jedesmal ein anderer: hier die konkrete Erfahrung des Jesus von Nazareth im Lichte vor allem jüdischer Tradition, dort die Auseinandersetzung mit den Vorstellungen einer heidnischen Umwelt und gewissen Formen von Judentum und Christentum. Wesentlich bleibt jedoch, daß es möglich ist, christliche wie islamische Theologie von der anthropologischen Realität her zu betreiben, die gleichen Bilder, im Lichte des je eigenen Glaubens, auf ihre theologische Aussagequalität hin zu befragen. Dabei nimmt die Realität des Sohnes, bzw. des Vaters, eine zentrale Stellung ein. Doch hier zeigt es sich auch, daß Islam und Christentum zwei verschiedene Wege gehen.

Für den Islam wird der Sohn zum Inbegriff der "Schwäche", genauer der Seinsunvollkommenheit des Vaters. Sohnlos ist ein Mann ein soziales Nichts. Doch der eigentliche Grund für das Angewiesensein auf Nachkommenschaft liegt tiefer - er wird deutlich an der Rolle des Sohnes als potentiellen Erbens: der Mensch ist dem Tode ausgeliefert. Nur der *"dhikr"*, das rühmende Sich-Erinnern seines Namens, kann ihn vor dem Versinken in totale Vergessenheit bewahren. Unter dem Gesichtspunkt der absoluten Selbstgenügsamkeit Gottes, der von diesen Seinskomponenten menschlicher Existenz frei, also der ganz Andere ist, erweist sich nicht nur jegliche Vaterschaft für Gott als Skandal, sondern Menschsein überhaupt, soweit es Not und Tod unterworfen ist, kann, wie es aus Sure 5,75 (cf. oben SS. 66-68) deutlich hervorgeht, als unvereinbar mit göttlichem Sein schlechthin gewertet werden. Deutlich wird auf diese Weise die spezifische Majestät Allâhs herausgestrichen, der in radikaler Weise *allein* ist, jede *"participatio"* ausschließend.

Christliche Theologie hingegen unterstreicht gerade im Bilde des Sohnes als Erbe die im Hl. Geist und der von ihm bewirkten Umkehr[37] eröffnete Möglichkeit des Zugangs zu Gott, und zwar - dem Bilde getreu - als Vater, des Zugangs zur *"communio"* und *"participatio"* also. Der "Sohn" wird zum Bild der Fülle des Menschseins und der Freiheit.

---

[37] Cf. 1 Kor 12,3: "Und niemand kann sagen: 'Jesus ist der Herr', als nur im Hl. Geiste."

Dies beruht letztlich darauf, daß der *"Anthropos"* überhaupt anders bewertet wird: im Lichte von Kreuz und Auferstehung Jesu Christi ist er der "Ort", die *"morphä"* eines Gottes der Inkarnation[38]. Wenn daher der Gott des Islam vor allem der ganz Andere in Bezug auf den Menschen ist, so kann man im Christentum die Formulierung wagen, daß Gott, obschon auch der ganz Andere, dennoch auch der Andere des *Menschen* ist, sein Ziel und seine innere Bestimmung[39]. Er ist somit in die innere Dynamik der göttlichen *"communio"* miteinbezogen, die ihren tiefsten Grund im Mysterium der Trinität selbst besitzt: in Gott als Vater, Sohn und Heiligem Geist.

Daß das Kreuz, d.h. der Tod, jener Pfahl im Fleische der anthropologischen Realität, bildhaft und theologisch die eigentliche Grenze zwischen Islam und Christentum bildet - hier als der eigentliche Aufweis der unüberbrückbaren Verschiedenheit von Gott und Mensch, dort als letzte Radikalisierung eines alles verwandelnden Sich-Schenkens Gottes[40] - geht auch daraus hervor, daß für den Islam der Messias nicht stirbt: "... während sie ihn doch weder erschlugen, noch den Kreuzestod erleiden ließen, sondern er erschien ihnen nur gleich (einem Gekreuzigten) ..."[41], wie auch das Opfer des Abrahamssohnes (Sure 37,101ff) für den Islam nicht die Präfiguration des Opfers eines anderen noch

---

[38] Cf. M. Hayek, *Le Christ de l'Islam*, S. 24; - in diesem grundsätzlichen Ernstnehmen des *"Anthropos"* als *"morphä"* der Inkarnation liegt es letztlich auch begründet, daß das Christentum nicht im strengen Sinne des Wortes eine Buchreligion ist - jedenfalls nicht so wie Judentum und Islam "Buchreligionen" sind -, sondern wesentlich von der Realität eines *"Corpus Christi"* lebt: als sakramental-liturgischer, ja sogar kosmischer Wirklichkeit und letztlich als Geist Christi in uns (2 Kor 13,5), und nicht nur vom "Buch" (cf. Mooren, *op. cit.*, SS. 218-220).

[39] Cf. Mooren, *op. cit.*, S. 199, wo wir das so formuliert haben: "... grâce à l'incarnation... le Dieu du mystère chrétien n'est pas seulement Autre *que* l'homme, mais Autre *de* l'homme."

[40] Cf. auch 1 Kor 1,18-25 und jene markante Formulierung des IV. Laterankonzils (1215): "Qui cum secundum divinitatem sit immortalis et impassibilis, IDEM IPSE secundum humanitatem factus est passibilis et mortalis ..." (Denzinger, *Enchiridion*, 12, éd., n° 429 (356), S. 189).

[41] Sure 4,157. Vgl. auch zum Ganzen vv. 155-159. In unserem Zusammenhang ist die Frage, wie und ob Muhammad über doketistische Vorstellungen informiert wurde (cf. Paret, *op. cit.*, S. 110), von untergeordneter Bedeutung. Was zählt, ist, daß von der inneren Anlage seiner Theologie her eine solche Lösung, in Bezug auf den Tod des Messias, ihm am meisten entgegenkommt.

kommenden *Sohnes* darstellt, sondern lediglich eine Probe für den Glauben des *Vaters*[42].

Es dürfte somit deutlich geworden sein, wie Christentum und Islam in geradezu konträrer Weise die Möglichkeiten der anthropologischen Realität, als "materia prima" des jeweiligen Sprechens von Gott betrachtet, ausschöpfen. Besser als abstrakte Konzepte es vermögen, erlaubt es uns die anthropologische Methode, d.h. eine Theologie, die versucht so nah wie möglich am Bild zu bleiben, die innere Dynamik, das eigentliche Anliegen, das sich hinter den dogmatischen Formulierungen verbirgt und diese trägt, nachzuzeichnen.

Dabei hat sich ebenfalls im Laufe unserer Analyse eine allgemeine Feststellung von Cl. Lévi-Strauss, den Unterschied von Zeichen und Konzept betreffend, bewahrheitet:

"En effet, une des façons au moins dont le signe s'oppose au concept tient à ce que le second se veut intégralement transparent à la réalité, tandis que le premier accepte, et même exige, qu'une certaine épaisseur d'humanité soit incorporée à cette réalité[43]."

Mit jener "épaisseur d'humanité" ist gemeint, daß allem zeichenhaften, bildhaften Sprechen und Argumentieren noch ein schillernder, nicht abstrahierter Rest anhaftet. Es scheint sozusagen noch die konkrete Herkunft des Zeichens durch seinen allgemeinen Gebrauch hindurch, und zwar so, daß seiner Universalisierbarkeit gewisse Grenzen gesetzt sind. Oder anders, das Zeichen erlaubt, ja lebt von einer ständigen Rückfrage an das konkrete Material, aus dem es geformt ist. Doch dieses Material ist auf Grund seiner "Dichte" (épaisseur) nicht eindeutig festgelegt, wie alles Konkrete verschieden interpretierbar.

Die anthropologische Realität als "Zeichen" ist hierfür ein eindrucksvolles Beispiel. Denn die Realität "Sohn", "Vater", "Nachkommenschaft", läßt sich in verschiedene Richtungen auslegen. Da aber jede Theologie gerade und zuallererst mit "Zeichen" arbeitet, ist es für jeden Dialogver-

---

[42] Cf. M. Hayek, *Le Christ de l'Islam*, S. 25 und Y. Moubarac, *Abraham dans le Coran*, SS. 87-90 und 146.

[43] Cl. Lévi-Strauss, *La pensée sauvage*, S. 30. Dies kann man, etwas frei, so wiedergeben: "In der Tat: wenigstens eine Weise, in der das Zeichen sich dem Konzept entgegenstellt, besteht darin, daß letzteres "ohne Rest" die Wirklichkeit abspiegeln will, während das Erstgenannte akzeptiert, ja sogar erfordert, daß dieser Realität eine gewisse "menschliche Dichte" einverleibt sei."

such, der diese Perspektive ernst nimmt, wichtig festzustellen, in welcher Weise der jeweiligen "Dichte" der Zeichen Rechnung getragen wird, welche Lesart bevorzugt wird, ja von der nachfolgenden Tradition derart "kanonisiert" wird, daß man sich oft gar nicht mehr der Tatsache bewußt ist, daß die dem Zeichen zugrunde liegende Realität vielseitig verwendbar ist. Erlaubt es also eine Theologie der Bilder die manchmal starr erscheinenden Konzepte zu hinterfragen und die entscheidenden Intentionen theologischen Sprechens offen zu legen, so muß doch auch der Begrenzung und Relativität dieses Rückgriffs Rechnung getragen werden, unausweichliche Folge der nicht einfangbaren Lebendigkeit und Autonomie des Bildmaterials[44].

4. Vaterbild und eschatologischer Horizont

In diesem Zusammenhang bedarf gerade das Sprechen von Gott als "Vater" einer notwendigen Ergänzung, besonders dem Islam gegenüber. Denn wenn dieser (cf. u.a. oben SS. 66-68) die christliche Sohnesvorstellung für unzulässig hält, so auch deswegen, weil er hinter dem Sprechen von Gott als Vater den Versuch sieht, sich über den Sohn der Gottheit zu bemächtigen, Gott daran zu hindern, sein Licht leuchten zu lassen (Sure 9,32); in islamischer Optik also eine Tendenz, die das Christentum mit dem Heidentum gemein hat. Sure 9,31 läßt daran nicht den geringsten Zweifel, wenn sie brandmarkt, daß die Christen ihre Schuld nur noch vergrößert haben dadurch, daß sie dem Messias noch eine Reihe anderer "Vermittler" zur Seite stellen:

"Sie haben sich ihre Schriftgelehrten und Mönche zu Herren genommen neben Allah und dem Messias, dem Sohn der Maria. Und doch war ihnen geboten, allein den Einigen Gott anzubeten. Es ist kein Gott außer ihm ..."

---

[44] In diesem Zusammenhang sei noch erwähnt, daß das Eigentliche der polemischen Argumentationsweise oft in nichts Anderem besteht, als im starren Festhalten an *einer* Interpretationsmöglichkeit, im Versuch also, den Gebrauch eines Bildes für die jeweilige Theologie festzuschreiben oder (durch ein Verfahren in umgekehrter Richtung) unmöglich zu machen, so als existiere die "natürliche" Offenheit eines Zeichens nach mehreren Seiten hin nicht.

Und v. 32 fährt fort:

"Sie möchten gern Allâhs Licht auslöschen mit ihrem Munde; jedoch Allah will nichts anderes, als sein Licht vollkommen machen, mag es den Ungläubigen auch zuwidersein."

"Ittakhadha rabb", sich jemanden zum Herren nehmen, ist der feststehende Ausdruck für Götzendienst[45]. Wenn schon die Verehrung der Schriftgelehrten und Mönche als deren "Vergöttlichung", auf Grund ihrer vom Islam angenommenen Mittler- und Fürsprecherstellung, gedeutet wird, d.h., wie 9,32 weiter zeigt, als Versuch, sich unzulässiger Weise in Gottes Werk und Plan einzumischen, wieviel mehr muß erst das Sprechen von Gott als Vater vom Islam als unerlaubtes Überschreiten der durch Allâhs Majestät gezogenen Grenze - in der Absicht, sich Gott dienstbar zu machen - angesehen werden. Mehr noch: manche, inzwischen klassisch gewordene psychologische Theorien geben dem Islam bis zu einem gewissen Grade recht, oder besser, sie unterstreichen zumindest die Gefahren eines solch bildhaften Sprechens von Gott[46].

So hat uns die von Freud herkommende Psychologie an den Begriff der Realitätskontrolle gewöhnt und die Probleme aufgedeckt, die für das Ich in dem Moment entstehen, wo es darum geht, die eigenen Grenzen, Schwächen und letztlich die Endlichkeit der Existenz zu akzeptieren. Wir wissen um die Rolle des Ödipuskomplexes und die Probleme seiner Bewältigung. In diesem Kontext ist es durchaus berechtigt, auf die Gefahren eines Gott-Vater-Bildes hinzuweisen, das im Verein mit Über-Ich und ungezügeltem Wunschdenken wie eine Verweigerung, die eigene begrenzte Individualität anzuerkennen, funktionieren kann. Infantilismus und Megalomanie sind die Folge[47]. Erst der Abbau, d.h. der "Tod" des Vaterbildes als Symbol der Unsterblichkeit und Projektion des allmächti-

---

[45] Cf. Mooren, *op. cit.*, SS. 221/222 und die Beispiele aus dem Götzenbuch des Ibn al-Kalbî, SS. 16, 17, 33 etc. (cf. auch Mooren, *op. cit.*, Anmerkungen n° 42/43, SS. 444/445).

[46] Zum Folgenden vgl. vor allem P. Ricoeur, *La paternité: du fantasme au symbole*; Duquoc, *op. cit.*, SS. 95-114: Mooren, *op. cit.*, SS. 200-207.

[47] Cf. Duquoc, *op. cit.*, SS. 100/101: in diesem Falle funktioniert das Vaterbild wie "... la parade construite pour économiser séparations et blessures, continuer à vivre dans le rêve originaire de n'avoir à affronter et assumer aucune différence, révélatrice de son propre manque."

gen Wunschdenkens, durch seine Einreihung in die psycho-soziale Wirklichkeit, erlaubt den Zugang zur echten Realitätsbewältigung. Vor allem P. Ricoeur weist nun darauf hin, daß auch das religiöse Vaterbild durch eine Art "Tod" hindurch muß, um eine echte religiöse Funktion zu erfüllen, anstatt letzte Barrikade unbewältigten Infantilismus' zu sein, d.h. im letzten ein Versuch, Gott zu manipulieren. Dabei sieht Ricoeur besonders in Ex 3,13-14, der Episode vom brennenden Dornbusch, die Chance, das Gottesbild zu reinigen, indem hier, auch von der Bibel her, die notwendige Komponente negativer Theologie bereitgestellt wird, die das Vaterbild in seinen berechtigten Grenzen hält. Denn die Offenbarung, die an Moses im berühmten "Ich bin, der Ich bin" *(éhyéh asher éhyéh)* ergeht, hat nicht Jahwes Vaterschaft zum Inhalt, sondern seinen geheimnisvollen Namen, in dem seine Rolle als Gott der Väter wie aufgelöst, oder besser wie aufgehoben, erscheint[48].

Und dennoch ist das Sprechen von Gott als Vater in der Bibel nie verstummt. Wie ist es aber möglich, am Vaterbild festzuhalten, ohne in Infantilismus oder Idolatrie zu verfallen? In dieser Hinsicht ist es bezeichnend, daß gerade die Propheten und die Königspsalmen am Vaterbild Jahwes festhalten[49]. Auf diese Weise wird nämlich das Vaterbild in den Horizont der *Verheißung* gestellt und damit jeder unmittelbaren Handhabung entzogen. Theologisch gesehen gehört es in die Nähe der Neuen Allianz Jeremias' (Jer 31,33/34)[50].

Selbst im NT wird das Vaterbild nicht dem Horizont der Verheißung enthoben, sondern wird erst recht in die eschatologische Perspektive gestellt, obwohl in Jesus das Reich paradoxerweise schon angebrochen

---

[48]   "C'est la révélation du nom, c'est la dissolution de tous les anthropomorphismes, de toutes les figures et figurations, y compris celle du père. Le nom contre l'idole" (P. Ricoeur, *op. cit.*, S. 236).

[49]   Zum Problem der Vaterschaft Gottes in Israel cf. Mooren, *op. cit.*, SS. 152-161. Dort arbeiten wir vor allem heraus, in welcher Weise Israel das Vaterbild modifiziert (keine sexuelle Koproduktion, cf. El in Kanaan), und in wieweit es an ihm festhält (poetisch, juridisch, Rolle Abrahams etc.). Cf. hierzu auch: Os 14,6-9; 1,2; 2,4ff; 3,1; Jer 2,19ff; 3,1ff etc.; ferner 2 Sam 7,14; Ps 2,7 und Ps 110,3, den König als Sohn Jahwes betreffend. (Zur Interpretation der letzteren vgl. Mooren, *op. cit.*, SS. 161-173).

[50]   Cf. Mooren, *op. cit.*, SS. 204/205.

ist (Mt 12,28; Mk 1,15)[51]. Im NT versperrt das Vaterbild jedem religiösen Infantilismus oder Idolatrie-Tendenz den Weg, weil es, in der Folge seiner eschatologischen Beheimatung unlösbar mit dem *Geist* zusammenhängt. Das geht besonders deutlich aus Jo 4,21-24, dem Gespräch Jesu mit der Samariterin hervor. Denn bei aller Betonung der Anbetung aus dem Geist und in der Wahrheit handelt es sich doch um die Anbeter des Vaters, d.h. Vater und Geist sind untrennbar.

Der Geist jedoch, als die innere Dynamik der göttlichen *"communio"* ist gerade jene Kraft, die den Zugang zur Freiheit und damit zu echter Alterität eröffnet, zur bedingungslosen Anerkennung des Anderen, zur Differenz in der Identität (cf. oben S. 70): "Keiner kann sagen: 'Jesus ist der Herr', als nur im Heiligen Geiste" (1 Kor 12,3), d.h. der Geist ist es, der zur Erkenntnis dessen verhilft, was man nicht ist. Er ist damit das genaue Gegenteil ungezügelten Wunschdenkens, infantiler Megalomanie, die sich am Vaterbild festklammert, um Gott zu manipulieren, oder sich hinter seiner Allmacht versteckt und damit die Grenze, den Anderen, nicht anerkennen will. Gerade der Schrei Jesu am Kreuze (Mk 15,34) bereitet jedem Versuch, sich des Vaters in infantiler Weise zugunsten wie auch immer gearteter Interessen zu bemächtigen, ein Ende. Eschaton, Geist und Vater gehören zusammen. Gemeinsam erst offenbaren sie ihre Realität. Erst in diesem Kontext empfängt das christliche Vaterbild seinen eigentlichen Sinn und Schutz vor Mißbrauch.

Es wird aber somit auch - abgesehen von den bisher genannten Gründen - noch ein weiterer Grund sichtbar, weshalb der Islam nicht in positiver Weise von Gott als Vater spricht, bzw. warum ihm ein solches Sprechen ipso facto als Versuch erscheint, sich der Gottheit zu bemächtigen: der Koran kennt nämlich nicht jenen vom Geist erfüllten eschatologischen Horizont, erst recht nicht in Form jener paradoxen Antizipation von der oben in Anschluß an Mt 12,28 die Rede war. Zwar erwartet der Islam das Jüngste Gericht, die "Stunde" (cf. Sure 75,36-40; 31,28; 45,26; 98,7,8; 99,1-8 etc.), aber sie stellt im wahrsten Sinne

---

[51] Cf. Mt 11,27, "Jubelruf" Jesu, der theologisch gesehen in dieselbe Linie wie Jer 31,33/34 gehört: "Alles ist mir von meinem Vater übergeben. Niemand kennt den Sohn als nur der Vater, und niemand kennt den Vater als nur der Sohn und der, dem der Sohn es offenbaren will." Vgl. auch den eschatologischen Horizont des "Vater Unsers" selbst, angezeigt durch Mt 6,10: "Dein Reich komme, dein Wille geschehe..."

des Wortes das "Ende" der Geschichte dar, nicht deren Voll-Endung[52]. Der Islam lebt nicht in einer Joel 3,1-5 vergleichbaren Erwartung[53], sondern versteht sich stattdessen als treuer Verwalter des "Nullpunkts" aller Geschichte, ihres adamitischen Ursprungs. Dieser jedoch ist einzig und allein gekennzeichnet durch einen reinen, unverfälschten Monotheismus, so wie es auch in jenem Pakt (mithâk) zum Ausdruck kommt, den Gott einst mit Adams Nachkommenschaft noch vor aller Zeit geschlossen hat:

> Und als dein Herr aus den Kindern Adams - aus ihren Lenden - ihre Nachkommenschaft hervorbrachte und sie zu Zeugen wider sich selbst machte (indem er sprach): "Bin ich nicht euer Herr?", sagten sie: "Doch, wir bezeugen es." (Dies), damit ihr nicht am Tage der Auferstehung sprächet: "Siehe, wir waren dessen unkundig."
> Oder sprächet: "Es waren bloß unsere Väter, die vordem Götzendiener waren, wir aber waren ein Geschlecht nach ihnen. Willst du uns denn vernichten um dessentwillen, was die Verlogenen taten?" (Sure 7,172/3).

Dieser Pakt, den Kommentatoren zufolge Tausende von Jahren vor der effektiven Schöpfung mit den Menschen, noch in Ameisengestalt, geschlossen[54], soll also sicherstellen, daß der Götzendiener, d.h. der Nicht-Monotheist, unentschuldbar ist, sollte er versuchen, sich für seinen falschen Glauben auf die "Geschichte" zu berufen. Oder anders: die Geschichte hat nicht die Funktion, auf eine Endzeit zuzugehen, die ihre Erfüllung oder Vollendung wäre, sondern das Entscheidende ist schon mit Adam gesagt: es ist der Glaube an den einen Gott:

> Das, was wir in dem Buch (Koran) offenbart haben, ist die Wahrheit selbst, die (lediglich) bewahrheitet, was ihm (dem Koran) vorausging ... (Sure 35,31; cf. auch Sure 21,25).

Dergestalt hält der Islam unbeirrbar an Adam fest, d.h. er friert gewissermaßen, theologisch gesehen, die Geschichte in ihrem Nullpunkt

---

[52] Cf. auch L. Gardet, *Vues musulmanes sur le Temps et l'Histoire (essai de typologie culturelle)* und Mooren, *op. cit.*, SS. 215-218.

[53] Joel 3,1-5 wird bezeichnenderweise übernommen von Apg 2,17-21: "In der Endzeit, spricht Gott, werde ich ausgießen meinen Geist über alles Fleisch..."

[54] Cf. M. Hayek, *Le Mystère d'Ismaël*, S. 147, Anm. 1.

ein und versteht sich so als die einzig wahre "Naturreligion", als die Religion der *"fiṭra"*, des "eingeborenen" Monotheismus'[55]:

Übe die Religion (dîn) aus..., nach der ursprünglichen Konzeption (fiṭra) Allâhs, nach der er die Menschheit erschaffen hat. Allâhs Schöpfung kennt keine Veränderung! Das ist die unwandelbare Religion. Allein die meisten Menschen wissen es nicht (Sure 30,30)[56].

Dieses theologische Selbstverständnis des Islams als Religion des natürlichen Ursprungs, nach der es Aufgabe des Menschen ist, an Adam festzuhalten, - christlich gesprochen am "alten" Adam, anstatt im eschatologischen Erwartungshorizont eines neuen Adam zu leben, der ruft: Abba, Vater! (Gal 4,6) - geht auch aus der Tradition *(ḥadîth)* des Anas Ibn Mâlik hervor, nach der der Prophet gesagt hat:

"Man führte mir den Borâḳ vor, einen weißen, länglichen Vierfüßler ... Ich bestieg ihn und gelangte nach Jerusalem. Dort band ich ihn an ... Dann ging ich in die Moschee und führte zwei Prosternationen aus. Als ich die Moschee wieder verließ, kam Gabriel auf mich zu mit einem Gefäß, das Wein und einem anderen, das Sauermilch enthielt. Ich wählte letzteres. Gabriel sagte zu mir: 'Du hast die Fiṭra gewählt'[57]."

Hier wird, auf die Ebene der Kulturprodukte übertragen, anschaulich dargestellt, auf wessen Seite der Islam steht; etwas überspitzt: Milch gegen Wein, Natur gegen Zivilisation (und Geschichte), Veränderung des Urzustandes.

Die genannten Beispiele aus Koran und Tradition zeigen also deutlich, daß der Islam sich nicht in den Horizont einer Theologie der

---

[55] Cf. zur Frage der "Fiṭra" besonders Hayek, *op. cit.*, SS. 146-152 und vom selben Autor: *Les arabes ou le baptême des larmes*, S. 16; vgl. auch Gardet, *op. cit.*, SS. 236/237.

[56] Cf. auch die Bemerkung des Theologen-Philosophen Ghazzâlî: "Jedes Kind wird in mormalem Zustand geboren, von Natur aus gesund; nur seine Eltern machen aus ihm einen Juden, einen Christen oder einen Parsen; d.h. daß die schlechten Neigungen durch Gewohnheit und Erziehung erworben werden" (*Ihyâ`* III, 56, 12ff; zit. nach Wensinck, *La pense de Ghazzâlî*, SS. 44/45). Die "Geschichte" erscheint also lediglich als Deformation des ursprünglichen, gewissermaßen angeborenen Monotheismus'. Für den Muslim ereignet sich in ihr, theologisch gesehen, nichts Neues mehr.

[57] Zit. nach Hayek, *Le Mystère d'Ismaël*, S. 286; cf. auch ibid., S. 286, Anm. 4.

Verheißung stellt. Ein Monotheismus ohne Propheten und Pfingsten[58]. Ohne Geist, genauer ohne sein Gen 1,2 übersteigendes Wirken, das nicht nur die Schöpfung, sondern auch den eschatologischen Horizont miteinschließt, ist es aber nicht möglich, wie wir es oben zu zeigen versucht haben, von Gott als Vater und Sohn in einer Weise zu sprechen, die nichts mit dem Versuch gemein hat, sich Gott einfachhin verfügbar zu machen.

Zusammenfassend können wir sagen: Islam wie Christentum betrachten die anthropologische Wirklichkeit als legitimes Material (materia prima) ihrer Theologie, besonders die Vater- bzw. Sohnschaft. In dieser Weise spielt der *"Anthropos"* die Rolle eines Zeichens. Gemäß der jedem Zeichen innewohnenden "Dichte" jedoch ist es nicht verwunderlich, daß in beiden Theologien die anthropologische Wirklichkeit dazu dient, quasi diametral entgegengesetzte Positionen zu veranschaulichen. Dient im Islam der Sohn dazu, die Verfallenheit des Menschen zum Tode zu unterstreichen, um folgerichtig jede Vaterschaft für Gott, den Ewigen und Unveränderlichen, abzuweisen, mit dem Ergebnis einer radikalen Unvereinbarkeit von *"Anthropos"* und *"Theos"*, so begreift das Christentum im Lichte von Trinität und Inkarnation den Sohn vor allem als Zeichen einer Theologie der *"participatio"* und *"communio"*, die im Horizont von Kreuz und Auferstehung sogar soweit gehen kann, den Tod des *"Anthropos"* (als in Christus besiegten) als Vollendung der Offenbarung zu erfassen, die radikale Unvereinbarkeit von Gott und Mensch also zu transzendieren. Dies ist christlicher Theologie jedoch nur möglich, weil sie vom eschatologischen Horizont der Geistsendung herkommt, eine Dimension, die der Islam nicht kennt, denn nur im "Geist" kann bildhaftes, positives Sprechen von Gott vor der dem Menschen innewohnenden Tendenz bewahrt werden, sich des göttlichen Mysteriums in unbotmäßiger Weise zu bemächtigen.

---

[58] Wir meinen damit, daß der "Prophetismus" Muḥammads nicht im Vollsinn mit dem des ATs (cf. Isaias oder Jeremias z.B.) zur Deckung zu bringen ist. Das markanteste Beispiel für die Art und Weise, wie Muḥammad Prophet ist, findet sich in der Gestalt des *Elias*, des Eiferers für den Eingottglauben, auf dem Berge Karmel: 1 Kö 18,21-40; cf. auch Sure 21,25 etc.

Mythos, Monotheismus und Spekulation

Zur Rolle der Vernunft angesichts göttlicher Macht unter besonderer Berücksichtigung des Islam[1]

> *Knowing a good story will protect your home and children und property. A myth is just like a big stone foundation - it lasts a long time.*

(Ein Navaho-Indianer)

Ein Medium, in dem sich Polytheismus mit Vorliebe manifestiert, ist der Mythos[2]. In jüngster Zeit ist man weitgehend davon abgekommen, das Wahrheitsproblem des Mythos - gemeint ist die Frage nach einer allumfassenden, nicht nur historischen Wahrheit -, nur unter dem Gesichtspunkt einer recht rationalistisch zugeschnittenen geistesgeschichtlichen Evolutionstheorie (Tylor, Frazer etc.) anzugehen. Danach gehörte der Mythos in die Vorstufe des menschlichen Denkens, abzulösen durch die auf Beobachtung beruhende wissenschaftliche Hypothese[3]. Explizite Voraussetzung eines solchen Ansatzes ist die Vorstellung,

---

[1] So wie durch die islamische Tradition der Begriff "Spekulation" eine besondere Note erhält, wie aus dem Folgenden deutlich werden wird, genauso möchten wir darauf hinweisen, daß der Begriff "Monotheismus" keineswegs so eindeutig ist, wie er auf den ersten Blick zu sein scheint. Vgl. Th. Mooren, *Islam und Christentum im Horizont der anthropologischen Wirklihkeit*, in: *ZM 64* (1980) 10-32 [hier: 25-61]. Auch der Begriff "Monotheismus" bezieht sich im folgenden vornehmlich auf seine radikale, "puristische" Form, wie sie der Islam entwickelt hat.

[2] Vgl. die Definition von Mythos durch A.H. Krappe, *La genèse des mythes*, Paris 1952, 15: "Im griechischen wie im modernen Gebrauch meint der Terminus eine Erzählung, wo Gottheiten ... eine oder mehrere, die Hauptrollen spielen." - Die Übersetzungen fremdsprachiger Texte im vorliegenden Artikel stammen vom Autor, mit Ausnahme des Korans. Hier sind wir in der Regel R. Paret, *Der Koran*, Stuttgart 1979 usw., gefolgt. - Zum Mythos als Göttergeschichte vgl. auch J. Slok, *Mythos, begrifflich und religionsgeschichtlich*, in: *RGG IV* (1960), Sp. 1264.

[3] Vgl. Krappe, (Anm. 2) 28-29.

der Mythos sei seinem Wesen nach ätiologisch, und zwar nicht nur in bezug auf den Kult, sondern überhaupt auf alle Phänomene menschlichen und kosmischen Seins[4], Vernunft also wesentlich das Geschäft der Ursachensuche wahrzunehmen habe, wie sie sich in idealer Form in den Naturwissenschaften darstelle[5].

Zum Aufbrechen dieses Denkmodells haben nicht nur die Psychologie im Gefolge Freuds und Jungs beigetragen, sondern auch Philosophie, Religionsgeschichte und Philologie (Schelling, Nietzsche, Cassirer, Heidegger, Jaspers, W.F. Otto, Kerényi, H. Corbin u.a.). Der Name Mircea Eliade ist hier besonders zu nennen[6]. Für den Strukturalismus schließlich wurde der Mythos das bevorzugte Material, was nicht heißt, er sei bis dahin in der Ethnologie und den sich an ihren Ergebnissen entzündenden Theorien, häufig in Zusammenhang mit dem Problem Magie, nicht präsent gewesen (Lévy-Bruhl, Malinowski, Mauss etc.). Auch in dem originellen Werk des Humanwissenschaftlers und Theoretikers der Gewaltlosigkeit, René Girard, nimmt der Mythos, vermittelt durch das Phänomen "Opfer", einen zentralen Platz ein[7]. Entdeckt wurde, daß Vernunft es nicht nur mit Denken zu tun hat, daß Sein sich im *Sagen* und in der *Gestalt* offenlegen wie verbergen kann, häufig gebunden an den Kult[8].

1. Erzählende Vernunft

Einen für unser Thema besonders interessanten Versuch der Interpretation von Mythos hat in jüngster Zeit Hans Blumenberg mit seinem monumentalen Werk *Arbeit am Mythos* unternommen (Frank-

---

[4] Ebd. 27, 342-343; RGG IV (1960), Sp. 1263; vgl. auch E.A. Gardner, *Mythologie*, in: *ERE IX* (1974), 118.

[5] E.B. Tylor, *Die Culturwissenschaft*, in: C.A. Schmitz, Hrsg. *Kultur*, Frankfurt/M. 1963, 33-53.

[6] Vgl. u.a. M. Eliade, *Traité d'Histoire des Religions*, Paris 1970.

[7] Vgl. u.a. R. Girard, In Zusammenarbeit mit J.M. Ougourlian, G. Lefort, *Des choses cachées depuis la fondation du monde*, Paris 1978.

[8] Im Sturkturalismus allerdings wurde die Mythenanalyse erneut dazu gebraucht, die Vernunft auf eine verengte Rationalitätsstruktur festzulegen, die sich vornehmlich im klassifikatorischen, "binären" Denken äußert. Vgl. u.a. Cl. Lévi-Strauss, *La pensée sauvage*, Paris 1962.

furt/M. 1979). Sein Werk muß grundsätzlich im Horizont der Fragestellung gelesen werden: "Vernunft bedeutet eben, mit etwas - im Grenzfall: mit der Welt - fertig werden zu können[9]." Auf diese Weise soll Vernunft nicht erst beim Logos der Griechen angesiedelt werden. Sie gehört auch in den Mythos. Zu diesem "Fertigwerden" mit der Welt gehört der Versuch des Menschen, sich gewissermaßen die Last der ihn zu erdrücken drohenden Wirklichkeit von seiner Brust zu wälzen, sich einen Freiraum zum Atmen zu verschaffen, in bezug auf die ihn umgebende Wirklichkeit auf Distanz zu gehen. Gleichzeitig soll dem so konstituierten Gegenüber aber auch seine Bedrohlichkeit, seine Unheimlichkeit, genommen werden, u.a. durch das Verfahren der Namengebung und die Erfüllung der Welt mit "Bedeutsamkeit".

Gelingen kann dieses Unternehmen ferner nur, wenn der Mensch festen Boden unter den Füßen hat, anders: wenn Welt als Kosmos "steht". Dies wird durch ein Prinzip erreicht, das Blumenberg die "Archaische Gewaltenteilung"[10] nennt. Ein wesentlicher Grundzug des in den Mythen sich darstellenden Polytheismus liegt daher in der "balance of power" zwischen den einzelnen Göttern/Naturkräften. Keine Kraft darf die Überhand über die andere gewinnen. Dies würde das Ende des Kosmos bedeuten. So heißt es in bezug auf Poseidon:

Wenn seine Macht ausdrücklich auf einen Akt der Gewaltenteilung zwischen den Kroniden zurückgeht, bei dem Zeus den Himmel, Hades die Unterwelt und Poseidon das Meer für sich gewannen, so wird dem Hörer zum Schaudern gegenwärtig, was jeder, vor allem aber dieser, allein und ohne Gegenmacht mit den Menschen angestellt hätte[11].

---

[9]   H. Blumenberg, *Arbeit am Mythos*, Frankfurt 1979, 72.

[10] Vgl. ebd. 7-162.

[11] Ebd. 134. - Es ist nicht ohne Interesse, die hier formulierte Sichtweise mit dem "Optimismus" der romantischen Mythenschau, so wie sie bei J. Grimm ihren Niederschlag findet, zu vergleichen: "Grundzug der vielgötterei ist aber, dünkt mich, daß das gute und wohlthätige princip in dem göttlichen überwiegt; nur einzelne, dem ganzen untergeordnete gottheiten neigen sich zum bösen oder schädlichen, wie der nordische Loki, dessen natur gleichwol immer noch der des Hephästos näher steht, als des christlichen teufels. Selbst in den elbischen geistern waltet die güte vor; dem nix, dem kobold, ja dem riesen wird nur theilweise grausamkeit oder tücke beigelegt. Hiermit im einklang ist die milde vorstellung unseres alterthums von tod und von unterwelt", J. Grimm, *Deutsche Mythologie*, II, Frankfurt/M., Berlin, Wien 1981, 822.

Ohne diese Art von Beschränkung gibt es keine Weltordnung, Kosmos: "Ohne Prometheus freizugeben, hätte Zeus die Herrschaft verloren; mit dem Zugeständnis der Befreiung wird er sie nie bis in die letzte Konsequenz seines Willens ausüben können[12]." Nicht Ursachenforschung wäre demnach der Kern, die innere Dynamik des Mythos, sondern die Herstellung von Stabilität. Das Zurückgehen zum Ursprung hat beim Mythos nicht die Funktion, die Anfänge zu "erklären". Durch die Menge der Götter soll nur der Zufall ausgeschaltet werden, soll gezeigt werden, daß es einmal *rechtens* anfing, mit andern Worten, daß die Wirklichkeit kein Willkürakt ist, vor allem aber *unserer* Willkür und Beliebigkeit entzogen. Deswegen geht der Mythos nicht über die sichtbaren Grenzen unserer Welt hinaus, sondern schiebt sozusagen nur eine Endlichkeit vor die andere und so fort. Die Frage nach dem Ursprung wird dadurch gerade nicht im technischen Sinn beantwortet, sondern eher im Gegenteil im Keim erstickt[13].

Dem Mythos kann man so eine Art Deichbaufunktion zuschreiben, ein Damm wird aufgerichtet, der das Chaos vom kultivierbaren Lande trennt. Das Material, aus dem dieser Damm besteht, ist aber nichts anderes als das mythische Sprechen selbst, seine Erzählqualität oder die Tatsache, daß er aus *Geschichten* (im Plural!) besteht[14]. Der Mythos ist nicht selbst die Urgeschichte, aber er besteht aus Geschichten über die Urzeit. Wenn die Funktion des Mythos das Fest-Machen des Kosmos per modum narrativum ist, dann geschieht dies gewissermaßen *parallel* zur Erzählzeit: die Geschichten, Produkt langer Nächte[15], zeitresistent, d.h. immer wieder erzählbar, Zusicherung und Bekräftigung des Ordnungszustandes, holen die Urzeit wie mit einem Teleobjektiv an die Jetzt-Zeit heran[16]. Denn einzig auf *deren* Konsolidierung, durch

---

[12] Blumenberg (Anm. 9) 135.

[13] Vgl. ebd. 142 ff.

[14] Ebd. 165-191.

[15] "Sehr lang ist die Nacht, unendlich, und noch ist nicht die Zeit, zu schlafen in der Halle, sondern erzähle mir die wunderbaren Werke! Auch bis zum göttlichen Frühlicht hielte ich wohl aus, wenn du bereit wärest, mir deine Kümmernisse zu erzählen." (Alkinoos zu Odysseus am Hofe der Phäaken, *Odyssee XI*, 373-376; vgl. Blumenberg, (Anm. 9) 172.

[16] Für die eigenartige mythische "Erzählzeit" soll hier nur als Beispiel ein Auszug aus einem Schöpfungsgesang gegeben werden, den Steinhart auf den von den Niassern besiedelten Batuinseln (West-Indonesien) gesammelt hat. Man merkt

Kosmogonien und die Generationenfolge der Götter in den Theogonien hindurch, läuft sie hinaus:

> Das Thema der Kosmogonien und Theogonien kommt in den rhapsodischen Vortrag als *Beschwörung* der *Dauerhaftigkeit* der Welt, denn ihre schwersten Bedrohungen liegen in zeitlicher Ferne, und der herrschende Gott ist der eigenen Gefährdungen Herr geworden. Er hat sein Regime gemildert und Teile seiner einstigen Willkür abgetreten. Die Musen singen den Bestand der Welt, ihr Treiben ist *Besänftigung* des Weltgefühls. Die Urzeit ist nicht das Thema der "Theogonie" des Hesiod, sondern ihr *Durcheilen* und *Verwinden* in der konsolidierten Zeit[17].

Mit dem Begriff "Theogonie" ist uns ein wichtiges Stichwort gegeben, das uns genauer anzeigt, wie es um das mythische Erzählen beschaffen ist, welches das eigentliche Mittel ist, um die Göttergeschichten am Leben und auf "dem Laufenden" zu halten, nämlich die Idee der göttlichen Fortpflanzung. Bevor die Götter ihre Taten vollbringen und ihre Funktion ausüben können, müssen sie *da* sein, d.h. an einem

---

gewissermaßen, wie die Sprache "mauert" (Deichbaufunktion), da der zweite Vers des aus insgesamt 250 Doppelversen bestehenden Gesanges meist nur eine synonyme Wiederholung des ersten ist:
1. Als es die Erde noch nicht gab, / Die weite Erde noch nicht bestand.
2. War unsere Mutter Dao, die sich stets verjüngende, / Unsere Mutter Dao, die schildkrötenhafte.
3. Sie sammelte den Schmutz der Handpalme, / Sammelte den Körperschmutz.
4. Zusammen war es so viel wie ein Goldgewicht, / So viel wie ein Silbergewicht.
5. Sie legte es auf die Kniescheibe, / Knetete es mit dem Zeigefinger.
6. Und wieder sammelte sie den Schmutz der Handpalme, / Wieder sammelte sie den Körperschmutz.
...
8. (So berichtet) die Sage, / (So lautet) die Überlieferung.
9. Sie nahm den Schenkel als Unterlage, / Knetete mit dem Oberarm.
...
11. Eines Tages nun, / zu einer bestimmten Zeit,
12. Sammelte sie den Schmutz der Handpalme, /Sammelte sie den Körperschmutz.
...
14. Zusammen ergab es so viel wie eine Sitzmatte, / So viel wie eine Sitzmatte.
15. Da ersann sie für die Erde ein Fundament, / Um der weiten Welt einen festen Grund zu geben. (Vgl. W. Stöhr, *Die altindonesischen Religionen*, in: *Hb. d. Orientalistik, III. Abt. II, 3*, Leiden/Köln 1976, 34 ff.).

[17] Blumenberg 177; Hervorhebungen vom Verf.

bestimmten Platz sein. Nicht, daß es überhaupt Götter gibt, wird so "erklärt", sondern warum der eine Freund oder Feind des andern ist, sich zum andern in ganz bestimmter Weise verhält. Zwar haben die Götter auch einen Willen, sind kapriziös und gerade auch für den Menschen unberechenbar, aber sie können sich nur innnerhalb ihres genealogischen Standorts ausleben. Dabei dürfen wir Abstammung keineswegs nur im somatischen Sinn verstehen. In der Götterwelt geht es zu wie in der Menschenwelt: Familien, Klans und Stämme setzen sich aus echter Blutsverwandtschaft, aber auch, je weiter man sich von der Familieneinheit entfernt, aus fiktiven Verwandtschaftsbeziehungen zusammen. Ihre Fiktivität beeinträchtigt aber nicht ihre Effektivität. Worum es in jedem Fall geht, ist, daß man sich zueinander *verhält*, wie wenn man Vater, Sohn, Bruder, Onkel etc. des andern wäre[18].

Nicht anders also funktioniert ein Pantheon, wie wir es an anderer Stelle in bezug auf den ugaritischen "Hochgott" *El* gezeigt haben[19].

[18] Vgl. zu diesem Thema unsere detaillierte Studie in "Paternité et Généalogie dans la pensée religieuse de l'Ancien Proche-Orient. Le discours monothéiste du Prophète Mahomet face à l'Arabie préislamique, Ugarit, Israël et le christianisme". Thèse du Doctorat en Théologie, Institut Catholique zu Paris, Paris 1979, 509 S. (maschinenschriftlich), hier 13-27; 259-276; vgl. dazu jetzt auch "Abstammung und Heiliges Buch. Zur Frage der semantischen Bedeutsamkeit anthropologischer Strukturen im Alten vorderen Orient im Hinblick auf den koranischen Monotheismus", in: *ZM 65* (1981) 14-39 [hier: 118-147], hier 17-25 [hier: 121-132], wo wir die in "Paternité et Généalogie" zu diesem Thema erarbeiteten Ergebnisse wiederaufnehmen; vgl. auch unseren Artikel "Monothéisme coranique et anthropologie", in: *Anthr.* 76 (1981) 529-561, hier 532. Vgl. ferner F. Kramer u. Chr. Sigrist (Hrsg.), *Gesellschaften ohne Staat, II: Genealogie und Solidarität,* Frankfurt/M. 1978.

[19] Es handelt sich im folgenden um eine gedrängte Wiedergabe unserer Deutung des ugaritischen Materials, wie wir sie in "Paternité et Généalogie" ..., 135-148, bes. 144-148; 374-398, zusammen mit der Diskussion gegenteiliger Thesen, vorgelegt haben. (Wir bedienen uns dort allerdings noch nicht der Terminologie Blumenbergs.) Des kontroversen Charakters des ugaritischen Stoffes sind wir uns durchaus bewußt. Dennoch scheint uns Ugarit, so wie wir es sehen, ein instruktives Beispiel für die Illustration derjenigen Kräfte und Ideen abzugeben, die bei der Bildung eines Pantheons am Werke sind. Sicher, was das Problem eines Pantheons betrifft, so könnte man aus dem orientalischen Raum z.B. auch Mesopotamien, Ägypten etc. heranziehen. In bezug auf Mesopotamien schreibt Th. Jacobsen z.B.: "Obwohl alle nur vorstellbaren Dinge Teil des kosmischen Staates waren, standen sie als (dessen) Mitglieder doch nicht alle auf demselben politischen Niveau *(Before Philosophy. The Intellectual Adventure of Ancient Man. An essay on Speculative Thought in the Ancient Near East,* Harmondsworth

Dieser ist z.B. Vater im somatischen Sinn der Götter šḥr und šlm, Morgen- und Abendstern, während seine Vaterschaft den andern Göttern gegenüber fiktiver Art ist. Šḥr und šlm verdanken ihre Existenz einem "hieros gamos" Els mit Asherat und "rḥmj" (göttlicher Mutterschoß). Asherat "ym", die Dame des Meeres, ist wahrscheinlich phönizischen Ursprungs. In die Ehe mit El bringt sie ihre Söhne (bnh) und "Gefährten" (aryh) mit, unter ihnen ihr wichtigster Sohn ᶜAthtar. Die andere mächtige Figur des ugaritischen Pantheons, um noch ein weiteres Beispiel zu nennen, Baᶜal, der "Wolkenreiter", stammt wiederum aus einem andern Klan, und zwar als Sohn Dagans (bn dgn), einem der ältesten semitischen "Hochgötter". Als Getreidegott wurde er in Nord-Mesopotamien sowie in Nord-Syrien verehrt. Baᶜal bringt seine Schwester/Gemahlin ᶜAnat mit.

Die Kämpfe innerhalb der Götterwelt können einer doppelten Lektüre unterzogen werden: einmal gilt es, ihre "kosmische" Dimension zu unterstreichen - bei den Kämpfen zwischen dem Unterweltsgott Mot und Baᶜal/ᶜAnat stehen die Fruchtbarkeit, die Ernte und das Wiedererwachen der Natur auf dem Spiel; El, der Vater, ist auch derjenige, der die Flüsse fließen läßt, ᶜAthtar eine ursemitische Himmelsgottheit der Fruchtbarkeit, wohl sekundär astralisiert als Venusplanet[20]. Zum anderen sind diese Kämpfe, vom Mythos als Kampf um die Königsherrschaft in Ugarit bezeichnet, auch markante Beispiele für innertribalen Zwist, dessen Brutalität nur mit Mühe durch die Institution der Blutrache in Bahnen gehalten werden kann. Der Stier El, Vater und König (mlk) - dieses Wort ist nicht im modernen Sinn zu verstehen - ist dabei nur scheinbar "otiosus". In Wirklichkeit agiert er wie ein Sayyid, ein alter Stammesfürst, meist im Hintergrund, doch immer präsent. Zwar deklariert er offen Yamm, Meer, zum König gegen Baᶜal, ist sogar verantwortlich für die Geburt von Monstern, die Baᶜal zu Fall bringen

---

s.d., 148)." Das eindeutige Kriterium der Differentiation der Mitglieder dieses "cosmic state" bildet also, wie im menschlichen Bereich, die *Macht* (vgl. ebd. 148), was wiederum auf die Idee einer "balance of power" hinausläuft. In Ugarit ist aber das Konzept eines "state" noch nicht so entwickelt, ja es ist fraglich, ob es sich überhaupt um einen "state" handelt. Der Nutzen des Beispiels Ugarit liegt vielmehr in der Nähe seines Pantheons zu einer Organisationsform, die der von Klan-, bzw. Stammesverbänden noch sehr ähnlich sieht. Je mehr aber der "state" die Oberhand gewinnt, desto weniger fällt das genealogische Prinzip ins Gewicht. Um dieses jedoch geht es bei unserer Darstellung.

[20] Zu ᶜAthtar vgl. Paternité et Généalogie ..., 70, 326-328.

(Text B H), doch darf man daraus nicht auf eine einseitige Parteinahme schließen. Es scheint so, als sei er nur am Gleichgewicht der Kräfte zwischen Yamm und Ba°al interessiert. Der Tod Ba°als, der ja nicht zum Klan Asherats gehört, löst andererseits eine unverhüllte Freude bei ihr, der Göttermutter, aus (Text I AB, I, 11 ff), die endlich die Chance gekommen sieht, ihren Sohn °Athtar auf den Thron zu hieven.

Gerade hier, wie auch bei der aktiven Parteinahme °Anats für Ba°al, sehen wir, daß feindschaft- oder freundschaftliches Verhalten der Götter zueinander nicht einfach die Frucht einer Identifikation bestimmter Götter mit Naturkräften ist, sondern im selben Maße auch von der genealogischen Stelle der Götter im Gesamt des Pantheons bestimmt wird. Agiert wird nur in den von der Verwandtschaft (fiktiv oder reell) vorgeschriebenen Bahnen[21]. Sie regelt Zwist und Frieden.

So kommt es, daß auch in Ugarit von "mphrt bn il" oder phr bn ilm", Versammlung der Elssöhne oder schlicht von den Elssöhnen "bn il" oder dem Haus Els "dr il", zu dem schließlich auch der Klan Ba°als gehört[22], gesprochen werden kann. Nicht um Emanationen oder Hypostasen des Hochgottes (gegen Eissfeldt) oder einen wie auch immer gearteten theoretischen Monotheismus (gegen Gese, Gray) geht es bei diesen Integrationshinweisen, sondern um das Ausbalanzieren der Kräfte[23]. Wir finden, auf Ganze gesehen, hier ein Beispiel für die Anwendung des Prinzips archaischer Gewaltenteilung (Blumenberg), dessen vornehmliches Mittel die Genealogie (fiktiv oder reell) ist, als Faktor sowohl der Multiplikation als auch der Integration der Göttergestalten. Daß mythisches Erzählen überhaupt in Gang kommen kann, liegt hier begründet. Nicht ohne ironischen Seitenblick auf die Philologie bemerkt Blumenberg in bezug auf Griechenland:

Daß die dynastische Generationsfolge der Götter orientalischem Einfluß zuzuschreiben sei, halte ich für eine freie, aber charakteristische

---

[21] Daß diese Art von Konstruktion eines Pantheons auch seine politische Seite hat, Aufnahme und Einbau der Götter unterlegener oder eingewanderter Völker, sei hier nur am Rande erwähnt.

[22] Vgl. Texte CTA 2, I = III AB, B, I (Ba°al bedroht Yamm) und CTA 4, III, 13 f = II AB, III, 13 (Ba°al beschwert sich im Kreis der Göttersöhne, nicht gebührend geehrt zu werden).

[23] Zur Diskussion dieser Integrationstermini, die bezeichnender Weise vornehmlich in hymnischen Texten vorkommen sowie auch zu den in Anm. 22 genannten Texten, vgl. Mooren, *Paternité et Généalogie*, 394-398.

Vermutung der Philologie als einer Disziplin, die ohne so etwas wie 'Einflüsse' gar nicht glaubt existierenm zu können. Man muß sich einmal vorzustellen suchen, was sonst von den Göttern hätte erzählt werden können. Ihre Zweigeschlechtlichkeit und das darauf beruhende Beziehungsgeflecht zwischen ihnen sind feste Voraussetzungen dafür, daß Geschichten überhaupt in Gang kommen[24].

2. Macht und Einsamkeit: der Eine Gott

Die bisherigen Überlegungen bieten uns einen idealen Einstieg in das Monotheismusproblem, vornehmlich in seiner extremen Form des islamischen Monotheismus, an[25]. Man hat sich über den mythologielosen Charakter des Islams häufig Gedanken gemacht und ihn u.a. auf die Mentalität der vorislamischen Araber zurückgeführt[26]. Eine viel schlichtere und zugleich sichere Art, das Eigentümliche des (islamischen) Monotheismus zu bestimmen, liegt jedoch im Hinweis auf die kompromißlose *Sohnlosigkeit* des Einen Gottes (Allâh). Muḥammad nimmt mythologischem Sprechen über Gott seinen eigentlichen Rohstoff (materia prima), entzieht der Möglichkeit, Geschichten über Gott zu erzählen, jeglichen Boden, indem er Vaterschaft, Sohnschaft, Frau, Familie wie alle Arten von Verwandtschaft, aus dem theologischen Diskurs unter den Namen "Širk", Assoziationismus, "Beiordnung", als illegitim verbannt.

Auf diese Weise verläßt der arabische Prophet zwar nicht die "Verwandtschaftsmentalität", denn sein Argument funktioniert nur vor ihrem Hintergrund, aber er macht sie gewissermaßen "mundtot". Wir

---

[24] Ebd. 136.

[25] Wir verweisen für das Folgende, neben der oben zitierten These *Paternité et Généalogie*, 73-109, auch auf unsere Beiträge in: *ZM 65* (1981) "Islam und Christentum", 11-15 [hier: 63-69]; und "Abstammung und Heiliges Buch", 28-36 [hier: 136-147], sowie auf unsere Studie "Monothéisme coranique et anthropologie" in: *Anthr.* 76 (1981) 529-555. Es handelt sich beim letztgenannten Artikel um den zentralen Teil unserer These in bezug auf den islamischen Monotheismus, d.h. die Argumentation Muhammads und der Korankommentatoren zugunsten des Einen Gottes mittels der Sohnlosigkeit.

[26] Vgl. Diskussion und Kritik dieser These in "Abstammung und Heiliges Buch", 33-34, bes. Anm. 88 [hier: bes. Anm. 91, 143/44].

haben dieses Vorgehen an anderer Stelle[27] so umschrieben: der Prophet löst einen morphologischen, weil durch Götter-*Gestalten* und Ahnen bestimmten Diskurs durch einen a-morphologischen, nämlich das Heilige Buch, ab. Wort-Figuren, von denen einige, an markanten Stellen der Genealogie, sogar die Rolle von "Schlüssel-Worten" für den auf Erhaltung und Sicherung von Leben ausgerichteten mythologischen Diskurs' spielten, machen Wörtern, Buchstaben, Platz[28]. Im Hinblick auf den Begriff der archaischen Gewaltenteilung können wir die Operation des arabischen Propheten aber auch als eine Monopolisierung der Macht deuten, als Ende der verteilten Kompetenzen, der "balance of power", aber auch der Rivalitäten und Machtkämpfe.

Nichts kann diesen Zustand besser beschreiben als die Sohnlosigkeit des Einen Gottes, mag er auch, von der Mythologie her gesehen, da er Frau und Familie beraubt ist, als der "verstümmelte" oder "vereinsamte" Gott erscheinen[29]. Denn der sohnlose Mann ist einer unproduktiven Palme (ṣunbûr) vergleichbar, ein soziales Nichts, dessen Spuren wie Spuren im Sande vergehen, da sein Werk keinen Bestand hat. Niemand ist da, der einst seine Taten erzählt, seine "memoria" (dhikr) hochhält und ihm so das Überleben im Wort sichert, keiner, der ihm in Razzia und Krieg helfen könnte, keiner, der sein Erbe antritt.

Doch genau das macht ja die Einzigartigkeit Allâhs aus. Er ist alleine, unverwüstlich und unnahbar, wie ein Felsblock in der Wüste[30], weil er all das, was wesentlich zum (Über)leben des Menschen gehört und sich besonders gut in der Gestalt des Sohnes konkretisiert, nicht *braucht*. Allâh ist alleine, weil er der Mächtige ist, und er ist der Mächtige, weil er der absolut *Selbstgenügsame* ist. Er braucht keinen

---

[27] Ebd. 29-30 [hier: 138-140].

[28] Ebd. 33-34, Anm. 88 u. 90 u. 35-36 [hier: Anm. 91, 143/44 u. Anm. 93, 145/46], wo wir von einer "Transplantation" des semantischen Ortes des religiösen Diskurses sprechen.

[29] Für diesen Zustand gibt es im arabischen das Schimpfwort "abtar", eigentlich "schwanzlos", das Muhammad nach Sure 108,3 selbst zu hören bekommen hat, da er ohne (überlebende) männliche Nachkommen war. Hierzu und zum Folgenden vgl. Mooren, *Islam und Christentum*, 11-15 [hier: 63-69] u. bes. *Monothéisme coranique et anthropologie*, 538-547.

[30] Vgl. unsere Bemerkungen zum Ausdruck "ṣamad" aus Sure 112,2 in "Monothéisme coranique et anthropologie", 545-546.

Sohn, weil er alles alleine gemacht hat und macht, keinen Erben, weil er nicht stirbt, keinen Teilhaber, weil ihm alles gehört:

Sie sagen: "Allâh hat sich einen Sohn genommen." Preis ihm! Er ist der Sich-Selbstgenügende (al-ghanyyu). Sein ist, was in den Himmeln und auf der Erde. Ihr habt keinen Beweis hierfür. Wollt ihr wider Allâh behaupten, was ihr nicht wißt? (Sure 10,68; cf. auch 31,26; 22,64; 4,131).

Oder:

Sprich: Aller Preis gebührt Allâh, der sich keinen Sohn genommen hat in der Herrschaft, noch sonst einen Gehilfen aus Schwäche... (Sure 17,111).

Ferner:

Ihr Menschen! Ihr seid es, die arm und auf Gott angewiesen sind. Allâh aber ist es, der auf niemanden angewiesen (al-ghanyyu) und des Lobes würdig ist (Sure 35,15).

Auf diese Weise konstituiert Allâh den Anti-Menschen. Nicht Depotenzierung, "kalkulierende" Entmachtung der dem Menschen gegenübertretenden Wirklichkeit, wie sie Blumenberg im Polytheismus am Werk sieht[31], tritt uns hier entgegen, sondern im Gegenteil "Omnipotenzierung", Machtkonzentration: "Weder gegen die Titanen, noch gegen die halb schlangenartigen Giganten hatte er ohne Hilfe siegen können; und jede Hilfe bedeutet eine Art Konstitutionalisierung der Herrschaft", heißt es von Zeus[32]. Doch Allâh, der Mythenlose, weil der Sohnlose, der keine Hilfe braucht, kennt keine konstitutionelle Monarchie, sondern nur die Herrschaft seines *Willens*, dem das Heilige Buch einen entsprechenden Platz einräumt. Wer Wille sagt, sagt gleichermaßen Gesetz. Folglich trägt, was nun von den Menschen gefordert ist, den Namen Gehorsam, bzw. Islâm, Unterwerfung, absolutes Vertrauen in die einzige Instanz, die noch zählt: Allâh der Eine[33]. Vorbei ist die Zeit, da man von Allâh

---

[31] Vgl. ebd. 9 ff.

[32] Ebd. 135.

[33] Vgl. Mooren, *Abstammung und Heiliges Buch*, 31 f. [hier: 141 f.]. Vgl. auch Blumenberg (Anm. 9) 282: "Es kommt nicht mehr darauf an, in einem System der Gewaltenteilung es mit keiner Instanz zu verderben, sondern den Bedingungen der einen ... Gewalt, die das Schicksal der Welt nach Gerechtigkeit entscheidet, zu genügen." Vgl. auch unsere indonesische Einführung in den Islam "Pengantar Agama Islam. I. Islam pencaharian identitas orang Arab", Pematang Siantar 1981, 86-88.

Geschichten erzählen konnte, wie diejenige, in der es heißt, Allâh verbringe den Sommer (sâfa) bei seiner Tochter/Gemahlin Allât in Ṭâ'if wegen des dort herrschenden kühlen Klimas und den Winter (shatâ) bei al-ᶜUzzâ, der anderen Tochter/Gemahlin, wegen der Hitze der Tihama (Küstengegend des Roten Meeres)[34]. Statt dessen macht Allâh nun *Geschichte* (im Singular!), wie beim Kampf von Badr (17. März 624):

> Gott hat euch doch (seinerzeit) in Badr zum Sieg verholfen, während ihr (eurerseits) ein bescheidener, unscheinbarer Haufe waret. Darum fürchtet Gott! Vielleicht werdet ihr dankbar sein (Sure 3,123).

Und Sure 8,17:

> Und nicht ihr habt sie (d.h. die Ungläubigen, die in der Schlacht bei Badr gefallen sind) getötet, sondern Allâh.

Oder auch bei der Niederlage von Uḥud (23. März 625):

> Und was euch am Tag, da die beiden Haufen aufeinanderstießen, (als Unglück) traf, geschah mit Allâhs Erlaubnis. Auch wollte er (auf diese Weise) die Gläubigen (als solche) erkennen (Sure 3,166; s. auch 3,153.178 f).

Allâh unterscheidet sich hier - bei allen sonst zu beachtenden Differenzen - in keiner Weise von seinem israelitischen Counterpart Jahwe in Ex 15,1-21 (Siegeslied am Schilfmeer)[35]. Könnte man in diesem Fall noch einwenden, der Eine Gott träte lediglich in großem Stil die Nachfolge der alten Stammesgötter oder des Typus des "Gottes der Väter" an[36], so ändert sich das Bild doch im Hinblick auf eine andere,

---

[34] Vgl. Azraqî, Akhbâr Makka, I, Mekka 1352 H., 74 u. Mooren, *Monothéisme et anthropologie*, 530, 533-534.

[35] Vgl. J. Chelhod, *Les structures du sacré chez les Arabes*, Paris 1964, 106; G. v. Rad, *Theologie des Alten Testamentes, II*, München 1960, 370 ff etc. Eine der Konsequenzen: geschichtlicher Erfolg wird, wie es G.E. v. Grunebaum ausdrückt: "Wertmesser der Offenbarung" (*Studien zum Kulturbild und Selbstverständnis des Islams*, Zürich 1969, S. 154). Wenn Geschichte die Wahrheit einer Religion erweisen muß, dann werden weltliche und geistliche Ebene miteinander vermengt. Anders: "Der Glaube (oder Glaube an sich) ist ein politischer Wert, noch mehr, er ist der einzige politische Wert und entschieden der einzige Wert, der der civitas islamica ihre raison d'être gibt (ibid., S. 158)." Cf. auch S. Khuda Bukhsh, *Islamic Studies*, Lahore, s.d., 139.

[36] Vgl. A. Alt, *Der Gott der Väter* (1929) 1-78, in: *Kleine Schriften zur Geschichte des Volkes Israel*, München 1953; vgl. u.a. auch die "Definition", die Ibn Luḥayy, dem Vater des arabischen "Götzendienstes", in Syrien gegeben wurde, als er sich nach Wesen und Funktion der "Götzen" erkundigte: "Mittels dieser Götzen bitten wir um Regen und den Sieg über unsere Feinde", sowie die

wenn nicht *die* entscheidende Großtat des Einen Gottes, nämlich die Schöpfung. Mögen auch fälschlicherweise einige den alten "Götzen" Schöpferkraft zuschreiben[37], so gilt doch von nun ab das Wort des Korans:

Ihr Menschen! Ein Gleichnis ist euch geprägt. Hört darauf! Diejenigen, zu denen ihr betet, statt zu Gott (zu beten), können nicht (einmal) eine Fliege erschaffen, auch wenn sie sich (alle) dafür zusammentun (und einander behilflich sind). Und wenn (umgekehrt) eine Fliege ihnen etwas wegnimmt, können sie es ihr nicht mehr abnehmen ... (Sure 22,73).

Die Schöpferkraft Allâhs gehört zu den zentralen Themen der Predigt des arabischen Propheten: "Trag vor im Namen deines Herrn, der erschaffen hat, den Menschen aus einem Embryo erschaffen hat (Sure 96,1-2)"[38]. Kombiniert mit den beiden anderen Themen Gericht und Auferstehung (Neuschöpfung) wird sie zum Machterweis des einen und einzigen Gottes. Denn hier beweist er in besonderem Maße, daß er keine Gehilfen (Söhne) und erst recht keine Gemahlin zum Vollzug dieses Aktes braucht. Allerdings wird auch im mythischen Bereich in der Regel von "Schöpfung" gesprochen, aber der Gebrauch desselben Terminus darf doch nicht über das grundsätzlich Neue der monotheistischen Schöpfungsweise hinwegtäuschen.

So heißt zwar auch El in Ugarit, um auf ihn zurückzukommen, "Schöpfer des Geschaffenen" (bny bnwt, Text I AB, III, 5 u. par.)[39]. Aber er schafft die Menschen, wie es der Text über die Erschaffung der

---

Aufmunterung zum Kampf, die der "Priester" Dubayya as-Sulami an seine Göttin al-ʿUzzâ richtet: "O ʿUzzâ! Greif an! Greif an mit Gewalt! ... Entferne den Schleier, bereite dich auf den Kampf vor! Wenn du heute nicht ... tötest, findest du dich auf dem Feld, bedeckt mit Schmach, wieder. Also hilf dir selbst!" (Ibn al-Kalbî, *Kitâb al-aṣnâm*, Hrsg. Ahmed Zéki Pacha, Kairo 1914, 8, 26; vgl. auch Mooren, *Le Kitâb al-Açnâm de Ibn al-Kalbî. Essai d'une traduction partielle*, Koblenz 1979, 11, 23).

[37] So z.B. dem Yaʿûq, "Götze" der Hamdân (Yemen), wie es einer Stelle der Sîrat an-nabî des *Ibn Hishâm* (Hrsg. F. Wüstenfeld, I, Göttingen 1859, 53) zu entnehmen ist (vgl. auch Mooren, *Parenté et Religion Arabe préislamique*, Koblenz 1979, 61).

[38] Vgl. die Diskussion dieses Themas mit weiteren Belegen auch in Mooren, *Paternité et Généalogie*, 100-105 u. *Monothéisme coranique et anthropologie*, 548-551; vgl. auch unseren Artikel *Abstammung und Heiliges Buch*, 31, 34 [hier: 141, 144/45].

[39] Zum Folgenden vgl. Mooren, *Paternité et Généalogie*, 141-143, 380, 386-388.

Heilkreatur Shaʿataqat (Text II K, V, 10-31) nahelegt, mit der Hand wie ein Handwerker: er formt (škn) und knetet, seine rechte Hand voll des besten Tones. Ansonsten besitzen wir im Gedicht S S = CTA 23, die Geburt der oben schon erwähnten Götter šḥr und šlm, einen äußerst anschaulichen Beleg, wie El zusammen mit seiner Gemahlin Asherat, der Göttermutter (um, qnyt ilm), zu Werke geht.

Einen kosmogonischen Mythos besitzen wir aus Ugarit nicht. Aber ein Indiz, das uns vielleicht berechtigen würde, El auch eine kosmogonische Aktivität zuzuschreiben, findet sich in einer hittitischen Übersetzung eines Ugaritmythos, in dem von "el-qunirša" die Rede ist, gemeinhin wiedergegeben mit "El, Schöpfer der Erde". Dieser Name erinnert an den Namen des Gottes, der auch von Melchisedech, König von Salem, angerufen wurde: el (elyon) qôneh šâmayim wâ areṣ (Gen 14,19,22) oder an die phönizische Inschrift von Karatepe des Königs Azitawadda, wo wir (III, 8) lesen: bʿl šmm w'l qnʾrṣ, Baʿal des Himmels und El, Schöpfer der Erde. In Palmyra schließlich wurde El als Schöpfer der Erde, als "Elqoneraʿ", angerufen. Jedoch geben uns diese Bezeichnungen keine Auskunft über die Art und Weise des Schöpferseins in bezug auf Himmel und Erde. Eine lexikalische Analyse der in Frage kommenden Verben, nämlich "qny" und das oben erwähnte "bny"[40], legt jedoch ein möglichst konkretes Verständnis nahe, in Richtung auf bauen, festmachen, errichten u.ä. So übersetzt z.B. die Septuaginta Gen 14,19 unter Zuhilfenahme des griechischen Verbes für "gründen" (ktízein; vgl. ebenso im Buch der Sprüche 8,22, die Erschaffung der Weisheit). Eines der ganz wenigen Beispiele für einen "intellektuellen" Schöpfungsakt im semitischen Raum findet sich nach K. Tallqvist[41] vielleicht mit dem Gott Nabu, als Schöpfer der Schrift und des Schriftstellers: bânû šitri ṭupšarrûti.

Wir können anstelle Els auch das akkadische Epos Enûma eliš heranziehen und die Aktivitäten Marduks untersuchen[42] oder auf die sumerische Göttin Nammu (See) hinweisen, die Himmel und Erde gebar, während der Windgott Enlil durch die Vereinigung dieser beiden, An und Ki, entstand, um mit Ninlil als Gemahlin den Mondgott Nanna zu

[40] Ebd. (bes. Anm. 54) 386-388.
[41] K. Tallqvist, *Akkadische Götterepitheta*, Helsingfors 1938, 70 u. 382.
[42] Vgl. ANET, 60, 66-69, 514; vgl. in diesem Zusammenhang auch das Schicksal des germanischen Ymir in: J. Grimm, *Deutsche Mythologie, I*, 463 ff.

erzeugen[43], oder auch den orientalischen Raum verlassen (s. auch den oben zitierten Kultgesang von den Batuinseln) - überall auf der Erde, vom ägyptischen Nûn (Urmeer) und Schöpfergott Ptah[44] bis zu den "Sieben Ahpú" der Mayas[45], würde sich mit ganz wenigen Ausnahmen bewahrheiten, was Gershom Scholem so formuliert hat: "Die Schöpfung des Mythos bewältigt in der Gestaltung[46]", eine Gestaltung, die im übrigen nicht definitiv zu sein braucht, wie u.a. das Beispiel Nûn-Atûms in Ägypten zeigt[47]; in der Organisation, Umschichtung, Scheidung oder Vereinigung schon irgendwie vorhandener (Ur)elemente - und sei es auch nur der Schmutz wie im Gesang von den Batuinseln - Elemente/Götter, deren Existenz nicht mehr hinterfragt wird. Sexuelle Koproduktion schließlich gehört zu den beliebtesten Schöpfungsmodi.

All dem stellt Allâh sein "kun", sein "Es sei!" entgegen:

Er ist der Schöpfer (badîʿ) von Himmel und Erde. Wenn er eine Sache beschlossen hat, sagt er zu ihr nur: "Sei!", dann ist sie (Sure 2,117).

Worum es hier geht, ist ganz einfach Allâhs souveräner Machterweis. Es geht noch nicht um Theorie, um "creatio ex nihilo", denn gegen solch eine Vorstellung, als *Theorie* formuliert, stände dann eine Aussage, wie sie sich in Sure 11,7 findet:

Und er ist es, der Himmel und Erde in sechs Tagen geschaffen hat, während sein Thron (bis dahin) über dem Wasser schwebte ...

Auf diesen Text u.a. beruft sich später nicht umsonst Averroes (Ibn Rushd), wenn er das Problem der Ewigkeit der Welt diskutiert und feststellt, daß die Schrift nicht behauptet, Gott sei absolut allein in seiner Existenz gewesen[48]. Aber er tut der Intention des Korans damit sicherlich Gewalt an. Der Fall liegt hier ähnlich wie in Gen 1,1-2, dem

---

[43] S.N. Kramer, *Sumerian Mythology*, Philadelphia ²1972, 30 ff; zum Alten Orient überhaupt vgl. auch A. Jirku, *Altorientalischer Kommentar zum Alten Testament*, Leipzig 1923, 1-23.

[44] Vgl. S. Morenz, *La religion égyptienne*, Paris 1962, z.B. 213 ff.

[45] R. Girard, *Die ewigen Mayas*, Zürich 1969, z.B. 61 ff, 104 ff.

[46] G. Scholem, *Über einige Grundbegriffe des Judentums*, Frankfurt/M. 1970, 56.

[47] Vgl. S. Morenz (Anm. 44) 222-223.

[48] Vgl. Kitâb faṣl al maqâl ... (Kap. II), Übstzg., Einltg. u. Komm. G.F. Hourani, *Averroes. On the Harmony of Religion and Philosophy*, London 1976, 56-57.

Brüten des Geistes Gottes über den Wassern[49]. Die "creatio ex nihilo" findet sich wörtlich nicht[50]. Dennoch ist es deutlich, daß wir es im Monotheismus mit Wille, Wort und Freiheit eines autonom schaffenden Gottes zu tun haben[51].

[49] H. Gunkel z.B. kommentiert dies so: "Jedenfalls aber ist in Gen 1 aus der ganzen (mythologischen, Th. M.) Vorstellung nur ein geringer Rest erhalten: vom Weltei wird nicht mehr gesprochen, und was durch das Brüten des Geistes geschieht, wird nicht mehr gesagt. Vielmehr setzt das Folgende gegenüber v. 2 ganz neu ein, mit einer neuen Gestalt, dem (persönlichen) Gott (= Jahwe) und mit einem neuen Schöpfungsprinzip, dem *Worte* Gottes. Denn der schaffende Gott und der brütende Geist haben eigentlich keine innere Beziehung, sondern schließen einander geradezu aus: dem Brüten des Geistes liegt die Vorstellung zugrunde, daß das Chaos sich von innen heraus entwickelt; der schaffende Gott aber legt von außen her der Welt seinen Willen auf, HK, Genesis, Göttingen 1922, 104."

[50] Vgl. auch G. Scholem: "Nun ist es aber keineswegs selbstverständlich, daß die biblischen Urkunden von einer Schöpfung aus dem Nichts sprechen. Der Ausdruck erscheint nirgends, weder in der hebräischen Bibel noch im griechischen Neuen Testament. Man muß nur die großen katholischen Dogmatiker studieren, um zu sehen, wie verzweifelt schwer der sogenannte Schriftbeweis für diese Lehre in Wirklichkeit fiel und welches Unmaß exegetischer Sophismen dafür aufgewandt werden mußte (Anm. 46, 60)." Über die Geschichte dieser Formel, ihr relativ spätes Erscheinen und schließlich ihre inhaltliche Entleerung durch die Mystik vgl. ebd. 53-89. So schreibt Scholem, 69: "In der mittelalterlichen Spekulation und Mystik treten diese Umdeutungen nun vom 9. Jahrhundert an auf, das heißt, nachdem die Lehre von der Schöpfung aus dem Nichts in ihrer genauen Formulierung gerade durchgedrungen war und sich im Bewußtsein der Gläubigen als Fundamentalsatz der drei Religionen mehr oder weniger durchgesetzt hatte. Vom Moment ihres Sieges beginnt die neue Entwicklung der Formel, die ihren Inhalt zunichte macht." - Zum Thema der Entstehung dieser Lehre, die nötigen geistesgeschichtlichen Voraussetzungen, die Bedeutung der Gnosis und schließlich die Rolle, die Theophilus von Antiochien und Irenäus bei der Durchsetzung dieser Formel im kirchlichen Raum gespielt haben s. auch G. May, *Schöpfung aus dem Nichts. Die Entstehung der Lehre von der creatio ex nihilo*, Berlin/New York 1978 u. die Rezension dieses Werkes in ThPh 54 (1979) 279-280 mit einem weiteren Hinweis auf A. Orbe, *San Ireneo y la creación de la materia*, in: *Gr. 59* (1978) 71-127.

[51] Über den Zusammenhang von Monotheismus und Schöpfungstheologie vgl. auch J. Bonsirven, *Le Judaisme Palestinien aux Temps de Jésus-Christ, sa Théologie, I, La Théologie dogmatique*, Paris 1934, 150-151. Wir wollen uns ferner an dieser Stelle einen Hinweis auf J.J. Bachofen, angesichts des neuerlich wieder erwachten Interesses für den Autor des "Mutterrechts" (1861), nicht entgehen lassen. (Zwischen 1975 und 1980 sind allein drei Auflagen dieses Werkes im Suhrkamp-Verlag erschienen.) - Wir beziehen uns auf J.J. Bachofen, *Das Mutterrecht. Eine Untersuchung über die Gynaikokratie der alten Welt nach ihrer*

Sein Schaffen, die Vorgehensweise seines "facere"[52], ist allerdings
- und hier knüpfen wir an oben entwickelte Gedanken an - nicht mehr

religiösen und rechtlichen Natur, Auswahl, hrsg. v. H.-J. Heinrichs, Frankfurt/M.
³1980, sowie auf *Materialien zu Bachofens 'Das Mutterrecht'*, vom selben Hrsg.,
Frankfurt/M. 1975.) Es ist bekannt, daß es B. darum geht darzustellen, wie
Mutterrecht, Erdreligion, Herrschaft der stofflichen Natur etc., durch Vaterrecht,
rein geistiges apollinisches Prinzip, Unstofflichkeit etc. überwunden werden, vgl.
"Das Mutterrecht", 53, 58, 155, 322, 327, 424 ff etc. Angesichts von Sätzen wie
"Dem Christentum und seiner geistigen Paternität werden das mütterliche
Sumpfprinzip und der tellurische Hetärismus entgegengestellt (ebd. 424-425)" hat
sich aber schon der Protest Thomas Manns entzündet, der in einem Brief vom
3. 12. 1945 an K. Kerényi gesteht, B. zu einer bestimmten Phase seines Lebens
"beinahe wie Schopenhauer" studiert zu haben, und das "Mutterrecht" mit
Sicherheit für seine Josephstetralogie benutzt hat (s. M. Peltre, *Thomas Mann
und J.J. Bachofen in Materialien...*, 235-248). Thomas Mann protestiert nämlich
in einer Lektüreanmerkung B.s mit folgenden Worten: "Und das Judentum?
Israel? Abraham? (ebd. 244). " M. a. W. im Grunde hätte B. für seine These
eines auf Zukunft und Geschichte ausgerichteten geistigen Paternitätsprinzips
(gegen das Mutterprinzip) - vgl. bes. seine Darstellung der Entstehung des
römischen Adoptionsrechtes ("Das Mutterrecht", 323 ff) - keine bessere Stütze
finden können als Jahwe, oder noch deutlicher, den islamischen Gott, besonders
wenn er schreibt: "Auf der Zertrümmerung, nicht auf der Entwicklung und
stufenweisen Reinigung des Materialismus ruht der Spiritualismus des einheitlich-
väterlichen Gottes (ebd. 426)." Allerdings geht dies m.E. nur, wenn man das
Argument auf seine rein typologische Seite begrenzt und *nicht* historisch liest.
Die äußerst komplexe historische Dimension des hier zur Sprache Gebrachten,
die an das Problem des Ursprungs des Monotheismus rührt, steht auf einem
andern Blatt. Doch auch, wenn man die Gesamtheit der B.'schen Geschichtsphi-
losophie, einschließlich ihrer makro-mikrokosmischen Zuordnungen etc. nicht
teilt, könnte man, in Weiterentwicklung der ideellen Struktur seiner These sagen:
im Grunde ist es noch zu schwach in puncto Allâhs Schöpfertums von "geistiger" Vaterschaft zu sprechen - Allâh ist, auch was die Möglichkeit symbolischen
Sprechens angeht, im Gegensatz zum Gott des Judentums und erst recht des
Christentums, kein Vatergott. Er schafft erst unter Verneinung der Vaterschaft
und überwindet so erst die "Mutter" (Magna Mater, sexuelle Schöpfung) und
damit den *Mythos* überhaupt. Das wäre dann die höchste Form des von B. angesprochenen Spiritualismus. - Ebenso wäre es interessant, im Lichte B.s, der vor
allem auch die rechtlichen Implikationen einer Religionsform studiert hat, die
Rolle der Frau im Islam, in Religion und Gesellschaft, zu untersuchen. Denn
gerade sie hätte nach B.s Schema die Lasten für die Errichtung des Monotheismus zu tragen. Der für den Sieg des unstofflichen Prinzips zu zahlende "Preis"
läge dann nicht nur auf Seiten des Einen Gottes, sondern auch der Frau. (Man
sollte sich allerdings gerade in dieser Frage vor vorschnellen Schlüssen in Acht
nehmen).

[52] Vgl. Thomas von Aquin, *Summa Theologiae, I, Quaestio 45 a, I*: Creare est
aliquid ex nihilo facere.

in Geschichten mitteilbar. Sein Schöpfungstun ermöglicht zwar Geschichte, bevor es sich mit Macht in ihrem Felde produziert[53], aber es ist per modum narrativum nicht faßbar, ist schlichtweg eingebunden in den Befehl (amr) "Es sei! (kun)". Lebt der Mythos vom Erzählen, so stellt der monotheistische Schöpfungsbefehl gewissermaßen ein Erzählverbot dar. Der Bericht vom Sechstagewerk der Priesterschrift teilt uns mit, wie die dem göttlichen Befehl entsprungenen Dinge nacheinander ihren Platz finden, aufgestellt werden - wie die Leuchten eventuell von Gottes Hand selbst -, nicht, wie sie gemacht wurden[54]. Hier wird nicht eine Endlichkeit vor die andere geschoben, um das Chaos wie durch einen Deich einzudämmen. Stattdessen wird definitiv auf das Schöpferwort verwiesen, die Punktualität des Anfangs[55]. Dies dient nicht der Erklärung der Schöpfung, auch wenn ihr Autor nun identifiziert ist, sondern führt geradewegs in das "quia voluit" des Augustinus oder das muslimische "in shâᶜAllâh; als Siegel des Geheimnisses: "... Cur creavit caelum et terram. Die Frage ist ... nicht gestellt, um eine Antwort zu geben, sondern das Nachfragen schlechthin zu diskreditieren...[56]." Der sohnlose Gott, sei es Jahwe oder Allâh, ist nicht nur der geschichtenlose Gott in bezug auf das Pantheon, als Preis für sein kompromißloses Allein-Sein, sondern auch in bezug auf die Welt. In diesem Sinn kennt der strikte Monotheismus, ungleich dem Mythos, keinen "Kosmos",

---

[53] Zu verweisen ist aber auf die Unterschiede der "heilsgeschichtlichen" Konzeptionen der drei monotheistischen Religionen: Messianismus, "Erfüllungstheologie" im "Neuen Adam" oder einfache Reiteration der monotheistischen Predigt bei "Einfrierung" der Geschichte als Heilsgeschichte im Nullpunkt (vgl. Mooren, *Islam und Christentum* ..., 28-29) [hier: 84-86].

[54] Anders jedoch der Jahwist: z.B. Gen 2,19: "So formte Gott 'weiter' aus dem Acker alles Getier des Feldes und alle Vögel des Himmels...", 2,21.22: "... dann nahm er eine seiner Rippen und füllte die Lücke mit Fleisch aus. Die Rippe aber, die er dem Menschen entnommen hatte, baute Jahwe Gott zu einem Weibe aus...".

[55] "Die monotheistische Dogmatik wird alles auf die Punktualität des Anfangs in der Schöpfung zusammendrängen. Sogar das Sechstagewerk wird sie nur als allegorische Verständlichkeitsform des momentanen Befehlsaktes benutzen. Der Tendenz nach ist dies alles beschlossen in dem, was Augustin den 'Schöpfungsstoß' (ictus condendi) nennt (Blumenberg, [Anm. 9] 145)."

[56] Ebd. 288; vgl. auch: "Ein Satz wie der, am Anfang habe Gott Himmel und Erde geschaffen, tut nichts dazu, dies unserm Verständnis näher zu bringen, sondern eignet sich vorzüglich, die Nichtzulassung weiterer Fragen mit dem Risiko der Anathematisierung gewagter Antworten einzuleiten (ebd. 288)."

sondern statt dessen "Werk Gottes" (Sure 13,16) und Geschichte, beides seinem unauslotbaren Willen unterworfen. Unter dem Gesichtspunkt des göttlichen Willens gilt sogar noch für das Christentum:

> Solche Sätze, wie der des Verkündigungsengels bei Lukas ad Mariam oder der über den Schöpfungsgrund bei Augustin, sind reine Ausschließungen jeder narrativen Lizenz. Sie sind schon die Vollendung des Dogmas, was auch immer noch definiert werden mochte...[57].

3. Der spekulative Versuch der Entmachtung der Allmacht

Den Gott sohnlos machen heißt, dem Menschen das Material nehmen, über Gott und sein Verhältnis zur Welt Geschichten zu erzählen, ist Verbot von Theogonie und Kosmogonie. Aber nur der - aus mythologischer Sicht - so in die "Einsamkeit" gesetzte Gott ersteht einem Phönix gleich über dem Abgrund seiner "Mutilation" zu neuem Leben, zu absoluter Freiheit und Allmacht. Vorbei ist die unter dem Regime der göttlichen Gewaltenteilung mögliche und nützliche Haltung des Menschen, daß man sich die Götter vom Leibe halten soll, daß es für die Balance der Kräfte und damit für das Gleichgewicht des Kosmos gut ist, wenn die Götter in nicht endendem Zwist miteinander beschäftigt sind - vorausgesetzt, keiner gewinnt die Überhand über den anderen, vorausgesetzt auch, das Gleichgewicht ist rituell nachvollziehbar, aktualisierbar und kann im Erzählen gegenwärtig gehalten werden. - Von nun an ist die einzig entscheidende Instanz für Mensch und Welt der Eine Gott, er nur ist wichtig für den Menschen. Angesichts des monotheistischen Gottes setzt das prophetische Wort den Erzählmodus außer Kraft. Die Kommunikationsform zwischen Gott und Mensch heißt jetzt Gesetz (Sharīʿa oder Thora), die Kultform Anbetung (ʿibâda), die innere Haltung Islâm, Vertrauen und Unterwerfung.

Das prophetische Wort ist nicht das Dogma selbst, es ist, von der Mythologie her gesehen, der Schwertstreich der "Mutilation" Gottes, positiv formuliert: das Freisetzen von Freiheit und unbeschränkter Macht auf dem Boden absoluter Selbstgenügsamkeit. Obwohl selbst nicht das Dogma, so stellt das prophetische Wort diesem doch seine bleibende Aufgabe. In der kompromißlosen Behauptung des göttlichen "kun"/"fiat"

---

[57] Ebd. 288.

kann dieses Wort vom Dogma nie mehr eingeholt werden. In diesem Sinn ist es dessen Vollendung, aber auch, wie Blumenberg richtig noch hinzufügt, Keim seiner Zerstörung zugleich[58]. Denn die auf das prophetische Wort folgende Dogmatik, die theologische *Spekulation*, ist der letztlich zum Scheitern verurteilte Versuch, bei Beibehaltung der Idee der absoluten Allmacht, dem Menschen einen übersehbaren, ja sogar kalkulierbaren Raum zu schaffen, einen Zwischenraum zwischen Gott und sich selbst, in dem er sich mit sicherem Erwartungshorizont bewegen kann. Wenn es Sinn des Mythos war, mit der Welt *fertig* zu werden, so ist es Sinn der Spekulation, mit der Allmacht und Freiheit Gottes *fertig* zu werden. Lebte der Mythos von der Aufforderung zum Erzählen, so lebt die Spekulation von dem Gebot zu *denken*. Auf das prophetische Erzählverbot folgt das dogmatisch-spekulative Denkgebot[59]. Dies wird nirgendwo deutlicher als in der Geschichte der islamischen Theologie selbst, besonders in der Denkrichtung, die den Namen Mu'tazila trägt[60].

---

[58]   Vgl. ebd. 288.

[59]   Es dürfte klar sein, daß wir es hier mit einem Begriff von Spekulation zu tun haben, der seine ganz spezifische Note von der Problematik des "puristischen" Monotheismus her erhält, wie er uns besonders im Islam entgegentritt, so daß der Begriff sich nicht unbedingt mit dem deckt, was christlich-platonische Tradition ihm unterzulegen pflegt. Denn nur ein radikaler Monotheismus kann die Ausgangslage für eine derartige Konfrontation Denken - Allmacht schaffen, wie sie im folgenden entwickelt wird. In dem Moment, wo der Schöpfungswille, in dem sich die Allmacht Gottes vornehmlich ausdrückt, *gleichermaßen* als Erlösungswille gedacht wird - wobei das Geheimnis von Schuld und menschlicher Freiheit bestehen bleibt - ändert sich auch der Spekulationsbegriff (vgl. auch Anm. 77).

[60]   Zu Lehre und Geschichte der Mu'taziliten vgl. u.a. F.M. Pareja in Zusammenarbeit mit a., *Ismalogie*, Beirut 1957, 702-705; H. Laoust, *Les Chismes dans l'Islam. Introduction à une étude de la religion musulmane*, Paris 1965, 101-111. A.N. Nader, *Le système philosophique des Mu'tazila. (Premiers penseurs de l'Islam)*, Beirut 1956; L. Gardet u. M.-M. Anawati, *Introduction à la Théologie Musulmane. Essai de théologie comparée*, Paris 1970, 39-52; F. Gabrieli, *La "Zandaqa" au Ier siècle abbasside*, in: *L'élaboration de l'Islam, Colloque de Strasbourg, 12-14 juin 1959*, Paris 1961; R. Caspar, *Cours de Théologie Musulmane, Institut pontifical d'Etudes Arabes*, Rom 1968, 47-52; ferner die Arbeiten von J. van Ess (s. bes. sein Werk: *Die Erkenntnislehre des 'Adudaddīn al-Īcī*, Wiesbaden 1966), M. Bernard und bes. D. Gimaret, von letztgenanntem Autor z.B. *Un problème de théologie musulmane: Dieu veut-il les actes mauvais? Thèses et Arguments*, in: *StIsl 40* (1974) 5-73; vgl. auch ebd. die arabische Literaturangabe 9, ferner: H. Daiber, *Wāṣil Ibn 'Atā' als Prediger*

Die Mu'taziliten sind die Vorkämpfer sowohl der Gerechtigkeit als auch der Einheit Gottes (ahl al-ʿadl wa at-tawḥīd), und das vor allem in Gegenrichtung zu jeder Art dualistischen Denkens (Manichäismus, altpersische Religion etc.), wie auch gegen jede Art von "Verselbständigung" der Attribute Gottes, wie sie in ihren Augen etwa in der allgemein verbreiteten Vorstellung vom ewigen, ungeschaffenen Wort Gottes (Koran) vorliegt - was indirekt heißt, daß die Trinität erst recht keinen Platz in ihrem Denken besitzt. Derartige "Attributenverselbständigung" ist Polytheismus (širk).

Das Programm "Gerechtigkeit und Einheit Gottes" bezeichnet genau das von uns soeben angedeutete Spannungsfeld der theologischen Spekulation. Spekulation (an-naẓr) ist erste Muslimpflicht in nachprophetischer Zeit, da die Existenz Gottes eine zu beweisende ist[61], aber nicht die Existenz irgendeines Gottes, sondern des *Einen* Gottes. Damit ist das Problem der Allmacht, des Willens Gottes gestellt. Dieser Gott verdiente aber nicht den Namen Gott, wäre er nicht gerecht. Damit ist für die Spekulation als Aufgabe angedeutet, was wir das Schaffen eines sicheren Erwartungshorizontes für den Menschen nannten, die Organisation eines kalkulierbaren Zwischenraumes zwischen Gott und Mensch, das *Fertig-Werden* mit Gottes Allmacht. Dazu dient zunächst die Definition dessen, was Gerechtigkeit ist - jedenfalls, sei es zum Nutzen oder Schaden, wie im Falle der Strafe - eine *gute* Tat (fiʿl ḥasan) und im Falle Gottes ganz besonders die Leugnung jedes Zwanges oder Hingezogenseins zu Schlechtigkeit, Gemeinheit etc.: "... daß Gott nicht das Gemeine/Schlechte tut oder es vorzieht, und er nicht "kneift", wenn es um seine Pflicht geht, und daß all seine Taten gut sind[62]." Gottes Pflicht ist es, das Recht

---

und Theologe, Leiden 1988. Uns geht es nicht um eine Gesamtdarstellung dieser Denkrichtung und konkurrierender Bewegungen, sondern nur um einige Hinweise, die für unser Thema interessant sind. - Zum Namen "Muʿtazila" sei noch kurz erwähnt, daß er soviel wie "Dissidenten" bedeutet: der Gründer der Bewegung, Wâsil Ibn ʿAta (gest. 748), soll sich von einem gewissen Hasan al-Basrî getrennt haben (iʿtazala), wegen der Frage des juristischen Status des schweren Sünders. Die Auffassung Wâsils war, ein solcher sei weder absolut gläubig, noch absolut ungläubig, sondern zwischen beiden Positionen: fî manzilatin bayna al-manzilatayn.

[61] Vgl. Mânkadîm Sheshdîv, *Sharh al-usûl al-khamsa* (= Erklärung der Fünf Prinzipien), Hrsg. A.K. ʿUthmân, Kairo 1965, (wo M. Sh. die Lehre seines Meisters ʿAbd al-Jabbâr wiedergibt), S. 39.

[62] Ebd. 301.

des Menschen zu "vervollständigen", gewissermaßen auszubauen[63], im Klartext: er unterliegt der Pflicht zur Belohnung, bzw. Kompensation ('iwaḍ); die Leiden des Gerechten, unverdient, aber aus der Perspektive Gottes nützlich für ihn, müssen im Jenseits ausgeglichen werden. Auch die Leiden der Tiere und der kleinen Kinder sind hier miteinbezogen. Auf keinen Fall darf so etwas wie "Gnade" ins Spiel gebracht werden, da auf diese Weise das Gerechtigkeitsmodell - aufgefaßt als Belohnungsmodell und basierend auf der Wahlfreiheit des Menschen - aus den Fugen gerät[64]. Die Intervention der Gnade wäre im übrigen ein Akt, mit dem Gott seine eigene Schöpfung desavouierte. Es würde unterstellt, Gott hätte es eigentlich noch besser machen können, als er es gemacht hat. Die Welt ist aber, wie bei Leibniz, die beste aller möglichen Welten. Die Zuerkennung von Privilegien und Gnaden widerspricht dem offen. Die normalen Pflichten, dem Menschen mit Aussicht auf Belohnung auferlegt, sind "Gnade".

Spekulation nimmt hier die Form einer rigorosen Theodizee an, die, neben allem Eifer für die Sache des Einen Gottes, dem Ziel dient, das "Interesse" des Menschen zu wahren, seinen Erwartungshorizont zu sichern. Dies wird z.b. deutlich anhand jener berühmten Geschichte der drei Brüder, mit der Ašʿarî (geb. 873/4), der spätere Gegner der Muʿtaziliten, seinen Meister Jubbâʾî (gest. 915/6), Chef der Muʿtaziliten von Baṣra, konfrontiert:

Nehmen wir drei Brüder an. Der eine stirbt im Erwachsenenalter, im Gehorsam Gott gegenüber. Der zweite ebenfalls im Erwachsenenalter, aber im Ungehorsam. Der dritte stirbt, noch bevor er von seiner Vernunft Gebrauch machen kann. Was wird aus ihnen?
Jubbâʾî antwortet: der erste erhält das Paradies zur Belohnung, der zweite erduldet die Höllenstrafe, der dritte wird weder belohnt noch bestraft[65].

Die aus diesen Zeilen sprechende "Sorge" um die Gerechtigkeit Gottes hat für die Theologie weitreichende Folgen. Es gilt, Gott von der Verantwortung für das Übel und Leid in der Welt freizuhalten. Eine dualistische Theologie kann hier die Kompetenzen verteilen - auf ein

---

[63] Vgl. ebd. 301.
[64] Sollte doch einmal Gott auch einem Ungläubigen die "Gnade" zukommen lassen, zum Glauben zu finden und das Gute zu tun, so ist sein Verdienst auf jeden Fall geringer, als wenn er aus "eigener" Kraft zur Bekehrung gefunden hätte.
[65] Vgl. Gardet u. Anawati, *Introduction...*, (Anm. 60) 53, Anm,. 3.

gutes und ein böses Prinzip. Nicht so der konsequente Monotheismus. Er könnte allerdings den "existentialistischen" Weg Hiobs einschlagen, der zwar gegen den Rat seiner sogenannten Freunde Gott selbst für das Übel verantwortlich macht (z.B. Kap. 16): "Fürwahr, jetzt hat Gott mich zermürbt! (v. 7)", aber auch (19,25) bekennt: "Ich weiß, mein Rächer lebt!". Doch Hiobs existentialistisches Glaubensdrama ist rational nicht genug kontrollierbar. Die Spekulation der Muʿtaziliten geht anders vor, und zwar mittels einer Reflexion über das, was Gottes Wille (irâda) ist. Anstatt, wie gemeinhin durchgeführt, eine Korrelation zwischen diesem und allem was *existiert*, herzustellen, wird der Wille Gottes strikt an das gebunden, was er *befiehlt*. In bezug auf Gottes Willen kann der Mensch nur sicher sein bei ausdrücklich empfohlenen Akten im Felde des Gehorsams und der Anbetung. Auf diese Weise soll Gott vom Schlechten in der Welt freigehalten werden.

Auf derselben Linie liegt auch der strikte Antinominalismus der Muʿtaziliten. Es ist für sie im allgemeinen nicht denkbar, daß Gott für die Qualitäten einer Sache verantwortlich ist. Um es einfach auszudrücken: im sogenannten "Nichts" (al-ʿadam) sind die Dinge ihrer Essenz nach vorpräpariert - dieses "Nichts" hat also nichts mit modernem Nihilismus zu tun, es ist eher das sprachlich notwendige Korrelat für den logischen Begriff der Möglichkeit - und die Schöpferkraft Gottes beschränkt sich darauf, sie sozusagen nur noch in die Existenz zu "schieben" - nur Gott kann Körper machen -, so daß Gott nicht einmal mehr im kompromißlosen, unumschränkten Sinn als "Schöpfer", sondern eher als "Existentiator" (muḥdith) fungiert.

Entstände der Einheit Gottes kein Gegengewicht in der Gerechtigkeit, so wäre der Mensch der Allmacht Allâhs schonungslos ausgeliefert. Die Spekulation versucht in einer für den Menschen günstigen und vor allem verstehbaren Weise mit der durch das prophetische Wort geschaffenen Lage fertig zu werden[66]. Sie richtet sich an den Intellekt (ʿaql) des

---

[66] Der Koran liefert erwartungsgemäß keine Theorie über die Allmacht Gottes oder die Willensfreiheit des Menschen. Er ist in diesem Sinn kein verbum rationale, sondern ganz und gar "eiferndes Wort", Parteinahme für Allâh. So kommt es, daß wir im Koran beides finden: ein Offenhalten der Freiheit des Menschen, bzw. Verse, die nahelegen, der Unglaube gehe auf Kosten des Kâfir (Ungläubigen), wie solche, die alles in Gottes Aktion beschlossen sehen. Zum ersten s. Sure 2,256: "In der Religion gibt es keinen Zwang... Der rechte Weg (des Glaubens) ist (durch die Verkündigung des Islam) klar geworden (so daß er sich) von der Verirrung (des heidnischen Unglaubens deutlich abhebt)... 257. Gott ist

Menschen, ihr Material ist das Denken. Sie geht argumentativ-dialektisch vor, aber nicht im Sinne des Aristoteles, sondern eher der Stoiker[67]. Die Theologen heißen im Islam eigentlich die "Diskurseure" (mutakallimûn), Theologie Diskussion (kalâm). Das ständig gebrauchte Mittel ist dabei die Analogie (qiyâs).

Als Nicht-Philosophen im aristotelisch-platonischen Sinn intendieren die Theologen keine analogia entis, sondern eher eine analogia voluntatis. Gott wird nicht unter dem Gesichtspunkt des Seins, sondern des Willens definiert, auf Grund des Interesses an der göttlichen Gerechtigkeit. Dabei entsteht aber die Frage, ob man Sein und Wille trennen kann, zumal unterstellt wird, daß es in der "Natur" des Willens

der Freund derer, die gläubig sind. Er bringt sie aus der Finsternis hinaus ins Licht. Die Ungläubigen aber haben die Götzen zu Freunden. *Die* bringen sie aus dem Licht hinaus in die Finsternis...". Zum zweiten s. Sure 5,41: "... Und wenn Gott von jemand will, daß er der Versuchung erliegt, vermagst du gegen Gott nichts für ihn auszurichten. Das sind die, denen Gott das Herz nicht rein machen wollte. Im Diesseits wird ihnen Schande zuteil, und im Jenseits haben sie eine gewaltige Strafe zu erwarten." Ferner Sure 6,125: "Und wenn Gott einen recht leiten will, weitet er ihm die Brust für den Islam. Wenn er aber einen irreführen will, macht er ihm die Brust eng und bedrückt...". Das prophetische Wort bricht nicht das Siegel des Mysteriums (ghayb) Gottes. - In dieselbe Richtung geht auch die Tradition, wie sie aus der Hadîth-Sammlung (Sammlung von Prophetenworten und -handlungen) spricht. Dort wird in der Sektion über die Einheit Gottes immer wieder sein "Wissen des Geheimnisses" betont, u.a. sein Wissen um die "Stunde" (der Auferstehung), um Geburt und Tod eines jeden Einzelnen etc. Ferner wird in der Sektion über die Vorsehung (qadar) sehr stark das deterministische Element herausgestrichen, daß das "Buch" allen Taten der Menschen vorangehe, Paradies und Hölle schon im Mutterschoß aufgezeichnet sind. Allerdings findet sich dort auch auf die Frage, ob man dann überhaupt noch Vertrauen haben könne, das Prophetenwort: Handelt, und alles gereicht euch zum Besten! (Vgl. z.B. Bukhârî, *Kitâb al-jâmiᶜ as-sahîh*, u.a. konsultierbar in A. Fischer, *Arabische Chrestomathie*, Leipzig 1948, 151-160). Dasselbe Nebeneinander von Vorsehung und Eigeninitiative, gleichzeitig behauptet ohne den Versuch einer denkerischen Versöhnung, findet sich auch häufig bei modernen Muslims, wie z.B. bei dem prominenten indonesischen Reformer Ahmad Hassan von der "Persatuan Islam"-Bewegung (vgl. H.F. Federspiel, *Persatuan Islam. Islamic Reform in twentieth century Indonesia*, Ithaca N. Y. 1970, 31-33).

[67] "... die Logik des kalâm (Theologie, Th. M.) ist nichtaristotelisch, sie ist stoisch - oder, um vorsichtiger zu sein: die Logik des kalâm steht den Stoikern näher als Aristoteles. Aristoteles war in den ersten Jahrhunderten des Islam das Privileg der Philosophen (falâsifah) ... (J. v. Ess, *Skepticism in Islamic Religious Thought*, in: *God and man in Contemporary Islamic Thought*, Hrsg. Ch. Malik, Beirut 1972, 83-98, hier 94).

zwischen Gott und Mensch keinen Bruch gibt, oder anders, ob man Ontologie und Methodologie trennen kann. Methodologisch betrachtet werden nämlich die Attribute Gottes vom menschlichen *Sein* (kawn) her erschlossen[68].

Zwar haben die Mu'taziliten von allen islamischen Theologenschulen am entschiedensten gegen grobe Anthropomorphismen gekämpft (der Thron Gottes, seine Hände, die visio Dei etc.), scientia, potentia und subsistentia Dei unterscheiden sich durchaus von den entsprechenden menschlichen Attributen[69]. Dennoch hat sie das nicht vor einem

---

[68] Die klassische Stelle für eine Argumentation, die auf der analogia voluntatis aufgebaut ist, findet sich beim Beweis, über die Unmöglichkeit, daß es zwei Götter aufeinmal geben kann. Unter der Voraussetzung, daß ein zweiter Gott genauso wie Allâh ewig sein müßte, und daß die Teilhabe an diesem für die Göttlichkeit entscheidendem Merkmal auch die Teilhabe an allen anderen Wesensattributen nachsichzieht, müßten beide Götter gleichermaßen potens (qâdir) sein. Hier jedoch ist automatisch eine *Konkurrenz*situation unter dem Gesichtspunkt der Willensverschiedenheit vorsehbar, denn qâdir-sein über eine Sache bedeutet auch qâdir-sein in bezug auf ihr Gegenteil. Befiehlt nun der eine Gott Ruhe und der andere Bewegung, so ist derjenige wirklich Gott, der sich durchsetzen kann. Der Verlust der Göttlichkeit eines Konkurrenten ist so sicher, wie der Ausgang des Kampfes von Zayd mit dem Löwen. - Daß es sich um eine analogia voluntatis handelt, wird auch dadurch nicht abgeschwächt, daß behauptet wird, der Grund für die Unterschiedlichkeit der beiden Willensäußerungen sei in der Unterschiedlichkeit der zum Handeln anregenden Inzitationen (ad-dâ'î) zu suchen (vgl. Mânkadîm Sheshdîv, *Sharh al-uṣûl al khamsa*, 278-283).

[69] Vgl. z.B. Osman Yahya, *At-tawhîd wa tahrîr ad-ḍamîr al-insânyy tahta ḍaw al-islâm* (= Einheit und Befreiung des menschlichen Bewußtseins im Lichte des Islam), in: *God and Man* (Anm. 67) 167-190, hier 187. - Die Attribute unterscheiden sich jedoch nicht in ihrer logisch-funktionalen Qualität, sondern der Unterschied ist eigentlich in der Körperlosigkeit Gottes fundiert. So heißt es bei der Begründung der Selbstgenügsamkeit Gottes (al-ghanyyu), daß sie auf dem Freisein von Not (ḥâja) aufgebaut sei. Not sei aber durch Wünschen und Verabscheuen gekennzeichnet, was wiederum Wachstum und Abnahme bedeute. Diese Phänomene sind an den Körper gebunden. Gott aber ist körperlos, also frei von jeder Not. Scheich Abû Hâshim, Sohn des schon genannten Schulchefs in Basra, Jubbâ'î, liefert für diese Argumentation eine Erklärung, die für das diskursive, von der Diskussion lebende Vorgehen der Theologen nicht untypisch ist - die Argumente sind oft handfest, bis zur Banalität -: "... wenn ein Mensch erlangt, was er wünscht, so wird sein Körper dick. Wenn er bekommt, was er verabscheut, so wehrt er sich dagegen, bis ihn Dünnsein und Schwachsein befallen. Das ist der Beweis dafür, daß Wachstum und Verminderung in die 'Abteilung' Wünschen und Verabscheuen gehören (in: M. Sheshdîv [Anm. 61] 214, zum Ganzen 213 ff)." - Allerdings benötigt die Selbstgenügsamkeit als erste Bedingung ihrer Ermöglichung, hierin allen anderen Attributen (sifât) Gottes

eindeutigen Überziehen der Analogie in Sachen Gerechtigkeit zugunsten der menschlichen Komponente bewahrt - oder besser in Richtung auf das, was sie für das Beste des Menschen hielten. Wenn wir oben andeuteten, daß das prophetische Wort die absolute und alleinige Wichtigkeit des Einen Gottes herausstreicht, so liegt in der Spekulation offensichtlich der Versuch vor, trotz aller Verteidigung der Einheit, will heißen Allmacht, des eigentlichen prophetischen Erbes also, auch dem Menschen eine Wichtigkeit zu sichern, oder genauer: eine solche, die anderer Natur ist als die in der Rücknahme des Opfers des Abrahamsohnes bezeugte (Sure 37,99-111). Dieser im Namen des Denkens unternommene Versuch mußte scheitern. Nicht nur Höhepunkt der dogmatischen Spekulation, sondern auch Grund für ihr letztliches Zerbrechen ist die prophetische Verkündigung des göttlichen Fiat, weil das Denken mit der Allmacht Gottes nicht fertig werden *kann*. Wir brauchen hier nur auf die Fortsetzung der dem Jubbâ'î von seinem Schüler Ashʿarî vorgelegten Geschichte zu verweisen. Denn Ashʿarî gibt im Anschluß an Jubbâ'îs Antwort folgendes zu bedenken:

Mag sein. Aber wenn der Dritte sagt: "Oh Herr! Warum hast du mich als Kind sterben lassen und mich nicht leben lassen, damit ich dir

gleich, das Lebendigsein (hayy) ihres Trägers. Genauso wie beim Menschen sind bei Gott Mächtig-sein (qâdir), Wissend-sein (ʿâlim) etc. an das Lebendig-sein gebunden: "Erstens, daß Gott wissend und mächtig ist; zweitens, daß er dies nicht ist, ohne lebendig zu sein (ebd. 161; vgl. hierzu auch 160-167)." Der Unterschied besteht aber wiederum darin, daß der Mensch dies nur mittels eines Körpers, Gott aber ohne einen solchen verwirklichen kann. Die Attribute sind für die Muʿtaziliten im menschlichen Bereich immer an einen Ort, Rezeptakel (maḥall), gebunden, logisch betrachtet besitzt sie der Mensch nur per modum participationis, was sie so ausdrücken: er ist sciens *mittels* einer scientia, potens *mittels* einer potentia (ʿâlim bi ʿilmi, qâdir bi qudrati), Gott aber auf Grund seiner *substantia* (lidhatihi; vgl. ebd. 162). Damit wird auch jeder regressus ad infinitum ausgeschlossen. (Zur klassischen Abwehr eines solchen vgl. ebd. 181-182 in bezug auf die Ewigkeit [qadîm] Gottes, um eine unendliche Kette von Schöpfern zu vermeiden). Die Substanz schneidet den regressus ab, denn sie hat das letzte Wort, ist aber auch das Letzte und Äußerste, was menschliches Denken von Gott aussagen kann. Die Attribute sind nur Beschreibungsweisen der Substanz, keine von ihr getrennten Entitäten. Dieses göttliche Besitzen der Eigenschaften, nicht als erworbene, fremdbestimmte, sondern qua Substanz, schließt aber nicht aus, daß ihre inhaltliche Füllung dem Menschen abgeschaut ist: potens-sein, Bedingung für jede Schöpfertätigkeit, heißt der wirklichen Realisierung eines Aktes fähig sein (vgl. ebd. 151 ff), sciens-sein bedeutet, daß dieser Akt gut, perfekt (muḥkam) ist, wie die Erschaffung der Tiere, die Sphärenkonstruktion, das Ordnen von Sommer und Winter (vgl. ebd. 156 ff).

gehorche und ins Paradies eingehe?", was wird der Herr dann antworten? Jubbâ'î: der Herr wird sagen: "Ich weiß, daß, wenn du erwachsen geworden wärest, nicht gehorcht hättest und in die Hölle gekommen wärest; also war es das Beste für dich, als Kind zu sterben." Darauf antwortete Ashʿarî: und wenn der Zweite sagte: "O Herr! Warum hast du mich nicht als Kind sterben lassen so wäre ich nicht in die Hölle gekommen" was wird der Herr dann sagen? Jubbâ'î blieb stumm, und Ashʿarî verließ die Muʿtaziliten[70].

Das war jedoch nicht das Ende der Spekulation. Denn auch Ashʿarî und seine Schüler sahen sich gezwungen, wenigstens eine Minimalformel zur Rettung der Willensfreiheit aufrechtzuerhalten, d.h. das Prinzip der menschlichen Verantwortlichkeit als Korrelat zur Möglichkeit der Belohnung. Diese jedoch ist die "Hoffnung" der Vernunft auf ein Minimum an Kalkulierbarkeit angesichts der Allmacht Gottes. Viel blieb zwar nicht mehr übrig, denn Gott schafft nun die Akte des Menschen, dieser kann sie sich allerdings zu *eigen* machen (Prinzip des iktisâb). Rational kann diese Lösung jedoch nicht befriedigen. Denn entweder schafft Gott oder er erschafft nicht. Iktisâb ist aber das unaufgebbare Minimal-*Postulat* des Denkens, will es nicht völlig am Willen Gottes zerbrechen[71].

Schließlich sei noch erwähnt, daß auch die originelle Aspekt-Theorie der nach Abû Manṣûr al-Mâturîdî (Samarqand, gest. 944) benannten Schule, wonach Gott und Mensch Simultanschöpfer des Aktes sind, aber unter verschiedenen Aspekten (ikhtilâf al-jihât), bzw., wie es später heißt, ein Akt zwei Autoren haben kann - einige Theologen dieser Schule vertreten sogar die Auffassung vom Ungeschaffensein (durch Gott) des menschlichen Willens - zwar mehr befriedigt als Ashʿarîs Vorschlag[72], aber im Grunde das zur Sprache gebrachte Problemfeld

---

[70]   Gardet u. Anawati (Anm. 60) 53 Anm. 3.

[71]   Zu Ashʿarî und dem Ashʿarismus vgl. u.a. Pareja, *Islamologie*, 705-706. Gardet u. Anawati, 53-62; H. Laoust, *Les Schismes dans l'Islam*, 128-130.

[72]   Zu Mâturîdî und seiner Schule sowie zum Problem des "Archeaktes" Gottes ("ewiges" Schaffen Gottes, takwîn) s. bes. die Arbeiten am Seminar für Islamologie an der Ecole pratique des Hautes Etudes, V Section, Paris-Sorbonne, von D. Gimaret. S. jetzt auch D. Gimaret, *Théories de l'Acte Humain en Théologie Musulmane*, Paris 1980, 171-234. Es ist nicht ohne Reiz, die "Simultanlösung" der Mâturîditen mit der "mystischen" Lösung des Schellings der Freiheitsschrift zu vergleichen. Nachdem Schelling nämlich, ganz im

auch nur, wenn auch auf geschickte Weise, formal bereinigt. *Fertig* mit der durch den Monotheismus gegebenen Allmacht Gottes wird auch dieser Ansatz nicht.

Eigentlich bleibt dem Denken nach einem langen mühseligen Weg nichts anderes übrig als das berühmte "bi-lâ-kayf" zu konstatieren, was soviel heißt wie: ohne Kommentar, über das "Wie" weiß man nichts[73]. Die Position des denkerischen Anspruchs scheint sinnvoll, aber seine Durchführung unmöglich[74]. Nicht umsonst spricht der schon genannte

muslimischen Duktus könnte man sagen, die "klassische" Aporie zwischen Gottes Allmacht und menschlichem Handeln in Freiheit aufgezeigt hat ("Sagen, Gott halte seine Allmacht zurück, damit der Mensch handeln könne, oder er lasse die Freiheit zu, erklärt nichts: zöge Gott seine Macht einen Augenblick zurück, so hörte der Mensch auf zu sein."), schlägt er dann folgendes vor: "Gibt es gegen diese Argumentation einen anderen Ausweg, als den Menschen mit seiner Freiheit, da sie im *Gegensatz* der Allmacht undenkbar ist, in das göttliche Wesen selbst zu retten, zu sagen, daß der Mensch nicht außer Gott, sondern in Gott sei und daß seine Tätigkeit selbst mit zum Leben *Gottes* gehöre?" (Beide Zitate in S. Dietzsch (Hrsg., Komment.), F.W.J. Schelling, *Schriften 1804-1812, Philosophische Untersuchungen über das Wesen der menschlichen Freiheit und die damit zusammenhängenden Gegenstände, 1809*, S. 136, in: *Texte zur Philosophie- und Religionsgeschichte*, Berlin 1982, 131-207; Hervorhebungen von Th. M.).

[73] Das "bi-lâ-kayf" wurde in der islamischen Theologie vor allem von Ibn Hanbal (gest. 855), einem unversöhnlichen Gegner der Muʿtaziliten, in bezug auf die im Koran vorkommenden Anthropomorphismen gebraucht. Es meinte die Haltung, dergleichen ohne weiteren Kommentar einfach zu akzeptieren. Es wurde auch von den Ashʿariten übernommen, aber mit dem Zusatz: "Unter Ausschluß von Ähnlichkeiten" (wa-bi-lâ tashbîh). Vgl. hierzu Pareja (Anm. 60) 706.

[74] Das hat im übrigen die Dogmatiker nicht daran gehindert, sich gegenseitig zu anathematisieren. Der Name der Muʿtaziliten ist sogar mit einer der brutalsten Inquisitionsepochen der islamischen Geistesgeschichte verbunden. Blumenberg, (Anm. 9) 264 ff, hat auf den ständigen Zwang der Dogmatiker hingewiesen, sich ausweisen zu müssen, definieren zu müssen: "Wer Kirche sein würde, entschied sich dadurch, wer die Definitionsgewalt - auch im Bündnis mit der staatlichen Macht - gewann (ebd. 265)." Anders als der Mythos, lebt diskursiv-dialektisches, mit Definitionen beschäftigtes Denken, nämlich vom *Ausschließen*, Ausgrenzen, nicht nur in bezug auf seine Objekte, sondern auch anderen Subjekten gegenüber, die nun Häretiker werden können. Nicht umsonst kommt das arabische Wort für Definition, "taḥdîd", von "ḥadda", schärfen, ausgrenzen und "ḥidda" heißt nicht nur Schärfe, sondern auch Gewalt und Jähzorn. - Auf die zerstörerische Funktion des dialektisch-diskursiven Vorgehens im griechischen Raum hat in jüngster Zeit auch G. Colli, *Die Geburt der Philosophie*, Frankfurt/M. 1981, hingewiesen. Daß im übrigen ein auf derartigen Prämissen beruhendes Denken der ideale Partner einer gewissen Vorstellung von Mission ist, liegt auf der Hand (vgl. Blumen-

Osman Yahya gegen Ende seiner Ausführungen über die Muʿtaziliten-
theologie von einem "Brunnen ohne Wasser[75]". So jedenfalls sieht es der
Gläubige, der bei der Betrachtung der reinen, von allen Polytheismen
befreiten Substanz Gottes, doch weniger auf die von der Spekulation
geforderte und "erarbeitete" Gerechtigkeit Gottes setzt, als vielmehr auf
den Spuren Abrahams sein Heil im Islâm, der vertrauensvollen Unterwerfung in den Willen Gottes sucht, und das trotz des Damokles-
schwertes der Allmacht. Die Wichtigkeit des Menschen scheint ihm
dort dennoch besser aufgehoben zu sein.

Dieser Wichtigkeit hatte sich das prophetische Wort Israels, hierin
über den Islam hinausgehend, schon immer in der Bundes- und Er-
wählungstheologie versichert. Sein Monotheismus war von Anfang an
mehr exklusiv im Sinne der Beschränkung auf Israel und nur indirekt
universalistisch, d.h. wenn *alle* Völker gemeint waren (so bei Jes 2,2-
5), so doch in Hinblick auf die Wallfahrt zum Berge des Herrn[76]. Erst
mit dem Christentum wurde Gott wirklich ein Gott für alle, aber um
den Preis der Aufgabe des Judentums als Religion. Die Rolle des
Erwählungsgedankens, des "Fertigwerdens" mit dem Monotheismus,
übernahm nun die Inkarnation. Hindurchgegangen durch das prophetische
Feuer des Alten Testamentes gilt aber auch für das Christentum das
Verbot mythischen Erzählens. Auch christliche Spekulation über den
Einen Gott und damit indirekt über seine Allmacht, d.h. über das, was
die griechischen Kirchenväter die "Monarchie" des Vaters nannten, tritt
unter dem Gebot des Denkens an, allerdings immer im Gravitationsfeld
der Inkarnation[77].

---

berg, Anm. 9, 266).

[75] Vgl. ebd. 186.

[76] Universalistischere Texte finden sich in Jes, Kap. 40-55 (Deuterojesaja). Ebenso
kann man in diesem Sinn den Schöpfungsbericht und den Noebund (Ende der
Sintflut) deuten.

[77] Damit wollen wir sagen, daß die Ausgangslage der christlichen Spekulation, als
ein Denken, das mit dem Problem der Allmacht Gottes beschäftigt ist, von
Anfang an eine andere als im Islam war. Nicht nur in dem Sinn, daß dieses
Denken schon immer unter dem Einfluß der griechischen Philosophie und der
neuplatonischen Mystik stand, sondern auch deswegen, weil - von der Inkarnation her -, christliche Spekulation nicht nur die Allmacht, sondern auch die
Erlösung zum Thema hatte, was ihr Bündnis mit der Mystik überhaupt erst
ermöglichte. Eine Konfrontation Denken - Allmacht ist daher eigentlich immer
schon durch die Erfahrung der Kenose Gottes abgeschwächt, ja bis zu einem

Wenn aber die Menschwerdung und nicht die Selbstgenügsamkeit des Einen Gottes zentrales Thema christlicher Spekulation ist, dann entsteht das Problem, daß der "Gott, dem Ehe und Verwandtschaft verboten waren, weil ihn das wieder in die Geschichten, statt in die Geschichte geführt hätte, ... nun dennoch einen Sohn (hatte), dessen Menschwerdung beides zu vereinigen schien[78]." Strikter Monotheismus läßt sich denken, aber kann man vom *Sohn* Gottes eigentlich anders als *erzählen*? Das spekulative Sich-Bemächtigen des Sohnes, der christlicherseits die Garantie und damit auch die denkerische Grundform des Ausgesöhntseins mit der Allmacht Gottes darstellt, hat in der Theologie - eben wenn es sich in ein Sich-Bemächtigen ausartete - zur spirituellen Austrocknung der Trinitätslehre geführt[79]. Andererseits gilt aber: "Das Dilemma der christlichen Dogmengeschichte liegt darin, einen trinitarischen Gott zu definieren, aus dessen Pluralität keine mythische Lizenz folgen darf[80]."

Wird ipso facto alles, was über die Einheit, die Selbstgenügsamkeit Gottes hinausgeht, zum Mythos[81]? Dem muß nicht so sein, vorausgesetzt, es ist kein mythisches Erzählen, sondern ein Erzählen in *Gleichnissen*, vorausgesetzt auch, Theologie brächte es (wieder) fertig, sich in *Weisheit* zu verwandeln, nicht gegen Spekulation im hier angesprochenen spezifischen Sinn, oder allgemeiner: nicht gegen das Denken überhaupt, aber über es hinaus[82]. Andernfalls droht jeder auf das

---

gewissen Grade sogar "entschärft". Das reine Denken der Allmacht, Spekulation im islamischen Sinn also, ist christlicherseits immer unvollständig, wenn es nicht Teil einer trinitarischen Dynamik ist. Für die christliche Theologie, die spezifisch christliche "Gottesrede", entsteht aber dadurch eine weitaus unkomfortablere Situation als es diejenige ist, die für den islamisch-theologischen Diskurs kennzeichnend ist. Darauf will das Folgende kurz hinweisen.

[78] Blumenberg, 158.

[79] Vgl. Mooren, *Islam und Christentum...*, 10 [hier: 62].

[80] Blumenberg, 290.

[81] So wohl Blumenberg, 276 ff.

[82] Es sei darauf hingewiesen, daß das Ziel der christlichen "theoria" eigentlich immer auch darin bestand, nicht nur zu denken, sondern, der Tendenz nach, die denkerische Tätigkeit der Kontemplation und damit der Weisheit unterzuordnen, wie auch noch bei einigen großen späteren Theologen, einem *Bonaventura* z.B. (vgl. *Itinerarium mentis in Deum*). Aber eben nur der Tendenz nach. Es blieb nicht aus, daß sich das denkerisch-technische Element immer mehr verselbständigte und verhärtete, ja vielleicht sogar verselbständigen mußte, eingedenk

prophetische Wort gegründeten monotheistischen Theologie, sowohl der islamischen, wie auch der jüdischen und christlichen, das Abgleiten in Ideologie und politische Dämagogie, sei es im Gewande von Fundamentalismus und Integrismus, Zionismus oder (Neo)-Kolonialismus, in der Form marxistischen oder kapitalistischen Sendungsbewußtseins. Und jede der großen monotheistischen Religionen ist bisher noch der Versuchung erlegen, spekulatives Wissen um die Allmacht Gottes in ideologisch-politische Allwissenheit umzuwandeln, aus dem Ende der mythischen Gewaltenteilung die Legitimation zur Theokratie im geistigen wie weltlichen Bereich herauszulesen.

der Natur und des Machtanspruchs diskursiver Rationalität (vgl. G. Colli), sowie auch, späterhin, der Form und inneren Dynamik einer "summa". Denn der formale Aufbau einer "summa" gleicht, was weniger bekannt ist als die Rolle der Araber bei der Vermittlung von Inhalten griechischer Philosophie, dem Frage-und-Antwort-Spiel des Kalâm. Wenn dies einerseits darauf hinzuweisen scheint, daß diskursives Denken sich so am besten formalisieren läßt - die zur Beantwortung der Fragen verwandte Logik ist im Christentum jedoch eine andere, verglichen mit dem schon erwähnten unaristotelischen Charakter des klassischen Kalâms -, so stellt sich doch andererseits die Frage, ob die klassische Kalâm-Form, passend in bezug auf die theologische Problematik des Islam, auch für die christliche Sichtweise die erschöpfende äußere Darstellungsform ist. Die weitere Theologiegeschichte hat diese Frage wohl negativ beantwortet. - Zum Verhältnis von Denken und Weisheit (innerer Erfahrung) sei hier auch an die Art und Weise erinnert, wie der Zen-Buddhismus diese Spannung löst, nämlich im Bilde des Purzelbaumes des Pu-hua: "Im Purzelbaum dreht man sich momentan zwar durch den Kopfstand durch; dennoch steht man dabei nicht kopf. Man steht im nächsten Augenblick schon wieder auf den Beinen (W. Gundert, *Übstzg. u. Komm. des Bi-Yän-Lu, II*, München 1967, 93)." Bedürfte es noch einer philosophisch begründeten Aufforderung, sich nicht an die Spekulation (im weiten Sinn) zu klammern, sondern ihr Denkgerüst als eine notwendige Durchgangsphase zu betrachen, so sei auf Feuerbachs Kritik jeglicher Attributentheologie, auch der christlichen im Zeichen der göttlichen "Familie", als Projektionstheologie verwiesen (vgl. hierzu auch C. Ascheri, *Feuerbachs Bruch mit der Spekulation. Kritische Einleitung zu Feuerbach: Die Notwendigkeit einer Veränderung* (1842), Frankfurt/M. 1969).

Abstammung und Heiliges Buch

Zur Frage der semantischen Bedeutsamkeit anthropolgischer Strukturen im Alten vorderen Orient im Hinblick auf den koranischen Monotheismus

1. Verwandtschaft und Kommunikation

Der anthropologische Ansatz eines Ethnologen wie Cl. Lévi-Strauss nimmt auf die an sich nicht unbekannte Idee Bezug, daß "das Universum der Primitiven (oder solcher, die man dafür ausgab) im wesentlichen aus 'Botschaften' (messages) besteht[1]..."[2] Es geht darum, dem Universum "gleichzeitig physische als auch semantische Eigenschaften"[3] zuzuerkennen. Solch eine physisch-semantische Korrelation, vergleichbar der Art und Weise, in der die moderne Biologie den genetischen Code versteht, scheint sich besonders im Fall der sog. "naturistischen" Religionen aufzudrängen. So kann man die Folge der Jahreszeiten wie eine Art "Grammatik" begreifen, die die Sprache der "Natur" koordiniert oder genauer: deren vielfältige, oft im Widerspruch miteinander stehenden Kräfte - denn man sollte sich hüten, auf ugaritische Vorstellungen z.b. einen zu philosophischen Naturbegriff anzuwenden, der einem Denker wie Schelling näher stünde als der Mentalität des 2. Jahrtausends v. Chr.

Nichtsdestotrotz sind wir in Ugarit z.b. Zeugen unablässiger Kämpfe zwischen *Mot* und *Baal/Anat*, in Mesopotamien der zahlreichen Abenteuer des *Dummuzi*. Dabei steht letztlich die Ernte der Früchte und des Getreides, die tierische wie pflanzliche Fruchtbarkeit auf dem Spiel.[4]

Man versteht leicht, daß in diesen Fällen die physische Welt eine Art Sprache (im metaphorischen Sinn) darstellt, deren "Wörter" durch die

---

[1] Die Übersetzungen fremdsprachiger Zitate in diesem Artikel stammen vom Autor selbst.

[2] Cl. Lévi-Strauss, *La pensée sauvage*, S. 354.

[3] Ibid., S. 355.

[4] Cf. Th. Mooren, *Paternité et Généalogie dans la pensée religieuse de l'Ancien Proche-Orient*, SS. 145-148 u. S. 376; cf. auch Th. Jacobsen, *The Treasures of Darkness*, SS. 25-73.

Naturkräfte, anders: die Gottheiten, gebildet werden. Man könnte auch sagen, daß wir es hier mit einer *morphologischen* Sprache zu tun haben: der geheimnivolle "Diskurs" des Lebens drückt sich in konkreten Kräften aus, die wahrgenommen werden als Gestalt ("morphä"), fähig, die "message" zu übermitteln, die Fruchtbarkeit und Wachstum besagt. Auf diese Art verweist uns die Frage nach der "materia prima", die den religiösen Diskurs der Polytheismen des Alten vorderen Orients, besonders unter dem Blickpunkt der Fruchtbarkeitsreligionen, speist, auf jene sichtbaren Kräfte, die die Erde des Orients hervorgebracht hat, auf jene "Herren" (*baal*), mit deren Gestalt das Wachstum der Pflanzen und Tiere verwoben ist, und mit denen in Übereinstimmung zu leben im elementaren Interesse des Menschen liegt.

Im Vergleich zu den oben angesprochenen Kulturen scheint es nun ziemlich schwierig zu sein, auch in den alten semitischen Nomadenkulturen (Araber, Hebräer etc.), sei es in denen der Wüste oder der Steppe, im Herzen Arabiens oder seiner Randzonen, der phyischen Welt eine ähnlich geartete semantische Funktion zuzuschreiben. Dies nicht nur deshalb, weil die Spezialisten bei den vorislamischen Arabern z.B. die Abwesenheit eines "Pantheons" nach Art der großen vorderorientalischen Kulturen festgestellt haben,[5] sondern vor allem auch auf Grund des fast gänzlichen Fehlens "naturistischer" Gottheiten, deren *Gestalt* der Religion als semantischer Code hätte dienen können.

Sicherlich, es gibt den arabischen Donnergott *Quazh*[6] und besonders die *"djinn"*, hinter denen sich die dem Menschen noch nicht unterworfene Natur verbirgt.[7] Wir finden ferner in Mekka den weiblichen Dämon *al-ʿUzzâ*, der sehr gut jenen chtonischen, mit der Fruchtbarkeit in Zusammenhang stehenden Wesen, die Quellen und Grotten bewohnen, zugerechnet werden könnte.[8] Auch dürfen wir nicht die Frühlingsfeste, mit ihren Erstgeburtsopfern, die der Gottheit des Himmels dargebracht

---

[5] Cf. J. Henninger, *La Religion bédouine préislamique*, S. 140.

[6] Cf. J. Wellhausen, *Reste arabischen Heidentums*, S. 67.

[7] Cf. Th. Mooren, *Parenté et Religion Arabe préislamique* (Teilauszug aus *Paternité et Généalogie...*), SS. 49-52; J. Henninger, *Geisterglaube bei den vorislamischen Arabern*, S. 313; D.B. Macdonald, *Djinn*, S. 560, 2. Sp.

[8] Cf. Th. Mooren, *Paternité et Généalogie...*, SS. 307/308; W. Atallah, *Al-Buss. Vestige de cultes chtoniens en Arabie*, SS. 29-32.

werden, vergessen.[9] Diese Feste stellen eine Periodisation, also eine Art "codage" des Mysteriums der Fruchtbarkeit und damit des Lebens dar.

Jedoch sind für uns die Nomadenkulturen besonders deswegen interessant, weil bei ihnen die mit semantischen Eigenschaften ausgestattete "Physis", von der wir oben im Anschluß an Cl. Lévi-Strauss sprachen, vor allem im Menschen selbst, in seiner anthropologischen Realität ausgewiesen werden kann. Sie ist es, die die Rolle der "materia prima" des Diskurses des Menschen angesichts des Mysterium des Lebens übernimmt, die die "Wörter" für eine Gottheiten und Menschen umfassende Sprache liefert, bzw. mit deren Hilfe eine "Grammatik", die die Entfaltung des Lebens nachzeichnet, aufgestellt werden kann. Natürlich handelt es sich auch hier um eine "morphologische" Sprache, aber es ist nicht in erster Linie die äußere Natur, die die Wort-Gestalten stellt, sondern eben der Mensch selbst und besonders seine *biologische* Natur.

Ein solcher Gesichtspunkt ist natürlich der strukturalen Anthropologie nicht fremd.[10] Man kann mit L. de Heusch sogar soweit gehen zu sagen, Kultur entstände, sobald es dem Menschen gelänge, seine eigene biologische Realität zum Gegenstand der Reflexion zu machen.[11] Anders und spezieller formuliert: die Idee einer morphologischen Sprache, bei der die anthropologische Realität die Rolle der "materia prima" erfüllt, bezieht sich im wesentlichen auf das Phänomen der Verwandtschaftsbeziehungen. So spielt der Mensch als *Verwandter*, der notwendigerweise in Beziehung zum Andern steht, aber in einer ganz bestimmten, kodifizierten Weise, die Rolle eines lebensvermittelnden Wortes.

---

[9] Cf. J. Henninger, *Les Fêtes de Printemps chez les Arabes et leurs Implications historiques*, SS. 422, 424, 425; Th. Mooren, *op. cit.*, SS. 123-126; cf. Ex 5,1-3; 12,5.

[10] Cf. Cl. Lévi-Strauss, *Les structures élémentaires de la parenté; Anthropologie structurale;* cf. auch die sehr nützliche Zusammenfassung der Ideen und Probleme der strukturalen Anthropologie bei L. de Heusch, *Pourquoi l'épouser?*, SS. 13-140; für die uns interessierende Frage bes. SS. 94-101; vgl. allg. zu dem Ansatz, Kultur etc. vom Begriff der Sprache / Kommunikation her anzugehen auch den Artikel von J.J. Spae, *Kultur und Religion. Zur Erneuerung der Missiologie*, bes. SS. 36, 39/40. Unser Artikel teilt gewisse Ansichten des dort in Anschluß an R. Schreiter entwickelten Modells der Kultur/Religionsbetrachtung, wobei wir allerdings der Begriffssprache von *pensée sauvage* folgen.

[11] Cf. L. de Heusch, *op. cit.*, S. 96.

Natürlich sind Begriffe wie "Wort", "Sprache" etc. im *übertragenen* Sinn zu nehmen. Wir gehen nicht so weit wie Lévi-Strauss es stellenweise tut, wenn er eine Konkordanz zwischen phonetischen Gesetzmäßigkeiten und denen der Verwandtschaftsbeziehungen vermutet.[12] In der anthropologischen Realität ein semantisches System zu sehen will vielmehr heißen, daß man in ihr ein Kommunikationssystem sehen kann, wenn auch nicht im wörtlichen Sinn: "... hier die Männer, die *tauschen*, dort die *getauschte* Frau. Diese, aber nicht jene (Männer) halten den Vergleich mit den *Wörtern* der artikulierten Sprache aus. Um dieser - und einigen anderen - Schwierigkeiten zu entgehen, sollte man vielleicht offen darauf verzichten, die Verwandtschaftsbeziehungen wie ein Kommunikationssystem zu behandeln, es sei denn im metaphorischen Sinn."[13]

Aber selbst im metaphorischen Sinn scheint uns die Idee der Kommunikation durchaus geeignet, das jenem komplexen Netz verwandtschaftlicher Beziehungen eigene Wesen zu beschreiben. Denn es ist ja immer das Leben oder Überleben der Gruppe, das in Eheschließungen und Genealogien auf dem Spiel steht: sich kommuniziert. Auf diese Weise zeigt die "physische Welt", verstanden als "Welt der Verwandtschaftsbeziehungen" auch die ihr eigene Finalität an: sie gibt jedem ihrer Teile - je an seinem Platz - die Möglichkeit, an jenem Strom des Lebens, den man durch derartige Beziehungen kanalisieren will, zu *partizipieren*.

2. Familie, Klan und Stamm bei den arabischen Nomaden

Wir wollen nun einen etwas eingehenderen und bewußt interpretierenden Blick auf jene "Physis", die die Verwandtschaftsbeziehungen darstellen, werfen, wobei wir mit der Kleinfamilie, der Basis jeder verwandtschaftlichen Verästelung, beginnen. Die arabischen Nomaden stellen dabei ein für unsere Zwecke besonders durchsichtiges und hilfreiches Beispiel dar.

---

[12]   Cf. dazu auch die Diskussion, außer ibid., SS. 32/33, bei A.C. Kroeber, Clyde Kluckhohn, *Culture*, SS. 329-332, bes. S. 330, Anm. 28; ferner M. Harris, *The Rise of Anthropological Theory*, SS. 493-498.

[13]   L. de Heusch, *op. cit.*, S. 95.

Die Familie heißt: bêt (bait), ᶜayle / ᶜêle / ᶜiâl, pl. ᶜiyâl oder ᶜailat, gemäß dem terminologischen Inventar, das J. Henninger aufgestellt hat.[14] Nach Jaussen[15] wird sie auch ahel/ahl genannt. Eine Analyse der Familie muß sich im wesentlichen mit der Vater-Sohn-Beziehung befassen. Nach Jaussen ist die Familie "nur auf die Vaterschaft gegründet; im allgemeinen existiert mütterliche Filiation nicht".[16] Da die Familie die direkte Nachkommenschaft des Vaters betrifft, ist dieser "naturgemäß Chef und Prinzip dieser 'ahel, deren Wichtigkeit vor allem nach Zahl und Kapazität der Kinder männlichen Geschlechts bemessen wird".[17] Der Töchter kann der Vater sich nicht rühmen, "... die Frau ist in den Augen aller nur ein Werkzeug, das dem Willen ihres Mannes unterworfen ist...".[18]

Der Vater versteht sich so zu allererst als *biologischer* Gründer einer neuen sozialen Zelle. Selbst Empfänger des Lebens von seinem Vater her, will er nun vor allem dessen *Vermittler* sein. Seine ganze Sorge richtet sich darauf, Geschlecht und Name fortzupflanzen, "... sein

---

[14] Cf. *Die Familie bei den heutigen Beduinen Arabiens und seiner Randgebiete*, S. 133; im übrigen sei zu Beginn dieses Paragraphen darauf hingewiesen, daß im allgemeinen von den Ethnologen als Forschungsvoraussetzung akzeptiert wird, daß sich grosso modo und unter bestimmten Gesichtspunkten das Leben in der Wüste, m.a.W. die ökonomische Form des Nomadismus der Beduinen, nicht *grundlegend* im Laufe der Zeit geändert hat. Man geht also davon aus, daß es mit der gebotenen Vorsicht möglich ist, vom Leben der heutigen Beduinen - unter Abstraktion des in ihrer Lebensweise typisch Islamischen - auch auf das Leben von einst, in vorislamischer Zeit, Rückschlüsse zu ziehen. S. dazu jetzt auch J. Chelhod, *La place de la coutume dans la fiqh primitif et sa permanence dans les sociétés arabes à tradition orale*, in: *Studia Islamica*, (64) 1986, 19-37, bes. S. 28: "Certes, le pouvoir central cherche à imposer la loi musulmane, la sharīᶜa, réceptacle de toutes les règles juridiques dont la source est en Dieu. Mais la société traditionnelle n'est pas toujours sensible à l'argument religieux, malgré son réel attachement á l'Islam." Zur ethnologischen Frage des Nomadismus s. auch Th. Mooren, *Parenté et Religion...*, SS. 11-13.

[15] Cf. *Coutumes des Arabes au pays de Moab*, S. 11.

[16] Ibid., S. 15.

[17] Ibid., S. 11.

[18] Ibid., SS. 14/15.

Wunsch besteht darin, um sich herum soviel kräftige Sprößlinge wie möglich zu haben".[19]

Darüber hinaus darf der Gründer einer Familie nicht mehr unter demselben Zeltdach wie sein Vater wohnen. Er muß unabhängig sein und sein eigenes Zuhause besitzen. So vervollständigt sich die Definition der Nomadenfamilie: "Das Wort 'ahel bedeutet daher die Familie im strikten Sinn: Vater, Mutter, Kinder..., die alle unter demselben Chef und demselben Dach leben. Es sieht so aus, als seien beide Bedingungen gleichermaßen von Nöten."[20]

Aber der Vater ist nicht nur der biologische Gründer einer neuen Zelle des Gemeinschaftslebens, sondern auch ihr rechtlicher: "Der Vater ist der absolute Herr über alle Güter. Erst mit seinem Tode werden sie an seine Söhne vererbt; dann auch kommt es zur Verteilung."[21]

Jedoch gilt es noch auf Folgendes hinzuweisen: zunächst einmal ist der Besitz bei den Nomaden weniger konzentriert als bei den Seßhaften. Er ist labil - besonders im Hinblick auf Herdenbesitz - in der Folge von Razzien, die als legales Mittel der Besitzvermehrung gelten. Nicht nur der wirkliche Besitz, sondern auch das Besitzrecht geht verloren auf Grund einer Razzia, die nach geltenden Regeln durchgeführt wurde. So richtig es daher auf der einen Seite ist zu betonen, daß der Vater der Kleinfamilie der wahre Eigentümer ist, so muß doch andererseits auch die Möglichkeit erwähnt werden, daß der junge Beduine gerade auch durch Teilnahme an einer Razzia ebenfalls das Recht besitzt, einige Stück Vieh in Eigenbesitz zu nehmen. Ferner können im allgemeinen Kinder und selbst Frauen Eigentümer einiger Tiere sein.

Wenn das *Zelt* auch Familienbesitz ist, so kommt es doch vor, das seine Innenausstattung Eigentum der Frau, als Teil ihrer Aussteuer, ist. Im Prinzip herrscht nämlich Gütertrennung, wenn auch die Frau in der Verwaltung ihrer Güter unter gewissen Gesichtspunkten immer vom Mann abhängt. Aber im Falle einer Scheidung muß der Frau alles, was sie in die Ehe mitgebracht hat, zurückerstattet werden. Kommt es zu einer ungerechten Verschmähung, so muß der Mann gar für eine Wiedergutmachung aufkommen.

---

[19] Ibid., S. 14.
[20] Ibid., S. 12.
[21] Ibid., S. 20.

Schließlich sei noch erwähnt, daß der Vater immer die Möglichkeit hat, schon zu seinen Lebzeiten seinen Söhnen einen Teil der Erbmasse zu vermachen oder ganz einfach Geschenke zu vergeben.[22]

Ist der Vater der eigentliche Eigentümer, so ist er es auch, der beerbt. Das Hinterlassen eines Erbes stellt sich so als die rechtliche Komponente seiner biologischen Aufgabe, Gründer einer neuen Lebenszelle zu sein, dar. Die Erbschaft regelt die *materielle* (die Güter betreffende) Vermittlung des Lebens. Ferner kann auf diese Weise der *Sohn* im wesentlichen als virtueller (Mit)-Besitzer definiert werden. Er ist nicht nur der rechte Arm des Vaters, immer zu seinen Diensten solange er mit ihm unter einem Zeltdach lebt, sondern ipso facto auch der rechtmäßige Nutznießer der väterlichen Güter: "Alle Söhne haben das Recht auf einen gleichgroßen Anteil aus den Gütern des verstorbenen Vaters ... der älteste besitzt immer ein Vorzugsrecht."[23] Frauen und Töchter sind aus der Erbschaft ausgeschlossen.

Hier ist eine Bemerkung zum Erstgeburtsrecht nötig. Nach Henninger sollte man nämlich lieber von einer symbolischen oder Bevorzugung "honoris causa" sprechen. Eine Institution, nach der der Erstgeborene automatisch die ganze Substanz des väterlichen Erbes erhalten würde, so daß für die übrigen Söhne nur noch ein kleiner Teil übrig bliebe, ist nämlich bei den arabischen Nomaden nicht bekannt. Nicht einmal das Zelt erbt der Erstgeborene notwendigerweise.[24] Die Zerstreuung des Besitzes, natürliche Konsequenz eines solchen Zustands, kontrastiert sichtlich mit der Sorge der Ackerbauern, den Grundbesitz so integral wie möglich zu erhalten.[25]

Wir haben also gesehen, daß die Rolle des Vaters im wesentlichen in der Weitergabe des einst empfangenen Lebens besteht (in biologischer

---

[22] Cf. ibid., S. 20; J. Henninger, *op. cit.*, SS. 125, 129; J. Henninger, *Das Eigentumsrecht bei den heutigen Beduinen Arabiens*, SS. 8, 21, 32. Cf. hierzu auch, bes. mit Blick auf die Razzia-Praxis, L.E. Sweet, *Camel Pastoralism in North Arabia and the Minimal Camping Unit*, SS. 157-180, in: A.P. Vayda, *Environment and cultural Behavior Ecological Studies in Cultural Anthropology*, New York 1969.

[23] A. Jaussen, *op. cit.*, S. 20.

[24] Cf. J. Henninger, *op. cit.*, S. 30; *Die Familie bei den heutigen Beduinen...*, S. 123 und ebenfalls J. Henninger, *La primogéniture en ethnologie*, Sp. 473/474.

[25] Cf. J. Henninger, *Die Familie bei den heutigen Beduinen...*, SS. 129 u. 142.

und materieller Hinsicht). Der Sohn, virtueller (Mit)-Besitzer, wird sich ebenfalls bemühen, dem Vater in dieser Spur zu folgen und folglich sich *verheiraten*. Das geschieht mit Vorliebe mit der Tochter des Onkels väterlicherseits, der "bint al-ᶜamm", d.h. der patrilateralen Parallelbase.[26] Aber damit verlassen wir schon die Kleinfamilie und kommen zur nächsten sozialen Einheit, dem Klan.

- *Der Klan*

a) *Der Klan als somatische Wirklichkeit*

"Über der Familiengemeinschaft ... steht eine komplexere soziale Gruppe, die mehrere Familien umfaßt: die ḥamuleh ... es ist schwierig, eine genaue Definition dieses Wortes zu geben ..."[27] Henninger nennt folgende Ausdrücke als Klanbezeichnung: âl, 'ahl, finde; die ḥamuleh hingegen bezeichne schon einen Klanverbund.[28] Auch für Chelhod besteht die ḥamuleh aus mehreren Klanverbänden. Der Klan heißt nach ihm ᶜashîra.[29] Aber in bezug auf diesen Terminus bemerkt Jaussen: "Die ᶜashîreh bleibt (für uns) ihrem Aufbau und ihrer Entwicklung nach im Halbdunkel, das sich zur Finsternis in der Frage der qabîleh..., dem eigentlichen Stamm verdichtet."[30]

Die Schwierigkeit, exakte Termini zu finden, beruht letztlich ganz einfach auf der großen Labilität und Beweglichkeit all dieser Einheiten so wie auf der Tatsache, daß diese Gruppen zahlenmäßig untereinander sehr variieren. So kann ein Stamm 20 000 Mann zählen, aber auch nur 20, so daß er mit dem Klan, was die Größenordnung angeht, zusammenfällt.[31]

Für uns wichtig ist jedoch nur, daß die Klangruppe, wie immer sie heißen mag, als patrilinearer und patrilokaler Verband, als Patriklan

---

[26] Cf. J. Henninger, *op. cit.*, S. 131; A. Jaussen, *op. cit.*, S. 45; J. Chelhod, *Le droit dans la société bédouine. Recherches sur le 'orf ou droit coutumier des Bédouins,* SS. 59, 110-115.

[27] A. Jaussen, *op. cit.*, S. 111.

[28] Cf. *Die Familie bei den heutigen Beduinen...*, S. 133.

[29] Cf. *op. cit.*, SS. 47/48, 50; cf. auch J. Henninger, *op. cit.*, S. 134.

[30] *Op. cit.*, S. 113.

[31] Cf. J. Henninger, *op. cit.*, S. 135; J. Chelhod, *op. cit.*, S. 51.

also,[32] sich als vom *selben* Ahnen abstammend betrachtet. Auf der Ebene des Klans handelt es sich also, um die Terminologie Bräunlichs zu gebrauchen, um eine *somatische* Wirklichkeit.[33] Andererseits kommen auf Klanebene natürlicherweise die Genealogien ins Spiel. Sie weisen jedem Individuum nicht nur in bezug auf die Seinen, sondern auch in Hinblick auf die, welche seiner Gruppe fremd sind, einen Platz an. Sie sind unerläßlich für die Durchführung der Exogamievorschrift.

Von einer segmentierten Genealogie spricht man, sobald man es mit mindestens zwei Individuen (Söhnen) zu tun hat, die sich auf einen gemeinsamen Ahnen zurückführen. Solche Genealogien funktionieren besonders in einer mehr oder weniger dezentralisierten Gesellschaft, wie wir sie z.B. bei den arabischen Nomadaen vorfinden. Wilson wendet auf sie den Terminus "acephalous societies", "kopflose" Gesellschaften, an. Mehr als sonst ist es hier die somatische, d.h. genealogische Wirklichkeit, die eine relative Kohärenz der Gruppe garantiert und die rechtliche wie politische Dimension des Gemeinschaftslebens regelt.[34]

b) *Connubium und forum*

Gerade die Rolle, die die Genealogien spielen, zeigt deutlich, wie in den Augen der Gruppe Blutsbande und Solidarität zusammengehören.[35] Die Genealogien sind das vitale "ideologische" Gerüst der Klanverbände. Sie stehen schließlich im Dienste dessen, was *connubium* und was *forum* für die Gesellschaft ist; *connubium:* die blutsmäßige (Verwandtschaft, Heirat etc.), *forum:* die rechtliche Komponente der Klanwirklichkeit.[36] Zum "forum-Aspekt" sei nur kurz ein Beispiel gegeben. Hier definiert die Genealogie u.a., auf welche Individuen sich die Verpflichtung zur vendetta/Blutrache erstreckt, wer unter das "jus talionis" fällt. Hierhin gehört die Erwähnung der sog. *"khamsa"* bei den Arabern, eine Institu-

---

[32] Cf. J. Chelhod, *op. cit.*, S. 50; vgl. dazu auch J. Henninger, *La société bédouine ancienne*, SS. 86-93.

[33] Cf. *Beiträge zur Gesellschaftsordnung der arabischen Beduinenstämme*, SS. 79, 198, 227; A. Jaussen, *op. cit.*, S. 113; J. Henninger, *op. cit.*, S. 134.

[34] Cf. R.R. Wilson, *Genealogy and History in the Biblical World*, SS. 19, 20, 42, 43; über die Rolle linearer und segmentierter Genealogien s. auch ibid., SS. 19, 20, 40, 46, 158, 194.

[35] Vgl. auch Anm. 86.

[36] Wir folgen hier der Terminologie von C.H.J. de Geus, *The Tribes of Israel*, SS. 147, 148, 163; cf. auch J. Chelhod, *op. cit.*, S. 381.

tion, die in besonders guter Weise die Verflechtung von Recht und Blut illustriert.

Die *khamsa* (von arabisch "5") umschließt die kollaterale Verwandtschaft eines Mannes bis zum 5. Grad, aber vom Großvater aus gerechnet. Im Falle einer Blutschuld sind die Verwandten des Mörders bis hin ins 4. Glied, unter Ausschluß des fünften also, von der *vendetta* bedroht. Die Pflicht der Rache obliegt umgekehrt allen Verwandten des Ermordeten bis hin zum 5. Grad einschließlich, wiederum vom Großvater des Betroffenen aus gerechnet. Jaussen bemerkt ferner, daß die direkte Nachkommenschaft eines schuldig Gewordenen immer unter das Gesetz der Blutschuld fällt.[37] Der Verwandte 5. Grades seitens des Mörders spielt im übrigen oft die Rolle eines Vermittlers zwischen den betroffenen Gruppen. Die Verwandtschaft 4. Grades derselben Seite kann sich ferner durch die Abgabe eines Kamels loskaufen. Aber die des 3. Grades, so fügt Jaussen hinzu, kann derartige Ersatzleistungen nicht für sich in Anspruch nehmen.[38]

Die *khamsa*, das vielleicht hervorstechendste Beispiel für das Ineinandergreifen von Blut und Recht, stellt so etwas wie eine Klan-Untergruppe, neben den bisher genannten sozialen Einheiten dar. Einzig auf Verwandtschaftsbande gegründet, bildet sie einen nicht zu unterschätzenden Faktor des Gemeinschaftslebens. Es gibt sogar eine Eidesformel, durch die man einen Menschen, der zum Klan eines der Blutschuld schuldig Gewordenen gehört, zwingen kann zu beweisen, daß er nicht zur *khamsa* des Mörders gehört.[39] Das Beispiel der *khamsa* zeigt

---

[37] Cf. *op. cit.*, S. 159; s. auch ibid., SS. 158-160; cf. ebenso E. Bräunlich, *op. cit.*, SS. 80/81; J. Chelhod, *op. cit*, SS. 89, 270-298; J. Henninger, *Die Familie bei den heutigen Beduinen...*, S. 133; W. Caskel, *Gamharat An-Nasab*, Bd. I, S. 24.

[38] Cf. *op. cit.*, S. 159; cf. auch ibid., die Skizze auf S. 160.

[39] Cf. E. Bräunlich, *op. cit.*, S. 81. Betreffs eines Mordes innerhalb der khamsa s. J. Chelhod, *op. cit.*, SS. 331-335. Zur vendetta im allgemeinen sei noch im Anschluß an Chelhod, (der Leopold Weiss, alias Ahmad Asad, *The road to Mecca*, arab. Übersetzg., S. 148, zitiert, cf. Chelhod, *op. cit.*, S. 322. Anm. 37) mit besonderem Blick auf Jordanien, hinzugefügt, daß die einfachste Methode zwischen zwei Klanverbänden Frieden herzustellen, darin bestand, "... ein junges Mädchen aus der Familie des ... Agressors zu entführen und es einem der Erben des Opfers zu übergeben. Dieser würde so, auf Grund des jungfräulichen Blutes der Hochzeitsnacht, das ja kein anderes Blut als das der Mörderseite ist, symbolisch den gewaltsam Umgekommenen rächen (ibid., S. 322). Aber Chelhod selbst bemerkt dazu (ibid., S. 322), daß diese Information von anderen entschieden bestritten wurde. Hingegen scheint es eine ziemlich allgemeine Sitte zu sein, als Supplement zum Blutpreis ein junges Mädchen aus der agnatischen Ver-

uns, wie die Genealogien/die gemeinsame Abstammung ein somatisch-rechtliches Ganzes organisieren, wobei im Hintergrund immer die Figur des Ahnen zu sehen ist: Quellpunkt und Scharnier für die Verteilung und Vermittlung des "Lebensstromes".

c) Die Allianz ben ʿameh

Unsere bisherige Beschreibung hatte Gruppen, deren somatische Zusammengehörigkeit als nicht-fiktiv gilt, zum Inhalt. Doch ein typischer Zug der Gesellschaft, die uns hier beschäftigt, besteht darin, daß Allianzen selbst da noch im Namen des Ahnen und der gemeinsamen Abstammung geschlossen werden, wo es sich um somatisch nicht zusammengehörende Gruppen handelt. Es spielt dabei keine Rolle, daß die Genealogie, bzw. die Behauptung der gemeinsamen Abstammung einen fiktiven Charakter annimmt. Wichtig ist, daß man sich von nun an so zueinander verhält *also ob* man miteinander verwandt wäre. Die Allianz ben ʿameh ist dafür ein beesonders gutes Beispiel. Jaussen bemerkt zum Terminus ben ʿameh Folgendes: "Ben ʿameh ... - so geschrieben nach der Aussprache der Beduinen von Belqâ, scheint ein Wort populären Ursprungs zu sein, zusammengezogen aus ben und ʿammeh ..., 'Sohn der Tante väterlicherseits' oder aber 'Sohn des Onkels' nach der Volksinterpretation."[40]

Zwei Gruppen verschiedenen Ursprungs, die jedoch in permanentem Kontakt miteinander leben, behandeln sich von nun ab wie Söhne

wandtschaft des Mörders zu fordern (cf. ibid., SS. 316 ff.; A. Jaussen, *op. cit.*, S. 233).
Im übrigen s. Chelhod, *op. cit.*, SS. 270/272 u. S. 270, Anm. 25, zur Frage eines eventuell religiösen Ursprungs des "Blutrachemechanismus", gedacht als Opfer für die Totenseele. Jedoch handelt es sich hier um eine sehr umstrittene These. Cf. auch H. Lammens zur Blutrache: "Es handelt sich um Familienreligion, die einzige, die er (der Beduine, der Verf.) wirklich versteht und deren Verpflichtungen er nicht in Frage zu stellen wagt" (*L'Arabie occidentale avant l'Hégire*, S. 183); cf. auch A. Jaussen, *op. cit.*, SS. 222-232.

[40] *Op. cit.*, S. 149.

desselben Onkels väterlicherseits, also wie Verwandte[41] oder wie Chelhod bemerkt: "comme des cousins agnatiques."[42]

Musil teilt uns folgende Formel für die Schließung dieser Allianz bei den Rwala mit: "Zwischen uns und euch wird die zwischen Verwandten übliche Freundschaft wie eine Freundschaft zwischen Blutsverwandten fortdauern."[43] Bei den Fuqarâ haben Jaussen und Savignac folgende Formel notiert: "Wir verbünden uns für das Blut und die fünfte (Generation)." Während die Formel gesprochen wird, fließt das Blut eines geschlachteten Opfers zur Erde.[44] In seinem Bericht über die Sitten und Gebräuche der Araber aus Moab führt Jaussen aus, daß sich die Teilnehmer an der Allianzzeremonie um einen Säbel mit Goldknauf, Zeichen der Macht, niederlassen, sich die rechte Hand reichen und feierlich bei Allâh und seinem Propheten die Allianz beschwören.[45]

Die so geschlossene Allianz hat sowohl defensiven als auch offensiven Charakter. Für die Konföderierten stellt sie eine Quelle des Glücks und der Sicherheit dar. Zahlreich sind ihre Auswirkungen. Sie erstrecken sich auf Weiderechte, die Reisebegleitung, die Fragen Schuldner und Gläubiger betreffend, Verlust von Vieh oder auch ganz allgemein auf das Verbot, sich hemmungslos der Gewalt hinzugeben, Raubzüge zu veranstalten, kurz auf alles, was den Zustand des "Nicht-Krieges", der zwischen den Kontrahenten herrscht, in Gefahr bringen könnte. Auch die Blutrache erfährt durch die *ben ʿameh* eine gewisse Einschränkung.[46]

Zusammenfassend kann man sagen: der Klan kann als Fortführung der großen Bewegung der Lebensvermittlung angesehen werden, die ihren Ausgang in der Kleinfamilie nahm. Auf der Ebene des Klans werden wir letztlich Zeugen einer immer weiter um sich greifenden Verästelung des Lebensstromes, organisiert und eingebettet durch das System der Genealogien, ohne die Heirat und Wohnort keine konkrete Gestalt gewinnen können. Der feststehende Bezugspunkt ist dabei der

---

[41] Cf. ibid., SS. 150/151.

[42] *Op. cit.*, S. 382; cf. auch ibid., SS. 381-384. Insofern ist der von Jaussen so genannten Volksinterpretation ("interpretation vulgaire") - s. Anm. 40 - recht zu geben.

[43] *The Manners and Customs of the Rwala Bedouins*, S. 47.

[44] *Coutumes des Fuqarâ*, SS. 13, 35, 36 u. Anm. 2, S. 36.

[45] Cf. *op. cit.*, S. 150.

[46] Cf. ibid., SS. 150, 154, 155, 158, 159.

Ahne, selbst wenn in der Praxis, unter rein somatischen Gesichtspunkten gesehen, sich die Berufung auf die gemeinsame Abstammung als fiktiv herausstellen kann. Das ist jedoch ohne Belang, wie wir am Beispiel der Allianzbildung gesehen haben, wenn man im Auge behält, worum es im Eigentlichen geht: um *Teilnahme* am gemeinsamen Leben, mit gemeinsamen Rechten und Pflichten. Im Gegenteil, man kann sagen, daß der Modellcharakter der Idee der gemeinsamen Abstammung gerade dadurch mit besonderer Deutlichkeit hervortritt, daß sie auch dann noch als verpflichtend gilt, wo offenbare Blutsverwandtschaft nicht vorhanden ist.

- *Der Stamm*
a) Fiktive Blutsverwandtschaft

In seinem Bericht über die Rwala bemerkt Musil: "Der Stamm bei den Rwala ist bekannt als ḳabîlet (oder bedîdet oder auch ʿašîrt) arrwala, wobei ʿašîre denselben Sinn wie bedîde oder ḳabîle hat."[47] Wir befinden uns also in bezug auf den Stamm - was die Terminologie angeht - in derselben Lage wie beim Klan. Die Bezeichnungen sind nicht eindeutig und oftmals überschneiden sich die Worte für Klan und Stamm. Die Gründe für diesen Sachverhalt haben wir schon angesprochen. Es kommt noch hinzu, daß der Stamm, der den höchsten Grad der sozialen Hierarchie einnimmt, sich gleichzeitig auch am weitesten von der realen Blutsverwandtschaft entfernt und vor allem eine rechtlich-politische und geographische Größe umschreibt.

Henninger weist darauf hin, daß bei den Nomaden die größeren übergeordneten Verbände nur "rein politische oder idelle Einheiten"[48] darstellen. Derselben Ansicht ist auch Caskel.[49] Bräunlich bemerkt, daß es wohl keinen Stamm gibt, der nicht somatisch fremde Untergruppen oder -Stämme in sich aufgenommen hat, und zwar als Mitglieder mit vollen Rechten.[50] Deshalb ist um so bemerkenswerter, daß gerade auch

---

[47] *Op. cit.*, S. 47; zur Terminologie s. auch die Liste bei J. Henninger, *Die Familie bei den heutigen Beduinen...*, S. 134, wo wir auch den Terminus "ferqa" finden.

[48] *La société bédouine ancienne*, S. 81; cf. auch vom selben Autor: *Die Familie bei den heutigen Beduinen...*, SS. 134/135.

[49] Cf. *op. cit.*, Bd. I, S. 23.

[50] Cf. *op. cit.*, S. 198; cf. auch ibid., S. 79.

in bezug auf den Stamm von seinen Mitgliedern die Idee der gemeinsamen Abstammung hochgehalten wird, und sei es als Fiktion. So notiert Jaussen: "Jeder Stamm gibt vor, trotz der Modifikationen, die im Laufe der Jahrhunderte stattgefunden haben, von einem einzigen Ahnen abzustammen."[51] Oder: der Stamm "akzeptiert die widersprüchlichsten Legenden und findet zu sich selbst einzig und allein in der kategorischen Behauptung: der Stamm in seiner Gesamtheit stammt vom Ahnen ab".[52]

b) Der Stamm als rechtlich-geographische Wirklichkeit

Welches sind nun, neben der praktisch nur behaupteten Blutsverwandtschaft die anderen Faktoren, die die Stammeseinheit konstituieren? Da gilt zunächst einmal, daß der Stamm als unabhängig agierende Einheit auftritt. Solidarität ist notwendig: man kämpft ferner für die Durchsetzung derselben Interessen unter der Leitung eines obersten Chefs. Besonders wichtig ist dabei das Gefühl der Homogenität.[53] In bezug auf den Stammesführer, den obersten Scheich, bemerkt Bräunlich übriges ausdrücklich, daß er die Rolle eines *politischen* Führers innehat und ansonsten nur ein Primus inter pares ist.[54]

Was die rechtliche Seite des Stammeslebens angeht, so ist festzuhalten, daß außerhalb der *Qabîla* ein fast rechtloser Zustand herrscht. Recht gibt es nur innerhalb der Stammesgrenzen. Ein Fremder kann von ihm nur profitieren, wenn er den Schutz eines Stammesmitgliedes genießt.[55]

---

[51] *Op. cit.*, S. 111.

[52] Ibid., S. 114; cf. auch: der Stamm "rühmt sich ganz besonders seiner Verwandtschaftsbande mit einem einzigen Ahnen, dessen Namen er trägt und von dem er vorgibt blutsmäßig abzustammen (ibid., S. 114)."

[53] Cf. ibid., S. 114; ferner E. Bräunlich, *op. cit.*, S. 79.

[54] Cf. *op. cit.*, SS. 82 u. 84; zur Rolle des Shaykh's im allgemeinen s. Th. Mooren, *Parenté et Religion...*, S. 26.

[55] Cf. Th. Mooren, *op. cit.*, SS. 23/24; es sei noch bemerkt, daß auch im Hinblick auf Eheschließungen der Stamm eine wichtige juristische Funktion erfüllt. Denn welches auch immer die genealogische Komposition eines Stammes unter dem Geschichtspunkt der realen Blutsverwandtschaft sein mag, nach außen hin präsentiert sich der Stamm als endogame Größe (cf. C.H.J. de Geus, *op. cit.*, S. 147 u. Th. Mooren, *Paternité et Généalogie...*, S. 276, Anm. 118).

Die letzte Bemerkung weist auf eine der wichtigsten Funktionen des Stammes hin, nämlich die Rolle, die er als geographische Größe zu spielen hat, sofern man überhaupt Politik und Recht von der Geographie abheben kann. Mit andern Worten: der Stamm definiert das Territorium, die Weideflächen (*dîra*) und die Wasserstellen.[56]

Aus dem bisher Gesagten geht also hervor, daß der Stamm, selbst wenn er unter dem Gesichtspunkt der somatischen Wirklichkeit ein mehr oder weniger fiktives Gebilde darstellt, im Grunde als eine Verlängerung des Klans angesehen werden kann. Sicherlich, die rechtliche Bedeutung des Stammes ist eine andere als die des Klans, sie erstreckt sich hauptsächlich auf territoriale Fragen. Aber die Finalität der Stammeseinheit ist dieselbe wie die des Klans. Auch der Stamm bezieht sich als Fixpunkt auf den gemeinsamen Ahnen. Auch er hat keinen anderen Zweck als den der Weitergabe gemeinschaftlichen Lebens, der Ermöglichung der Teilnahme an demselben für all seine Mitglieder, womit letztlich nur der in der Kleinfamilie schon gegebene Klan zuende geführt wird.

Für Familie, Klan und Stamm kann daher, zusammenfassend gesagt, die Rolle des gemeinsamen Ahnen gar nicht hoch genug veranschlagt werden. Er ist nicht nur der Held, dessen Taten noch nach Generationen gedacht wird, sondern auch der Vater par excellence, erfolgreicher Vermittler des Lebens, das er seinerseits einst empfing (in biologischer wie materieller Hinsicht). Es kann ferner festgehalten werden, daß die Idee der gemeinsamen Abstammung, die sich über die Kleinfamilie hinaus dank der genealogischen Systeme artikuliert, immer auch die der *Teilhabe* an einem gemeinsamen Leben enthält, ganz gleich, unter welchem Gesichtspunkt es anvisiert wird, dem der Familie, des Klans oder des Stamms.

3. Die anthropo-soziomorphe Gottheit

Zu Beginn des Artikels erwähnten wir, daß die anthroplogische Realität die "Wörter" für eine Sprache bereitstellt, die, angesichts des

---

[56] Cf. J. Chelhod, *op. cit.*, SS. 298 u. 344 ff.; E. Bräunlich, *op. cit.*, SS. 104/105, 200; J. Henninger, *Das Eigentumsrecht bei den heutigen Beduinen Arabiens*, S. 14.

Mysteriums des Lebens, Götter und Menschen umfaßt. Nachdem wir versucht haben, dies für die Welt der Menschen am Beispiel der (vorislamischen)[57] arabischen Nomaden aufzuweisen, müssen wir nun einige Bemerkungen der Götterwelt widmen.[58]

Auch diese wird nämlich zu einem Großteil nach dem anthroposoziomorphen Modell erfaßt. Damit wollen wir sagen, daß die Götterwelt, der des Stammesmenschen - aber auf einer höheren Ebene - vergleichbar, die "Wort-Figuren" des durch die Verwandtschaftsbeziehungen eingeleiteten Prozesses stellt, mit andern Worten, daß sie nicht nur vom Stammesleben geradezu annektiert[59] wird, sondern mehr noch, sich als dessen wirklicher Garant erweist.

Bei den Safaiten z.b. (nordarabischen Nomaden) gibt es eine Gottheit namens *Shay haq-qawm*, die "das Volk begleitet oder ihm folgt".[60] Es handelt sich hier eigentlich um den "Appellativ eines Gottes, dessen wahrer Name uns unbekannt ist".[61] Die gerade genannte Umschreibung paßt im Grunde auf jede Stammesgottheit, da sie deren eigentliche Natur anzeigt[62]. Die Gottheit muß nicht nur in der Lage sein, den Stamm in den verschiedensten Situationen zu begleiten (selbst Razzia und Kontrarazzia sind nicht ausgeschlossen),[63] sondern sie garantiert auch das "Glück" des Stammes. Dies wird besonders deutlich an den typischen "Gad-Göttern", z.b. Gad-ᶜAwîdh oder Gad-Dayf: "Glück" der ᶜAwîdh

---

[57] Cf. Anm. 14.

[58] Im einzelnen s. unsere Studie in *Parenté et Religion...*, SS. 28-64.

[59] Der Ausdruck "annexation" findet sich bei E. Dhorme, *La Religion des Hébreux Nomades*, S. 313.

[60] Cf. *Corpus Inscriptionum Semiticarum*, Bd. V, n° 2768, 2816, 2839 etc., s. Th. Mooren, *op. cit.*, SS. 34/35.

[61] R. Dussaud, *La Pénétration des Arabes en Syrie avant l'Islam*, S. 145.

[62] Cf. ibid., SS. 145-147 die Diskussion der Identität dieses Gottes, bes. in bezug auf den syrischen Lycurgus; s. auch W.G. Oxtoby, *Some Inscriptions of the Safaitic Bedouins*, S. 22; M. Höfner, *Die vorislamischen Religionen Arabiens*, SS. 383/384.

[63] Vgl. dazu die entsprechenden Graffiti in E. Littmann, *Safaïtic Inscriptions*, auf die wir uns ebenfalls in *Parenté et Religion...*, 30-34 berufen haben.

und der Dayf, wobei "Gad" auf das arabische "djadd", Großvater, Vater des Vaters, also Ahne, hinweist.[64]

Aber man kann die Bande zwischen Verwandtschaft und Gottheit in manchen Fällen noch enger knüpfen und mit Dhorme von einem wahren "dieu parent", von dem Gott als Verwandten, sprechen. Dabei gilt die Gottheit als Vater, Onkel oder Bruder des Menschen, denn zumindest verhält sie sich ihm gegenüber in diesem Sinn. Dhorme unterstreicht denn auch, daß der Gott, der sich so quasi in ein Familienmitglied verwandelt hat "im Stamm auf Grund einer entscheidenden Intervention oder einfach nur durch permanente Schutzgewährung die Rolle eines nahen Verwandten (spielt). Man gibt ihm nicht unbedingt einen besonderen Namen."[65]

Wir können uns hier darauf beschränken in bezug auf die eben entwickelten Gedanken auf entsprechende nordarabische Graffiti hinzuweisen, die sich, wie schon angedeutet, selbst in Sachen Blutrache und Razzia an die Gottheiten wenden[66] oder auf *Num 13,7*, wo von einem Yigeal, Sohn des Joseph, Späher des Stammes Issachar, die Rede ist; denn dieser Name läßt durchscheinen, daß die Gottheit "wahrscheinlich als gô'êl der Familie, d.h. als Bluträcher, als der nächste Verwandte"[67] galt.

Diese Analyse kann noch durch eine Anzahl theophorer Eigennamen vertieft werden, seien es nun nordarabische oder hebräische (die ebenfalls für uns deswegen von Interesse sind, insofern einige hebräische Klanverbände eine den nomadisierenden Arabern vergleichbare Lebens-

---

[64] Vgl. arab. "djadda", beachtlich, respektabel sein, sei es auf Grund des Ranges, den man einnimmt oder wegen der Reichtümer, die man besitzt (cf. Kazimirski, *Dictionnaire Arabe - Français*, Bd. I, S. 959, 2. Sp). Für "djadd", Großvater, Ahne, Glück, s. ibid., Bd. I, S. 260, 1. Sp. Cf. auch Jaussen: "Es ist ziemlich bemerkenswert, bei demselben Wort die doppelte Bedeutung 'Ahne' und 'Chance' oder 'Glück' zu finden; cf. den Gad der Kanaanäer und Aramäer (*op. cit.*, S. 314)." S. auch die Inskriptionen bei Littmann, *op. cit.*, n° 184, 306, 348, 574, 640, 1198; cf. auch *Répertoire d'Epigraphie Sémitique*, n° 199.

[65] *Op. cit.*, S. 321; cf. auch die Bemerkung desselben Autors: "... daß im Grunde der semitischen Seele ... eine Verehrung für den Gott, insofern er als Verwandter angesehen wird, besteht... (ibid., S. 333)."

[66] Cf. Th. Mooren, *op. cit.*, SS. 31-33; vgl. z.B. *Répertoire...* n° 220 (mit Bezug auf Allât), Littmann, *op. cit.*, n° 146 (Ba'al Samîn und Allât), n° 305 (Allât), n° 1196 (Allât) etc.

[67] E. Dhorme, *op. cit.*, S. 317; cf. *Hiob 19,25:* "Ich weiß, mein gô'êl lebt..."

form teilten). Jedoch müssen wir uns wegen des begrenzten Rahmens dieses Artikels[68] mit einigen Hinweisen begnügen, so auf den nordarabischen Namen "Bin-Ilah" (Sohn des Gottes) oder das hebräische *Eliab*, "Gott ist Vater" (*Num 1,9; 16,1; 1 Sam 16,6; 1 Chr 12,9* und *15,18*), *Eliam*, "Gott ist Onkel" (*2 Sam 11,3*) oder auch *Ahiram* (*Num 26,38*), wo Gott der Bruder ist, während er in Abraham der Vater ist, der liebt.

Ganz besonders deutlich wird die Einverleibung der Gottheit in das Stammesleben, also ihr anthropo-soziomorpher Charakter im Falle des Ahnenkultes, d.h. dort, wo die Gottheit in direkter Weise der vergöttlichte Ahne ist. So bemerkt Henninger: "... der Übergang vom Stammesahnen zum Stammesgott erscheint mir nicht als zu schwierig. Obwohl es übertrieben wäre, hierin den Ursprung für alle einzelnen Gottheiten zu sehen, so kann man doch annehmen, daß ein Teil von ihnen anfangs nur Ahnen und Heroen waren, von Legenden umwoben, um schließlich Schritt für Schritt den Göttern gleich zu werden."[69]

So kennen wir z.B., was den Hidjâz in Zentralwestarabien angeht, die Eigennamen ᶜAbd (Diener des ...) Thaqîf und ᶜAbd Qoṣṣay, wobei letztgenannter "der Ahnherr des aristokratischen Klan der Quraysh (war), vermutlicher Verfasser der mekkanischen Konstitution".[70] Ferner sei der ṣafaitische Eigenname ᶜAmmel, "der Onkel ist Gott", erwähnt wie auch die hebräischen theophoren Eigennamen Ammiel, "mein Onkel ist Gott" (*1 Chr 3,5*), Hiel, "mein Bruder ist Gott" (*1 Kö 16,34*) oder Abiel, "mein Vater ist Gott" (*1 Sam 9,1*).[71] (Für die Region von Petra/Nabatäa weist Starcky auf drei vergöttlichte Könige hin, nämlich den ᶜObodas, Sieger über Antiochus XII, Malichos und Aretas sowie auch auf die vergöttlichte Königin Haldu.[72])

---

[68] Cf. zum Folgenden: Th. Mooren, *op. cit.*, SS. 37-41.

[69] *La religion bédouine préislamique*, S. 131. Im einzelnen s. dazu Mooren, *op. cit.*, SS. 41-47; und vom selben Autor *Paternité et Généalogie...*, 235-237; jetzt auch in Mooren, *Le Kitâb al-Açnâm de Ibn al-Kalbî*, SS. 5-10.

[70] H. Lammens, *L'Arabie occidentale avant l'Hégire*, S. 170; vgl. auch J. Wellhausen, *Reste arabischen Heidentums*, S. 3 betreffs ᶜAbd Qoṣṣay.

[71] Cf. E. Littmann, *op. cit.*, n° 155 und Diskussion in Mooren, *Parenté et Religion...*, S. 44; ferner ibid., S. 43; vgl. auch M. Noth, *Die israelitischen Personennamen im Rahmen der gemeinsemitischen Namengebung*, SS. 12,15 ff. und 76/77 und E. Dhorme, *op. cit.*, S. 316.

[72] Cf. *Culte des morts*, in *Petra et la Nabatène*, Sp. 1015.

Manchmal tritt der soziomorphe Charakter der übermenschlichen Welt auch dadurch zutage, daß übernatürliche Wesen wie die *"djinn"* genannten Geisterwesen (s. S. 119) in Klan- bzw. Stammesorganisationen lebend gedacht werden.[73] Ja selbst vom höchsten Gott der Araber, Allâh, galt im Volksglauben, er besäße drei Töchter/Frauen: Allât, al-ʿUzzâ und Manât (*Koran*, Sure 53,19.20).[74]

Hier muß schließlich auch darauf hingewiesen werden, daß die Gesamtheit der eben genannten religiösen Konzeptionen, bzw. die darin zum Ausdruck kommende religiöse Mentalität, vom Propheten des Islam, Muḥammad, unter dem allgemeinen Terminus *"shirk"* schärfstens verdammt wird (cf. Sure 6,100; 12,106; 37,158 etc). *Shirk* bedeutet eigentlich: Assoziation, Partizipation, Teilen, Mitbesitz oder Mitverantwortung. Ursprünglich stammt dieser Begriff also aus der Sphäre des Handels und des Rechts. Jedoch ist er in der Tat sehr gut geeignet, den *Zweck* der Verwandtschaftsbeziehungen, so wie wir ihn herauszuarbeiten versucht haben, zu umschreiben. Daß jede mehr oder weniger dauerhafte Allianz sowieso die Tendenz hat, sich in Verwandtschaftsbeziehungen zu äußern, haben wir gerade auch am Beispiel der ben ʿameh-Allianz (s.o. SS. 128/29) gesehen. Eheschließungen und Adoptionen können hier ebenfalls noch erwähnt werden.[75]

4. Vom morphologischen Diskurs zum Heiligen Buch: Die monotheistische "Revolution"

Das Ziel der bisherigen Ausführungen bestand darin, die anthropologische Realität der vorislamischen Araber, besonders die "physische Welt" ("corps physique" /Lévi-Strauss) der Verwandtschaftsstrukturen als

---

[73] Cf. J. Chelhod, *Les Structures du sacré chez les Arabes*, SS. 75 u. 78/79; J. Henninger, *Geisterglaube bei den vorislamischen Arabern*, SS. 299, 308; Th. Mooren, *op. cit.*, SS. 47ff.

[74] Cf. Th. Mooren, *op. cit.*, SS. 52-56; J. Wellhausen, *op. cit.*, SS. 24-45; T. Fahd, *Le Panthéon de l'Arabie centrale à la Veille de l'Hégire*, bes. SS. 111ff., 163ff., 123ff.; Ibn al-Kalbî, *Kitâb al-Asnâm*, SS. 13-27; Ibn Hisham, *sîrat al-nabî*, S. 55; Azraqî, *Akhbâr Makka*, Bd. I, S. 74.

[75] Zum Ganzen des Problemkreises "Shirk" vgl. Th. Mooren, *op. cit.*, SS. 57-64; zur Bedeutung des arabischen Terminus cf. Kazimirski, *op. cit.*, SS. 1221/1222; E.W. Lane, *An Arabic-English-Lexicon*, Bd. I, 4, SS. 1541-1543.

einen großen Diskurs, mittels dessen "Leben" verstehbar wird, zu begreifen. Wir haben in dieser Perspektive Familie, Klan und Stamm als eine Art "code" interpretieren können, der in der Lage ist, den sonst nicht faßbaren "Lebensstrom" zu organisieren. Dabei dürfte vor allem der *morphologische* Charakter eines solchen Diskurses - worunter wir seine Eigenart verstehen, sich aus einer Kette *lebendiger* Wesen zusammenzusetzen - deutlich geworden sein. Anders: der Mensch oder genauer der *Ahne* ist im wahrsten Sinn des Wortes das vitale "Schlüsselwort" des Diskurses. Auf diese Weise wird das Projekt des Lebens "lesbar".

Im übrigen ist dabei die Idee der Kommunikation als die eigentliche "Natur" der Verwandtschaftsbeziehungen, was ihr Funktionieren in der Zeit angeht, deutlich geworden; die Idee der Partizipation in bezug auf dieselbe Lebensquelle jedoch als deren "Finalität", denn Vater ist man nur, um das einst selbst empfangene Leben weiterzugeben.

Unter spezifisch religiösem Gesichtspunkt folgt daraus, daß die Gottheiten - zum Großteil, aber nicht exklusiv, dem "anthropo-soziomorphen" Typ angehörend (sei es als divinisierte Ahnen oder weil sie in einer den Menschen vergleichbaren "Gesellschaft" lebend vorgestellt werden) - integraler Bestandteil der durch die Verwandtschaftsbeziehungen geregelten Lebensvermittlung sind, zumindest aber Bereitschaft zur Intervention oder Solidarität mit den Menschen äußern. Anrufungen und Gebete, so kurz sie auch sein mögen, wären sonst nicht an sie gerichtet worden. Daß solche Gottheiten, die sich wie Verwandte dem Menschen gegenüber verhalten, diesem sehr nahe sind, liegt auf der Hand.

Von hier aus bietet sich jedoch auch ein Einstieg zum Thema monotheistische "Revolution" an, so wie sie vom Propheten Muḥammad unternommen wurde.[76] Zu Recht wird nämlich darauf hingewiesen, daß durch den arabischen Propheten die *Transzendenz* Gottes herausgestrichen wird: daß sich keiner Gott nähert, es sei denn als *Diener* (cf. Sure 19,93).[77] Bekannt ist auch, daß das Charakteristische der Monotheismusauffassung des Propheten - auf der Ebene der Formulierung und seiner

---

[76] Für das Folgende und den Problemkreis des koranischen Monotheismus, vor allem im arabischen Kontext, cf. Th. Mooren, *Paternité et Généalogie...*, SS. 73-132 u. u. *Islam und Christentum im Horizont der anthropologischen Wirklichkeit*, SS. 11-16 u. 25 [hier: 63-70 u. 80f.].

[77] Cf. dazu auch G.C. Anawati, *Die Botschaft des Korans und die biblische Offenbarung*, S. 136.

spezifischen Argumentationsweise - darin besteht, mit jeder Art von *"shirk"*, Assoziation, aufzuräumen, besonders wenn sie sich in der Form von Vater bzw. Sohnschaft darstellt: Allâh hat weder gezeugt noch ist er gezeugt worden (Sure 112,3). Er hat weder Frau noch Töchter noch Söhne, er ist allein, der Einzige (cf. Sure 112,2; 6,100ff. etc.). Kurz: Gott ist auf keinen Fall ein *Verwandter*.

Es ist uns jedoch möglich im Lichte unserer Untersuchungen, besonders unter dem Gesichtspunkt der von uns ins Spiel gebrachten Idee eines *morphologischen* Diskurses, die Verschiedenheit (oder wenn man diesen Begriff vorzieht: den "Übergang") von heidnisch-judenchristlicher und koranisch-monotheistischer Welt noch anders zu erfassen.[78] Nämlich: das, was sich in bezug auf den monotheistischen Diskurs des Propheten ändert, - insofern er betreffs der "materia prima", mittels derer "Heidentum" und ganz allgemein die "Shirk-Religionen" ihren religiösen Diskurs formulieren, schärfste Bedenken anmeldet, - meint unter diesem Gesichtspunkt im wesentlichen die *Form* des Diskurses. Das heißt also nicht, daß der Prophet dessen "materia prima" (Rohstoff) geändert hätte, - denn trotz seiner Kritik und Weigerung, das Konzept der Verwandt-

---

[78] Die Gruppierung von heidnisch-judenchristlich auf der einen Seite und monotheistisch-koranisch auf der andern erfolgt natürlich aus der Sicht des Korans, für den das Christentum u.a. auf Grund des Sprechens vom "Sohn Gottes" in bezug auf den Messias und das Judentum in bezug auf einen gewissen ʿUzair/Esdras (cf. Sure 9,30 u. M. Rodinson, *Mahomet*, SS. 273/274) ebenso wie das Heidentum unter den Begriff der "Shirk-Religionen", der assoziationistischen Glaubensvorstellungen fallen (cf. dazu auch R. Paret, *Der Koran. Kommentar und Konkordanz*, S. 27). Daß es aber eine gewisse Berechtigung hat, das Christentum, da es keine *reine* Buchreligion ist (cf. Mooren, *Islam und Christentum...*, S. 23, Anm. 38) [hier: 78, Anm. 38], nicht nur dem radikalen Monotheismus "zuzuordnen", sondern auch in die Nähe der "heidnischen" Religionen zu rücken, ganz gleich, ob man unter "Heidentum" die klassischen Polytheismen, die altvölkischen oder überhaupt "mythologischen" Religionen mit ihrem Sakralitätsverständnis versteht, wird aus dem Folgenden noch klarer hervorgehen. Dabei geht es natürlich nicht um ein statisches Klassifizieren oder gar Gleichstellen, sondern wir denken eher an die "dialektische" Grenzfunktion des Christusereignisses *allen* Religionsformen gegenüber im Zeichen von Gericht *und* Erfüllung, so wie es D. Wiederkehr in *Jesus Christus als die Erfüllung der Religionen*, bes. SS. 163-169 angesprochen hat.
Es dürfte ferner klar geworden sein, daß es uns nicht um eine historische Studie zu tun ist, in dem Sinn, daß wir der Frage nachgingen, *woher* der koranische Monotheismus unter dem Gesichtspunkt äußerer Einflüsse - zu nennen wäre hier bes. der "Hanifismus" (cf. M. Rodinson, *op. cit.*, S. 361) - kommt, sondern um eine "typologische" Gegenüberstellung zweier semantischer Manifestationsweisen.

schaft als Material zur Formulierung seiner Theologie zu gebrauchen, bleibt Muḥammad dennoch im Bannkreis der "Verwandtschaftsmentalität", wenn auch in einer den anderen Religionen diametral entgegengesetzten Weise - sondern bedeutet, daß er einen morphologischen durch einen a-morphologischen Diskurs, will heißen: einen Diskurs ohne anthropologische "Gestalt", ersetzt. Anders: in der koranischen Offenbarung tritt an die Stelle der menschlichen oder göttlichen "Wort-Figuren" das rezitierte, geschriebene Wort. Von nun an wird Offenbarung in einem *"kitâb"*, einem Buch festgehalten.[79]

Die Folgen dieser semantischen (im eingangs zitierten Sinn von Lévi-Strauss) Revolution, d.h. der Ablösung des "ins Fleisch" geschriebenen Wortes durch den eigentlichen Buchstaben, sind vielfältig. Wenn die Anthropologie nicht mehr in affirmativer Weise die "Grammatik", das Stammesleben nicht mehr den "code" der Lebensvermittlung konstituiert, weil der Ahne als "Schlüsselwort" durch den Koran abgelöst wurde,[80]

---

[79] Wir können in diesem Zusammenhang den ansonsten gewichtigen Unterschied zwischen rezitiertem und geschriebenem Wort, Oralität und Schriftkultur, übergehen (s. zur Diskussion dieses Themas anhand von Barthes, Foucault, Derrida etc. z.B. die Untersuchung F.K. Mayrs: *Philosophische Hermeneutik und Deutsche Sprache*, in: *Tijdschrift voor Filosofie*, (48) 1968, SS. 237-279, 449-468, bes. SS. 249-262 und, besonders für die griechische Welt: R. di Virgilio, *Dall' epos al romanzo. Introduzione alla narrativa greca antica*, Bari 1978), und zwar einmal, da es uns hier um die grundsätzliche Absetzung der *anthropologischen* Gestalt (oder der Welt als symbolischer Gestalt, will heißen: "Hierophanie" im Sinne M. Eliades; s.u. S. 144), - konkret: des dank der Ahnen über die zeitliche Abfolge der Geschlechter (Genealogie) vermittelten Diskurses gegenüber anderen Code-Formen des Lebens zu tun ist. Zum anderen aber auch wegen der Stellung, die das geschriebene Offenbarungswort im Islam spätestens seit ᶜUthmân (gest. 656; Kompilation des Korans) erlangt hat. Man könnte geradezu versucht sein - wenn wir das grundsätzliche "Unsichtbarkeitsaxiom" des monotheistischen Gottes für einen Moment außer Acht lassen - auf den Koran, als "forma Dei", anzuwenden, was Mayr in Bezug auf das Verhältnis von "Sein" und Schrift (gramma) bei den Griechen ausführt: nämlich die Tendenz, das visuell anschaubare und fixierbare "Sein" der Schrift für das "Sein" der Dinge selbst zu nehmen (vgl. F.K. Mayr, *op. cit.* S. 255). - Dennoch, selbst wenn man auch einen Buchstaben (graphä) als "eidos" oder "forma" betrachten kann (cf. ibid., S. 255), so bleibt doch ein grundsätzlicher Unterschied zwischen einer *lebendigen* (geschichtlichen) (Götter- oder Menschen-)Gestalt und einem Buchstaben als "Zeichen" (arabisch âya: "Vers") bestehen (s.u. S. 144).

[80] In bezug auf die (wenn auch nur noch relative) Gültigkeit von Ahne und Abstammung jedoch vgl. in Mooren, *Paternité et Généalogie...*, SS. 109-120 (Paragraph "Monothéisme et arabisme") die Erörterungen über die "umma" als

so eröffnen sich für den religiösen Diskurs völlig neue Möglichkeiten, die zwar im einzelnen schon bekannt sind, von denen es aber andererseits einige verdienen, in den Kontext unseres eben entwickelten Ansatzes gestellt zu werden.[81]

monotheistischen *Stamm* und die Rolle Abrahams/Ismaels als Ahnväter des Glaubens an den einen Gott.

[81] Ganz abgesehen von den im folgenden erwähnten mehr theologischen Konsequenzen dieser "Revolution" sei hier noch auf eine eigentümliche Folge der "Vertextung" der lebendigen (geschichtlichen) anthropologischen Wirklichkeit hingewiesen, nämlich die Ent-Zeitlichung bzw. die Ver-Räumlichung des "codes" der Lebensvermittlung. Die visuelle Schriftkultur lebt vom "Raum", der Fläche, die die Schrift-Zeichen bedecken: "Schrift und Alphabet haben es schon im nachhomerischen Griechentum ermöglicht, Wort, Rede und Sprache in räumliche und visuelle Symbole zu übersetzen. Schrift und Alphabet ließen das kontextuale, gesprochene Wort, den 'speech act'... in seiner linearen Sequenz als ein 'räumliches Objekt' erscheinen." (F.K. Mayr, *Philosophische Hermeneutik und Deutsche Sprache*, S. 255, in: *Tijdschrift voor Filosofie*, (48) 1968, SS. 237-279, 449-468). Aber nicht nur der "speech act", sondern - für unsern Kulturraum - auch der durch die Abfolge der Geschlechter (Genealogien) zeitlich-geschichtlich vermittelte Lebenscode wurde durch das Heilige Buch "verräumlicht", auf die suhuf, die Blätter des Buches, "zeitlos" fixiert. - Den eben angesprochenen Prozeß der Verräumlichung setzt Mayr sogar mit dem Mythos von Zeus, Architekt des Kosmos, der Kronos, die undefinierbare Zeit besiegt, in Zusammenhang (cf. ibid., S. 257). Sollte man in diesem Sinn etwa auch Spuren der islamischen Traditionsbildung (hadith) verstehen, die nahelegen, daß Allâh, im Bewußtsein der Araber, sich die Zeit (ad-dahr) erst noch "einverleiben" mußte, sie erst noch "besiegen" mußte, da er keineswegs von vornherein als identisch mit ihr oder gar als über ihr stehend angesehen wurde? (S. dazu Th. Mooren, *Auszug aus der Zeit in Kunst und Religion. Gedanken im Anschluß an Marina Scriabine*, Anm. 36, SS. 43/4 [hier: 304/5], in: *Wissenschaft und Weisheit*, (46) 1983, SS. 36-52) [hier: 294-317]. - Wenn Mayr ferner meint, daß die hier angesprochene Verräumlichung oder visuelle Vertextung der Ideen erst den Ermöglichungsgrund "der abendländischen Metaphysik mit ihrem dualistischen Vokabular (Geist-Sinnlichkeit, Sein-Werden, Freiheit-Notwendigkeit)" darstelle (*op. cit.*, S. 257), so können wir das als einen weiteren Hinweis dafür werten, daß die spätere Zusammenarbeit von Hl. Buch und Metaphysik, wegen paralleler geistesgeschichtlicher Interessenlage, von vornherein zum Erfolg bestimmt war. (Cf. dazu: Th. Mooren, *Macht und Abstraktion. Sprache und Wahrnehmung vor dem Hintergrund radikal-monotheistischer Theologie*, SS. 243-248 [hier: 248-256], in: *Theologie und Philosophie*, (59) 1984, SS. 235-248 [hier: 234-256] und ders.: *Dei proles, genitrixque rerum: Natur und Naturgesetze im Umfeld monotheistischen Denkens und der neuzeitlichen Monotheismuskritik*, in: *Theologie und Philosophie...*, Anm. 108) [hier: 289/90, Anm. 109].

Da wäre zunächst einmal zu erwähnen, daß das Heilige Buch in einer bisher nie dagewesenen Weise der Idee der Schöpfung,[82] ganz allgemein der Allmacht des *Wortes* eines *einzigen* Gottes Platz schafft; mit andern Worten: der für den Menschen lebenswichtige Bezugspunkt verlagert sich von der der Anthropologie immanenten "Schrift" weg in Richtung auf den *Willen* eines Gottes, der nun völlig autonom als letztgültige Instanz auftritt.[83] Seinen Willen jedoch tut der eine Gott im *Gesetz* kund, islamisch gesprochen: in der *sharîʿa*. Es ist ja auch im Horizont unserer Überlegungen nur verständlich, daß der durch das geschriebene Wort zumindest relativierte anthropologische "code" durch einen neuen ersetzt werden muß, d.h. einer reinen Buchreligion wohnt ipso facto eine "legalistische" Tendenz inne. Denn der Mensch kann bei seinem Versuch der Weltbewältigung nicht ohne Orientierung allein gelassen werden. Der Koran sagt nun dem Menschen, was er tun muß, wobei die Idee der Partizipation, ein Schlüsselwort der "Shirk-Religionen", durch die des *Gehorsams* abgelöst wird.[84] Sicherlich mußte man

---

[82] Daß wir es im koranisch-monotheistischen Kontext mit einer ganz anderen Vorstellung von Schöpfung zu tun haben als in den klassisch-polytheistischen Religionen des Alten Orients z.B., haben wir anhand der Analyse der Verben "bny", "qny" etc. sowie des Ausdrucks "bny bnwt" für El in *Paternité et Généalogie...*, SS. 141-144 u. 386-388 erörtert.

[83] Cf. O. Herrenschmidt, *Sacrifice symbolique ou sacrifice efficace*, SS. 175/176: "Das testamentarische System lehrt, daß es eine Weltordnung - ein 'Naturgesetz' - nur insofern gibt als es ein Gott gewollt hat, und daß sie sich zugunsten des Menschen nur hält, weil es dieser Gott so will...". Was hier in bezug auf das Judentum gemeint ist, gilt auch für den Islam.

[84] Zur Rolle der sharîʿa vgl. Th. Mooren, *op. cit.*, SS. 218-220. Vgl. auch die Definition, die L. Gardet vom islamischen Begriff der Religion ("dîn") gibt: "Dîn ist also die Gesamtheit der von Gott erlassenen obligatorischen Vorschriften, denen man sich unterwerfen muß (Art. *Dîn*, S. 301, 2. Sp.)." Der islamische Religionsbegriff umfaßt also sowohl die Idee der Verpflichtung, der Unterwerfung, aber auch - denn sonst würde das Gesetz ja nicht seine semantische Funktion als neue "Grammatik" des Lebens erfüllen - den Begriff der Retribution und Rechtleitung. In diesem Sinn stellte die erste islamische Kommunität ("umma"), von Muḥammad in Medina (Yathrib) gegründet, den sozialen Rahmen dar, innerhalb dessen man sich rechtens seiner "Schulden" Gott gegenüber entledigen konnte (gemäß arab. "dâna", s. Kazimirski, *op. cit.*, Bd. I, S. 757, 2. Sp. u. "dayn", Schulden, Schuldenschein, ibid., S. 758, 1. Sp.), und zwar eben unter der Leitung ("hudâ") des die Bedingungen diktierenden Gesetzes, das Gehorsam verlangte ("dâna li") seitens der Mitglieder der "umma", bei gleichzeitiger Garantie für Gerechtigkeit und Belohnung (cf. hebr. "dîn", Richten u. Urteil, s. Gesenius/Buhl, 17. Ed., S. 161, 1. Sp.).

sich auch dem alten Stammescode beugen, aber der Gehorsamsakt besitzt nun eine andere Qualität: er richtet sich an die Innerlichkeit des Menschen, sein Gewissen, seine freie Verantwortung. Einer völlig neuen Idee wird Raum geschaffen: der Möglichkeit der Belohnung, der Erlangung des Paradieses. Das ist grundsätzlich etwas Anderes als die "Überlebenschance" in der memoria, dem *"dhikr"* des Dichters, der die Großtaten des Ahnen rühmt, oder das Weiterleben im Sohne.[85] Die Idee der Moral überhaupt wird dabei auf einen andern Grund gestellt. Gut und Böse werden nicht mehr in Funktion der Stammeszugehörigkeit definiert,[86] sondern gemäß ihrer Konformität mit den im Buch ausgedrückten Befehlen Gottes.

Überhaupt ist ja die Buchreligion als Pendant eines von allen speziellen Verwandtschaftsbeziehungen befreiten Gottes vorzüglich dazu geeignet, die Rolle eines Vehikels der Universalisierbarkeit von Konzepten und Lebensweisen über den Stamm hinaus zu spielen.[87] Die *politische* Rolle, die der arabische Monotheismus daher im Prozeß der Vereinheitlichung der Stämmewelt - und nicht nur der arabischen -

---

Man kann daher auch sagen, daß in der koranischen Offenbarung Gott weniger sich selbst schenkt "sicut est in se" - abgesehen von der Mitteilung seiner Einheit -, als daß er vornehmlich dem Menschen sagt, was er zu *tun* hat (cf. auch Gardet/Anawati, *Introduction à la Théologie Musulmane*, S. 227; ferner Sure 5,116, Wort Jesu Allâh gegenüber: "... Du weißt Bescheid über das, was ich (an Gedanken) in mir hege. Aber ich weiß über das, was Du in dir hegst, nicht Bescheid...)." S. aber auch J. Chelhod, *La place de la coutume...* (Anm. 14), S. 22.

[85] Cf. Th. Mooren, *Islam und Christentum...*, SS. 12, 13, 22 [hier: 64-67, 77].

[86] Dem widerspricht nicht, daß der Koran altes vorislamisches Brauchtum und Gesetzesgut aufnimmt, denn es hat nun Gültigkeit als von Gott her kodifiziertes Recht. Vgl. zur Definition der Moral in Funktion der Stammeszugehörigkeit M. Sahlins' Analyse in *Âge de pierre, âge d'abondance*, bes. SS. 250-260: "Autrement dit: un acte donné n'est pas mauvais ou bon en soi, mais seulement en fonction de qui est l'Autre (ibid., S. 254):" In diesem Sinn galt allerdings sogar noch für die "umma" - insofern sie als monotheistischer Stamm angesehen werden kann, in dem die Bande der Religion die Bande des Blutes abgelöst haben -, daß Gut und Böse teilweise in Funktion der Religionszugehörigkeit definiert wurden (cf. Th. Mooren, *Paternité et Généalogie...*, SS. 114-116).

[87] Cf. auch H. Blumenberg, *Arbeit am Mythos*, S. 244, zum selben Thema einer gestaltlosen reinen Worttheologie: "Die Größe des unsichtbaren Gottes ist hier ... seine Fähigkeit, sogar unabhängig vom Kult und von Kultstätten rein durch das Wort 'real' und dadurch, wenn man den Ausdruck verzeiht, unbegrenzt transportfähig zu werden. Dauerfähigkeit über Exile hinweg und Misionsfähigkeit über exotische Distanzen sind nur zwei Aspekte derselben Bestimmung."

gespielt hat, ist denn auch von den Forschern schon gebührend gewürdigt worden.[88]

Allerdings sollte im Rahmen unserer Untersuchungen über die monotheistische "Revolution" als Ablösung eines im wesentlichen morphologischen Diskurses durch einen historisch fixierten Text die Frage nach dem "Preis" einer solchen Umschichtung des für Religion und Existenz bedeutsamen semantischen Feldes nicht ungestellt bleiben. Wir denken dabei ganz allgemein an das Verhältnis Mensch - Welt, bzw. die Erfahrung der anthropologischen Realität schlechthin. Ist es nicht berechtigt, von einer zumindest tendenziellen "Entwertung" der *Gestalt* ("morphä") des Anthropos zu sprechen, insofern er seine Rolle als *lebendige* Wort-Gestalt der Botschaft (message) des Lebens verliert zugunsten des Heiligen Buches? Man mag das Festhalten an der Gestalt des Anthropos für "archaisch", kulturgeschichtlich "primitiv" oder "mythologisch"[89] halten, - könnte man aber angesichts des in einem Buch (vornehmlich in der Form eines ewigen und unveränderlichen Gesetzes) festgehaltenen Wortes nicht mit gewissem Recht von einer "Desakralisation" des Lebens sprechen, wenn man Rolle und Definition des "Heiligen" nach R. Jaulin akzeptiert: nämlich, daß das Heilige "... nicht das Esoterische, sondern das Alltägliche ist, daß es (in den altvölkischen Gesellschaften, der Verf.) darum geht, dem Alltäglichen einen Status zu geben, den es bei uns nicht mehr besitzt. Dieser Status ist derjenige einer Grammatik."[90] Demnach würde es in unserer Perspektive genügen, den Terminus "Alltag" durch "Stammesleben" (als die Wirklichkeit, die Verwandtschaftsbeziehungen, Brautpreis, Handel etc. umfaßt) zu konkretisieren, um die Bemerkung Jaulins in unserem Kontext anwenden zu können.[91]

---

[88] Cf. u.a. G.E. Grunebaum, *The Nature of Arab Unity*, bes. S. 7; M. Rodinson, *Mahomet*, SS. 249-329; W.M. Watt, *Mahomet à Médine*, SS. 99-179; Th. Mooren, *Paternité et Généalogie...*, SS. 109-120.

[89] Cf. Anm. 91 u. 93.

[90] *Le sacré, l'ésotérisme et le quotidien*, S. 12.

[91] Es sei nebenbei bemerkt, daß die Schwierigkeit J. Chelhods in *Les Structures du sacré chez les Arabes*, das "Heilige" bei den Arabern zu entdecken, vor allem (parallel zu seiner These von dem bei den vorislamischen Arabern *diffus* gebliebenem Heiligen) daher kommt, - und das trotz des Bemühens, den Begriff "Mythos" zu erweitern (cf. ibid., S. 125) - die Rolle des konkreten Lebens als "semantischen Ort" oder religiösen "code" zu begreifen. So sucht er vergeblich bei den vorislamischen Arabern tiefgehende Spekulationen *über* das Heilige.

Wir sprachen schon von dem Platz, den das Heilige Buch der Idee der Schöpfung widmet. Jedoch werden wir dadurch nicht nur mit dem *Willen* eines autonom handelnden Gottes konfrontiert, sondern auch vor das Problem der "Natur" überhaupt gestellt, genauer: das der Formulierung des Verhältnisses von Mensch und (Um)welt. Dabei klang die Art und Weise der Problemstellung schon in der oben zitierten Bemerkung O. Herrenschmidts an. Es geht nämlich um die "ontologische" (nicht existenzielle) Inkonsistenz von Mensch und Welt, die ihre Rolle als *Gestalt* der Offenbarung im tiefen Sinn des Wortes verloren haben. Mit andern Worten: die "morphä" wird reduziert auf ein reines Zeichen (arabisch: *âya*) der Macht des Schöpfergottes - was jeder Art von Sakramentalität, außer der des rezitierten Wortes, im übrigen den Riegel vorschiebt; ein Zeichen, dessen Funktion lediglich darin besteht, den menschlichen Verstand - wie übrigens auch beim Betrachten der Geschichtsvorgänge - zum Denken anzuregen, damit er seine Situation angesichts der koranischen Botschaft begreift.[92]

Dieser Sachverhalt wird besonders deutlich aus den folgenden Linien, die, wenn man sie unter einem anderen Gesichtspunkt als dem Chelhods sieht, genau die Art von Sakralität zum Ausdruck bringen, die wir suchen: "Aber die religiösen Spekulationen scheinen kaum seinen (des Arabers, der Verf.) realistischen Geist zu quälen. Vielmehr ist er mehr damit beschäftigt, seine Tapferkeit zu rühmen, seine Großzügigkeit zu feiern, seine Feinde zu verhöhnen, als Gesänge zu Ehren der Götter zu komponieren. Seine epischen Gedichte wollen nur menschliche Wunderwerke gelten lassen, keine anderen Großtaten, als die der halblegendären Stammesfiguren. Durch seine Identifikation mit der Gruppe übersetzt der Dichter das tiefe Sehnen des kollektiven Bewußtseins. Alle diejenigen, die mit den zeitgenössischen Nomaden in Kontakt getreten sind, waren darüber überrascht, wie wenig sie sich um die Religion kümmerten, über ihre Gleichgültigkeit den großen Problemen des Heiligen gegenüber. Hingegen findet man bei ihnen Erzählungen fast epischen Charakters, die die Großtat eines legendären Heros zum Inhalt haben (ibid., S. 124)."
Akzeptiert man so verstandenes Alltagsleben in seiner Kodifiziertheit und Bezogenheit auf den Ahnen als semantischen Ort des religiösen Diskurses, dann handelt es sich vom islamischen Monotheismus ab nicht (entgegen Chelhod, *op. cit.*, SS. 67-114; u. vom selben Autor: *Introduction à la sociologie de l'Islam*, S. 165) um eine erstmalige Differenzierung oder gar "Rationalisierung" eines bis dahin unbestimmt gebliebenen Heiligen, sondern - mittels des Heiligen Buches - um eine "Transplantation" des semantischen Ortes an dem sich von nun an "Sakralität" ausdrückt.

[92] Cf. Sure 2,39 im Zusammenhang mit 2,21ff.; 7,36; 64,10 etc.; vgl. auch in bezug auf die Zeichen Chelhod, *Introduction...*, S. 149: "Il ... s'agit ... de croire parce que c'est conforme à la logique des choses." Man könnte auch sagen, so wie das

Dies hat letztlich nicht nur als spätere ideologische Frucht den "Atomismus" als populärste islamische Philosophie, in der die "Naturgesetze" den Wundern Gottes Platz machen, zur Folge, sondern Welt wird grundsätzlich im Horizont von - um es mit einer anderen Buchreligion auszudrücken - *Gen 1,28* erfahrbar, wenn auch die Perspektive des so eröffneten Weltverständnisses nicht gerade erfreulich aussieht, wenn man Sure 2,30 (vom Khalîfat, Stellvertreterschaft des Menschen) Glauben schenkt: "Und (damals) als dein Herr zu den Engeln sagte: 'Ich werde auf Erden einen Stellvertreter einsetzen!' Sie sagten: 'Willst du auf ihr jemand (vom Geschlecht der Menschen) einsetzen, der auf ihr Unheil anrichtet und Blut vergießt, wo wir (Engel) dir lobsingen und deine Heiligkeit preisen?' Er sagte: 'Ich weiß (vieles), was ihr nicht wißt'." [93]

Dies muß uns im Rahmen unseres Artikels als Ansatzpunkt einer Reflexion, die sich mit der von einer reinen Buchreligion hervorgerufe-

---

geschriebene Wort überhaupt - im Vergleich zur Oralität - eine "Verabstrahisierung", ein größeres Abstrakt-Werden der Sprache als solcher mit sich bringt, so geht auch eine Offenbarung, die sich vornehmlich einem Text (Heiliges Buch) anvertraut, durch einen ähnlichen Prozeß in Richtung Abstraktheit und Rationalisierbarkeit. Zu diesem Vorgang auf der Ebene der Sprache s. F.K. Mayr, *op. cit.*, S. 252: "Das geschriebene Wort verstärkt mit seiner Universalitäts- und Literaturfähigkeit, mit seiner Rechtsverbindlichkeit im gesetzten und kodifizierten Recht, mit seiner Formalität im geometrischen und arithmetischen Zeichen die *abstrakte* und *analytische* Dimension der Sprache." (Hervorhebungen von Th. M.).

[93] Unsere Umschreibungen wie "Transplantation" des semantischen Ortes, "Entwertung" der Gestalt des Anthropos, "Inkonsistenz" von Mensch und Welt meinen letztlich den Verlust von *Bedeutsamkeit* / Prägnanz von Mensch und Welt. Eine solche aber für diese zu entdecken ist nun zwar auch ein Anliegen des Mythos (cf. H. Blumenberg, *op. cit.*, bes. SS. 68-126), doch heißt das nicht, daß es uns um eine "Remythologisierung" des Christentums ginge - Christus verhält sich zum Mythos wie zu jeder Religion "dialektisch", d.h. im Sinne von Gericht und Erfüllung (cf. Anm. 78) - jedoch geht es uns um das Aufzeigen einer genuinen "Weltsicht", die von einer extrem monotheistischen (schon gar nicht: nicht-trinitarischen) Position her unmöglich ist. Diese hat aber, gerade in der Krise unserer technisch-bürokratischen Weltbetrachtung - und Ausbeutung (Umweltprobleme planetarischen Ausmaßes, fast zur Perfektion gesteigerte Manipulation des Menschen), etwas zu tun mit der *Ehrfurcht* von jederlei "sarx" (die kosmische Brüderlichkeit des Sonnengesangs z.B.), die nie größere Bedeutsamkeit empfing als da der Logos ihr einwohnte, um den kühnen Gedanken der "Gottebenbildlichkeit" jeder Theorie zu entheben und damit auch der "Welt" ihren Platz zu geben.

nen semantischen "Revolution" beschäftigt, leider genügen.[94] Aber es dürfte klar geworden sein, um welch fundamentale Fragen es geht und wie es vielleicht möglich ist, sich an die uns oft fremde Welt dieser Religionsform im Lichte bestimmter Modelle heranzutasten. Für keine andere Religion als die islamische, stark des einzig gültigen koranischen Wortes, gilt vielleicht in solch hohem Maße die Auffassung, daß Polytheismus (einschließlich Inkarnation, aus der Sicht des Propheten), jede Form von Mythos, immanenter Sakralität oder gar Sakramentalität, eine *Falle*, eben *"shirk"* (cf. arabisch: *sharak*) sei, in die der Geist des Menschen ohne Kenntnis der richtigen Grammatik des Lebens läuft.[95]

[94] Es ist klar, daß das Problem der Schöpfung, des Verhältnisses Mensch - Welt etc. bei weitem durch unsere kurzen Hinweise nicht erschöpft behandelt ist. Darum kann es aber auch nicht gehen, sondern nur um das Aufreißen von Denkperspektiven, die sich vom jeweiligen theologischen Ansatz her ergeben. Im übrigen wird wohl auch keiner heute behaupten, die großen Religionen hätten die gerade mit dem Schöpfungsglauben z.b. gegebenen denkerischen Probleme zufriedenstellend, d.h. jeder Nach-Frage-Würdigkeit enthoben, "gelöst". - Von einem ganz anderen Ansatz, nämlich von der Philosophie/Kulturanthropologie herkommend, scheint uns ferner - um nur noch einen Autor zu nennen - das schon zitierte Werk Blumenbergs, *Arbeit am Mythos* einen unbedingt erwähnenswerten und auch für die Theologie fruchtbaren Versuch darzustellen, grundsätzlich einige der hier unter dem Stichwort monotheistische "Revolution" behandelten Fragen anzugehen, cf. bes. SS. 127-162; 237/238; 239-290.

[95] Interessant in der Beurteilung der mehr mythisch-sakral orientierten Religionen (einschließlich ihres Ritualismus: Opferpraxis etc.) - in unserer Sprache: der morphologischen Religionen - ist die Konvergenz zwischen der islamischen Shirk-Konzeption und der Position eines am modernen Strukturalismus orientierten Anthropologen wie P. Smith, für den der religiöse Ritus nur deswegen "funktioniert", weil der Mensch in eine "Falle des Denkens" läuft ("un certain type de piège à pensée", *Aspects de l'organisation des rites*, S. 143). - Wie weit aber gerade die "Falle" einer morphologischen Sprache für die Herausarbeitung einer Inkarnationstheologie unabdinglich ist, haben wir auch an anderer Stelle schon kurz angesprochen: cf. *Islam und Christentum...*, S. 23, bes. Anm. 38 [hier: 78]; cf. dazu auch die vergleichende Analyse von hinduistischer und alttestamentlicher Opfertheologie im schon zitierten Artikel O. Herrenschmidts (s. Anm. 83), was für die arabische Welt noch zu ergänzen wäre durch Wellhausen, *Reste des arabischen Heidentums*, SS. 142/143. -
Wir sollten vielleicht zum Schluß noch einmal darauf hinweisen, daß es uns in der hier ausgearbeiteten Position nicht um "Mythologisierung", "Sakralisierung" oder Immanenz um jeden Preis geht (vgl. Anm. 78 u. 93). Aber es geht u.a. auch darum, angesichts der in jüngster Zeit vor allem in Frankreich heftig entbrannten Monotheismusdiskussion im Anschluß an B.-H. Lévys Buch *Le Testament de Dieu* (cf. auch den Artikel von S. Trigano, *Le Dieu vivant n'a pas de testament*, in: *Le Monde*, 24.5.1979, S. 2) und der jüngsten Entwicklung des

Die vom Islam vorgenommene "Transplantation" des semantischen Ortes des religiösen Diskurses ist die wohl radikalste Form, die das berühmte "sola fide" und damit eine ganz bestimmte Art von "fides" jemals erfahren hat.

shiitischen Islams herauszuarbeiten, daß totalitäre Fehlentwicklungen und staatlicher Mißbrauch der Religion keineswegs ein mit den Nicht- (oder nicht reinen) Buchreligionen oder "neo-stoischem" Heidentum notwendig zusammenhängendes *Privileg* bilden, vor dem uns ein radikales Auswandern (Exilieren) in das semantische Feld reiner Transzendenz behüten würde, wie es Lévy ungerechtfertigter Weise behauptet (cf. u.a. *Le roc monothéisme*, S. 21). Abgesehen davon, daß die von Lévy als Konsequenz des radikalen Monotheismus geforderte technische Ausbeutung der Welt (cf. ibid., S. 21) als Ideologie absurd geworden ist, dürfte klar geworden sein, daß die aus der Verlagerung des semantischen Feldes für die Buchreligion erwachsende *Verpflichtung* zum *Gesetz* keineswegs gefeit ist gegen totalisierende Vereinnahmung der "Praxis", die letztlich nicht nur freiheitszerstörend, sondern auch - wie wir es an der Teheraner Geiselaffaire ablesen können, gesetzeszerstörend werden kann. Wir können dieses Problem nicht besser umschreiben als mit den Worten H. Blumenbergs: "Moses kommt vom Berg mit den gottgeschriebenen Tafeln und trifft auf das Goldene Kalb der Entbehrung vertrauter Götzen. Was er tun mußte und was er tat, war die Erweiterung des Gesetzes zur alle Bilder verdrängenden Vollbeschäftigung, zum Inbegriff minutiöser Lebensregelungen, zu jener immer wieder begehrten erfüllenden 'Praxis', die Vergangenheiten nicht zurückkommen läßt. Diese Erfüllungsform bezeichnend, könnte man Paulus in Abwandlung jenes dunklen Wortes des Thales von Milet sagen lassen: Es war alles voll von Gesetzen. Deren Beachtung machte ihre Achtung zunichte; das ist das Problem des Pharisäers Paulus im Römerbrief (*op. cit.*, SS. 34/35)."

Muslimische und christliche Spiritualität: Zwei Weisen des Handelns und in-der-Welt-Seins

1. Vorbemerkung

Das Thema, so wie es hier gestellt ist, muslimische und christliche Spiritualität, könnte ein Mißverständnis aufkommen lassen. Der Gebrauch des Singulars scheint nahezulegen, daß es so etwas wie *die* islamische oder *die* christliche Spiritualität gibt. Zwar ist es wahr, daß eine Spiritualität, die sich nicht auf die eine oder andere Weise in der Trinität verankern läßt, wohl kaum den Namen christlich, und eine muslimische, die sich nicht fest an den radikalen Eingottglauben[1] hält, kaum den Namen islamisch verdient. Das hat aber nicht verhindert, daß sich innerhalb des formellen Rahmens eines jeden Glaubensbekenntnisses eine Vielzahl von Varianten zum Thema, Abwandlungen des einen Leitmotivs, herausgebildet haben.

So ist es ein Unterschied, ob wir es, muslimischerseits, mit einem Sunniten oder Schiiten, Sufi (Mystiker) oder Rechtsexperten, Theologen, Philosophen (der verschiedensten Schulen), Mitgliedern einer "Brüdergemeinschaft" oder eines "Ordens" zu tun haben, ob mit Bauern oder Kriegern, arm oder reich etc.[2] Verwunderlich ist dies keineswegs, denn

---

[1] "Es gibt keinen Gott außer Gott (= Allâh) und Muḥammad ist sein Prophet!"

[2] Für die vielen Theologenschulen s. u.a. Th. Haarbrücker, *Abu-l-Fath Muḥammad asch-Schahrastâni's Religionsparteien und Philosophen-Schulen* (= *Kitâb al-milal wa an-niḥal*), Überstzg., Komment., Bd. I, Halle 1850, Nachdruck: Hildesheim 1969; H. Laoust, *Les schismes dans l'Islam. Introduction à une étude de la Religion Musulmane*, Paris 1965; I. Goldziher, *Le Dogme et la Loi de l'Islam. Histoire du développement dogmatique et juridique de la religion musulmane*, Paris 1973; F.M. Pareja u.a., *Islamologie*, Beirut 1957-1963, 696-702; die Diagramme Haydar Âmolîs der 72 Schulen/"Sekten" in: H. Corbin, *Il paradosso del monoteismo*, Casale Monferrato 1986 (franz.: *Le paradoxe du monothéisme*, Paris 1981), 18ff. Zur Mystik (Sufismus) s. u.a. A. Schimmel, *Mystische Dimensionen des Islam. Die Geschichte des Sufismus*, Köln 1985 (engl.: *Mystical Dimensions of Islam*, Chapel Hill NC 1975); R.A. Nicholson, *The Idea of Personality in Sufism*, Nachdruck: Lahore 1970; H. Corbin, *En Islam iranien. Aspects spirituels et philosophiques*, I-IV, Paris 1971/2; Th. Mooren, *Die*

es geht ja bei Spiritualität um den in den jeweiligen geschichtlich-sozialen Situationen konkret *gelebten* Glauben.

So treten auch im Christentum die Unterschiede in den einzelnen spirituellen Lebensformen - je nach Zeit und Ort, Kirche, Konfession oder Ordensgründer etc. - deutlich zutage. Dabei betreffen sie keineswegs nur Äußerlichkeiten. Eine Spiritualität wird z.b. ganz anders aussehen, wenn ich davon ausgehe, Christen seien "Peccatisten", d.h. daß das Wesentliche des Christentums das Sündenbewußtsein ist[3], oder ob ich von der *Freude* über das Erlöst*sein* ausgehe. Es ist ein Unterschied, ob ich Inkarnation wesentlich als *Krönung* der freien Selbst-Gabe Gottes sehe - und somit als Krönung auch des göttlichen Schöpfungsaktes, als ein Geschehen also, das "in sich" sinnvoll ist (wegen der göttlichen Selbstmitteilung), auch unter Absehung des Sündenfalls[4] - oder primär eingebunden in die Problematik der Erlösung einer *gefallenen* Welt, hauptsächlich verstanden als auf die Welt

Provokation des Gesetzes und der Eine Gott bei dem islamischen Mystiker Husayn b. Mansûr al-Hallâj und bei Jesus von Nazareth, in: *Theologie und Philosophie 61* (1986) 481-506 [hier: 318-354]. Zu der Vielzahl der religiösen Orden (bes. in Afrika), tarîqa genannt (wörtl. "Weg", "Initiation") und zum Teil unseren "Dritten Orden" vergleichbar, s. u.a. J.-P. Roux, *L'Islam en Occident. Europe - Afrique*, Paris 1959, 270-277; E. Dermenghem, *Le culte des Saints dans l'Islam Noir*, Paris 1971; M. Hiskett, *The Development of Islam in West Africa*, London, New York 1984; ferner speziell für Indien: A. Abbas Rizvi, *A History of Sufism in India, Bd. I: Early Sufism and its History in India to 1600 AD*, New Delhi 1978 u. M. Yasin, *A Social History of Islamic India*, New Delhi 1971 ([1]1958).

[3] So bei Ch.J. Adams, *Islam and Christianity. The Opposition of Similarities*, in: R.M. Savory, D.A. Agius (Hrsg.), *Logos Islamicos. Studia Islamica in Honorem Georgii Michaelis Wickens*, Toronto 1984, 287-306.

[4] Etwa im Gefolge eines Duns Scotus; s. hierzu z.B. Déodat de Basly, *Un tournoi théologique*, Rom, Paris, Le Havre 1907, bes. 29; Th. Mooren, *Islam und Christentum im Horizont der anthropologischen Wirklichkeit*, in: *Zeitschrift für Missionswissenschaft und Religionswissenschaft 64* (1980) 10-32 [hier: 62-86].

zukommende Rettungsaktion.[5] Schöpfung und Würde (Status) des Menschen erscheinen dann jedesmal in einem anderen Licht.

Ferner: genauso wie es im Islam unterschiedliche Spiritualitäten je nach "geistlichem Stand" gibt, so auch im Christentum. Es wäre daher nicht verwunderlich, wenn man feststellte, daß ein Kirchenrechtsexperte seinem islamischen Counterpart mentalitätsmäßig näher steht als mystischen Strömungen seiner eigenen Religion; und ein Papst wie Innozenz III. ähnelt sicher eher einem Kalifen in der Art der Herrschaftsausübung als dem fischefangenden Petrus der Urkirche.

Überhaupt sollten wir uns mit Blick auf das im Laufe der Geschichte konkret gelebte Christentum oder den konkret gelebten Islam vor voreiligen Schlüssen in bezug auf unser Thema hüten. Blicken wir nämlich auf die Kreuzzüge, die abendländische Kolonialpolitik, Sklaverei, Rassismus, Südafrika etc., so könnte man gar den Eindruck gewinnen, daß, zumindest im machtpolitischen Bereich, kein Unterschied im Handeln und In-der-Welt-Sein zwischen Islam und Christentum besteht.[6] Der Unterschied, gerade auch in der Anwendung von Gewalt, scheint sich in vielen Fällen darauf zu reduzieren, daß Christen, aus der

---

[5] S. hierzu z.B. K. Rahner, *Sendung und Gnade. Beiträge zur Pastoraltheologie*, Innsbruck, Wien, München 1961, 62/3 (engl.: *The Christian Commitment. Essays in Pastoral Theology*, New York 1963, 48/9): "Die konkrete Welt, die Gott gewollt ... hat ... diese Welt ist eine Welt, in der Gott die Sünde zugelassen hat, und darum eine, in der die Inkarnation des Wortes Gottes um der *Sünde* und unseres Heiles willen *notwendig* geschah." (Sperrungen Th. M.). Allerdings fährt Rahner dann fort (ibid., 63): "Aber sie ist auch eine Welt, in der diese Inkarnation die höchste der Taten Gottes ist, auf die alle anderen Wirklichkeiten wesentlich bezogen sind, um deretwillen alles andere, also auch die Natur, das Weltliche und bloß Materielle von Gott gewollt ist." s. auch ders.: *Grundkurs des Glaubens. Einführung in den Begriff des Christentums*, Freiburg, Basel, Wien 1984, 217: "Man kann dann den traditionellen Aussagen der Dogmatik jenen mythologischen Eindruck nehmen, Gott habe in der Livree einer menschlichen Natur, die ihm nur äußerlich anhaftet, auf Erden nach dem Rechten gesehen, weil es vom Himmel aus nicht mehr ging."

[6] In manchen Bereichen liegt nicht nur gleiches Handeln vor, sondern die geschichtliche, d.h. de-facto-Bilanz fällt sogar zuungunsten des Christentums aus, wie z.B. im Fall der Praktizierung religiöser Toleranz, obwohl man doch vom "Geist des Christentums" her, das Gegenteil erwarten sollte. S. hierzu Th. Mooren, *"Kein Zwang in der Religion!" Zum Verständnis von Sure 2,256 mit einem Beispiel aus einem indonesischen Korankommentar*, in: *Zeitschrift für Missionswissenschaft und Religionswissenschaft* 72 (1988) 118-136 [hier: 209-233] (bes. Anm. 42, 134/35 [hier: 226/27] beschäftigt sich ausdrücklich mit dem Fall der spanischen "reconquista").

Sicht des Evangeliums, nur mit "schlechtem Gewissen" verüben (oder verüben dürften), was der Koran grundsätzlich legitimiert.[7]

Diese Bemerkung soll keineswegs das Problem, das in dem komplizierten und oft delikaten Verhältnis zwischen Religion/Offenbarung und Geschichte, speziell Politik, steckt, abtun[8] - sie ist aber dienlich als Hinweis darauf, einen oft begangenen Fehler im Religionsvergleich zu vermeiden: nämlich auf der einen Seite ein rein vom Evangelium, nach Möglichkeit der Bergpredigt, geprägtes christliches Idealbild zu entwickeln, das man auf der anderen Seite dem faktisch gelebten Islam gegenüberstellt. Dieser reduziert sich dann häufig auf Krieg, Sklaverei und Polygamie.

Im Zusammenhang mit dieser Vorgehensweise wird der Islam gerne auch auf bestimmte "mittelalterliche" Strukturen festgeschrieben, ohne daß man bedenkt, daß er als *lebendiges* religiöses Gebilde, genauso wie das Christentum und die anderen noch "lebenden" Religionen unserer Zeit, auch ein *Entwicklungspotential* besitzt, dessen Dynamik und Richtung für Außenstehende oft kaum abzuschätzen ist.

Diese vorbereitenden Gedanken wollen keineswegs den grundlegenden Unterschied zwischen Islam und Christentum und ihrem jeweiligen Selbstverständnis, Handeln und In-der-Welt-Sein verwischen. Das Einzig- und Eigenartige der Berufung des Propheten Muḥammad, seiner Lehre und der sich daran anschließenden Theologie soll im folgenden klar aufgezeigt werden. Nur gilt, daß das konkrete Erscheinungsbild einer Religion niemals eine nahtlose Übersetzung der Intention des Gründers oder einer bestimmten Theologie ist - unser Vergleich muslimischer mit christlicher Spiritualität hat daher notwendigerweise etwas "ideal-typisch" Modellhaftes an sich, genauso wie der hierzu notwendige Schnitt ins "Herz" der jeweiligen Religion immer gewagt ist und unvermeidliche Reduktionen mit sich bringt.

[7] Zum Problem der Gewalt und ihrer Legitimität im Islam s. auch Th. Mooren (Anm. 6) 119/20 [hier: 211-216].

[8] Was den Islam angeht, s. zu diesem Problem auch: R. Wielandt, *Offenbarung und Geschichte im Denken moderner Muslime*, Wiesbaden 1971.

2. Die Anfänge des Islam:
die Berufung des Propheten und sein Exil nach Medina

Der Koran ist nicht an einer Psychologie des Propheten interessiert.[9] Der Prophet, selbst wenn es im Prozeß des Offenbarungsempfangs zur Zurücknahme einiger Verse und ihrer Ersetzung durch "bessere" kommen sollte[10], ist ganz und gar Sprachrohr Gottes.[11] Dennoch können wir uns dank außerkoranischer Literatur zusammen mit einigen relevanten Suren des Korans ein ziemlich gutes Bild über Leben und Berufung des Propheten machen.[12]

Um 570 n. Chr. als Sohn des ʿAbdallâh geboren, wurde Muḥammad in den besten Jahren seines wirtschaftlichen Erfolges zum Propheten berufen. Dem zukünftigen Religionsstifter war der Reichtum keineswegs in die Wiege gelegt worden. Der Quraishitenzweig, in den er hineingeboren wurde, war verarmt, Âmina, die Mutter des Propheten, starb schon früh. Erwachsen geworden, verdingte sich Muḥammad als Kamel-

---

[9]   Im Gegensatz zu den Traditionssammlern und der hagiographischen Literatur der Volksfrömmigkeit. Vgl. hierzu: Ibn Hishâm, *Sîrat al-nabî*, Hrsg. F. Wüstenfeld: *Das Leben Muhammed's nach Muhammed Ibn Ishâk bearbeitet von Abd al-Malik Ibn Hischâm, Bd. I, Text*, Göttingen 1859, Bd. II: Einleitung, Anmerkungen und Register, Göttingen 1860. Als Beispiel aus der indonesischen Volksfrömmigkeit s. z.B.: H. Moenawar Cholil, *Al-Qurʾan sebagai Muʿdjizat Nabi jang terbesar dan Peristiwa 17 Ramadhan*, Veröffentlichung des Religionsministeriums, Yogjakarta s. d., wo das Berufungsdrama des Propheten "genau" beschrieben wird.

[10]   Zum Problem der Abrogationspraxis, der "außer Kraft setzenden und außer Kraft gesetzten Verse" (al-nâsiḫ wa-'l mansûḫ) s. auch F.M. Pareja (Anm. 2) 614; J. Burton, *The Collection of the Qurʾân*, Cambridge, London, New York, Melbourne 1977, 46 ff., 235 ff.

[11]   Das Festhalten an der Verbalinspiration erlaubte dem Islam lediglich eine eingehende Analyse der Umstände/Anlässe, unter denen die Koranverse "herabgestiegen" sind (anzala, tanzîl), so wie eine rigorose Überprüfung der die Prophetenworte verbürgenden Überlieferungskette (isnâd). S. hierzu: E. Tapiéro, *Le Dogme et les Rites de l'Islam. Par les textes*, Paris 1971, 9-36; franz. Übstzg. dieser arabischen Version durch M. Borrmans, *Le Dogme...*, Rom, PISAI; s. d., 4-14; H. Gätje, *Koran und Koranexegese*, Zürich 1971 (engl.: *The Qurʾân and its Exegesis. Selected Texts with Classical and Modern Muslim Interpretations*, London, Henley 1976, 1-44.

[12]   S. Ibn Hishâm (Anm. 9); Th. Mooren, *Der Islam in theologischer, anthropologischer und philosophischer Sicht*, in: *Franziskanische Studien 68* (1986) 295-319 [hier: 25-61], bes. 295-304 [hier: 25-38]. Dort auch ausführliche Literaturangaben zu diesem Thema.

treiber. Sein Los änderte sich, als er mit 25 Jahren seine 15 Jahre ältere Chefin, die wohlhabende Kaufmannswitwe Khadîja, heiratete.

Wir können vermuten, was den Propheten in die Krise trieb, die ihn für die Aufnahme des Rufes Gottes bereit machte: Unzufriedenheit mit dem durch und durch materialistischen Mekka seiner Zeit, wo soziale Ungerechtigkeit und Grausamkeit Sklaven, Witwen und Waisen gegenüber nichts Ungewöhnliches waren (neugeborene Mädchen, wenn eine ökonomische Last, wurden im Sand verscharrt); die altarabische Religion war unfähig, diesem Ungeist ein moralisch zwingendes Programm gegenüberzustellen, geschweige denn eine Perspektive für ein Leben nach dem Tode anzubieten. Muḥammad zog sich zu Fasten und Gebet zurück, auf ein Licht von oben wartend. Und Gott, arabisch: Allâh, offenbarte sich ihm als Schöpfer, Allerhalter und Richter über Leben und Tod. Von nun an trat Muḥammad seinen Landsleuten als Warner gegenüber, um sie dem Schöpfer und Richtergott zuzuwenden. Doch die Mekkaner verlachten ihn. Sie zogen es vor, in Selbstherrlichkeit verharrend, auch weiterhin dem Schöpfergott gegenüber *undankbar* zu sein (der arabische Terminus für Unglauben, "kufr", meint ursprünglich Undankbarkeit), mehr noch: da ihnen die "neue Lehre" auch politisch gefährlich erschien, gingen sie zum Gegenangriff über und zwangen den Propheten im Jahre 622 ins Exil (Hijra/Hedschra) nach Yathrib, das heute Medina heißt, von madînat al-nabî, Stadt des Propheten. Dort schließlich konnte Muḥammad seine eigene Gemeinde (umma) gründen. Doch bevor wir uns mit der "umma" im einzelnen befassen, wollen wir einen näheren Blick auf Muḥammads Gottesbild und einige, seine Berufung betreffenden, Koranverse werfen.

Wohl in Erinnerung an Einsiedeleien auf dem Berge, an denen der Prophet auf seinen Reisen nach Syrien vorbeigekommen sein muß, entstanden folgende Verse der Sure 24, "das Licht"[13]:

"35. Gott ist das Licht von Himmel und Erde. Sein Licht ist einer Nische ... zu vergleichen, mit einer Lampe darin. Die Lampe ist in einem Glas, das (so blank) ist, wie wenn es ein funkelnder Stern wäre. Sie brennt (mit Öl) von einem gesegneten Baum, einem Ölbaum, der weder östlich noch westlich ist, und dessen Öl fast schon hell gibt,

---

[13] Koranübertragungen nach R. Paret, *Der Koran, Übersetzung*, Stuttgart, Berlin, Köln, Mainz 1979.

(noch) ohne daß (überhaupt) Feuer darangekommen ist, - Licht über Licht. Gott führt seinem Licht zu, wen er will."

Was uns hier entgegenstrahlt, ist Gottes ruhig leuchtende, geheimnisvolle Transzendenz. Nur ein Tor würde versuchen, in ihr Inneres vorzudringen und den Gottesfrieden durch unbotmäßiges Sich-Einmischen zu stören[14]; oder ein Ungläubiger:
"Sie [die Ungläubigen] wollen das Licht Gottes... mit ihrem Munde [sprich: "frechen" theologischen "Annäherungsversuchen"] auslöschen... Aber Gott will sein Licht unbedingt in seiner ganzen Helligkeit erstrahlen lassen - auch wenn es den Ungläubigen zuwider ist."[15]

Der Mensch als kreatürliches Wesen tut also gut daran, das Geheimnis des Schöpfergottes als Geheimnis zu respektieren, auch wenn dies eine gewisse "Distanz" im Gottesverhältnis von Anfang an mit sich bringt. Der Ausgangspunkt der islamischen Gotteserfahrung ist jedenfalls grundverschieden von der "Kunde", die der Eingeborene, der... am Herzen des Vaters ruht, gebracht hat (Jo 1,18).

Das kommt auch plastisch in Sure 53 zum Ausdruck, die uns einen Einblick in das Drama der Berufung des Propheten gewährt:
"1. Beim Stern, wenn er... fällt! 2. Euer Landsmann... ist nicht fehlgeleitet und befindet sich nicht im Irrtum. 3. Und er spricht auch nicht aus (persönlicher) Neigung. 4. Es... ist nichts anderes als eine inspirierte Offenbarung. 5. Gelehrt hat (es) ihn einer, der über große Kräfte verfügt, 6. und dem Festigkeit eigen ist. Er stand aufrecht da, 7. (in der Ferne) ganz oben am Horizont. 8. Hierauf näherte er sich und kam (immer weiter) nach unten 9. und war (schließlich...) zwei Bogenlängen... (entfernt) oder... näher... 10. Und er gab seinem Diener (d.h. Mohammed) jene Offenbarung ein."

Das Offenbarungsgeschehen sprengt gewissermaßen nicht den symbolischen, durch zwei Bogenlängen markierten Abstand. Auch als das

---

[14] Der Koran nennt solch eine Haltung "anmaßend" (taghâ`): Sure 53,17.

[15] Sure 9,32. Allerdings haben auch Mystiker versucht, sich dem Geheimnis Gottes über die offiziell vom Islam vorgeschriebene Grenze hinaus zu nähern. Das Schicksal der ganz Großen unter ihnen ist jedoch Schmetterlingen zu vergleichen, die sich, kommen sie dem Feuer zu nahe, die Flügel verbrennen. S. als Beispiel unsere Studie über Ḥallâj (Anm. 2) [hier: 319].

Offenbarungswesen, das "über große Kräfte verfügt"[16], sich Muhammad ein zweites Mal zeigt, geschieht dies wiederum "am äußersten Ende... des heiligen Bezirks..., (da) wo der Garten der Einkehr ist... (Sure 53,14.15). Zwar schweift der Blick des Propheten nicht ab (53,17), aber es kommt auch zu keiner weiteren Annäherung. Das Geschehen resümiert sich darin, daß der Prophet "gar große Zeichen seines Herrn" (53,18) gesehen hat. Auch die mystische Himmelfahrt von Jerusalem aus ändert nichts: Gott läßt den Propheten etwas von seinen Zeichen sehen (Sure 17,1) - mehr nicht.[17]

Doch an eben diesen "Zeichen" waren die Mekkaner nicht im geringsten interessiert. So kam der Prophet nach Medina.

Man mag sich an dieser Stelle vielleicht fragen, warum Muhammad zur Lösung seiner Lebenskrise, nicht "einfach" Christ oder Jude geworden ist, zumal er von beiden Religionen eine gewisse Kenntnis besaß. Die Beantwortung dieser Frage, die sich aus christlicher Sicht letztlich mit der deckt, warum Gott, nach Christus, noch den Islam "zugelassen" habe, wird nie befriedigend ausfallen. Sie gehört wohl Gott allein.[18]

Allerdings wird man nicht fehlgehen, neben anderen Gründen, besonders das "nativistische", will heißen arabische Element in der Entstehung des Islams herauszustreichen. Wengistens für eine gewisse Phase des Islams gilt die stolze Devise: eine arabische Religion für Araber, die nun endlich auch eine Offenbarung besaßen:

Und so haben wir dir einen arabischen Koran (als Offenbarung) eingegeben, damit du... Mekka... und die Leute in ihrer Umgebung warnst... (Sure 42,7).

---

[16] Nach Paret, mit Hinweis auf die Ausdrucksweise in 53,10, haben wir unter ihm Gott selbst und nicht irgend ein "Mittlerwesen" zu verstehen: s. *Der Koran. Kommentar und Konkordanz*, Stuttgart, Berlin, Köln, Mainz 1971, 461.

[17] Die fromme Tradition will wissen, Muhammad sei bei seinem Aufstieg zum 7. Himmel dort Abraham begegnet, wobei der eigentlich theologische "Ertrag" dieser mystischen Reise weniger im Aufstieg zu Gott besteht, als in der Entdeckung, daß Abraham genauso aussieht wie Muhammad bzw. umgekehrt. S. hierzu Th. Mooren (Anm. 12) 304 [hier: 38].

[18] Einen der interessantesten Deutungsversuche zu diesem Thema hat Schelling in seiner Einleitung in die Philosophie der Mythologie gemacht. S. dazu Th. Mooren (Anm. 12) 317/18, Anm. 86 [hier: 59].

Die an Muḥammad ergangene Offenbarung "ist deutliche arabische Sprache" (Sure 16,103).[19]

In Yathrib-Medina also gelingt es dem Propheten, dem Islam Fleisch und Blut als nicht nur vom arabischen "Heidentum", sondern auch von Juden- und Christentum unabhängiger Religion zu verleihen. Dabei kamen ihm die politischen Umstände zu Hilfe.[20] Zunächst als Friedensstifter zwischen den verfeindeten medinensischen Stämmen Aws und Khazraj tätig, konnte er seine Führerstellung in der politisch-ökonomischen Arena Medinas, nicht zuletzt den dort ansässigen Juden gegenüber, immer weiter ausbauen. Es überrascht dann nicht, wenn man sieht, daß die Gemeinde, arabisch: "umma", die er während dieser Zeit aufbaut, zwar eine Gemeinschaft von *Gläubigen* ist, beseelt vom Eifer für die Religion, aber organisiert noch nach altem Stammesmodell. Was dort wirklich entstanden ist, kann man wohl nicht treffender als mit dem Aussdruck "monotheistischer Stamm" beschreiben.[21]

An Trennung von Religion und Politik ist (wie übrigens nirgendwo im Orient) bei einem solchen Gebilde natürlich nicht zu denken. Allâh ist der eigentliche Herr der umma in Krieg und Frieden, Muḥammad nur sein sichtbarer Sachwalter. Der neue "Stamm" ist im Prinzip *allen* Arabern offen. Wie sehr sich das Gravitationszentrum vom "Blut" (dem alten, auf Abstammung beruhenden Organisationsmodell) in Richtung Religion verschoben hat, zeigen z.B. die Heiratsempfehlungen: die alten endogamen Heiratsregeln werden ins Religiöse übertragen, d.h. die Zugehörigkeit zum Islam schiebt sich vor alle anderen Erwägungen.[22] Das gleiche gilt für die Blutrache, die im übrigen von der Empfehlung zu Geduld und Verzeihen als Alternativen flankiert wird (Sure 16,126; 42,37).

---

[19] Zu diesem Problem s. auch Th. Mooren (Anm. 12) 304-313 [hier: 39-52].

[20] Im einzelnen s. hierzu bes. W.M. Watt, *Muhammad at Medina*, Oxford 1956.

[21] Zur umma und zur sog. "medinensischen Konstitution" (kitâb min Muḥammad al-nabî) s. auch Th. Mooren, *Paternité et généalogie dans la pensée religieuse de l'Ancien Proche-Orient. Le discours monothéiste du Prophète Mahomet face à l'Arabie préislamique, Ugarit, Israël et le christianisme, Thèse du Doctorat en Théologie, maschinenschriftl.* Paris 1979, Institut Catholique, 109-117; 349-356.

[22] S. auch Sure 2,221: "Und heiratet nicht heidnische Frauen, solange sie nicht gläubig werden! Eine gläubige Sklavin ist besser als eine heidnische Frau, auch wenn diese euch gefallen sollte. Und gebt nicht (gläubige Frauen) an heidnische Männer in die Ehe, solange diese nicht gläubig werden!

Krieg gehört seit jeher zur legitimen Manifestation des Stammes als territorialem Gebilde. Doch sobald nicht mehr nur Weideplätze, sondern die Ehre der Religion, ja die Wahrheit des monotheistischen Gottes selbst auf dem Spiele stehen, werden die Kriege *heilig*. So in der Schlacht von Badr (624 gegen die Mekkaner), in der Allâh selbst das Schwert führt (cf. Sure 8,17).[23] Dergestalt breitete sich die umma aus und festigte sich, bis es Muḥammad am 11. Januar 630, zwei Jahre vor seinem Tod (8. Juni 632) schließlich gelang, Mekka fast ohne Blutvergießen zu erobern und so auch seine Vaterstadt der islamischen Großfamilie einzuverleiben.

3. Zentrale Aspekte islamisch-monotheistischer Theologie

Die schon bald nach Muḥammads Tod weite Teile der Welt erobernde spezifische Form des von ihm verkündeten Eingottglaubens ist allgemein bekannt unter dem Namen *Islam*. Die Bedeutung dieses arabischen Ausdrucks wird am besten mit "Unterwerfung" (unter den Einen Gott), "Friedenmachen" (mit Gott) umschrieben. Der Mensch tritt in ein Gehorsamsverhältnis zu Gott. Dabei wird dieser Gott keineswegs, wie Mißdeutungen des sog. "arabischen Fatalismus" manchmal vermuten lassen, als Tyrann dargestellt. Im Gegenteil. Zu Beginn einer jeden der 114 Suren (Kapitel) des Koran wird er als der All-Erbarmer ("al-raḥmân al-raḥîm") angerufen. Dennoch ist es weniger die Barmherzigkeit Gottes, die sich, wenn man das mal so ausdrücken will, "inkarniert" hat und Zentrum der islamischen Theologie geworden ist, als vielmehr die *Macht*, speziell die Schöpfermacht Allâhs, und zwar als Ausdruck seines unergründlichen Willens. Die Machtfrage ist gewissermaßen der Schlüssel zum Verständnis des islamischen Monotheismus.[24]

---

[23] Im Falle einer Niederlage gilt es dann allerdings zu zeigen, daß eine solche *nicht* durch Gottes *Schwäche* verursacht ist, sondern andere Gründe hat, z.B. mangelnden Mut und Einsatz. So die Argumentation in Sure 3,152 aus Anlaß der verlorenen Schlacht von Uḥud.

[24] Hierzu und zum folgenden s. u.a. Th. Mooren, *Monothéisme coranique et Anthropologie*, in: *Anthropos* 76 (1981) 529-561; u. ders.: *Parenté et Religion Arabe préislamique*, Koblenz 1979; *Mythos, Monotheismus, Spekulation, Zur Rolle der Vernunft angesichts göttlicher Macht unter besonderer Berücksichtigung des Islam*, in: *Theologie und Philosophie* 57 (1982) 178-201 [hier: 87-117] sowie: *Macht und Abstraktion. Sprache und Wahrnehmung vor dem Hintergrund*

Der Eine, Einzige Gott des arabischen Propheten stellt kein numerisches Problem dar, sondern ist die Verweigerung einer jeden Art von *Machtteilung*. Der arabische Ausdruck für Polytheismus, "skirk", akzentuiert, anders als unser griechischer Terminus, nicht zuerst die Vielzahl, sondern das *Assoziiert*-Sein; und das bedeutet notwendig: Teilen von Macht und Verantwortung, Gewinn und Risiko etc. Eine polytheistische "balance of power"-Situation würde bedeuten, daß keiner der Beteiligten *allein* das Sagen hätte, ganz zu schweigen vom Tun. In den Augen des Islams handelt der Polytheismus mit einem Konzept göttlicher *Schwäche*. Wer schwach ist, braucht andere. Gott jedoch ist der absolut *Selbstgenügsame*; seine "Einsamkeit", sein Allein-Sein, ist geradezu der Beweis seiner Göttlichkeit, denn nur Er kann es sich, menschlich gesprochen, "leisten", so zu sein. Allein hat er geschaffen, und er ist auch der alleinige Besitzer und Herr, Richter und Erhalter:

> "Ihm gehört (alles), was im Himmel und auf der Erde ist. Er ist der, der ... auf niemanden angewiesen [al-ghanîyu] ... und des Lobes würdig ist. (Sure 22,64; cf. auch Sure 10,68; 2,115/116)."

Dies ist die Perspektive, aus der heraus wir verstehen können, warum sowohl heidnische Götter (in Gestalt von Töchtern, Gemahlinnen und Söhnen Gottes) als auch der christliche "Sohn" Gottes in ein und derselben Geste abgewiesen werden - als unerwünschte, und vor allem: *unnötige* Teilhaber an der Macht. Sure 25:

> "2. Er, der die Herrschaft über Himmel und Erde hat und (der) sich kein Kind (oder: keine Kinder) zugelegt hat und keinen Teilhaber an der Herrschaft hat und (der von sich aus) alles (was in der Welt ist) geschaffen und genau bestimmt hat. 3. Aber sie d.h. die Ungläubigen) haben sich an seiner Statt Götter genommen, die nichts erschaffen, während sie (ihrerseits) erschaffen werden, ... und (die) weder Tod noch Leben noch eine Auferweckung (von den Toten zu bewirken) vermögen."

Oder:

> "... Lob sei Gott, der sich kein Kind (oder: keine Kinder) zugelegt hat, und der keinen Teilhaber an der Herrschaft hat, und keinen Freund (der ihn) vor Erniedrigung (schützen müßte)! Und preise ihn allenthalben! (Sure 17,111)."

radikal-monotheistischer Theologie, in: *Theologie und Philosophie 59* (1984) 235-248 [hier: 234-256].

Angesichts solcher Aussagen verwundert es nicht, daß die mit Blick auf die Berufungsvisionen erwähnte symbolische Distanz von "zwei Bogenlängen" nur noch weiter zementiert wird. Sure 6: 102. So ist Gott, euer Herr. Es gibt keinen Gott außer ihm. (Er ist) der Schöpfer von allem (was in der Welt ist). Dienet ihm! Er ist Sachwalter über alles. 103. Die Blicke (der Menschen) erreichen ihn nicht, werden aber von ihm erreicht. Und er... ist (über alles) wohl unterrichtet."

Und auch Sure 19,93 streicht das Dienen des Menschen als einzig mögliche Haltung dem 'Einen' Gott gegenüber heraus: "Es gibt niemand im Himmel und auf der Erde, der (dereinst) nicht als Diener zum Barmherzigen kommen würde.!

Interessant in diesem Zusammenhang das Wort Jesu (in der Perspektive des Islam ja ein "rein menschlicher" Prophet) an Allâh: "Du weißt Bescheid, über das, was ich (an Gedanken) in mir hege. Aber ich weiß über das, was du in dir hegst, nicht Bescheid (Sure 5,116)."

Die Situation des Menschen ist nicht durch ein Teilhaben am Göttlichen oder gar die Perspektive einer Theosis gekennzeichnet, sondern der Mensch steht vor Gott als dem "Ganz Anderen". Gott ist lediglich anders *als* der Mensch, er ist nicht auch, in gnadenhafter Weise, "das Andere" *des* Menschen, oder der Mensch gar "das Andere" Gottes.

Gäbe es aber *nur* den Graben der absoluten Differenz zwischen Gott und Mensch, nur Andersheit und Unnahbarkeit, so gäbe es nicht einmal die Möglichkeit zur Religion, könnten wir nicht von *Offen*barung sprechen. Gott offenbart sich zwar nicht im Islam "sicut est in se", er schenkt nicht sein "inneres Geheimnis" dahin, den "Sohn", wie wir aus christlicher Perspektive sagen würden - aber er tut, als Ausdruck seiner Schöpfermacht, seinen *Willen* kund. Diese Willenskundgabe stellt die Brücke zwischen Schöpfer und Schöpfung dar, eine Brücke, die sich konkretisiert im göttlichen Gesetz (sharî̀a), sichtbar niedergeschrieben im Hl. Buch, dem Koran.

Dieser Vorstellungskreis wird treffend ausgedrückt im islamischen Ausdruck für "Religion": "dîn". "Dîn" meint die Summe der von Gott gegebenen Vorschriften, denen der Mensch sich unterwirft. Das arabische "dâna", das mit "dîn" dieselbe Wurzel teilt, meint: seine

Schulden zahlen, "dayn" sind die Schulden, der Schuldschein, und "dâna li" bedeutet: gehorchen.[25]

Um aber seine Schulden Gott zurückzahlen zu können, muß der Mensch mindestens folgendes wissen: 1. daß es den Schöpfergott gibt, 2. Art und Höhe der zu begleichenden Schuld, d.h. der Mensch muß um die Rechtleitung (hudâ), die der Schöpfergott im göttlichen Gesetz anbietet, wissen, und 3. er muß über das Wie des Rückzahlungsvorgangs informiert sein, die konkreten Rahmenbedingungen, gewissermaßen die Art und Weise, wie er sich der göttlichen Leitung stellen kann. Die "umma", die islamische Gemeinde, erfüllt alle drei Bedingungen. Sie weiß um Allâh, sie weiß um seine Leitung, seine Forderungen an den Menschen, damit dieser glücklich das Paradies erreichen kann, sie stellt aber auch den *konkreten* Rahmen zur Verfügung, in dem den göttlichen Forderungen entsprochen werden kann. Deswegen heißt es von der umma, die als "monotheistischer Stamm" in Medina begann, um sich dann zu einer Weltreligion auszuweiten, in Sure 3,110:

"Ihr (Gläubigen) seid die beste Gemeinschaft [umma], die unter den Menschen entstanden ist ... Ihr gebietet, was recht ist, verbietet, was verwerflich ist, und glaubt an Gott."

4. Muslimische Existenz unter dem Anspruch des göttlichen Gesetzes

Umschreibt auch formal das "Dîn-Konzept" muslimisches In-der-Welt-Sein, so können wir doch, wie in anderen Religionen auch, mit einer Vielzahl von konkreten, individuellen Ausformungen des Prinzips, hier: des Gott zu leistenden Gehorsams, rechnen.[26] Allerdings meint das keine Beliebigkeit, denn gemeinhin ordnet sich muslimische Existenz, trotz aller Vielfalt im einzelnen, nach folgenden fünf Faktoren, auch

---

[25] S. hierzu Th. Mooren (Anm. 21) 351, sowie ders.: *Abstammung und Heiliges Buch.* Zur Frage der semantischen Bedeutsamkeit anthropologischer Strukturen im Alten vorderen Orient im Hinblick auf den koranischen Monotheismus, in: *Zeitschrift für Missionswissenschaft und Religionswissenschaft 65* (1981) 14-39, bes. 31 [hier: 118-147 bes. 141].

[26] Für Detailfragen s. die ausführliche Studie des muslimischen Gelehrten M.A. Draz, *La Morale du Koran. Etude de la Morale Théorique du Koran, suivie d'une classification de versets choisis, formant le code complet de la morale pratique,* Kario 1950.

"Säulen" (rukn/arkân) genannt: das Glaubensbekenntnis (shahâda), die Einheit Gottes und Prophetenschaft Muhammads betreffend, das Gebet (salât), fünfmal am Tag, das Almosengeben (zakât), das einmonatige Fasten (ramadân) und die Pilgerfahrt nach Mekka (hajj) wenigstens einmal im Leben. Dabei ist es selbstverständlich, daß die "Säulen" untereinander wieder ein unterschiedliches Gewicht haben, und es überrascht nicht, daß die wichtigste und alles tragende das Glaubensbekenntnis ist.[27]

Bemerkenswert auch, daß unter den fünf Säulen der Heilige Krieg im allgemeinen keinen Platz hat.[28] Allerdings zählen ihn einige zu den verdienstvollen guten Werken. Ferner soll der Prophet gesagt haben: "Eine Pilgerfahrt, für den, der sie noch nicht unternommen hat, ist wichtiger als vierzigmal Kriegführen (ghazwa); doch einmal in den Krieg ziehen, wenn man die Pilgerfahrt schon unternommen hat, ist wichtiger als 40 Pilgerfahrten." Nach einem ᶜAlî-Wort (Schwiegersohn des Propheten) soll der Hl. Krieg eines der Tore zum Paradies sein. Dagegen allerdings kann man das Prophetenwort stellen: "Der Beste unter euch ist der, der den Koran studiert und ihn lehrt!", sowie folgende Beschreibung des besten muslimischen "guten Werkes": "Du gibst den Armen Speise und richtest den Friedensgruß an die, die du schon kennst, sowie an die, die du noch nicht kennst", oder des "erlesensten" Muslims: "Es ist der, der die Gläubigen in Bereich von Zunge und Hand von Gewalttat freihält." Im übrigen kann sich "jihâd" von der arabischen Wurzel her auf jede Art von Anstrengung beziehen (aszetische, ökonomische, intellektuelle etc.). Die "Anstrengung Krieg" ist nur eine der Optionen. Aber doch eine *mögliche*, grundsätzlich legitimierbare, wenn auch ursprünglich wohl eher defensiv gedachte.[29] Sure 8,39 spricht eine deutliche Sprache:

"Und kämpft gegen sie, bis niemand (mehr) versucht, (Gläubige zum Abfall vom Islam) zu verführen, und bis nur noch Gott verehrt wird!"

Oder Sure 47,4-6:

---

[27] Eine Erläuterung im einzelnen, s. z.B. in H. Yaginlari, *Der Islam. Geschichte, Religion, Kultur*, Islamisches Zentrum Genf, Paris 1393H/1973.

[28] Zum folgenden s. Th. Mooren (Anm. 6), bes. Anm. 15, 131/32 [hier: 215/16].

[29] Cf. Th. Mooren (Anm. 6), bes. 119/20 [hier: 211-213].

"Wenn ihr (auf einem Feldzug) mit den Ungläubigen zusammentrefft, dann haut (ihnen mit dem Schwert) auf den Nacken! Wenn ihr sie schließlich vollständig niedergekämpft habt, dann legt (sie) in Fesseln, (um sie) später entweder auf dem Gnadenweg oder gegen Lösegeld (freizugeben)! (Haut mit dem Schwert drein) bis der Krieg (euch) von seinen Lasten befreit...! ... Und denen, die um Gottes willen... getötet werden (Variante: kämpfen) wird er ihre Werke nicht fehlgehen lassen ... Er wird sie rechtleiten, alles für sie in Ordnung bringen und sie ins Paradies eingehen lassen, das er ihnen zu erkennen gegeben hat."

Ebenso klar und deutlich, zumindest dem Wortlaut nach, ist aber auf der anderen Seite auch die Aussage von Sure 2,256: "Kein Zwang in der Religion!" Wonach sich der einzelne Muslim, angesichts einer solchen Traditionslage, *heute* zu richten hat, das können wir hier nicht entscheiden.

Was die "Kriegsverse" - wir haben sie hier nur als Beispiel gewählt -, das Problem ihrer "richtigen" Interpretation und die Frage nach ihrem Stellenwert innerhalb der fünf Säulen, bzw. für die muslimische Existenz als solche, aber deutlichen zeigen[30], ist folgendes: muslimische Spiritualität verweist den Menschen letztlich immer wieder an das *Hl. Buch*, ganz gleich wie dessen Interpretation ausfallen mag. Dabei ist es das Besondere dieses Buches, des Korans, daß es sich nicht auf *formale* Prinzipien zur Regelung und Bewältigung der Existenz beschränkt. Es gibt vielmehr ganz im Sinne des Versprechens einer göttlichen Rechtleitung für die umma, *konkrete*, inhaltlich bezogene Richtlinien an, die zudem noch - ein weiterer entscheidender Gesichtspunkt - nicht auf das rein Religiöse beschränkt sind, sondern, ganz im Sinne der altarabischen Stammestradition und der allgemein orientalischen Verschränkung von Religion und Gesellschaft, *holistischen* Charakter haben, d.h. zumindest tendenziell die Gesamtexistenz in all ihren elementaren Ausfächerungen zu regeln versuchen. In diesem Sinne stehen muslimische Spiritualität und Existenz ganz im Zeichen einer heteronomen Gesetzesethik.

Das hat mehrere wichtige Konsequenzen. Eine davon ist, daß im Islam als Gesetzesreligion den "Schriftgelehrten" (Ulama, Mollah), bzw. Rechtsexperten (fuqahâ') vor Theologen und Philosophen der Primat

---

[30] Für zahllose andere Beispiele s. I. Goldziher, *Etudes sur la tradition Islamique*, Paris 1952.

zukommt. Denn diese "verwalten" ja für die Kommunität gewissermaßen an vorderster Front den Willen Gottes.[31] Dabei darf man sich den interpretativen Umgang mit dem Gesetz durchaus nicht zu starr vorstellen. Die auch aus dem Judentum bekannte, fast grenzenlos anmutende Flexibilität und Anpassungsfähigkeit der Rechtsexperten und ihrer Entscheidungen (fatwâ) sind auch dem Islam nichts Fremdes. So wurden z.B. in Ägypten unter Nasser der Zins, unter Sadat Schatzanweisungen für rechtens erklärt und Scheich So'ad Jalal bekam den Spitznamen "Scheich Stella", nach der berühmten ägyptischen Biermarke, weil er Bier für erlaubt erklärt hatte.[32] Beeindruckend auch, welch ein Wandel sich im Verständnis des schon zitierten Verses 256 der Sure 2: "Kein Zwang in der Religion!" vollzogen hat. War er ursprünglich Ausdruck tiefer Resignation, nämlich daß man keinen gegen Gottes Willen zum Islam zwingen kann, ganz im Sinne von Jes 6,9f. oder Mt 13,14/15, so ist es heute eine "längst üblich gewordene Deutung"[33], in 2,256 eine Ermahnung zur *Toleranz* zu sehen.[34]

Wie ein orientalisches Webmuster werden Verse in neue Kontexte eingewebt; sie können sich mit neuem Sinn aufladen, flankiert von echten oder angeblichen Prophetentraditionen (ḥadîth) für oder wider diese oder jene Leseart, zur Durchsetzung der verschiedensten Tendenzen.[35] Im einzelnen können wir hier den manchmal recht komplizierten

---

[31] Cf. hierzu auch B. Tibi, *Der Islam und das Problem der kulturellen Bewältigung sozialen Wandels,* Frankfurt/M. 1985, 131-151.

[32] Cf. G. Kepel, *Le Prophète et Pharaon. Les mouvements islamistes dans l'Egypte contemporaine,* Paris 1984, 79. Zum Zinsproblem (ribâ) s. auch N.J. Coulson, *A History of Islamic Law,* Edinburgh 1964 (Paperback 1978), 11, 12, 41, 79, 261.

[33] R. Paret, *Sure 2,256: lâ ikrâha fî d-dîni. Toleranz oder Resignation?,* in: *Der Islam 45* (1969) 299/300, hier: 300.

[34] S. hierzu auch Th. Mooren (Anm. 6) 120/21, 123 [hier: 214, 215/16; 221]. Der Vers soll zum ersten Mal ausgesprochen worden sein, angesichts eines zum Islam übergetretenen Vaters, dessen Sohn aber Jude bleiben wollte.

[35] Cf. I. Goldziher (Anm. 30); J. Burton (Anm. 10). Das Aufladen mit neuem Sinn ist ein Vorgang jenseits historisch-kritischer Exegese. vielmehr meint er ein "Zurechtschmieden" der Koranverse im Namen einer ganz bestimmten *Parteilichkeit,* um Thesen durchzusetzen oder abzulehnen, die man ohne Deckung durch die Tradition weder verteidigen noch angreifen kann oder möchte. So wird Sure 15,21: "Und es gibt (auf der Welt) nichts, was wir nicht bei uns im Vorrat hätten. Und wir lassen es nur in begrenztem ... Maße (auf die Erde) herabkommen" zusammen mit Sure 25,59: "(Er), der Himmel und Erde, und (alles) was

Prozeß der Rechtsfindung über Korankommentar (tafsîr), Befragung der Tradition (sunna), unter Zuhilfenahme von Philologie, Geschichtswissen und anderen "Hilfswissenschaften" - und je nach Schule auch mittels der persönlich-engagierten Ein- und Abschätzung der Lage (ijtihâd; von derselben Wurzel wie jihâd), der eigenen juristischen Meinung (ra'y), des Analogieschlusses (qiyâs), sowie auch unter Berücksichtigung des "bonum commune" bzw. der "juristischen Präferenz" (istiḥsân) und des allgemeinen Konsensus' (ijmâᶜ) etc. - nicht nachzeichnen.[36] Erwähnen

dazwischen ist, in sechs Tagen geschaffen hat und sich daraufhin auf dem Thron zurechtgesetzt hat..." vom indonesischen Muslim K.B. Wahid Key zur Stützung der Evolutionstheorie herangezogen. Die Suren 2,20-39; 7,11-25; 20,115-127 enthalten Freud und Jung. (Cf. Th. Mooren, *Einige Hinweise zum apologetischen Schrifttum des Islam in Indonesien,* 164-170 [hier: 356-365], in: *Zeitschrift für Missionswissenschaft und Religionswissenschaft 66* [1982] 163-182 [hier: 355-381].) - Eine derartige "Allegorese" ist weit verbreitet und in ihrem (zumindest unmittelbaren) Nutzwert kaum zu verkennen. Ein anderes markantes Beispiel sind die Regelungen zur Empfängnisverhütung und Abtreibung. Zwar ausgehend von Sure 17,33: "Und tötet niemand, den (zu töten) Gott verboten hat...", wird dann aber die Frage nach dem *Beginn* des Lebens gestellt. Sure 23,12-14 soll das beantworten: "Wir haben doch den Menschen (ursprünglich)... aus Lehm... geschaffen. Hierauf machten wir ihn zu einem Tropfen (Sperma) in einem festen Behälter (d.h. im Mutterleib). Hierauf schufen wir den Tropfen zu einem Embryo, diesen zu einem Fötus und diesen zum Knochen. Und wir bekleideten die Knochen mit Fleisch. Hierauf ließen wir ihn als neues... Geschöpf entstehen..." Die so gegebene Antwort von Sure 23 bedarf jedoch noch einer Interpretation, um "brauchbar" zu sein. Sie sieht so aus: "Diese Menschwerdung in 7 Phasen wird von vielen Gelehrten in Relation zur Dauer einer Schwangerschaft von 280 Tagen gesetzt, so daß sich einzelne Phasen von 40 Tagen ergeben." Ist das klargestellt, so versteht man, daß (eine nur vorübergehende) Empfängnisverhütung zulässig sein kann (Sterilisation ist nicht erlaubt), und daß, wie immer man zur Abtreibung *vor* dem 4. Monat (120 Tagen) steht (die Meinungen variieren hier: "Wenn überhaupt, so wird ein Abbruch einer Schwangerschaft innerhalb der ersten 40 Tage [bei einigen Rechtsschulen bis zu 120] erlaubt."), für die Zeit *danach* gilt: "Einigkeit besteht darin, daß ein Abbruch nach dem 4. Monat, d.h. nach dem Einhauchen der Seele in den Fötus, unzulässig sei." - Zitate bei: M. u. I. Jalloul, *Empfängnisregelung und Abtreibung im Islam,* 177, 178 in: A. von Denffer (Hrsg.), *Islam hier und heute. Beiträge vom 1.-12. Treffen deutschsprachiger Muslime (1976-1981),* Köln 1401 H/1981, 176-178; s. ferner: O. Elwan, *Empfängnisregelung und Abtreibung im Islam,* in: *Rechtsvergleichung und Rechtsvereinheitlichung. Festschrift 50jährig. Bestehen d. Inst. f. ausl. u. intern. Recht,* Universität Heidelberg 1967, 439-470.

[36] S. hierzu neben J. Burton (Anm. 10); E. Tapiéro/M. Borrmans (Anm. 11) 37-57, sect. IV, 1 bis 8; N.J. Coulson (Anm. 32) auch: J. Schacht, *Islamic Religious Law,* 392-403 u. A.K.S. Lambton, *Islamic Political Thought,* 404-424: Art. *Law*

wir nur noch, daß man nicht einmal vor dem Postulat der Unvollständigkeit des Korans (als Rechtsquelle) zurückschreckte, und zwar aus "rechtspraktischen" Gründen. So kommt im Koran die *Steinigung* der Ehebrecherin (und des Ehebrechers) nicht vor (Sure 24,2 spricht von 100 *Peitschenhieben*)! Diese Tradition war aber so stark "im Volk" verankert, daß sie vom Propheten, bzw. von Gott, stammen *mußte!* Eine Unterscheidung (im Zusammenhang mit der Abrogationspraxis, s. Anm. 10) zwischen einem "fiktiven", aber "eigentlichen", weil vollständigen Koran (kitâb Allâh, Buch Gottes) mit Steinigung - und den später gesammelten, jetzt sichtbaren Blättern (maṣâḥif) - ohne Steinigung - war daher angebracht. Man konnte dann z.B. sagen, das *Blatt* mit der Steinigung sei verlorengegangen, weil von einem Haustier gefressen worden; es habe unbewacht unterm Bett ᶜÂ'ishas, der Lieblingsfrau des Propheten, gelegen, während diese sich um den erkrankten Propheten kümmern mußte.[37]

All dies zeigt deutlich, wie sehr muslimische Existenz "exegetischjuridisch" orientiert ist, vom Hl. Buch wie von einem Magneten für immer angezogen, auf daß sich wenigstens im Prinzip Leben und "Gesetz" decken mögen. Daß bei einer derartigen, heteronom gesteuerten Existenz das notwendig gespannte Verhältnis zur *Geschichte* eines der großen spirituellen Probleme des Islam ist, dürfte einleuchten. Denn Geschichte, d.h. die konkret geschichtlichen Ereignisse und Entwicklungen, sind ipso facto dem Gesetz als einer *inhaltlich* konkret bestimmten Aussage *immer voraus.* Die Seite des Gesetzes verbürgt aber die Wahrheit eines *ewigen* unwandelbaren Gottes, der Muḥammad nicht *belogen* haben kann.

Sicher, es gibt vieles im heutigen konkreten Koran, was unbesehen zu allen Zeiten praktiziert zu werden verdient und auch praktiziert werden kann. So heißt es Sure 4,85-86:

Wer eine gute Fürbitte einlegt, bekommt... einen Anteil daran. Und wer eine schlechte Fürbitte einlegt, bekommt... was ihr entspricht... Und wenn euch ein Gruß entboten wird, dann grüßt (eurerseits) mit einem

---

and the State, in: J. Schacht, C.E. Bosworth (Hrsg.), *The Legacy of Islam*, Oxford, ²1974; H. Laoust (Anm. 2).

[37] Diese Geschichte bei J. Burton (Anm. 10) 86; zum ganzen auch ibid., 3,72ff. Cf. auch K. Rudolph, *Neue Wege der Qoranforschung?*, Sp. 11-19, in: *Theologische Literaturzeitung 105* (1980) Sp. 1-19.

schöneren (zurück) oder erwidert ihn (in derselben Weise, in der er euch entboten worden ist)!..."

Sure 49,10 ermahnt:
"Die Gläubigen sind doch Brüder. Sorgt also dafür, daß zwischen euren beiden Brüdern Friede (und Eintracht) herrscht, und fürchtet Gott! Vielleicht werdet ihr (dann) Erbarmen finden."

Und in Sure 7,199 lesen wir:
"Übe Nachsicht... gebiete, was recht und billig ist und wende dich von den Toren ab!"

Überhaupt ist zur *Zeit des Propheten* der Koran ein äußerst humanes, ja "progressives" Dokument. Das zeigen die Milderungen im lex talion (Sure 2,178), bzw.. die Ermahnungen zu Geduld und Vergebung in dieser Sache und im allgemeinen (Sure 16,126; 42,37); das Herabsetzen einer zweistelligen Zahl von Ehefrauen auf vier (Problem der Krieger-witwen; aber auch nur, wenn man sie alle gleich behandeln kann, was im Grunde einer Tendenz zur Monogamie gleichkommt, wenn man das wirklich ernst nähme)[38], die in Sure 4,2ff. getroffenen Regelungen für Waisen und vieles andere mehr.

Aber da *heute* nicht unbedingt rechtens und gut ist, was im 6./7. Jahrhundert in einem ganz bestimmten sozialen Kontext vielleicht sogar progressiv und revolutionär war, ist, wie gesagt, dem Islam als Gesetzesreligion, der Konflikt mit der "Geschichte" in die Wiege gelegt. Spektakulär deutlich wird das z.B. im Falle der Bestrafung des Diebes (Sure 5,38), der Exekution von "Häretikern" (Sure 5,33), der Auspeit-schung der Ehebrecher (Mann wie Frau, Sure 24,2) wie überhaupt der

---

[38] S. Sure 4,3; wie schwer es moderne Bestrebungen, die in diese Richtung gingen, hatten, wird deutlich aus N.J. Coulson (Anm. 32) 202-217.

Situation der Frau[39]; und zumindest lästig, wenn man an das Weinverbot denkt.[40]

Mit anderen Worten: Im Verhältnis eines sich ständig wandelnden geschichtlichen Bewußtseins zum Text-gewordenen Gottesgesetz wird mit an Sicherheit grenzender Wahrscheinlichkeit ein Punkt erreicht, wo schmerzliche Entscheidungen gefällt werden müssen. Will man das Gesetz nicht einfach ignorieren, so scheinen sich auf den ersten Blick zwei Möglichkeiten anzubieten: die "fundamentalistische Versuchung", die Gesellschaft in gewisser Weise zum Stillstand zu zwingen, d.h. mit Mitteln staatlicher Macht einen Islamstaat - gewissermaßen eine Neuauflage der umma - oder zumindest eine gesellschaftliche Atmosphäre zu schaffen, die die Einhaltung des Gesetzes ermöglicht; oder man nimmt eine Ghettoisierung der eigenen Lebensweise in Kauf.

Für die erste Möglichkeit sind die beiden folgenden Äußerungen des ehemaligen indonesischen Ministerpräsidenten Muhammad Natsir aufschlußreich:

"Zur Verwirklichung dieser [göttlichen] Gesetze und Prinzipien braucht der Islam eine irdische Macht, nämlich die des Staates; genau wie andere Gesetzbücher vermag der Koran es nicht, etwas alleine zu bewerkstelligen. Seine Vorschriften können nicht aus eigener Kraft befolgt werden."

Und jene aus dem Jahre 1940:

"... der Staat ist für uns kein Ziel, sondern ein Instrument. Die staatlichen Belange sind im Grunde ein untrennbarer Teil des Islam. Das Ziel des Staates ist die völlige Verwirklichung der göttlichen Gesetze,

---

[39] S. hierzu noch einmal N.J. Coulson (Anm. 32) 185ff. S. auch Sure 4,34: "... Und wenn ihr fürchtet, daß (irgendwelche) Frauen sich auflehnen, dann vermahnt sie, meidet sie im Ehebett und schlagt sie!..." Man kann dann zwar in der Interpretation darauf hinweisen, "daß der Prophet selbst eigentlich die Anweisung gegeben hat, die Frauen nicht zu schlagen", es auf "Anraten Umars" erlaubt habe, ohne aber "mit dieser Lösung zufrieden (zu sein)", und daß das "Schlagen der Frauen obwohl statthaft, dennoch nicht ratsam" sei - es bleibt die Spannung zwischen Text und verändertem geschichtlichen Bewußtsein, d.h. Selbstbewußtsein von Mann und Frau. - Zitate nach: A. von Denffer, *Die Rechte und Pflichten von Mann und Frau im Islam*, 174, in: A. v. Denffer (Anm. 35) 157-176.

[40] Wein wird für "sündig" erklärt zusammen mit dem (Glücks)spiel in Sure 2,219; s. hierzu auch J.D. McAuliffe, *The Wines of Earth and Pardise: Qur'anic Proscriptions und Promises*, in: R.M. Savory, D.A. Agius (Anm. 3) 159-174.

die sowohl das Leben des Einzelnen regeln, als auch das Leben in der Gemeinschaft, der Gesetze, die mit dem Leben auf der Erde zusammenhängen und mit dem Leben im Jenseits."[41]

Die "Ghettoisierung" andererseits ist sicherlich ein Extremfall und ein sehr komplexer Vorgang, dem nicht nur mit dem Faktor "Religion" beizukommen ist. Daß gesellschaftliche Isolierung oder zumindest Anpassungsschwierigkeiten besonders in Gesellschaften, in denen Religion und Staat offiziell voneinander getrennt sind, oder in denen Muslime in der Minderheit sind, aber ein reales Problem darstellen, geht sehr deutlich z.B. aus Äußerungen *deutsch*sprachiger Muslims hervor, nicht zuletzt im Zusammenhang mit Sorgen und Überlegungen zur Kindererziehung.[42]

[41] Zit. nach H. Nasution, *Der islamische Staat - ein indonesisches Konzept*, 112, in: R. Italiaander, *Indonesiens verantwortliche Gesellschaft*, Erlangen 1967, 107-121 und: Pandji Islam 28, 15.7.1940, 531, in: W. Wawer, *Muslime und Christen in der Republik Indonesia*, Wiesbaden 1974, 81; cf. auch Th. Mooren, *Beobachtungen zum Islam in Indonesien*, 46, in: *Zeitschrift für Missionswissenschaft und Religionswissenschaft* 66 (1982) 37-57. Zum Fundamentalismusproblem, neben dem schon zit. Werk von G. Kepel (Anm. 32), s. auch: M. Lüders, *Für eine Kritik der islamischen Vernunft. Ein Gespräch mit Mohammed Arkoun*, in: *Die Zeit*, Nr. 29, 10. Juli 1987, 32 und die Beiträge in: *The Muslim World, 76* (1986), bes. Y.Y. Haddad, *Muslim Revivalist Thought in the Arab World: an overview*, 143-167; J.O. Voll, *Revivalism and Social Transformations in Islamic History*, 168-180.

[42] So fragt, zunächst einmal grundsätzlich, *Ahmad von Denffer* im Hinblick auf die bundesrepublikanische "Kafir-Kultur" (Kultur der Ungläubigen): "Was machen wir also in dieser Situation? Dies ist eine Frage, die weit über das Problem Erziehung hinausgreift. Wie verhalten wir uns in einer Situation, die dadurch gekennzeichnet ist, daß unser Globalziel oder unser Hauptwert nicht identisch ist mit dem Hauptwert der Gesellschaft, die uns umgibt? Wo ist unser Standort in dieser Gesellschaft? Die Frage der Erziehung wird erst dann zu beantworten sein, wenn wir diesen Standort ermittelt haben." (Religion im Hinterhof, 67, in: A. v. Denffer [Anm. 35] 58-72). Und *Abdullah Frank Bubenheim* äußert sich so, nachdem er auf Abdul Karim Grimms Kritik des "orientophilen Verhaltens" mancher deutscher Muslime eingegangen ist: "Andererseits befürworte ich ein 'gesundes Maß' an Nachahmung der orientalischen Muslime, da wir ja nicht die Kultur der Kuffar [Ungläubigen] behalten, sondern uns eine eigene islamische schaffen sollten, an deren Beginn Nachahmung und Übernahme einiger Dinge stehen darf. Wir unterscheiden uns von Nichtmuslimen und wollen uns sogar von ihnen unterscheiden. Sind wir nicht Muslime geworden, um nicht zu sein wie die Kuffar?" (Was ist des deutschen Muslim Vaterland?, 84, in: A. v. Denffer [Anm. 35] 83-88). *Bubenheim* zitiert dann, ibid., 88, folgenden Rat eines

muslimischen Studenten aus Medina in bezug auf die Kleidung einer Muslimin in Deutschland: "Natürlich rätst du ihr, die islamische Kleidung zu tragen, denn diese ist es, die die Würde der Frau wahrt. Und sie kann mit eigenen Augen in Marokko und anderswo sehen, wohin die Mädchen durch Torheit und Übertreibung der Kleidung gelangt sind. Deshalb gehört es sich für sie, die islamische Kleidung zu tragen, denn diese wahrt ihre Würde überall. Und sie sieht in Deutschland Schwestern im Islam, die den Schleier tragen. Und es gibt dort muslimische Männer, die islamische Kleidung tragen und dennoch geehrt sind von Seiten des deutschen Volkes und von Seiten aller Menschen." Dagegen meint *H. Achmed Schmiede* aus München: "Sehr häufig... zeigt sich insbesondere bei uns Konvertiten eine Arabisierung, Türkisierung oder Pakistanisierung, die uns zu von Arabern, Türken oder Pakistanern gar nicht gewollten Kultur-Schmarotzern macht. Da sieht man dann die Brüder in wallenden (bitte jeweils auswechseln: türkischen-arabischen-pakistanischen) Gewändern und Kopfbedeckungen einherschreiten. Die dazugehörende Damenwelt huscht unislamisch tiefschwarz vermummt umher, und man bedient sich einer deutschen Sprache, die von Arabismen nur so wimmelt." (Jungmuslime kommen zu Wort, 73, in: A. v. Denffer [Anm. 35] 72-74). Was diese ganze Frage nach Anpassung und Identität - in der christlichen Mission ist das bekannt als sog. "Inkulturationsproblem" - im Rahmen des muslimischen Lebensverständnisses speziell für die Kindererziehung bedeutet, geht aus *Ahmet Gehrmanns* Beitrag: *Kinder in der Isolation*, in: A. v. Denffer (Anm.35) 88-91, hervor: "Mit welchen Augen betrachtet das Kind die Situation, wenn es bei Schulfreunden an der Geburtstagsparty teilnimmt, und es werden Kartoffelsalat und Würstchen verabreicht? Fühlt es sich hier bestraft, weil es kein Schweinefleisch essen darf? Was empfindet die 14jährige Tochter, wenn man ihr zumutet, in der Schule während des Unterrichts ein Kopftuch zu tragen? Läßt sich das mit der Schulordnung vereinbaren? Wie stehen wir zum Schulsport der Kinder? Mädchen im Turnzeug mit Kopftuch? Dürfen islamische Kinder im Sommer ins Schwimmbad? Wollen Sie ihrer Tochter verbieten, sich einen zweiteiligen Badeanzug zu kaufen? Wenn wir es ernst mit der Erziehung nehmen, so dürfen wir an diesen Fragen nicht einfach vorübergehen, sondern wir müssen uns damit in aller Offenheit auseinandersetzen, 89". Abschließend dazu noch einmal A. v. Denffers Ausführungen: "Erlaubtes und Verbotenes hängen eng mit dem Begriff Ordnung zusammen. Im Islam bestimmen Erlaubtes und Verbotenes den Bereich, innerhalb dem [sic!] das Leben der Muslim erfolgen soll. Wir müssen also, wenn wir unsere Kinder mit Erlaubtem und Verbotenem konfrontieren, darauf achten, daß sie diese doppelte Funktion erkennen. Wir müssen dafür sorgen, daß unsere Verbote und das, was wir erlauben, in Einklang ist mit dem, was im Islam verboten und erlaubt ist. Es hat keinen Zweck, um eines der Beispiele aufzugreifen, die Ahmed Gehrmann... nannte, unseren Kindern Schweinswürstchen mit der Begründung vorzuenthalten, uns Muslimen sei Schweinefleisch verboten, und sie dann aber auf der Geburtstagsfeier des Schulfreundes kräftig zulangen zu lassen, also eine Konzession zu machen. Oder, um bei Ahmed Gehrmanns Beispielen zu bleiben: es hat keinen Zweck, von dem islamischen Ideal der Frau zu predigen, der Tochter aber den zweiteiligen Badeanzug zu erlauben. Und: es hat auch keinen Zweck, in manchen Dingen auf Erfüllung von Erlaubtem und Verbotenem zu bestehen, womöglich noch mit dem

Will man sowohl der nostalgischen Rückkehr nach Medina, d.h. einer sakral-*tribalen* umma mit Gesetzesholismus, Einheit von Religion und Staat etc. als auch sozialer und kulturell-geistiger Isolierung als nicht akzeptablen Antworten auf die Herausforderung der Geschichte entgehen, so bleibt m.E. als einziger Ausweg nur eine Neuformulierung der Inspirationstheologie offen, d.h. weg von der Vorstellung einer Verbalinspiration oder einer Hermeneutik des Buchstabens hin zu einer des "Geistes", die sich auf den religiös-ethisch intendierten *Sinn* des Korans konzentriert. Dieser Weg ist sehr mutig, neben den Arbeiten von M. Arkoun[43], von indonesischen Muslimen z.B. beschritten worden.

So versucht Ismed Natsir in seinem Beitrag zum Thema "Jugend und Religion" klar die *prophetisch*-befreiende Inspiration des Korans herauszuschälen, indem er sie von Menschenwerk, kulturellem Beiwerk und geschichtlichen Zufälligkeiten, die alle für Kritik und Relativierung offen sind, absetzt.[44] Bemerkenswert auch die jüngsten Entwicklungen des indonesischen Islams in politischer Hinsicht, wo bei weiten Teilen indonesischer Muslims, einschließlich der Ulemas, zumindest eines

Hinweis auf koranische Autorität, während bei anderen Dingen diese koranische Autorität keine Rolle spielt. Darüber muß Klarheit herrschen: was Erlaubtes und Verbotenes angeht, gibt es im Islam und darum im Leben des Muslim keine Halbheiten. Da gibt es nur, dies ist haram und jenes ist halal. Natürlich ist der Maßstab der Koran, aber im Koran sind Verbote und Gebote begründet. Man kann sie verstehen. Und die Übertretung des Maßstabs verändert den Maßstab nicht, sondern unsere eigene Beachtung des Maßstabs. Wenn ein Muslimkind Schweinswürstchen ißt, bleibt Schweinefleisch trotzdem verboten, haram. Das muß klar sein." (Kindererziehung aus islamischer Sicht, 125, in: A. v. Denffer [Anm. 35] 121-132).

43 Thematisch dazu die Aussagen M. Arkouns: "Es gibt keine metaphysische Substanz im Innern des Islam, die die Modernisierung verhindert, wie manche Leute im Westen gern glauben. Die Religion ist auch nur ein Element unter anderen in der Kultur einer Gesellschaft. Was wir gegenwärtig in den islamischen Ländern erleben, und hier liegt das eigentliche Problem, ist, daß politische Gruppen die Macht übernehmen - in der Regel mit Gewalt - und sich dann der Religion als eines Instruments zur Legitimierung ihrer Herrschaft bedienen. Aber das hat nichts mit der Religion zu tun, das heißt ihrem Wahrheitsgehalt. Hier geht es um soziale Kräfte, die die Religion gebrauchen und mißbrauchen, die eine Herrschaftsideologie etablieren." (in: M. Lüders [Anm. 41] 32).

44 Cf. I. Natsir, *Penghayatan agama untuk menembuhkan kultur pembebasan*, in: *Yang Muda yang Beragama*, in: *Prisma*, Juni 1978, 40-42. Weitere Beipiele und Literatur zu diesem Thema in Th. Mooren (Anm. 41) Anm. 58, 52.

deutlich wird: die Abkehr vom Konzept eines Islam*staates* hin zur islamischen *Gesellschaft*, in der unter Anerkennung der Pluralität der modernen Welt Muslime durch ihr Engagement und Können sich erst noch durchsetzen und überzeugen müssen, und zwar dem islamischen *Geist* nach und nicht auf Grund von Zwangsmaßnahmen eines formal muslimischen Staats- und Gesetzesapparates.[45]

Dies sind nur Beispiele dafür, daß der Islam, wie eingangs schon erwähnt, ein Entwicklungspotential besitzt, welches uns verbietet, ihn auf bestimmte geschichtliche Ausformungen festzuschreiben. Wie der Islam von morgen aussieht, liegt an den Muslimen selbst. Die Spannung zwischen Gesetz und Geschichte wird bleiben. Doch wie der Islam sie löst oder besser: austrägt, gerade auch angesichts einer immer weiter ausgreifenden Säkularisierung, bleibt abzuwarten.[46]

5. Ausblick: Vergleich mit der christlichen Spiritualität

Die Christen (ebenso wie die Juden) werden vom Islam "ahl al-kitâb", Leute des Buches, genannt. Damit ist gemeint, daß Christen (wie Juden) "Schriftbesitzer" sind, also im Besitz einer göttlichen Offenbarung. Mit anderen Worten: das Evangelium (injîl) wird als von Gott kommend anerkannt, aber *nur* im Rahmen der islamischen Orthodoxie,

---

[45] S. hierzu u.a. die einschlägigen Beiträge in der indonesischen Zeitschrift *Tempo*, bes.: 25. August 1984, 14-17; 27. Oktober 1984, 12-16; 15. Dezember 1984, 16-18; 29. Dezember 1984, 12-19. Über die "neue Linie" des Islam, die einem wahren "aggiornamento" gleichkommt (in bezug auf Führungsstil, Öffnung zur Gesellschaft, Konzept des "Laienulama", "ulama plus" genannt, etc.) s. auch die ausführlichen Beiträge in der Tageszeitung Kompas, 14. Januar 1987.

[46] M. Arkoun hat sicher teilweise recht, wenn er bemerkt: "Es gab auch in den islamischen Ländern Ansätze zur Herausbildung einer Handelsbourgeoisie, doch der europäische Kolonialismus hat diese Entwicklung unterbrochen. Und das Fehlen einer solchen Klasse, die infolge ihrer ökologischen Dynamik die Säkularisierung erzwingt, erklärt, warum es in den islamischen Ländern keine vergleichbaren Kräfte gibt, die Entsprechendes einfordern können." (in: M. Lüders [Anm. 41] 32). Doch spielt hier nicht nur Ökonomie, sondern *auch* Theologie, radikal-monotheistische Theologie, eine Rolle. S. dazu im einzelnen unseren Deutungsversuch in: *Dei proles, genitrixque rerum: Natur und Naturgesetze im Umfeld monotheistischen Denkens und der neuzeitlichen Monotheismuskritik*, in: *Theologie und Philosophie 62* (1987) 500-525, bes. 514-518 [hier: 257-293, bes. 277-282].

d.h. solange Jesus nicht seine (auf Israel begrenzte) Prophetenrolle überschreitet, also keine Gottessohnschaft (oder "Vaterschaft" Gottes) proklamiert. Jesu ganze Lehrtätigkeit reduziert sich, dogmatisch gesehen, gewissermaßen auf Mk 12,29, das Erinnern des ersten Gebotes. Was darüber hinausgeht, ist Verfälschung.[47]

Daß diese Art, Christentum zu interpretieren, der Sache nicht gerecht wird, liegt auf der Hand - sie sicherte aber den Christen (wie ähnlich den Juden mit Bezug auf die Thora) den Status der "Schutzbefohlenen", der sog. "dhimmis", und damit das Überleben. Dabei liegt, theologisch gesehen, der Kern des Mißverständnisses u.a. darin, im Evangelium ein Thora und Koran vergleichbares *Buch* zu sehen, mit entsprechendem, wenn auch defizitärem Gesetzescharakter.

Das Gründungsdatum des Christentums ist aber nicht der Buchstabe des Buches, genannt Evangelium, oder der Prophet Jesus als Gesetzes-lehrer[48], sondern das Mysterium des gekreuzigten und auferweckten Christus als des weggeschenkten Sohnes Gottes. Seitdem gilt, daß der "Dienst der Verdammung" vorbei ist, d.h. dem Dienst der Rechtfertigung weichen mußte (2 Kor 3,9), beruhend auf der *Freiheit* der Kinder Gottes (2 Kor 3,17), die den "Vater"-rufenden Geist im Herzen tragen (Gal 4,6) und Erben Gottes und Miterben Christi sind (Röm 8,16.17). Das einzige "Gesetz", das aus dieser Teilhabe am göttlichen Leben noch erwächst, ist die Liebe, (Jo 13,34), das ständige Bemühen, das Erbe von Jo 10,10, der "Fülle des Lebens", weiterzutragen.[49]

Mit diesem Imperativ gelebter Christusnachfolge, deren Charakter in der "Nachahmung der Liebe Gottes" immer auch trinitarisch ist, steht christliches Handeln und In-der-Welt-Sein aber in einem ganz anderen Zusammenhang, als dies muslimischerseits der Fall ist. Es erwächst dem Christen aus dieser Situation heraus aber auch ein spezifisches Problem-

---

[47]   S. hierzu Th. Mooren (Anm. 35), 170ff. [hier: 365ff.]; Y.H.R. Seferta, *The Prophethood of Muḥammad in the Writings of Muḥammad ʿAbdu and Rashíd Ridâ*, in: *Hamdard Islamicus, 8* (1985) 11-29; S.H. Nasr, *Die islamische Sicht des Christentums*, in: *Concilium 22* (1986) 5-11; cf. auch Sure 61,6: "Und (damals) als Jesus, der Sohn der Maria, sagte: 'Ihr Kinder Israels! Ich bin von Gott zu euch gesandt, um zu bestätigen, was von der Thora vor mir da war... und einen Gesandten mit einem hochlöblichen Namen zu verkünden, der nach mir kommen wird'..."

[48]   S. die Zurückweisung des Richteramtes durch Jesus in Lk 12,14: "Mensch, wer hat mich zum Richter oder Erbteiler über euch eingesetzt?"

[49]   Cf. auch Th. Mooren (Anm. 4) 15-21 [hier: 69-76].

feld, das man, zugespitzt formuliert, etwa so abstecken könnte: geht der Muslim in eine konkret geschichtliche Situation mit einem *"zuviel"* an Wissen, d.h. an Handlungsanweisung, so weiß der Christ "zuwenig". Das Gebot der Liebe funktioniert ja mehr wie ein formales denn ein inhaltliches Prinzip, d.h. es schreibt nicht gewisse Handlungsweisen oder geschichtliche *Interpretationen* von Liebe ein für alle Mal als Leitlinien fest; anders: es "vertextet" nicht, was *konkret* zu tun ist, sondern verweist den Menschen immer wieder an seine "Erfindungsgabe", seine "Freiheit" und Verantwortung im Hl. Geist (cf. Jo 8,6.11).

Christliche Existenz ist, klassisch gesprochen, nicht ohne "secundum rationem vivere" (Thomas von Aquin) denkbar, ein Leben aus der "Vernunft", wobei eine vom "Prinzip Liebe" erleuchtete gemeint ist, nicht eine rein technisch-instrumentale Vernunft. Dabei muß sich christliche Existenz in einem oft sehr schmerzlichen geschichtlichen Lernprozeß sozusagen erst noch Gewißheit über die Tragweite des ihr innewohnenden Anspruchs verschaffen. Ist der Muslim, vor allem wenn er an der Verbalinspiration festhält, eher ein "eiserner" Sachwalter konkreter unveränderter Normen, die er der Geschichte "anpassen" muß (oder unter die sich die geschichtliche Entwicklung beugen muß), so lebt der Christ von vornherein, wie F. Böckle es formuliert, mit der durch geschichtlichen Wandel bedingten "Diskontinuität ethischer Normen", wobei seine gläubige Gewißheit jedoch wächst und getragen wird "von dem Kontinuum eines *unumkehrbaren* Erkenntnisprozesses"[50].

So *wissen* wir heute, daß z.B. 1 Kor 7,20ff. und Eph 6,5-7 (Erlaubnis der Sklaverei) unter dem Gebot der Liebe nicht mehr tragbar sind. Der Text ist "überholt" - aber ohne daß das der christlichen Offenbarung als solcher den geringsten Abbruch täte. Im Gegenteil. *Wir* sind heute der Ansicht, dieser *Text* habe Christus eher verdunkelt und verborgen als enthüllt. Er hat, als Text, keinerlei normativen Wert mehr für ein

---

[50] Die kulturgeschichtliche Bedingtheit theologisch-ethischer Normen, 132, in: H. Trümpy (Hrsg.), *Kontinuität - Diskontinuität in den Geisteswissenschaften,* Darmstadt 1973, 115-132; s. auch: F. Furger, *Was Ethik begründet. Deontologie oder Teleologie - Hintergrund einer moraltheologischen Auseinandersetzung,* Zürich, Einsiedeln, Köln 1984, bes. 17/18, 51-53; vgl. auch P. Tillichs Ausführungen zur Theonomie in: *Systematische Theologie,* Bd. I, Stuttgart 1956, 103ff., 175ff., 184 und ders.: *Le christianisme et les religions, précédé des réflexions autobiographiques,* Paris 1968, 21 (engl.: *Autobiographical Reflections,* New York 1952 u. Christianity and the Encounter of the World Religions = Bampton Lectures 1961).

secundum rationem vivere, sobald ratio vom Geist des Erbarmens erleuchtet ist. Mit andern Worten: das Christus*ereignis* ist für den Christen immer mehr als der geschriebene Text: es ist zuerst und zuletzt *personale* Christusbegegnung.[51] Diese existiert zwar nicht ohne Text, meint aber darüber hinaus ein dynamisches Umfeld, besetzt u.a. von Vernunft und somit Freiheit, das den Buchstaben transzendiert, und in *dem* Sinn sind Christen keine "Leute des Buches".

Deshalb ist in dieser Perspektive, abgesehen vom "Leben" (Jo 10,10), dem Christen auch nichts "heilig", d.h. es gibt keine Institutionen, Territorien, Wirtschafts- oder Herrschaftsformen (einschließlich Krieg), die dieses Prädikat für sich in Anspruch nehmen könnten einfach auf Grund eines Rückverweises auf den Text, ohne vorher von Vernunft und dem "Prinzip Liebe" durchleuchtet worden zu sein.

Sicher, auch der islamischen Interpretationskunst gehen "Vernunft" und "Freiheit" nicht ab, aber die islamische Vernunft ist doch, wie wir gesehen haben, in ganz anderer, ihr eigentümlichen Weise dem Text verpflichtet, der, selbst wenn man von der Verbalinspiration absieht, *das* Zeichen ("âya" heißt Koranvers und Zeichen), *die* Brücke zwischen Gott und Mensch bleibt.

Welche von beiden Seinsweisen ist beser für die Zukunft gerüstet - gerade auch mit Blick auf das, was man gemeinhin Säukularisierung nennt (s. oben)? Diese Frage läßt sich natürlich nicht beantworten, denn sie hängt wesentlich von dem konkreten Verhalten der einzelnen Muslime und Christen ab - erst im Kampf zeigt sich, was eine Armee oder Strategie wirklich taugt -, zumal wir darüber hinaus nicht die eingangs aufgestellte Warnung vergessen sollten, nicht das Ideal der einen Religion gegen die Realität der andern aufzuwiegen.

Dem *Ideal* nach mag das christliche Programm durchaus mehr in unsere Zeit passen; aber - und das ist ja schließlich auch ein entscheidender Punkt - ist es in der Praxis nicht sehr viel schwerer zu verwirklichen als das muslimische Gesetz? Verlangt es nicht einen

---

[51] Dies schlägt sich auch in des Christen Auffassung von Liturgie, ja der Sakramente überhaupt nieder. Auch ist ja christliche *Kirche* als sichtbares mysterium fidei, und zwar als corpus Christi mysticum, etwas anderes als die islamische umma. S. hierzu Th. Mooren (Anm. 35) 178 [hier: 375]; ders.: (Anm. 12) Anm. 66, 314 [hier: 53/54]; ders.: *Auszug aus der Zeit in Kunst und Religion. Gedanken im Anschluß an Marina Scriabine, 51/52* [hier: 315-317], in: *Wissenschaft und Weisheit 46* (1983) 36-52 [hier: 294-317].

solchen Heroismus (Christentum als Religion für Heilige...), daß ständig die Gefahr besteht, entweder in Hypokrisie oder "Verzweiflung" abzugleiten, so daß dann das "unglückliche Bewußtsein" (Hegel; Röm 7,24) des Christen Dauerzustand wäre? Verlangt der himmlische Vater nicht zuviel (Mt 5,48)?

Das muslimische Bewußtsein, getragen vom Gesetz, scheint hingegen, trotz aller Herausforderung durch Geschichte, einen Quietismus, ja geradezu eine religiöse "Biedermeierhaftigkeit" auszustrahlen (Genuß dieses Lebens, ohne das andere zu verlieren...), die nur erstaunen läßt. Das soll nicht heißen, Muslimen wäre Qual und Kampf unbekannt, aber aus Sure 2,286 z.b., eine, wie ich meine, der schönsten Stellen des Korans, spricht doch ein Geist, der im Christentum, trotz Mt 11,28-30[52], nicht allzu häufig zu hören ist, und der auf Grund seiner tiefen Einsicht in unsere "allzumenschliche" Natur vielleicht am besten geeignet ist, unsere Überlegungen zum muslimischen und christlichen In-der-Welt-Sein zu einem vorläufigen Abschluß zu bringen:

"Gott verlangt von niemand mehr, als er (zu leisten) vermag. Jedem kommt (dereinst) zugute, was er (im Erdenleben an guten Taten) begangen hat, und (jedem kommt) auf sein Schuldkonto, was er sich (an bösen Taten) geleistet hat. Herr! Belange uns nicht, wenn wir vergeßlich waren oder uns versehen haben! Herr! Lad' uns nicht eine drückende Verpflichtung auf, wie du sie denen aufgeladen hast, die vor uns lebten! Herr! Belaste uns nicht mit etwas, wozu wir keine Kraft haben! Verzeih uns, vergib uns und erbarm dich unser! Du bist unser Schutzherr. Hilf uns gegen das Volk der Ungläubigen!"

---

[52] Cf. auch Th. Mooren, *Macht und Abstraktion...* (Anm. 24) 238 [hier: 239].

Hermeneutische Strategien
im gegenwärtigen Islam

Inspiriert ist die Schrift. Ja!
aber der Boden war trocken,
Drauf sich der Geist ausgoß...

(L. Feuerbach, Inspiration, Xenien)

1. "Zurück zur Schrift!"

Man geht wohl nicht fehl in der Vermutung, daß einer der am häufigsten gebrauchten Begriffe in der derzeitigen Diskussion zum Thema Religion, gleich ob es sich um Hinduismus, Christentum, Islam oder sonst eine der aktuellen Religionen handelt, der des Fundamentalismus ist. In die Schlagzeilen gerückt ist der "Fundamentalismus" zwar hauptsächlich durch den Islam, doch dürfte er mit zu den für unser ausgehendes Jahrhundert charakteristischen Merkmalen überhaupt gehören, nicht nur im Feld der Religion, sondern in Kultur und Gesellschaft ganz allgemein. Dabei ist keineswegs immer klar, was im einzelnen jeweils mit "Fundamentalismus" gemeint ist. Vielmehr zeigt sich, daß man mit diesem Begriff etwa genauso umgeht, wie es Schelling einst in seiner Schrift über das Wesen der menschlichen Freiheit (1809, mit Blick auf den Pantheismus) unter der Bezeichnung "allgemeine Namen" gebrandmarkt hat:

"Hat man einmal zu einem System den rechten Namen gefunden, so ergibt sich das übrige von selbst, und man ist der Mühe, sein Eigentümliches genauer zu untersuchen, enthoben. Auch der Unwissende kann, sobald die allgemeinen Namen ihm nur gegeben sind, mit deren Hilfe über das Gedachteste aburteilen."[1]

---

[1] St. Dietzsch (Hg., Komm.), *F.W.J. Schelling, Schriften 1804-1812, Philosophische Untersuchungen über das Wesen der menschlichen Freiheit und die damit zusammenhängenden Gegenstände* (1809), 135, in: *Texte zur Philosophie - und Religionsgeschichte,* Berlin 1982, 131-207.

Ein Denker, der die "Untersuchung des Eigentümlichen" im Fundamentalismusbegriff durchaus nicht scheut, ist der 1928 in Algerien geboren und in Paris lehrende Muslim *Mohammed Arkoun*. Er äußert sich folgendermaßen zu diesem Problem:

"Was heißt das denn wirklich: 'Fundamentalismus'? Der Fundamentalismus ist die Haltung eines Gläubigen, für den ein Absolutum existiert. Im Christentum wie im Islam. Ein Absolutum, das von Gott selber in der Heiligen Schrift offenbart wurde."[2]

Arkoun will also den Begriff "schlicht" wörtlich fassen: er betrifft Menschen, die ein Fundament haben, die sich inmitten der Relativität der Welt an ein Absolutes, d.h. Gott, halten. Und dieser Gott ist zugänglich in der Schrift. Sehen wir im Moment einmal von der der Frage ab, wie (oder wie weit) das "Absolute" in die Schrift kommt - die wichtige Frage nach dem theologischen Inspirationsmodell - so scheint sich für Arkoun eine "fundamentalistische" Bewegung mit dem Ruf: "Zurück zur Schrift!" oder dem Ursprung, eben dem Fundament, zu decken. Und für Arkoun heißt das: ein Zurück zum religiösen Wahrheitsgehalt einer Religion.[3] Entschieden wehrt er sich dagegen, in dieser Rückbesinnung eine Quelle oder auch nur Legitimierung von Gewalt zu sehen:

"Wenn man im Westen vom islamischen Fundamentalismus spricht, versucht man zuweilen, die Anwendung von Gewalt aus dem Islam heraus erklären zu wollen. Mir scheint das eine typisch westliche Phantasie zu sein. Man will sich offenbar des Islam als eine Art Sündenbock bedienen, um über die Gewalt in den eigenen europäischen Gesellschaften hinwegzugehen, um sagen zu können: in Europa, ja, da hat man sich von seinen mittelalterlichen Instinkten befreit, während anderswo die Gesellschaften unterentwickelt geblieben sind. Wir dürfen auch nicht vergessen, daß das Bild des Islam in christlich-gläubigen Kreisen oft durch den apologetischen Wunsch geprägt ist, die Überlegenheit des Christentums zu demonstrieren."[4]

[2]   In: M. Lüders, *Für eine Kritik der islamischen Vernunft. Ein Gespräch mit Mohammed Arkoun*, in: Die Zeit, Nr. 29, 10. Juli 1987, 32.
[3]   Cf. ibid., 32.
[4]   Ibid., 32.

An dieser Bemerkung Arkouns ist sicherlich vieles richtig. Wir können sogar noch einen Schritt weiter gehen. "Fundamentalismus", gesehen als eine "Zurück-zur-Schrift-Bewegung", ist nicht nur nicht notwendigerweise gewaltsam oder reaktionär, sondern eventuell sogar eine "progressive" Waffe innerhalb des geschichtlichen Entwicklungsprozesses. Im Sinne einer schriftzentrierten Existenz wären nämlich z.B. sowohl die meisten protestantischen Neuenglandsiedler der ersten Stunde als auch, auf der andern Seite, ein Hl. Franziskus und seine Bewegung "Fundamentalisten". Und von beiden kann man nicht behaupten, sie seien automatisch gewaltorientiert oder gar geschichtlich reaktionär.

Ob "Fundamentalismus" reaktionär-repressiv ist oder nicht, scheint dann nicht so sehr am Rückgriff auf die Schrift oder gar an der Schrift selbst zu liegen, sondern eher an konkreten geschichtlichen Umständen, unter denen die Rückbesinnung vorgenommen wird. Auf der einen Seite, um bei unseren Beispielen zu bleiben, die nicht wiederholbaren Umstände der Kolonisierung der Neuen Welt mit den daraus erwachsenden bekannten Folgen, auf der andern Seite eine ganz bestimmte Phase des Hochmittelalters in Westeuropa: nämlich eine aufsteigende Klasse von Bürgern und Kaufleuten, die zwar nun eine bisher noch nicht so dagewesene Machtposition besaßen, aber noch keine "Ideologie". Die Bettelorden mit ihrer "Neuentdeckung" des Evangeliums lieferten sie. Für die heutige Zeit zeigt J.O. Voll ähnliches für die Nil-Region auf. Voll sucht nachzuweisen, daß "Fundamentalismus" dort auch heißt, daß bisher nur oberflächlich islamisierte und ökonomisch rückständig gebliebene Gesellschaftsgruppen dank Modernisierung und tiefgreifender sozialer Umwälzungen nun in der Lage sind, sich auch religiös dem "mainstream" - oder Standard-Islam anzuschließen.[5]

Repressiv-reaktionärer Schriftgebrauch hingegen ließ sich, folgt man diesem Gedankengang, immer dann feststellen, wenn Gruppen Macht und Einfluß, die sie vorher (eventuell sogar in Monopolstellung) besaßen, verloren haben oder dabei sind zu verlieren, wenn sie geschichtlich "überholt" werden. Der Schriftgebrauch, agressiv und defensiv zugleich, lebt dann von der Vielzahl der die "Bastion Islam" bedrohenden Gegner, sei es in Form von Säkularismus, wissenschaft-

---

[5] Cf. *Revivalism and Social Transformation in Islamic History*, 179/80, in: *The Muslim World 76* (1986), 168-180. Mit andern Worten "... efforts are being made to bring social (and political) institutions into line with the new affirmations and expectations (ibid., 180)."

lichem Weltbild, Atheismus, Materialismus etc. Dabei sollen entweder islamische Prinzen auf schwankendem Thron, die Ausschau nach religiöser Legitimation halten, gestützt werden (Marokko, Saudi-Arabien z.B.),[6] oder es geht um die (offiziell als revolutionär deklarierte und in einem Anfangsstadium vielleicht auch tatsächlich "progressive") Macht von Partei, Militär oder Klerus.[7] - Doch diese repressiv-defensive Art des Schriftgebrauchs ist keineswegs auf den Islam beschränkt; wir finden sie bei den Bibelfundamentalismen von heute, ja sogar, auf weite Strecken, als Strategie christlicher "Großkirchen".

Alles in allem, und wieder mit Blick auf den Islam, wird man M. Arkoun nur zustimmen, wenn er bemerkt:

> "Was wir gegenwärtig in den islamischen Ländern erleben, und hier liegt das eigentliche Problem, ist, daß politische Gruppen die Macht übernehmen - in der Regel mit Gewalt - und sich dann der Religion als eines Instruments zur Legitimierung ihrer Herrschaft bedienen. Aber das hat nichts mit Religion zu tun, das heißt ihrem Wahrheitsgehalt. Hier geht es um soziale Kräfte, die die Religion gebrauchen und mißbrauchen, die eine Herrschaftsideologie etablieren."[8]

Allerdings sind dieser eher soziologisch orientierten Betrachtungsweise auch Grenzen gesetzt. Gerade wenn wir im Sinne Arkouns "Fundamentalismus" als ein "Zurück zur Schrift" - "im Christentum wie im Islam"[9] -, als ein radikales Ernstnehmen des eine Religion verpflichtenden Textes interpretieren, bzw. Arkouns Hinweis auf den Wahrheits-

---

[6] Cf. u.a. B. Tibi, *Der Islam und das Problem der kulturellen Bewältigung sozialen Wandels*, Frankfurt/. 1985, 204ff.

[7] Das herausstechendste Beispiel für klerikale Macht ist natürlich der Iran, wobei es wohl nicht übertrieben ist zu behaupten, daß die iranische Revolution etwa soviel mit dem Islam zu tun hat wie *Pinochet* mit dem Christentum. Cf. zu diesem Thema u.a. K. Greussing (Redakt.), *Religion und Politik im Iran; mardom nameh - Jahrbuch zur Geschichte und Gesellschaft des Mittleren Orients* (Hg. v. Berliner Instit. f. vergl. Sozialforschung) Frankfurt/M. 1981. Abzuwarten bleibt, was aus der iranischen Revolution nach dem Friedensschluß zwischen dem Irak und Iran wird. Daß man beim Imâm Khomeiny keineswegs vor Überraschungen sicher ist, zeigt u.a. der instruktive Beitrag von A. Salamatian, *L'Imam Khomeiny se retourne contre les conservateurs*, in: *Le Monde Diplomatique*, 14. 6. 1988, 14-15, der beschreibt, wie sich der Ayatollâh gegen die Spitzen des Klerus der "Realpolitik" zuzuwenden scheint.

[8] M. Lüders (Anm. 2), 32.

[9] Ibid., 32.

gehalt einer Religion berücksichtigen, kommen wir nicht umhin, auch die *theologische* Frage zu stellen: zurück zu *welcher* Schrift? - oder, was die Kehrseite derselben Sache ist: wir müssen uns dem oben vorübergehend ausgeklammerten Problem widmen, wie oder wie weit das "Absolute" in den Text kommt, bzw. wie es mittels des Textes erfahren, "gehandhabt" wird. Mit andern Worten: die historisch-soziologischen Erwägungen müssen durch die Frage nach der Art und Weise der Textaneignung, der *Hermeneutik*, ergänzt werden, sonst bleibt das bisher skizzierte Bild vom Rückgriff auf die Schrift unvollständig. So sehr es nämlich richtig ist, den Mißbrauch von Schrift im Zusammenhang mit Legitimierung von Gewalt zu geißeln, so wichtig ist auch die Frage: Wie weit kommt eine Schrift dem Inhalt nach (mit ihren konkret entwickelten Modellen zur Lebensbewältigung oder ihre Stellung im Ganzen einer Religion), einem solchen Mißbrauch entgegen bzw. inwieweit liefert die Methode ihrer Aneignung die Schrift einem solchen Mißbrauch schutzlos aus?

Auch ohne vom "apologetischen Wunsch" getrieben zu sein, "die Überlegenheit des Christentums zu demonstrieren"[10] (denken wir daran, wie spät, nämlich erst 1943, *Divino afflante Spiritu* erschien!), ist es doch legitim, auf das Problem der Verbalinspiration - das immer noch äußerst populäre Modell der Inspirationstheologie im Islam - auch angesichts von Versen, die den Gebrauch von Gewalt legitimieren (z.B. Sure 8,12; 47,4-6), hinzuweisen, bzw. ganz generell hinzuweisen auf den Charakter des Islam als einer Gesetzesreligion.[11]

---

[10] Ibid., 32; cf. Anm. 4.

[11] S. zu diesem Problem auch Th. Mooren, *"Kein Zwang in der Religion!" Zum Verständnis von Sure 2,256 mit einem Beispiel aus einem indonesischen Korankommentar*, bes. 120 [hier: 213-216], in: *Zeitschrift für Missionswissenschaft und Religionswissenschaft* 72 (1988) 118-136 [hier: 209-233]. Zum Problem der Verbalinspiration s. u.a. ders.: *Einige Hinweise zum apologetischen Schrifttum des Islam in Indonesien*, in: *Zeitschrift für Missionswissenschaft und Religionswissenschaft* 66 (1982) 163-182 [hier: 355-381]. Eine klassische Formulierung der Verbalinspiration lautet: der Koran ist Offenbarung Gottes sowohl dem Wortlaut, der Ausdrucksweise, als auch der Bedeutung nach (anna-`l-kur'ân al-fâtuhu wa-`l ma'ânîhi bi-wahyin min Allâh). Dies gilt nicht für die Tradition (sunna), deren Wortlaut "nur" auf den Propheten zurückgeht (s. A. Amîn, *Fadjr- `l-Islâm*, Bd. I, Kairo ²1933, 274; nach: E. Tapiéro, *Le Dogme et les Rites de l'Islam. Par les textes*, Paris 1971, 37; franz. Übstzg. der arabischen Texte durch M. Borrmans, *Le Dogme...*, Rom PISAI; s.d., Sect. IV,1).

Sicherlich, es wäre naiv, in der Umsetzung von Versen des Korans in Recht und Praxis, einen konfliktfreien, problemlosen Vorgang zu sehen. Ein ganzes Arsenal von Prozeduren steht der Vernunft zu Gebote, um das Wort Gottes zu kommentieren (tafsîr) und in die jeweilige Zeit und Situation hinein umzusetzen. Genannt seien nur, mit Blick auf das islamische Recht (fikh), ohne alle diese Elemente hier im einzelnen erläutern zu können: die grundsätzliche Flankierung des Korans durch die Tradition (sunna), gesammelt in oft diametral entgegengesetzten Prophetengeschichten (ḥadîth), die Kontrolle ihrer "Überlieferungsketten" (isnâd), die Untersuchung der Umstände des "Herabsteigens" (tanzîl) der Verse; ferner, je nach Rechtsschule, persönlich engagiertes Ein- und Abschätzen der Rechtslage (idjtihâd), Gebrauch der eigenen juristischen Meinung (ra'y), des Analogieschlusses (qiyâs), die Berücksichtigung der "juristischen Präferenz" (istiḥsân, eine Art juristisches bonum commune), der allgemeine Konsens (idjmaᶜ), sowie - sowohl für Kommentar wie Recht - die Hinzuziehung von "Hilfswissenschaftaen" wie Grammatik, Philologie, Geschichte, Geographie etc.[12]

Aus rechtspraktischen Gründen schreckten, in der Geschichte des islamischen Rechts, die Experten nicht einmal vor der Theorie eines "fiktiven", aber vollständigen "Urkorans" (kitâb Allâh), verschieden von

[12] Wichtig ist der Vorgang der Traditionsbildung überhaupt (Konflikt Gewohnheitsrecht/Lokalrecht - Koran; Absicherung extrakoranischer Rechtspraktiken durch Rückgriff auf den Propheten) im Zeichen der - von der "ratio theologica" vorgegebenen - Theorie der göttlich inspirierten Gesetzgebungstätigkeit des Propheten und die Rolle, die Muḥammad Ibn Idrîs al-Shâfiᶜi (geb. 767) in diesem Prozeß spielte. S. hierzu bes. N.J. Coulson, *A History of Islamic Law*, Edinburgh 1964 (Paperback 1978), 53-62. - Zum Ganzen s. ferner: J. Schacht, *An Introduction to Islamic Law*, Oxford 1964: ders.: *Islamic Law*, 392-403, in: J. Schacht, C.E. Bosworth (Hg.), *The Legacy of Islam*, Oxford ²1974; J. Burton, *The Collection of the Qurᵛân*, Cambridge, London, New York, Melbourne 1977; F.M. Pareja u.a., *Islamologie*, Beirut 1957-1963, 622-690; E. Tapiéro (Anm. 11), 25-57 = M. Borrmans (Anm. 11), sect. IV-V; H. Gätje, *Koran und Koranexegese*, Zürich 1971 (engl.: *The Qurᵛân and its Exegesis. Selected Texts with Classical and Modern Muslim Interpretations*, London, Henley 1976); J. Wansbrough, *Quranic Studies. Sources and Methods of Scriptural Interpretation*, London 1977; A.K.S. Lambton, *Islamic Political Thought*, 404-424; in: J. Schacht, C.E. Bosworth (Hg.), *The Legacy of Islam*, Oxford ²1974; H. Laoust, *Les schismes dans l'Islam. Introduction à une étude de la Religion Musulmane*, Paris 1965; I. Goldziher, *Le Dogme et la Loi de l'Islam. Histoire du développement dogmatique et juridique de la religion musulmane*, Paris 1973 u. ders.: *Etudes sur la tradition Islamique*, Paris 1952.

der historisch vorhandenen, niedergeschriebenen Surensammlung (maṣâḥif), zurück.[13] Auch Traditionalisten, die behaupteten (oder behaupten), ihre Thesen seien "reine" Tradition, konnten (können) dies nur mit Vernunftmitteln, die nicht aus der "Tradition" kommen, plausibel machen: auch der Traditionalist ist zur Argumentation gezwungen oder ein traditionalistischer Richter zum Gebrauch des "ra'y", der "eigenen juristischen Meinung".[14]

Verwunderlich ist dies nicht, eben weil jedes "Zurück-zur-Schrift" notwendigerweise in einem Spannungsverhältnis zum Jetzt der Geschichte, der konkreten geschichtlichen Situation steht, die dem inhaltlich festgelegten Gesetz (sharîʿa, "the preordained system of God's command"[15]) ipso facto immer voraus ist, weshalb jene Spannung eben nur durch eine dem Islam eigentümliche Interpretationskunst ausgetragen werden kann. Das mag dann manchmal so aussehen, als sei man nach der Devise vorgegangen: wähle (z.B. aus den Werten, die die Gegenwart anbietet) das Beste, denn das Beste ist immer koranisch (muß es mit theologischer Notwendigkeit sein); oder: wie kann man glauben machen, daß der Koran enthält, was im Grunde nicht von ihm kommt, bzw. nicht auf seine Autorität hin geglaubt wird.[16] Anders: Geschichte scheint die

---

[13] Hierzu, bes. auch im Zusammenhang mit der Abrogationspraxis von Suren (annâsikh wa-'l mansûkh), s. J. Burton (Anm. 12) 3, 46ff., 72ff., 239ff.; f. auch K. Rudolph, *Neue Wege der Qoranforschung?*, Sp. 11-19, in: *Theologische Literaturzeitung 105* (1980), Sp. 1-19; F.M. Pareja (Anm. 12) 614.

[14] "... il y était contraint car le progrès de la civilisation (at-takaddumu fî-'l madanyyati) créait chaque jour de nouvelles situations qui requéraient la consultation juridique des jurisconsultes... Cependant les jurisconsultes différèrent de manière variable selon la mesure où ils utilisent le Ra`y et s'appuyaient sur lui. Il y en avait qui en restreignaient l'importance, d'autres qui la grandissaient, d'autres enfin qui s'en tenaient à un juste milieu... C'est là l'un des plus importants fondements qui mirent la dissension entres les imâm-s au sujet de l'oeuvre législative." (A. Amîn, *Duhâ-'l-Islâm*, Bd. II, Kairo ²1934-36, 154, in: E. Tapiéro [Anm. 11] 45 = M. Brommans [Anm. 11], sect. Iv. 4).

[15] N.J. Coulson (Anm. 12) 75.

[16] Zur Verdeutlichung sei aus vielen Beispielen hier eins aus der Literatur des Islams in Indonesien genannt. So behauptet K. Burhanudin Wahid Key in seinem Buch *Konsepsi pembudayaan manusia dalam Islam* (Kulturkonzept des Menschen im Islam), Jakarta 1978, 12, der moderne Rationalismus stelle "nicht nur das eigentliche Wachs unseres Zeitalters dar, sondern ganz besonders ist er die Seele der islamischen Lehre selbst". Mit Bezugnahme u.a. auf Sure 15,21 u. 25,29 sieht er die Evolutionslehre schon im Koran entwickelt (zur Argumentation, s. ibid., 21-30) und ebenso, mit Bezugnahme auf Sure 2,30-39; 7,11-25; 20,115-

einmal fixierte göttliche Norm in vielen Fällen eher zu bedrohen als eine Chance für das in dieser Norm liegende Potential darzustellen, und so kommt es dann zu künstlichen, rein formalen Harmonisierungsversuchen zwischen Gesetz und Wirklichkeit, damit sie sich wenigstens dem Wortlaut nach decken.[17]

127 die Psychologie S. Freuds (cf. ibid., 41-64). Er schreibt ausdrücklich: "Freud hat wirklich recht, denn seine Ansicht stellt nur die völlige Anerkennung einer Wahrheit dar, die schon dreizehn Jahrhunderte vor ihm im Koran dargestellt wurde (ibid., 58)." - Das alles mag wirklich K.B.W. Keys persönliche Überzeugung sein, sieht aber, "objektiv" betrachtet, wie ein Hineinlesen in den Koran aus. (Zu K.B.W. Key und anderen "apologetischen" Autoren s. auch unsere Arbeit: *Einige Hinweise*...[Anm. 11] 163-182) - Hingewiesen sei in diesem Zusammenhang auch auf neuzeitliche Reformer und Korankommentatoren wie die Ägypter Muhammad ʿAbduh (gest. 1905), Rashid Ridâ (gest. 1935) u.a.; cf. auch R. Caspar, *Cours de Théologie Musulmane*, Rom (IPEA), 1968, 63-67; J. Jomier, *Le Commentaire Coranique du Mânar. Tendences modernes de l'exégèse coranique en Egypte*, Paris 1954; E.S. Sabanegh, *Muhammad b. ʿAbdallâh "Le Prophète"; portraits contemporains, Egypte 1930-1950. Jalons pour une histoire de la pensée islamique moderne*, Paris, Rom 1981; H. Srour, *Die Staats- und Gesellschaftstheorie bei Sayyid Gamâladdîn "Al Afghâni" als Beitrag zur Reform der islamischen Gesellschaften in der zweiten Hälfte des 19. Jahrhundert*, Freiburg 1977; Kh.S. Al-Husry, *Three Reformers. A Study in Modern Arab Political Thought*, Beirut 1966. - Das hier angesprochene Problem ähnelt in erstaunlicher Weise demjenigen der chinesischen Reformer der Neuzeit in Hinblick auf die Aneignung/Beibehaltung chinesischen Erbes im allgemeinen, bzw. der Rezeption der Schriften des Konfuzius im besonderen. So fragte die chin-wen-Schule ("modern text school"): "How can we make ourselves believe that Confucius said what we accept on other authority?", während Ts'ai Yüanp'eis (1867-1940) Position darin bestand "that value is universal and, therefore, a fortiori, Chinese. If the Chinese only 'select the best', they are true to themselves." (Cf. J.R. Levenson, *"History" and "Value": the tensions of intellectual choice in modern China*, 167, 174, in: A.F. Wright (Hg.), *Studies in Chinese Thought*, Chicago 1953 (Midway reprint 1976), 146-194.

[17] Cf. hierzu auch N.J. Coulson (Anm. 12); 182-225, bes. das Problem, koranisches Eherecht und koranische Eheauffassung (bzw. Recht und Eheauffasssung der muslimischen Tradition) mit der Neuzeit in Einklang zu bringen. So bemerkt Coulson u.a. (ibid., 221/22): "The restriction of polygamy and repudiation, for example, is obviously aimed at the ultimate goal of equality between the sexes. Within the structure of traditional Sharîʿa law, however, these institutions appear as derivative rights of the husband stemming from the root concept of marriage as a contract of sale wherein the husband purchases the right of sexual union by payment of the dower. If the law, therefore, is to endorse, logically and satisfactorily, any system of real equality between husband and wife, it is at least arguable that this basic traditional concept, epitomised by the payment of the dower, must be completely eradicated."

Wenn wir nun nach diesen kurzen Überlegungen die oben gestellte Frage wieder aufnehmen "zurück zu welcher Schrift und mit welcher Interpretationsmethode", so ist es wohl berechtigt darauf hinzuweisen, daß der Islam als Gesetzesreligion, d.h. im Spannungsfeld zwischen Geschichte und einem *inhaltlich* fixierten Wort (Gebot) Gottes - selbst wenn er sich von der Verbalinspiration lossagt - der theologischen Stoßrichtung nach verschieden ist (wenn auch nicht unbedingt von der gelebten Praxis des Christentums) von des Christen grundsätzlicher Verpflichtung zum "Prinzip Liebe" (Joh 13,34). Denn "Liebe" als eher "formales" oder "offenes Prinzip" verweist den Menschen anstatt an den Text (Hl. Buch) immer wieder an seine Erfindungsgabe, seine Freiheit und Verantwortung im Hl. Geist (cf. Jo 8,6,11)[18] oder klassisch formuliert, an ein "secundum rationem vivere" (Thomas von Aquin), wobei "ratio" natürlich nicht herrschaftlich-instrumental, sondern als vom Geist des Erbarmens "aufgeklärte" ratio zu lesen ist. Noch einmal anders: christliche Hermeneutik ist von der Offenheit des in Jo 13,34 ausgesprochenen Gebotes her grundsätzlich der Geschichte ausgeliefert[19] oder, um es mit F. Böckle zu sagen, ihr ist die "Diskontinuität ethischer

---

[18]   Cf. auch die Zurückweisung des Richteramtes durch Jesus in Lk 12,14: "Mensch, wer hat mich zum Richter oder Erbteiler über euch eingesetzt?"

[19]   Das heißt nicht, daß christliche Praxis dies immer bewußt reflektiert hat oder gar die sich daraus ergebenden Chancen genutzt hat. Im Gegenteil, wie in gewissen Ausprägungen des Islam, so wurde auch im Christentum Geschichte, trotz einer langen Tradition in Geschichtstheologie, zuweilen als Gefahr gesehen, bes. mit Blick auf emanzipatorische Entwicklungen, die sich in der Geschichte Bahn zu brechen suchten. Ferner, selbst wenn man sagt, das Christentum habe seit der "Neuzeit" eigentlich mehr re-agiert als agiert, so ist es m.E. trotzdem nützlich darauf hinzuweisen, daß es vom Kern seiner Botschaft her, eine Konfrontation mit der Geschichte eigentlich nicht zu scheuen bräuchte, ja auf Geschichte hin, d.h. auf ein immer tieferes geschichtliches Begreifen seiner selbst und seiner Botschaft angelegt ist. - Der entscheidende Unterschied zum Islam ist, was Geschichte angeht, wohl letztlich der, daß das Chrsitentum wesentlich heilsge-schichtlich denkt, plus Einbeziehung des eschatologischen Horizontes, der Islam jedoch theologisch die Heilsgeschichte auf das monotheistische Urdatum eingefroren hat. Die Propheten bringen die Heilsgeschichte nicht vorwärts, sondern wiederholen immer nur dasselbe: die Lehre von dem Einen Gott. - Cf. hierzu Th. Morren, *Islam und Christentum im Horizont der anthroplogischen Wirklichkeit*, 28,29 [hier: 84-86], in: *Zeitschrift für Missionswissenschaft und Religionswissenschaft 64* (1980) 10-32 [hier: 62-86]; ders., *Der Islam in theologischer, anthropologischer und philosophischer Sicht*, 301, in: *Franziskanische Studien 68* (1986), 295-319 [hier: 25-61].

Normen" in die Wiege gelegt, bei einem gleichzeitigen "Kontinuum eines unumkehrbaren Erkenntnisprozesses".[20] Damit ist gemeint, daß wir heute im Lichte einer durch Jo 13,34 erleuchteten Vernunft z.B. wissen, daß 1 Kor 7,20ff. und Eph 6,5-7 (Erlaubnis der Sklaverei) nicht mehr, auch nicht mit den kühnsten Interpretationskniffen, für Christen in Geltung sind. Und gelehrt hat uns das die Geschichte.[21]

Das ist christlicherseits auch kein Offenbarungsverlust, weil der "hermeneutische Magnet" nicht der Text als solcher, sondern das Christusgeheimnis ist, die persönliche Begegnung mit dem Gekreuzigten und Auferstandenen, der zwar auch im Text vorkommt, aber nicht ohne Erfahrung in Liturgie, Sakrament, gelebtem Beispiel (Begegnung mit dem Armen etc.), ja selbst Einschluß der "kosmischen Dimension" (Kol 1,13ff.). Nur in diesem Sinne eingebettet in die von Jo 13,34 bezeichnete transzendentale Perspektive, gibt es für den Christen ein "Absolutum, das von Gott in der Heiligen Schrift offenbart wurde".[22]

Wenn dieser Argumentationsgang stimmt, dann müßte ein wirklich christliches "Zurück-zur-Schrift" eben doch anders ausfallen als in einer Religion, in der das Gesetz Hauptsache, das "Prinzip Liebe" zwar nicht abwesend, aber keineswegs zentral ist.[23] Die Folge ist, daß christliche Hermeneutik gewissermaßen "von Hause aus" im "Geist" (und das heißt

---

[20] *Die kulturgeschichtliche Bedingtheit theologisch-ethischer Normen*, 132, in: H. Trümpy (Hg.), *Kontinuität - Diskontinuität in den Geisteswissenschaften*, Darmstadt 1973, 115-132.

[21] Cf. auch F. Furger, *Was Ethik begründet. Deontologie oder Teleologie - Hintergrund einer moraltheologischen Auseinandersetzung*, Zürich, Einsiedeln, Köln 1984, bes. 17/8, 51-53. Man kann den hier angesprochenen Unterschied auch mit der Terminologie Tillichs umreißen, nämlich als die Spannung zwischen Heteronomie und Theonomie. Cf. P. Tillich, *Systematische Theologie*, Bd. I, Stuttgart 1956, 103ff., 175ff., 184; ders., *Le christianisme et les religions, précédé des réflexions autobiographiques*, Paris 1968, 21 (engl.: *Autobiographical Reflections*, New York 1952, u. *Christianity and the Encounter of the World Religions* = Bampton Lectures 1961).

[22] M. Lüders (Anm. 2), 32; cf. Anm. 2.

[23] S. hierzu R. Capar, *Cours de Mystique Musulmane*, Rom (Institut Pontifical d'Etudes Arabes) 1971, 10, 11, 41, 88, 90 etc.

auch im Geist der Geschichte), den Richter des "Buchstabens" (und der in ungeschichtlicher Weise begriffenen Normen) sehen kann.[24]

Wir können das Problem zusammenfassend auch so formulieren: das "Zurück-zur-Schrift" meint die Anstrengung, in das von der Schrift Mitgeteilte bzw. in die vom Text erschlossene Wahrheitsdimension - sei es für den Islam die des Einen Gottes, für die Christen das Christusgeheimnis - in ein Verhältnis der Gleichzeitigkeit zu treten, sich gewissermaßen mit dem Text zu "synchronisieren". Die Frage ist dabei jedoch, wie die diachronische Distanz zum Text, der geschichtliche Abstand behandelt wird. Grundsätzlich bieten sich zwei Strategien an. Entweder wird die Diachronie bewußt in den Interpretationsvollzug integriert, was auf eine Hermeneutik im Geiste, dem Geiste der Schrift nach hinausläuft, oder die geschichtliche Distanz wird bewußt ignoriert, womit der Eindruck vermittelt wird (denn es handelt sich tatsächlich um eine Illusion), der Text werde "ungebrochen", "unvermittelt", d.h. wörtlich genommen bzw. rezipiert (Hermeneutik des Buchstabens).

Das Ringen M. Arkouns um eine "Kritik der islamischen Vernunft"[25] belegt aufs Eindringlichste, daß es im gegenwärtigen Islam durchaus Tendenzen gibt, die erste der oben angedeuteten Lösungen der hermeneutischen Spannung zu wählen, d.h. die Diachronie zu integrieren,[26] und dies bei M. Arkoun in einer äußerst radikalen Weise.[27] Dabei steht

---

[24] Wenn wir sagen "von Haus aus", so soll das gerade nicht heißen, dem Islam sei eine solche Art der Hermeneutik verschlossen. Als prophetischer Gesetzesreligion ist sie ihm allerdings, so können wir vielleicht sagen, nicht unbedingt mit in die Wiege gelegt. "Von Haus aus" heißt auf der anderen Seite aber auch, daß im Christentum, trotz der gegenteiligen Ausgangslage, eine "Hermeneutik des Buchstabens" de facto als Lösung des hermeneutischen Konflikts durchaus Realität war (und noch ist). (Hier treten eben voll die nicht-theologischen Faktoren auf den Plan).

[25] M. Lüders (Anm. 2), 32; s. auch ibid., 32: "Es gibt keine metaphysische Substanz im Innern des Islam, die die Modernisierung verhindert, wie manche Leute im Westen gern glauben."

[26] S. hierzu auch: M. Talbi, *Islam et Occident au-delà des affrontements, des ambiguités et des complexes*, in: *Islamochristiana* 7 (1981) 57-77; A. Charfi, *La sécularisation dans les sociétés arabo-musulmanes modernes*, in: *Islamochristiana* 8 (1982) 57-67.

[27] Total abwesend ist die Integration der Diachronie nie (s. o. 182 u. Anm. 14). Ihre Abwesenheit ist sogar im Fall der zweiten Lösung ja nur eine behauptete, bewußt intendierte. Sie wurde aber durch eine zumindest formale Übereinstimmung von Gesetz und Leben im Kontext einer civitas islamica, der civitas

dieser nicht allein. Wie wir weiter unten zeigen werden, gibt es z.B. auch im gegenwärtigen Islam Indonesiens vergleichbare Tendenzen.

Beispiele für die zweite Lösung, die Ignorierung der geschichtlichen Distanz, bzw. die Verweigerung, sie in den Interpretationsprozeß zu integrieren, finden sich besonders im Umfeld der sog. "Fundamentalismen" von heute - wenn wir den Terminus nun nicht mehr im Sinne Arkouns, sondern in der Bedeutung von "Integrismus" und "Reaktion" gebrauchen. Als Vertreter dieser Lösung sollen, im Kontrast zur indonesichen Fallstudie, einige Daten aus der Geschichte der ägyptischen Muslimbrüder herangezogen werden.

2. Überspringen der Geschichte: Sayyid Qutb und die Folgen[28]

Die ägyptischen Muslimbrüder (al-i<u>kh</u>wân al-muslimûn), gegründet 1928 von Ḥasan al-Bannâ, kämpften zunächst mit den üblichen Untergrundmethoden gegen die britische Kolonialherrschaft und die Monarchie in Ägypten.[29] 1949 wurde Ḥasan von der politischen Polizei ermordet, sein Nachfolger wurde Ḥasan al-Hudaybî (1951). 1952 übernehmen die "Freien Offiziere" (Nasser, Sadat etc.) die Macht. Die

---

christiana ähnlich, geglättet. Zum Problem wurde die geschichtliche Vermittlung der Offenbarung eigentlich erst durch die westliche Kritik. Dies nimmt Arkoun ernst und daher seine Radikalität. So meint er: "Es gab auch in den islamischen Ländern Ansätze zur Herausbildung einer Handelsbourgeoisie, doch der europäische Kolonialismus hat diese Entwicklung durchbrochen. Und das Fehlen einer solchen Klasse, die infolge ihrer ökologischen Dynamik die Säkularisierung erzwingt, erklärt, warum es in den islamischen Ländern keine vergleichbaren Kräfte gibt, die Entsprechendes einfordern können... Nietzsche konnte in Deutschland reden, wie er geredet hat, weil er sich auf eine lange Tradition philosophischer Kultur berufen konnte. Nietzsche kam nach Kant... nach der Aufklärung und der Französischen Revolution. Ereignisse, die die intellektuelle Landschaft im Westen völlig verändert haben. Diese Ereignisse haben in der Geschichte des Islam niemals stattgefunden. Niemals... Ich habe kürzlich ein Buch mit dem Titel: 'Für eine Kritik der islamischen Vernunft' geschrieben. Diesen Titel könnte ich im Arabischen nicht verwenden. Denn die arabische Sprache kennt - linguistisch gesprochen - den philosophischen Gehalt des Wortes 'Kritik' nicht." (M. Lüders [Anm. 2] 32).

[28]   S. zum Folgenden die ausgezeichnete Studie G. Kepels, *Le Prophète et Pharaon. Les mouvements islamistes dans l'Egypte contemporaine*, Paris 1984.

[29]   Zur Chronologie s. G. Kepel (Anm. 28), 23-45.

Muslimbrüder unterstützen Nasser zunächst, doch bald schon wenden sie sich gegen ihn, da er ihnen nicht islamisch genug ist. Am 26. Okt. 1954 versucht ein Muslimbruder, Nasser zu töten. Die unverzügliche Reaktion des Regimes: 6 Führer der Muslimbrüder werden gehängt, Hunderte ins Konzentrationslager gesteckt. Unter diesen befindet sich auch Sayyid Qutb (1906 in Mittelägypten geboren, 1964 befreit, zwei Jahre später, am 29. Aug. 1966, gehängt). Im KZ schreibt Qutb die "Zeichen am Weg" (maʿâlim fî-'l tarîk).[30] In ihnen wird Ägypten aus der Perspektive eines Konzentrationslagerhäftlings geschildert. Sie sind eine unerläßliche Quelle, um die Mentalität der Muslimbrüder zu verstehen.

Qutb war 1948 von der Regierung in die USA geschickt worden, um das dortige Erziehungssystem zu studieren. Man war überzeugt, Qutb käme als begeisterter Verfechter des "American way of life" zurück. Doch das Gegenteil trat ein. Noch auf dem Schiff, abgeschnitten von seiner gewohnten Umwelt, entdeckte Qutb seine muslimischen Wurzeln, wurde sich der Kultur seines Volkes bewußt. Diese Neuentdeckung gab ihm Halt in der Fremde. Er verrichtete die täglichen Gebete und predigte sogar den mitreisenden Muslimen. Eine halbnackte Betrunkene lauerte ihm in seiner Kabine auf. Qutb schickte sie weg. Diese Episode ist jedoch bezeichnend für die Art, wie er später Amerika erfahren sollte: als ein moralisch korruptes Land, in dem nur der Dollar angebetet wird. Nach seiner Rückkehr (1951) entwickelt Qutb sich zu einem dermaßen radikalen Kritiker Amerikas, daß er aus dem Erziehungsministerium entlassen wird. So wird er, 45 Jahre alt, zum Muslimbruder.[31]

Die größte "ideologische Leistung" der "Zeichen am Weg" besteht - aus der Sicht der Gegner des Nasser-Regimes - in der Denunzierung dieses Regimes als Heidentum, der Qualität nach dem vorislamischen Arabien in der Zeit der "Unwissenheit" (djahilyya, der arabische Terminus für das vorislamische arabische Heidentum) gleichzusetzen.[32]

---

[30] Zur eingehenden Besprechung der "Zeichen" s. ibid., 45-60. Arabischer Text der "Zeichen": Dâr al-Shurûk, Beirut, Kairo 1980. Eine Liste von 20 weiteren Werken Qutbs findet sich in G. Kepel (Anm. 28), 68/69.

[31] Cf. Kepel (Anm. 28), 43. Qutb soll später dazu gesagt haben (ibid., 43): "Ich bin 1951 geboren."

[32] Cf. ibid., 46-49; Auch arab. Text, Dâr al-Shurûk, 98; in der Übersetzg. Kepels (Anm. 28), 49: "Est jahilite toute société qui n'est pas musulmane... de facto, toute société où l'on adore un autre objet que Dieu et Lui seul... Ainsi, il nous

Damit brach Qutb ein Tabu, denn es galt als ausgemacht, daß die djahilyya *vorbei* war, d.h. daß dieser Terminus sich *nur* auf eine ganz bestimmte Epoche beziehen durfte. Auf Bitten der vom Nasser-Regime unterstützten Al-Azhar-Universität wurde dies noch einmal ausdrücklich von Scheich Muḥammad ʿAbd al-Laṭîf al-Sibkî, dem Vorsitzenden der Kommission für Rechtsgutachten (fatwâ) bekräftigt, der außerdem noch feststellt, daß die meisten der zeitgenössischen Führer der islamischen Länder gut seien: die "Zeichen am Weg" seien daher subversiv, ein purer Mißbrauch von Koranversen.[33] Qutbs Gedanken werden, im Gegensatz zu anderen "fundamentalistischen" Ideen, kompromißlos verworfen.[34] Qutbs Synchronisierung der Nasser-Zeit mit der Zeit Muḥammads, bzw. *vor* Muḥammad, war inakzeptabel. Qutb jedoch hatte auf diese Weise historische Kategorien in einen auch existenziell brauchbaren hermeneutischen Schlüssel zur Entzifferung der Jetztzeit verwandelt. Existenziell brauchbar: weil aus dem Sich-Gleichsetzen mit der Epoche des Propheten bestimmte praktische (und theoretische) Handlungsanweisungen folgten.

Natürlich entstanden Spaltungen unter den Anhängern Qutbs über die Frage, welche praktischen und theoretischen Konsequenzen im einzelnen aus der vorgenommenen Synchronisierung zu ziehen seien. Wenn Nasser Pharao war (als *der* Repräsentant des Heidentums), genügte es dann, nur ihn zu zerschmettern oder mußte auch die ganze zeitgenössische Gesellschaft mit ihm zerstört oder zumindest exkommuniziert (takfîr) werden? Diese und viele andere Fragen von strategischer Wichtigkeit, mit denen wir uns im einzelnen hier nicht beschäftigen können, standen im Gefolge Qutbs zur Debatte.[35] Erwähnt sei allerdings noch die vielleicht wichtigste Folge der von Qutb vorgenommenen Enthistorisierung des Begriffes "djahilyya": wenn das Nasser-Regime Heiden-

---

faut ranger dans cette catégorie l'ensemble des sociétés qui existent de nos jours sur terre!"

[33] Cf. hierzu G. Kepel (Anm. 28), 60-62, bes. 61; s. ferner: ʿAbdallâh Imâm, *ʿAbd al-Nâsir wa-l Ikhwân al-Muslimûn*, Kairo 1980.

[34] S. hierzu G. Kepel (Anm. 27), 62, der mit Bezug auf Muhammad ʿAbd al-Latîf al-Sikbîs Position feststellt, daß sie "... exclut toute possible 'récupération' de la pensée de Qutb par le pouvoir, à la différence de ce qui sera le lot d'autres courants du mouvement islamiste. Il confère également à *Signes de pistes* le statut prestigieux d'ouvrage dangereux pour le regime en place."

[35] Im einzelnen s. ibid., 74/5, 183-206.

tum, sprich heidnisches Mekka vor der Rückeroberung durch den Propheten war, bot sich dann nicht als praktische Konsequenz eine Nachahmung des Exodus des Propheten nach Medîna an, mit anderen Worten: ein realer Bruch mit der Gesellschaft? Und wie real hatte er zu sein? Rein mental oder auch physisch?[36]

Einer der "Schüler" Qutbs, Shukrî Mustafa,[37] entschied sich für einen Bruch an Seele *und* Leib, für einen wirklichen Auszug aus der Gesellschaft: den "Großen Bruch" mufâsala oder ʿuzla kâmila).[38] 1942 in Mittelägypten geboren (von 1965-1971 im Konzentrationslager), ist Shukrî in den siebziger Jahren mit der Leitung der "Gesellschaft der Muslime" (djamâʿat al-muslimîn), einer fundamentalistischen Untergruppe, beschäftigt.[39] Shukrîs Gruppe vollzieht den Exodus des Propheten von Mekka nach Medina (hidjra) nach durch einen (zumindest zeitweiligen) Rückzug in entlegene Grotten oder Felsenhöhlen oder durch ein "Abwandern" in die Armenghettos Kairos oder anderer Städte.[40] In der auf diese Weise aufgebauten Gegen-Gesellschaft mit ihrer Gegen-Kultur (in einer Zeit, in der im Westen noch der "underground" modern ist), läßt Shukrîs Gruppe die Welt der djahilyya ostentativ und "in persona" hinter sich. In der ägyptischen Presse wird später[41] das Bild einer Bande von bärtigen Guerilleros und fanatischen

---

[36] Cf. ibid., 47, 54-58, 74/5.

[37] Zu Shukrîs Lebensweg s. ibid., 73-77.

[38] Cf. ibid., 74: "On peut regrouper celles-ci [die verschiedenen 'fundamentalistischen' Fraktionen] en deux courants principaux qui divergent sur la compréhension du terme qutbien mufasala, ou uzla (séparation, retrait): pour une première tendence le retrait de la société n'est qu'abstraction spirituelle; pour la seconde, il est séparation totale." - Shukrî gehörte zu dieser zweiten Tendenz, "qui prône la mufasala kamila, c'est à dire la séparation totale avec la société (ibid., 75)." Am Rande der offiziellen Gesellschaft soll dann die wahre Muslimgesellschaft entstehen "qui excommunie la jahiliyya sans se dissimuler (ibid., 75)". (Cf. auch ibid., 78).

[39] Zum Namen der Gruppe s. ibid., Anm. 1, 70 u. 77.

[40] Cf. ibid., 76/7 und ibid., 77: "... le groupe n'a vecu que très temporairement dans des grottes: les disciples habitaient ensemble dans les logements meublés situés dans les quartiers périphériques et misérables du Caire et d'autres villes."

[41] Als es zum offenen Konflikt zwischen Shukrîs Gruppe und rivalisierenden Splittergruppen und den staatlichen Organen kommt. Hierzu Kepel: "Du 4. juillet au Ier decembre 1977, la presse égyptienne... offrait quotidiennement á la réprobation de ses lecteurs des portraits de jeunes gens barbus, accusés d'appartenir à un groupe de guerrilleros terroristes... (ibid., 70). (Cf. auch ibid.,

Kriminellen gezeichnet werden, die al-takfîr wa-l hidjra getauft wird,[42] - nirgendwo erwähnt die Presse den richtigen Namen der Gruppe Shukrîs, nämlich "Gesellschaft der Muslime",[43] doch vorerst sieht man in Shukrîs Gruppe nur eine "gang" von "Erleuchteten" auf dem Weg in die Abgeschiedenheit des Yemen, eine Gruppe, um deretwillen junge Mädchen das Elternhaus verlassen.[44]

Hinter dieser letzten Notiz steckt mehr, als die "öffentlichen Gerüchte" später daraus machen.[45] Sie berührt vielmehr eine andere Konsequenz der Synchronisierung der eigenen Realität mit der Zeit des Propheten, d.h. die sich hinter dieser Notiz verbergenden Tatsachen werden sinnvoll, wenn wir sie im Lichte des Versuchs eines Neuaufbaus der "wahren 'umma'", des stammesähnlichen Gebildes der islamischen Urgemeinde in Medina sehen - denn zur Wirklichkeit dieser umma gehört auch die entsprechende Heiratspraxis. Um was handelt es sich? Der Prophet (koranisches Recht) verlangt für eine gültige Eheschließung nichts anders als Konsens und Zeugen. Die ägyptische Realität der siebziger Jahre sieht aber anders aus. Hält ein junger Mann um die Hand eines Mädchens an, so muß er erst beweisen, daß er im Besitz einer Wohnung ist. Diese jedoch ist ohne Schwarzmarkt und Schmiergelder nicht zu erstehen. So kommt es, daß gerade die Jugend zwischen 20 und 30 Jahren erst einmal auf den Ölfeldern Saudi-Arabiens oder sonstwo ihr Glück versuchen muß. Shukrî räumt mit dieser Praxis, wenn auch nur dem Prinzip nach, auf. Er schafft, so weit es geht, die ökonomischen, unkoranischen Garantien ab und installiert seine Leute

77).

[42] Cf. ibid., 77: "Mais surtout les médias égyptiens s'emparent de l'affaire et dépeignent la Société des Musulmas [Shukrîs Gruppe] sous les traits d'une bande de guerilleros fanatiques, de criminels. Ils la surnomment al takfir wa-l hijra, car elle pratique l'excommunication de ses concitoyens... et fait retraite dans les montagnes (hijra)." Zur Tatsache der "Exkommunikation" s. auch ibid., 75 und oben, Anm. 38).

[43] "Nulle part la presse égyptienne en rendant compte de l'affaire [de Shukrî] n'a mentionné même son [Shukrîs Gruppe] veritable nom, la Société des Musulmans (ibid., 77)."

[44] Cf. ibid., 76: "Il semble que le groupe soit perçu à l'époque [Anfang 1973] comme une secte d'illuminés qui veulent fuir le monde en s'exilant au Yemen, et dont le tort principal est d'entrainer des jeunes filles qui quittent le foyer familial pour aller vivre avec les adeptes."

[45] Nämlich: "... débauche sans frein dont Chukri serait le coryphée (ibid., 87)."

in den Slums von Kairo, auf engem Raum zwar, aber in getrennten Wohneinheiten (also keine Promiskuität).[46] Ferner gilt, und auch das kann als ein Indiz für das Selbstverständnis von Shukrîs Gruppe als "neuer umma" gewertet werden, daß, wer als Verheirateter (Mann oder Frau) zu ihr stößt, ohne daß der Ehepartner mitzieht, seine Ehe annulieren kann. Die Welt "draußen" ist ja die Welt der Heiden, und somit liegt Shukrî ganz auf der Linie von Sure 2,221, in der ja stipuliert wird, daß die Religionszugehörigkeit in Heiratsfragen absoluten Vorrang vor allen anderen Erwägungen besitzt.[47] Erwähnen wir noch aus dem Programm der Gruppe den strikten Antialkoholismus, das Nein zum Militärdienst mit der Begründung, daß ja kein Unterschied bestehe zwischen Juden und Ägyptern der djahilyya - hier zeigt sich besonders deutlich die Absage an die offizielle Ideologie, aufgebaut auf Islam, Sozialismus und Antizionismus - und natürlich auch die Weigerung, in den Staatsdienst zu treten, wobei festgestellt wird, daß das öffentliche Erziehungswesen, besonders die Alphabetisierungsbemühungen, sowieso nutzlos seien.[48] Ein besonders wichtiges Element der "hermeneutischen Strategie" Shukrîs ist sein Kampf gegen die "Schließung der Tore der Interpretation". Gemeint ist damit, daß die offiziellen Rechtsexperten "idjtihâd", persönliches und engagiertes Ein- und Abschätzen der Rechtslage (s.o. 181) lahmgelegt

---

[46] S. hierzu ibid., 86-90. Shukrî scheint sich ferner das Recht vorbehalten zu haben, zu bestimmen, wer wen heiratet: "Il semble, autant que l'on puisse le savoir, que Chukri ait choisi lui-même les partenaires des uns et des autres (ibid., 87)." Und (ibid., 90): "Mais c'est également un mariage arrangé, décidé par lui [Shukrî], imposé aux deux partenaires." - Jedoch konnte sich auch Shukrî nicht den ökonomischen Notwendigkeiten entziehen: "L'essentiel des ressources du groupe provenait du mandats envoyés d'Arabie, du Koweit ou d'ailleurs, par les adeptes auxquels Chukri donnait l'ordre d'emigrer à tour de rôle (ibid., 88)." So kam es, daß manche junge Braut ihren Ehemann zunächst nur per Fotographie kannte (cf. ibid., 87), bzw. junge, in die ökonomische Emigration gehende Männer erst nach der Rückkehr nach Ägypten heiraten konnten: "Et à son retour au pays, l'adepte, semble-t-il, avait droit à une femme (ibid., 89)."

[47] Shukrî geht allerdings über die etablierte Tradition weit hinaus, wenn er auch der *Frau* ein Scheidungsrecht aus Gründen der Verschiedenheit der Religionszugehörigkeit einräumt: cf. ibid., 87.

[48] Cf. ibid., 79, 83-85. Nach Kepel (ibid., 78) beziehen sich die hier wiedergegebenen Programmpunkte zusammen mit anderen Äußerungen Shukrîs auf drei Sitzungen, die hinter verschlossenen Türen am 6., 7. und 8. Nov. 1977 vor dem Militärgerichtshof für Staatssicherheit stattfanden.

haben: seitdem geht es, nach Shukrî, mit dem Islam bergab.[49] Es geht also um ein direktes Zurück zum Koran und zur Prophetentradition, unter Umgehung der geschichtlichen Tradition, d.h. besonders der sich auf die großen Rechtsgelehrten der Vergangenheit, Abû Ḥanifa, Mâlik, Shâfiî, Ibn Ḥanbal berufenden Schulen. All das ist für Shukrî nur Ballast, ja mehr noch: Götzendienst. Für ihn sind die Rechtsgelehrten selber zu Götzen (aṣnâm) geworden, die sich zwischen Gott und die Gläubigen stellen. Im Grunde haben sie, so Shukrî, auch nur für den vulgum pecus die "Tore der Interpretation" geschlossen. Die Prinzen und Mächtigen können immer ihr Recht bekommen, sie hätten immer Ulamas gehabt, die in ihrem Sold standen. Das Ergebnis sei auf jeden Fall, daß im gegenwärtigen Ägypten alle möglichen Laster, von Wucher und Fornikation bis hin zum Wein und eine Regierung, die nicht nach göttlichem Recht regiert, erlaubt seien.[50]

Im Herbst 1976 versuchen einige kleine fundamentalistische, mit Shukrî rivalisierende Gruppen, Mitglieder der Shukrî-Gruppe zu sich hinüberzuziehen - Shukrîs Gruppe zählte damals an die 2000 Leute -, interne Dissidenz kommt hinzu.[51] In Shukrîs Augen aber ist Verlassen seiner Gruppe gleichwertig mit Abfall vom Islam selbst.[52] In einem solchen Fall jedoch rechtfertigt der Koran physische Gewalt gegen die Gegner des Islam (cf. Sure 8,39; 5,33 etc.).

Die Anwendung von Gewalt provoziert jedoch das Eingreifen der ägyptischen Sicherheitsorgane.[53] Vierzehn Anhänger Shukrîs werden verhaftet, die Presse schaltet sich ein und zeichnet das Bild von fanatischen Kriminellen.[54] Shukrî versucht, seine Leute freizubekommen und vor allen Dingen auch seine Ideen "unverfälscht" an die Öffent-

---

[49] Cf. ibid., 78.

[50] Cf. ibid., 79. Für Shukrîs Äußerungen zum idjtihâd s. das oben in Anm. 48 angegebene Verfahren vor dem Militärgerichtshof für Staatssicherheit.

[51] Cf. ibid., 77, 93.

[52] Cf. ibid., 77: "Or, quitter le groupe, c'est être, aux yeux de son chef, un apostat qui quitte l'islam et donc est passible de la mort."

[53] Cf. ibid., 77. Shukrî war auf den offenen Konflikt mit dem Staat nicht vorbereitet. Vielmehr operierte er noch aus der "Phase der Schwäche" heraus, d.h. er verstand sein Tun in dieser Hinsicht im Lichte der mekkanischen Phase des Propheten, vor der Hidjra, als dieser noch zu schwach war, um offen und siegreich gegen die Kurayshiten anzutreten. (S. auch ibid., Anm. 2, 74 u. 94.)

[54] Cf. oben, Anm. 41; cf. G. Kepel (Anm. 28), 77, 94.

lichkeit zu bringen. Als er mit beidem scheitert und Shukrîs Autorität immer mehr bedroht ist,[55] entführt seine Gruppe am 3. Juli 1977 den Exminister für wakf-Fragen (fromme Stiftungen etc.), Muhammad al-Dhahabî, um so ans Ziel zu kommen. Doch Shukrî kommt damit nicht durch und der Exminister wird umgebracht.[56] Daraufhin kommt es zur Verhaftung von mehreren hundert Mitgliedern der Shukrî-Gruppe, darunter die gesamte Führung. Im Rahmen eines Schnellverfahrens werden 5 Todesurteile verhängt und vollstreckt. Shukrî ist einer der Hingerichteten.[57]

Was wie ein Mißerfolg aussieht, erweist sich jedoch nur als eine Phase im Gärungsprozeß des modernen Ägyptens. Zunächst einmal hat es Shukrî in den Augen der "Fundamentalisten" geschafft, den Staat durch das Aussprechen der Todesurteile zu zwingen, sein wahres Gesicht zu zeigen, seine - in den Augen der Fundamentalisten - heidnisch-teuflische Natur zu entblößen. Ferner geht die Sache der Muslimbrüder in anderen Gruppen und Kleinstgruppen unter anderem Namen weiter. Eine der nächsten Etappen wird die Ermordung von Sadat sein (6. Okt. 1981), ausgeführt von Lieutnant Khâlid al-Islambulî von der Untergrundgruppe "al-djihâd".[58] Es überrascht nicht mehr zu hören, was Khâlids Worte nach vollbrachter Tat waren: "Ich bin Khâlid al-Islambulî, ich habe Pharao getötet und habe keine Angst vor dem Tod!"[59]

Die hier vorgelegten, notwendigerweise ausschnitthaften Daten[60] können in vielfacher Weise interpretiert werden. So fällt auf, daß sich der "Fundamentalismus" zunächst und zu allererst an bzw. gegen die Muslime selbst richtet. Es sind muslimische Führer und Gesellschafts-systeme in "islamischen" Ländern, die attackiert werden und dann erst, gewissermaßen in abgeleiteter Form, der "amerikanische Satan" oder der "Westen" allgemein. Ferner wäre auf die gesamtpolitische und gesell-schaftliche Lage hinzuweisen, in der die Muslimbrüder operieren: die typische Situation der (offiziell) postkolonialen Phase der "dritten Welt"

---

[55] Cf. ibid., 95.

[56] Die Leiche des Exministers wird am 7. Juli gefunden: ibid., 96.

[57] Im einzelnen s. ibid., 77 u. 94-100.

[58] Hierzu s. ibid., 183-206.

[59] S. ibid., 184.

[60] Für weitere Informationen s. die Bibliographie ibid., 231-233.

mit ihren Konsequenzen: Armut, Überbevölkerung, Arbeitslosigkeit, Intellektuellenproletariat, Verlust der Identität etc. Wir können die an allen Fronten entstehenden Frustrationen - in Ägypten nicht zuletzt auch noch Israel und dem Zionismus gegenüber - wohl kaum unterbewerten.[61]

Um so bemerkenswerter ist, daß all diesen Fragen gegenüber die "fundamentalistische Lösung" Züge eines eigenen, will heißen authentisch-islamischen Weges trägt, also jenes Kunststück eines sog. "Dritten Weges" fertig zu bringen scheint, von dem es kaum irgendwo eine überzeugende Realisierung gibt.[62] Zumindest formal ist das angebotene Modell nichts anderes als der Koran selbst. Wir brauchen hier nicht auf die Frage einzugehen, ob man mit dem Koran in der Hand Staat, Gesellschaft und Wirtschaft regieren oder organisieren kann, vielmehr genügt es, auf die von den "Fundamentalisten" bewirkte Freisetzung von Energie und gesellschaftlichem Potenzial hinzuweisen, die zunächst nicht anders denn als "revolutionär" qualifiziert werden kann. Zu unterstreichen ist ferner im Rahmen unserer Untersuchung die Tatsache, daß dies methodisch durch ein ganz bestimmtes hermeneutisches Vorgehen ermöglicht wurde: nämlich ein Synchronisierungsverfahren mit der Epoche des Propheten, allerdings unter *Ignorierung* des geschichtlichen Abstands. Dadurch wird die Illusion erzeugt, es handle sich beim Existenzkampf des modernen Ägypten rein um einen Kampf der Werte vor dem Hintergrund gleichbleibender historischer Bedingungen. Dabei ist es doch die *Geschichte*, die die Werte überhaupt erst in die Krise gestürzt hat, und zwar die koranischen wie die traditionellen Werte ganz allgemein.

---

[61] Zur Verdeutlichung s. auch die Statistiken über Herkunft, Beruf und wohnortliche Verteilung (in Groß-Kairo) der vor Gericht beschuldigten Mitglieder der al-djihâd-Gruppe: ibid., 207-209.

[62] Zum "Dritten Weg" in Israel und der Frage der kibbutzim s. z.B. J. Naughton, *Adin Steinsaltz's 25-Year Quest to Translate the Talmud*, D2, col. 5/6 in: *The Washington Post*, 27. April 1988, D1-D3. Allgemein s. auch: H. Schöpfer, *Gibt es für Lateinamerika einen "Dritten Weg?" Bemerkungen zur gesellschaftspolitischen Grundsatzdiskussion in der lateinamerikanischen Theologie*, in: *Zeitschrift für Missionswissenschaft und Religionswissenschaft* 65 (1981) 40-50; s. jetzt auch: M. Paikada, *Characteristics of an Indian Liberation Theology as an Authentic Christian Theology. A Study Based on the Analysis of the Indian Situation and the Documents of the CBCI and the FABC*, Inaugural Dissertation in Theologie, Münster 1988.

Der "Fundamentalismus" erkennt, daß es ein hohles Verfahren der offiziellen Politik der Ulamas ist, nachträglich islamisch abzusegnen, was ganz und gar außerkoranischen Ursprungs ist, sei es nun ein Produkt des Sozialismus oder des Industriekapitalismus. Deswegen will er nicht rechtfertigen, sondern abschaffen. Ferner wehrt er sich in diesem Zusammenhang gegen das Schließen der "Tore der Interpretation", jedoch nur um sie seinerseits mit einem "neuen", will heißen dem in ungeschichtlicher Weise übernommenen *alten* stammesartigen, theokratischen Modell zu verriegeln. Gelänge es ihm erst einmal, die Macht zu ergreifen, so wäre das Ergebnis zwangsläufig eine Diktatur. Was "revolutionär" anfinge, würde "reaktionär" enden. Denn das Sich-außerhalb-der-Geschichte-Stellen, die bewußte Ignorierung der diachronischen Distanz bei der Rezeption des Hl. Textes, ist eine Verweigerung der Pluralität, die ein natürliches Produkt jeder geschichtlichen Entwicklung ist.

Die Synchronisierung unter Absehung von der geschichtlichen Distanz, eine Hermeneutik des Buchstabens also, hat auf den ersten Blick immer den Nimbus des besonders Frommen an sich. Hier scheint kompromißlos, ja geradezu "plastisch-greifbar", ernst gemacht zu werden mit der Herrschaft Gottes,[63] während eine Interpretation dem Geiste nach den Gläubigen darüber im Unklaren zu lassen scheint, was überhaupt zu tun sei. Hier liegt mit Sicherheit ein Grund für die Attraktivität des "fundamentalistischen" Modells. Daß aber jede Gleichzeitigkeit unter Auslassung der Geschichte gewaltsam und damit eine Täuschung ist, wird, obwohl es auf der Hand liegt, übersehen - es ginge ja auch sonst der Sekurisierungseffekt verloren. Es darf nicht zu Tage treten, daß auch der "Fundamentalist" auswählt, interpretiert, verkürzt, überzieht etc., kurz, ein geschichtliches Wesen ist. Es gibt schlichtweg keine Befolgung einer Regel sine glossa.

Daß der "fundamentalistische" Weg nicht der einzige ist, den der gegenwärtige Islam beschreitet, soll nun an einigen Aspekten des Islam in Indonesien erläutert werden.

---

[63] Cf. hierzu auch G. Kepel (Anm. 28), 50.

3. Indonesien: Vom Islamstaat zur islamischen Gesellschaft

Der Islam in Indonesien hatte schon immer sein eigenes Gesicht oder genauer - angesichts der Verschiedenheit und Vielfalt der Stämme und Kulturen des Inselreiches - seine eigenen Gesichter.[64] Daß der "Fundamentalismus" eines davon war (bzw. ist), überrascht daher nicht. Als ernstzunehmende Extremistengruppierungen erschienen zu Beginn der siebziger Jahre das "Komando Jihad" in Ost- und Zentral-Java und die Bewegung "Unabhängiges Aceh" (Gerakan Aceh Merdeka), die natürlich nicht unbemerkt blieben von Armee und islamischen Rechtsexperten (Ulamas). Die Armee beschäftigte sich in Form von Seminar und Weißbuch mit dem Thema Islam und Gesellschaft[65] und baute den Kontakt zu Muslimpersönlichkeiten aus. Sie versuchte aber Favorisierungen in Richtung Islam (oder einer Volksgruppe) zu vermeiden - was sich u.a. in der Besetzung von Spitzenpositionen ausdrückt - wohl wissend, daß sie gemäß ihrer eigenen Konstitution Garant der Einheit des Vielvölker- und Vielreligionenstaates Indonesien ist. Ohne sie, so der Autor des *Tempo*-Artikels vom 27. Okt. 1984, fiele Indonesien auseinander, würde zu einem zweiten Libanon, "wo alles drunter und drüber geht".[66] Dies gilt um so mehr nach den Unruhen von Tanjung Priok (Sept. 1984), die die Armee jedoch lieber religiös-neutral interpretiert.[67] Ob dem im einzelnen so ist, braucht hier nicht näher

---

[64]   Zur Geschichte des Islam in Indonesien s. Th. Mooren, *Beobachtungen zum Islam in Indonesien*, in: *Zeitschrift für Missionswissenschaft und Religionswissenschaft 66* (1982) 35-57.

[65]   In einem Text kommt sie zum Schluß, daß sich, Koran und Prophetentradition gemäß, der Islam loyal zur Regierung verhält: "Pada dasarnya, Alquran dan Hadis mengajarkan sikap loyal umat Islam kepada pemerintah." (Tempo, 27. Okt. 1984, 16: *Mencoba Melawan Yuwaswisu*, 12-16).

[66]   "Bila ABRI pecah karena perbedaan suku dan agama, akibatnya bisa dilihat seperti yang terjadi di Libanon: Indonesia yang porak peranda." (ibid., 16).

[67]   Cf. ibid., 16; N. Madjid, *Islam dan Sempalan Ekstrem*, 15, in: *Tempo*, 27. Okt. 1984, 14-15. S. auch N. Madjids Meinung (ibid., 15), wonach der "Fundamentalismus" in Indonesien weniger ein ideologisches als ein sozial-psychologisches Phänomen sei, nämlich das Frustrationsgefühl, nicht mit dem Westen Schritt halten zu können, wobei paradoxerweise dieses Gefühl am stärksten bei denen entwickelt ist, die westliche Kultur genossen haben: "Ironisnya, perasaan ini memperoleh ekspresi terkuat justru di kalangan orang Islam yang mulai ikut serta dalam kebudayaan Barat, dalam arti tertidik secara Barat." Wäre die Mehrheit Indonesiens katholisch, so N. Madjid weiter (ibid., 15), so würde man von

untersucht zu werden. Wichtiger jedoch ist eine andere Feststellung, nämlich daß man wohl nicht in der Annahme fehl geht, die Mehrheit der indonesischen Muslime sei nicht bereit, für "islamische" Ziele zur Waffe zu greifen. Mehr noch: Diese Ziele selbst sind in den letzten Jahren neu definiert worden. Das zeigt sich in spektakulärer Weise in der Übernahme, August 1984, der Pancasila als Leitlinie auch durch die Islampartei PPP, die von da an auch auf das Symbol der Ka'ba in ihrem Wappen verzichtet.[68]

Die Pancasila ist das aus 5 Prinzipien bestehende Staatsdokument Indonesiens, dessen erster Grundsatz das "Prinzip des alleinigen Gottes" (Ketuhanan Yang Maha Esa) betrifft. Von den "Vätern der Republik", besonders den Nationalisten unter ihnen wie *Sukarno,* war es gedacht als ein Prinzip, das alle (zumindest "großen") auf dem Boden Indonesiens vorkommenden Religionen versöhnen sollte. Von manchen Muslimkreisen jedoch wurde es - wegen seiner Ähnlichkeit mit dem Bekenntnis des Einen Gottes - als Einstieg in die Errichtung eines Islamstaates (negara Islam) angesehen. Als sich dies jedoch als Illusion erwies und es sich vielmehr zeigte, daß das Prinzip auch gegen die Idee eines Islamstaates verwandt werden konnte, setzten sich die muslimischen Parteien von ihm ab. Dies wiederum veranlaßte Sukarno, nach der für die Muslime erfolglos verlaufenen Wahl von 1955, die Pancasila zwangsweise durchzusetzen. Nur noch Parteien, die schriftlich ihre Zustimmung zur Pancasila gaben, wurden zugelassen.

Inzwischen hat sich, seit der Einführung des "Ordo Baru", der "Neuen Ordnung", nach der Machtübernahme durch *Suharto,* September

katholischem Extremismus sprechen. (Vgl. Sprengstoffattentate südtiroler Separatisten, die mit "Gott mit uns!" signiert sind!) - Zur Zeit der Drucklegung dieses Artikels hat sich (Anfang Februar 89) ein ähnlich gearteter "fundamentalistischer" Aufstand - unter Verwendung von Giftpfeilen - in Lampung, Südsumatra, ereignet (s. u.a. *Kompas* vom 18.2.89, I, VIII; *Tempo* vom 18.2.89, 14-25). Die gegen die Pancasila rebellierende Gruppe nannte sich *Komando Mujahidin Fisabilah.*

[68] 1973 kam es durch Regierungsdruck zur Fusion von 4 Islamparteien, NU, MI, PSII und Perti, zur PPP: Partai Persatuan Pembangunan. - Hierzu und zum Folgenden s. *Cerita Ricuh Berkepanjangan,* in: Tempo, 25. August 1984, 18; *Jangan Tinggalkan Partai,* in: Tempo, 15. Dez. 1984, 17, 18; *Robohnya Dinding Politik Islam,* in: Tempo, 29. Dez. 1984, 12-16. Zur Geschichte der Pancasila in Indonesien s. auch Th. Mooren (Anm. 64), 47-49; ders., *Pengantar Agama Islam II. Sejarah Agama Islam di Indonesia,* Parapat 1982 (Manuskript Sekolah Tinggi Filsafat), 42-47.

1965, die Parteienlandschaft Indonesiens radikal verändert. Die letzten Wahlen in Indonesien (23. April 1987) ergaben einen massiven Sieg für die Regierungsparteien (Golkar = Golongan Karya; 299 Sitze = 73,17 Prozent), dritter wurde die Demokratische Partei Indonesiens (PDI), der auch die chrisltichen Parteien angehören (40 Sitze = 10,87 Prozent) und die PPP zweiter. Sie kam auf nur 61 Sitze (15,97 Prozent) im Parlament und verlor 33 im Vergleich zu den Wahlen 5 Jahre zuvor.[69]

Doch nicht nur das Schicksal der PPP ist für unser Thema erwähnenswert. Gleichermaßen interessant ist der Gang der NU, der "Erwekkungs-/Erneuerungspartei" der Ulamas (Nahdatul Ulama) durch die indonesische Geschichte.[70] 1926 als sozio-kulturelle, religiöse, nicht parteipolitische Organisation gegründet, stieg die NU zu Beginn der Unabhängigkeit in die Politik ein, zunächst im Verbund mit der Masjumi,[71] dann seit 1952 unter eigener Flagge bis zur Fusion mit der PPP. Im Jahre 1984 jedoch löst die NU ihre Bindungen mit der PPP, verwandelt sich wieder zurück in das, was sie anfangs war, nämlich eine religiös-kulturelle Organisation, und stellt ihren Mitgliedern frei, sich für die Partei ihrer Wahl zu entscheiden.

Was steckt nun, wenn wir mal von allen partei- und machtpolitischen Intrigen absehen, die sicherlich auch ihre Rolle gespielt haben (und noch spielen), eigentlich hinter dem Rückzug der NU von der unmittelbaren parteipolitischen Szene, hinter dem Aufgeben der Kaʿba als Parteisymbol und Anerkennung der Pancasila im Falle der PPP? Und in wieweit ist das für unsere Fragestellung nach der hermeneutischen Strategie relevant? Hier kann uns eine Analyse der Meinungen bekannter Muslimpersönlichkeiten zum Thema der vierundachtziger "Wende", deren Folgen bis heute noch nicht erschöpft sind, weiterhelfen.[72]

---

[69] Cf. hierzu auch: *Tempo*, 2. Mai 1987, 22-28 (Laporan Utama); *Ujung Perjalanan Partai Islam*, in: *Tempo*, 9. Mai 1987, 24-25; M. Djamily, *Mengenal Kabinet Pembangunan V*, Jakarta 1988 (P.T. Kreasi Jaya Utama), 50.

[70] S. u.a. Th. Mooren (Anm. 64), 40, 46 u. (Anm. 68), 33/4; *Jangan Tinggalkan Partai* (= Anm. 68), 17/8; *Selama Al-Barzanji masih dibaca Orang...*, in: *Tempo*, 15. Dez. 1984, 16/7; *Perjalanan Aspirasi*, in: *Tempo*, 9. Mai 1987, 24/5.

[71] Diese von den Japanern ins Leben gerufene Konsultativversammlung der indonesischen Muslime wurde am 7. 11. 45 als *politische* Partei reorganisiert.

[72] S. hierzu *Robohnya...* (= Anm. 68), 12-16; *Selama...* (= Anm. 70), 16/17; *Ini Partai, Bukan Komplotan*, in: *Tempo*, 25. August 1984, 14-16.

Der damalige (und seit 1987 wieder im Amt bestätigte) Religionsminister *Munawir Sjadzali* sieht in den zur Debatte stehenden Vorgängen keine Depolitisierung des Islam, legt jedoch auch die alte politische "Zauberformel" wieder neu auf, nach der die Pancasila nur die islamische Staatsethik neu formuliere,[73] während ein bedeutender geistlicher Leiter darauf hinweist, die Umwandlung der PPP könnte auch zur Folge haben, daß sie wählbar für Katholiken oder überhaupt Mitglieder der PDI sei. Im übrigen sei aber die Situation in Indonesien für eine derartige Öffnung noch nicht reif.[74]

Daß die Öffnung der PPP keine Depolitisierung bedeute, wird auch mit aller Deutlichkeit von *Aburrahman Wahid*, Exekutiv-Vorsitzender der NU, herausgestrichen. Ihm geht es vor allem darum, daß das islamische Konzept, die islamische (politisch-kulturelle) "Aspiration" (aspirasi Islam) nicht in den Untergrund abgedrängt wird.[75] Wie Hefe, so könnte man sagen, habe der Islam im Pancasila-Kontext zu wirken.[76] Auf keinen Fall könne man den Islam aus der Politik entlassen, Politik und Islam seien unzertrennbar.[77]

Was vor allen Dingen not tue, so die Meinung weiterer von *Tempo* Befragter, sei das Finden einer neuen Identität für die PPP, die dem Pancasila-Geist gemäß weder materialistisch noch säkular, sondern "spirituell-materiell" zu sein habe und eine möglichst große Menschenmasse anziehen müßte; das wiederum ginge am besten mit einem Thema wie "Gerechtigkeit".[78] In diesem Sinne schlägt z.B. auch *Nurcholish Madjid*, das Wahlergebnis von 1987 in Händen, vor, die PPP könne die Rolle der deutschen Sozialdemokratie übernehmen, die, obwohl schon hundertjährig, von der Macht zwar ausgeschlossen sei, dennoch die Rolle einer inspiratorischen Kraft spiele.[79] Allgemeine Themen wie

---

[73] Cf. *Robohnya...* (= Anm. 68), 13.

[74] Meinung des ostjawanischen Pesantrenleiters und späteren Präsidenten der NU, *K.H. Achmad Siddiq*: "Dalam pandangan saya, masyarakat Indonesia belum siap untuk itu." (*Ini Partai...* [Anm. 72] 14).

[75] "... agar tak menjadi kelompok underground (Ibid., 14)."

[76] "Aspirasi Islam diserap dalam aspirasi Pancasila (ibid., 14)."

[77] Cf. auch A. Wahid in: *Robohnya...* (= Anm. 68), 12: "Islam adalah agama yang legal formalistis, hingga tak bisa dipisahkan dengan politik."

[78] Cf. *Ini Partai...* (= Anm. 72), 15/6.

[79] Cf. *Ujung...* (= Anm. 69), 25.

Gerechtigkeit, Kriminalität, Korruption etc., die nicht nur für Muslime, sondern auch für Christen, Buddhisten u.a. interessant seien, ins Strategieprogramm aufzunehmen, legt auch *Salim Said* den Muslimpolitikern ans Herz.[80]

In dieser breiten Perspektive ist es auch nicht verwunderlich, wenn der Rückzug der NU aus der direkten Parteipolitik positiv gewürdigt wird. *Lukman Harun*, von der 1912 in Mitteljava durch *K.H. Ahmad Dahlan* ins Leben gerufenen Reformbewegung Muhammadiyah, meint z.B., in ihrer neuen Form könne die NU sogar wesentlich erfolgreicher sein denn als politische Partei - als solche sei sie nämlich gescheitert.[81] *Mahrus Irsyam*, Dozent für Sozial- und Politikwissenschaften an der "Universitas Indonesia" rühmt die große Elastizität der NU, die sie auf diese Art mal wieder beweise, als *die* Stärke der Ulamas.[82] Vor der NU läge allerdings die Herausforderung einer durchgreifenden Modernisierung und Anpassung, auch in der Methode der Breitenwirkung und Durchführung konkreter Projekte, an das technische Zeitalter und seine Bedürfnisse. Eine Stärke der NU sei es schon immer gewesen, nicht "buchstäblich", rein legalistisch an Koran und Prophetentradition festzuhalten,[83] sondern über die (so können wir hinzufügen "geschichtliche") Vermittlung der großen Rechtslehrer der Vergangenheit. Nur eine (bewußte) Inzitation zum Unglauben setze der Akzeptanz eines politischen Systems die Grenze.[84]

In dieselbe Richtung weist auch der Versuch *Muhammad Dawan Rahardjos*, des Direktors des Instituts für Forschung, Entwicklung und Erziehung in Wirtschaft und Gesellschaft (LP3ES), die Geschichte der NU zu deuten. Er unterstreicht den Opportunismus der Ulamas, dessen sie sich wohl selber nicht bewußt seien,[85] ja sie seien in ihrer Praxis sogar eher "säkularistisch" (als "fundamentalistisch"), weil sie eine

---

[80]   S. *Zaman Kesadaran Program*, in: *Tempo*, 9. Mai 1987, 26.

[81]   "... kini NU lebih bisa berhasil, karena dalam politik gagal (*Selama...* [Anm. 70] 16)."

[82]   "... adalah potensi utama NU (ibid., 16)."

[83]   "... tidak berlangsung berpegang secara legalistis pada Quran dan Hadis (ibid., 16)."

[84]   "... batasnya, asal tidak mangarah ke arah kekufuran (ibid., 16)."

[85]   "... yang oleh orang NU sendiri tidak dirasakan sebagai sikap opportunistis (ibid., 16)."

deutliche Trennung zwischen Religion und nicht-religiösen, bzw. staatlichen Problemen machten.[86] Im Gegensatz zur Muhammadiyah hat die NU kein, wenn man so will, grundsätzliches ideologisches Konzept im modernen Sinn. Sie geht, nach *Rahardjo*, an die Probleme in Staat und Gesellschaft von Fall zu Fall heran - was nicht unbedingt vom klassischen islamischen Recht geregelt ist, steht der Improvisation frei - und würde selbst eine Monarchie akzeptieren.[87]

Der Pesantren[88] - Leiter *K.H. Tohir Widjaya*, Ex-NUler und jetzt Golkar-Mitglied schließlich schätzt die Entparteilichung der NU, weil sich so die Ulamas wieder mehr ihrer Hauptaufgabe zuwenden könnten: in ihren täglichen Pflichten den Propheten Muhammad nachzuahmen.[89]

Aufschlußreich zum Verständnis der Entwicklung des Islam in Indonesien in jüngster Zeit - und damit auch für unsere spezielle Fragestellung - ist weiterhin das Ergebnis einer von *Tempo* durchgeführten Befragung zum Thema Islam und Politik bzw. Staat, nämlich ob der Islam ein konkretes Staatskonzept besitze.[90] Hier ist besonders die Bemerkung *Harun Nasutions*, des ehemaligen Rektors des Islaminstitutes (IAIN) in Jakarta interssant, der Koran und die Prophetentradition kümmere sich nur um die Basisprobleme, gewissermaßen die staatlichen Rahmenbedingungen, und nicht um die detaillierte Ausführung der Staatsgeschäfte. Zu diesem koranischen und durch die Tradition abgesicherten Rahmen gehören für *Nasution* Gerechtigkeit, Demokratie, die Gleichberechtigung aller vor dem Gesetz und Toleranz. Für uns mag das zwar wie ein Hineinlesen von modernen Werten in den Koran aussehen, es führt *Nasution* aber zu der Feststellung, die Lehre des Islam sei äußerst flexibel.[91] *Nasution* führt dann weiter aus, islamisches Recht brauche zwar den Druck oder die Durchsetzungskraft der Regierung zu seiner Verwirklichung, die auf die Pancasila gegründete

---

[86] "NU memisahkan antara masalah agama dan bukan agama atau duniawi (ibid., 16)."

[87] Cf. ibid., 16.

[88] Pesantren: religiöses Zentrum, wo zusammen gelebt und studiert wird.

[89] "... bisa meniru Nabi Muhammad dalam melaksanakan tugas sehari-hari (ibid., 17)."

[90] In der Ausgabe vom 29. Dez. 1984, 16-19, unter dem Titel: *Islam Punya Konsep Kenegaraan?*

[91] "Ajaran Islam itu sangat flexibel (ibid., 19)."

Republik Indonesien stehe jedoch in Einklang mit der Epoche der (ersten vier) "rechtgeleiteten" Kalifen. Im übrigen gebe es kein Land, in dem islamisches Recht total verwirklicht sei. Klingt auch *Nasutions* Argumentation in vielen Punkten eher "klassisch", so ist doch seine abschließende Frage von Bedeutung, nämlich in wieweit ein vor 1000 Jahren konzipiertes Recht für heute noch tauge: "Das muß ins Auge gefaßt werden."[92] Und als Beispiel gibt er die Ehegesetzgebung an, die an der Emanzipationsfrage nicht mehr vorbeigehen könne.[93] In alten Zeiten, so argumentiert er, hätten Frauen oft keine Erziehung genossen. Das sei heute aber nicht mehr wahr, ja Frauen würden häufig sogar mehr verdienen als Männer! Hält man dies zusammen mit der Feststellung, daß islamisches Recht äußerst flexibel sei, so sieht man deutlich, wie hier an der Geschichte nicht vorbeigedacht wird, wie ein Tor geöffnet wird, den Koran nicht "wörtlich", sondern von der Geschichte her zu verstehen.

Ein führender Kopf der Muhammadiyah, *H. Djarnawi Hadikusuma*, geht noch weiter. Er behauptet klipp und klar: "Im Islam gibt es keinen Islamstaat, noch ein Konzept für einen solchen!"[94] Was wir wirklich vorfinden, sind nur verschiedene Interpretationsversuche der Ulamas.[95] Man gehe daran, in Staaten mit mehrheitlich muslimischer Bevölkerung die Regierung zu zwingen, islamisches Recht durchzuführen. Islamisches Recht sei jedoch nicht Regierungssache, sondern dessen Schicksal entscheide sich auf der Ebene sozialer Organisationen, der Führer der Gesellschaft, der Lehrer etc. Mit anderen Worten: nicht die Regierung, sondern die Gesellschaft muß islamisiert werden, durch Erziehung, durch soziale Aktivitäten.[96]

Der bekannte, schon zitierte Muslimtheoretiker *Nurcholish Madjid*, der in Chicago promoviert hat, argumentiert ähnlich: "Heutzutage halten immer mehr Menschen an der Idee einer islamischen Gesellschaft (Moslem society) und nicht an einem islamischen Staat (Moslem state

---

[92] Ibid., 19.
[93] "... mesti disesuaikan dengan emansipasi (ibid., 19)."
[94] Ibid. 19.
[95] "Yang ada... hanya penafsiran dari beberapa ulama (ibid., 19)."
[96] "Yang diislamkan itu masyarakat, melalui dakwah pendidikan, serta amal sosial (ibid., 19)."

oder Islamic state) fest."[97] Der Nachdruck werde daher nicht mehr auf
Fragen des Staatswesens als solches, sondern auf gesellschaftliche
Probleme gelegt.[98] Der Ausdruck Islamstaat (negara Islam) selbst sei eine
pakistanische Erfindung; vorher habe die Geschichte des Islam so etwas
nicht gekannt. Ja, der Prophet selbst habe nicht einmal klargemacht, daß
sein Werk etwas mit einem Staat zu tun habe.[99] Das ganze Staatspro-
blem sei kein integraler Bestandteil des Islam. Der Staat habe zwar
Werkzeugcharakter mit Blick auf die Festigung der Lehre des Islam.
Auf eine bestimmte Staatsform wird jedoch nicht verwiesen. Vielmehr
stehe die ganze Palette von Parteien, Organisationen, Moscheen,
Lehranstalten zur Verfügung. Jedenfalls habe der Prophet, so *N. Madjid*,
Mekka nicht verlassen, weil er dort keinen bestimmten Staat habe
errichten können, sondern weil er die Religion nicht habe einpflanzen
können. Und Medîna sei kein Islamstaat (negara Islam) gewesen. Der
Islam sei zwar nicht theorienlos in Sachen Staat, aber seine Staatsidee
sei nicht exklusiv islamisch, sondern könne auch für Nicht-Muslime
attraktiv sein. Die Strategie der Zukunft für die hier zur Debatte stehene
Frage liege jedenfalls nicht in einem rein "politischen" Agieren im engen
Sinn, sondern in kulturellem Handeln, von dem die Politik nur ein Teil
sei. Man solle politisch nicht erzwingen, was kulturell langsam reifen
könne.[100] Alles in allem könnte man, wenn man so will, diesen ganzen
Prozeß eine Depolitisierung des Islam nennen oder aber, hintergründiger-
weise auch: eine Politisierung, die im Grunde nur raffinierter, "gekonn-
ter" ist.[101]

Die Auffassungen *N. Madjids* zum Problem Islamstaat sind interessanterweise nicht sehr verschieden von denen des schon genannten
Exekutiv-Vorsitzenden der NU, *Abdurrahman Wahid*. Auch für Wahid
ist der Islam keinem bestimmten Staatswesen verpflichtet, sondern der

---

[97] Ibid., 17.

[98] "... lebih menekankan kepada soal-soal kemasyarakatan (ibid., 17)."

[99] "... tak secara tegas merumuskan bahwa yang ia bentuk itu sebuah negara (ibid.,
17)."

[100] "Apa kita ini akan memaksakan segi politik itu atau membiarkannya tumbuh
dengan wajar (ibid., 17/8)."

[101] "Diakuinya (= N. M.), keadaan ini bisa disebut depolitisasi Islam, atau politisasi
yang lebih sophisticated (*Robohnya...* [Anm. 68] 14)."

Gesellschaft, der Gemeinschaft als solcher.[102] Was der Islam allerdings besitzt - im Hinblick auf jedwede Staatsform - ist der Auftrag zur Gerechtigkeit.[103] Der Führer eines Staates müßte, vom Islam her gesehen, jedoch gerecht sein.[104]

Der Auftrag zur Gerechtigkeit wird auch von dem schon erwähnten *K.H. Achmad Siddiq*, dem zur Zeit der Befragung durch *Tempo* gerade frisch gewählten Präsidenten der NU, geteilt. *Siddiq* legt auch Wert auf den Hinweis, daß sich die NU schon am 22. Okt. 1945 gegen Gewalt oder Hl. Krieg als Methode zur Durchsetzung ihrer Ziele entschieden habe.[105] Allerdings ist für den Präsidenten der NU Indonesien zwar kein Islamstaat (negara Islam) - einen Staat aufzubauen, sei nie Auftrag des Islam gewesen -, aber eine Muslimnation (negara Muslim), und zwar wegen der historischen Tatsache, daß Indonesien ehemals von den Muslims unterworfen worden war.[106] Die so geschaffenen Machtverhältnisse (und der daraus resultierende rechtliche Zustand) seien zwar von der holländischen Kolonialmacht unterbrochen worden, dennoch bleibe aber - nach Rechtsauffassung der Ulama - Indonesien eine Muslimnation (negara Muslim).

Die Subtilität des Etikettenspiels ist für die Ulama wichtig. Sie verschafft Handlungsspielraum. Opportunismus, feines Gespür für die wirklichen Machtverhältnisse - wie dem auch sei, gesucht wird der Ulama der Zukunft, für den die Fragen nach Staatsform, "politique politicienne", das "pakistanische" Problem eines nominellen Islamstaates usw. nicht mehr zentral sind. Zentral ist jetzt und für die Zukunft die wirklich effektive, reale Präsenz des Islam auf der Ebene der konkreten Gesellschaft. Der Ulama der Zukunft ist nicht mehr nur der, der in den klassischen Fragen der Religion bewandert ist, sondern der weiß, wie

---

[102] "Yang ada hanya kemasyarakatan dan komunitas (*Islam Punya*... [Anm. 90] 18)."

[103] "Jadi, apa sebenarnya tujuan bernegara bagi Islam? Hanya untuk menegakkan keadilan (ibid., 18)."

[104] "... harus memiliki sifat adil (ibid., 18)."

[105] Cf. ibid., 16.

[106] "Setiap wilayah atau tempat yang pernah dikuasai oleh orang Islam, nama negara atau wilayah itu tetap Muslim dan tidak berubah selamanya (ibid., 17)."

man "organisiert".[107] So wurde das Konzept des Ulama "plus" geboren.[108] Der Ulama "plus" ist Spezialist in Fragen der Wirtschaft, Soziologie, Psychologie etc., kurz all der wichtigen Bereiche des modernen Lebens, für die das klassische Recht (fikh) gar nicht geschaffen worden war und die eine neue Epistemologie und eine neue Praxis fordern.

Soweit unser Überblick über gewisse Tendenzen im gegenwärtigen Islam Indonesiens. Es versteht sich von selbst, daß es falsch wäre, aus diesem notwendigerweise unvollständig gebliebenen Abriß von Meinungen eine Einmütigkeit des gesamten Islam im Land der Pancasila herauszulesen. Aber die Verschiebung der Problemlage, nämlich weg von der die diversen "Fundamentalismen" so sehr beschäftigenden Frage nach dem formalen oder nominellen Islamstaat hin zur Inangriffnahme der realen gesellschaftlichen Probleme, zur "islamischen Gesellschaft" wie es heißt, scheint uns doch ein deutliches Resultat unserer Analyse zu sein. Die Strategie der friedlichen, die Konkurrenz akzeptierenden Durchdringung der Gesellschaft mit islamischen Ideen verdient m.E. durchaus den Namen einer "geistigen Revolution", denn der Islam steht damit vergleichsweise in einer ähnlichen Situation wie die christdemokratischen Parteien, denen es um die Durchsetzung des christlichen Anspruchs (sofern er noch aufrecht erhalten wird) in einer pluralistischen Gesellschaft geht.

Daß heute Teile des Islam diese Ausgangslage überhaupt als Operationsrahmen akzeptieren, ist sicherlich auch der Armee bzw. der nationalen, nicht an eine bestimmte Religion gebundenen Ideologie des Gründungsaktes Indonesiens selbst (pancasila), zu verdanken. Wird nicht der Weg der Revolte eingeschlagen, bleibt nur die Akkomodation.

Doch so hoch man auch das feine, durch eine lange geschichtliche Tradition erworbene politische Gespür der Ulamas einerseits und den Druck des Staates bzw. Armee (z.B. in Sachen PPP) andererseits[109] in diesem Umbruchprozeß veranschlagt, er wird nur dann nicht zu einem Trauma für den Islam werden, wenn er mit einer entsprechenden theologischen, und das will auch heißen: hermeneutischen, Neubesinnung

[107] So A. Wahid in *Robohnya...* (Anm. 68), 14.

[108] S. hierzu die detaillierte Analyse in der Tageszeitung *Kompas* vom 14. Jan. 1987.

[109] Bzw., in letzter Analyse, der Druck der u.a. auch durch die Kolonialzeit aufgezwungenen Auseinandersetzung mit westlichem Ideengut überhaupt.

einhergeht. Darauf weist auch der *Tempo*-Beitrag zum Islamstaat in seiner Einleitung mit aller wünschenswerten Klarheit hin. Er setzt sich nämlich genau mit dem von uns angesprochenen Kernproblem der Hermeneutik auseinander, eben der Synchronisierung, und die ist nun mal grundsätzlich möglich - wenn auch nur der Intention nach - mit oder ohne "Geschichte", dem Geist oder dem Buchstaben nach: "Muß der Muslim das ganze koranische Gesetzeswerk übernehmen, mit anderen Worten: all das, was vom Propheten und seinen Gefährten praktiziert wurde, oder (kann er hierzu) Alternativen wählen...?"[110]

Läßt man aber die Frage nach Alternativen zu, akzeptiert man die Geschichte, und zwar nicht nur als eventuellen Lieferanten von Optionen,[111] sondern als das hermeneutische Problem überhaupt; man akzeptiert dann, daß es keinen Stillstand, kein künstliches Einfrieren weder von Situationen, aus denen heraus interpretiert wird, noch von Texten, die interpretiert werden, geben kann, kurz: man akzeptiert mit Geschichte auch deren grundsätzliche Offenheit. Und so kommt der *Tempo*-Artikel auch zu dem, für manche Ohren unter gewissen Gesichtspunkten vielleicht recht kühnen Schluß, die Frage nach Alternativen stelle sich aus dem Bewußtsein heraus, daß aus dem Blickwinkel des Islam die Geschichte nicht abgeschlossen sei, nicht stagniere.[112]

Der *Tempo*-Beitrag wird sogar noch deutlicher. Nachdem er anerkannt hat, daß zu dieser Frage die Meinungen der führenden Muslimpersönlichkeiten durchaus auseinandergehen, formuliert er das Problem noch einmal so: Gott bietet den Glauben der ganzen Menschheit, hier den Muslimen, an. Wird aber die Offenbarung so vor ihre Augen gelegt, dann bringen die Menschen in die Anstrengung, den Willen Gottes zu verstehen, ihre konkrete geschichtliche Situation mit ein.[113] Wenn dem aber so ist, dann hat das für die "Gretchenfrage"

---

[110] "Haruskan orang Islam mengambil oper semua bentuk Islam dalam Quran, alias yang dipraktekan Nabi dan para sahabat, ataukah memilih berbagai alternatif...? (*Islam punya...* [Anm. 90] 17)."

[111] "... alternatif dalam sejarah kaum Muslimin (ibid., 17)."

[112] "... dengan keyakinan bahwa sejarah, dalam pandangan Islam, sebenarnya tidak mandek (ibid., 17)."

[113] "Masalahnya ialah ini: bila Tuhan memberi kepercayaan kepada manusia (Muslim, di sini)... meski dengan tetap meletakkan Wahyu di depan mata, dan mengikutsertakan sejarah masanya sendiri dalam mencoba memahami kemauan

(topik "angker") eines Islamstaates, nämlich die berühmte Anwendung des Straf- und Kriminalrechts, eine ganz klare Folge: dieses Recht verliert seine islamische Legitimation![114] Vielleicht erschrocken von seiner eigenen Kühnheit, fragt dann aber der Beitrag: "Wie weit jedoch kann man in diesem Interpretationsprozeß (penafsiran) gehen?"[115] Man ist jedenfalls in eine ganz andere Richtung gegangen als die ägyptischen Muslimbrüder.

Tuhan itu (ibid., 17)."
[114] "... dengan yang resminya bukan dari Islam (ibid., 17)."
[115] Ibid., 17.

"Kein Zwang in der Religion!"

Zum Verständnis von Sure 2,256
Mit einem Beispiel aus einem indonesischen Korankommentar

Die Aussage des 256. Verses der Sure "al-baḳara" (die Kuh): "Kein Zwang in der Religion!"[1] ist, inmitten von "Re-Islamisierung", Fundamentalismusdiskussion und den politischen Ereignissen im Nahen und Mittleren Osten, erneut hochaktuell. Ziel der folgenden Ausführungen ist es zu zeigen, wie das Thema Abwesenheit von Zwang in Sachen Religion, wie es Sure 2,256 ausdrückt, verstanden werden kann. Diese Ausführungen werden dann ergänzt durch einen zeitgenössischen Kommentar zu 2,256 aus der Feder des bedeutenden und populären indonesischen Muslims *Hajji Abdulmalik Karim Amrullah*, bekannt unter der Abkürzung "*Hamka*".

1. Grundsätzliches zu Gewalt und Krieg im Islam im Horizont von Sure 2,256

Bevor wir uns Sure 2,256 direkt zuwenden, sind vielleicht einige allgemeine Erläuterungen zum Thema Gewalt im Islam angebracht.[2] Die

---

[1] Der volle Wortlaut von Sure 2,256 lautet: "In der Religion gibt es keinen Zwang... Der rechte Weg (des Glaubens) ist (durch die Verkündigung des Islam) klar geworden (so daß er sich) vor der Verirrung (des heidnischen Unglaubens deutlich abhebt). Wer nun an die Götzen *nicht* glaubt, an Gott aber glaubt, der hält sich (damit) an der festesten Handhabe, bei der es kein Reißen gibt. Und Gott hört und weiß (alles)." (Wir folgen in Koranübersetzungen: R. Paret, *Der Koran*, Stuttgart, Berlin, Köln, Mainz 1979.)

[2] S. hierzu z.B. Chr. Rajewsky, *Der gerechte Krieg im Islam*, in: R. Steinweg (Redakt.), *Der gerechte Krieg: Christentum, Islam, Marxismus*, Frankfurt/. 1980, 13-71; R. Paret, *Toleranz und Intoleranz im Islam*, in: *Saeculum* (21) 1970, 344-365; S. Raeder, *Toleranz und göttliche Sendung in islamischer und christlicher Sicht*, in: W. Höpfer (Hrsg.), *Christentum und Islam*, Heft 6: *Toleranz und Absolutheitsanspruch*, Breklum 1975, 6-20; A.-Th. Khoury, *Toleranz im Islam*, München 1980; ders., *Muslime und Nicht-Muslime. Grundlehren des Islam zur Toleranz*, in: *Theologische Quartalschrift* (161) 1981, 201-209; mit Blick auf den Iran, s. u.a. K. Greussing (Redakt.), *Religion und Politik im Iran; mardom*

allgemeine Ansicht zu diesem Problemkreis faßt *S. Raeder* so zusammen: "Nach gängiger Meinung ist Mohammed Stifter einer Weltreligion, die sich mit Feuer und Schwert ausgebreitet hat",[3] fährt jedoch fort: "Beides ist unzutreffend. Mohammed dachte noch nicht daran, eine Weltreligion zu gründen, und der Islam hat sich, wenigstens als *Religion*, nicht mit Feuer und Schwert ausgebreitet."[4]

Dies geht in die Richtung derer, die wie *M. Rodinson* der Meinung sind, die Annahme des Islams sei eine *Begleiterscheinung* der Eroberungskriege, im Rahmen der Integration kleiner Gesellschaften in globale, gewesen;[5] und nach *J. Wellhausen* u.a. sollte man besser von einem weltlich-arabischen, als von einem islamischen Großreich sprechen,[6] was besonders auch daraus hervorgeht, daß "die Muslime im ersten Jahrhundert ihrer Eroberungszüge den Unterworfenen sogar verboten, die arabische Sprache und die islamische Religion anzunehmen".[7]

Die berühmte islamische Aufteilung der Welt in die zwei Zonen: dâr as-salâm, Zone des Friedens (des Islams also) und dâr al-ḥarb, Zone des Krieges, zielte demnach primär auf die Unterwerfung unter die *staatliche* Herrschaft des Islam ab, nicht auf die Annahme des Islams als *Religion* - mit einer wichtigen Einschränkung allerdings: es mußte sich bei den Neu-Unterworfenen um sogenannte "Schriftbesitzer" handeln, "Leute des Buches" (ahl al-kitâb), vorab Juden und Christen (anfangs auch noch Sabier und Zoroastrier). Sie konnten als "ḏhimmis", Schutzbefohlene, unter Zahlung einer Sondersteuer ihre Religion beibehalten. Ihnen wurde sogar eine eigene innere Verwaltung zugestanden.

nameh - Jahrbuch zur Geschichte und Gesellschaft des Mittleren Orients (Hrsg. Berliner Instit. f. vergl. Sozialforschung), Frankfurt/M. 1981.

[3] *Toleranz und göttliche Sendung...*, 6.

[4] Ibid., 6.

[5] Cf. M. Rodinson, *Islam und Kapitalismus*, Frankfurt/M. 1971 (Übers. von: *Islam et Capitalisme*, Paris 1966) 242.

[6] Cf. hierzu Chr. Rajewsky, *Der gerechte Krieg...*, 31. Weitere Informationen auch in N. Levtzion, *Conversion to Islam: some notes towards a comparative study*, in: *Etudes Arabes et Islamiques 3* (1975) 125-129; R.W. Bulliet, *Conversion to Islam in the Medieval Period. An Essay in Quantitative History*, Cambridge, Mass, London 1979.

[7] Chr. Rajewsky, *Der gerechte Krieg...*, 31.

Sie waren jedoch häufig verpflichtet, sich im Äußeren von den Muslims zu unterscheiden: z.B. buntes Stück Stoff auf der Schulter, farbiger Gürtel; ferner Reitverbot und Verbot Waffen zu tragen, sowie die Auflage keine Häuser zu bauen, die höher waren als die der muslimischen Nachbarn. Bis zur Revolution unter den Jungtürken (1908) im Osmanischen Reich z.b., wurde ein dhimmi ferner nicht zum Militärdienst zugelassen,[8] sein Grund und Boden ging an die islamische Gemeinde, konnte jedoch über die Zahlung eines Zinses weiterverwaltet werden. Ein dhimmi durfte in allen arabischen Ländern wohnen, ausgenommen die arabische Halbinsel.[9]

Eine andere Frage ist es allerdings, wieweit Schriftbesitzer, einzeln oder in Gruppen, dem ökonomisch-sozialen Druck der Umwelt standhalten konnten. Besonders prekär war in dieser Hinsicht die Stellung der Intellektuellen, speziell in exponierter Stellung in Verwaltung und Forschung, deren Lebensunterhalt direkt von den neuen Machthabern abhängig war.

Was die (zunächst altarabischen) "Heiden" anging, so gab es ihnen gegenüber kein Pardon:

(Damals) als dein Herr den Engeln eingab: Ich bin mit euch. Festigt diejenigen, die gläubig sind! Ich werde denjenigen, die ungläubig sind, Schrecken einjagen. Haut (ihnen mit dem Schwert) auf den Nacken und schlagt zu auf jeden Finger von ihnen! (Sure 8,12).

Ferner:

Wenn ihr (auf einem Feldzug) mit den Ungläubigen zusammentrefft, dann haut (ihnen mit dem Schwert) auf den Nacken! Wenn ihr sie schließlich vollständig niedergekämpft habt, dann legt (sie) in Fesseln, (um sie) später entweder auf dem Gnadenweg oder gegen Lösegeld (freizugeben)! (Haut mit dem Schwert drein) bis der Krieg (euch) von seinen Lasten befreit...! Dies (ist der Wortlaut der Offenbarung). Wenn Gott wollte, würde er sich (selber) gegen sie helfen. Aber er möchte

---

[8] Das steht in Widerspruch zu der Praxis der ersten großen Eroberungsfeldzüge, bei denen christliche und iranische Soldaten höchst willkommen waren und auch ihre Religion nicht ändern mußten; s. J.W. Jandora, *Developments in islamic warfare: the early conquests*, in: *Studia Islamica 64* (1986) 101-113, 109.

[9] Zum Ganzen s. Chr. Rajewsky, *Der gerechte Krieg...*, 28f.; ferner auch: M. Forstner, *Der Islam in der westafrikanischen Sahel-Zone. Erscheinungsbild - Geschichte - Wirkung*, in: *Zeitschrift für Missionswissenschaft und Religionswissenschaft 71* (1987) 25-84, 97-120; 25f.

(nicht unmittelbar eingreifen, vielmehr) die einen von euch (die gläubig sind) durch die anderen (die ungläubig sind) auf die Probe stellen. Und denen, die um Gottes willen... getötet werden (Variante: kämpfen), wird er ihre Werke nicht fehlgehen lassen... Er wird sie rechtleiten, alles für sie in Ordnung bringen und sie ins Paradies eingehen lassen, das er ihnen zu erkennen gegeben hat. (Sure 47,4-6).[10]

So stellt R. Paret denn auch summarisch fest: "Die 'Heiden' (mushrikûn) wurden sehr wohl zur Annahme des Islam gezwungen, es sei denn sie zogen es vor, sich totschlagen zu lassen."[11] Hier kann sich also ohne Hemmung der djihâd, der heilige Krieg, austoben.

Sicher, man kann geltend machen, daß der Korankontext für den djihâd vornehmlich defensiv ist, wie auch Sure 8,13 zeigt: "Das (wird ihre Strafe) dafür (sein), daß sie gegen Gott und seinen Gesandten Opposition getrieben haben... Wenn jemand gegen Gott und seinen Gesandten Opposition treibt... (muß er dafür büßen)."[12] Ferner ist es keineswegs so, daß der Begriff djihâd von Anfang an auf bestimmte, nämlich kriegerische Unternehmen eingegrenzt ist, sondern jede Art von geistiger, besonders auch asketischer *Anstrengung* meint,[13] bis hin zur modernen "Produktionsschlacht" im Kampf gegen Unterentwicklung (Tunesien u.a.).[14]

---

[10]   S. auch noch Sure 2,190/1,216/7; 8,45; 9,29; 61,4.

[11]   R. Paret, *Sure 2,256: lâ ikrâha fî d-dîni. Toleranz oder Resignation?*, in: *Der Islam 45* (1969) 299/300; s. auch S. Raeder, *Toleranz und göttliche Sendung...*, 8; A.-Th. Khoury, *Toleranz im Islam*, 31, 116; M. Forstner, *Der Islam...*, 26.

[12]   Cf. auch 8,39: "Und kämpft gegen sie, bis niemand (mehr) versucht, (Gläubige zum Abfall vom Islam) zu verführen, und bis nur noch Gott verehrt wird! Wenn sie jedoch (mit ihrem gottlosen Treiben) aufhören (und sich bekehren), so durchschaut Gott wohl, was sie tun." - S. auch Chr. Rajewsky, *Der gerechte Krieg...*, 22: "Das vorrangige Ziel Muhammeds bei der Verkündigung der Aufrufe zum ğihâd war also nicht die Ausbreitung des muslimischen Glaubens, sondern der Schutz der kleinen islamischen Gemeinschaft vor dem Abfall vom Glauben." - Zum Zusammenhang zwischen djihâd und altarabischem Beuterecht (Razzien etc.) s. ibid., 25.

[13]   Gemäß der Grundbedeutung der Wurzel "djahada": sich anstrengen, sich verausgaben, aushalten; s. hierzu auch Chr. Rajewsky, *Der gerechte Krieg...*, 23/24.

[14]   M.a.W. jede Art von Mobilisierung kann mit dem Begriff "djihâd" belegt werden (s. A. Abdel-Malek, A.-A. Belal, H. Hanafi, [Hrsg.], *Renaissance du monde arabe. Colloque interarabe de Louvain*, Gembloux, Algier 1972). Cf. z.B. auch

Dennoch - es bleibt - da vom Propheten selbst nun einmal nicht verschmäht - bei der grundsätzlichen Legitimität von Gewalt, und (was noch wichtiger ist) Gewalt in Sachen Religion bleibt - im Lichte der immer noch vorherrschenden Auffassung von der Verbalinspiration des Korans und seiner legalistischen Inanspruchnahme durch die Rechtsexperten und die Mächtigen, gekoppelt auch mit der Idee der Einheit von Religion und Staat - prinzipiell auch in Zukunft *legitimierbar*.[15]

Art. 12,3 der *Universalen Deklaration der Menschenrechte im Islam*, proklamiert am 19. Sept. 1981 zu Paris im Palast der UNESCO durch den Europäisch-Islamischen Rat (Conseil Islamique pour l'Europe), einer Privatorganisation mit Beobachterstatus bei der O.C.I. Dort wird unter der Überschrift: das Recht auf Gedanken-, Glaubens- und Redefreiheit erklärt: "Jedes Individuum hat das Recht und die Pflicht zu erklären, daß es Ungerechtigkeit verweigert und verabscheut, genauso wie es Recht und Pflicht hat, Ungerechtigkeit zu bekämpfen, ohne Rücksicht darauf, ob es eine Macht, die ihre Autorität mißbraucht, eine Regierung, die ungerecht handelt, oder ein System, das sich als tyrannisch offenbart, herausfordert. Darin beruht die beste Form des 'Kampfes' (dj̱ihâd): 'Man fragte den Propheten: 'Was ist der beste dj̱ihâd?' -; (Er besteht darin)', antwortete dieser, 'die Wahrheit im Angesicht eines ungerechten Fürsten zu proklamieren.'" (Dt. v. Th. M.) Der vollständige Text der *Déclaration Universelle des Droits de l'Homme en Islam* ist zugänglich in: *Islamochristiana* 9 (1983) 121-140. (Dt. in: Martin Forstner, *Allgemeine islamische Menschenrechtserklärung, CIBEDO-Dokumentation Nr. 15/16*, Frankfurt 1982.) - Wegen der Weitmaschigkeit des Begriffs "dj̱ihâd" als Kampf/Anstrengung kann aber "en passant" auch jede Art von *blutiger* Auseinandersetzung (Guerillatum, Terrorismus, Geiselnahme mit blutigem Ausgang etc.) bis hin zum Befreiungskrieg in Afghanistan unter diesen Begriff fallen. - Speziell für Afghanistan s. die Schlußresolution der Empfehlung des Kolloquiums von Kuwait über Menschenrechte (9.-14. Dez. 1980), Art. 49 c, in: R. Caspar, *Les déclarations des droits de l'homme en Islam depuis dix ans*, in: *Islamochristiana* 9 (1983) 59-102, 91. - Zur dj̱ihâd und Iran s. neben K. Geussing, (Redakt.), *Religion und Politik im Iran...*, (Anm. 2) auch Chr. Rajewsky, *Der gerechte Krieg...*, 48ff.

15 S. dazu, auch in bezug auf die Frage, wieweit dies mit dem Islam qua Monotheismus, d.h. als einzigem Wahrheitsbesitzer, zusammenhängt u.a.: Th. Morren, *Beobachtungen zum Islam in Indonesien*, 44-46, in: *Zeitschrift für Missionswissenschaft und Religionswissenschaft* 66 (1982) 35-47; 44-46; ders., *Abstammung und Heiliges Buch. Zur Frage der semantischen Bedeutsamkeit anthropologischer Strukturen im Alten vorderen Orient im Hinblick auf den koranischen Monotheismus*, in: *Zeitschrift für Missionswissenschaft und Religionswissenschaft* 65 (1981) 14-39; 31-33 [hier: 118-147, 141-143]; ders., *Der Islam in theologischer, anthropologischer und philosophischer Sicht*, in: *Franziskanische Studien* 68 (1986) 295-319; 312/3, 315, 318 (bes. Anm. 62 u. 88) [hier: 25-61, 50-52, 54-56, 59/60]; es sei allerdings erwähnt, daß die dj̱ihâd nicht zu den offiziellen "5 Säulen" des Islam gehört (nämlich: Glaubensbekenntnis, Beten, Fasten, Almosengeben, Pilgerfahrt). Er wird jedoch zuweilen in den

Es überrascht daher nicht, wenn schließlich R. Paret in Bezug auf Sure 2,256 (Kein Zwang in der Religion!) zu dem Schluß kommt, es handle sich hier eher um einen Ausdruck der *Resignation* als der Toleranz.[16] Selbst wenn sich für die Auslegung, man *dürfe* in Sachen Religion keinen Zwang ausüben, "manches anführen" läßt,[17] so war doch wohl ursprünglich gemeint, "daß man auf niemand (durch bloße *Verkündigung* der religiösen Wahrheit) einen solchen Zwang ausüben

Aussprüchen der Tradition (ḥadîth, pl. aḥâdîth) unter die verdienstvollsten und wichtigsten "Werke" des Muslims gerechnet, z.B.: Bukhârî 2,18; 49,2; Muslim 1,34 (an zweiter Stelle hinter Glauben an Gott, bzw. an Gott und seinen Propheten); Bukhârî 9,5; Muslim 1,34 (an dritter Stelle hinter Beten zur festgesetzten Zeit und Elternliebe); und auf *Abû Bakr* geht das Prophetenwort zurück: "Eine Pilgerfahrt, für den, der sie noch nicht unternommen hat, ist wichtiger als 40mal Kriegführen (ghazwa); doch einmal in den Krieg ziehen, wenn man die Pilgerfahrt schon unternommen hat, ist wichtiger als 40 Pilgerfahrten." Ferner soll *ʿAlî* gesagt haben: "Wahrlich, der Heilige Krieg ist eines von den Toren zum Paradies; Gott hat es für Seine besonderen Vertrauten geöffnet. Er ist das Kleid der Frömmigkeit, die sichere Rüstung Gottes und Sein fester Schild. Wer ihn läßt und sich von ihm abwendet, dem legt Gott das Gewand der Erniedrigung und den Mantel des Unheils an. Ihm werden Erbärmlichkeit und Niedertracht vorgeworfen, und sein Herz wird versiegelt." - Es gibt aber auch djihâd-freie Antworten auf die Frage nach dem besten Muslim. So soll der Prophet, ʿUthmân zufolge, gesagt haben: "Der beste unter euch ist der, der den Koran studiert und ihn lehrt." Die Frage nach dem besten muslimischen "Werk" hat der Prophet, *ʿAbdallâh Ibn ʿUmar* zufolge, so beantwortet: "Du gibst den Armen Speise und richtest den Friedensgruß an die, die du schon kennst sowie an die, die du noch nicht kennst." (Bukhârî 2,6; Muslim 1,14). Und *Abû Mûsâ* berichtet des Propheten Antwort auf die Frage nach dem erlesensten Muslim: "Es ist der, der die Gläubigen in Bereich von Zunge und Hand von Gewalttat freihält." (Bukhârî 2,5; Muslim 1,14). - Alle Belege zu den genannten Traditionen - mit Ausnahme des ʿAlî-Wortes - bei T.M. Hasbi Ash-Shiddieqy, *2002 Mutiara Hadits*, Bd. I, Jakarta ⁵1978, der Reihenfolge nach: 227/228, 232, 152. Das *ʿAlî* zugeschriebene Wort s. in: H.-J. Kornrumpf, *Untersuchungen zum Bild ʿAlîs und des frühen Islams bei den Schiiten (nach dem Nahǧ al-Balâǧa des Sarîf ar-Raḍî)*, in: *Der Islam* 45 (1969) 1-63, 262-298; 53. - Schließlich soll der Kalif *ʿUmar II* (717-720) den djihâd prinzipiell abgelehnt haben, da er nicht für Gott, sondern hauptsächlich um der Beute willen geführt werde (cf. Chr. Rajewsky, *Der gerechte Krieg...*, 25).

[16] Cf. R. Paret, *Sure 2,256: lâ ikrâha...* (Anm. 11), 300; cf. auch: ders., *Der Koran. Kommentar und Konkordanz*, Stuttgart, Berlin, Köln, Mainz 1971, 54/55.

[17] R. Paret, *Sure 2,256: lâ ikrâha...*, 299.

könne".[18] Zur Stützung seiner Ansicht führt Paret Sure 10,99f. und 12,103 an:

> Wenn dein Herr wollte, würden die, die auf der Erde sind, alle zusammen gläubig werden... Willst nun du die Menschen dazu zwingen, daß sie glauben...? Niemand darf gläubig werden, außer mit der Erlaubnis Gottes. Und er legt die Unreinheit... auf diejenigen, die keinen Verstand haben (und daher verstockt bleiben). (10,99f.).

Und:

> Die meisten Menschen sind nicht gläubig, du magst noch so sehr darauf aus sein. (12,103).

Wir hätten es also mit dem auch aus der Bibel bekannten Motiv der Verstocktheit, der Ohren, die hören und doch nicht hören, etc. zu tun, und zwar weil es so Gottes Wille ist (cf. Jes 6,9f.; Mt 13,14/5). Der klassische Korankommentar, z.B. vom Schlage eines *Zamakhsharî* (gest. 1144), läßt es sich allerdings nicht nehmen, hier eine, wenn man so will, mehr optimistische Note herauszuhören, und zwar die Ermöglichung der Wahlfreiheit:

> Es gibt keinen Zwang (ikrâh) in der Religion: d.h. Gott erlaubt keinen Glauben (zum-Glauben-Kommen) durch Druck/Zwang (idjbâr) und Restriktion (kaṣr), sondern durch Erstarkung (tamkîn) und freie Wahl (ikhtiyâr). Deswegen hat er gesagt... (folgt Sure 10,99). D.h. wenn er gewollt hätte, so hätte er sie gezwungen zu glauben; jedoch: das tat er nicht. Statt dessen gründete er den Glauben auf die Wahlfreiheit.[19]

"Wahlfreiheit" setzt jedoch die Aktivität der menschlichen "ratio" voraus und der Hinweis auf die diskursiv-diskriminatorische Fähigkeit des Menschen scheint, wenn man den weiteren Verlauf von 2,256 ins Auge faßt, auch tatsächlich angebracht zu sein, denn es heißt jetzt:

> Der rechte Weg (des Glaubens) ist (durch die Verkündigung des Islam) klar geworden (so daß er sich) vor der Verirrung (des heidnischen Unglaubens deutlich abhebt). (2,256).

---

[18]   Ibid., 299.

[19]   Aus dem Kommentar: *Al-Kashshâf*... (Der Entschleierer der Wirklichkeiten der Geheimnisse der Offenbarung), zitiert nach: H. Gätje, *The Qurʾân and its Exegesis. Selected texts with classical and modern Muslim interpretations*, London 1976 (Übers. v. *Koran und Koranexegese*, Zürich 1971), 215; im folgenden abgekürzt: *The Qurʾân*.

Und so kommentiert *Zamakhsharî:* "Der Glaube unterscheidet sich vom Unglauben durch klare Hinweise."[20] R. Paret seinerseits denkt sich, in ähnlicher Weise, folgende Brücke zwischen dem Beginn des Verses 256 (der Abwesenheit von Zwang) und dem darauffolgenden "klar gewordenen" Weg des Glaubens: "Da der einzelne nicht von außen her zur wahren Einsicht gezwungen werden kann, muß er schon selber den Weg dazu finden. Und das sollte ihm eigentlich nicht schwerfallen, [denn...]."[21]

Schließlich, nachdem so, durch den Hinweis auf die Vernunft, ein möglicher Ausweg aus der Resignation gefunden zu sein scheint, endet der Vers dann mit dem klaren Trostwort:

> Wer nun an die Götzen *nicht* glaubt, der hält sich (damit) an der festesten Handhabe, bei der es kein Reißen gibt. Und Gott hört und weiß (alles).[22]

Was wird jedoch aus dem Versuch, Sure 2,256 als Ermahnung zur Toleranz zu lesen, eine "längst üblich gewordene Deutung"?[23] R. Paret selbst meint, man solle sie "nicht einfach über Bord... werfen. Das Bekenntnis zur religiösen Toleranz ist in der heutigen Welt des Islam

---

[20] *The Qur'ân,* 215.

[21] *Sure 2,256: lâ ikrâha...,* 300.

[22] Zamakhsharî verweist hier auf ein starkes Seil, mit dem man vor Antritt einer Reise die Ladung fest vertäut. Und er läßt es sich nicht entgehen, in seiner muʿtazilitischen Interpretationsmanier (zur Theologenschule der Muʿtaziliten s. u.a. Th. Mooren, *Mythos, Monotheismus und Spekulation. Zur Rolle der Vernunft angesichts göttlicher Macht unter besonderer Berücksichtigung des Islam,* 193ff. [hier: 106ff.], in: *Theologie und Philosophie* 57 [1982] 178-201) [hier: 87-117] hinzuzufügen: "Hier wird das durch Einblick und Deduktion erhaltene Wissen (des Glaubens) mit etwas wirklich Konkretem in Vergleich gesetzt, so daß derjenige, der es hört, es so wahrnimmt, als ob er es direkt sähe. So werden seine Überzeugung und seine das Wissen betreffende Sicherheit unverrückbar gemacht." (*The Qur'ân,* 215). Erst jetzt fügt Zamakhsharî Erläuterungen allgemeinerer Art an, daß nämlich einige den Vers für ein Verbot von Zwang, andere jedoch durch Sure 9,73 für "abrogiert" halten, wenn es dort heißt: "Prophet! Führe Krieg gegen die Ungläubigen und Heuchler... und sei hart gegen sie! Die Hölle wird sie dereinst aufnehmen, - ein schlimmes Ende!" Wieder andere seien der Meinung, das Verbot der Anwendung von Zwang gelte nur in bezug auf Schriftbesitzer. (Cf. ibid., 215/216).

[23] R. Paret, *Sure 2,256: lâ ikrâha...,* 300.

sehr wohl am Platz. Und wie könnte man es knapper formulieren als eben mit dem prägnanten arabischen Spruch lâ ikrâha fî d-dîni?"[24]

Wir sind, angesichts mancher jüngsten Entwicklungen im Islam - oder besser unter dem Deckmantel des Islam[25] vielleicht etwas weniger geneigt, Parets Äußerungen aus dem Jahre 1969 zuzustimmen. Doch gibt es auch Ansätze, die zeigen, daß Vers 256 als Aufruf zur Toleranz noch nicht verstummt ist, vielmehr in der Lage ist, immer wieder neu Kräfte für die Abwesenheit von Zwang in Sachen Religion zu mobilisieren.[26]

2. "Tidak ada paksaan dalam agama": Hamka und Sure 2,256

Wenden wir uns nun dem Indonesier *Hajji Abdulmalik Karim Amrullah (= Hamka)* und seinem Kommentar zu 2,256 zu. Doch zunächst einige Daten zur Person selbst.

---

[24] Ibid., 300.

[25] S. die kritischen Äußerungen des türkischen Rechtsprofessors Dr. Mümtaz Soysal auf dem Kolloquium von Kuwait über die Menschenrechte. Dez. 1980, wo er u.a. feststellt: "Schlimmer noch als das Fehlen von Toleranz ist die Tendenz, das Konzept des islamischen Staates zugunsten persönlicher Obsessionen politischer Macht zu mißbrauchen." (In: R. Caspar, *Les déclarations des droits...* [= Anm. 14], 71 [dt. v. Th. M.]).

[26] S. z.B. wiederum die *Universale Deklaration der Menschenrechte im Islam* (= Anm. 14). Dort wird Art. 10,1 der religiöse Status der Minoritäten ausdrücklich mit Blick auf Sure 2,256 geregelt. - Von Saudi-Arabien weiß man jedoch, daß es das Recht auf Religionsfreiheit, bzw. Religionswechsel, nur so versteht, daß Nicht-Muslime Muslime werden können (s. dazu R. Caspar, *Les déclarations des droits...*, 62 [dort bes. Anm. 8]; s. auch A.-Th. Khoury, *Toleranz im Islam* [= Anm. 2], 110/111, 143, 146; M. Forstner, *Der Islam...* [= Anm. 9], 26). - Konkrete Daten zum Thema Religionsfreiheit und Toleranz im Islam s. z.B. auch in den Beiträgen zum 2. interfranziskanischen Islamkongreß in Granada (Spanien), 6.-12. Juli 1986 unter dem Thema *Die Franziskaner unter den Muslimen*, in: *Franziskanische Studien 68* (1986) Heft 4; dort auch: Th. Mooren, *La présence des Frères Mineurs Capucins parmi les Musulmans*, 332-370. - Wie sehr das Problem djihâd und Toleranz, d.h. eine Neuinterpretation des "heiligen Krieges" (im "pazifistischen" oder [blutig-]militanten Sinn) und die Höhe der Toleranzschwelle immer auch in Zusammenhang mit den ökonomisch-politischen Problemen der jeweiligen muslimischen Gesellschaft zu sehen sind, geht z.B. auch klar aus G. Kepels Studie zu den fundamentalistischen Bewegungen im modernen Ägypten hervor: *Le Prophète et Pharaon. Les mouvements islamistes dans l'Egypte contemporaine*, Paris 1984.

Hamka wurde 1908 in Minangkabau, Mittel-Sumatra, geboren. Seine Grundausbildung erhielt er in Koranschulen. 1927 ging er auf Pilgerfahrt nach Mekka. Er war dann in der 1912 in Yogyakarta von *K.H. Ahmad Dahlan* ins Leben gerufenen Reformbewegung "Muhammadyya" aktiv, sowie als Herausgeber einer muslimischen Wochenzeitschrift und Autor islamischer Lehrbücher und Romane. Zur Zeit der japanischen Besatzung, 1942-1945, war er Ratgeber der japanischen Wehrmacht in Islamfragen. 1945-1949 beteiligte er sich in Mittelsumatra am Freiheitskampf der Nationalen Verteidigungsfront. Er wirkte dann als Professor und erhielt 1959 die Ehrendoktorwürde der Kairoer Al-Azhar-Universität. Unter *Soekarno* war er wiederholte Male im Gefängnis, wo er u.a. das Werk *Wie der Islam nach Indonesien kam* schrieb.[27] Zugänglich ist von *Hamka* in deutscher Sprache außerdem "Das Verhältnis zwischen Religion und Staat im Islam",[28] wo wir u.a. lesen:

... der Islam [kann] eine Theorie der Trennung von Religion und Staat nicht akzeptieren. Der Staat ist nämlich nach Ansicht des Islams nichts anderes als ein Werkzeug zur Realisierung des Gesetzes der Wahrheit und der Gerechtigkeit für das Volk. Und absolute Wahrheit und Gerechtigkeit kommen von Allah... Deshalb ist im Islam die Organisation des Staates ein Zweig der Religion.[29]

---

[27] Zugänglich in: R. Italiaander (Hrsg.), *Die Herausforderung des Islam*, Göttingen, Berlin, Frankfurt/M. 1965, 146-168.

[28] In: R. Italiaander, *Indonesiens verantwortete Gesellschaft*, Erlangen 1976, 122-146 (dort auch Daten zu Hamkas Lebenslauf, 348).

[29] Ibid., 131. S. dazu auch Th. Mooren, *Beobachtungen zum Islam in Indonesien* (= Anm. 15), 45/46. S. auch G.E. v. Grunebaums Bemerkung, "daß sich die Muslime schon von Anfang genötigt fühlten, zur Verwirklichung eines 'vollkommenen' Lebens ihren eigenen Staat, ihre eigene Regierung und ihre eigenen auf Offenbarung und Tradition fußenden Vorschriften zu erlangen." (*Studien zum Kulturbild und Selbstverständnis des Islams*, Zürich 1969, 358, Anm. 16.) - *Warum* sie sich genötigt fühlen konnten oder könnten - dieser Frage sind wir u.a. in unseren Beiträgen *Beobachtungen zum Islam in Indonesien (Anm. 15)*, 44-46 und *Abstammung... (Anm. 15)*, 28-36, nachgegangen. Zum Verhältnis Islam und Staat im modernen muslimischen Denken überhaupt s. auch u.a.: Kh.S. Al-Husry, *Three Reformers. A Study in Modern Arab Political Thought*, Beirut 1966; H. Srour, *Die Staats- und Gesellschaftstheorie bei Sayyid Ǧamâladdîn "Al Afghânî" als Beitrag zur Reform der islamischen Gesellschaften in der zweiten Hälfte des 19. Jahrhunderts*, Freiburg 1977. - Allgemein noch zum Islam in Indonesien der gute Überblick bei F.M. Pareja u.a., *Islamologie*, Beirut 1957-1963, 273-291; speziell zum Verhältnis Islam - Christentum: W. Wawer, *Muslime und Christen in der Republik Indonesien*, Wiesbaden 1974.

Als Grundlage für die folgenden Ausführungen zu 2,256 dient Hamkas Korankommentar *Tafsir al-Azhar*, Bd. III, Jakarta 1968 (P.T. Pembimbing Masa).[30] Hamka stellt zunächst einmal einen Zusammenhang her zwischen Vers 256 und dem vorhergehenden, genannt "Vom Thron", der folgende fundamentale Aussage über Gott macht:

Gott (ist einer allein). Es gibt keinen Gott außer ihm. (Er ist) der Lebendige und Beständige. Ihn überkommt weder Ermüdung noch Schlaf. Ihm gehört (alles), was im Himmel und auf der Erde ist. Wer (von den himmlischen Wesen) könnte - außer mit seiner Erlaubnis - (am jüngsten Tag) bei ihm Fürsprache einlegen? Er weiß, was vor und was hinter ihnen liegt. Sie aber wissen nichts davon - außer was er will. Sein Thron reicht weit über Himmel und Erde. Und es fällt ihm nicht schwer, sie (vor Schaden) zu bewahren. Er ist der Erhabene und Gewaltige.

Zu Recht stellt Hamka fest, daß hier der Kern des Islam, die Einheitslehre (arabisch: tawḥîd), dargestellt wird, anders: das Gottesbild in seiner Gesamtheit (Ketuhanan seluruhnya). Diese Feststellung überrascht nicht. Interessant jedoch ist, daß Hamka dieses Gottesbild von Vers 255 unmittelbar mit der "fiṭra" in Zusammenhang bringt (cf. T 26), d.h. den islamischen Monotheismus fest in der Urschöpfung, der Schöpfung des ersten Tages, so wie sie aus Gottes Hand unmittelbar hervorgegangen ist, festmacht.

Neu ist dieses theologische Verfahren keineswegs.[31] Jedoch, da es in bezug auf 2,255 in Erinnerung gebracht wird, erlaubt es unserem Autor, die Aussage von 2,256 in ein ganz spezifisches Licht zu stellen. "Es gibt keinen Zwang in der Religion" wird weder als Ausdruck tiefer Resignation (s. R. Paret) verstanden, noch als Proklamation von

Kennungr*an

---

[30] Im folgenden abgekürzt "T". Der Sure 2,256 betreffende Kommentar befindet sich auf S. 26ff. - Die Schreibweise des Indonesischen wurde aktualisiert.

[31] S. Sure 30,30: "Richte nur dein Antlitz auf die (einzig wahre) Religion!... Das... ist die natürliche Art [fiṭra], in der Gott die Menschen erschaffen hat. Die Art und Weise, in der Gott (die Menschen) geschaffen hat, kann... man nicht abändern... Das ist die richtige Religion. Aber die meisten Menschen wissen nicht Bescheid." Zur fiṭra und der damit zusammenhängenden Theologie s. auch Th. Mooren, *Der Islam in theologischer... Sicht* (= Anm. 15), 300f. [hier: 32f.]; ders., *Islam und Christentum im Horizont der anthropologischen Wirklichkeit*, 28/29 [hier: 84-86], in: *Zeitschrift für Missionswissenschaft und Religionswissenschaft* 64 (1980) 10-32 [hier: 62-86].

Toleranz, sondern als quasi *naturgesetzliche* Aussage, nämlich daß man keinen zur Religion (gemeint ist natürlich der Monotheismus) zwingen kann oder besser *braucht*, da diese monotheistische Religion ja des Menschen von Gott geschaffener *Naturzustand* ist:[32]

> Deswegen, wenn jemandes Herz aufrecht und rein ist, nicht beeinflußt von Autoritätsglauben den Ahnen gegenüber oder durch von Religionsanhängern ausgeübten Zwang, öffnet sich der Mensch ganz von selbst dem Inhalt des Verses vom Thron (dengan sendirinya orang akan menerima keterangan dari Ayatul-Kursi itu). Deswegen wird in Vers 256 auch erklärt, daß zwischen dem rechten Weg, der klugen und weisen Straße und der, die in die Irre führt, ein deutlich (sichtbarer) Unterschied besteht. Daher (auch) braucht keiner mehr gezwungen zu werden (Sehingga tidak perlu dipaksakan lagi). (T 26)

Man könnte hier auch Sure 7,172/3, den Pakt Gottes mit der Menschheit, in dem Gott sich (noch vor Antritt ihrer geschichtlichen Erdenexistenz) des rechten (monotheistischen) Glaubens aller Adamskinder versicherte, ins Feld führen.[33] Jedenfalls führt Hamka weiter aus, daß die Grundanlage des Menschen (asal orang) schon einmal (in der von Sure 7 gemeinten Episode?) den Götzendienst habe von sich weisen wollen, um nur an Gott zu glauben; wiederum, weil die Wahrheit sich schlicht aufdrängte und kein Zwang nötig war (dengan tidak usah dipaksakan). (Cf. T 26/7). Denn: "was den Menschen zwingt, einer

---

[32] S. auch die Bemerkung des Theologen/Philosophen *Ghazzâlî:* "Jedes Kind wird in normalem Zustand geboren, von Natur aus gesund; nur seine Eltern machen aus ihm einen Juden, einen Christen oder einen Parsen; d.h., daß die schlechten Neigungen durch Gewohnheit und Erziehung erworben werden" (Ihyâ' III, 56, 12ff.; zit. nach A.J. Wensinck, *La pensée de Ghazzâlî*, Paris 1940, 44/45). S. auch Th. Mooren, *Islam und Christentum...* 28/29 [hier: 84-86]; ferner G.E. v. Grunebaum, *Studien* ... (Anm. 29), 86: "Der Islam... erkennt im Menschen keinerlei grundsätzliche moralische Verunstaltung an; er sieht in ihm keine angeborene Verderbtheit, nur Schwäche und vor allen Dingen Unwissenheit." S. schließlich auch die Äußerung des Pakistaners Dr. Abdur Rauf, des damaligen Direktors des West Pakistan Bureau of Education in Lahore: "Islamische Kultur und Zivilisation sind so alt wie die Menschheit selbst... Die islamische Kultur ist eine Interpretation des göttlichen Willens, wie er der Menschheit durch die Vermittlung der Propheten, deren erster Adam war und deren größter Muhammad, mitgeteilt wurde." (*Renaissance of Islamic Culture and Civilization in Pakistan*, unveröffentl. Manuskript 1964, 1 u. 2, zit. nach G.E. v. Grunebaum, *Studien...*, 308/9, Anm. 4).

[33] S. hierzu Th. Mooren, *Islam und Christentum...* 28 [hier: 84].

Behauptung zuzustimmen, obwohl diese Behauptung nicht wahr ist, ist selbst nichts anderes als ein Götze (tâghût)." (T 27).[34]

Nach diesen grundsätzlichen Erörterungen geht Hamka zu den "asbâb an-nuzûl", der Analyse der Umstände, unter denen ein Koranvers "herabgestiegen", also inspiriert worden ist, über. Er verweist nach der traditionellen Aufzählung der Namen derer, die die hierzu relevanten Geschichten garantieren sollen, auf die Praxis mancher Medinenser - zu einer Zeit, da sie den Islam noch nicht kannten -, ihre Söhne zur Erziehung jüdischen Familien anzuvertrauen (man glaubte, Juden besäßen einen höheren kulturellen Standard); mit dem Ergebnis, daß manche Jugendliche Juden wurden. Als es dann in Medina zum Bruch *Muhammads* mit den Juden kam und die Ausweisung bzw. Eliminierung der Juden anstand, kam es zu unvermeidlichen Konfliktsituationen zwischen jetzt zum Islam übergetretenen Vätern und ihren noch von früher her (dem Glauben nach) jüdischen Kindern.

Einer dieser Väter soll nun mit Blick auf seinem dem Judentum anhängenden Sohn zum Propheten gesagt haben: "Ein Teil von mir selbst, o Prophet, wird zur Hölle fahren."[35] Daraufhin antwortete der Prophet: "Kein Zwang in der Religion!" (Tidak ada paksaan dalam agama). Schon zum Judentum übergetretene Kinder dürfen nicht zum Islam gezwungen werden. (Cf. T 27. Nach *Ibn ʿAbbâs* soll der Prophet lediglich gefordert haben, diesen Kindern die Freiheit der Wahl zu lassen (anak-anak itu disuruh memilih), beim Judentum zu bleiben, oder die (neue) Religion ihrer Väter zu ergreifen. Die Kinder entschieden sich dann auch in beiden Richtungen.

Zwang durfte nicht ausgeübt werden, weil eben, wie 256 weiter ausführt, der richtige und der falsche Weg deutlich voneinander abgehoben, gewissermaßen als echte Alternative, sichtbar waren. Was hier auf den Plan tritt, ist lediglich der Vernunftgebrauch des Menschen

---

[34] Zu "at-tâghût" in der Bedeutung von "Götze" s. R. Paret, *Der Koran. Kommentar...*, 55; anders J. Chelhod, für den der Ausdruck auf das ungeschriebene, vorislamische Traditionsrecht verweist, in: *La place de la coutume dans le FIQH primitif et sa permanence dans les sociétés Arabes à tradition orale*, 20, 22/23, in: *Studia Islamica* 64 (1986) 19-37. - Bei Hamka jedenfalls teht der Terminus eindeutig für "Götze".

[35] Nach Zamakhsharî (s. *The Qurʾân*, 216) soll der Vater, in diesem Fall zweier Söhne, ausgerufen haben: "O Prophet, soll ein Teil von mir zur Hölle fahren, während ich [ruhig dabeistehe und] zusehe?"

(orang boleh mempergunakan ʿakalnya), und kraft seines Denkens (fikiran) kann der Mensch jene feste "Handhabe, bei der es kein Reißen gibt" (Vers 256), erlangen. (Cf. T 27). An dieser Stelle des Verses angekommen holt Hamkas Kommentar zu folgender Überlegung aus:

Der Islam gibt dem Menschen die Gelegenheit, seinen klaren Verstand (fikiran yang murni) (als) Mittel zur Wahrheitssuche zu gebrauchen. Die Grundanlage des Menschen ist (mehr) darauf aus, sich zu befreien, als schlichtweg "hinterherzumarschieren" und sich vom Trieb-Leben beeinflussen (zu lassen). Wenn der Kern der Wahrheit dann gefunden ist, muß der Glaube an Gott den Herrn unstreitig aufkeimen (timbul); wenn dann der Glaube an Gott, den Einzigen, aufgekeimt ist, dann muß jeder andersgeartete Einfluß, der Einfluß jeder Attacke auf (die den Eingottglauben schützende) Grenze, verschwinden. Ein so geartetes Umfeld jedoch kann nicht unter Zwang (gedeihen), sondern muß aus der Erkenntnis selbst (keinsyafan) aufkeimen. Und Gott hört und weiß (alles). (Ende des Vers 256). Weil das Flehen von Ihm gehört wird, bittet sein Diener um Weisung; weil von Ihm gekannt, strengt sich sein Diener an, die Wahrheit zu suchen. (T 27/8).

Aufs Ganze gesehen herrscht also bei Hamka eine Art Vernunftoptimismus vor. Zwang ist nicht nötig, denn stellt man Urschöpfung (fiṭra) und die gesunde Grundanlage der menschlichen Vernunft in Rechnung, so muß der Mensch "notgedrungen" bei der Wahrheit des Islam ankommen (dia pasti akan sampai kepada Islam). (Cf. T 28). Sicher, Sure 2,256 ist eine einzige Herausforderung an die Menschheit (suatu tantangan kepada manusia), aber eine, die kein Muslim zu fürchten braucht, "weil der Islam wahr ist (karena Islam adalah benar)". (T 28). Mögen die Menschen als Einzelwesen kommen und gehen, sterben und geboren werden - des Menschen *Denken* nimmt unbeirrt seine Bahn, die Wertschätzung der Religion wird ununterbrochen fortbestehen, und nicht Zwang, sondern Freiheit des Denkens in der Wahl ihrer Überzeugungen (kebebasan berfikir dalam memilih keyakinan) ist das Ziel einer Menschheit, die endlich den Fortschritt erreicht hat. (Cf. T 28).

Sure 2,256 ist also eine feste Grundlage für den Islam. Und dennoch, so Hamka weiter, behaupten die Feinde des Islam, wobei sie ihre Argumentation sogar noch wissenschaftlich nennen, der Islam habe sich mit dem Schwert ausgebreitet, habe den Menschen zum Muslimwerden gezwungen. Dieses sogenannte (wissenschaftlich abgesicherte) "Wissen" in bezug auf die muslimische Missionsmethode sei manchmal sogar zwangsweise verbreitet worden, besonders in den unter Kolonialherr-schaft stehenden islamischen Ländern. Man zwang die Menschen zur Annahme dieser "Theorie", ohne ihnen die Möglichkeit eines objektiven Vergleichs zu gewähren. (Cf. T 28).

Wie jedoch kommt man zu einer wirklich wissenschaftlichen Theorie? Durch Erforschung der Quellen! Und was, so unser Autor, sind die Quellen des Islams, wenn nicht der Koran und die Tradition (sunna) des Propheten? "Dieser Vers, al-baḳara 256, ist diese Quelle, d.h. (hier) macht der Islam klar, daß es in Sachen Religion keinen Zwang geben darf." (T. 28).

Auch die Praxis des Propheten selbst macht dies deutlich. Noch einmal kommt Hamka auf die Geschichte der jüdisch gewordenen Kinder zurück, verteidigt aber auch das Vorgehen des Propheten dem jüdischen Stamm der Banû Nadhîr gegenüber. Diese seien verjagt worden, da sie gegen den Propheten ein Komplott geschmiedet hätten, um ihn zu töten, obwohl - und diese Anschlußbemerkung ist interessant - *Muhammad* "zu dieser Zeit schon die beherrschende Stellung (telah berkuasa) in der medinensischen Gesellschaft innegehabt (habe)". (T 28).[36] Kurz, bei den Banû Nadhîr handelte es sich um ein politisches, nicht um ein religiöses Problem. (Cf. T 28).[37]

Nach den Darlegungen des Verhältnisses *Muḥammads* zu den Juden greift unser Autor die Frage nach den mekkanischen, bzw. überhaupt arabischen "Heiden" (mus̲h̲rikûn) auf. Die Grundthese lautet, auch hier sei kein Zwang ausgeübt worden (pun bukanlah paksaan agama). (Cf. T 28/9). *Muḥammad*, Opfer von Zurückweisung und Verfolgung, wurde

---

[36] Zur Frage der Beziehungen *Muhammads* mit den Juden von Medina s. auch W.M. Watt, *Mahomet à Médine*, Paris 1959 (franz. Übers. v. *Muhammad at Medine*, Oxford 1956), 231-265. Zum Fall der an-Nadhîr ibid., 254ff. Watt bemerkt u.a.: "... le clan juif (der Nadhîr) devait sous peine de mort quitter Médine dans un délai de dix jours; ... Un tel ultimatum paraît disproportionné par rapport à l'offense commise ou plutôt hors de proportion avec les présomptions très vagues qu'on avait au sujet d'une trahison préméditée. Cependant les présomptions pouvaient ne pas être aussi vagues qu'elles le paraissent á première vue pour un Occidental de nos jours... Mahomet savait très bien, que, s'il laissait se présenter la moindre occasion propice, ses adversaires le tueraient." (255f.).

[37] Im Vorbeigehen läßt es sich Hamka übrigens nicht nehmen, noch ein "christli-ches Werk" über die arabische Geschichte, aus der Feder von Prof. Ph. Hitti, zu erwähnen, in dem dieser zugibt, 2,256 sollte die Richtschnur für das Verhalten jeder Religion sein. (Cf. T 28).

zur Hidjra nach Medina gezwungen. Wichtig ist es nach Hamka, bei all dem (auch den nachfolgenden Schlachten von Badr, Uḥud etc.) die generelle verwandtschaftliche Verflechtung aller Beteiligten zu sehen, so daß der Kampf zwischen alt und neu in Sachen Religion als ein "Kampf um die Führung zwischen Menschen, die verwandt waren (perebutan pimpinan diantara orang berkeluarga)" (T 29), als eine Art Familienzwist, oder - etwas spitz formuliert - als ein riesiges religiöses mekkanisches "Dallas" gelesen werden kann, und zwar mehr "Dallas" als Religion.[38]

Wissenschaftlicher Forschung zufolge soll ferner der eigentlich religiöse Streitpunkt zwischen *Muhammad* und dem "heidnischen" Arabien weniger die Einführung einer *neuen* Religion gewesen sein, als vielmehr die Reinigung einer, von Abraham den Arabern vermachten, *uralten*. Die Mekkaner hatten schon Kenntnis von und anerkannten Abrahams Nachkomme (gemeint ist wohl Ismael), die Kaʿba als (religiöses) Zentrum der Einigung, die jährlich stattfindende große und kleine Wallfahrt (Ḥadjdj und ʿUmra). Allerdings "verunreinigten" sie (kotori) die vom Propheten *Abraham* einst vermittelten Grundlehren mit dem Götzendienst. Deswegen gilt, daß der Prophet *Muhammad* den "Heiden" "nicht mittels Krieg den *Islam* aufzwang, sondern (sie vielmehr zwang), die Kaʿba von den Götzen zu reinigen und zur reinen Lehre Abrahams zurückzukehren (kembali kepada ajaran Ibrahim yang murni)" (T 29). Die Sache liegt hier also nach Hamka ähnlich wie bei der Ur-Religion überhaupt: die "Heiden" werden zu nichts Neuem oder Widernatürlichem gezwungen, sondern lediglich an ihre wahre Identität zurückverwiesen.[39]

---

[38] Cf. zur Stellung Muḥammads in Mekka auch: W.M. Watt, *Muhammad at Mecca*, Oxford 1953. S. auch später den Kampf ʿAlîs, des Hâshimiten mit dem Umayyaden Muʿâwyya, Statthalter in Syrien. (Beide Geschlechter sind durch den gemeinsamen Ahnen ʿAbd Manâf miteinander verwandt.) Auf eine Kriegsdrohung Muʿâwyyas hin entgegnete ʿAlî: "Ich bin Abû Ḥasan und habe deinen Großvater (ʿUtba b. Rabîʿa), deinen Onkel (al-Walîd b. ʿUtba) und deinen Bruder (Ḥanzala b. Abî Sufân) am Tage von Badr niedergeschmettert. Jenes Schwert ist noch bei mir, und mit dem gleichen Herzen begegne ich meinem Feind!..." (Zitiert nach: H.-J. Kornrumpf, *Untersuchungen zum Bild ʿAlîs...* (= Anm. 15), 18.

[39] Was Hamka hier als wissenschaftlich gesicherte Erkenntnis (keinsyafan ilmiyah) ausgibt, geht im Grunde auf das "Götzenbuch" des *Ibn al-Kalbî* (gest. um 821) zurück. Dort wird die These einer abrahamitisch-ismaelitischen Urreligion für die Araber aufgestellt. Diese Urreligion degradiert progressiv, u.a. über den Weg des Vergessens, hin zum Götzendienst, wobei aber ein "heiliger Rest", den

Nachdem dies klargestellt ist, läßt es sich Hamka nicht nehmen, auf den Fall zweier Christen hinzuweisen, die sich zur Zeit des mekkanischen Wirkens des Propheten zum Islam bekehrt haben sollen, und zwar freiwillig und aus eigenem Antrieb, "nicht durch das Schwert gezwungen" (T 29). Ebenso aus freien Stücken (sukarelanya sendiri memeluk Islam) soll sich ein schon lange in Mekka wohnender Byzantiner (bangsa Romawi), *Shuhaib* mit Namen, dem Islam zugewandt haben. Weiter: als der Prophet einmal nach Ṭâ'if ging, traf er, nachdem er von den dortigen Bewohnern mit Steinen beworfen und blutig geschlagen worden war, in der Mitte des Weges, einen jungen Christen aus Ninive, *'Adas* mit Namen, ein Sklave. Dieser nahm den Islam an. Ebenso bekehrte sich der berühmte Perser *Salmân*,[40] nachdem er erst Christ geworden war, schließlich zum Islam. Alle diese friedlich-freiwilligen Bekehrungen erfolgten außerdem - auf diese Feststellung legt Hamka wert - lange noch bevor dem Propheten der Vers über die "Religionsfreiheit" eingegeben wurde (cf. T 29), was wohl bedeuten soll, daß der Prophet auch ohne eine direkte göttliche Weisung gewissermaßen von Natur aus dem Zwang in Sachen Religion abhold war.

Nach der Analyse des Verhaltens des Propheten wendet sich Hamka der weiteren *Geschichte* des Islam zu. Ziel ist es auch hier zu zeigen, daß das Prinzip von 2,256 selbst nach *Muḥammads* Tod respektiert wurde. So besaß der Kalif *'Umar* eine alte christliche Dienerin, die sehr geliebt wurde und quasi zur Familie gehörte. An dieser Wertschätzung änderte sich nicht das Geringste, als die alte Dienerin *'Umars* Einladung, zum Islam überzutreten, entschieden ablehnte. Ebenso erging es einem Diener *'Umars, Zanbak* mit Namen, der byzantinischer Abstammung war. Die Einladung, Muslim zu werden, war an ihn ergangen, um ihm die Möglichkeit zu geben, einen höheren Posten (jabatan yang lebih tinggi) im Dienst des Kalifen zu erhalten. *Zanbak* lehnte ab und "nichts"

Lehren Abrahams und Ismaels treu, überlebt. (Cf. Sure 2,125.127.218; 14,35-41). S. hierzu Th. Mooren, *Le Kitâb al-Açnâm de Ibn al-Kalbî. Essai d'une traduction partielle*, Koblenz 1979, 6/7. Zur Diskussion der Beziehungen Araber - Abraham/Ismael s. auch ders., *Der Islam in theologischer... Sicht* (= Anm. 15), 304-308 [hier: 39-45].

[40] Angeblich der Inspirator der Grabenschlacht, d.h. von "Schützengräben", mit denen sich die Muslime im Jahre 627 in Medina gegen die Mekkaner und ihre Verbündeten verteidigten; s. W.M. Watt, *Mahomet à Médine*, 51ff.

passierte, veränderte sich (itupun tidak menjadi apa), d.h. er fiel nicht in Ungnade. (Cf. T 29/30).[41]

Nach diesen zwei Einzelfällen holt Hamka weit aus: der lebende Beweis für die Durchführung des in 2,256 proklamierten Prinzips seien die christlichen Minoritäten in Palästina, Syrien, Irak und Ägypten, sowie die jüdischen Minderheiten im Yemen und in Afghanistan. Der Islam habe ihnen allen 14 Jahrhunderte lang seinen Schutzschild geboten, wohingegen die *Muslime* aus Spanien vertrieben worden seien, bzw. der verbliebene Rest gewaltsam zur Annahme des Christentums gezwungen worden sei. Jahrzehnte noch hätten muslimische Eltern heimlich versucht, ihre Kinder im Glauben zu erziehen, seien aber umgebracht worden, wenn sie dabei ertappt wurden. (Cf. T 30).[42]

---

[41] Daß das Junktim zwischen Religionszugehörigkeit und Posten im Staatsdienst eigentlich nicht im Sinne von 2,256 ist, wenn man diesen Vers als Toleranzprinzip versteht, scheint Hamka entgangen zu sein!

[42] Zu Hamkas Argumentation in bezug auf die Minoritäten wäre natürlich grundsätzlich zu sagen, daß ein Schutzbefohlener von Religions wegen (dhimmi) zwar beschützt, aber kein vollwertiges Mitglied des Gemeinwesens ist. - Immerhin, er *lebt* (oder überlebt) als Nicht-Muslim, was man umgekehrt von den Muslims nach vollbrachter Reconquista in Spanien *nicht* sagen kann. S. auch die Bemerkung Chr. Rajewskys: "Die religiöse Toleranz des Islam gegenüber Christen und Juden hat die Toleranz des christlichen Westens gegenüber Andersgläubigen stets übertroffen. Für die christlichen und jüdischen Bewohner der islamischen Länder gab es jedoch, da sie nicht vollwertige Mitglieder des islamischen Staates waren, keine Gleichheit vor dem Gesetz, faktisch also keine Teilhabe am gemeinschaftlichen und politischen Leben zu denselben Bedingungen, wie sie für die Muslims galten" (*Der gerechte Krieg...* [Anm. 2] 37). - Zu Spanien und Islam s. u.a.: F.M. Pareja u.a., *Islamologie*, 149-170 (mit ausführlicher Literaturangabe); F. Gabrieli, *Islam in the Mediterranean World*, in: J. Schacht, C.E. Bosworth (Hrsg.), *The Legacy of Islam*, Oxford ²1974, 63-104; R.W. Southern, *Das Islambild des Mittelalters*, Stuttgart, Berlin, Köln, Mainz 1981 (dt. Übers. v. *Western Views of Islam in the Middle Ages*, Cambridge 1962), bes. 20-24. R.W. Southern bemerkt dort u.a.: "Gemäß der Lehre des Koran erhielten sie (die Christen) Schutz unter der Bedingung, daß sie Tribut zahlten. Sie hatten ihre eigenen Bischöfe, Priester, Kirchen und Klöster, und viele von ihnen besetzten verantwortliche Positionen im Dienste der Emire von Córdoba. So weit, so gut. Aber es war auch vorgeschrieben, daß die Christen zwar toleriert und geschützt würden, daß sie aber dennoch zu 'erniedrigen' seien. Im wesentlichen bedeutete das: keine Öffentlichkeit des Gottesdienstes, kein Glockengeläute, keine Prozessionen und selbstverständlich keine Lästerung des Propheten oder des Buches des Islam" (21). - Daß die Härte der Reconquista einschließlich der dahinter stehenden Theologie und Ideologie in gewissem Sinn eine Seitenverkehrung der Einstellung der ehemaligen

Hamka ist sich allerdings der Tatsache bewußt, daß das 14 Jahrhun-

muslimischen Herren war, ist schon lange vermutet worden. So schreibt F. Gabrieli: "The central position which faith has in the soul of the Spaniard, individually and socially considered, is only comparable with that of Islam in the Muslim individual and his society; and from this central position arise analogous consequences for both of these religious confessions" (*Islam in the Mediterranean World*, 90). (Cf. auch A. Castro, *The Structure of Spanish History*, Princeton 1954, 128). Kritisch dazu jedoch J. Aguadé, der den orthodox-monolithischen Eindruck, den der andalusische Islam macht, nicht auf die "position which faith has in the soul of the Spaniard", bzw. die Volksseele der Berber, zurückführt, sondern auf die Tatsache, daß "häretische", bzw. abweichende, potentiell subversive Ideen überhaupt im relativ überschaubaren Machtbereich Spaniens (verglichen mit dem Iran oder Nordafrika!) schnell von den jeweils offiziellen Machthabern (oder gar von Christen im Norden der Halbinsel!) haben unterdrückt werden können. Das Scheitern der "Abweichler" bedeutet "primarily that the central power was stronger" - was sicherlich später auch für das "christliche Spanien" zu bedenken ist. (S.J. Aguadé, *Some remarks about sectarian movements in al-Andalus*, in: *Studia Islamica*, 64 (1986) 53-77 (Zitat: ibid. 63). - Es sei schließlich erwähnt, daß die Übergabebedingungen nach dem Fall Granadas im Jahre 1492 ein Musterbeispiel von Toleranz waren: kein Muslim wurde gezwungen, Christ zu werden; Steuernachlaß für eine gewisse Zeit von Jahren; die Christen verpflichteten sich, die Häuser der Muslims in Frieden zu lassen und keine Moschee zu betreten; Muslimen wurde das Recht auf freie Zirkulation zugesichert; sie sollten auch nicht gezwungen werden, Kennzeichnungen zu tragen, wie die Juden und Sklaven; weder der Muezzin, noch Gebet und Fasten sollten gestört werden; über die musulmanische Religion zu spotten, sollte unter Strafe gestellt werden. (Cf. hierzu Carra de Vaux, *Les penseurs de l'Islam*, Bd. I, Paris 1921, 170/1). Die guten Vorsätze blieben jedoch Papier: "Cette capitulation de Granade est un modèle de modération et de liberalisme, et un des plus beaux documents de l'histoire des conquêtes. On sait comment elle fut suivie, au bout de peu d'années, d'une vague de fanatisme, où ne furent plus respectées ni la foi ni l'oeuvre intellectuelle de l'Islam" (172). - Die letzten, die den Reconquistageist der Intoleranz auf spanischem Boden (wir beziehen Südamerika hier nicht ein) noch zu spüren bekommen sollten - selbst wenn wir mit Aguadé diese Intoleranz nicht ethnisch, sondern mit der Allmacht einer Zentralgewalt erklären wollten (von den theologischen Faktoren einmal abgesehen) - waren die *Zigeuner*. Unter *Philipp III*. erklärte einer ihrer Hauptfeinde, der gelehrte Doktor und Theologieprofessor an der Universität Toledo, *Sancho de Moncada*, in einer gegen die Zigeuner gerichteten Streitschrift: "Sie verdienen alle getötet zu werden, erstens, weil sie Spione und Verräter und zweitens, weil sie unnütze Herumtreiber im Lande sind, und drittens, weil sie Diebe, Zauberer und *Ketzer* sind, die nach dem spanischen Gesetz nicht leben dürfen." Ebenso war eine Verordnung erlassen worden, die die Zigeuner zwingen sollte, "die christliche Religion sichtbar (zu) bekennen". (Beide Zitate in: J.S. Hohmann (Hrsg.), *Zehn in der Nacht sind neun. Geschichte und Geschichten der Zigeuner*, Darmstadt, Neuwied 1982, 42.

derte alte Schutzschildargument eine schwache Stelle hat: Voraussetzung für das friedliche Leben unter dem Schutz des Islam (hidup damai dalam perlindungan kekuasaan Islam) war nämlich der Krieg, bzw. die Niederlage. Wie vereinbart sich aber Krieg überhaupt mit Sure 2,256? Zur Beantwortung dieser Frage (cf. T 30) weist unser Autor darauf hin, daß kein islamisches Heer ein anderes Land mit Krieg überziehen durfte, ohne daß vorher über Brief oder Boten folgendes, aus drei Punkten bestehende Ultimatum (oder "Memorandum", peringatan), übermittelt wurde:

1. Einladung, den Islam anzunehmen. In einem solchen Fall wird totale "religiöse Verbrüderung" (persaudaraan seagama) zugesichert, was u.a. bedeutet: gleicher Rang, gleiche Position; es gibt keine Unterdrücker und keine Unterdrückten; gleiches Recht und gleiche Pflichten (hak sama dan kewajiban sama).

2. Im Falle einer Nicht-Annahme des Islams wird die Möglichkeit des Bekenntnisses zu einer "alten Religion" (agama yang lama) eingeräumt.[43] In diesem Fall verpflichtet sich der Islam, vorausgesetzt die Kopfsteuer (djizya) wird bezahlt, zur Gewährung seines Schutzes.

3. Sollte weder die erste, noch die zweite Bedingung erfüllt werden, liegt ein casus belli vor. Kommt es dann zum Krieg, gilt das Kriegsrecht. Die Länder werden unterworfen, qua Territorium, aber Zwang, den Islam zu übernehmen, wird nicht ausgeübt.[44]

---

[43] Gemeint sind wohl Judentum und Christentum.

[44] S.o. 210/11. Zum ökonomischen Hintergrund dieser Strategie (Möglichkeit der Versklavung der Bevölkerung, Versteuerungspolitik etc.) s. auch Chr. Rajewsky: "Da die dhimmis... höhere Abgaben zahlen mußten als die Muslims, denen nur die geringe Almosensteuer auferlegt war, bestand auf seiten des islamischen Staatswesens kein Interesse an einem Glaubenswechsel der Bevölkerung der eroberten Gebiete, ja Massenübertritte zum Islam konnten wegen der damit verbundenen finanziellen Einbußen durchaus als bedrohlich empfunden werden und wurden häufig sogar verboten... Die finanziellen Leistungen der nicht zum Islam übergetretenen Bevölkerung der eroberten Gebiete haben jahrhundertelang ein wesentliches Motiv für immer neue Eroberungszüge geliefert." (*Der gerechte Krieg...*, 29). Auf dieser Linie liegt dann auch die Politik ʿUmars II., die bestimmte, daß zum Islam übergetretene Grundbesitzer dennoch ihr Gut an die Dorfgemeinde abtreten müßten, von der sie es dann erneut pachten konnten, oder auch die Tatsache, daß die ʿAbbasiden (749-1258) im Irak und Iran trotz Übertritt zum Islam die Konvertiten nach wie vor die Kopfsteuer zahlen ließen. (S. 32; s. auch J. Aguadé, *Some remarks...*, 72). Die steuerliche Gleichstellung mit den "Alt-Muslimen" war eine Sache von Jahrhunderten. (Cf. Chr. Rajewsky, *Der gerechte Krieg...*, 29).

In Hamkas Augen ist die Praxis des Drei-Punkte-Ultimatums ein so schlagender Beweis gegen die These, der Islam habe sich mit Feuer und Schwert verbreitet, daß er nur noch in betonter Ungläubigkeit die Frage stellen kann, ob etwa die erste der drei Bedingungen der Anlaß für die in diesem Punkte falsche Meinung sei, wobei er sofort hinzufügt: "obgleich (doch) die zweite Einladung, nämlich Steuern zu zahlen, für sie (d.h. die Betroffenen) weit offen steht (terbuka lebar buat mereka)" (T. 30).

Und wiederum läßt Hamka zur Erhärtung seiner These historische Beispiele folgen. So seien unter den Kalifen *Abû Bakr*, *ʿUmar* und den großen islamischen Kriegshelden wie <u>*Khâlid*</u> *b. al-Walîd* etc. häufig Belagerungen christlicher Dörfer gestoppt worden, sobald diese sich bereit erklärten, die Steuer zu zahlen. Die Position ihrer Führer oder Vorsteher sei nicht angetastet worden. Der christliche Bischof von Palästina habe den Kalifen *ʿUmar* gebeten, in Person die Unterwerfung der Christen entgegenzunehmen. Und *ʿUmar* sei auch gekommen. Das dann den Christen gegebene Schutzversprechen dauere nun schon 14 Jahrhunderte. Nicht ein einziges Mal habe ein islamischer Machthaber oder Herrscher sich erdreistet, die gewaltsame Bekehrung der Christen zu veranlassen - und das trotz der gewaltigen Macht der Herrscher und der unbedeutenden Zahl der Christen. Mehr noch: das christliche "Know-how" wurde im Staatsdienst verwandt. Und warum dieser offensichtliche Verzicht auf Gewaltanwendung? "Aus Furcht, einen Verstoß gegen diesen Vers (2,256) zu begehen." (T. 30).

Was die Anweisung, dem Krieg das Bekehrungsultimatum vorauszuschicken, überhaupt angeht, so ist sie nicht immer befolgt worden. *Mehmed II.* beim Sturm auf Konstantinopel im Jahre 1453 hat es unterlassen. Andererseits hat noch gegen Ende des 19. Jahrhunderts, ganz im Sinne der Rechtsauffassung, die hinter dem Ultimatum steht, der sudanesische Kalif *Abdullâhi*, Königin *Viktoria* von England und den türkischen Sultan (!) aufgefordert, den Islam anzunehmen. (Cf. Chr. Rajewsky, *Der gerechte Krieg...*, 24). - Ferner wird man unwillkürlich bei dem hier zur Debatte stehenden Drei-Punkte-Ultimatum an das seit 1513, im Anschluß an die Gesetze von Burgos, legalisierte "Requerimento" der spanischen Konquistadoren in Südamerika erinnert. Die "Heiden" mußten, in Lokalsprache, zur friedlichen Unterwerfung unter die spanische Krone und Annahme des Christentums bewegt werden. Kamen sie dieser Aufforderung, ohne Widerstand zu leisten, nach, wurden sie zu Vasallen der Krone erklärt und in das Kolonialsystem eingereiht, andernfalls konnten sie in einem auf Grund des "requerimentos" nun gerecht gewordenen Krieg getötet und versklavt werden. (S. hierzu u.a.: A. Armani, *Città di Dio e Città del Sole. Lo "stato" gesuita dei Guarani [1609-1768]*, Rom 1977, 30/1).

Noch ein Beispiel: mit beginnender Kolonialzeit hätten die "christlichen Reiche" versucht, in der islamischen Welt Fuß zu fassen. Dazu bedienten sie sich der in den islamischen Ländern lebenden kleinen christlichen Gemeinschaften als "trouble maker", um die pax islamica zu stören. Vor diesem Hintergrund habe ein osmanischer Sultan die Auffassung vertreten, es sei besser, die kleinen christlichen Gemeinschaften gewaltsam zu islamisieren. Doch der Scheich *Al-Islam* habe dagegen ein entschiedenes Veto eingelegt (membantah keras), weil so ein Rechtsgrundsatz der Religion verletzt würde. (Cf. T 30/1).

Nachdem Hamka auf diese Weise grundsätzlich und anhand geschichtlicher Exempel dargelegt hat, daß im Islam das "Toleranzprinzip" voll respektiert wird, geht er zum Gegenangriff über. Es seien nämlich die Christesn in den islamischen Ländern, die unter dem von Vers 256 gewährten Schutzmantel der Toleranz in manchen Fällen (kadang-kadang) daran gingen, die islamische umma (Gemeinde) zu bedrängen (mendesak ummat Islam). Nimmt man dann noch hinzu, daß der religiöse Geist, das Engagement für die Religion, bei den Muslims selbst zurückgegangen ist, der Toleranzvers jedoch weiter in Kraft bleibt, so wird es verständlich, daß mühelos die Festungen des Islam (benteng-benteng mereka) zum Einsturz gebracht werden. Die Muslims selbst haben von ihrem Glauben her kein Recht, in Sachen Religion Gewalt anzuwenden, während die anderen mit ganzer Kraft und allen Mitteln (dengan segala daya-upaya) an ihrem Abfall vom Islam arbeiten. (Cf. T 31). Deswegen folgt auf den "Toleranzvers" Gottes Zusicherung (Anfang von 257): "Gott ist der Freund derer, die gläubig sind." Wenn nur die Muslime ihren Glauben an Gott und ihr Vertrauen in ihn hegen und pflegen, dann wird Gott selbst zum Führer seiner Gläubigen werden. Der Glaube an den Einen Gott nämlich läßt keinen Platz für ein anderes Licht, d.h. die Verbindung zu Gott ist direkt, er benutzt keine (Ver)mittler, der Zugang zum Lichtstrahl kommt direkt von Gott her. Deshalb heißt es in 257 weiter: "Er bringt sie aus der Finsternis hinaus ins Licht."

Der Glaube an Gott bewirkt die Öffnung des Verstandes, er führt zu Unterwerfung unter Gottes Gesetz und Regeln. Er befruchtet das Leben der Gemeinde und läßt die islamische Gesellschaft wachsen. Über kurz oder lang wird der Unterschied zwischen Leben im Licht und Leben in der Dunkelheit spürbar. Deshalb ruft Hamka seinen Glaubensgenossen zu: "Wir selbst können den Unterschied (schon) in der Art und Weise des Gesichts eines Menschen bezeugen, (können) Aktivität, Freude und die Güte der Erleuchtung (budi) für ein Land (aufzeigen), in dem der Glaube an Gott die Führung übernommen hat." (T 31). Wo Gott aber nicht diese Führung übernimmt, da gilt der Rest von 257: "Die Unläubigen aber haben die Götzen zu Freunden. Die bringen sie aus dem Licht hinaus in die Finsternis... die Ungläubigen werden Insassen des Höllenfeuers sein und (ewig) darin verweilen."

Hamka gibt einigen "Götzen"[45] auch einen Namen: in der Neuzeit sind es z.B. Diktatoren wie *Hitler*, genannt der "große Führer" (disebutkan "Führer", pemimpin besar), der "Duce", *Stalin*, *Mao Zedong*. "All diese Diktatoren sind im Grunde ihrer Seele gegen die Religion, wenn auch ihr Mund manchmal laut 'Allah Subḥânahu wa Taʿâla' verkündet." (T 34).

Hamka ist auf diese Weise im Gang seines Kommentars vom Toleranzproblem herkommend, über die Zusicherung der Führerschaft Gottes - damit die Toleranz den Muslimen nicht zum Schaden gereicht - bei den falschen Führern der Neuzeit angelangt, den diktatorischen Götzen. Und drückten die vorhergehenden Bemerkungen unmißverständlich Bitterkeit über das Verhalten der Christen aus - als skrupellose Nutznießer islamischer Geduld und Toleranz - so kommt es an dieser Stelle nun, wo es um die "neuen Götzen" geht, zu einer überraschenden "ökumenischen Wende". Unser Autor führt nämlich aus:

Die größten Feinde der Diktatoren und die, die den Diktatoren am verhaßtesten sind, sind die Ulama (islam. Rechtsgelehrten) und die *Pastoren* (!) (hervorgeh. von Th. M.) (pendeta-pendeta), die den Mut haben, die Wahrheit aufrechtzuhalten und den Mund aufzumachen. Sie halten mämlich an der von Gott (gegebenen) Führung selbst fest, die (ihnen) in der (jeweiligen) Heiligen Schrift, an die sie glauben, (zuteil wurde). (Sie halten fest) an der Freiheit/Unabhängigkeit der Kanzel (kemerdekaan mimbar), sei es in der Kirche oder in der Moschee. Menschen, die glauben, können ihre Seelen nicht diesen Diktatoren verkaufen, weil sie schon einen festen Halt haben, nämlich Gott. Und Gott ist ein Freund für die, die glauben. (T 34).

Für Hamka besteht natürlich kein Zweifel darüber, daß der wahre, vollständige Glaube unlösbar mit der islamischen Einheitsvorstellung (tawḥîd) verbunden ist. Ferner gilt nach wie vor, was wir zu Beginn dieser Ausführungen gesehen haben: dieser Tawḥîd ist in die Seele eine

---

[45] "ṭâghût"; s. Anm. 34.

jeden Adamskindes geschrieben und formiert die menschlichen Basis-werte (nilai manusia pada diri seorang anak Adam). (Cf. T 35). Deswegen, so Hamkas ganze Grundidee, kann ja auch 2,256, d.h. die Abwesenheit von Zwang in Sachen Religion, eigentlich nur besagen, diese adamitische Grundstruktur (wieder) voll zum Leuchten zu bringen und keine (neuen) Fremdeinflüsse der Seele aufzuzwingen.

Weil andererseits aber zutrifft, was R. Paret in bezug auf 2,256 bemerkte, nämlich, daß die Deutung dieses Verses als *Toleranzprinzip* längst üblich geworden ist und das Bekenntnis zur religiösen Toleranz in der einen oder anderen Weise wohl aus dem Islam nicht mehr wegzudenken ist (s.o. S. 216/17), hat sich auch Hamka genötigt gesehen, große Teile seines Kommentars zu 2,256 der Verteidigung der Toleranz (im Sinne des modernen Verständnisses von "Religionsfrei-heit"), d.h. dem Nachweis der Gültigkeit und dem faktischen Vorkom-men dieser Toleranz im Islam, zu widmen. Er geht dabei allerdings "klassisch"-apologetisch vor.[46] Das wird besonders daran deutlich, daß er an dem Recht des Islam, die sogenannte "Schutzfunktion" ausüben zu dürfen, nicht rüttelt. Ja, er scheint dieses "Recht" nicht einmal als Problem, im Rahmen einer Toleranzdiskussion, wahrzunehmen. Daß die Schutzrechtsposition wiederum mit dem "Asolutheitsanspruch" des Eingottglaubens zusammenhängt, steht außer Frage.[47] Mag von daher,

---

[46] Insofern hat G.E. v. Grunebaum nicht ganz Unrecht, wenn er feststellt, "daß die größte Schwierigkeit, der die muslimische Welt in ihrem Kampf mit der Verwestlichung begegnet ist, in dem Widerspruch begründet ist [der] zwischen erfolgreicher Übernahme des fremden Ziels und der Unfähigkeit, den traditionel-len Ausgangspunkt zu verlassen" besteht. (*Studien* ... (Anm. 29) 119).

[47] Zu diesem Problem, das auch christlicherseits ein reelles ist, s. u.a. P.-W. Scheele, *Universaler Geltungsanspruch des Christentums*, 191-231, in: A. Paus (Hrsg.), *Jesus Christus und die Religionen*, Graz, Wien, Köln, Kevelaer 1980; mit Blick auf den Islam dort bes. 200/201; S. Raeder, *Toleranz und göttliche Sendung...* (= Anm. 2); Th. Mooren, *Macht und Abstraktion. Sprache und Wahrnehmung vor dem Hintergrund radikal-monotheistischer Theologie*, in: *Theologie und Philosophie* 59 (1984) 235-248; 243-248 [hier: 234-256, 248-256]; ders.: *Der Islam in theologischer... Sicht* (= Anm. 15), 312-319 [hier: 50-61] sowie die Arbeiten *Beobachtungen...*, 44-46 und *Abstammung...*, 28-36 [hier: 136-147]; ferner auch die interessante Bemerkung von G.E. v. Grunebaum, *Studien...*, 78: "Für den Menschen vor der modernen Periode war Wahrheit absolut; sie war das Gegenteil von Falschheit, Irrtum und Absurdität. An einen Pluralismus der Wahrheiten war nicht zu denken." Und - so können wir hinzufügen - es war eine Wahrheit, die sich in der Geschichte erweisen mußte, durch die Geschichte bewiesen werden mußte, also auch in sichtbarer Weise

abgesehen von Detailfragen, Hamkas Apologie grundsätzlich brüchig erscheinen - unser Autor eröffnet am Ende seines Gedankengangs zu 2,256ff. immerhin eine wichtige Perspektive für Gegenwart und Zukunft: der gemeinsame Kampf *aller* Glaubenden gegen die modernen Götzen. Mit anderen Worten: er *dynamisiert* den Tawḥîd, den Eingottglauben. Er verweist nicht nur auf die Ur-Naturhaftigkeit desselben, sondern sieht schließlich in ihm auch den *Imperativ*, Seele und Leib von "Götzendienst" zu befreien (Tauhid itu... malahal terlebih lagi untuk kemerdekaan jiwa raga, T 34; Tauhid ialah untuk membebaskan jiwa manusia dari pada pengaruh ṭâghût itu, T 35), da dieser die ursprünglich reine, monotheistische Seele in ein Stück Vieh verwandelt, das man aufscheuchen und hin und her treiben kann (berganti dengan binatang yang dapat dihalau kehilir-mudik, T 35). Deswegen muß die mimbar, die Kanzel, volle Freiheit und Unabhängigkeit genießen, sei es in der Moschee, sei es in der Kirche.

stärker sein mußte als ihr Gegenteil, und daher ipso facto immer auch Staat und Politik sagte (und sagt). (Cf. G.E. v. Grunebaum, ibid., 154ff.; Th. Mooren, *Mythos, Monotheismus und Spekulation. Zur Rolle der Vernunft angesichts göttlicher Macht unter besonderer Berücksichtigung des Islam*, 187, Anm. 35 [hier: 98/99], in: *Theologie und Philosophie*, 57 <1982> 178-201) [hier: 87-117]. - Und schließlich noch einmal Hamka in dem schon erwähnten Beitrag *Das Verhältnis zwischen Religion und Staat im Islam* (s. Anm. 28): "Das ist der Geist des Korans: Wenn nämlich die Macht in unserer Hand ist, haben wir die Pflicht, andere Menschen zu verteidigen. Aber wenn wir keine Macht besitzen, wird mit Sicherheit unsere Moschee ohnehin an letzter Stelle plaziert, wenn sie überhaupt eine Stelle bekommt." (142).

Macht und Abstraktion

Sprache und Wahrnehmung vor dem Hintergrund radikal-monotheistischer Theologie[1]

> Et que, les yeux au ciel, je tombe dans des trous.
> Mais la voix me console et dit: "Garde tes songes:
> les sages n'en ont pas d'aussi beaux que les fous!"
>
> (Baudelaire, Les fleurs du Mal)

> *Der Begriff 'sehen' macht einen wirren Eindruck.*
> *Nun, so ist er.*
> *Gewisses am Sehen kommt uns rätselhaft vor,*
> *weil uns das ganze Sehen*
> *nicht rätselhaft genug vorkommt.*
>
> (Wittgenstein, Philosophische Untersuchungen, II, XI)

Das Verhältnis Mensch - Natur, Mensch - Technik und dessen Implikationen zu diskutieren, ist schon längst Bestandteil philosophisch-theologischer "Rhetorik" geworden. Aus unterschiedlichen Lagern und mit unterschiedlichem Reflexionsniveau werden Begriffe wie Ökologie, Entfremdung, Ausbeutung, Authentizität etc. ins Feld geführt.[2] Schon vor 10 Jahren verwies G. Krüger auf die zunehmende Technisierung menschlichen Handelns, organisiert nach rein maschinellem Vorbild, und

---

[1] Mit "radikal-monotheistischer Theologie" meinen wir an erster Stelle die islamische, in etwas abgemilderter Form die jüdische, aber auch die christliche Theologie, und zwar immer dann, wenn sie nicht entschieden trinitarisch orientiert ist, sowie endlich auch gewisse Strömungen der "philosophischen" Theologie.

[2] S. hierzu u.a. auch den informativen Beitrag J. Spletts, in: *ThPh* 57 (1982) 260-274, mit dem bezeichnenden Titel: *"Macht euch die Erde untertan"? Zur ethisch-religiösen Begrenzung technischen Zugriffs.*

unterstrich die Auffassung, Theologie sei nur möglich in der Wiederentdeckung der Fraglichkeit des Menschen als Subjekt.[3]

Die Fragwürdigkeit des Menschen bestimmt auch die Gedanken Jörg Spletts zum Thema Mensch - Technik/Natur, und angesichts der nicht geringer, sondern immer größer werdenden Probleme des Menschen im Umgang mit der Natur und Technik wird man einem "Plädoyer für eine neue Gesinnung"[4] oder einer "radikalen Veränderung des Herzens" (E. Fromm)[5] nur zustimmen. Die Richtung dieser "conversio" wird von Splett auch angegeben, wenn er ausführt: "Und nicht die Ausübung seiner Autorität (gemäß Gen 1,28), sondern deren Verkehrung zu mißtrauischer Absage an Gottes Leitung... hat zur heutigen Krisis geführt."[6] Diese Aussage stimmt ihrerseits überein mit der zentralen These Spletts: "Hier steht zur Diskussion, ob der maßlose Herrschaftsanspruch der Neuzeit *aus* dem biblisch-christlichen Ethos *entspringt.* Dazu wird im folgenden die Gegenthese vertreten, daß nämlich... gerade die 'Emanzipation' von diesem Glaubensethos zur (drohenden) Katastrophe geführt hat...".[7] In Frage gestellt wird also nicht das christliche Ethos einschließlich seines Gottesbildes, sondern es ist dessen Nicht-Beachtung, die katastrophale Folgen zeitgt.

Nun hängt dies jedoch davon ab, was im einzelnen unter Glaubensethos und biblisch-christlichem Gottesbild verstanden wird; nur so wird klar, wovon man sich "emanzipiert". Wir vertreten deshalb im folgenden die These, daß die von Splett u.a. geforderte "conversio" nur gelingen kann, wenn sie Hand-in-Hand-geht mit der Wiederentdeckung eines Gottesbildes, das auch Kenose und Ohn-Macht sagt, wenn sie eine Abkehr von einem Bild Gottes und entsprechend des Menschen beinhaltet, das einseitig, d.h. durch und durch gesättigt ist mit einer gewissen Idee von "Macht" als der entscheidenden Komponente

---

[3]   G. Krüger, *Religiöse und profane Welterfahrung*, Frankfurt/M. 1973, 20, 67/8.

[4]   Splett 269.

[5]   E. Fromm, *Haben oder Sein. Die seelischen Grundlagen einer neuen Gesellschaft*, München 1980, 21.

[6]   Splett 269.

[7]   Ebd. 260.

göttlichen (und menschlichen) Seins.[8] Solange aber von Gott noch in dieser Weise gesprochen wird, scheint uns allerdings das biblisch-christliche Gottesbild und Ethos mitverantwortlich zu sein - im positiven wie im negativen Sinn - für den Zustand, in den die Welt geraten ist.

1. Vatersprache - Muttersprache

Als Einstieg in die Diskussion unserer These soll uns der instruktive Artikel F.K. Mayrs "Ludwig Wittgenstein und das Problem einer philosophischen Anthropologie"[9] dienen. Mayr geht von der Vermutung aus, daß die "anthropologische Fragestellung nach dem Dasein und den Grenzen des Menschen das treibende Grundmotiv der Wittgensteinschen Frage nach dem Wesen und den Grenzen der menschlichen Sprache war".[10]

Wesen und Grenze der Sprache jedoch waren im Tractatus logico-philosophicus (1921) dem Modell einer perfekten Isomorphietheorie (Sprache/Welt) unterworfen.[11] Dieser rein logische Abbild-Charakter der Sprache wird aber in den "Philosophischen Untersuchungen" aufgebrochen zugunsten der Idee des Sprachspiels, nach der der wissenschaftliche Gebrauch der Sprache nur noch als ein "Spiel" unter vielen erscheint (s. z.B.: I, 71). Die damit verbundene Absage an den Puritanismus des logischen Positivismus impliziert eine Hinwendung zum Konkreten, Einmaligen, selbst wenn es auch Unschärfe oder gar Mangel an "Reinheit" bedeutet (I, 426).[12]

---

[8] Der Ausdruck "Macht" ist ambivalent. Die hier gemeinte "Macht" ist natürlich die negative, ausbeutende, die nur Beherrschen und Befehlen kennt, bzw. die qua Macht nicht mehr hinterfragbar ist; ein Machtbegriff, wie er weitgehend im modernen Sprachgebrauch erscheint. Daß es auch "Leben" als Macht gibt, Macht über das Böse, Krankheit und Tod, die "Macht" der Liebe etc. liegt auf der Hand, ist aber nicht Thema unserer Diskussion.

[9] In: *TFil 32* (1970) 214-289.

[10] Ebd. 215.

[11] S.L. Wittgenstein, *Schriften (Teilsamml.): "Tractatus Logico-Philosophicus"; Tagebücher 1914-1916; Philosophische Untersuchungen*, Frankfurt/M. 1960 u. *Philosophische Untersuchungen*, Frankfurt/M. 1967.

[12] Cf. auch Mayr (Anm. 9) 220ff.

In seiner Arbeit geht es Mayr aber weniger darum, das Neue der "Philosophie" des späten Wittgenstein herauszustellen, als vielmehr die Wiederentdeckung der Unschärfendimension von Sprache und Leben in das anthropologische Spannungsfeld Mann/Frau, bzw. Sehen/Hören, zu stellen. Wittgensteins "Entzauberung" des rein wissenschaftlichen Sprachideals wird von Mayr einmal interpretiert als Kritik einer einzig mit den Mitteln des "Sehens" (der abbildenden Logik) vorgehenden Wirklichkeitsbewältigung, die nur auf das Ideale, den "eidos" aus ist. Zum andern versteht Mayr die "Philosophischen Untersuchungen" auch als Versuch, die vor- oder unwissenschaftliche *Mutter*sprache wieder ins Recht zu setzen, womit anerkannt wird, daß sie als Muttersprache auch "der Grund und Boden... der exakten (künstlichen) 'Wissenschafts- sprache' ist".[13] Die Wissenschaftssprache ist dann lediglich, anstatt allumfassend zu sein, eine *Vater*sprache.

Von hier aus ist der Weg nicht mehr weit zu jenem anderen Paar, diesmal aus der Götterwelt, nämlich Dionysos und Apollo und den beiden mit ihnen für immer verbundenen Denkern Bachofen und Nietzsche: dem logischen Abbildungscharakter der Sprache (= Sehen), dem rational-diskursiven Verstehen, d.h. nun: dem patriarchalisch- apollinischen Verstehensmodell, stellt sich das intuitive Hören (besonders von Musik) als dionysisches Verstehen entgegen - im Bannkreis des Weiblichen, der Mutter Erde, der Mysterienreligionen, ja selbst noch des pfingstlichen Sprachenwunders.[14]

Dionysisches Verstehen impliziert mithin auch ein *Gottes*bild, in dem Gott nicht mehr "eidos", höchste Form, sondern "moira", "tyche", "fatum", das Sich-Selbst-Zusagende wird.[15] In diesem Sinn setzt sich Mayr mit der Tagebuchnotiz Wittgensteins vom 8.7.1916 auseinander: "An einen Gott glauben heißt, die Frage nach dem Sinn des Lebens verstehen. An einen Gott glauben heißt sehen, daß es mit den Tatsachen

---

[13] Ebd. 223.

[14] Ebd. 256/7. - Daß die Dichotomie Dionysos/Apollo, Klarheit/Rationalität und dunkle Ekstase allerdings eine späte, für unsere Zeit besonders von Nietzsche erstellte Konstruktion ist, die der religionsgeschichtlichen Wirklichkeit so nicht entspricht, hat überzeugend G. Colli nachgewiesen in: *Die Geburt der Philosophie*, Frankfurt/M. 1987 (*"... der Bogen Apollos bringt den Tod"* 29); s. auch ders., *Nach Nietzsche*, Frankfurt/M. 1980, über Apollo bes. Kap. II: *Der Gott, der von ferne trifft* (39-61) s. auch infra Anm. 52.

[15] Cf. Mayr 254/55.

der Welt noch nicht abgetan ist. An Gott glauben heißt, daß das Leben einen Sinn hat... Gott wäre in diesem Sinn einfach Schicksal...".[16]

Dies ist alles andere als der Gottesbegriff des virilisierten Logos der Vatersprache, der lediglich Verbündeter des glatten Eisbodens der Kristallklarheit der Logik (s. I, 107) ist, deren Werk letztlich Zerstörung heißt. Hier wird angesprochen, daß Leben, als Schicksal, Reibung braucht, aus Umwegen und "Unreinheit"/logischer Unexaktheit (= hyle) besteht.[17]

Mayr geht es aber letztlich nicht nur, wie man aus dem bisher Dargestellten schon erahnen kann, um ein Verstehen Wittgensteins, zu dem seine Arbeit einen originellen Beitrag leistet, sondern um mehr: er will der Kultur der "visio", der "aisthesis", den "Prozeß" machen, er will durch Wittgenstein hindurch, die Ursache und die Folgen des abendländischen Kulturkonzepts selbst treffen. Die Folgen meinen die ungezügelte Machtausübung des Menschen über den Gegenstand (Natur/Umwelt), die Ursache, der Ermöglichungsgrund dieses typisch westlichen In-der-Welt-Seins liegt nach Mayr aber im "Sehen" selbst, verstanden als analytisches Zergliedern der Wirklichkeit, bzw. im Primat des Sehens vor anderen Sinnen.[18]

2. Der Speer, Odysseus und die vision quest

Wir wollen hier nicht im einzelnen auf die philologischen und philosophiegeschichtlichen Argumente eingehen, die Mayr für seine These vorbringt[19] - es liegt auf der Hand, daß das Sehen in der abendländischen Tradition eine hervorragende Rolle als Erkenntnisorgan gespielt hat, ja vielleicht sogar *das* Erkenntnisorgan geworden ist. (Analysen der Wortgruppe idein/eidos/Idee sind hierzu genauso aufschlußreich wie der Begriff "Theorie" oder der Hinweis auf die

---

[16] S. auch ebd. 255.
[17] Cf. ebd. 286.
[18] Cf. ebd. 234, 243/44.
[19] S. dazu ebd. 229-247.

Lichtmetaphysik u.a.[20]). Statt dessen wollen wir der Frage nachgehen, ob der Grund für die von Mayr und sovielen anderen Autoren festgestellte Verobjektivierung der Welt, ihre Degradierung zum Objekt für das zugreifende, ausbeutende Individuum, tatsächlich in der "aisthesis" selbst zu suchen ist, also ein Zustand, aus dem uns hörendes Innewerden, der Gottheit oder des Seins, allein herausführen könnte.

Unser erster Hinweis gilt der schlichten Tatsache, daß das Sehen rein schon aus anthropologischen Gründen der wahrscheinlich wichtigste Sinn für den Menschen ist. Daß er für die Erkenntnis des Menschen eine so hervorragende Rolle spielt, kann daher nicht verwundern. Das Sehen allein reicht natürlich bei weitem noch nicht aus, um das Leben zu bewältigen, aber um z.B. einen Feind zu töten, muß ich ihn sehen. Der Speer muß sitzen. Hören alleine genügt nicht. (Ich muß auch dann noch sehen, wenn ich den Gegner etwa über eine Wachsfigur magisch treffen will[21]).

Ein weiterer wichtiger Hinweis zur Aufschlüsselung des Problems "Sehen" findet sich bei P. Feyerabend. Gegen Ende seines Buches "Wider den Methodenzwang. Skizze einer anarchistischen Erkenntnis-theorie"[22] diskutiert er mehrere Forschungsbeiträge zum Weltbild der frühen Griechen und unterstreicht dabei besonders das additive Verfahren der frühgriechischen Sehweise.[23] Ziel der Erkenntnis der frühen Griechen war es, viele merkwürdige Dinge zu sammeln, etwa bei Reisebeschrei-bungen. "Erkenntnis in diesem Sinn erlangt man nicht durch den Versuch, ein Wesen hinter den Sinneserfahrungen zu erfassen",[24] sondern durch richtige Anordnung der Gegenstände, das Einnehmen der richtigen

---

[20] S. jedoch den Hinweis W. Doniger O'Flaherty's zur hinduistischen Kultur, daß nämlich der "Beweis über die eigenen Augen (pratyaksa)... in der traditionellen indischen Philosophie als bester aller möglichen Beweise erachtet (wird), besser als Hörensagen, Deduktion oder Indizienbeweis etc." (*Der wissenschaftliche Beweis mythischer Erfahrung* [437] in: H.P. Duerr, Hrsg., *Der Wissenschaftler und das Irrationale, I. Beiträge aus Ethnologie und Anthropologie*, Frankfurt/M., 1981, 430-456).

[21] Die Brutalität des modernen Krieges beruht ja interessanterweise zu einem Großteil auf der Tatsache, daß der Gegner, das Opfer, die Folgen des Angriffs, nicht mehr gesehen werden! Was gesehen wird, ist nur noch der Computer, der Zeiger. Was aber gehört wird, ist der Befehl! - S. auch Anm. 75.

[22] Frankfurt/M. 1976.

[23] Cf. ebd. 329-342.

[24] Ebd. 399.

Position, das Beobachten vom passenden Punkt aus. Was für uns perspektivische Verzerrungen sind, kann dabei zur richtigen Anordnung der Bestandteile gehören. Obwohl Sehen natürlich immer "spaltet", weil es mir Dinge als Gegen-Stände zuspielt, die von mir getrennt sind, schließt es eine rezeptive Haltung jedoch nicht aus, die vor allem darin besteht, den Platz, der einem jeden Ding zukommt, zu respektieren und zum Ausgangspunkt seines Handelns zu machen.[25]

Von Odysseus sagt B. Snell[26]: "Odysseus hat viel gesehen und viel erfahren... Das auf dem Sehen beruhende Wissen, die Fülle der Erfahrungen und Kenntnisse hat er nicht eigentlich durch eigene Tätigkeit und Forschung erworben, sondern sie ist ihm, dem Vielumher- getriebenen, eher zugestoßen. Er ist noch kein Solon, von dem Herodot sagt, er sei als erster der Theorie wegen auf Reisen gegangen, aus reinem Forschungsinteresse."

Dieses zugestoßene, auf dem Sehen aufbauende Wissen, dient bei Odysseus nicht der Beherrschung der Welt, sondern ist sozusagen Beigabe zur einen ihn allein beherrschenden Tätigkeit (Praxis), sein eigenes und das Leben seiner Gefährten zu retten, nach Hause zu kommen. Sehen ist hier nicht diskursiv-zergliederndes Ausbeuten, sondern der Verbündete der *List*, der nur momentanen Inanspruchnahme der Welt unter Kenntnis der jedem Ding zukommenden Position.

Zur Stützung seiner These vom verheerenden Einfluß des Sehens setzt sich Mayr ausführlich mit M. McLuhan, "The Gutenberg Galaxy. The making of typographic Man"[27] auseinander. Für McLuhan gibt es einen Zusammenhang von "tribal culture" und "preliterate man", wobei letzterer den immer durchgreifenderen Erfolgen des "literate man" ausgesetzt ist, der seine Karriere seit dem 8. Jh. v. Chr. etwa in Phönizien mit dem Alphabet beginnt. Pre-literate man meint Stamm, Kollektiv, audio-taktile Wirklichkeitserfahrung, volitiv-emotionales Weltbild.[28] Der literate man hingegen verläßt sich immer ausschließlicher auf sein Auge als Instrument von Teilerfahrungen, Erfahrungen des

---

[25]   Cf. ebd. 341.
[26]   B. Snell, *Die alten Griechen und wir*, Göttingen 1962, 48.
[27]   Toronto 1962; ders., *Understanding Media. The Extensions of Man*, New York, Toronto, London 1964; s. auch Mayr 237-242.
[28]   Dabei verweist Mayr ausdrücklich auf die religiöse Zuordnung von Glauben und Hören (240).

typischen Spezialisten (species/eidos), wobei die Methode seines Vorgehens durch das Motto "divide-et-impera!" gekennzeichnet ist.[29]

So sehr die Thesen McLuhans Mayrs eigenes Konzept bestätigen, so sehr müssen doch vom ethno-anthropologischen Standpunkt aus einige Bedenken angemeldet werden,[30] wobei es wohlgemerkt nicht darum gehen kann, die audio-taktile oder ganzheitliche Wirklichkeitserfahrung herunterzuspielen. Jedoch konstituiert sich diese Art Erfahrung von Welt keineswegs gegen oder auf Kosten der "sehenden" Welterfahrung, sondern im Verbund mit ihr. Das Stichwort "vision quest" dürfte genügen, um Zweifel in dieser Hinsicht auszuräumen.[31]

Dabei ist das Wichtige an den Visionen, daß sie weder an den Dingen vorbei geschehen, noch sich an ihrer "species", ihrer Oberfläche, aufhalten, sondern es ist ein Durch-sie-Hindurchsehen. Es handelt sich nicht um ein Verkürzen der Sehfähigkeit oder um Unfähigkeit zur exakten Wahrnehmung, sondern um ein Sehen unter bestimmten inneren Bedingungen.[32] Es handelt sich um eine Art Homologie von innen und

---

[29] Cf. ebd. 238-242.

[30] S. z.B. auch W. Müllers *Erörterungen der "optischen" Sprachen (indianisch, chinesisch etc)*, die das Konzept des "literate man" erheblich modifizieren. (*Indianische Welterfahrung*, Frankfurt/M., Berlin, Wien 1981, 15-31; 95-97). Müller hält gerade den visuellen Qualitäten des Chinesischen zugute, daß sie den Menschen nicht in eine divide-et-impera-Situation Mensch und Welt gegenüber gestürzt haben.

[31] Cf. M. Eliade, *Schamanismus und archaische Ekstasetechnik*, Zürich, Stuttgart s.d.; H.E. Driver, *The vision quest of Sanpoil*, 418-424, in: *Indians of North America*, Chicago ⁵1975. Ob Schamane oder einfaches Stammesmitglied, es geht, mit entsprechenden Nuancen natürlich, darum, seinen Traum, sein Totemtier, sein "alter ego" zu finden. - Aus der zahllosen Literatur zu diesem Thema sei aus dem oben angegebenen Sammelband von Duerr noch erwähnt: M. Oppitz, *Schamanen, Hexen, Ethnographen*, 37-59; ferner S.A. Metraux, *Religions et magies indiennes*, Paris 1967; D. u. B. Tedlock, Hrsg., *Über den Rand des tiefen Canyon. Lehren indianischer Schamanen*, Düsseldorf, Köln ³1982; R. Hitzler, *Der "begeisterte" Körper. (Zur persönlichen Identität von Schamanen)*, in: *Unter dem Pflaster liegt der Strand* (11) 1982, 53-73; Müller 51-75; W. Neumann, *Der Mensch und sein Doppelgänger. Alter Ego-Vorstellungen in Mesoamerika und im Sufismus des Ibn ʿArabi*, Wiesbaden 1981; - zur archaischen Philosophie des Sehens s. auch die zahlreichen Hinweise in H.P. Duerr, *Traumzeit. Über die Grenze zwischen Wildnis und Zivilisation*, Frankfurt/M. ²1978.

[32] "Ebensowenig wie wir betrachtet er (der Ojibwa, Stamm im Nordwesten der Großen Seen) Steine als generell lebendig. Der entscheidende Prüfstein ist die Erfahrung." (A.I. Hallowell, *Ontologie, Verhalten und Weltbild der Ojibwa*, 141, in: *Tedlock* [Anm. 31] 134-167).

außen: "Äußerlich findet die Suche auf der horizontalen Ebene der wirklichen Welt statt. Die Tiere sind wirkliche Tiere...".[33] Aber es sind die Bedingungen der Innenwelt, die die äußeren Wahrnehmungen formieren: "Seine (des Beavers) Kommunikation mit Tieren in *dieser* Welt trug ihn in die *innere* Welt, in der die Mythen der Schöpfung noch wirklich sind, und wo die riesigen Ur-Tiere, die 'Herren' ihrer Art, noch immer leben."[34]

Auf Grund dieser Homologie vollziehen sich die Visionen in oder besser an den Dingen dieser Welt, indem sie deren Leuchtkraft entdecken. Visionen verwandeln die Welt wie Feuer Eisen. Sie bewirken, daß das Auge das Nachdenken der Indianer leitet, die, von der Gestalt, der Plastizität der Welt fasziniert, diese sehen, wie wenn sie sich noch im Stande des ersten Schöpfungstages befände.[35]

Es ist im übrigen nur natürlich, daß das Staunen-Können zu den inneren Grundbedingungen der Visionen gehört, ohne das es keine "vorsichtig tastende Durchdringung der Geheimnisse"[36] dieser Welt gibt.[37]

---

[33] R. u. T. Ridington, *Das Innere Gesicht von Schamanismus und Totemismus*, 177, in: *Tedlock* 168-182. - Der Art. behandelt die Beaver-Indianer im nordwestlichen British-Columbia.

[34] Ebd. 178. - Als ein Weißer in Süd-Utah von einer Pneumonie durch die sog. "red-ant-ceremony" geheilt worden war, fragte er hinterher ungläubig seinen indianischen Schwiegervater: "Aber du glaubst doch sicher nicht, daß in meinem Körper rote Ameisen waren!" Er erhielt die Antwort: "Not ants, but ants." Und N.S. Momaday, der diese Geschichte berichtet, fügt hinzu: "Unless you understand this distinction, you might have difficulty understanding something about the Indian view of the natural world." (N.S. Momaday, *Native American Attitudes to the Environment*, 85, in: W.H. Capps, Hrsg., *Seeing with a Native Eye. Essays on Native American Religion*, New York, Hagerstown, San Francisco, London 1976, 79-85).

[35] Cf. Müller 57, 71; s. auch G. Bonnin (Sioux-Frau 1872-1938), *Why I am a Pagan*, in: B. Peyer, Hrsg., *The Elders wrote. An Anthology of Early Prose by North-American Indians 1778-1931*, Berlin 1982, 138-141, bes. 141.

[36] Müller 72.

[37] Der Struktur nach kann im übrigen die "vision quest" mit Fasten, innerem Leerwerden und "Hindurchsehen" (= den Glanz sehen) mit dem Elan gewisser Richtungen der christlichen Mystik verglichen werden, wenn die einzelnen Strukturelemente auch verschieden sind. (S. auch die Betonung der Transzendenz und Vergänglichkeit der Welt als Kontextmaterial). Aber der Kommentar des Origenes zu Mt 12, Transfiguration und Jesus auf dem Berg begegnen, ist durchaus aus dem gleichen Stoff wie das archaische "Auf-die-Suche-Gehen". Auch ein Indianer muß die Hindernisse, die einer Vision im Wege liegen,

Das Verhältnis zur Welt, das auf diese Weise entsteht, ist durchaus ein geschwisterhaftes. Das hatte z.B. zur Folge, daß ein Indianer sich weigerte, Wild zu erlegen, obwohl seine Familie hungerte, und zwar mit der Begründung: "... it is inappropriate that I should take life just now when I am expecting the gift of life".[38]

Wer auf solche Weise sieht und lebt, hat natürlich auch eine ganz andere Beziehung zum Bereich des Symbolischen[39]: Symbole sind keine unverbindlichen Wie-Vergleiche, sondern Wirklichkeiten, Wirkmächtigkeiten, lebendig vor allem im Ritus. Im Ritus versammelt sich der ganze Kosmos,[40] so wie man es gut bei den Hogan ("Urhaus")-Zeremonien der Navajo studieren kann, wo in anschaulicher Weise der gesamte Makrokosmos nachgebaut wird. Durch Gebete wird dieser symbolische Mikrokosmos dann in die "Alltagswirklichkeit" überführt.[41]

Mit anderen Worten, die Art des Sehens, die wir hier veranschlagen müssen, besitzt eine Qualität, die J.E. Brown mit dem glücklichen Wort "a polysynthetic quality of vision" umschrieben hat.[42] Nur ein Sehen mit

---

übersteigen ("hyperbainein" bei Origenes), muß sein Auge vorbereiten, um die Leuchtkraft an den Dingen dieser Welt zu entdecken (das weiße Gewand Jesu und weiterhin der "Mantel" der Schrift bei Origenes). Vor allem aber geht es beiden (vgl. zur Leuchtkraft auch die joh. "doxa") um das Sehen ("aisthesis theia" bei Origenes) als ein wichtiges, wenn auch nicht ausschließliches Mittel - die "vision quest" hat auch ihre akustischen Komponenten - zum Finden des gesuchten Zieles. - Zu Origenes, Komm. zu Mt 12, s. F. Bertrand, *Mystique de Jésus chez Origène*, Paris 1951, 82-85; zur "aisthesis theia" bei Origenes s. auch H. Urs v. Balthasar, *Herrlichkeit. Eine theologische Ästhethik, I. Schau der Gestalt*, Einsiedeln ²1961, 355-357.

[38] Momaday 82. - Solch ein Mensch würde nicht verstehen, was *Splett* meint, wenn er ausführt: "doch im Ernst- und Konfliktfall hat der Mensch sie (Leben und Natur, Th. M.) nicht als Naturordnung zu respektieren, sondern erst als Schöpfungsordnung. Denn nur in solchem Respekt wird auch seine Würde gewahrt (derzufolge er ... 'sein Leben für seine Freunde' hingeben soll, nicht aber für ein Tier oder eine Tierspezies)" 269/70. Für den Indianer sind eben Tiere Freunde des Menschen im Vollsinn (s. auch Müller 42-48).

[39] Cf. Müller 71.

[40] Ebd. 71.

[41] Cf. S.D. Dill, *The Shadow of a Vision Yonder*, 48, in: Capps, Hrsg. (Anm. 34) 44-57; s. auch T. Dreier, *Wissen und Welt in den modernen Naturwissenschaften und bei den Navajo*, 131ff., in: Duerr, Hrsg. (Anm. 20) 126-142; die Navajo wohnen in den Zentral-USA; zu ähnlichen Zeremonien bei anderen Stämmen s. auch Müller 39-41.

[42] J.E. Brown, *The Roots of Renewal*, 30, in: Capps Hrsg., 25-34.

dieser Qualität macht Aussagen der Oglala-Sioux (Mittelwesten) möglich, wie: "Die Erde, die Felsen und die Berge gehören zum Oberwakan. Wir sehen nicht die wirkliche Erde und den wirklichen Felsen, sondern nur ihr tonwanpi."[43]

Schließlich gehört auch das Sehen der Maske bei den archaischen Völkern hierher. Die Hopis z.B., die zu den Pueblo-Indianern New-Mexicos und Arizonas gehören, verkörpern übernatürliche Wesen, die sog. "katchinas" durch Masken. Es ist ein harter Schlag für die jungen Erwachsenen, wenn sie im Rahmen der Initiation erfahren, daß die katchinas "nur" Menschen sind. Sie lernen jedoch das "Hindurchsehen", das Relativieren, Überwinden und Verwandeln der "objektiven" Realität Mensch, besonders durch aktive Teilnahme an den Zeremonien, wo sie nun ihrerseits zu katchinas werden.[44]

---

[43] D.h. die Dinge als Geistwesen, wakan: Geist; J.R. Walker, *Die Metaphysik der Oglala*, 185, in: *Tedlock*, Hrsg. (Anm. 31) 183-197. Diese Aussage, wie jetzt klar geworden sein dürfte, ist natürlich nicht so zu verstehen, als sähe der Oglala nie im "objektiven" Sinn Berge...

[44] S. hierzu: E. Sekaquaptewa, *Hopi Indian Ceremonies*, in: Capps, Hrsg., 35-43, bes.: "The spiritual fulfillment of a man depends on how he is able to project himself into the spiritual world as he performs" (39); ferner Dill (Anm. 41) 51-55 u. J. Cazeneuve, *Les dieux dansent à Cibola. Le Shalako des Indiens Zuñis*, Paris 1957. - Der Unterschied zum westlichen Denken und Sehen wird besonders deutlich, wenn wir H.J. Livermans *Erläuterungen zu Husserls Transformation des natürlichen Selbst in das transzendentale Selbst* dagegenhalten: "... the natural self is different from the transcendental self. The change of form, however, is like a masquerade in which all of a sudden everyone removes his mask. We see everyone as he truly looks and is. Each person is, in fact, the *same* person (Hervorhebung von Th. M.) whether he wears a mask or not. However, with the mask on, others may be deceived. The task of phenomenology is to minimize deception, to see things as they really are." (The Self in Husserl's 'Crisis', 25, in: *Journal of the British Society for Phenomenology* 7 [1976] 24-32). Das Abnehmen der Maske, das Die-Dinge-Sehen wie sie "wirklich" sind, ist aber gerade für den Hopi die Maximalisierung der Ent-täuschung. "With the mask on" werden die andern nicht enttäuscht, sondern erfreut, und der Mensch selbst, mit der Maske, ist ein anderer als ohne Maske. - Welch erschreckenden, ja grotesken Inhalt der so angesprochene Begriff von *Verwandlung* aber für unsere Zeit hat, davon zeugt auch die gleichnamige Erzählung Kafkas aus dem Jahre 1915 (s. S. Fischer, Frankfurt/M. 1969, 56-99).

3. Das domestizierte Sehen

Wir brechen hier unsere kurzen, das Thema keineswegs erschöpfenden Erörterungen über Qualitäten und Formen des Sehens ab. Sie dürften aber genügen, um die Vielschichtigkeit des Phänomens "Sehen" anzudeuten - es gibt nicht nur das Sehen der Meßuhr und des Computertextes -, und um berechtigte Zweifel an der These von der kolonisatorischen, Wirklichkeit zersetzenden Funktion der aisthesis qua aisthesis anzumelden. Die von Mayr u.a. so eindringlich beschriebene "Krise" des westlichen Wirklichkeitsverständnisses ist jedoch Faktum, es gibt den Spezialisten, es gibt das extreme Objektivieren und rücksichtslose Zugreifen. Die Gründe dafür liegen jedoch eher in der Art und Weise, wie ein mit der Zeit immer autonomer werdendes Individuum sich des Sehens bemächtigt hat. Nicht das Sehen ist am Untergang der Indianer schuld, sondern die Tatsache, daß ihnen das zivilisierte Auge fehlte.[45] Sonst hätten sie, bei ihrem ersten Zusammentreffen mit den Weißen, nicht jenen "childlike error" begangen, den Kolumbus so beschreibt: "They had no arms like ours, nor knew thereof; for when the Christians showed them a naked sword, they foolishly grapsed it by the blade and cut themselves...".[46]

Erst die Domestizierung des Sehens, die Reduzierung des Auges zum Instrument des abendländischen Szientisten und Kolonialpolitikers, beseelt einzig vom Willen zur Macht, kann die katastrophalen Folgen

---

[45] "Die indianischen Völker bedürfen, ihrer eigenen Natur und ihren Bedürfnissen folgend, der Herrschaft von tugendhaften und zivilisierten Prinzen und Nationen, damit sie in die Lage versetzt werden, von der Macht, Weisheit und Gerechtigkeit ihrer Eroberer zu lernen, bessere und edlere Sitten und Gebräuche zu befolgen und sich eine zivilisierte Lebensart anzueignen." So führt es der spanische Hofjurist Juan Gines de Sepúlveda, Gegenspieler von Bartolomé de Las Casas, in seiner Abhandlung "Die gerchten Gründe zum Krieg gegen die Indianer" aus (zit. nach U. Bitterli, *Der europäisch-indianische Kulturschock auf Hispaniola*, 47, in: *Unter dem Pflaster* [Anm. 31] 35-52).

[46] B. Keen, Übersetzung, *The Life of the Admiral Christopher Columbus by His Son Ferdinand*, New Jersey 1959, 61, zit. nach W.R. Comstock, *On Seeing with the Eye of the Native European*, 59, in: Capps, Hrsg., 58-78; und Comstock fährt fort (ebd. 59): "This act of misplaced trust was to occur again and again in the future on an ever larger scale and with ever more fatal consequences."

zeitigen, von denen eingangs die Rede war.[47] Dann erst ist es ein Sehen, das, in den Dienst abstrakter Ratio genommen, nur noch an einer Ziel- und Zweck-Welt interessiert und dessen schärfste Waffe der Gedanke der Kausalität ist.[48] Daß der Kausalitätsgedanke aber im Banne des Machtstrebens steht, ist spätestens seit Francis Bacon kein Geheimnis mehr.[49]

Die Indienstnahme der Welt der Abstraktion, der "Ideen", durch die Macht[50] datiert aber nicht erst seit Bacon, ja hat ihren Ursprung nicht einmal in der "Verstaatlichung" der Ideen bei Platon,[51] sondern geht

---

[47] Cf. hierzu Fichtes Wort: "... Ich mache darauf aufmerksam, daß das Auge selbst und an sich bloß ein toter, leidender Spiegel ist" (*Werke, II*, 87). In Verkennung der dem Auge (Sinnlichkeit) inhärenten Potenz maßt sich dann bei Fichte das abendländische "Ich" an, diesem total domestizierten Auge Kraft einzusetzen, die zwar als "Freiheit der Geistigkeit" bestimmt wird (*Werke, V.* 17), sich dadurch aber, je geistiger sie ist, um so leichter über die *konkreten*, durch Krieg und Ausbeutung erzeugten Leiden erheben kann. S. hierzu J. Simmen, *Kunst-Ideal oder Augenschein. Ein Versuch zu Hegels Ästhetik*, Berlin 1980, bes. 103, Anm. 5. - Zu *Wittgensteins* Entdeckung des Hörens (s. z.B. I, 527, 531; und Tagebucheintragungen vom 7.2.1915, besonders von Musik, auf die *Mayr* so eindringlich hinweist (225f.), kann aus dieser Perspektive gesagt werden, daß es wohl kaum W.s Absicht war, Hören gegen Sehen auszuspielen, sondern die szientistische Kurz-Sichtigkeit des in positivistische Ketten gelegten Sehens, mittels der Musik, aufzubrechen. Das war von seinem kulturellen Standort aus wohl die geeignetste Methode. Daß er sich aber der Komplexität des Sehens bewußt war, davon zeugen die *"Phil. Untersuchungen"*, II, XI, Frankfurt/M. 1967, 234 u. 248!

[48] Cf. Müller 49, 77; Feierabend, *Wider den Methodenzwang* 341-370; ders., *Irrationalität oder: Wer hat Angst vorm schwarzen Mann?*, 54, in: Duerr, Hrsg., *II. Beiträge aus Philosophie und Psychologie*, Frankfurt/M. 1981, 37-59; s. auch Platon, "Phaidon", bes. 65 b. (*Platon, oeuvres complètes, IV, 1*, Text und Übersetzung: L. Robin, Paris 1941).

[49] "Der letzte Zweck der Naturwissenschaft ist Macht über die Natur. Bacon sagt in Novum Organum, Buch 1, Aphorismus 73 und 124: 'Früchte und Werke sind möglicherweise Garantien und Sicherheiten für die Wahrheit der Philosophen... Also sind Wahrheit und Nützlichkeit ganz dasselbe: und Werke als solche sind von größerem Wert als Bürgen der Wahrheit denn als Beitrag zu den Annehm-lichkeiten des Lebens.'" (A.C. Crombie, *Von Augustinus bis Galilei. Die Emanzipation der Naturwissenschaft*, Köln, Berlin 1959, 523).

[50] D.i. die nicht-mystische Lektüre des "Schönen", im Gegensatz zu einer solchen, wie wir sie bei Origenes und Mystikern seines Schlages finden.

[51] Aufopferung von Gesundheit und Leben für den Staat, Sterbenlassen derer, deren Körper schlecht konstituiert sind, Elimination der perversen und nicht mehr "korrigierbaren" Seelen (*"Staat", III*, 406-410, *Platon, oeuvres complètes, VI*, Text

zurück auf den großen hinterhältigen Pfeileschießer Apollo: "Apollo, der Gott der raffinierten Gewalt, 'zerstört vollständig', wie sein Name sagt, durch die bewegliche und luftige Natur des Pfeiles und des Wortes... Das Bewußtsein, daß die Gewalt dort, wo sie die äußerste Spitze erreicht und mit Hinterlist ihre verheerende Wirkung entfaltet - nämlich als abstrakteste, vom sichtbaren Tun am weitesten entfernte, indirekteste und verdeckteste -, ein Produkt des Denkens ist, drückt sich implizit in der Gestalt Apollos aus. Ihm gegenüber präsentiert Ares die brutale... Gewalt. ... die Welt ist den Griechen eine abgelenkte und verwandelte Gewalt...".[52]

Griechische Weisheit nimmt nach Colli ihren Ursprung in der "mania", im religiösen Wahnsinn (ein quasi schamanistischer Ursprung?), im Orakel und im Rätsel, das demjenigen, der es nicht zu lösen vermag, den Tod beschert (Fall des Sehers Kalchas, der Mopsos unterlag). Apollo verkörpert den Bruch zwischen Menschen- und Götterwelt. Zwischen beiden vermittelt das Wort. Es kann unerbittliche Prophezeiung, Erkenntnis drohender Zukunft oder auch heitere Offenbarung und Kunst werden, ist somit Bogen und Lyra zugleich,[53] bis es chließlich Dialektik, Philosophie, verzögerte Gewalt wird, die den Gegner durch das Wort, den Beweis, das kausale Bezwingen, unschädlich machen will. In der Philosophie, dem Krisenprodukt der Weisheit, wird aus der Mystik die Dialektik, aus dem Logos die Logik. Entscheidend für das abendländische "Ich" wird der Imperativ, nicht zu unterliegen, weder im Angesicht des Rätsels, noch bei der rational-diskursiven Diskussion.[54] Und siegen kann nur dasjenige Ich, welches das Auge, die Sinne überhaupt, in den Dienst dieses Willens zur Macht stellt. Somit war der Weg vorgezeichnet, der von Descartes' geometrisch-mechanistischer Sichtweise[55] bis hin zu Hegels "endgültige(r) Absolutsetzung der

---

u. Übersetzung E. Chambry, Paris 1943); die wahnsinnsfreie, "vernünftige", geordnet-enthaltsame Liebe im Interesse des Staates (III, 403), Verteidigung von Krieg und Berufsarmee (II, 373d-374d) etc.

[52] Colli, *Nach Nietzsche*, 46/7; Colli geht also noch hinter den ionischen Logos zurück: Geburt des Abendlandes und Geburt der Gewalt fallen zusammen.

[53] Vgl. Colli, *Die Geburt d. Phil.*, bes. 37-53.

[54] Cf. ebd. 47ff. u. 67-106.

[55] S. u.a. Crombie 533ff.

abendländischen Rationalität durch alle Bereiche der Naturbeherrschung und der Gesellschaftsplanung hindurch"[56] führt.

Wir können diesen Weg der Domestizierung und Verkürzung des Sehens, und damit des Denkens, auch so zusammenfassen: das Korrelat zum Sich-Verfügbarmachen der Welt, ist die dogmatische (= gewaltsame) Ausgrenzung all dessen, was nicht verfügbar gemacht werden kann, das Reduzieren des Seins auf das mathematisch logisch-Sagbare. Doch in dem, was da gesagt wird, kommt die Welt gar nicht mehr vor, obwohl sie, paradoxerweise, in einer bisher noch nie dagewesenen, geradezu entfesselten Weise, verfügbar geworden ist.[57] Was noch abläuft, ist die leere, blindgewordene Maschine von Macht und Gewalt - die verzögerte Agonie, Folge des Pfeils Apollos?[58]

4. Theologie der Macht

Die Kristallreinheit der Sprache, das Abstraktionsvermögen, die Domestizierung des Sehens, d.h. ein Sehen, das nicht mehr anschauen, hindurchsehen, sondern "durch-schauen" (= aberklären) bedeutet, hat aber auch seine theologische Seite. Diese wird deutlich, sobald man den

---

[56] W. Schmied-Korwarzik, *Das spekulative Wissen oder die Ekstasis des Denkens. Eine Verteidigung der Philosophie als Potenz ihrer Überwindung*, 136, in Duerr, Hrsg., II (Anm. 48) 112-138.

[57] Diesen Schluß kann man sowohl mit Wittgenstein in bezug auf die tautologische Natur logischer Aussagen (*"Tractatus" 6.1.*) ziehen: "Logic tells us nothing about the real world; it is concerned merely with the manipulation of symbols" (D.J.B. Hawkins, *Wittgenstein and the Cult of Language*, London 1956, 6, Aquinas Society of London, in: *AqP 27*), als auch mit Nietzsche, der angesichts aller Formalwissenschaften in der "Götzendämmerung" (die *"Vernunft" in der Philosophie 4. u. 3*) feststellt: "In ihnen kommt die Wirklichkeit gar nicht mehr vor" (W.Müller-Lauter, *Welt als Wille zur Macht. Ein Beitrag zum Verständnis von Nietzsches Philosophie*, 86, in: *TFil 36* [1974] 78-106).

[58] Der in dieser Weise kurz skizzierte "Weg" kennt natürlich auch seine großen Außenseiter. Das fängt schon an mit Kants demütiger Frage: Was darf ich hoffen? - Aber wir denken hier besonders an den großen "Vollender" und Außenseiter zugleich: Schelling, für den der ästhetische Akt der höchste Akt der Vernunft war, d.h. an sein Konzept der intellektualen Anschauung: "Anschauen ist das lebensgesättigte Zentralwort des dem künstlerischen Genius verwandten Schelling gegenüber Fichtes sittlich betontem Handeln". (M. Schröter, *Kritische Studien. Über Schelling und zur Kulturphilosophie*, München 1971, 62).

Prozeß verfolgt, der das mythologische Erzählen, das polytheistische Sprechen über die Götter, in die Sprache der (griechischen) monotheistischen Theologie einschmelzt, ein Prozeß, der schon mit Xenophanes beginnt und in Platons "Staat" seinen ersten Höhepunkt findet.[59] Feyerabend schreibt dazu: "... nun geschieht folgendes: Der Begriff der Macht, oder der Begriff des reinen Seins, der nur ein Aspekt der Homerischen Götter war, wird isoliert und zur Definition eines neuen, leeren, groben und vor allem sehr unmenschlichen Gottesbegriff verwendet: Gott ist, was IST; oder Gott ist, was MACHT HAT".[60]

Wer Sprache und Absichten des philosophischen "Dadaisten" Feyerabend nicht kennt, wird von solch einem Text vielleicht schockiert sein.[61] Aber es lohnt sich, auf Feyerabends Argument zu achten, besonders auf die Beziehung, die er zwischen Macht und Abstraktion herstellt.

Das gilt noch mehr, wenn Feyerabend die eben vorgestellte theologische Methode an Beispielen exemplifiziert, etwa in bezug auf die Frage, ob es einen Gott oder mehrere gibt. "Antwort: Wäre er viele,

---

[59] S. dazu Feyerabend, *Irrationalität* 47; ferner Platon, *"Staat"* (Chambry), II, 376ff.; Metamorphosen, Platzwechsel, Erscheinungen etc. werden in bezug auf die Gottheit nicht zugelassen: "Gott ist absolut einfach und wahr in Tat und Wort; er verändert sich nicht und täuscht nicht die andern, weder durch Geister (phantasía), noch durch Diskurse (logos), noch durch von ihm geschickte Zeichen im Wachzustand oder in den Träumen" (382d). Das alles gehört in den Bereich der "Fabeln" (mythología), cf. *"Staat"*, II, 379a.

[60] Feyerabend, *Irrationalität* 47. Zur "Menschlichkeit" der griechischen Götter s. auch W. Kranz, *Geschichte der griechischen Literatur*, Leipzig 1949, 23ff.

[61] Zu Feyerabend s. H.P. Duerr, Hrsg., *Versuchungen. Aufsätze zur Philosophie Paul Feyerabends I.*, Frankfurt/M. 1980. Die m.E. beste Kritik F.s hat der Rumäne C. Noica, *Réflexions d'un paysan du Danube über Paul Feyerabend oder: Ama et fac quod vis*, geliefert - als augustinische Abwandlung des Feyerabendschen "anything goes" - in: Duerr, Hrsg., *Der Wissenschaftler, II.*, 60-68. - S. auch mit Bezug auf Xenophanes (*Fragmente*, 23-26); H. Diels, *Die Fragmente der Vorsokratiker* (W. Kranz, Hrsg.), Berlin 1951/52: "Gehen tut dieser Gott nicht, fühlen tut er natürlich auch nicht, keine Sinne hat er, natürlich auch kein Herz - aber denken tut das Monstrum - ist das nicht ein perfektes Ebenbild des Intellektuellen, so wie man sich ihn heute vorstellt? Und nimmt es darum wunder, wenn moderne Intellektuelle die Idee des Xenophanes eine 'erhabene und geläuterte Gottesauffassung' nennen?" (Feyerabend, *Irrationalität* 58, Anm. 10) - Die Intellektuellen gehören also in eine Reihe mit den von Xenophanes (*Fragmente* 15/16) erwähnten Rossen und Rindern, die Gott auch nach ihrem Bild gestalten!

dann wären einige der vielen weniger mächtig, andere mächtiger; die weniger mächtigen aber sind sicher nicht göttlich (Gott = Macht!) - also ist Gott einer."[62] Oder ob Gott entstanden sei. "Antwort: Wäre er entstanden, dann aus einem Stärkeren, oder einem Schwächeren. Aus einem Schwächeren kann das Stärkere nicht kommen, wenn es aus einem Stärkeren kommt, ist es nicht göttlich (Gott = Macht!) - also ist Gott nicht entstanden."[63]

Das Verblüffende an dieser Argumentationsweise ist nun aber, daß sie ihrer Art nach genau derjenigen der islamischen, also radikal-monotheistischen Scholastik entspricht.[64] Wir können uns an dieser Stelle, was das Problem "Macht" angeht, damit begnügen, auf die islamisch-scholastischen Argumente hinzuweisen, die wir ausführlich in "Mythos, Monotheismus und Spekulation. Zur Rolle der Vernunft angesichts göttlicher Macht unter besonderer Berücksichtigung des Islam" dargestellt haben.[65] Zum ersten Beispiel Feyerabends sei lediglich noch auf Sure 23,91 verwiesen, die so ziemlich in die gleiche Richtung zielt, nämlich Polytheismus = göttliches Chaos, vorausgesetzt daß mehrere Götter, sprich: mehrere Schöpfer, über das von ihnen Geschaffene jeweils ihr Recht gültig machen könnten (auf arabisch: dhahaba bî = mit sich fortnehmen): "Allâh hat sich keinen Sohn zugesellt, noch ist irgend ein Gott neben ihm: sonst würde jeder Gott mit sich 'fortgenom-

---

[62]   Feyerabend, *Irrationalität* 47.

[63]   Ebd. 47. Dazu Feyerabend: "Ich weiß, viele Philosophen, Logiker, Physiker etc. verweisen vor Erregung auf die neuen Argumentationsformen, die hier vorliegen (reductio ad absurdum) sowie auf den Umstand, daß im zweiten Argument eine Art Erhaltungssatz (Erhaltung der Macht) zur Anwendung kommt..." (ebd. 47).

[64]   Ob und wie weit das daran liegt, daß die islamische Theologie, vermittelt durch Juden und Christen, bei den Griechen in die Schule gegangen ist, um dort zumindest deren Denkstil zu erlernen, kann hier nicht erörtert werden. (Cf. A. Abel, *La polémique damasciénne et son influence sur les origines de la théologie musulmane*, in: *L'Elaboration de l'Islam, Colloque de Straßbourg, 12.-14. Juni 1959*, Paris 1961, 61-85; A. Ducellier, *Le miroir de l'Islam. Musulmans et Chrétiens d'Orient au Moyen Age (VII*-XI* siècle)*, Paris 1971, bes. 153.

[65]   S. *ThPh* 57 (1982) 192-201; s. dort auch Anm. 68, 197: Beweis, daß es keine zwei Götter geben kann und Anm. 69, 197/8: das Attribut "Mächtigsein" und die Unmöglichkeit eines regressus ad infinitum. Umgekehrt findet sich das in unserem Art. ebenfalls diskutierte Problem der islamischen Theologie, Gott von Unrecht freizuhalten, in derselben Form auch bei Platon: "Gott, weil er gut ist, kann nicht, wie man gemeinhin sagt, Ursache (aítios) von allem sein (*"Staat"*, Chambry II, 379c).

men' haben, was er erschaffen hat, und die einen von ihnen hätten sich sicherlich gegen die anderen erhoben. Gepriesen sei Allâh über all das, was sie behaupten!"[66]

Wir finden in beiden Theologien, der griechischen wie der islamischen, denselben abstrakt-rationalistischen Ton, in Harmonie mit der Körperlosigkeit (= Unsichtbarkeit) Gottes, aber voller Respekt vor seiner Macht.[67]

Aufs Ganze gesehen ist jedoch im Islam dieses rationalistische Programm kompromißlos nicht durchführbar, erst recht nicht, wenn man die Mystik miteinbezieht.[68] Der Islam kann als geoffenbarte Religion keineswegs das platonische Verbot akzeptieren, Gott dürfe nicht in Träumen und Visionen etc. erscheinen.[69] Auch hat sich die Mu'taziliten- theologie, die wohl konsequenteste aller islamischen Denkrichtungen in bezug auf den Monotheismus, nicht gesamtislamisch durchgesetzt.[70]

---

[66] Zu diesem Thema s. auch unsere Darlegungen in *Monothéisme coranique et anthropologie*, in: *Anthr.* 76 (1981) 529-561, bes. 550/51. - S. auch Sure 21,22: "Gäbe es in ihnen (Himmel und Erde) Götter außer Allâh, dann wären wahrlich beide zerrüttet..." auf Grund der Konkurrenzsituation.

[67] Vgl. hierzu M. Sheshdîv, *Sharh al-uṣûl al-khamsa (= Erklärung der Fünf Prinzipien)* in: A.K. 'Uthmân (Hrsg.), Kairo 1965, 232ff., bes. 232, wo dargelegt wird, daß Gott, wenn er einen Körper hätte, sichtbar sein müßte (law kâna jism la-sahha an yurâ), daß es aber, um einen Weltschöpfer denkerisch zu erschließen, nicht nötig ist, ihn auch zu sehen. (So die Mu'tazilentheologie. Zu den Mu'taziliten s. Mooren, *Mythos 19*, Anm. 60 u. 193ff.) [hier: 106ff.].

[68] Hier ist besonders, gleich zu Anfang, die erste große Mystikerin des Islam überhaupt zu nennen: Râbi'a al-Qaysîya al-'Adawîya (gest. gegen 801 in Basra). Von ihr ist überliefert: "Die Krankheit, über die ich mich beklage, ist nicht von der Art, die ein Arzt heilen könnte. Ihr einziges Heilmittel ist: Gott sehen. Das, was mir hilft, diese Krankheit zu ertragen, ist die Hoffnung, das Ziel meines Verlangens im andern Leben zu erreichen" (R. Caspar, *Cours de soufisme [Mystique musulmane]*, Institut Pontifical d'Etudes Arabes, Rom 1968, 37). - Daß auch griech. Theologie ihre "mystische" Komponente hat, wird als bekannt vorausgesetzt.

[69] S. supra Anm. 59. Vollends gilt das jedoch nur für das Christentum, die Theologie der Inkarnation, denn der offizielle Islam läßt Gabriel z.B. die "Bewegung" Gottes als Offenbarungsbringer übernehmen.

[70] Das theologische Feld - ganz zu schweigen von der "Volksreligion" - wurde (und wird) immer auch zu einem Großteil von den sog. "Anthropomorphisten" besetzt. (Die Gruppe der "Mušabbiha" / "Mujassama", der "Verähnlichung", "Verkörperli- chung" Gottes) S. hierzu u.a. J. van Ess, *Dirâr b. 'Amr und die "Ğahmîya". Biographie einer vergessenen Schule* (Fortstzg. u. Schluß), 37-40, 46/7, in: *Der Islam*, (44) 1968, 1-70. Ferner F.M. Pareja in Zusammenarbeit mit a.,

Trotzdem dürfen wir aus unseren kurzen Hinweisen auf die islamische Theologie wohl folgenden Schluß ziehen: die koranische Offenbarung scheint in einer auf Abstraktion und Ratio aufgebauten Theologie ihren natürlichen Verbündeten zu besitzen.[71] Das kann aber nur daran liegen - und nur solange gut gehen -, wie für beide, Koran und Theologie, Macht der gemeinsame Nenner ist. (Sie ist gewissermaßen das dem Menschen zugekehrte Gesicht absoluter Transzendenz).

Und in der Tat: es liegt ein Bündnis vor zwischen der Macht der Abstraktion, der Durchschlagskraft der rational-diskursiven Elemente, die im Gefolge der Domestizierung des Sehens möglich wurde - und jener anderen Macht, nämlich der prophetischen, inspiriert von der Schöpferkraft Gottes,[72] die auch wiederum das Sehen nicht nur domestiziert (auf die "Zeichen" Gottes einschränkt), sondern sogar strikt für unmöglich erklärt, gar verbietet: "Blicke können ihn nicht erreichen. Er aber erreicht die Blicke (Sure 6,103).[73]

Beide sich so verbündenden Mächte bauen also auf der Bezwingung oder gar Eliminierung des Sehens auf, und beide wiederum, das ist ein weiterer entscheidender Gesichtspunkt, haben eine verstärkte Affinität zum Hören. Koran (Qur'ân) bedeutet ursprünglich rezitieren (nicht lesen)

Islamologie, Beirut 1957, 704. Diese Gruppe fand in einer wörtlichen Koranexegese genügend Stoff für einen Gott mit wohldefiniertem Körper, mit Länge, Breite und Höhe, leuchtend wie eine Perle von unvergleichlicher Farbe, ein Gott, der sowohl ruhen wie sich bewegen, aufstehen und setzen kann. (Gemilderte Formen bei al-Ash°arî und seiner Schule und bei Ibn Hanbal: Körper ja, aber anders als beim Menschen, das "Wie" können wir nicht ergründen - bi-lâ-kayf. S. ebd. 706). - Die Macht Gottes steht aber auch im Zentrum dieser Theologien.

[71] S. dazu auch Mooren, *Beobachtungen zum Islam in Indonesien*, 42/3, in: *ZM 66* (1982) 35-57; u. ders., *Einige Hinweise zum apologetischen Schrifttum des Islam in Indonesien*, bes. 170-181 [hier: 367-383] (Ablehnung der Trinität), in: *ZM 66* (1982) 163-182 [hier: 355-381].

[72] S. Mooren, *Mythos* 184-192 [hier: 95-105].

[73] Nun könnte man einwenden, daß dieses als "Unsichtbarkeitsaxiom" auch für andere Hochgötter oder Große Geister gälte. Dagegen ist aber zu stellen, daß Sure 6 von einem Hochgott gilt, der Manifestationen, Metamorphosen u.a. vor allem alle anderen Götter (die evtl. die Manifestation übernehmen könnten) als Konkurrenten eliminiert hat, so daß es nichts mehr zu sehen gibt, da nichts mehr übrig geblieben ist. Wo es aber nichts zu sehen gibt, da gibt es auch nichts zu erzählen. (Cf. Mooren, *Mythos* 179-185) [hier: 88-96]. Daß es im übrigen auch bei Hochgöttern etwas zu sehen geben kann, dazu Müller (Anm. 57) 63/4.

und Theologie Diskussion (nicht schreiben).[74] Hören aber, da Wille und Macht untrennbar sind, ist im Feld der Religion, und nicht nur dort,[75] allzuleicht Hören des Befehls, was wiederum heißt, daß es als ein Organ der Macht funktioniert.[76]

Natürlich ist hier die Parallele zur anderen großen monotheistischen Religion, dem Judentum, unverkennbar.[77] Was das Sehen, oder besser das Verbot hinzusehen, angeht, so mögen Hinweise auf Ex 20,4 und Dt 5,8 genügen.[78] In bezug auf das Hören sei auf das aus dem Deuteronomium allgemein bekannte "Höre (Šm^c) Israel!" hingewiesen. Der intime Zusammenhang von Eid-Wort, Bund, Recht und Hören liegt auf der Hand, ebenso wie die Verbindung von Macht und (zu befolgendem) Wort.[79]

Das Bündnis, das wir hier angesprochen haben, besonders sichtbar in den scholastischen Ausformungen der monotheistischen Theologien, und das man auch ein Bündnis von Rationalität (Logik) und Prophetismus bezeichnen könnte, hergestellt unter dem Banner der Macht mit dem Effekt ihrer noch größeren Potenzierung und schließlich maximalen

---

[74] Cf. Mooren, *Mythos* 196 [hier: 109/10].

[75] S. das Beispiel des modernen Krieges; cf. supra Anm. 21.

[76] Zum Zusammenhang von Wille und Monotheismus vgl. auch Mooren, *Abstammung und Heiliges Buch. Zur Frage der semantischen Bedeutsamkeit anthropologischer Strukturen im Alten vorderen Orient im Hinblick auf den koranischen Monotheismus*, in: ZM 65 (1981) 14-39, hier: 31, 34 [hier: 141, 144/45]. - Der soeben angesprochene Sachverhalt hat seine sinnvolle, positive Seite nur dort, wo der Befehl ausdrücklich im Recht verankert ist, z.B. im Recht, das Yahwe Witwen und Waisen schaffen will.

[77] Zur Art des Mächtigseins durch Schöpfertum und Geschichte-Machen in bezug auf Yahwe s. z.B. auch Mooren, *Mythos* 187, 190/91 [hier: 98/99, 102-104].

[78] Wir können das hier nicht im einzelnen ausführen - manche Nuancen wären noch hinzuzufügen: s. z.B. Ex 24,9-11, gründlich korrigiert jedoch durch Ex 33,20-23...

[79] S. u.a. Dt 26,16-19. - Den Zusammenhang zwischen Unsichtbarkeit Gottes und Recht und Gesetz hat auch Thomas Mann erkannt. So in seiner Erzählung *Das Gesetz*: "Denn um so mehr Rechtsuchende drängten sich immer zu seinem (des Moses) Quellensitze, als das Recht dem verlassenen und verlorenen Geblüt etwas ganz Neues war und es bisher kaum gewusst hatte, dass es so etwas gäbe, - da es nun erfuhr erstens, dass das Recht mit der Unsichtbarkeit Gottes und seiner Heiligkeit ganz unmittelbar zusammenhänge und in ihrem Schutz stehe, zweitens aber, dass es auch das Unrecht umfasse, was das Pöbelvolk lange nicht begreifen konnte." (in: *Die Erzählungen*, Frankfurt/M. 1986, Fischer 5467, 961-1037, bes. 1000.

Rentabilisierung im Feld von Wissenschaft und Technik[80] ist nun auch der christlichen Theologie nicht fremd, und zwar immer dann, wenn sie nicht entschieden genug in Trinität und Inkarnation verwurzelt ist.[81]

Dann aber bekommt der alte Satz, das Abendland sei auf Jerusalem und Athen aufgebaut,[82] im Lichte des hier Dargestellten eine vielleicht ungewohnte, aber erschreckende Nuance: sowohl Apollos hinterhältige Gewalt als auch die Machtansprüche des alttestamentlichen Gottes (des Deus unus) wären aus diesem Blickwinkel nämlich mitverantwortlich - das will nicht heißen: alleinverantwortlich - für die Ausformung des auch hier zur Sprache gebrachten typisch gewalttätigen Charakters des (christlichen) Abendländers, nämlich als Doppelquelle von Macht, die auf ihm lastet und die er sich zu appropriieren sucht; und das selbst dann noch, wenn man zugute hält, daß es im AT nicht nur den völkervernichtenden, im Feld der Geschichte mächtig handelnden Einen Gott gibt.[83]

Kehren wir angesichts dieser Perspektive noch einmal zu Mayr zurück. Kann das rücksichtslos zugreifende, weil auf das Sehen fixierte

---

[80] Die Schuld am Niedergang muslimischer Wissenschaft liegt sicherlich nicht an einer "inneren Unfähigkeit" des Islam zu Rationalität und Technik, sondern eher in äußeren Umständen, wie z.B. der Vernichtung Bagdads durch die Mongolen im Jahre 1258 bis hin zum Kolonialismus der jüngsten Zeit.

[81] Zwar hat je niemand Gott gesehen (Jo 1,18), doch Jo 14,8: "Wer mich sah, hat den Vater gesehen" ist der endgültige Bruch mit jeder Art "unsinnlicher" Deduktionstheologie, die zu nichts anderem führen kann als Deismus und dem Zwillingspaar Theismus/Atheismus. - In diesem Zusammenhang sei schließlich auch darauf hingewiesen, daß Schöpfung ihrem eigentlichen Sinn nach christlicherseits, ja in gewisser Weise auch von seiten des AT, immer auch schon "Heilszeichen", nie nur Machterweis ist, es sei denn, erst recht aus trinitarischer Sicht, ein Erweis der "Macht der Liebe" (zugrunde gelegt schon im "Gott sah, daß es gut war" der Genesis).

[82] Ähnlich wie man sagen könnte, die islamische Scholastik sei auf Mekka/Medina und Athen gegründet, wobei Athen in früher Zeit allerdings nicht unbedingt Platon bedeutet (cf. Mooren, *Mythos*, Anm. 67, 196) [hier: 110].

[83] Hier ist eben wichtig, was man aus dem AT hat machen können, bzw., was schon die Juden aus Yahwe gemacht haben. Als modernes Beispiel s. E. Levinas: "I think, that (the Jew's) role in this ('supranatural') history has above all consisted in creating a kind of man who lives in a demystified, disenchanted univers, a kind of man to whom, as they say a bit vulgary, one doesn't tell any more stories." Dieses vielsagende, ins Englische übersetzte Zitat aus "L'Arche et la momie" (78) ist dem Art. von P.N. Lawton jr. entnommen: *A difficult Freedom: Levinas' Judaism*, in: TFil 37 (1975), 681-691, hier: 686.

Individuum, durch das Hören in Schranken gewiesen werden? Wenn Mayr unter Zuhilfenahme von Heideggers "Sein und Zeit" die Qualitäten des Hörens herausstreicht, so sollte zu denken geben, was Heidegger, für den das Hören die "primäre und eigentliche Offenheit des Daseins für sein eigenstes Seinkönnen"[84] darstellt, unter anderm hört: "... den knarrenden Wagen, das Motorrad. Man hört die Kolonne auf dem Marsch, den Nordwind...".[85] Gehört wurden bisher in der Geschichte unzählige Marschkolonnen, die auszogen im Namen des monotheistischen Gottes.[86] Hören dürfen Platons Staatswächter Lügen im Interesse des Staates[87] und Schönfärbereien in bezug auf den Hades, um Kampfgeist und Todesverachtung zu stärken,[88] aber sehen können sie die, weil zur Metamorphose unfähigen, Götter nicht.[89]

Mit andern Worten: Hören qua Hören dürfte kaum in der Lage sein, die gerade auch von Mayr geforderte Wiedereinsetzung der Muttersprache, der weiblichen Dimension, anders: die Verwandlung des logisch-weltzerstörerischen Sprachspiels in ein "Liebesspiel" zu realisieren.[90]

---

[84] *Sein und Zeit*, Tübingen ⁹1960, 163.

[85] Ebd. 163.

[86] Ein Blick auf die Karte, die die Verbreitung des Islam anzeigt, genügt. Ferner: der große Stein, der nach Abschluß des "sakral-kolonialistischen" Unternehmens "Landnahme" von Jesua bei Sichem, aus Anlaß des Bundesschlusses, errichtet wird, "hörte alle Worte des Herrn, die er zu uns geredet hat" (Jos 14,27).

[87] Cf. "Staat", *Chambry III*, 389b.

[88] Ebd. III, 386b ff.

[89] Ebd. II, 380d ff.

[90] Cf. Mayr 261, mit Blick auf die Alltagssprache und den religiös-dichterischen Diskurs: "Die jeweiligen 'Sprach-Spiele' sind hier wie Liebesspiele, sie nehmen ihr Maß nicht von einem außerhalb ihrer anzustrebenden eidos..." (Zum "echten Blick der Liebe" vgl. auch Phil. Untersuchungen, II, XI und Mayr 276/77). - Es ist uns schwer verständlich, wie Mayr, gerade angesichts des Sprachspiels als Liebesspiel, noch in seinem exklusiven Hörmodell befangen bleiben kann, da doch nicht zuletzt der abendländische Rationalismus und Puritanismus vom vernommenen Befehl: schau da nicht hin!, Wissenschaft vom enterotisierten Blick lebt (vgl. dazu u.a. G. Bart, *Die Götter der Interpreten. Ein Dialog*, in Duerr (Hrsg.) Anm. 48, II. 446-456). Und wenn Mayr Wittgensteins lebensnahe, weil konkret unscharfe Sprachspiele, Ausdrücke der "Mutter"sprache, mit der "Großen Mutter" in Zusammenhang setzt (256ff.), so sei darauf hingewiesen, daß Demeter alljährlich durch Baubos *Zurschaustellen* der Vulva getröstet und erheitert wurde, weil sie das daran erinnerte, daß sie, "da sie eine Vulva besitzt, andere Kinder empfangen kann, welche die in die Unterwelt hinabgestiegene Persephone erset-

Es kann aber auch nicht darum gehen, das Hören zu eliminieren. Es kommt schließlich darauf an, was gehört wird. Ex 20,13 verkündet: "Du sollst nicht töten!" Simon Petrus antwortete Jesus: "Herr, zu wem sollen wir gehen? Du hast Worte des ewigen Lebens! (Jo 6,68)" Um diese Worte zur Geltung zu bringen, Worte, wie sie z.B. im Gleichnis des verlorenen Sohnes und der Bergpredigt zu finden sind, Worte, durch die Sprache tatsächlich wieder die Möglichkeiten menschlichen Sein-Könnens offenlegen könnte, ist aber eines vonnöten: ihre Entschränkung aus dem Sprach-Denk-und Vorstellungskomplex der Macht, jener Macht, die sich einseitig von Denken und Verkümmerung des Sehens, Abstraktion und Verarmung der Sprache nährt,[91] wo der einzige Platz, der Gott häufig nur noch übrig bleibt, Kausalität heißt,[92] und die nur allzuoft ein leichtfertiges Bündnis mit der oboedientia christiana und ihrer Theologie eingegangen ist. Hören im Horizont der Inkarnation, des sichtbargewordenen Gottes und des Gebotes von Jo 15,12, wenn die Macht überwunden und das Joch leicht geworden ist (Mt 11,28-30),[93] könnte dann jenes scheinbar Unmögliche zustande bringen, das H. Urs v. Balthasar einmal so umschreibt: die Versöhnung von Gehorsam und Schönheit.[94]

---

zen werden." (G. Devereux, *Baubo. Die mythische Vulva*, Frankfurt/. 1981, 32).

[91] S. auch die Verteidigung des "typisch-christlich" Konkreten bei v. Balthasar: "Das entscheidend Christliche ist, daß man vom Leiblich-Sinnenhaften nicht nur 'ausgeht' als von einem religiösen Material, an dem man die nötigen Abstraktionen vornehmen kann, sondern beim Sehen, Hören, Betasten und schmeckenden Essen dieses Fleisches und Blutes bleibt, das die Sünde der Welt getragen und hinweggenommen hat" (*Herrlichkeit* 302).

[92] Das dürfte jedoch nach Nietzsche und Wittgenstein immer schwerer zu denken sein, Nietzsche: "Psychologisch nachgerechnet, kommt uns der ganze Begriff (Kausalität) aus der subjektiven Überzeugung, daß wir Ursache sind, nämlich daß der Arm sich bewegt... wir unterscheiden uns die Thäter, vom Thun und von diesem Schema machen wir überall Gebrauch... der Begriff der Causalität (ist) unbrauchbar... Es gibt weder Ursache noch Wirkungen. *Sprachlich* (Hervorhebung von Th. M.) wissen wir davon nicht loszukommen." (Nachlaß Frühjahr 1888, 14 [98], zit. nach Müller-Lauter, *Welt als Wille* 99). Und nach Wittgenstein (*Tractatus* 5. 1361) ist der Glaube an den Kausalnexus Aberglaube.

[93] Vgl. auch Ps 81,6-7: "Eine unbekannte (weil selten in Heils- und Weltgeschichte vernommene, Th. M.) Sprache vernahm ich: 'Ich habe seine Schulter von der Last befreit, seine Hände sind vom Tragkorb gelöst!'"

[94] Cf. v. Balthasar 213.

Dei proles, genitrixque rerum:
Natur und Naturgesetze im Umfeld monotheistischen Denkens und der neuzeitlichen Monotheismuskritik

Das Auge des Geistes mußte mit Zwang auf das Irdi-
sche gerichtet und bei ihm festgehalten werden; es hat
einer langen Zeit bedurft, jene Klarheit, die nur das
Überirdische hatte, in die Dumpfheit und Verworren-
heit, worin der Sinn des Diesseitigen lag, hinein-
zuarbeiten.

(Hegel, Phänomenologie des Geistes)

Denn hoher Bedeutung voll,
Voll schweigender Kraft umfängt
Den Ahnenden, daß er bilde,
Die große Natur.

(Hölderlin, Der Tod des Empedokles)

Es scheint ein Allgemeinplatz zu sein, auf die enge Verbindung zwischen der monotheistischen Gottesvorstellung und der Entstehung der neuzeitlichen Naturwissenschaft hinzuweisen. Zu tief wohl ist im allgemeinen Bewußtsein die Vorstellung verankert, der Eine Gott, ganz gleich ob der jüdische, christliche oder islamische sei der "natürliche" Garant eines gesetzmäßigen Ablaufs des Naturgeschehens und damit auch der Ermöglichungsgrund der modernen technischen Zivilisation. Zwar ist die Auslegung des Schöpfungsauftrages von Gen 1,28 heutzutage Gegenstand kritischer Diskussion,[1] doch daß die Idee der Naturgesetze überhaupt sich nur dank des monotheistischen Gottesbildes habe durchsetzen können, wird dadurch nicht in Frage gestellt. Hat nicht

---

[1] S. z.B. Th. Mooren, *Macht und Abstraktion, Sprache und Wahrnehmung vor dem Hintergrund radikal-monotheistischer Theologie*, in: *ThPh 59* (1984) 235-248, hier: 235/6 [hier: 234-236].

Albrecht von Haller diesem Gedanken einen bleibenden Ausdruck verliehen, wenn er dichtet:

> Ein Newton übersteigt das Ziel erschaffener Geister, / Findt die Natur im Werk und scheint des Weltbaus Meister; / Er wiegt die innre Kraft, die sich im Körper regt, / den einen sinken macht und den im Kreis bewegt, / Und schlägt die Tafeln auf der ewigen Gesetze, / Die Gott einmal gemacht, daß er sie nie verletze.[2]

Und J. Needham meint: "... die meisten Europäer kennen Verse wie die folgenden aus dem Jahre 1796:

> Praise the Lord for He had spoken / Worlds His mighty voice obeyed; / Laws, which never shall be broken, / For their guidance He hath made."[3]

Daß die Natur eisernen, von Gott ein für allemal fixierten Gesetzen "gehorcht",[4] gehört demnach zum festen Bestandteil monotheistischen Glaubens, scheint nichts anderes als das Resultat der im Schöpfungsbericht und zahllosen anderen Stellen des AT, wie z.B. den Psalmen (s. Ps 104; 148 etc.) beschriebenen Schöpfertätigkeit Gottes darzustellen. Und auch der Koran ist voll von Äußerungen dieser Art: Sure 79,27-33; 15,16-23; 7,54 etc. Needham selbst scheint diese Sichtweise zu bestätigen, wenn er darlegt, daß es in China, im Gegensatz zum Westen, wegen des schon sehr früh depersonalisierten höchsten Wesens, nicht zu der Entwicklung einer Konzeption präzise formulierter abstrakter Gesetze

---

[2] Gedichte, hrsg. u. eingel. v. L. Hirzel, Frauenfeld 1882, 46, zit. nach M. Schramm, *Natur ohne Sinn? Das Ende des teleologischen Weltbildes,* Graz, Wien, Köln 1985, 18. S. auch ebenfalls die aus dem 18. Jahrhundert stammenden Verse des Dichters Alexander Pope: "Nature and Nature's law lay hid in night; God said: Let Newton be! - And all was light." (zit. nach: G. Böhme, *Klassische Wissenschaft. Newtons "Principa Mathematica" erschien vor dreihundert Jahren,* in *Frankfurter Allgemeine Zeitung,* 4. Juli 1987, 151 [Supplement].)

[3] J. Needham, *Wissenschaftlicher Universalismus. Über Bedeutung und Besonderheit der chinesischen Wissenschaft,* Frankfurt/M. 1979, 260.

[4] S. Die Erörterung der aristotelischen Theorie der Anteile des Elements Wasser in der Zusammensetzung von Metallen bei Georgius Agricola in seiner "De ortu et causis subterraneorum" (1546): "Doch welcher Bestandteil von Erde sich in jeder Flüssigkeit befindet, aus der Metall gemacht wird, wird kein Sterblicher jemals herausfinden, noch weniger erklären können, und nur Gott allein hat es gewußt, der der Natur eindeutige und fixierte Gesetze zur Mischung und Verbindung von Dingen vorgeschrieben hat" (Zit. bei Needham 269).

kam, "die ein himmlischer Gesetzgeber vor allem Anfang der nicht-menschlichen Natur auferlegt hatte und die wegen dieser Rationalität von weniger vernunftbegabten Wesen mit den Methoden der Beobachtung, des Experiments, der Hypothesen und mathematischer Beweisführung entziffert oder neu formuliert werden konnten."[5] Allerdings - zum Durchbruch kam die Vorstellung der "Naturgesetze" - ein Konzept, das Aristoteles noch unbekannt war[6] -, trotz eines persönlichen, himmlischen "Gesetzgebers" erst in relativ später Zeit:[7] Roger Bacon benutzte zwar

---

[5]   Needham 290. Selbst wenn sich das heutige Naturbild der Wissenschaft, aufgebaut auf rein statistischen Regelmäßigkeiten und ihrer mathematischen Ausdrücke, wieder mehr der "taoistischen" Betrachtungsweise zuzuwenden scheint, bleibt doch die Frage bestehen, ob die Naturwissenschaften jemals diesen Stand erreicht hätten, "wenn sie nicht vorher eine 'theologische' Phase durchlaufen hätten" (ebd. 292). - S. dazu auch H. Mulisch. *Das Licht*, in: *Lettre International, 11* (1990), 66-69. Mulisch geht sogar so weit zu behaupten, es sei das *Kreuz* gewesen - nach Mulisch, *die* "Apparatur", die dem Osten fehlt (cf. ebd. 69) - welches den westlichen Geist, zusammen mit der Lichtmetaphysik, auf die für ihn typische, naturwissenschaftliche Weltaneignung psychologisch vorbereitet habe: "... Christus (ist) der einzige, dessen Heilsgeschichte von einem *Instrument* bestimmt wird: dem Kreuz" (ebd. 69); im Gegensatz zu den *symbolischen* Attributen der polytheistischen Götter. "Diese theo-technische Angelegenheit ist es, die den westlichen Geist auf Technik und Wissenschaft ausgerichtet hat. Die zentrale Rolle der Apparatur in der Quantentheorie stimmt ausschließlich überein mit dem Kreuz im Christentum. Deshalb ist die griechisch-jüdisch-christliche Tradition in dieser Hinsicht allen anderen überlegen - auch was die Gefährlichkeit anbelangt." (ebd. 69) - Doch zurück zu den Chinesen. Wie groß für sie u.a. die Schwierigkeit war, eine Gesetzesordnung auch für die nicht-menschliche Welt zu begreifen, eine Ordnung also, die nicht der Harmonie von Yin und Yang, sondern dem "Diktat" eines persönlichen Gesetzgebers zu verdanken sei, geht auch aus folgendem, Needham 270, Bericht eines Jesuiten-missionars in China hervor: "Die chinesischen Atheisten... sind in bezug auf Vorsehung genauso wenig anzusprechen wie in bezug auf die Schöpfung. Wenn wir ihnen beibringen, daß Gott, der das Universum aus dem Nichts geschaffen hat, es durch allgemeine Gesetze regiert, die seiner unendlichen Weisheit entsprechen, und der sich alle Kreaturen mit einer wundervollen Regelmäßigkeit fügen, sagen sie, all dies seien hohl tönende Worte, an die sie keinen Gedanken festmachen könnten und die ihr Verständnis um nichts erleuchteten." Für die Chinesen würde eine Schöpfergottvorstellung nämlich bedeuten, "daß Tiere, Pflanzen und ganz allgemein alles, was sich diesen universalen Gesetzen gemäß verhält, von ihnen Kenntnis hat, und daß sie deswegen verstandesbegabt sind, und das ist absurd" (ebd. 270).

[6]   Cf. ebd. 253; ferner Schramm, 28.

[7]   Cf. dazu Needham 260-293; cf. dort auch, 263, den Hinweis auf den Einfluß semitischen Denkens auf die Stoa.

ganz eindeutig den Terminus "Naturgesetze", konnte sich jedoch im 13. Jahrhundert noch nicht mit ihm durchsetzen.[8] Der Wendepunkt erfolgte nach Needham erst "ohne Zweifel... zwischen Kopernikus (1473-1543) und Kepler (1571-1630)".[9]

Mit anderen Worten: wir müssen, um diesen Prozeß verstehen zu können, eindeutig auch nicht-theologische Faktoren in Anschlag bringen, auf die wir noch näher werden einzugehen haben (s.u.). Mit einer geistigen "Disponibilität" des Monotheismus für Naturgesetze allein, wie Needham sie so anschaulich schildert, wäre es niemals getan gewesen.[10]

Wir können sogar noch einen Schritt weiter gehen und die Frage aufwerfen, ob diese natur- und naturgesetzfreundliche Lektüre des Eingottglaubens nicht selbst schon ziemlich späten Datums ist, zumindest keine, die sich sofort und quasi automatisch zu allen Zeiten eingestellt hat. Anders: kann man den Monotheismus nicht auch gerade umgekehrt verstehen, als einen eher natur- oder wenigstens natur-*gesetz*-feindlichen Glauben und damit ganz als das Gegenteil eines Garanten von Naturwissenschaft? Um Licht in diese Frage zu bringen, wenden wir uns der islamischen und christlichen Theologiegeschichte zu.

1. Die "Natur" und der Eine Gott im Islam

Die Wissenschaft hat es mit Aussagen, Sätzen und Begriffen zu tun... ich muß davon ausgehen, daß mein Satz richtig ist, denn ich habe ihn aufgrund bestimmter Erfahrungen gewonnen. Doch um an seine Richtigkeit glauben zu können, muß ich annehmen, daß es allgemeine Gesetze gibt, von denen ich aber nicht sprechen kann, denn der bloße Gedanke, es könnte so etwas wie allgemeine Gesetze und eine feste Ordnung geben, impliziert bereits, daß Gott ihr Gefangener wäre - Gott, der doch so absolut frei ist, daß er die ganze Welt, wenn er nur wollte und mit einem einzigen Akt seines Willens, verändern könnte!
(William von Baskerville, in: *Der Name der Rose*)

---

[8] Cf. ebd. 272.

[9] Ebd. 268.

[10] Darauf weist auch Needham klar hin. S. ebd. 271-273.

Die Zeit der ʿAbbasiden (750-1258) wird allgemein als die Hochblüte der islamischen Kultur angesehen. Es ist die Epoche reger Übersetzertätigkeit (Haus der Weisheit, "bait al-ḥikma", in Bagdad), der Aufnahme und Verarbeitung des griechischen Erbes, aber auch neuer und eigenständiger großer Leistung in Naturwissenschaft, Medizin, Technik etc. in und außerhalb Bagdads, zwischen Atlantik und Indus.[11] Namen wie al-Kindî, al-Fârâbî, Ibn Sînâ (Avicenna), Ibn Rûsd (Averroes), al-Ġazzâlî, al-H̱ârizmî, Bîrûnî, Masʿûdî, Râzî etc. sprechen für sich. Folgendes Gedicht des Abûʾl-Ḥasan as-Sarî ar-Raffa, nach erlangter Heilung seinem Arzt Ibrahîm b. Ṯâbit b. Qurra gewidmet, läßt uns sicherlich recht gut den Puls jener Epoche fühlen (die im übrigen auch ihre Nachtseiten kannte; Repression, Ketzerverfolgung, Politmorde etc.):

Hat wohl der Kranke außer Ibn Qurra einen Artz / Nächst Gott? Genügt ihm einer? / Er hat uns die Spur der Philosophie wiederbelebt, / welche abgestorben, und die Spur der Heilkunst offenbart, / die vertilgt war; / Gleich wie Jesus, Maria's Sohn, durch's Wort / Das Leben erweckte mit leichter Mühe. / Ich zeigte ihm mein Uringlas, da sah er darin / Was zwischen meinen Rippen und dem Pericardium verborgen war. / Ihm erscheint die verborgene Krankheit, wie erscheint / Dem Auge ein Fleck auf dem polirten Schwerdte.[12]

Dennoch hat die Vorstellung von einer "Natur" mit eigenen Gesetzen, die sich doch in Medizin, Optik, Zoologie etc. geradezu aufzudrängen scheint, im Islam nur schwer Fuß fassen können. Sie wurde zwar errungen, verteidigt und durchreflektiert von aktiven Naturforschern, die aber auf einem Gebiet zur Feder griffen, wo man es vielleicht am

---

[11] S. hierzu z.B. I. Opelt, *Griechische Philosophie bei den Arabern*, München 1970; L. Rathmann u.a. *Geschichte der Araber. Von den Anfängen bis zur Gegenwart, Bd. I*, Berlin 1975, 137-210; G.E. von Grunebaum, *Studien zum Kulturbild und Selbstverständnis des Islams*, Zürich 1969; R. Walzer, *L'Éveil de la Philosophie Islamique*, Paris 1971 = *Exrait: REI* (1970); A.F. El-Ehwany, *Islamic Philosophy (Lectures delivered in 1956 in Washington University, St. Louis)*. Kairo 1957; Carra de Vaux, *Les Penseurs de l'Islam*, 3 Bde, paris 1921-1923, bes. Bd. II: *Les géographes, les sciences mathématiques et naturelles;* F.M. Pareja u.a., *Islamologie*, Beirut 1957-1963, bes. 973-1019 (mit ausführlicher Literaturangabe); s. auch M. Plessner, J. Vernet, O. Wright: Kap. *"Science"* in: J. Schacht, C.E. Bosworth (Hrsg.), *The Legacy of Islam*, Oxford ²1974, 425-505.

[12] Zit. nach F. Wüstenfeld, *Geschichte der Arabischen Aerzte und Naturforscher. Nach den Quellen bearbeitet*, Göttingen 1840, Nachdruck: Hildesheim, New York 1978, 36.

allerwenigsten erwartet hätte, nämlich dem Feld der Theodizee, der Frage nach der Gerechtigkeit eines Einzigen und zugleich allmächtigen Gottes - und hier wiederum speziell angesichts eines zunächst recht belanglos scheinenden, rein "technischen" Problems: ist ein Folgeakt noch *mein* Akt?

Die Forscher und Denker, deren Position wir im folgenden erörtern wollen, sind sämtlich "Diskurseure" (Diskutierende, Spezialisten des theologischen Streitgesprächs, nach der arabischen Bezeichnung für Theologen: "mutakallimûn") aus der "Theologenschule" der Muʿtazila, die auf Wâsil Ibn ʿAta (gest. 748) zurückgeht.[13] Bekannt als "Leute der Gerechtigkeit und der Einheit" (ahl al-ʿadl wa at-tawḥîd) ging es den Muʿtaziliten besonders darum, Gott von Ungerechtigkeit und dem Bösen in der Welt "freizusprechen". Gleichzeitig sollte des Menschen Anrecht auf Belohnung (oder Strafe) sichergestellt werden. Beides läßt sich - so die Muʿtaziliten - verwirklichen, wenn der Mensch in einer ihm spezifischen Weise Autor seines Aktes (fiʿl) ist - was dann folgerichtig diesen Akt auch aus dem spezifischen "Verantwortungsbereich" Gottes ausgrenzt. Ohne im einzelnen die Argumente zu dieser grundsätzlichen Position zu erläutern, kann jedoch schon vermerkt werden, daß die monotheistische Vorstellung von der Allmacht Gottes (allmächtig, weil der Einzige und der Einzige, weil allmächtig!) den Hintergrund zum Theodizee-Problem und der Diskussion der spezifisch menschlichen Existenz- und Handlungsmächtigkeit in der Welt abgibt.

Daß es tatsächlich ein "bi'l-fâʿil", eine dem Menschen zukommende Effizienz seines Aktes gibt, muß sich zwangsweise an der allgemein muslimischen Vorstellung des "mâ šâ' Allâh kâna" (= was Gott will,

---

[13] Betreffs Literatur zum Thema Muʿtazila s. Th. Mooren, *Mythos, Monotheismus und Spekulation. Zur Rolle der Vernunft angesichts göttlicher Macht unter besonderer Berücksichtigung des Islam*, in: *ThPh* 57 (1982) 178-201, 192-200 [hier: 105-116]. Hier soll nur noch einmal erwähnt werden, daß wir uns im folgenden an die Arbeiten D. Gimarets am Seminar für Islamologie an der École Pratique des Hautes Études, Vᵉ Section, Paris-Sorbonne, halten, die jetzt auch zugänglich sind in D. Gimaret, *Théories de l'Acte Humain en Théologie Musulmane*, Paris 1980; Ferner s. auch ders.: *Un problème de théologie musulmane: Dieu veut-Il les actes mauvais? Thèses et arguments*, in: *StIsl* 40 (1974) 5-73 u. M. Bernand, *Le savoir entre la volonté et la spontanéité selon an-Nazzâm et al-Ğâḥiz*, in: *StIsl* 39 (1974) 25-57; s. auch Th. Haarbrücker, *Abu-'l-Fatḥ Muhʿammad asch-Schahrastâni's Religionsparteien und Philosophen-Schulen* (= *Kitâb al-milal wa an-nihal*), Überstzg., Komment., Bd. I, Halle 1850, Nachdruck: Hildesheim 1969, im folgenden abgekürzt: Milal I.

wird Wirklichkeit) stoßen, zumal wenn man alles, was existiert qua Existenz rückschließend an Gottes Willen bindet, anstatt diesen Willen - wie es die Muʿtaziliten tun - nur auf von Gott ausdrücklich Befohlenes zu beschränken.

In der Tat, für die Sunniten und das allgemein muslimische Gefühl kann es keine Naturgesetze geben - dann wäre für Gottes Allmacht und besonders die Wunder (herausragende Manifestationen dieser Allmacht) kein Platz mehr. Um aber die Wunder zu ermöglichen, betrachtet man das, was wir Naturgesetze nennen, lieber als "Gewohnheiten" Gottes. Denn "Gewohnheiten" kann Gott, wie im Falle eines Wunders, problemlos durchbrechen - oder besser gesagt: einfach nur ändern.[14]

Aber selbst wenn es gelingt, den Menschen als Autor seines Aktes zu erweisen, so sind damit keineswegs alle Probleme gelöst. Es entsteht nämlich jetzt die Frage nach der Reichweite des menschliches Aktes, anders: die Frage nach der Autorschaft (und damit Verantwortung) des Folgeaktes. Ich öffne die Hand - das ist mein Akt; der Stein fällt - wessen Akt ist das? Ich lasse den Pfeil von der Sehne schnellen, aber wessen Akt ist sein Flug, zumal wenn dieser Pfeil "zufällig" das Herz eines gläubigen Muslims und nicht das eines Polytheisten durchbohrt? Die Muʿtaziliten waren sich in der Lösung dieses Problems nicht einig.

---

[14] Ein typisches Beispiel, unter zahllosen anderen, für diese Geisteshaltung ist die Ermahnung eines Kapitäns an seine angsterfüllten Passagiere: "Habt Geduld! Setzt euer Vertrauen auf den Herrscher über Wind und Meer, der beide verändert, so wie es Ihm gefällt!" (Aus dem *Kitâb ʿağâib al-Hind, dem Buch der Wunder Indiens, vom Kapitän Bozorg, Sohn des Shahriyâr aus Râmhormoz;* Hrsgb. u. übersetzt: van der Lith, M. Devic, Leiden 1883-1886; zit. nach Carra de Vaux II, 61/2). Wie sehr dieses allgemein muslimische Gefühl auch noch bei den frühen Muʿtaziliten durchgeschlagen hat, wird u.a. ersichtlich aus J. van Ess, *Dirâr b. ʿAmr und die "Cahmîya". Biographie einer vergessenen Schule* (Fortstzg. u. Schluß), 14: "Selbst diese Generation aber war streng nur im Bereich der menschlichen Willensfreiheit. ... Abû l-Huḏail hat, ebenso wie später die Ašʿarîya, zugunsten der göttlichen Allmacht die Kausalität aufgelöst, vor allem auch in der tawallud-Lehre charakteristische Einschränkungen gemacht..." (in: *Der Islam,* (44) 1968, 1-70). Interessant ist in diesem Zusammenhang auch G. Böhmes (Anm. 2) Bemerkung über die Verbindung von Skepsis und Schöpfungsglauben angesichts der "Willkür" Gottes noch bei einem Denker wie Newton, die geradezu "klassisch-monotheistisch" anmutet: "Newtons Skepsis gegenüber der endgültigen Erkennbarkeit der materiellen Welt war in seinem Schöpfungsglauben begründet: Da die Struktur der Materie nicht notwendig sei, sondern in der Willkür Gottes ihren Grund habe, sei sie letztlich nicht erklärbar, sondern nur hinzunehmen."

Die Post-Ǧubbâ'iten (Abû ʿAlî al-Ǧubbâ'î starb 915) entschieden sich für die maximalistische Lösung: auch der Folgeakt ist *mein* Akt; unter den Prä-Ǧubbâ'iten hingegen finden wir die minimalistische Option: der Folgeakt ist nicht mehr mein Akt. Doch wessen Akt ist er dann? Ṣâliḥ Qubba, ein Schüler an-Naẓẓâms (aus der Baṣra-Branche der Muʿtaziliten), plädiert für die Idee einer göttlichen Intervention. *Ich* öffne zwar die Augen, doch das Resultat, nämlich, daß ich sehe, ist Gottes Akt. Ebenso das Fallen des Steines. Unsere sogenannten Kausalgesetze sind nur Illusion. Was wir Kausalität nennen, ist in Wirklichkeit von Gott in jedem Augenblick, ex nihilo, geschaffen.

Für seinen Lehrer an-Naẓẓâm (gest. ca. 840) stellt sich die Sache anders dar. Auch er ringt zunächst einmal mit dem Problem der Theodizee:

Seine Behauptung ist, daß die Macht über die bösen Thaten und Ungerechtigkeiten nicht eine Eigenschaft Gottes sei und dieselben nicht in der Macht des Schöpfers seien... Die Lehre an-Natztzâm's ist diese, daß weil das Schimpflichsein ein wesentliches Attribut des Schimpflichen ist, und er (Gott) über aller Beziehung zu ihm (dem Schimpflichen) in Hinsicht auf das Thun steht, auch darin, daß man das Geschehen des Schimpflichen von ihm für möglich erkläre, ein Schimpfliches liege, daß es also notwendig sei, daß er (für dasselbe) unerreichbar sei, und der, welcher Gerechtigkeit übe, nicht die Macht über die Ungerechtigkeit als Eigenschaft erhalte.[15]

Mit dieser Sorge um Gottes Gerechtigkeit, der Zurückweisung des Vorwurfs, Gott könne ins Unrechttun verwickelt sein, steht, wie wir schon angedeutet haben, an-Naẓẓâm nicht allein. Es ist jedoch interessant zu sehen, zu welchen Einzelergebnissen er im Rahmen seiner denkerischen Auseinandersetzung mit Gott und der Welt vorstößt. Das Universum ist für ihn in ständiger Bewegung. Die Bewegung ist für ihn das eigentliche Akzidenz und auch die Wahrnehmung ist ein Phänomen, hervorgerufen durch Bewegung und Schock. Naẓẓâm entwickelt eine eigene Theorie über die Körperlichkeit, auch der Akzidenzien, gesteht aber der "Seele" (rûh) eine Kraft (qudra), Leben, Wille (mašî'a) und Handlungsfähigkeit zu. Dennoch, die Kraft ist gewissermaßen wie "ausgeliehen" von Gott; daß menschliche Akte Resultate haben,

---

[15] Milal I, 53/4; (s. der zuletzt genannte Autor Anm. 13).

verdanken sie reiner Koinzidenz zwischen göttlicher und menschlicher Kraft. In diesem Zusammenhang ist nun in Hinblick auf das Problem des Konsekutivaktes folgende Notiz Šahrastânîs von großer Bedeutung für unsere Erörterung:

> Fünftens berichtet al-Kaʿbi von ihm, daß er gesagt habe, daß Alles, was über das Subjekt der Kraft von dem Thun hinausgehe, von dem Thun Gottes durch die Nothwendigkeit der Naturanlage herrühre, so z.b. habe Gott den Stein mit einer bestimmten Naturbeschaffenheit gebildet und ihn mit einer Naturanlage geschaffen, wenn du ihn in die Höhe wirfst, so fliegt er in die Höhe, und wenn die Kraft des Werfens ihr Ende erreicht, kehrt der Stein von Natur an seinen Ort zurück.[16]

Hier stoßen wir zum ersten Mal im Rahmen unserer Untersuchung auf den Begriff "Natur", "natürlich" (ṭabîʿa von ṭabaʿa = eindrücken, Siegel, Druck, Charakter). Die Koinzidenz-Vorstellung in bezug auf die menschliche Kraft steht noch ganz im Bann der monotheistischen Allmachtsidee. Doch "wenn die Kraft des Werfens ihr Ende erreicht", tritt etwas auf den Plan, was weder direkt Gottes noch des Menschen ist: die Natur.

Diese Gedanken werden bei Muʿammar (gest. 835) noch radikalisiert. Für Muʿammar steht grundsätzlich fest, daß nicht alles, was nicht mein Akt ist, wie ein Folgeakt z.B., deswegen automatisch Gottes Akt sei. Vielmehr erschaffen die Körper ihre Akzidenzien selbst, von Natur aus. Gott greift, sind die Körper einmal geschaffen, nicht mehr ein. Er erschafft nicht die einzelnen Manifestationen des Lebens, sondern "nur" die grundsätzliche Disponibilität, damit Leben sein kann, nicht dieses oder jenes Ding, sondern die grundsätzliche Möglichkeit, daß ein Ding qua Ding sein kann, nicht die einzelnen Farben, sondern die Disposition, Farben zu empfangen etc. Würde Gott im übrigen die Bewegung der Körper erschaffen, wäre er selbst in Bewegung, was mit seiner Transzendenz nicht zu vereinbaren ist. Šahrastânî drückt das so aus:

> Dazu gehört, daß er behauptete, Gott habe Nichts Anderes außer den Körpern geschaffen, denn was die Accidenzen anbetreffe, so entständen

---

16 Ebd. 55/6. S. auch J. van Ess: "Gott verleiht einem Stein die *Natur*, davonzufliegen, wenn man ihn wegschleudert, und den Lebewesen die Natur, Schmerz zu empfinden, wenn man sie schlägt (Maq. 284, 12ff.). Die Formel stammt von Naẓẓâm (vgl. z.B. Maq. 404, 4ff.), und die Idee verträgt sich nur mit seinem 'System'..." (*Ḍirâr*..., 59/60).

sie durch das, was die Körper aus sich selbst hervorbringen, entweder aus Naturnothwendigkeit, wie z.B. das Feuer das Brennen und die Sonne die Hitze, und der Mond die Farben hervorbringe, oder aus freiem Willen, wie z.b. die Thiere die Bewegung und die Ruhe, das Zusammenkommen und die Trennung hervorbrächten.[17]

Was bei an-Naẓẓâm noch Koinzidenz zwischen Gottes und menschlicher Kraft ist, wird nun Koinzidenz zwischen der Bewegung der Dinge und dem menschlichen Willen (eine Koinzidenz, die allerdings nicht näher erläutert wird), ja der Wille ist überhaupt nur des Menschen einziger wirklicher Akt: "Er behauptete ferner; dem Menschen gehöre kein Thun an außer dem Willen, möge es unmittelbare Wirkung oder Erzeugung sein."[18] Sein Wille-Sein ist sein rûḥ-Sein (Seele-Sein) und was nicht unter diesen Willen fällt - und deswegen auch nicht automatisch Gottes Wille ist, ist Natur. Ferner dürfen wir auch im Fall Muᶜammars nicht das Theodizee-Problem vergessen: Muᶜammar sperrt sich ausdrücklich dagegen, Gut und Böse beruhe auf willkürlicher Vorherbestimmung Gottes.[19]

Hält Muᶜammar noch an einer Koinzidenz Menschenwelt/Außenwelt (Bewegung der Körper) fest, so begrenzt Ṯumâma (gest. 828, Bagdad-Branche der Muᶜtazila) die menschlichen, d.h. die mit meinem Willen in Korrelation stehenden Akte, auf die rein psychischen. Dadurch wird letztlich wiederum der Wille der einzig authentische Akt des Menschen. Der Rest ist Natur:

Ferner seine Behauptung, dem Menschen komme kein Thun zu als das Wollen, und was darüber hinausgehe, das entstehe ohne einen der es hervorbringe.[20]

Auch Ṯumâmas Ideen erhalten ihre volle Bedeutung letztlich nur, wenn man sie im Rahmen der Theodizee sieht. Ṯumâma hat die minimalistische Option und seine Willenstheorie nicht nur deswegen vertreten, um zu vermeiden, daß auch ein Toter für einen verantwortli-

---

[17] Ebd. 67/8.

[18] Ebd. 69.

[19] Cf. ebd. 67. Bzw. genauer, daß man von Gott zwar sagen dürfe, er sei zur Ungerechtig*keit* fähig, daß man aber nicht sagen dürfe, er sei fähig, ungerecht zu sein. (Nach Ašᶜarî, Maq. 553, 12; 554, 6, in: J. van Ess, *Ḍirâr...*, 61).

[20] Ebd. 74.

chen Autor eines Aktes gehalten werden könnte, sondern auch um Gott vor der Implikation mit dem Bösen zu schützen (und sei es auch nur in der Form, daß er verantwortlich ist für das Holz, aus dem ein Pfeil geschnitzt wird, der einen Propheten tötet). Es gehe deswegen nicht an, Handlungen, für die wir den Menschen als Autor festmachen können "auf Gott zu beziehen, denn das würde dazu führen, demselben schimpfliche Handlungen beizulegen, was undenkbar sei, [und] so entschied er sich für keines von Beiden."[21]

Der letzte Forscher und Denker, den wir hier nennen wollen, ist al-Ǧâḥiẓ (gest. 869, Baṣra-Branche und Schüler an-Naẓẓâms).[22] Wir können hier leider nicht die ganze Reichweite des ǧâḥiẓ'schen Denkens aufzeigen, denn es geht uns ja nur darum, zu verstehen, in welchem Kontext sich der Naturbegriff argumentativ durchgesetzt hat. Doch muß Erwähnung finden, daß mit al-Ǧâḥiẓ die Vorstellung natürlicher Abläufe in der Welt von der Außenwelt, wo wir sie bisher angetroffen haben, auch auf die Innenwelt des Menschen, einschließlich des Erkenntnisprozesses übertragen wurde. Es gibt nun Naturvorgänge *im* Menschen, natürliche Akte, die weder Gott noch dem menschlichen Willen zugerechnet werden dürfen - etwa das, was wir heute Instinkte oder unbewußte Akte nennen würden -,[23] als auch Vernunftakte, die dennoch den Charakter des Natürlich-Automatischen bekommen können, nämlich dann, wenn ich, von der Last und Anziehungskraft der Argumente quasi erdrückt, gar keine andere Wahl mehr habe, als ihnen meine Zustimmung zu geben.[24] Und schließlich ging es auch al-Ǧâḥiẓ um die Theodizee - die Weigerung im Namen der Gerechtigkeit und Einheit Gottes, ihn für das Böse in der Welt verantwortlich zu machen.

Die Beschäftigung mit einigen Aspekten islamischer Theologie hat ergeben, daß die Vorstellung einer "Natur" und ihrer Gesetze im Islam alles andere als "natürlich" war, nämlich daß sie sich, gewissermaßen als

---

[21] Ebd. 73.

[22] Er soll in hohem Greisenalter von Büchern, die er um sich aufgestapelt hatte, erschlagen worden sein. S. Haarbrücker, *Abu-'l-Fatḥ* 400.

[23] S. die Theorie des al-Ǧâḥiẓ betreffs der "daʿawâ", sing.: "daʿwâ", "Inzitationen".

[24] Damit mein Glaubensakt z.B., in der muʿtazilitischen Vorstellung von Gerechtigkeit, der Belohnung würdig ist, darf die Existenz Gottes nicht gar so evident sein, daß ich nicht mehr anders kann als seine Existenz zu bejahen, Koran und Propheten meine Zustimmung zu geben. Das wäre lediglich ein "natürlicher", für das Belohnungsproblem uninteressanter, Akt.

Bei-Produkt, Schritt für Schritt im Rahmen eines typisch theologisch-juristischen Problems herauskristallisiert hat: im Kontext der Frage nach der Gerechtigkeit des Einen Gottes und der Belohnungsfähigkeit des Menschen, d.h. angesichts der Frage göttlicher oder menschlicher Verantwortlichkeit des Bösen in der Welt. Erst hier, im Spannungsfeld zwischen Gottes- und Menschenwille findet die "Natur" ihren Platz.

2. Der Mensch - ein Ersatz-Engel?
Zur christlichen Perspektive des Naturproblems

Über Jahrhunderte hinweg galt im Abendland der Satz des hl. Augustinus: natura est omne quod Deus fecit. Er findet sich noch bei Petrus Lombardus u.a. bis hin zu Bonaventura.[25] Hinterfragt und Mittelpunkt erbittertsten theologischen Ringens wurde das, was man unter "natura" eigentlich zu verstehen habe, erst im 12. Jahrhundert.[26] Bis dahin galt im Westen auf die Frage "Cur homo?" die Antwort Anselms von Canterbury:

> Deum constat proposuisse, ut de humana natura quam fecit sine peccato, numerum angelorum qui ceciderant restitueret.[27]

D.h., daß der ewige Chor der Engel nach dem Fall Luzifers und seiner Gefolgschaft "wieder auf den status quo ante zu bringen war und dies durch Aufrücken der in Schuldlosigkeit bewährten Menschen geschehen sollte".[28] Mit anderen Worten: in dieser Perspektive besitzt der

---

[25] Cf. 2 Sent., 37d. 2 (2,876b), zit. nach C. Gneo, *Conoscere è Amare. Note di ontologia della conoscenza secondo la mente di s. Bonaventura*, Rom 19,85, 173.

[26] Wir beziehen uns im folgenden auf die bahnbrechenden Forschungen M.D. Chenus zu diesem Thema. S. seine Abhandlungen: *"L'Homme et la Nature. Perspectives sur la renaissance du XIIe siècle"*, in: *AHDL* 27 (1952) 39-66; *Nature ou Histoire? Une controverse exégétique sur la création au XIIe siècle"*, in: *AHDL* 28 (1953) 25-30; *Cur Homo? Le sous-sol d'une controverse au XIIe siècle"* in: *MSR 10* (1953) 195-204; *Nature, Man, and Society in the Twelfth Century. Essay on new theological perspectives in the Latin West*, Chicago 1968 (Ausgew., hrsg. u. übersetzt von J. Taylor u. L.K. Little nach d. franz. Original: *La théologie au douzième siècle*, Paris 1957) = *Nature, Man, and Society*.

[27] Anselm von Canterbury, Cur deus homo. Hrsg. F.S. Schmitt, I, 16, zit. nach H. Blumenberg, *Arbeit am Mythos*, Frankfurt/M. 1979, 276.

[28] Blumenberg 276.

Mensch eigentlich gar keine eigene "Natur". Er ist wesentlich ein "Ersatz-Engel". Er ist, um es in derselben Linie mit einem noch älteren Ausdruck des hl. Gregor zu formulieren,[29] als "homo decimus creatus", als zehnte "englische Ordnung" erschaffen, eben jene, die die gefallenen Engel ersetzen soll.[30] Deswegen ist auch in der berühmten Kontroverse zwischen Mönch und Kanoniker, die Honorius von Autun im Prolog zu seinem Liber XII quaestionum beschreibt,[31] der Erzengel Michael der Patron der Mönche. Doch ihm wird jetzt der Mensch Petrus gegenübergestellt, als Haupt der Kirche und - Patron der Kanoniker. Damit jedoch - wir sind im 12. Jahrhundert - deutet sich, repräsentiert durch die aufsteigende Klasse der Kanoniker, ein neues Bewußtsein an. Der Mensch ist ein Mensch, ausgestattet mit seiner ihm eigenen Würde - und der Engel ein Engel. Man kann die beiden nicht vergleichen und gegeneinander aufrechnen:

... l'homme est un homme, l'ange est un ange... chaque être a une dignité propre, qui est sa vraie mesure.[32]

Honorius zeichnet dann nach dieser im Prolog grundsätzlich vermittelten Einsicht das grandiose Bild einer Universalharmonie, wo jede Art ihr Recht hat (sed pro seipso sit conditum), und der Mensch, auch wenn kein einziger Engel jemals gestürzt wäre, dennoch seinen Platz hätte: si nullus angelus cecidisset, homo tamen suum locum in universitate habuisset.[33]

Der letzte Hinweis auf die "universitas" ist wichtig.[34] Er meint nämlich, daß die einzelnen Bestandteile des Universums, den Saiten einer Zither gleich, auf Grund ihnen inhärenter Gesetze Töne aussenden und zusammenklingen lassen: quae omnia concorditer consonant, dum legem sibi insitam quasi tinnulos modulos servant.[35] Arnold, Abt von

[29] Homel. in Evang. 11, 34 PL 76, 1249ff. s. Gneo 77 Anm. 26.

[30] S. auch Chenu, *Cur Homo* 198 Anm. 3.

[31] PL 172, 1177-1186, s. auch Chenu, *Cur Homo* 198/99.

[32] Chenu, *Cur Homo* 199.

[33] Beide Titate: 3. Kap. von *Liber XII quaestionum*, s. Chenu, *Cur Homo* 200.

[34] S. Chenu, *Nature, Man, and Society* 7ff. u. Chenu, *Homme*, 48ff.

[35] Honorius von Autun, *Liber XII quaestionum*, Kap. 2, s. Chenu, *Nature, Man, and Society* 8 Anm. 16.

Bonneval, nahe Chartres, baut diesen Gedanken noch weiter aus. Mit Bezug auf das erste Kapitel der Genesis schreibt er:

Dank des maßregelnden Regiments Gottes kommen die verschiedenen und gegenteiligen Dinge in der Einheit des Friedens zusammen; gewaltige Dinge schwellen nicht noch größer an, und die kleinsten Dinge verschwinden nicht. Die ganze *Fabrik* der Welt... nimmt, festgegründet und harmonisch, ihren gesetz- und ordnungsgemäßigen Lauf (tota illa mundi fabrica... et solida et concors in sua lege perseverat et ordine).[36]

Wird hier die universitas einer Fabrik assimiliert, so spricht Hugo von Sankt Viktor von einer "machina universitatis".[37] Wir stehen im 12. Jahrhundert zum ersten Mal vor dem Bild einer "Natur" mit ihren eigenen Gesetzen. "O Kind Gottes und Mutter aller Dinge" (o Dei proles, genitrixque rerum) - so besingt sie Alanus von Lille.[38] Der Mensch hat sich von den Engeln abgesetzt (und folgerichtig wird auch der Sinn der Inkarnation neu zu überdenken sein),[39] die Dinge nehmen ihren eigenen, der "Ordnung" gemäßen Lauf. Natürlich steht der Timäus im Hintergrund. Ferner bezeichnen Ausdrücke wie Fabrik und Maschine zwar die Entwicklung, aber noch nicht die Entfesselung der Produktivkräfte: gemeint ist eine Hierarchie der Ordnungen, eine hierarchische Teilhabe am summum bonum.[40]

Es ist unausweichlich, daß in diesem Zusammenhang auch Gottes Schöpferrolle neu überdacht wird. Sein Schaffen kommt weniger einem titanischen Kraftakt gleich, sondern als Urheber der kosmisch-universalen

---

[36] De operibus sex dierum, prol. (PL 189, 1515-1516) s. Chenu, *Nature, Man, and Society* 9 u. Chenu, *Homme* 50.

[37] De arca morali, 4,6 (176, 672), s. Chenu, *Homme* 49 Anm. 3.

[38] De planctu Naturae, PL 210, 447, s. Chenu, *Nature, Man and Society* 18/9.

[39] Bei *Alanus von Lille* wird der Mensch "particeps" der göttlichen Güte, ihr Nutznießer (ea frueretur), auf daß er glücklich lebe (feliciter viveret): Contra haereticos, I, 14; PL 210, 319, s. Chenu, *Homme* 58. Und Nikolaus von Amiens entwickelt angesichts einer Liebe Gottes, die selbst die Materie miteinschließt, die Idee, daß der Mensch wesentlich als ein der Liebe Gottes fähiges, antwortfähiges Wesen geschaffen ist. Er ist deshalb Geist, aber auch Materie, damit diese ebenfalls in die Ausstrahlungskraft der göttlichen Glorie miteinbezogen werden kann. S. Chenu, *Homme* 59.

[40] Hugo von Sankt-Viktor: Nihil in universitate est, quod a summo bono participationem non trahat (Expos. in Hier. cael., 2 (PL 175, 980); Non singulis quibusque, sed hierarchiae, idest universitati, bona illa manifestata dicuntur... (ebd. 3 [1003]), s. Chenu, *Homme* 49 Anm. 3.

Harmonie ist Gott eher ein sublimer Künstler, bzw. summus opifex: summus namque opifex universitatem quasi magna citharam condidit,[41] eher ein Musiker denn ein Steineklopfer und Bergespalter.

So führte schließlich kein Weg daran vorbei, Gottes eigentliche, man wäre fast versucht zu sagen, ihm verbliebene Schöpfertätigkeit rigoros von der Aktivität des Menschen und der nun "autonom" gewordenen Natur abzusetzen. Abelard ist für diesen Vorgang ein berühmter Zeuge,[42] und auch des Meisters Gilbert von La Porrée's[43] Frage gehört hierher, ob nämlich Schuhe und Käse und andere vom Menschen hergestellte Produkte dieser Art auch als Werke Gottes betrachtet werden können.[44] Gilbert, für den der Mensch in der Nachfolge des von Chalcidius erstellten Timäuskommentars als homo artifex im Spannungsfeld zwischen opus Creatoris einerseits und opus naturae andererseits steht,[45] versucht die Frage dahingehend zu beantworten, daß zwar Gott der einzige Autor aller Dinge ist (unus ergo omnium auctor Deus), die verschiedenen Produktionsmodi es jedoch erlauben, auch dem Menschen eine Autorschaft zuzusprechen,[46] ähnlich wie man sagen könnte, ein Haus habe zwei Autoren: den reichen Auftraggeber, den Bauherrn einerseits, der Kraft seiner Autorität und Befehlsgewalt "baut" und den im Dienstverhältnis stehenden ausführenden Zimmermann andererseits.[47] Ähnlich äußert sich Wilhelm von Conches: "Es muß anerkannt werden, daß jedes Werk, Werk des Schöpfers, der Natur oder eines Handwerkers ist.[48] Gottes Schöpfertätigkeit ist für die Elemente, die Geister und die

---

[41] Honorius von Autun, *Liber XII quaestionum*, Kap. 2 (PL 172, 1179) s. Chenu, *Homme* 49/50.

[42] Cf. Chenu, *Nature, Man, and Society* 16.

[43] Er wirkte 1124-1137 in Chartres.

[44] De artificialibus quaeritur, utrum a Deo facta sunt, sicut caesus, et sotulares, et hujusmodi quae dicuntur esse opera hominis non Dei (Notae super Johannem secundum magistrum Gilbertum, MS London, Lambeth Palace 360, fol. 32 rb; s. Chenu, *Homme* 63 Anm. 1).

[45] S. Chenu, *Nature, Man, and Society* 40/1.

[46] Diversae tamen operandi rationes, et auctoritatis et ministerii, quorum alterum homo dicitur auctor, alterum vero Deus (Notae super Johannem...).

[47] Cf. Notae super Johannem...; cf. zu dieser Sichtweise auch die "Aspekt-Theorie" der nach Abû Mansûr al-Maturîdî (Samarquand, gest. 944) benannten Schule; s. dazu Mooren, *Mythos* 199 [hier: 113/14].

[48] Cf. Chenu, *Nature, Man, and Society* 41.

der Natur zuwiderlaufenden Ereignisse (wie die Jungfrauengeburt) zuständig, die Natur erschafft dank der ihr innewohnenden Energie Gleiches mittels Gleichem und wird ihrerseits wiederum vom Handwerker nachgeahmt.[49]

Die Krönung dieses Nachdenkens über das Verhältnis Gott-Natur-Mensch wird schließlich die mit der ganzen Wucht der Scholastik formulierte Theologie Gottes als causa plus allen damit zusammenhängenden Folgerungen sein,[50] mit dem jetzt schon absehbaren Ergebnis, daß die causa, wenn in (nach)aufklärerischer Zeit fabrica und machina erst einmal auf Hochtouren, d.h. entfesselt, arbeiten, dann nur noch als blutleeres Gerippe dastehen wird.

Doch zunächst war die Absicht keineswegs "to detract proudly from the omnipotence of God".[51] Schließlich läuft die fabrica mundi ja nur, wie der schon zitierte Arnold im selben Zusammenhang darlegt, weil Gott "alles einschließt, von innen stärkt, von außen schützt, von oben nährt, von unten stützt".[52] Und Wilhelm von Conches ruft aus, wie später Thomas von Aquin, daß es gerade die Perfektion der geschaffenen Dinge ist, die auf die "perfectio" der göttlichen Macht hinweist.[53]

---

[49] Cf. Chenu, *Nature, Man, and Society* 41.

[50] Cf. Chenu, *Nature, man, and Society* 92: "Except in Gundissalinus, the influence of Avicenna brought 'the Cause' to greather prominence than 'the One' and 'the Good' in ongoing Neoplatonic tradition." S. hierzu noch einmal die typisch musulmanische Auffassung, wie sie z.B. im (schiitischen) Nahǧ al-Balâǧa (Pfad der Beredsamkeit) von Šarîf ar-Raḍî formuliert wird: "Wehe dem, der Den leugnet, Der die Masse für die Dinge bestimmt und (die Schöpfung) ordnet! Die Ungläubigen glaubten, dass sie wie die Pflanzen seien, die keinen Sämann brauchen und keinen Schöpfer für ihre verschiedenen Formen; doch sie haben ihre Zuflucht nicht bei einem Beweis für das, was sie behaupten, gesucht, und auch nicht bei einer Bestätigung für das, woran sie festhielten. Gibt es denn ein Gebäude ohne einen Baumeister oder ein Verbrechen ohne einen Verbrecher?" (H.J. Kornrumpf, *Untersuchungen zum Bild ʿAlîs und des frühen Islams bei den Schiiten (nach dem Nahǧ al-Balâǧa des Šarîf ar-Raḍî)*, 33, in: *Der Islam*, (45) 1969, 1-63, 262-298.

[51] Chenu, *Nature, Man, and Society* 19.

[52] Chenu, *Nature, Man, and Society*, 9; s. auch die Erklärung des Alanus von Lille in Bezug auf die von ihm gefeierte Natura (s.o. 270): Gott sei der opifex hinter ihren Werken, und sie selbst sei nur sein Werk, ja sogar machtlos (impotens) im Vergleich zur göttlichen Allmacht, eine durchaus defekte Energiequelle (De planctu Naturae, PL 210, 445), s. Chenu, *Nature, Man and Society* 19.

[53] Cf. Chenu, *Nature, Man and Society* 11 u. Chenu, *Homme* 51/2.

Sicher, die Wunder, jene für den Monotheismus scheinbar unerläß-
lichen Beweis- und Erweisstücke,[54] haben von nun an einen immer
schwereren Stand[55] - und allein das war in manchen Augen schon mehr
als genug, um die neuen, an der Natur und den in ihr wirkenden
Ursachen interessierten Denker der Häresie zu verdächtigen.[56] Doch
Bibelfundamentalismus und Wunderglaube sind nicht das Bollwerk der
Ehre Gottes, sondern bedeuten nach Wilhelm von Conches lediglich den
Versuch, den Glauben gewaltsam auf ein "bäuerliches" Niveau ein-
zufrieren: nec volunt quod aliquid supra id quod scriptum est in-
quiramus, sed ut rusticus ita simpliciter credamus.[57] An die Allmacht
Gottes zu appellieren, ohne im Schweiße seines Angesichts die nackte
Wahrheit der Dinge, so wie sie nun mal sind, herauszuarbeiten, ist für
ihn bloß leere Rhetorik. Gott hat eben nicht alles gemacht, was er hätte
machen können. "Kann Gott nicht ein Kalb aus diesem Baumstamm
machen?" Die Frage ist "sinnlos" (rusticus) - denn er hat es nun mal
nicht gemacht![58] In seinem Timäuskommentar geht Wilhelm sogar soweit
zu behaupten, Gott brauche das uranfängliche Chaos nicht, um seine
Allmacht unter Beweis zu stellen.[59] Die interne Ordnung der Dinge, ihr

---

[54] S. hierzu einen Meister aus Chartres: "Es soll kein Unfrommer denken, so wie
es manche Unfromme tun, daß Dinge, die gegen die Natur sind, d.h. entgegen
dem gewohnten Verlauf der Natur, nicht eintreten können. Es ereignen sich
nämlich viele, dem gewohnten Naturverlauf entgegengesetzte Dinge, auf Grund
gewisser geheimnisvoller, im Geist des Schöpfers von Ewigkeit her verborgener
Gründe. Das ist so, um den Menschen die Gnade Gottes zu zeigen." (Chenu,
Nature, Man, and Society 14 Anm. 28).

[55] *Abelard* kommt ohne sie aus: ut ad quaelibet sine miraculis facienda illa eorum
constitutio vel praeparatio sufficeret (Expos. in Hexaemeron *"De secunda die"*,
PL 178, 746) und *Andreas von Sankt-Viktor* kritisiert das "ad miracula
confugere"; beide Angaben: Chenu, *Nature, Man, and Society* 16/7.

[56] Si inquirentem aliquem sciant, illum esse haereticum clamant: *Wilhelm von
Conches, Philosophia mundi I*, 23 (PL 172, 56), s. Chenu, *Homme* 52 Anm. 2.

[57] Glossa in Boetium (*MS Bibl. Mun. d'Orléans 27,f. 20 a*), s. Chenu, *Nature,
Man, and Society* 12 Anm. 24.

[58] Non enim quidquid potest Deus facere, hoc facit. Ut autem verbis rustici utar,
potest Deus facere de trunco citulum: fecitne unquam? (*Philosophia mundi II.
praef. u. 3* (PL 172, 57/8), s. Chenu, *Nature, Man, and Society* 12 Anm. 22 u.
Chenu *Homme* 52 Anm. 3.

[59] Wem nämlich soll was bewiesen werden? Den Engeln? Die kennen die Natur
der Dinge sowieso. Den Menschen? Die waren noch gar nicht da. Cf. Chenu,
Nature 28.

sukzessives Sich-Entfalten, ihre "Evolution", ist Machterweis genug![60] Oder, um mit Ps. Hugo zu sprechen: in der universitas liegt der Nachweis der göttlichen Allmacht - in magnitudine universitatis notatur divina potentia, in pulchritudine sapientia, in utilitate bonitas.[61]

3. Zwischenbilanz

Wir brechen hier unsere kurzen, keineswegs erschöpfenden Hinweise zum Auftauchen des Naturbegriffs im Christentum ab. Ihr Ziel war es lediglich zu zeigen, daß auch dem christlichen Monotheismus, ähnlich dem islamischen, Natur und Naturgesetz keineswegs von Anbeginn ins Stammbuch geschrieben waren, wie es z.B. Stimmen aus dem 18. Jahrhundert zunächst nahe zu legen schienen. Auch das Christentum mußte sich mit der Allmacht Gottes auseinandersetzen, die ihrerseits ohne Wunder nicht denkbar schien. Hier, genau wie im Islam, wurde der Naturbegriff gewissermaßen auf Umwegen in die Diskussion eingeführt, anhand der uns heute völlig obsolet erscheinenden Frage nach dem Unterschied zwischen Engel und Mensch. Und ferner könnte auch im christlichen Rahmen, zunächst einmal in bezug auf die scholastische Theologie, gezeigt werden, wie dieser ganze Fragenkomplex von entscheidender Bedeutung für das Theodizee-Problem ist.[62]

---

[60] S. auch das Argument Hugos von Sankt-Viktor, daß die "Evolution" Gottes Schöpfermacht in nichts Abbruch tut: Nobis autem videtur... omnipotentiae Creatoris in nullo derogari, si per intervalla temporis opus suum ad consummationem perduxisse dicitur... In omnibus faciendis illum praecipue modum servari debuit (Deus), qui ipsius rationalis creaturae commoditati ac causae magis congruus fuit (De sacramentis, lib. I, pars I, c. 3 PL 176, 188, s. Chenu, Homme 54 Anm. 6). S. auch das Argument eines Arno von Bonneval: Chenu, Homme 50.

[61] Quaest. in Ep. Pauli, ad Rom., q. 34 (PL 175, 440), s. Chenu, Homme 49 Anm. 6.

[62] S. z.B. Thomas von Aquin, summa theologica, 49. Frage, die Ursache des Schlechten, wo in Art. 2 auf die Behauptung, das Schlechte sei von Gott, weil man die Zweitursache auf die Erstursache zurückführen müsse, geantwortet wird, nur das Positive, nicht das Versagende in der Zweitursache sei auf die Erstursache zurückzuführen: "so wird auch das, was beim Hinken an Bewegung da ist, von der Bewegungskraft verursacht; was aber Schwankendes darin liegt, stammt nicht aus der Bewegungskraft, sondern aus der Verkrümmung des Beines." (Thomas von Aquin. Gott und seine Schöpfung, Texte, Überstzg., P.

Zu fragen bleibt jedoch: wenn ein automatisches Junktim zwischen Monotheismus und Natur/Naturgesetzen nicht herstellbar ist, warum taucht das Naturproblem dann gerade im 12. Jahrhundert auf? Warum setzt hier die Suche nach den Ursachen ein, "la plus typique des activités de la raison",[63] warum versucht jetzt überhaupt die Vernunft das Regiment in der Theologie zu führen?[64] Woher gerade jetzt nicht nur die Neugier für die Natur als solche, sondern auch für den Menschen als Natur?[65] Wir werden mit gutem Grund Chenu zustimmen können, wenn er die Richtung der Beantwortung dieser Fragen in der "technischen Revolution" des 12. Jahrhunderts sieht, im Aufbrechen des Feudalsystems zugunsten der ökonomischen und politischen Emanzipation der Städte mit ihren Kaufleuten, Handwerkern und Korporationen, "nicht zu vergessen: die entsprechende Dosis eines moralischen wie politischen Antiklerikalismus".[66] Selbst wenn wir Needhams eingangs zitierte Feststellung über das endgültige Durchschlagen des Begriffs "Naturgesetze" im Abendland in Rechnung stellen (s.o. 259/60) und mit E. Zilsel[67] hier wahrscheinlich - nach der Desintegration der Macht der Fürsten - einen Zusammenhang mit dem starken Machtzuwachs einer

Engelhardt, D. Eickelschulte, Freiburg, Basel, Wien 1963, 130). Ohne die "Entdeckung der Natur" im 12. Jahrhundert wäre ein so gearteter Argumentationsstil gar nicht denkbar! - Über die unterschiedliche Gewichtung der Theodizee in Islam und Christentum jedoch, s. Th. Mooren, *Mythos* 200, bes. Anm. 77 [hier: 115/16]. - Zum Gesamtproblem der Theodizee im Abendland s. u.a. auch den interessanten Beitrag O. Marquards, *Entlastungen, Theodizeemotive in der neuzeitlichen Philosophie*, 11-32, bes. 15/6, in: ders.: *Apologie des Zufälligen, Philosophische Studien*, Stuttgart 1986.

[63]   Chenu, *Homme* 51.

[64]   "L'explication scientifique du donné révélé, grâce à l'emploi de la raison, sera ce qui qualifiera, après Abélard, la théologie. (G. Dumeige, *A Propos "D'Abélard et son Époque"*, 178, in: *CHM 6* [1960] 175-178).

[65]   Cf. Chenu, *Nature, Man, and Society* 26.

[66]   Cf. Chenu, *Nature, Man, and Society* 4, 14, 18/9 etc. u. Chenu *Homme* 62. - Zum künstlerisch-ästhetischen Aspekt dieser technischen Revolution, wie z.B. die Liebe zum natürlichen Ornament, der neue naturalistische Geist in der Kunst, die Hinwendung zum "Phänomen" etc., s. u.a. H. Read, *I simboli dell'Ignoto*, Bari 1977 (ital. Überstzg. von: *"Icon and Idea"*, Harvard University Press 1965) 87, 112ff.

[67]   E. Zilsel, *Die Entstehung des Begriffs des wissenschaftlichen Fortschritts*, in: W. Krohn (Hrsg.), *Die sozialen Ursprünge der neuzeitlichen Wissenschaft*, Frankfurt/M. 1976, 127-150.

zentralisierten königlichen, und später nur noch zentralisierten, Autorität veranschlagen können,[68] so ist der entscheidende Durchbruch doch wohl schon mit den im 12. Jahrhundert beginnenden sozio-ökonomischen Umwälzungen grundgelegt. Hier haben Wirtschaftsform und Lebensgefühl des Feudalismus ihren definitiv erschütternden, wenn auch nur allmählich wirkenden Todesstoß erhalten. Mit anderen, etwas zugespitzten Worten: ohne Städte wie Paris und ohne den aufblühenden flämischen, südfranzösischen, oberitalienischen etc. Kapitalismus[69] hätten Natur und Naturgesetze niemals ihren Siegeszug antreten können.

So notwendig die "theologische Phase" (Needham) für die Entwicklung der Naturwissenschaften im Abendland gewesen sein mag, der allmächtige Schöpfergott allein ist nicht schon Garant der Natur und ihrer Gesetze. Dazu mußte erst sichergestellt werden, daß der Wille dieses Gottes, von dem ja alles abhing, sich auch regelmäßig verhielt, was ipso facto, gerade mit Blick auf die Allmacht, keineswegs zu erwarten war, ja wegen der Ermöglichung der Wunder (s. Jungfrauengeburt) nicht einmal erwartet werden durfte! Mehr noch: man drängt diesen Gott am besten ganz aus der Schöpfung hinaus, nachdem er sie einmal ins Leben gerufen hat - der Uhrmachergott des Deismus; Gott: die Laplace'sche unnötige Hypothese, was die Naturgesetze angeht -, erst so steht dem Menschen die "Natur" als vorauskalkulierbare Größe wirklich zur Disposition.[70]

---

[68] "Dieser Prozeß ist aus dem England der Tudor und dem Frankreich des 18. Jahrhunderts bekannt; und während Descartes noch schrieb, hatte das englische Commenwealth den Prozeß noch weiter in Richtung auf eine Autorität vorangetrieben, die zentralisiert, aber nicht länger königlich war" (Needham, 271/2).

[69] S. hierzu a.u. H.R. Trevor-Roper, *De la Réforme aux Lumières*, Paris 1972 (franz. Überstzg. von: *Religion, Reformation and Social Change*), 100: "Sous sa forme la plus ancienne, la Renaissance elle-même fut un phénomène urbain: elle s'amorça dans les villes d'Italie, de Flandre et d'Allemagne du sud avant d'être prise en main et modifiée par les princes et les papes. Le début de la Renaissance porte le caractère des villes qui en étaient le centre." S. auch speziell für die Rolle Venedigs: D.J. Geanakoplos, *Bisanzio e il Rinascimento. Umanisti greci a Venezia e la diffusione del greco in Occidente* (1400-1535), Rom 1967 (ital. Überstzg. von: *"Greek Scholars in Venice"*, Cambridge, Mass. 1962), 13-80.

[70] S. auch auf derselben Linie L.J. Jordanovas Bemerkung: "During the eighteenth century, liberal opinion came to ridicule the notion of direct, divine creation which certainly seemed incapable of explaining physical abnormalities like human hermaphrodites and malformed foetuses. The aberrations suggested that nature

Bei all dem müssen wir jedoch bedenken, daß Zivilisationsprozesse jeglicher Art sich keineswegs geradlinig vollziehen: "Man kann... den allgemeinen Trend der Veränderung herausarbeiten. Im einzelnen gibt es... die mannigfachsten Kreuz- und Querbewegungen, Schübe in dieser und jener Richtung."[71] Dies gilt um so mehr, wenn wir uns jetzt die Frage stellen, warum der islamische Orient, obwohl doch auch hier die Theologie die notwendige Begrifflichkeit in Sachen Natur bereitgestellt hatte, offensichtlich die westliche sozio-ökonomische Revolution nicht nachvollzogen hat. Vom gedanklichen und auch technischen Potential her hätte man sogar eine Vorreiterrolle des Islam erwarten können.[72] Daß es nicht dazu kam, dürfte, nach dem bisher Gesagten, wohl kaum dem Monotheismus als solchem allein angerechnet werden.

Immerhin, bevor wir nach Gründen suchen, die uns diese Entwicklung verständlich machen können, ist es vielleicht an der Zeit, nachdem wir Islam und Christentum beide in ziemlich unspezifischer Weise als "Monotheismus" behandelt haben, auf recht fundamentale Unterschiede zwischen ihnen hinzuweisen. Denn: selbst wenn es richtig ist, wie wir oben gezeigt haben, daß sich auch im Abendland Mensch und Natur nur mühselig und gestützt auf ganz bestimmte sozio-ökonomische Rahmenbedingungen ihre Autonomie erkämpft haben bis hin zum de-facto-Überflüssigwerden Gottes als "Manager" des Naturgeschehens - ein Prozeß, der gemeinhin mit Säkularisierung beschrieben wird -, so ist dies doch ein Kampf, in den Gott vornehmlich als Wille und Macht verwickelt ist (häufig zudem noch allzumenschlich konzipiert, nach menschlichen Modellen von Herrschen und Befehlen, Belohnen und Strafen) und den er dann auch "verliert". Es ist nicht der eigentlich

---

had its own modes of operation independent of divine will. One implication of such a view was that the movement of matter explained all observed phenomena, without requiring recourse to another explanatory level - will, spirit or god - to animate the matter." (*Languages of Nature. Critical essays on science and literature*, Hrsg. L.J. Jordanova, Rutgers University Press, New Brunswick, New Jersey 1986, 42). - Zur versteckten Theodizee-Funktion dieser Argumentationsweise s.u. 283/84. - Zum Ganzen s. auch Schramm (Anm. 2).

[71] N. Elias, *Zum Zusammenhang von Triebkontrolle und Familienreform bzw. Gesellschaftsstruktur*, 153, in: H. Rosenbaum (Hrsg.), Seminar: *Familie und Gesellschaftsstruktur, Materialien zu den sozioökonomischen Bedingungen von Familienformen*, Frankfurt/M. 1980, 152-160.

[72] Schon 931 z.B. wurden, wahrscheinlich unter chinesischem Einfluß, die ersten Qualifikationsexamina für Ärzte in Bagdad durchgeführt! (S. Needham 310).

christliche, der trinitarische Gott der Kenosis und Liebe, der doch im Grunde erst in der Freiheit des Menschen, eben in im Sohn freigelassenen Menschen, im Kontext einer diesem Menschen anvertrauten Natur sein inkarnatorisches Zuhause findet. Mit anderen Worten: der eigentlich christliche Gott ist doch einer, bei dem Wille von Anbeginn Heilswille, und Macht Erlösungsmacht meint, d.h. einer der, menschlich gesprochen, den Säkularisierungsprozeß nicht nur "überlebt", sondern in ihm geradezu zu seinem wahren Gott-Sein "befreit" wird.

Im islamischen Radikalmonotheismus ist jedoch der Stellenwert des Willens Gottes ein anderer und auch sein Verständnis ein anderes: es ist der Wille des gewissermaßen Nur-Alllmächtigen, des Einen, der sich nicht trinitarisch verschenkt und letztlich, obwohl auch immer wieder seine Barmherzigkeit betont wird, völlig undurchdringlich bleibt. Dies jedoch hat eine grundsätzliche "ontologische Inkonsistenz" von Mensch und Welt, die diesem Willen ausgeliefert sind, zur Folge.[73] Kurz, das Ringen um Autonomie von Mensch und Natur findet unter völlig anderen Ausgangsbedingungen, im Kontext einer nur für den Islam typischen Dramatik statt. Die dem Menschen auch vom Koran zugebilligte Statthalterschaft (Kalifat) an Gottes Statt, die im übrigen von vornherein Unheil und Blutvergießen miteinschließt - "Willst du", so fragen die Engel Gott, "auf der Erde einen Menschen einsetzen, der auf ihr Unheil anrichtet und Blut vergießt?" (Sure 2,30) - bleibt grundsätzlich ambivalent und "ungeschützt" vor der Wucht des Willens des Einen Gottes. Die Statthalterschaft wird nicht im Heilswillen eines liebenden Gottes verankert, sondern in der sich allem Fragen entziehenden Antwort Gottes an die Engel: "Ich weiß (vieles), was ihr nicht wißt!" (Sure 2,30).[74] Jeder Versuch im Islam, Säkularisierung positiv zu denken und zu verarbeiten, wird sich mit dieser Ambivalenz auseinanderzusetzen zu haben.

Jedenfalls können wir jetzt verstehen, warum das denkerische Projekt der Mu'taziliten mit Blick auf Natur und Autorschaft des Menschen

---

[73] S. hierzu: Th. Mooren, *Abstammung und Hl. Buch. Zur Frage der semantischen Bedeutsamkeit anthropologischer Strukturen im Alten vorderen Orient im Hinblick auf den koranischen Monotheismus*, 28-36 [hier: 136-147], in: *ZM* 65 (1981) 14-39 [hier: 118-147]. - In einer solchen Perspektive wird auch kaum gelten können, was christliche Naturmystik des Mittelalters begreift: "La natura è la scala di Giacobbe per ascendere al cielo" (Gneo 222).

[74] S. auch Mooren, *Abstammung* 34 [hier: 144/45].

zunächst einmal scheiterte. Ihr Theodizee-Eifer, gekoppelt mit dem Belohnungsmodell und einer allzu menschlichen Vorstellung von der Gerechtigkeit Gottes stand einfach zu sehr im Widerspruch zum gesamtmuslimischen Bewußtsein, das sich eher als Sachverwalter des unergründlichen Willens eines allmächtigen Gottes verstand.[75] Dabei kam noch hinzu, daß die für das mu'tazilitische Denken notwendige und folgerichtige Annahme eines geschaffenen Korans, um den Polytheismus, "širk", in der Gestalt eines ewigen Zweitgottes - nämlich des ungeschaffenen Wort Gottes - zu vermeiden, für die Mehrheit der Muslime völlig unakzeptabel war. Wenn ferner die Mu'taziliten, auf Kalifenmacht gestützt, Gegner ihrer Thesen auspeitschen und ins Gefängnis werfen ließen, so konnte das am Ende ihnen nur selbst zum Verhängnis werden.[76]

Des weiteren drängt sich noch der folgende Gedanke im Anschluß an die oben erwähnte Inkonsistenz von Mensch und Welt auf: es ist vielleicht nicht ausgeschlossen, daß auf diese Weise noch am besten - neben allen Außeneinflüssen wie Stoa und Demokrit - die so vielen muslimischen Theologen (auch den Mu'taziliten) eigene Vorliebe für ein quantifizierbares "atomistisches" Weltmodell, wiederum vorzüglich

---

[75] S. Gimaret, (Anm. 13).

[76] S. hierzu: H. Laoust, *Les schismes dans l'Islam. Introduction à une étude de la Religion Musulmane*, Paris 1965, 93-122; Pareja u.a. 696-702; (Anm. 11); I. Goldziher, *Le Dogme et la Loi de l'Islam. Histoire du développement dogmatique et juridique de la religion musulmane*, Paris 1973, 91ff.; B. Tibi, *Der Islam und das Problem der kulturellen Bewältigung sozialen Wandels*, Frankfurt/M. 1985, 134: "Die Mu'taziliten, d.h. jene islamischen Philosophen, die das griechische Erbe übernommen und in den Islam eingeführt haben und vor allem durch den Kalifen al-Ma'mum in Baghdad gegen die islamische Orthodoxie protegiert wurden, haben eine Tradition islamischen Rationalismus eingeführt, die leider nicht auf Dauer hat etabliert werden können." Die Einschätzung der Mu'taziliten als "Rationalisten" (im modernen Sinn?) ist allerdings erläuterungsbedürftig - auch die sunnitischen Gegner argumentierten "rational" und nicht nur "koranfundamentalistisch" (s. Gimaret, *Théories de L'Acte Humain* 305-333) [Anm. 13] - ebenso wie ihre Charakterisierung durch das "griechische Erbe" (s. hierzu auch Mooren, *Mythos* 196 [hier: 109/10], bes. Anm. 67) eher verfehlt ist, da sie kaum ihrer eigentlichen theologischen Leistung Rechnung trägt, nämlich dem Ringen mit dem Theodizee-Problem! Im übrigen hat es auch Sunniten gegeben, wie den Mâturiditen Maḥbûbî (gest. 1346) und Ibn al-Humâm (Hanafit aus Ägypten, gest. 1457), die eine Ṯumâma und al-Ġâḥiẓ ähnliche Position vertreten haben: "l'homme veut, Dieu ou 'la nature' font le reste." (Gimaret, 91); cf. auch ebd. 213ff.

geeignet zur Stützung der Wunder, erklärbar wird. Argumentiert wird nicht, wie wir es im Christentum gesehen haben, von der Idee der "universitas", sondern der Interpenetration von "Atomen" (ǧuz') her, die auch für Akzidenzien und geistige Vorgänge stehen.[77] So modern dieses Weltbild anmutet, vielleicht ist die Frage berechtigt - ähnlich wie sie Needham an das chinesische Weltbild in bezug auf die Notwendigkeit einer "theologischen" Phase richtet -,[78] ob man direkt in das "statistische" 20. Jahrhundert springen kann, ohne eine "organische" Phase zu durchlaufen.

Doch wenn wir nach Gründen für die unterschiedliche Entwicklung in Abendland und Orient suchen, so ist in diesem Zusammenhang folgende Feststellung wohl noch bedeutsamer: es dürfte auf der Hand liegen, daß eine Verbindung zwischen der Bildungs- und Forschungseinrichtung "Universität" und dem philosophisch-theologischen Nachsinnen über die Welt als "universitas" besteht.[79] Nun hat es aber eine "Universität" im westlichen Sinn im klassischen Islam nie gegeben, d.h. Lernen und Lehren hat sich dort nicht aus der eisernen Klammer der Jurisprudenz (fiqh), der Königin der Wissenschaften, noch über der Theologie stehend - sie verwaltet gewissermaßen an vorderster Front den Willen Gottes -, und den Fesseln des Staates befreien können.[80] Hier liegt sicher

---

[77] Was nicht ausschließt, daß die einzelnen Schöpfungsakte Gottes, wie die Erschaffung der Tiere, die Sphärenkonstruktion, das Ordnen von Sommer und Winter, von perfekter Qualität (muḥkam) sind. S. dazu Mooren, *Mythos* 198, Anm. 69 [hier: 112].

[78] S. Needham, 292/3 (Anm. 3).

[79] In bezug auf den Beginn des Prozesses, noch im Zeichen von "quadrivium" und "trivium" stehend, s. u.a. Chenu, *Homme* 51.

[80] Dies ist sehr detailliert und überzeugend geschildert in Tibi 131-151. - Typisch allerdings für das Vorgehen Tibis ist folgende Passage: "Nun stellt sich... die Frage, weshalb das europäische Verständnis von Wissenschaft und Universität weltdominant geworden ist! Diese Frage zwingt sich auf, wenn man die Rolle der Universität im Entwicklungsprozeß als Problem abhandelt. Diese Frage soll jedoch hier nicht vertieft werden; wir begnügen uns mit einem Zitat von Helmuth Plessner, der davon spricht, daß 'der Europäismus die Welt erobert' hat" (ebd. 140). Solange Tibi aber diese und andere Fragen nicht "vertieft", d.h. letztlich, solange er nicht, weil rein soziologisch orientiert, das Wurzelproblem, nämlich die Frage nach der Besonderheit des islamischen, radikalen Monotheismus angreift, will heißen das Problem eines heteronomen, von außen, in Fremdbestimmung, auf den Menschen zukommenden Willens -, solange kann sein ehrgeiziger Versuch, den Islam "säkularisierungsfähig" zu machen (s. ebd. 246), wohl nicht greifen. Wie weit Tibi aber von dieser Einsicht noch entfernt ist, zeigen

ein ganz wichtiger Grund für das Ungleichgewicht zwischen Abendland und Orient.

Schließlich, und mit der obigen Feststellung eng verknüpft, dürfte wohl das islamische Staatsmodell überhaupt - mit der umma, der ersten muslimischen Gemeinde in Medina war der "islamische Staat als zentrales Gewaltmonopol... geboren"[81] - als ein unbedingt in Rechnung zu stellender "äußerer" Faktor für unsere Fragestellung heranzuziehen sein.[82] Auch das hat Tibi gut gesehen:

> Der Islam kennt weder Aufklärung noch eine Gewaltenteilung, so daß das islamische Recht lediglich eine Legitimitätsfunktion hat und kein Vehikel für Institutionalisierung des sozialen Wandels werden konnte, so wie dies eine Funktion des Rechts im Prozeß des sozialen Wandels in der europäischen Entwicklung seit der Französischen Revolution ist. Obwohl das islamische Recht (Schari°a) das zentrale Element des Islams bildet, kennt die islamische Geschichte keinen Rechtsstaat.[83]

Wo aber das Prinzip der Gewaltenteilung fehlt (im Westen über die "Zwei-Schwerter-Theorie" eingeführt),[84] und das Recht nur legitimierende Funktion hat, konnte es nicht zur Eliminierung des Grundübels, des großen Hemmschuhs für Wirtschaft und Wissenschaft kommen: die *bürokratische* Despotie.[85]

---

statements wie: "Der politische Führer Mohammed, der, wie Rodinson hervorhebt, 'in einem einzigen Wesen Jesus und Karl den Großen' verband" (ebd. 206), die jeden Kommentar erübrigen.

[81] Ebd. 57. S. auch R. Caspar, *Der Monotheismus und seine bleibende Bedeutung.* 49, in: *Conc (D) 21* (1985) 46-54: "Im Bereich des muslimischen Gemeinwesens führt die alleinige Souveränität Gottes zur Weigerung, Zeitliches und Geistliches (dîn und dunyâ) aufzuspalten, und also zur Staatsreligion (dîn al-dawla)."

[82] Aber auch dieser Faktor wird nur sinnvoll, wenn man ihn im Zusammenhang mit der islamischen Theologie liest, d.h. dem Monotheismusproblem. S. hierzu auch die knappen Überlegungen in Mooren, *Abstammung* 28-36 [hier: 136-147].

[83] Tibi 214.

[84] Erstmals erklärte im Jahre 494 Papst Gelasius I (492-496) in einem Brief an Kaiser Anastasius die Unabhängigkeit der geistlichen Gewalt von der weltlichen; s. J. Lortz, *Geschichte der Kirche in ideengeschichtlicher Betrachtung, Bd. I,* Münster 1962, 199.

[85] In Anlehnung an K.A. Wittfogel, *Die orientalische Despotie. Eine vergleichende Untersuchung totaler Macht,* Frankfurt/M., Berlin, Wien 1977. Wittfogel untersucht dort im Rahmen der Theorie der orientalischen, sprich hydraulischen Gesellschaft: bürokratischen Grundbesitz, bürokratischen Kapitalismus und

Schließlich muß noch ein letzter Faktor erwähnt werden, der für lange Zeit jeder Spekulation über Wissenschaft und Gesellschaft im Islam ein gewaltsames Ende setzt: die Vernichtung Bagdads durch die Mongolen im Jahre 1258 und die später folgende ottomanische und westliche Kolonialisierung des Orients.

4. Chaos sive Natura: Perspektiven nach dem "Tode Gottes"

Das ist es nicht, was uns abschneidet, daß wir keinen Gott wiederfinden, weder in der Geschichte, noch in der Natur, noch hinter der Natur, - sondern daß wir, was als Gott verehrt wurde, nicht als "göttlich",

bürokratische Gentry und versucht so zu erklären, "warum in einer solchen Gesellschaft die Berufsorganisationen zwar oberflächlich den Zünften des mittelalterlichen Europas ähnelten, aber im Gesamtgefüge der orientalischen Gesellschaft eine ganz andere - und vor allem: politisch unbedeutende - Stellung einnahmen" (27). Autokratie ist in der Regel die Folge: "Wie das 'Gesetz des abnehmenden administrativen Ertrags' die untere Grenze der bürokratischen Pyramide bestimmt, so bestimmt die Tendenz zur Anhäufung unbeschränkter Macht den Charakter ihrer Spitze" (ebd.). - Wie weit im übrigen auch das alte China Züge der "asiatischen Bürokratie" trug, wird kritisch durch Needham (77ff.) untersucht. - Speziell noch für den Islam zeigt Wittfogel auf, wie die Religion niemals vom Staat unabhängig wurde: "Ursprünglich leitete der Kalif das gemeinschaftliche Gebet... Die Zentren des islamischen Kultus, die Moscheen, unterstanden in der Regel Personen, die unmittelbar vom Herrscher abhängig waren, häufig den Kadis. Überdies wurden die religiösen Stiftungen, die wakfs... oft von der Regierung verwaltet... Hierdurch wurde das Kalifat zwar nicht zu einer Theokratie; aber die staatliche Gewalt war offenbar stark genug, die Gründung einer von der Regierung unabhängigen islamischen Kirche zu verhindern" (Wittfogel 137/8). - Zur Untersuchung der Eigentumsverhältnisse s. ebd. 359-361. Zu Wittfogel ähnlichen Schlußfolgerungen kommt G.E. v. Grunebaum, *Studien zum Kulturbild und Selbstverständnis des Islams*, Zürich 1969, 173: "Der Gebildete wird in der Kunst der Administration geschult, aber nicht zum Bürger herangezogen. Der grundlegende Unterschied zwischen der griechischen paideia und dem islamischen Bildungsideal liegt darin, daß sich der Grieche ständig des Staates bewußt ist, der Muslim aber des Dienstes an Gott. Aus diesem Grunde ermangelt sogar der adab (der Bildungstyp, dessen Beschreibung hier versucht wird) mit seiner religiösen Beinahe-Neutralität auch des kleinsten Teilchens Bürgertugend (obwohl es in Gilden, Milizen und ritterlichen Organisationen und dergleichen zu Zeiten eine bürgerliche Machtteilnahme gegeben hat)".

sondern als erbarmungswürdig, als absurd, als schädlich empfinden, nicht nur als Irrtum, sondern als Verbrechen am Leben...
(Nietzsche, Der Antichrist, § 47).

Das Theodizee-Thema hat den westlichen Menschen nie in Ruhe gelassen. Leibniz, der das Wort "Theodizee" erfand, rief 1710 durch seine "Essais de Théodicée sur la bonté de Dieu, la liberté de l'homme et l'origine du mal" die Rechtfertigung Gottes als philosophische Disziplin ins Leben; und O. Marquard spricht sogar in Hinblick auf die gesamte neuzeitliche Philosophie von einer "Ubiquisierung des Rechtfertigungsverlangens".[86] Wie schon einige islamische Denker 900 Jahre vor ihm entdeckt z.B. La Mettrie (1709-1751) in "L'Homme Machine" (1748) Natur als ein *Drittes*, allerdings diesmal zwischen zwei typischen Positionen des 18. Jahrhundert: daß die zu beobachtende Ordnung in der Welt von einem weisen Schöpfer oder Werk reinen Zufalls sei. La Mettrie entgeht dem Dilemma: Gott oder Zufall, indem er die Natur dynamisiert und aus der Idee einer statisch vorgegebenen Ordnung (Voltaire, Rousseau) herausführt. D'Holbach wird La Mettries Gedanken aufnehmen. Doch die in bezug auf Gott erzielte "Entlastungsfunktion" - um O. Marquards Terminologie zu verwenden - der La Mettrie'schen Naturvorstellung wird erst in D'Alemberts Traum (1769) von Diderot vollends sichtbar werden, wo nämlich Mensch und Monster gleichermaßen zum Naturprodukt erklärt werden, beide zu gleich notwendigen Bestandteilen der allgemeinen Ordnung der Dinge. Mit anderen Worten: ganz wie in den Schriften von Laclos und de Sade wird "Natur" hier ethisch neutralisiert.[87]

Dies ist jedoch keineswegs der durchgängige Standpunkt. Montesquieu (1689-1755), der frühe Voltaire (1694-1778) und Shaftesbury (1671-1713) z.B. sahen dies anders,[88] ebenso wie viele Denker des fortschrittbesessenen 19. Jahrhunderts: "Ideas of energy conservation were... assumed to guarantee a moral order in the universe."[89] Und H.T.

[86] Marquard 11. Marquards gesamte Abhandlung ist nichts anderes als ein Nachweis dieser These.

[87] S. hierzu: A.E. Pilkington, *'Nature' as Ethical Norm in the Enlightenment*, 78ff., in: L.J. Jordanova (Hrsg.) (Anm. 70) 51-85.

[88] Cf. ebd. 55-61.

[89] S. Shuttleworth, *Fairy Tale or Sciene? Physiological Psychology in Silas Marner*, 256, in: L.J. Jordanova (Hrsg.) (Anm. 70) 244-288.

Buckle schließt seine "History of Civilization" (1857-1867) in der Überzeugung:

... it shall clearly be seen that from the beginning there has been no discrepancy, no incongruity, no disorder, no interruption, no interference; but that all the events which surround us, even to the furthest limits of material creation, are but different parts of a single scheme which is permeated by one glorious principle of universal and undeviating regularity.[90]

Auf unser Theodizee-Problem angewandt heißt das jedoch: dieses "single scheme" oder "glorious principle", letztlich also die Natur, "entlastet" den Schöpfergott so total, daß er in diesem "scheme" gar nicht mehr vorkommt. Vor lauter "Nahtlosigkeit" (no discrepancy, no interruption)[91] wird der Schöpfergott (Wille und Macht) gar nicht mehr gebraucht!

Sicher, der Großvater Charles Darwins, Erasmus Darwin (1731-1802), der Barde des aufkommenden Industriezeitalters und seiner Maschinen, hatte noch in "The Temple of Nature" gedichtet:

By firm immutable immortal laws / Impress'd on Nature by the GREAT FIRST CAUSE, / Say, Muse! how rose from elemental strife / Organic forms and kindled life...[92]

Doch das war gewissermaßen der Schwanengesang der 'Großen Erstursache', denn wirklich lebendig war für E. Darwin eigentlich nur die Maschine.[93]

Vor diesem Hintergrund müssen wir Nietzsche lesen. Er zieht das Fazit: Gott ist gar nicht mehr da! "Wohin ist Gott?", rief der tolle

---

[90] Bd. II, 601, zit. nach: Suttleworth 255/6.

[91] Und Nahtlosigkeit in der zeitlichen Abfolge ist die Grundlage des gesamten, nach Ursachen suchenden wissenschaftlichen Verfahrens, Beispiel: Evolution. Interessant ist hier G. Benns Wort über die Kausalität: "In den primitiven Kulturen wirkte der Raum bedingend: was in der Nähe voneinander stand, war begründet; im Spätbewußtsein tat es die Zeit; was nacheinander geschah, war begriffen. Die Kausalität und die Taschenuhr... (*Der Ptolemäer. Berliner Novelle*, 1947, 328, in: M.L. Kaschnitz (Hrsg.), *Deutsche Erzähler, Bd. II*, Frankfurt/M. ⁷1982, 325-341.

[92] Zit. nach M. Mc Neil, *The Scientific Muse: The Poetry of Erasmus Darwin*, 171/2, in: L.J. Jordanova (Hrsg.) (Anm. 70) 159-203.

[93] Cf. ebd. 201.

Mensch. "Ich will es euch sagen! Wir haben ihn getötet - ihr und ich. Wir alle sind seine Mörder!"[94] "Aber wie haben wir dies gemacht? Wie vermochten wir das Meer auszutrinken?" fragt Nietzsche weiter. Oder schlichter ausgedrückt: wie ist der Mensch mit diesem Mord fertig geworden? Wie hat er den "leeren Raum", von dem Nietzsche in diesem Zusammenhang spricht, bevölkert? Die Antwort kann nur heißen: durch die Mythologisierung der Natur. Im Grunde ein uraltes Verfahren. Bei Alanus von Lille ist es uns schon begegnet (s.o. 270), und in der Form der "All- oder Weltseele" finden wir es bei den verschiedensten Naturmystikern wieder, wie z.b. auch bei den muslimischen "Lauteren Brüdern" (Iḫwân aṣ-ṣafâ).[95] Allerdings ist bei diesen Denkern die Mythologisierung noch eine rein poetische Form, die keinen Zweifel an der Schöpferkraft und Allgegenwart Gottes aufkommen läßt. So sagen die "Lauteren Brüder":

> Die Existenz der Welt, die vom Schöpfer ausgeht, ist wie die Existenz der Rede, die vom Redner ausgeht; hört dieser auf zu reden, hört auch die Existenz der Rede auf. Die Richtigkeit dieser Ansicht bestätigt der Koran 35,39: Gott hält Himmel und Erde, daß sie nicht vergehen, vergingen sie, könnte keiner sie halten.[96]

Wird die Mythologisierung jedoch, in Form der Personifizierung der Natur, als neuzeitlicher Ersatzglaube verwendet, da die Kausalitätskette

---

[94] Nietzsche, *Die Fröhliche Wissenschaft*, § 125 (Goldmann Bd. 569/70); s. aber auch M. Montinari: "Dazu gehört aus einem anderen Heft die Aufzeichnung: (12) Hier schwieg Zarathustra von Neuem und versank in tiefes Nachsinnen. Endlich sagte er wie träumend: 'Oder hat er sich selber getötet? Waren wir nur seine Hände?" (*Nietzsche lesen*, Berlin, New York 1982, 87). (Gemeint ist Fragment 12 [157]: KSA Bd. 9, 603 (KGW V,2). - Mit der Einführung Nietzsches an dieser Stelle unserer Ausführungen soll nicht gesagt sein, daß seine Position die einzig mögliche ist, Neuzeit und ihre typischen Probleme in Sachen "Natur" zu bewältigen. Es ist lediglich, gerade auch wegen ihrer Einseitigkeiten, eine für unsere Fragestellung besonders interessante Position. Ferner soll nicht unterstellt werden, Nietzsches Denken ließe sich monokausal aus der monotheistischen Schöpfungstheologie oder ganz allgemein dem Theismus herleiten. Das wäre eine Engführung in beide Richtungen. Wir sind allerdings der Auffassung, daß Nietzsches A-Theismus ohne vorgegebenen Mono-Theismus weder denkbar noch in befriedigender Weise verstehbar ist.

[95] Cf. F. Dieterici, *Die Philosophie der Araber im X. Jahrhundert n.Chr.*, XIV Bände, bes. Bd. V: Berlin 1861; Bd. VIII: Leipzig 1872 (Nachdruck Hildesheim 1969).

[96] Dieterici, Bd. VIII, 143.

nicht anders festgemacht werden kann als dadurch, daß man der Natur eine Intention zuschreibt, so wird sie zum wissenschaftlichen Problem. Das hat ein Denker und Forscher vom Format Charles Darwins klar gesehen. Er schreibt nämlich in der dritten Auflage seines Ursprungs der Arten:

> In the literal sense of the word, no doubt, natural selection is a misnomer... but who objects to an author speaking of the attraction of gravity as ruling the movements of the planets. ... So again it is difficult to avoid personifying the word nature; but I mean by nature, only the aggregate action and product of many natural laws and by laws the sequence of events as ascertained by us. With a little familiarity such superficial objections will be forgotten.[97]

Damit wäre eine personal-handelnde, Kausalität erwirkende Natur nur ein "language-trick"? Für Nietzsche stand das fest. Und hier setzt er mit der ganzen Vehemenz und Ironie seines Denkens an. In einem, nicht in die Kompilation "Wille zur Macht" aufgenommenen Fragment denunziert er, daß man zwar den Tod Gottes (der causa prima) behaupte, dafür aber den Teufel (die Wissenschaft) mit göttlichen Attributen ausstatte und anbete:

> Wie naiv tragen wir unsere moralischen Werthschätzungen in die Dinge, z.B. wenn wir von Naturgesetzen reden! Es möchte nützlich sein, einmal den Versuch einer völlig verschiedenen Ausdeutungsweise zu machen: damit durch einen erbitterten Widerspruch begriffen werde, wie sehr unbewußt unser moralischer Kanon (Vorzug von Wahrheit, Gesetz, Vernünftigkeit usw.) in unserer ganzen sogenannten Wissenschaft regirt. Populär ausgedrückt: Gott ist widerlegt, aber der Teufel nicht: und alle göttlichen Funktionen gehören mit hinein in sein Wesen: das Umgekehrte gieng nicht![98]

---

[97] Ch. Darwin, *On the Origin of Species. A Variorum Edition* (Hrsg. M. Peckham), Philadelphia 1959, 165; zit. nach G. Beer, *'The Face of Nature': Anthropomorphic Elements in the Language of the Origin of Species*, 229, in: L.J. Jordanova (Hrsg.) (Anm. 70) 207-243.

[98] Montinari 98/9; s. KSA Bd. 11, 625 (KGW VII,3); Fragment 39[14].

Wenn wir Kausalität in die Natur hineintragen, haben wir im Grunde nur ein Bild produziert, ein ganz und gar anthropomorphistisches Bild.[99] Unser Wille, das Fühlen unseres Willens, dient uns nämlich als Modell,[100] wobei wir von der Sprache unterstützt werden.[101] Die Sprache ist gewissermaßen die Falle, in die sich das Erkenntnisvermögen auf der Suche nach Wahrheit verrennt.[102]

[99] S. Nietzsche, *Die Fröhliche Wissenschaft.* § 112: "'Ursache' und 'Wirkung' wie die Rede lautete; wir haben das Bild des Werdens vervollkommnet, aber sind über das Bild, hinter das Bild nicht hinausgekommen... niemand hat den Stoß 'erklärt'. Wie könnten wir auch erklären!... wenn wir alles erst zum Bilde machen, zu unserem Bilde!" S. auch J.P. Stern, *Nietzsche. Die Moralität der äußersten Anstrengung*, Köln-Lövenich 1982, 111: "Naturgesetze, nach der Analogie menschlicher Gesetze konstruiert, sind Interpretationen und Adaptionen einer grundsätzlich gesetzlosen Wirklichkeit, dazu bestimmt, die Wirklichkeit für unsere 'demokratischen Instinkte' erträglich zu machen."

[100] Cf. Nietzsche, § 127: (Der Mensch) "ist überzeugt, wenn er etwas tut, zum Beispiel einen Schlag ausführt, er sei es, der da schlage, und er habe geschlagen, weil er schlagen wollte. Er merkt gar nichts von einem Problem daran, sondern das Gefühl des Willens genügt ihm, nicht nur zur Annahme von Ursache und Wirkung, sondern auch zum Glauben, ihr Verhältnis zu verstehen." Und Stern kommentiert (222): "Unsere Vorstellung von 'Ursache' wird als 'unser Machtgefühl vom sogenannten Wollen' gedeutet, unser Begriff von 'Wirkung' als 'der Aberglaube, daß dies Machtgefühl die Macht selbst sei, welche bewegt...' (*Wille zur Macht*, § 689); in ähnlicher Weise kritisiert er 'unsere Unfähigkeit, ein Geschehen anders interpretieren zu können denn als ein Geschehen aus Absichten... es ist der Glaube, daß alles Geschehen ein Tun sei, daß alles Tun einen Täter voraussetze...' (*Wille zur Macht*, § 550)."

[101] "Die *Sätze* 'Keine Wirkung ohne Ursache', 'Jede Wirkung wieder Ursache' erschienen als Verallgemeinerungen viel engerer *Sätze:* 'Wo gewirkt wird, da ist gewollt worden'..." (Nietzsche § 127).

[102] Cf. Stern 309: "Die Lüge der Sprache... besteht in der für uns wesentlichen aber völlig unwahren Behauptung, die Sprache sei fähig, die Welt zu einem weiteren, umfassenderen, dem Menschen wohlwollenden kosmischen Plan in Bezug zu setzen, indem sie ihm eine verläßliche Kenntnis dieses Plans biete, während das Weltall doch recht gut auch ohne die Welt der Menschen auskommen kann..." S. auch Nietzsches Dionysos-Dithyramben: "Nur Narr! Nur Dichter!"; cf. dazu S.L. Gilman, *Nietzschean Parody. An Introduction to Reading Nietzsche*, Bonn 1976, bes. 95-100; L. Gustafsson, *Drei sprachphilosophische Extremisten. Friedrich Nietzsche, Alexander Bryan, Fritz Mauthner*, München, Wien 1980, 39-69. - In der Erzählung *"Alles"* von I. Bachmann wird sich der Vater des jungen Fipps plötzlich bewußt: "alles ist eine Frage der Sprache und nicht nur dieser einen deutschen Sprache, die mit anderen geschaffen wurde in Babel, um die Welt zu verwirren. Denn darunter schwelt noch eine Sprache, die reicht bis in die Gesten und Blicke... und in ihr ist schon all unser Unglück. Alles war eine

Wer so radikal kritisiert wie Nietzsche, d.h. Schöpfergott und Wissenschaft gleichermaßen ihres durch Willen und Gesetz verbürgten (auch moralischen) Scheins entkleidet, der geht auf den Abgrund zu:

> Nicht der Pessimismus (eine Form des Hedonismus) ist die große Gefahr... Sondern die Sinnlosigkeit alles Geschehens! Die moralische Auslegung ist zugleich mit der religiösen hinfällig geworden: das wissen sie freilich nicht die Oberflächlichen! Instinktiv halten sie, je unfrommer sie sind, mit den Zähnen an den moralischen Wertschätzungen fest... Aber die eigentliche Angst ist: Die Welt hat keinen Sinn mehr.[103]

Doch Nietzsche widersetzt sich der lauernden Sinnlosigkeit. War es bisher die (als trügerisch) entlarvte Strategie der Wahrheit, sich auf Vermenschlichung der Natur zu gründen, so setzt er dem seine aus dem Anorganischen, dem Toten - denn das Leben ist ja ein Sonderfall des Toten - kommende Wahrheit entgegen, nämlich im Willen zur Macht, der "vorhanden [ist] auch in der unorganischen Materie".[104] Oder anders ausgedrückt: seine Wahrheit, "oder vielmehr *die* Wahrheit",[105] heißt nun: Chaos sive Natura!:

> Der Gesamtcharakter der Welt ist... in alle Ewigkeit Chaos, nicht im Sinne der fehlenden Notwendigkeit, sondern der fehlenden Ordnung, Gliederung, Form, Schönheit, Weisheit, und wie alle unsere ästhetischen Menschlichkeiten heißen.[106]

Chaos - aber nicht ohne Not-Wendigkeit, denn "das ganze Spielwerk wiederholt ewig seine Weise, die nie eine Melodie heißen darf",[107] d.h. die Not-Wendigkeit der ewigen Wiederkehr: "Die Lehre der Wiederkunft bewirkt in einer Welt nach dem Tode Gottes einerseits die Entmenschli-

---

Frage, ob ich das Kind bewahren konnte vor unserer Sprache, bis es eine neue begründet hatte und eine neue Zeit einleiten konnte." Der Vater trägt das Kind dann nach Hause, wo es "lernte, Sätze zu bilden und *in die Falle ging.*" 557, 559, in M.L. Kaschnitz (Hrsg.), *Deutsche Erzähler II*, 552-571.

[103] Montinari 99. Ebenfalls nicht in die Kompilation *"Wille zur Macht"* aufgenommenes Fragment (39[15]); s. KSA Bd. 11, 625/26 (KWG VII, 3).

[104] Montinari 95; cf. auch ebd. S. 89. - Zu: *"Wille zur Macht"* und unorganische Materie s. KSA Bd. 11, 221/2 (KGW VII, 2) Fragment 26[274].

[105] Montinari 89.

[106] Nietzsche § 109.

[107] Ebd. § 109.

chung der Natur, als Chaos (nicht mehr Deus!, wie bei Spinoza) sive Natura, andererseits aber die Verewigung und Vernatürlichung des Menschen in jener 'Menschlichkeit' des historischen Sinnes: der Name dafür wird später der *Übermensch* sein."[108]

Blicken wir zurück: wir haben gesehen, wie sich Natur und Naturgesetze allmählich im Schoße der großen monotheistischen Religionen herausschälen. So wahr es ist, daß Wille und Macht, d.h. ein damit ausgestattetes göttliches Wesen die Vorstellung von Naturgesetzen zu fördern scheint[109] und in der "theologischen Phase" der Wissenschaft

---

[108] Montinari 89/90.

[109] Es wäre interessant, der von A.G. Hadricourt aufgezeigten Piste nachzugehen, der Frage nämlich, inwieweit diese Art von Gottesvorstellung und der damit zusammenhängende permanente Interventionismus auf die Hirtenkultur und die Seefahrerei (Beziehung Steuermann - Ruderer) zurückgehen: "il en résulte une vision dualiste du monde (relation: esprit - matière, divinité - univers) et la possibilité pour l'esprit humain de déduire a priori des lois auxquelles doit obéir le monde", - während Taoismus und Konfuzianismus, d.h. Yin und Yang, wu wei = das Nicht-Intervenieren und eine immanenzorientierte, schon früh unpersönliche Gottesvorstellung, in der bäuerlichen Kultur des Alten Chinas ihren Wurzelgrund haben: hier nützt künstlicher Eingriff nichts, hier muß man warten und wachsen lassen, denn alles hängt von der universellen Harmonie ab: "il n'y a pas à définir a priori les termes, ceux-ci suggèrent une réalité objective dont on a une connaissance a posteriori..." (Beide Zitate aus: *"Domestication des animaux, culture des plantes et traitement d'autrui"*, 47, in: *L'Homme* (1962) 40-50. Cf. auch Needham 78ff. (Anm. 3). Interessantes Material zu diesem Thema liefert auch F.K. Mayrs *"Genos" und Geschlecht. Zum Problem der Metaphysik*, in: *Fil* (29) 1967; 513-584. Demnach ständen unsere abendländischen philosophischen Kategorien: Gattungs- und Artbegriff, genos und eidos, hylä und morphä (Mayr möchte sie an das für ihn anthropologische Urfaktum Mann-Frau binden, das für ihn auch das Grundproblem der Metaphysik darstellt, cf. ibid., 567) und der Siegeszug der "Ideen-Philosophie" auch im Zusammenhang mit dem viehzüchterischen Interventionismus der vaterrechtlichen, in Griechenland eingewanderten, Dorier. Ihnen konnte nicht am Genos, der Gattung Pferd, sondern nur an einem *Rasse*pferd, das *gezüchtet* werden mußte, an *dieser* bestimmten *Art* Pferd, dem eidos also, gelegen sein (cf. bes. ibid., 560ff.). (Cf. auch die im Nahǧ al-Balâǧa (Pfad der Beredsamkeit) des Šarîf ar-Radî angeführte Vorstellung, die Ungläubigen seien solche, die meinten, wie die *Pflanzen* zu sein, "die keinen Sämann brauchen und keinen Schöpfer für ihre verschiedenen Formen." (H.J. Kornrumpf, (Anm. 50), 33). - Von hier aus wird die Affinität zwischen griechischer "Dialektik" und einer monotheistisch-prophetischen Religion im klassisch-scholastischen Gewande nur noch verständlicher. (Wir sind dieser Frage in unserem Artikel *Macht und Abstraktion. Sprache und Wahrnehmung vor dem Hintergrund radikal-monotheistischer Theologie*, in: *ThPh*, (59) 1984, 235-248, bes. 243-248 [hier: 234-256, bes. 248-256],

(Needham) auch offensichtlich gefördert hat, so sehr gilt doch andererseits, daß gerade wegen dieser Macht (= Allmacht) Naturgesetze sich nur gegen Widerstand im Raum monotheistischen Denkens haben durchsetzen können, auf "Umwegen" nämlich über das Theodizee-Problem und die Cur-homo-Frage, nicht zu vergessen, die entsprechenden sozio-ökonomischen Rahmenbedingungen. Dabei ist es nun wichtig zu sehen, daß die gesamte "Operation Natur" innerhalb des Monotheismus nur mittels einer Strategie der doppelten Vermenschlichung durchführbar war: zunächst einmal in der Form eines mit Willen (zugespitzt: "Willen zur Macht") ausgestatteten Gottes überhaupt (opifex, causa etc.) und dann mittels der Vermenschlichung (Intentionalisierung) der diesem göttlichen Willen abgerungenen Natur in Gestalt von Gesetzen (Kausalität) mit eventuell moralischem Charakter.

Nietzsche schließlich proklamiert den Tod dieser doppelten Vermenschlichung: sowohl des allzumenschlich, nach menschlichen Willensmechanismen und Wunschvorstellungen funktionierend gedachten Gottes als auch der mit all unseren "ästhetischen Menschlichkeiten" wie Ordnung, Form, Schönheit etc. befrachteten Natur. Statt in diesem Sinne "gesetzte" Natur zu sein, ist das Universum jenes "statistische Chaos", das uns Heutigen so familiär ist und in der Form der aktuellen Naturwissenschaft ja auch als solches rezipiert wird.

Dennoch: die Sinnfrage ist damit nicht gelöst. Nietzsche ist der letzte, der dies leugnen würde. Deswegen setzt er ja in einem letzten herkuleischen Kraftakt diesem Chaos in der Umwertung aller Werte den "schwersten Gedanken", den die Menschheit jemals gedacht hat, entgegen: die ewige Wiederkunft:

Die höchste Kraft, alles Unvollkommene, Leidende als nothwendig (ewig-wiederholenswerth) zu fühlen aus einem Überdrange der schöpferischen Kraft, welche immer wieder zerbrechen muß und die übermühtig-

nachgegangen). - Vielleicht, das sei zum Schluß noch erwähnt, ist die Vorstellung von Wille und Macht der *Kausalität* also, überhaupt nach dem viehzüchterischen Ur-Tun modelliert: dem *Strafen* nämlich, d.h. dem (eventuell gewaltsamen) *Eingreifen*, das notwendig ist, um die Herde durch Stimme (und Schläge) zusammenzuhalten.

sten Wege wählt (Princip der größtmöglichen Dummheit, Gott als Teufel und Übermuth-Symbol)...[110] .

Es ist ein Gedanke der tiefsten Tragik, an dem der Mensch zerbricht[111] und ironischerweise, es ist die vielleicht größte Theodizee

[110] Vorrede zur "Philosophie der ewigen Wiederkunft": Montinari 95; s. KSA Bd. 11, 214 (KGW VII, 2); Fragment 26[243]. - Zur "ewigen Wiederkunft" als "schwerstem Gedanken" s. Fragment 26[284]; KSA Bd. 11, 225 (KGW VII, 2).

[111] Auch hier wieder interessant der Unterschied zum östlichen Denken, interessant gerade wegen mancher Ähnlichkeiten. Nämlich: Keine Religion ist wohl so radikal anti-anthropomorphistisch vorgegangen wie der Buddhismus. Ferner kann man buddhistisches Denken als konsequenten Phänomenismus, aber anti-platonischer Art, bezeichnen. Er zwingt nicht den Dingen, der Welt, einen noetisch-logischen Gehalt auf und erklärt sie dann zu "Schein" im Gegensatz zur "wahren", gedachten Wirklichkeit. Aber auch bei Nietzsche gibt es eine Passage in diesem Sinn (die wiederum von den Kompilatoren des "Willens zur Macht" nicht berücksichtigt wurde): "Schein wie ich es verstehe, ist die wirkliche und einzige Realität der Dinge... Mit dem Worte ist aber nichts weiter ausgedrückt als eine Unzugänglichkeit für die logischen Prozeduren und Distinktionen: also 'Schein' im Verhältnis zur 'logischen Wahrheit' - welche aber selber nur an einer imaginären Welt möglich ist. Ich setze also nicht 'Schein' in Gegensatz zur 'Realität', sondern nehme umgekehrt Schein als die Realität, welche sich der Verwandlung in eine imaginative 'Wahrheitswelt' widersetzt. Ein bestimmter Name für diese Realität wäre 'der Wille zur Macht'..." (KSA Bd. 11, 654 [KGW VII, 3]; Fragment 40[53]) (cf. Montinari 100). Damit wäre für beide Auffassungen ein vorbehaltloses Sich-Öffnen für die Welt so wie sie ist gegeben, die Bedingung für Nirvana: "Nirvana heißt, die Welt genau zu erkennen - das bedeutet die Wahrnehmungswelt -, sie so zu sehen, wie sie ist (yathâbhûtam)." (R. Ray, Yoga-Typologie und die Frage des Buddhismus bei Eliade, 448, in: H.P. Duerr (Hrsg.), Sehnsucht nach dem Ursprung. Zu Mircea Eliade, Frankfurt/M. 1983, 433-456. Aber genau das kann Nietzsche nicht ertragen. Er ist Abendländer. Genauer: sein Ego kann dies nicht ertragen. In einem verzweifelten Akt extremer Selbstaffirmation bäumt es sich im Übermenschen auf, im geballten Willen zur Macht, will heißen: dem Willen der Bejahung der ewigen Wiederkehr mächtig zu sein, wo er doch nur zu bejahen hätte, daß es dieses Ich nicht gibt. So endet er, als echter abendländischer (= altgriechischer) Held in tragischem Scheitern, anstatt in der Heiterkeit eines, der "den Schmerz der Welt ohne Zögern und vorbehaltlos auf sich nehmen kann." Denn für den Buddhisten gilt: "weil man nichts ist und nichts hat, steht es der Welt zu, zu sein wie und was sie ist." (Beide Zitate: ebd. 450). - In diesem Zusammenhang ist es vielleicht auch interessant darauf hinzuweisen, daß der japanische Philosoph und Zen-Buddhist Keji Nishitani einer der wenigen ist, die Nietzsches Chaos-sive-Natura-Position wirklich denkerisch aufgearbeitet haben, und zwar durch das Aufstellen einer Tod-sive-Leben-Position, die versucht, Nietzsche bis ins "nihilum" hinein zu folgen, um es dann aber über die typisch buddhistische Position der "sûnyatâ"

unserer Neuzeit: die totale Rechtfertigung Gottes durch Abschaffung seiner Existenz (als Wille und Macht) und Übernahme der Totalverantwortung für Welt und Mensch durch den Menschen![112]

Daß das Christentum als *"trinitarischer* Monotheismus", als Religion der "Liebe",[113] nicht identisch mit dem autonomieverweigernden Wille-

---

(Leere), die ja auch "Leere von" meinem Ego ist, zu überwinden: "Die sûnyatâ ist ein Ort, wo [das] subjektivistische nihilum transzendiert wird, und zwar auf eine Dimension hin, die diesseitiger ist als die Subjektivität des existentiellen Nihilismus. *Diese* Leere ist eben jener Standort, der sich in keiner Weise objektivieren läßt." Folgt man Nishitani, so läßt sich wiederum von dieser Leere aus ein völlig neues Verhältnis zur "Natur" aufbauen: echte Annahme ihrer Chaoshaftigkeit = Nicht-Ich-Haftigkeit in paradox-mystischer Überwindung derselben als das, was sie eben ist: natura, oder besser: natura sive ipseitas: "Das Ureigene des Selbst: Was für ein Ort ist das? Was bedeutet es, daß alles, Berge und Flüsse, die Erde, Pflanzen und Bäume, Ziegel und Steine das Ureigene des Selbst sind, daß sie alle dem Reich jenes Ureigenen entsprungen sind?" (Beide Zitate in: K. Nishitani, *Was ist Religion?*, Frankfurt/M. 1982, 172, 185).

[112] S. auch Marquard: die "'Götterdämmerung' ging Nietzsche nicht weit genug: für Nietzsche 'ist' Gott schon 'tot'... Denn: Nietzsche meinte [mit Anspielung auf Zarathustra]: 'an seinem Mitleiden mit den Menschen ist Gott gestorben'. Wo es Mitleid, also Leid gibt - die Übel in der Welt -, ist Gott auch vor sich selber nur durch sein Nichtsein gerechtfertigt und just dadurch der Mensch zur Autonomie des Übermenschen ermächtigt" (Marquard 20 [Anm. 62]).

[113] Allerdings sollten wir uns vor einer anthropomorphistischen Entstellung der "Liebe" - gerade mit Blick auf die Schöpfung - hüten. In der Tat, nirgendwo ist die Gefahr der Vermenschlichung größer als hier: ist der Islam bedroht von der Verzerrung der Machtidee, so das Christentum von der Verzerrung dessen, was man sich unter "göttlicher Liebe" vorzustellen hat. Wiederum bedenkenswert in diesem Zusammenhang sind einige Überlegungen Nishitanis: er entwickelt nämlich die Idee einer "indifferenten" Liebe. Es ist eine Liebe aus Gleichmut, sie meint die göttliche Vollkommenheit der Bergpredigt, die die Feindesliebe einschließt und sich letztlich nur im Ego-losen, d.h. "leeren" Zustand realisiert. Sie ist Regen bzw. Sonne über Gerechte und Ungerechte, Gute und Böse. Dennoch ist die "Indifferenz" der Natur (Sonne, Regen etc.) hier nur als ein Gleichnis gemeint. Denn Nishitani stellt ausdrücklich fest, Gottes "Indifferenz" sei nicht eine "im Sinn einer kalten, seelenlosen Gleichgültigkeit, sondern eben eines Gleichgelten-Lassens der Liebe. Ich nenne sie 'Gleich-Liebe', die im Menschen die Differenz zwischen Gut und Böse, Gerecht und Ungerecht übersteigt. Die Indifferenz der Natur reduziert alle Dinge auf das ihnen gemeinsame Abstrakteste - nenne man es nun 'Materie: oder wie immer -; die Indifferenz der Liebe umfängt dagegen alle Dinge in ihren konkretesten Gestalten... trotz und in ihrer Unterschiedenheit, so, wie sie sind." (In: H. Fischer-Barnicol, *Fragen aus Fernost. Eine Begegnung mit dem japanischen Philosophen Nishitani*, 210, in: *Hochl. 58* [1965/6] 205-218). Und in *"Was ist Religion?"* wird Nishitani noch deutlicher. Er erläutert dort nämlich die Idee, daß

und Macht-Gott ist, haben wir schon angedeutet (s.o. 277-79). Aber das heißt nicht, daß es jemals eine "Lösung" des Theodizee- und Autonomieproblems in Richtung auf den Übermenschen wird akzeptieren können. Das wäre in der Tat, in christlicher Sicht, die "Endlösung" der Menschenfrage als Frage nach dem *Menschen*. Der Ort, wo sich für das Christentum die Theodizee-Frage definitiv ent-scheidet, ist das Kreuz. Dies ist aber keine philosophische "Lösung", sondern ein im Glauben angenommenes Geschenk Gottes.[114]

die "'Vollkommenheit' Gottes sich... völlig von der 'personalen' Absolutheit des Gottes unterscheidet, der sich das Volk Israel erwählte - von dem Gott, der mit absolutem Willen und absoluter Macht befiehlt, der die Gerechten liebt und die Sünder bestraft. Wenn Selbst-Losigkeit, die nicht auswählt, vollkommen ist, dann ist eine auswählende Personalität nie 'vollkommen'. ... In der Vergangenheit hat das Christentum gewöhnlich nur dem personalen Aspekt von Gott Aufmerksamkeit geschenkt. Nur selten wandte die Aufmerksamkeit sich dem 'impersonalen' Aspekt zu" (119).

[114] Damit soll das "Kreuz" nicht der Irrationalität preisgegeben werden. Vielmehr ist das Kreuz offen zum Nach-Denken, zum Begreifen "post factum", aber eben eines (zusammen mit Ostern) von Gott, nicht vom menschlichen Verstand, gewirkten Faktums. Keineswegs aber soll es reduziert sein auf eine "Johannes der Täufer-Funktion" für die moderne Quantenphysik: cf. Mulisch, (Anm. 5).

Auszug aus der Zeit in Kunst und Religion

Gedanken im Anschluß an Marina Scriabine

1. Zeit und Kunst

"Für Augustinus besteht das Wichtigste, was wir mit der Zeit tun können, darin, sie zu transzendieren." Diese Bemerkung Robert Jordans[1] über das augustinische Verhältnis zur Zeit könnte auch den Essay einleiten, den Marina Scriabine, Tochter des gleichnamigen Komponisten und Spezialistin für Fragen der Ästhetik, unter dem Titel "Expérience et communication dans la création" im Sammelband "Au carrefour de Thèbes" (Paris 1977)[2] veröffentlicht hat. Es sei gleich darauf hingewiesen, daß das Wort "création" hier die Schaffung eines Kunstwerks meint. Untersucht werden soll demnach das Zueinander von Erfahrung, und zwar derjenigen des Künstlers wie auch des Rezipierenden, und die Problematik der spezifischen Kommunikationsform "Kunst". Dabei spielt das Verhältnis der beiden genannten Elemente zu dem der Zeit eine ganz besondere Rolle.

Doch der Begriff Erfahrung ist vielschichtig, weshalb die Autorin ihn zunächst einmal in seinen verschiedenen Aspekten beleuchtet: von der Idee des "Erfahrung-Habens" im technischen Sinn (so ein Künstler in bezug auf die Herstellung gewisser Farbtöne, dann aber auch in der Verarbeitung beispielsweise geometrischer Gesetzmäßigkeiten) bis hin zur schwer erfaßbaren Schicht "innerer Erfahrung" ("expérience intérieure", "connaissance subjective") der Persönlichkeit oder Subjektivität des Künstlers, die hinter dem Werk steht und in es hinein verwoben ist, sowie auch der ganze Bereich der Reaktionen, die im Rezipierenden ausgelöst werden: "Diese Art von Erfahrung im Sinne einer subjektiven Erkenntnis ("connaissance subjective") ist immer im Kunstwerk anwesend gewesen. Aber auch hier muß man einige Unterscheidungen beibringen: in sich selbst stellt die Arbeit des

---

[1] Time and Contingency in St. Augustine, 263, in: *Augustine. A collection of critical essays.* Hrsg. von R.A. Markus, New York 1972, 255-279.

[2] SS. 198-216.

Künstlers eine lebenslange Erfahrung dar. Andererseits kann für den Betrachter oder Hörer eines Werkes die Begegnung mit demselben eine innere Erfahrung ("expérience intérieure") von großer Intensität darstellen".[3]

Erfahrung scheint der "création" also immer in der einen oder anderen Form beigegeben zu sein. Gilt das gleiche auch von der "communication"? "Malt, schnitzt, tanzt oder komponiert man Musik nur für sich selbst...?",[4] fragt die Autorin, um zu antworten: "Wir können sagen, daß jedes Werk die Idee der Kommunikation impliziert. Es ist normal, daß ein Musikstück gehört oder ein Gemälde ausgestellt wird".[5] Jedoch stellt sich hier sogleich das Problem der Grenzen der Kommunizierbarkeit. Je subjektiver eine Erfahrung von seiten des Künstlers z.B. ist - wir sehen das ja in der aktuellen Kunst -, desto schwieriger erweist sich ihre Übersetzbarkeit, desto dringlicher stellt sich die Frage nach dem Publikum - oder geht es der modernen Kunst nur noch um Erfahrung an sich (cf. art expérimental, happening)?[6] Nach diesen kurzen Erörterungen grundsätzlicher Art geht M. Scriabine daran, einige Modellfälle zu analysieren, um so das komplizierte Verhältnis Erfahrung - Kommunikation, nun auch im Hinblick auf die Zeit, besser in den Griff zu bekommen. Sie konstruiert dazu zunächst einen Fall A, die Übermittlung des Wetterberichts, genauer eine Sturmwarnung über dem Atlantik.[7] Es zeigt sich hier, daß alles darauf ankommt, daß der "code" exakt übermittelt wird. Weder die Farbe des Himmels, das Heulen des Windes, noch die Gefühle des Übermittlers sind von Bedeutung genausowenig wie die des Empfängers. Was bei ihm vorausgesetzt wird, ist allenfalls nur Kompetenz. Auch ein Computer könnte den Empfang übernehmen. Ausgesandte und empfangene Botschaft ("message") müssen absolut identisch sein. Diese Art "a-personaler" Kommunikationsform existiert einzig und allein im Blick auf Information. Ist dieser Zweck erfüllt, verliert auch die Botschaft ihre "raison d'exister", ihren Existenzgrund. Auch die Form der Botschaft ist ohne Belang, ob es sich

[3] M. Scriabine, *Expérience et communication dans la création*, 200/201.
[4] Ibid. 204.
[5] Ibid. 205.
[6] Cf. ibid. 205/206.
[7] Cf. ibid. 208/209.

nun um ganze gesprochene Sätze handelt oder um einen chiffrierten Text.

Die Autorin untersucht nun einen Fall B.[8] Es handle sich wieder um denselben Sturm. Diesmal bildet er das Thema eines Briefes, den ein Teilnehmer des Naturereignisses an seinen Freund schickt. Auch hier werden wir Informationen erhalten. Das Ereignis ist in Raum und Zeit präzisierbar, jedoch wird der Informationsgehalt im technischen Sinn weniger präzise ausfallen als beim Wetterbericht. Stattdessen werden wir aller Wahrscheinlichkeit nach in jenem Brief Hinweise auf die subjektive Erfahrung des Schreibers erhalten, er wird seine Impressionen schildern und mit mehr oder weniger Geschick die ganze Turbulenz des Meeres. Auch der Leser wird bei der Lektüre seine Persönlichkeit miteinbringen. Er wird die Szene vor seinem inneren Auge visualisieren, wird sich bei diesem oder jenem Detail, je nach Temperament, länger aufhalten, vor allen Dingen jedoch das Erzählte mit eigenen oder analogen Erfahrungen vergleichen und sich dabei die Angst oder den Mut seines Freundes vorstellen.

Wir können also im Fall B nicht mehr von einer absoluten Identiät zwischen ausgesandter und empfangener Botschaft ausgehen, selbst wenn der Bezugspunkt nach wie vor ein präzises Ereignis ist. Auch die Natur der Kommunikation hat sich hier verändert im Vergleich zu A. Es handelt sich um eine Kommunikation von Person zu Person. Sender wie Empfänger sind im strikten Sinn individualisiert. Ferner bewahrt die Botschaft an sich hier einen Wert, der über den eigentlichen Moment der Information hinausgeht. Der Brief kann nach längerer Zeit noch einmal hervorgeholt werden, vielleicht interessieren noch einige Details. Vor allem jedoch liegt der Wert dieser Botschaft im affektiven Bereich. Er ist jedoch letztlich nur relativ. Wichtig ist, daß der Brief einmal gelesen wird, danach kann er vergessen werden.

Als nächstes (Fall C)[9] untersucht M. Scriabine unter denselben Gesichtspunkten wie bisher das Beispiel eines Kunstwerkes, das einen Seesturm darstellt, sagen wir "Le Radeau de la Méduse" von Géricault. Stellen wir uns die Frage nach der Historizität des Ereignisses, so sehen wir sofort, daß sie fehl am Platze ist. Denn mag der Maler sich auch durch einen konkreten Sturm und Schiffbruch haben inspirieren lassen,

[8] Cf. ibid. 209/210.
[9] Cf. ibid. 210-213.

so würde es doch nie einem Historiker einfallen, dieses Gemälde als Quelle für gezielte Nachforschungen über besagten Sturm und Schiffbruch zu nehmen. Es soll hier nicht unterstellt werden, es gäbe keine "bewußt" historische Malerei, aus der man nicht auch exakte Informationen gewinnen könnte, sondern es geht darum zu zeigen, daß das gemalte Ereignis von der Historizität eines solchen Falles unabhängig ist. Es ist "imaginaire, figuré".[10] Der eigentliche Informations-Code mag durchaus vorhanden, ja für die Kommunizierbarkeit von großer Bedeutung sein, er wird aber gewissermaßen ein "Code" zweiten Grades. Der Bildtitel meint nicht nur ein metereologisches Ereignis, sondern vor allem ein Ensemble von Farben und Formen.

Vergleichen wir C mit den beiden ersten Fällen, so sehen wir sofort die Unterschiede. Der Informationsgehalt, eigentliches Ziel von A, ist quasi völlig verschwunden. Aber auch B informierte noch, mag auch der Briefschreiber das Ereignis mit seinen Emotionen, mit Übertreibungen und Verkürzungen wiedergegeben haben. Aber B erfand das Ereignis nicht. C jedoch stellt uns von vornherein auf eine andere Ebene, den "plan imaginaire":[11] "... der Künstler schafft einen Sturm, so wie er ihn fühlt, wünscht, ohne den Fakten Rechnung tragen zu müssen. Und er erschafft den Sturm mittels formaler Mittel".[12] Es handelt sich also nicht um Wiedergabe, sondern um Schaffung eines Ereignisses, bei dem ferner die Persönlichkeit ("subjectivité") des "Botschaftsvermittlers" eine entscheidende Rolle spielt.

Aber auch die Subjektivität des Rezipierenden bzw. prinzipiell der Mehrzahl der Rezipierenden ist angesprochen, jedoch in völlig anderer Weise als im Fall B zum Beispiel. Es wird im Betrachter ein ästhetisches Erlebnis provoziert, eine Erfahrung sui generis, deren erster Sinn nicht darin besteht, am Drama des Dargestellten teilnehmen zu lassen wie im Fall B. Kein noch so sehr vom Bild Beeindruckter wird sich nach dem Schicksal der dort gemalten Personen erkundigen oder nach der Dauer des Sturmes. Wir spüren mit andern Worten sofort, daß es sich hier im Vergleich zu A und B um einen Bruch ("rupture") im Realitätsgefüge handelt, daß wir von einer Ebene der Existenz, der normalen, physischen, auf eine andere, die imaginäre, gehoben sind. Das

---

[10]   Ibid. 210.
[11]   Ibid. 211.
[12]   Ibid. 211.

zeigt sich auch bei der Frage nach dem Wert der hier vermittelten Botschaft. Er hängt in keiner Weise vom Informationsgehalt ab, sondern der Wert, den das Bild in sich als Bild besitzt, ist der einzige Wert; wird die "message formel",[13] die formale Daseinsweise der Botschaft zerstört, wird auch der einzig vorhandene Wert zerstört.

Diese Situation verschärft sich noch (Fall D),[14] wenn es sich um ein nicht-figürliches Werk handelt. Sie ist aber nicht grundsätzlich von C verschieden, denn auch da galt ja schon: "... die Kombination der durch den Künstler geschaffenen Formen ist das wirkliche Ereignis".[15] Verschärft wird im Grunde nur das Problem der Rezipierbarkeit des Werkes, da die nun mitgeteilten Formen ohne offensichtlichen Bezugspunkt mit der Wirklichkeit sind, was aber nicht heißt, sie seien ohne "Bedeutung".[16] Die hervorgerufene Erfahrung ist in C wie in D rein ästhetischer Natur, der Wert der "message" liegt in beiden Fällen im formalen Bereich.

M. Scriabine untersucht schließlich die eben angesprochene Existenzart "sur le plan imaginaire" in Hinblick auf den Zeitfaktor. Sie stellt die Frage, wieso ein Kunstwerk uns zwar Erfahrungen machen läßt, die als analog zu den Alltagserfahrungen angesehen werden können,[17] die sich aber in ihren *Wirkungen* auf das Ich von denen in der physischen Alltagswelt provozierten deutlich unterscheiden.

Der Schlüssel zur Beantwortung dieser Frage liegt nach der Autorin in der Analyse der Zeitbezogenheit beider Existenzweisen. Die Alltagsexistenz steht im Banne der Zeitlichkeit ("statut temporel de l'existence quotidienne").[18] Die imaginären Kunstschöpfungen eröffnen das Feld der Nicht- oder Überzeitlichkeit ("l'intemporalité des créations imaginaires").[19]

---

13 Ibid. 211.

14 Cf. ibid. 213/214.

15 Ibid. 213.

16 "Il ne peut... exister des formes non significantes, mais seulement des formes non référentielles" (ibid. 213).

17 Auch die ästhetische Erfahrung besitzt sensorielle Komponenten: Formen, Farben, Tastsinn; affektive: Freude, Abscheu; intellektuelle: Erfassen von Strukturen, Kompositionen; cf. ibid. 212.

18 Ibid. 212.

19 Ibid. 212.

Die Fälle A und B leben von der Zeit. Ihre Zeitlichkeit fällt mit ihrer "Wirklichkeit" zusammen. Es spielt dabei keine Rolle, ob es sich um Vergangenheit, Gegenwart oder Zukunft handelt. Der Unterschied ist nur der zwischen Prognose oder historischer Information, Erlebnisbericht oder Projektankündigung. Auf jeden Fall leben A und B von der Tatsache, daß sie in die Zeit eingefügt sind, und zwar sowohl auf der Sender- wie auch auf der Empfängerseite: "Ich fürchte mich, ich handle, ich hoffe, einzig und allein weil ich auch ein zeitliches Wesen bin... Was hätte ich zu fürchten oder zu hoffen außerhalb des Einflußbereiches der Zeit"?[20] Genau da befinde ich mich aber nach Auffassung der Autorin beim Betrachten eines Kunstwerks zum Beispiel. Für C und ebenso für D gilt, daß das über die Formen vermittelte Leben außerhalb der Zeit liegt ("vie intemporelle")[21]: "Werk und Betrachter begegnen sich in einem ewigen 'Jetzt', wo Dinge und Wahrnehmungen im doppelten Sinn des Wortes gegenwärtig sind".[22] Dem überzeitlichen "Jetzt" der ästhetischen Erfahrung entspricht im Betrachter eine Art "mythisches Ich" ("moi mythique"),[23] das von der Autorin mit dem "Neuen Ich" der in die alten Mysterienkulte Eingeweihten verglichen wird.[24]

Schließlich macht Scriabine noch einige Feststellungen zu jüngsten Tendenzen der modernen Kunst: art expérimental, happening, Musik eines John Cage (mitten im Stück erfolgt die Anweisung, 45 Sekunden lang auf einer bestimmten Frequenz Radio zu hören) etc. All diesen Tendenzen scheint es gemeinsam zu sein, keine "Botschaft" mehr vermitteln zu wollen, sondern nur noch Erfahrung, nämlich die Erfahrung des kreativen Aktes selbst. Das geschieht durch radikale Destruktion des "plan mythique" des Kunstwerkes, durch seine Einreihung in die Zeitlichkeit, in die Alltäglichkeit, von der doch gerade C und D noch zu befreien schienen. Sicher, in der Absicht dieser Künstler handelt es sich gerade darum, dem Alltag den Status von "Kunst" zu verleihen, doch eine Idee von Kunst, die die "überzeitliche Erfahrung des ewigen Jetzt"[25] zum Inhalt hat, geht dabei sicherlich zu

---

[20] Ibid. 212.
[21] Ibid. 213.
[22] Ibid. 213.
[23] Ibid. 214.
[24] Cf. ibid. 214.
[25] Ibid. 215/216.

Bruch.[26] Es bleibt lediglich zu fragen, inwieweit solche Manifestationen rein experimenteller Kunst mit Therapiepraktiken oder Erscheinungen meditativer Kunst (mandala, Zen-Buddhismus etc.) zu vergleichen sind.[27]

2. Zeit und Religion

a) Monotheistische Religionen

Es soll im folgenden der Versuch unternommen werden, vor dem Hintergrund des eben entwickelten Verhältnisses Kunst-Zeit Aspekte des Zeit-Religion-Problems zu beleuchten, wobei wir keineswegs den Anspruch auf eine erschöpfende Behandlung dieser weitläufigen Thematik erheben. Aber grundsätzlich kann doch zunächst wohl gesagt werden, daß man sich das Verhältnis Zeit-Religion spontan ähnlich denkt, wie das der Kunst zur Zeit, besonders wenn man die Phänomene der Mystik mit in eine solche Untersuchung einbezöge,[28] und Scriabine selbst zog ja eine Parallele zu den Mysterienreligionen. Ist dem aber wirklich in allen Fällen so, und wo liegen vielleicht spezifische Unterschiede der religiösen "Überwindung" der Zeit im Vergleich zur ästhetischen Erfahrung?

Es scheint uns sinnvoll zu sein, zunächst den Blick auf die monotheistischen Religionen prophetischen Ursprungs zu richten.[29] Daß wir

---

[26] Zum Ganzen cf. ibid. 215/216.

[27] Cf. ibid. 201.216.

[28] Dieses Gebiet klammern wir jedoch aus unserer Untersuchung aus. Es würde eine eigene umfangreiche Studie erfordern. Cf. z.B. G. van der Leeuw, *La Religion dans son essence et ses manifestations*. Paris 1955, 476-498.

[29] Das ist natürlich eine vereinfachende Formel, die für unsere Zwecke aber genügt (cf. K. Koch, *Die Profeten*, 2 Bände. Stuttgart, Berlin, Köln, Mainz 1978 u. 1980, bes. Bd. II, 204-206). Daß Israels Monotheismus eine Entwicklung durchgemacht hat - die Existenz anderer Götter neben Jahwe wurde anfangs keineswegs geleugnet - wird als bekannt vorausgesetzt. Vgl. u.a. aus der umfangreichen Literatur zu diesem Thema G. Fohrer, *Geschichte der israelitischen Religion*. Berlin 1969, bes. 93-96; ders., *Studien zur alttestamentlichen Theologie und Geschichte (1949-1966)*. Berlin 1969 (BZAW 115), bes. 163-175; O. Eissfeldt, *Israels Religion und die Religionen seiner Umwelt*, in: *Neue Zeitschrift für systematische Theologie und Religionsphilosophie 9* (1967) 8-27. Daß es ferner zumindest Verständigungsschwierigkeiten gibt zwischen dem trinitarischen Monotheismus des Christentums und dem exklusivistischen des

es bei ihnen mit der Verkündigung einer Botschaft ("message") zu tun haben, dürfte von niemandem in Zweifel gezogen werden. Vergleichen wir ferner die formale Daseinsweise der Botschaft mit den vorhin diskutierten Fällen A - D, so wird man weiterhin ohne Zögern A und D für einen solchen Vergleich ausschließen. Die prophetische Botschaft arbeitet mit Bildern, bezieht sich auf Konkretes, ist kein formal abstraktes Gebilde. Sie ist als inspirierter Text aber auch nicht A vergleichbar, denn A war ja ein a-personaler "Code", auf reine Datenvermittlung ausgerichtet. Die prophetische Botschaft enthält zwar auch Historisches oder Ankündigung von Dingen, deren Realwerden man erhofft, aber es liegt in jedem Fall theologische Verarbeitung vor,[30] und das heißt gerade auch im Hinblick auf das Zeitproblem: sowohl die Person des Verkündigers als auch die Rolle der Rezipierenden (Gemeinde, Volk, "umma" etc.) spielen eine entscheidende Rolle.[31]

Es scheint aber auch nicht möglich, die prophetische Botschaft mit C in Beziehung zu setzen, so als wären der Exodus, die Königsbücher,

---

Islam ist auch nicht neu. Vgl. dazu u.a. Th. Mooren, Islam und Christentum im Horizont der anthropologischen Wirklichkeit, in: *Zeitschrift für Missionswissenschaft und Religionswissenschaft* 64 (1980) 10-32 [hier: 62-86]; ders., *Paternité et Généalogie dans la pensée religieuse de l'ancien Proche-Orient. Le discours monothéiste du Prophète Mahomet face à l'Arabie préislamique, Ugarit, Israël et le christianisme. Thèse du Doctorat en Théologie*, Institut Catholique zu Paris, Paris 1979; 509 Seiten (maschinenschriftlich); bes. 209-211. Was die monotheistische Tendenz der Lehre Zarathustras angeht, die wir in gewissem Sinn ebenfalls hier noch nennen können, so sei vor allem auf G. Widengren, *Die Religionen Irans*. Stuttgart 1965 (*Die Religionen der Menschheit*, Bd. XIV), bes. 74ff., hingewiesen; ferner jetzt auch P. du Breuil, *Zarathoustra et la transfiguration du monde*, Paris 1978; R.C. Zaehner, *Mystik. Harmonie und Dissonanz. Die östlichen und westlichen Religionen*, Olten 1980 [Überstzg. von: *Concordant Discord. The interdependence of Faiths*, Oxford 1970] 39-43.

[30] Cf. zum Ganzen als Beispiel unter vielen auch den Überblick in G. Fohrer, *Geschichte*, 222-296 (bes. 237.277ff.) mit ausführlicher Literaturangabe; ferner G. von Rad, *Die Botschaft der Propheten*. München 1957/1960, 75-91; 149; ders.: *Theologie des Alten Testaments*. 2 Bände, München 1962, bes. Bd. II, 112ff.; K. Koch, op. cit., Bd. I, 11ff.; Bd. II, u.a. 6, 80ff., 107ff.; cf. ferner Sure 30,1-5 (Byzanz), Sure 34,15ff. (Saba), Sure 91,11-15 (Thamûd); Mt 24, 1-3.

[31] Vgl. als Beispiele Jesaja und Jeremia u.a. in P. Volz, *Prophetengestalten des Alten Testaments. Sendung und Botschaft der alttestamentlichen Gotteszeugen*, Stuttgart 1938, 80-263; G. von Rad, *Botschaft*, 37/38, 157ff.; ders., *Theologie*, Bd. II, 218ff.; K. Koch, op. cit., Bd. II, 81 etc. - Es sei noch bemerkt, daß das oben Gesagte auch trotz der Behauptung des Islam gilt, Muhammad sei reines Sprachrohr Allâhs, die Botschaft also in keiner Weise "mediatisiert".

die Ankündigung der Zerstörung des Tempels oder des Jüngsten Gerichts etc. nur *Anlaß* für einen letztlich nur sich selbst bezweckenden, wenn auch literarisch stellenweise sehr schönen Text, der dann seinen Wert eben nur aus dieser literarischen Schönheit bezöge. Es scheint doch vielmehr so, daß die Texte der monotheistischen Religionen viel eher dem Fall B nahekommen, und das bedeutet für unsere Fragestellung, daß wir nicht mit einer "Lösung" des Zeitproblems im Sinne des "ewigen Jetzt" rechnen dürfen. Vielmehr ist es so, daß die prophetische Verkündigung den Menschen gerade in seiner Zeitlichkeit antreffen will, ja mehr noch, ihn in diese hineinbindet.[32]

Ein Charakteristikum der Zeitlichkeit ist, wie wir bei der Analyse von B gesehen haben, daß der Mensch hineingestoßen wird in die ganze Skala möglicher psychologischer Reaktionen, Furcht, Hoffnung..., kurz, es zeigt sich hier die *Sorge* um sein Sein, um Heideggers Sprache zu gebrauchen. Es ist aber eine bekannte Tatsache, daß die prophetische Verkündigung der monotheistischen Religionen in ihrer Botschaft ebenfalls das "Fürchten" lehren kann und will. Der Spruch Jahwes über Babel in Jes 13 zeigt das sehr deutlich:

"Heulet, denn nahe ist der Tag des Herrn; wie Gewalt vom Allgewaltigen kommt er.
Alle Hände werden deswegen schlaff, verzagt jedes menschliche Herz.
Sie werden bestürzt; Krämpfe und Wehen erfassen sie, wie eine Gebärende winden sie sich; einer starrt den andern an, ihre Gesichter erglühen wie Feuer.
Siehe, der Tag des Herrn kommt ohne Erbarmen, mit Grimm und Zornesglut; er wandelt die Erde zur Wüstenei, vertilgt die Sünder von ihr" (13,6-9).

Oder Amos 5,18-20:

"Wehe euch, die ihr den Tag des Herrn herbeisehnt! Was erwartet ihr denn vom Tag des Herrn? Er ist Finsternis und nicht Licht!
Es wird sein, wie wenn jemand vor einem Löwen flieht und dabei ein Bär ihn trifft; oder er betritt das Haus und stützt seine Hand an die Wand, und da beißt ihn eine Schlange.
Ganz gewiß ist der Tag des Herrn Finsternis und nicht Licht, Dunkelheit ohne Schimmer!"

[32] Cf. G. von Rad, *Botschaft*, 98. 260.

Man könnte die Liste derartiger Texte noch ums Endlose erweitern (cf. auch Mt 24,4ff.). Immer zeigt es sich, daß der ganze Mensch in Furcht und Zittern, aber auch Hoffnung und Freude angesprochen ist. So auch in Sure 82, unserem letzten Beispiel:

"1. Wenn (dereinst) der Himmel sich spaltet, 2. die Sterne (ihren Standort aufgeben und) sich (nach allen Richtungen) zerstreuen, 3. die Meere über die Ufer treten... 4. und die Gräber ausgeräumt werden, 5. bekommt einer zu wissen, was er früher getan und was er aufgeschoben hat... 13. die Frommen befinden sich (dereinst) in (einem Zustand der) Wonne, 14. die Sünder dagegen in einem Höllenbrand, 15. in dem sie am Tage des Gerichtes schmoren, 16. und aus dem sie nicht (wieder) herauskommen werden... 17. Aber wie kannst du wissen, was der Tag des Gerichtes ist?" (Übersetzung von R. Paret).

Wenn die monotheistischen Religionen so den Menschen in die Zeitlichkeit stoßen, anstatt ihn, wie in der ästhetischen Erfahrung, darüber hinauszuheben, tun sie das also letztlich mit Blick auf das Gericht, den Tag Jahwes, die Idee der Erfüllung in der einen oder anderen Hinsicht. Das aber bedeutet, daß ein wesentlicher Sinn von Zeit darin besteht, den Menschen in die Entscheidung zu zwingen, ihm angesichts einer vorher ergangenen prophetischen Aufforderung, die den *Willen* des einen Gottes offenbart, eine Antwort abzuringen.[33] Die spezifische Form des Auszugs aus der Zeit bzw. deren Überwindung kann infolgedessen nur in einer Tat des Menschen, und sei es einer "Tat des Herzens", bestehen, nämlich der Buße oder allgemeiner der Umkehr. Wenn auch die Zielrichtungen der Umkehr in den einzelnen monotheistischen Religionen verschieden nuanciert sind (Umkehr zu Jahwe, zum einen Gott Allâh oder Ergreifen des Heilsangebots in Christus), so gilt doch in der einen oder anderen Form das "Bekehret euch" von Mk 1,15 für alle.[34] Doch die Tat des Menschen allein ist es nicht, die hier

---

[33] Zeit offenbart so ihren eigentlichen *Kairoscharakter* (cf. G. Delling, *Art. Kairos,* in: *Theol. Wörterb. z. NT*, Stuttgart 1938, Bd. III, 456-465; vgl. zu diesem Thema auch bes. R. Bultmann, *Jesus.* München u. Hamburg ²1965, 39 u. 73).

[34] Cf. hierzu G. von Rad, *op. cit.,* 192-193; ders.: *Theologie,* Bd. I, 361; K. Koch, *op. cit.,* Bd. II, 113; G. Fohrer, *op. cit.,* u.a. 266/67 u. 276; W. Zimmerli, *Das Menschenbild des Alten Testament.* München 1949 (*Theologische Existenz heute,* Neue Folge 14), 24/25; ders.: *Der Mensch und seine Hoffnung im Alten Testament.* Göttingen 1968, 153/54; H. Cazelles, *Israël du Nord et Arche d'Alliance (Jer. III 16),* in: *Vetus Testamentum 2* (1968) 147-158 etc.; ferner für

weiterhilft.[35] Von der Zeit wird letztlich befreit von einem Gott, der als Herr der Zeit ihr ein Ende setzen[36] und der definitiv in ein überzeitliches

den Islam u.a. Th. Mooren, *op. cit.*, 73ff.

[35] Cf. u.a. Dan 9,17; G. von Rad, *op. cit.*, Bd. I, 395; K. Koch, *op. cit.*, Bd. II, 112.

[36] Cf. Jes 51,6-8: "Erhebt euer Antlitz zum Himmel und schaut auf die Erde da unten; denn der Himmel wird zerfetzt wie Rauch, und die Erde zerfällt wie ein Kleid, ihre Bewohner sterben wie Mücken; doch meine Hilfe bleibt ewig, meine Huld hört nicht auf! Höret auf mich, die ihr das Rechte kennt, du Volk, das meine Weisung im Herzen trägt: fürchtet euch nicht vor der Menschen Schmähung, vor ihrer Lästerung erschreckt nicht! Denn wie ein Kleid verzehrt sie die Motte, der Wurm frißt sie wie Wolle; meine Gerechtigkeit aber währt ewig, mein Heil von Geschlecht zu Geschlecht!" Cf. ferner z.B. Jes 44,6; 1 Sam 2,2-10; Ps 90,2; Offb 22,13 etc.; s. auch P. Volz, *op. cit.*, 309/10: "Der Gedanke des Weltabschlusses ist von Deuterojesaja ganz kühn und groß ausgesprochen. Er besagt nicht bloß, daß nach den Weltmächten jetzt die sichtbare Gottesmacht kommt, sondern auch, daß alles irdische Geschehen und alles Geschaffene nun sein Ende hat." Cf. ferner auch G. Fohrer, *Studien*, 175; W. Zimmerli, *op. cit.*, 28/29.
Für den Islam in bezug auf unser Thema vgl. L. Gardet, *Vues musulmanes sur le Temps et l'Histoire (essay de typologie culturelle)*, in: *Les Cultures et le Temps*. Paris 1975, 223-241, der von der an den Dekreten (qadar) Allâhs wie aufgehängten Zeit spricht. Es ist ferner interessant, auf die Interpretation des Hadîth "Verflucht nicht die Zeit (ad-dahr)!", die ʿAbd ar-Raḥmân b. Mahdî gibt, hinzuweisen, nämlich das, was da von der Zeit gesagt sei, gälte eigentlich Allâh. Diese Interpretation wurde von al-Jâḥiẓ sehr geschätzt, der berichtet: "Wir verstehen den Hadîth auf folgende Weise: die Leute haben gesagt: 'Nichts kann vernichten, außer ad-dahr.' Als der Prophet dies hörte, sagte er: 'Das ist Allâh.' D.h. daß derjenige, der die Geschlechter (al-qurûn) vergehen läßt, Allâh ist, der Starke und Große. Die Leute waren also damals der Meinung, diese Worte gälten der Zeit." Jâḥiẓ korrigiert aber diese Auffassung ebenso wie ʿAbd ar-Raḥmân b. Mahdî. Es ist Allâh, der den "qurûn" ein Ende setzt. (Zum Hadîth vgl. T. Fahd, *Le panthéon de l'Arabie centrale à la veille de l'Hégire*. Paris 1968, 44 u. ibid. Anm. 2 u. 3; 44. - Mit dem Hadîth über ad-dahr soll aber nicht gesagt sein, die Zeit sei ein koeternelles Attribut Allâhs. Zu diesem Problem s. L. Gardet, *op. cit.*, 225). - Zum Ganzen s. auch Th. Mooren, *op. cit.*, 215ff. u. Anm. 25-27 (439) u. Anm. 37 (443), sowie auch ibid. 90-100, wo ersichtlich wird, daß das Über-der-Zeit-Stehen Allâhs von den Korankommentatoren auch vom Dogma der "Sohnlosigkeit" Allâhs her, also mit Hilfe typisch anthropologisch Argumente, entwickelt wird (cf. bes. die Kommentare zu Sure 112 und 108,3: "Wer dich (Muḥammad) haßt, der ist es, der 'abtar' ist." Abtar: "abgeschnitten", verstümmelt, sohnlos). Die Korankommentatoren weisen nämlich darauf hin, daß Allâh keinen Sohn hat, weil er nicht stirbt (also des "dhikrs"/"memoria" nicht bedarf), frei ist von Problemen der Vererbung, der Nachfolgefrage oder Hilfe bei der Weltregierung, da er allein die Fülle des Lebens besitzt. Er ist also der absolut Selbstgenügsame ("al-ghaniyyu"), das autarke Wesen par excellence (Sure 10,68).

oder a-zeitliches Leben hinein auferwecken kann. Selbst wenn sich die letztgenannte Auffassung im Judentum nur langsam und auch dann nicht überall ihre Bahn brach, so gehört sie doch zum festen Bestandteil der Glaubensinhalte von Christentum und Islam und auch der Lehre Zarathustras.[37]

Mit dem Terminus *Glaubens*inhalte ist ein weiteres wichtiges Stichwort für unsere Überlegungen gefallen. Denn die einzig entscheidende *Tat* des Menschen in der angesprochenen Kairossituation, in der er auf den Willen des einen Gottes stößt, und angesichts von Tod und Auferstehung, ist im letzten eben nichts anderes als der Glaube ('MN/ Imân, pistis).[38] Der paradoxe Ausdruck "Glaubenstat" ist es, der am besten die alleinige Chance bezeichnet, Zeit zu überwinden, wenn diese durch Umkehrforderung, Tod und Gericht gekennzeichnet ist. Solch ein

Somit ist Allâh auch "abgeschnitten" von jeder Zeitlichkeit oder Veränderbarkeit. Im übrigen sollte noch einmal darauf hingewiesen werden, wie sehr hier das Über-der-Zeit-Stehen, Richten und Zum-Sterben-Bringen nur eine andere Seite der Schöpfertätigkeit eines Gottes ist, der sich als solcher gerade als der Eine erweist (cf. J. Bonsirven, *Le Judaïsme Palestinien au Temps de Jésus-Christ, sa Théologie*, Bd. I: *La Théologie dogmatique*. Paris 1934, 150/51; zur Verbindung von "Gottesgeschichte" und Schöpfung: G. von Rad, *op. cit*, Bd. I, u.a. 152/53; dasselbe Thema bes. unter dem Aspekt der Treue Jahwes in: W. Zimmerli, *Das Menschenbild*, 7, und: *Der Mensch und seine Hoffnung*, u.a. 136ff.; für den Islam in bezug auf diese Frage s. Th. Mooren, *op. cit.*, 100-105).

[37] Zum Problem Tod/Leben in Israel vgl. u.a. G. von Rad, *op. cit.*, Bd. I, 399ff. u. Bd. II, 361/62; G. Fohrer, *Geschichte*, 212-222; H.-J. Kraus, *Art. Auferstehung*, in: *RGG*, Tübingen ³1957, Bd. I, 692/93 (Israel) und: ibid. E. Lohse, 694/95 (Judentum), mit Literaturangabe; ebenso P. Volz, *Die Eschatologie der jüdischen Gemeinde im neutestamentlichen Zeitalter*. Tübingen 1934, bes. 229-256; ferner der Überblick von J. Crehan in: *La Vida despues de la Muerte*. Hrsg. von A. Toynbee u. A. Koestler. Buenos Aires ⁹1979 (Überstzg. von: *Life after Death*), Kap.: *Las sociedades del Cercano Oriente*, bes. 135-140; vgl. auch K. Lehmann, *Auferweckt am dritten Tag nach der Schrift*. Freiburg, Basel, Wien 1968 (*QD 38*), 261-272.
Für den Islam siehe u.a. M.S. Seale, *La sociedad islamica*, in: *La Vida despues de la Muerte*, 156-166; und: Th. Mooren, *op. cit.*, 100-105.
Für Zarathustra s. G. Widengren, *op. cit.*, 86, 90, 102-108; P. du Breuil, *Zárathoustra*, 158-160.

[38] Cf. G. von Rad, *op. cit.*, Bd. II, 392ff. u. Anm. 30, S. 392 mit Literaturangaben zum Thema; s. auch P. Volz, *Prophetengestalten*, 191/92, bes.: "Solches Glauben ist nur bei der monotheistischen Gotteserkenntnis möglich, und es ist die einzigartige Ergänzung zu dieser Erkenntnis. Dem einzigen Gott, von dem alles kommt und dem alles gehört, übergibt sich der Glaubende ganz (ibid. 191)." - Für den Islam s. auch G. van der Leeuw, *op. cit.*, 624-628, bes. 626.

Glaube/Vertrauen angesichts des Todes, der Nichterfüllung von Hoffnungen,[39] des Zerrinnens von Plänen einerseits, aber auch (antizipierter) Erfahrung von Erfüllung andererseits, ist es, der Hegel den berühmten Satz vom Ende der Kunst aussprechen läßt:

"Uns gilt die Kunst nicht mehr als die höchste Weise, in welcher die Wahrheit sich Existenz verschafft... Man kann wohl hoffen, daß die Kunst immer mehr steigen und sich vollenden werde, aber ihre Form hat aufgehört, das höchste Bedürfnis des Geistes zu sein".[40]

Und Oelmüller kommentiert dies so: "Vor allem zwei durch das Christentum offenbar gewordene Wahrheiten sind für Hegel nicht mehr durch die Kunst adäquat anschaulich darstellbar: die tiefste Entzweiung des Menschen und seine tiefste Versöhnung".[41] Wirkliches Leben und damit auch die Zeitlichkeit, die den Tod nicht hinwegleugnet, kann durch Schönheit und Kunst nicht mehr dargestellt und so erst recht nicht überwunden werden: "Die Schönheit ist viel mehr der Schleier, der die Wahrheit bedeckt, als die Darstellung derselben. (Die Kunst ist für Hegel jetzt) der indische Bacchus, der nicht der klare, sich wissende Geist ist, sondern der begeisterte Geist, der sich in Empfindung und Bild einhüllende, worunter das Furchtbare verborgen ist".[42]

Auch wenn man kein Anhänger idealistischer Vermittlungsphilosophie ist, so ist doch klar, was mit diesen Sätzen gemeint ist: der unter C und D von Scriabine umschriebene Versuch, in eine "Überzeitlichkeit" vorzustoßen, aus der Zeit durch das Medium der "Anschauung" auszuziehen, wird hier einer radikalen Kritik unterzogen und als zur Welt der Begeisterung, aber nur unangemessen als zu der des Geistes gehörend, als durch Religion überwunden, angesehen. Denn alle Versuche über den Weg der Schönheit zerbrechen schließlich am Tode, der nur im Glauben besiegt werden kann. Zwar ist dies letztlich auch nur eine "geglaubte" überwindung der Zeit, aber sie führt im Vertrauen auf den einen Gott mitten durch sie hindurch; ein "ewiges Jetzt" kennt sie nicht, dafür aber das "Jetzt" der Entscheidung.

---

[39] Vgl. zu diesem Problem z.B. G. von Rad, *Die Botschaft*, 261-263.

[40] *Ästhetik*, hrsg. von F. Bassenge, (Ost)-Berlin 1955, 139; zit. nach W. Oelmüller, *Die unbefriedigte Aufklärung. Beiträge zu einer Theorie der Moderne von Lessing, Kant und Hegel*. Frankfurt/M. 1969, 240.

[41] *Op. cit.*, 246.

[42] Hegel, *Jenaer Realphilosophie*. Hrsg. von J. Hoffmeister, Hamburg 1931/1967, 265; zit. nach W. Oelmüller, *op. cit.*, 243.

b) Totemistische Kulte

Wir wollen uns nun mit einer Anschauungsweise auseinandersetzen, die von ihrem ganzen Habitus und Ansatz her zumindest in einigen zentralen Aspekten als das genaue Gegenstück zu den eben angesprochenen monotheistischen Religionen prophetischen Ursprungs angesehen werden kann, nämlich mit dem Totemismus, und dabei besonders mit dem sog. Kult-Totemismus. Helmut Petri bemerkt zum Gegenstand unserer Untersuchung:

"Totemismus ist eine Anschauungsweise von der Natur und dem Sinn des menschlichen Daseins, die sich unserem abendländischen Denken nur schwer erschließt. Für zahlreiche Primitivvölker alter und neuer Zeit wurde diese Anschauungsweise zu einer ganz wesentlichen Grundlage des geistigen, wirtschaftlichen und gesellschaftlichen Lebens, und es ist nicht übertrieben, wenn wir ihr eine universalhistorische Bedeutung beimessen. J. Frazer (1881) bezeichnete den Totemismus als ein auf Wechselseitigkeit beruhendes, inneres Verhältnis zwischen einer Menschengruppe einerseits und einer Naturspezies andererseits. Schwerlich läßt sich eine bessere Definition finden, und doch reicht sie kaum aus, um den Totemismus in der verwirrenden Vielfalt seiner Erscheinungs- und Ausdrucksformen auch nur annähernd verständlich werden zu lassen".[43]

[43] Kult-Totemismus in Australien, 219, in: *Religionsethnologie*. Hrsg. von C.A. Schmitz, Frankfurt/M. 1964, 219-237; diese Äußerungen lassen etwas von der Verstehensschwierigkeit erahnen, die der Totemismus der Forschung bereitet. Und in der Tat ist er ein umstrittenes Phänomen. Zur Geschichte der Totemismus-forschung vgl. z.B. E.E. Evans-Pritchard, *La Religion des Primitifs à travers les théories des anthropologues*. Paris 1965 (Überstzg. von: *Theories of Primitive Religion*), 68-82; P.W. Schmidt, *Origine et Evolution de la Religion. Les Théories et les Faits*. Paris 1931, 139-156; E.Sidney Hartland, *Art. Totemism*, in: *James Hastings Encyclopedia of Religion and Ethics*, Edinburgh u. New York 1921/1974, Bd. XII, 393-407; J. Haekel *Art. Totemismus*, in: *RGG*, Tübingen ³1962, Bd. VI, 954-956. G. Roheim, *Australian Totemism*, London, Plymouth 1971 etc. Die Diskussion ist in den letzten Jahren vor allen Dingen vom Strukturalismus wieder neu belebt worden (cf. Cl. Lévi-Strauss, *Le Totémisme aujourd'hui*. Paris 1962, wie auch ders.: *La pensée sauvage*. Paris 1962, 48-177), der den Totemismus vor allem auf seine klassifikatorischen Eigenschaften reduziert, um mit seiner Hilfe eine Theorie des *Denkens* zu exemplifizieren. Ohne die vielfältigen sozialen und damit auch klassifikatorischen Aspekte des Totemismus zu negieren, wird A.P. Elkin hingegen auch der, wie man sagen könnte, "mystischen" Seite des Totemismus gerecht (cf. *Les Aborigènes*

Dieses innere Verhältnis des totemistischen Menschen zur Natur meint auch seinen Glauben an die Inderdependenz beider Seiten: Mensch und Natur brauchen einander.[44] Oder wie Elkin im Abschnitt über den Totemismus der "kosmischen Klassifikation" formuliert: "... man hat das Gefühl, daß eine Art Band zwischen dem Menschen und der Gesamtheit der natürlichen Arten und Objekte besteht".[45] Zwar werden durch den Totemismus auch "alle Dinge des Himmels und der Erde - der Mensch miteingeschlossen (eingeteilt) in Hälften (moitiés), Klans, Kultgruppen oder Sektionen",[46] aber es kommt zur Klassifikation der Naturphänomene mit Hilfe des Modells der Gesellschaftsbeziehungen doch nur "auf Grund des Prinzips, daß das Leben der Natur und das Leben des Menschen eine Einheit bilden - Prinzip, das die Basis des Eingeborenenglaubens darstellt".[47] Mit anderen Worten: wir stehen hier vor einer "Weltanschauung" im weiten Sinn des Wortes (dieser Terminus ist nicht im modern säkularisierten Sinn zu nehmen), die das *gesamte* Leben (menschliches wie nichtmenschliches) umgreift und sich von "reiner" Philosophie gerade dadurch unterscheidet, daß sie im sog. Kult-Totemismus ihre vitalste, eben kultische Anwendung wie Ausprägung erfährt. Denn hier zeigt es sich, daß die Einheit Natur - Mensch kein theoretischer Standpunkt, sondern gelebte Erfahrung, mehr noch, nicht nur Gabe, sondern auch Auf-Gabe für den Menschen ist, was u.a. zur Folge hat, daß der Mensch für die Natur Verantwortung trägt. Dieser Verantwortung aber entledigt er sich vornehmlich mittels des Ritus:

---

australiens. Paris 1967 [Überstzg. von: *The australian Aborigines*], bes. 200-223; ders.: *The Nature of Australian Totemism*, in: *Gods and Rituals*, Austin u. London 1967 [= Nachdruck aus: *Oceania* 2, 1933, 114-131], 159-176). Vor allem dieser Autor ist es, auf den wir uns im folgenden weithin berufen.

[44] Cf. A.P. Elkin, *Les Aborigènes*, 215.

[45] Ibid. 222.

[46] Ibid. 222; s. auch ibid. 292: "ils considèrent la nature comme un ensemble de créatures ou de forces personalisées qui peuvent être intégrées dans leur ordre social et éthique, ordre qui leur est extrêmement familier puisqu'il est celui du groupe dont ils font partie. Ce procédé de 'personnalisation' est appliqué dans leur mythologie, et dès lors, de même qu'ils se comportent entre eux selon des règles bien déterminées, de même ils adoptent des attitudes spéciales vis-à-vis de chacun de ces objets et espèces regardés comme des personnes; ils les vénèrent et accomplissent divers rites en leur faveur." - Cf. auch H. Petri, *op. cit.*, 235.

[47] A.P. Elkin, *op. cit.*, 222.

"Die Existenz (der Eingeborenen) ruht gänzlich auf einer rituellen Kooperation mit der Natur, und wenn sie ihrerseits nicht ihrer Pflicht nachkommen, so ist es... fraglich, ob die Natur fortfährt, ihre Rolle zu spielen; man wird im Gegenteil davon ausgehen müssen, daß sie dazu dann nicht mehr in der Lage ist".[48]

Der australische Eingeborene verhält sich der Natur gegenüber also nicht wie ein Herrscher oder Manipulator, er verlangt von ihr nicht das Irreguläre oder Außergewöhnliche, sondern ist lediglich um die Erhaltung ihres normalen Rhythmus' besorgt, als Kooperator in Vertrauen und Hoffnung.[49]

Als Kooperator der Natur agiert der Mensch aber nicht sozusagen in eigener Vollmacht, sondern im Nachvollzug der Taten des Heros/Ur-

---

[48] Ibid. 218.

[49] Cf. A.P. Elkin, *The Nature*, 175; von hier aus wird verständlich, warum Totemismus nicht auf eine "Logik" reduziert werden kann, aber auch nicht auf das Phänomen einer reinen Praxis, der Magie näher verwandt als der Religion (s. P.W. Schmidt, *op. cit.*, 156), denn bei einer solchen Sichtweise würde man wohl unterschätzen, daß das Sich-Einswissen mit der Natur durchaus eine Chiffre für die Begegnung mit dem "Unbedingten" sein kann, - wenn man bereit ist, diesen Terminus für eine Umschreibung des Phänomens "Religion" zu verwenden (cf. G. Lanczkowski, *Einführung in die Religionswissenschaft*. Darmstadt 1980, 23) - was uns der Schwierigkeit enthebt, Religion von einem Hochgott oder dem Vorhandensein mehrerer wohl umrissener Göttergestalten her zu definieren. - Daß im übrigen die zur Debatte stehenden Riten nicht unbedingt mit "Magie" gleichgesetzt werden müssen, wird auch von Elkin, *op. cit.*, 175, herausgestellt. Zum Verhältnis von Religion und Magie im allgemeinen vgl. auch unseren Hinweis in der Besprechung des oben angegebenen Werkes von Lanczkowski in: *WissWeish 43* (1980) 219, wo wir das Verhältnis Religion-Magie mit dem der "offiziellen" Sprache zum "Argot", wie die Franzosen sagen, vergleichen. Auf die totemistische Grundhaltung des Menschen der Natur gegenüber und auf die Frage, ob wir es hier überhaupt mit "Religion" zu tun haben, können auch die Gedanken Mircea Eliades angewandt werden, die er in: *Dimensions Religieuses du Renouvellement cosmique*, 274 (in: *Eranos Jahrbuch*, 1959, Bd. XXVIII, Zürich 1960, 241-275), geäußert hat - sie liegen ganz auf der Linie dessen, was Tillich mit dem Begriff des "Unbedingten" ins Auge faßt und stellen eine weitere Warnung davor dar, das archaische Naturverhältnis durch "pragmatistische" Interpretationen zu verkürzen: "En dernière instance, ce Cosmos se révèle comme un chiffre; il 'parle', il transmet son message à travers ses structures, ses modalités, ses rythmes. L'homme 'écoute' - ou 'lit' - ces messages et, en conséquence, se comporte à l'égard du Cosmos comme devant un système cohérent de significations. Or, ce chiffre du Cosmos, lorsqu'il est correctement déchiffré, vise des réalités para-cosmiques."

ahnen, gerade auch beim Ritus der Artenmultiplikation.[50] Der Eingeborene durchquert das Land nicht nach Belieben, sondern geht den *Weg* der Ahnen, hält sich da auf, wo der Heros sich aufgehalten hat, vollzieht seine "gesta" nach, und nur in seiner Kraft hilft er z.B. den "Schatten" der Naturarten sich zu "inkarnieren".[51] Dabei ist es gleich, ob der Heros in Totemform vorgestellt wird (Tier, Vogel) oder in Menschengestalt, und welch einen Mythenteil die einzelnen Kultgemeinschaften im "heiligen Spiel" zur Wirklichkeit zu bringen zu haben.[52] Wichtig ist nur, gerade auch für unsere spezifische Fragestellung, daß der Eingeborene im Moment des Nachvollzugs der Mythen und Riten, der "Mimesis" des Heros, das "normale" Zeitniveau verläßt und in die *Traumzeit* eintaucht.[53]

Mit dem Konzept der Traumzeit rühren wir an den Nerv des Totemismus. Einen Eingeborenen nach seinem Kult-Totem fragen, heißt, ihn nach seinem Traum fragen: altjira/tjurunga oder tjuringa (Aranda), mura (Dieri), djugur (Aluridja), bugari (Karadjeri), ungud (Ungarinyin): "Der 'Traum' eines Individuums ist sein Kult-Totem; anders: er stellt sowohl sein Emblem,[54] einen Teil dieser lang vergangenen heroischen Zeit dar, als auch das Mittel... eines Zugangs zu ihr. Aber das setzt voraus..., daß das mythische Zeitalter über all die Charakteristika verfügt, die auch den Bereich des menschlichen Traums ausmachen, d.h. daß Zeit und Raum aufgehoben sind und die Akteure über Fähigkeiten verfügen, die Kraft und Wissen eines normalen Wesens übersteigen".[55]

---

[50] Zu diesem Ritus der Vervielfältigung der Naturspezies, häufig erwähnt unter der Bezeichnung "intichiuma", vgl. u.a. A.P. Elkin, *Les Aborigènes*, 212, 260-263, 273; ders.: *The Nature*, 175; E.E. Evans-Pritchard, *op. cit.*, 75 u. 80, u. den Art. von H. Petri, *Kult-Totemismus*, u.a. 234.

[51] Cf. A.P. Elkin, *Les Aborigènes*, 212, 261/62, 273; H. Petri, *op. cit.*, bes. 221, 232, 233.

[52] Cf. A.P. Elkin, *op. cit.*, 215/16, 260/61.

[53] Cf. ibid. 260/61: "... c'est un être humain - le héros - qui constitue le lien avec le Temps du Rêve éternel". S. auch H. Petri, *op. cit.*, u.a. 266.

[54] Z.B. steinerne "tjurungas" in Zentralaustralien mit symbolischen Zeichen (cf. H. Petri, *op. cit.*, 231).

[55] A.P. Elkin, *op. cit.*, 271; s. auch: *The Nature*, 176; vgl. ferner H. Petri, *op. cit.*, u.a. 224, 228, 234/35; cf. auch die Bemerkungen über "Traumzeit" bei H.P. Duerr in: *Traumzeit. Über die Grenze zwischen Wildnis und Zivilisation.* Frankfurt/M. ²1978, 89, 93, 143ff., 206, 280, 329, 335, 337. Ferner ist dieses Konzept durchaus auch anwendbar auf die von B. Malinowski in: *Argonauten*

Die Traumzeit ist also die Zeit der Kreativität, aber keiner im romantisch-idealistischen Sinn: es ist eine Kreativität - wie aus dem oben Gesagten schon anklingt -, die ganz den Ahnen/Heroen gehört. Sie haben ja als erste geschaffen. Ihnen verdankt die Welt überhaupt, daß sie aus ihrem Schlaf erwachte:

"Für die Eingeborenen sind es die persönlichen Taten des Heros, die - vollbracht in der Vergangenheit, der Welt ihre aktuelle Physiognomie verliehen haben... Alles was ist, sein muß oder sein wird, hängt daher gänzlich von einer historischen Kontinuität mit dieser heroischen Vergangenheit ab".[56]

Mit anderen Worten: bricht der Kontakt mit der Traumzeit ab, geraten Mensch und Welt aus den Fugen. Jedoch *vergegenwärtigen* sich Traumzeit und Kreativität über die individuellen Träume der Initiierten, durch die entsprechenden Mythen und Riten an den von den Ahnen geheiligten Orten.[57]

Die Traumzeit ist somit koexistent zu jeder Zeit bzw. "Vergangenheit, Gegenwart und Zukunft koexistieren in ihr in gewisser Weise - es sind drei Aspekte ein und derselben Realität".[58] Wir können das auch

---

des westlichen Pazifik. Frankfurt/M. 1979, interpretierten Mythen und Riten (cf. z.B. den Mythos des fliegenden Kanus von Kudayuri u.a.), 351ff., 460-470.

[56] A.P. Elkin, *Les Aborigènes*, 270; s. auch ibid. 290. So ist es - um nur zwei Beispiele zu nennen - bei den Bad im nördlichen Dampierland (Nordwestaustralien) der Urheros Djámara, der in einer wesen- und seelenlosen Welt für Leben sorgte und alle gültigen Kultformen schuf (cf. H. Petri, *op. cit.*, 229). Bei den Nyigina am Fitzroy River in den nordwestaustralischen Kimberleys sind es die mythischen Brüder Yalgi und Windifigi, die mit Hilfe großer Schwirrhölzer (cf. die zentralaustralischen tjurungas) die Welt gestalteten und ihr das heutige Gesicht verliehen (cf. ibid. 223-227).

[57] Cf. ibid. 224-233, 235; A.P. Elkin, *op. cit.*, 225-257, 271/72. Allgemein bekannter sind für diese die Traumzeit vergegenwärtigenden Riten die Felsmalereien des Ungarinyin Volkes in Zentral-Kimberley, die immer wieder neu nachgemalt werden müssen. Sie stellen die Wóndjina-Figuren dar, die als Schatten eines "Ungur" (Urzeitmenschen) gelten und nach Beendigung ihres urzeitlichen Wirkens die Gestalt einer mythischen Schlange ("Ungud") annahmen und so zur Personifikation der Vermehrung und Fruchtbarkeit wurden. (Die mythische Schlange entspricht wohl den zentralaustralischen Altjira-Ahnen). (Cf. H. Petri, *op. cit.*, 231; A.P. Elkin, *op. cit.*, 262/63).

[58] A.P. Elkin, *op. cit.*, 271; in gewisser Weise nähern wir uns hier Ideen, die Mircea Eliade unter dem Begriff des "renouvellement cosmique" studiert hat: "Mais... renouveler le Monde équivaut à le *reconsacrer*, à le rendre semblable à ce qu'il était *in principio*... Ceci veut dire que l'homme traditionnel sentait le

so sagen: die Traumzeit ist die *eigentliche* Realität, der innere Kern all dessen, was jemals geschehen ist, geschieht oder geschehen wird.[59] Sie ist die konstitutive Zeit schlechthin, die "Jetztzeit" ist nur die momentane Aktualisierung der Traumzeit.[60] Wollte man das mit unseren Zeitkategorien ausdrücken, so könnte man auch den Begriff der Präexistenz zu Hilfe nehmen: "Alles was ist, präexistiert; nichts ist Schöpfung...",[61] will sagen: was nicht schon in der Präexistenz ist, ist überhaupt nicht. Ist es in der "Gegenwart" aus irgendwelchen Gründen nicht anzutreffen, so nicht, weil es sich noch entwickeln müßte, sondern nur, weil sein ununterbrochener Existenzzyklus momentan eine Phase der Unsichtbarkeit durchläuft.[62]

So auch der Mensch, der als unsichtbares, präexistentes "Geistkind" ("rai") erst noch vom Vater (Nord/Ost/West-Australien; in Zentralaustralien von der Mutter) im Traumzustand "gefunden" werden muß, um dann im Mutterschoß sich zu einem sichtbaren Wesen aus Fleisch und Blut zu verwandeln; den sozialen und religiösen Status erhält es vom Vater.[63] H. Petri notiert[64]:

"Der Geburtsplatz ist für den australischen Eingeborenen so gut wie bedeutungslos. Seine wahre Heimat ist der Ort, wo er in seiner Präexistenz lebte und wirkte, in einer Zeit, die großartiger als die gegenwärtige war, in einer Zeit, als die Welt zum erstenmal aus ihrem ewigen Schlaf und der schweigenden Dunkelheit des Uranfangs erwachte".[65]

Was den Australier mit dieser Präexistenz verbindet, ist kein Zeitgefühl in unserm Sinn, d.h. irgendeine Idee von Linearität oder

---

besoin d'exister dans un Cosmos riche et significatif; riche non seulement en nourriture..., mais aussi en significations" (*op. cit.*, 274).

[59] "... et cela explique que ce soient les mêmes temps de verbe ou bien les mêmes adverbes qui servent pour le passé, le présent et le futur. Le temps vu comme une succession continue de périodes semble n'avoir aucune importance pour les aborigènes" (A.P. Elkin, *op. cit.*, 274).

[60] Cf. ibid. 273/74.

[61] Ibid. 274.

[62] Cf. ibid. 274.

[63] Cf. ibid. 265; H. Petri, *op. cit.*, 225, 227, 231, 235.

[64] Im Anschluß an T.G.H. Strehlow, *Aranda Traditions*. Melbourne 1947, 91.

[65] *Op. cit.*, 234.

Entwicklung,[66] sondern immer nur deren Aktualisierung im Moment bestimmter Aktivitäten: Lagern, Früchtesammeln etc., die ständige Wiederkehr der Jahreszeiten, das Wiedererscheinen der Naturarten. Dies sind sozusagen die Basiseinheiten seines Zeitgefühls.[67]

Aus den obigen Bemerkungen geht hervor, daß wir es im Totemismus mit einer Form der *rituellen* Überwindung der Zeit zu tun haben. Denn Mythos und Ritus gehören zusammen. In die Traumzeit eintauchen heißt: die "gesta" der Kulturheroen nachspielen, durch den Ritus die "Jetztzeit" in ihre wirkliche, einzig konstitutive Dimension zu überführen, ihr punktuelles Gegenwärtigsein durch die "ewige Präsenz" des Traumes zu überwinden.

Vergleichen wir dies nun mit den eingangs vorgestellten Modellfäden M. Scriabines, so wird man zweifellos zustimmen, daß diese Art des "Auszugs" aus der Zeit gewisse Übereinstimmungen mit dem Fall C und in einigen Punkten auch mit D aufweist. Die durch Kunst vermittelte Erfahrung stellt ja ebenfalls nach Scriabine Werk und Mensch in ein "ewiges Jetzt". Und kann das "moi mythique" der ästhetischen Erfahrung, von dem die Autorin ebenfalls spricht, nicht mit dem "Traum" des australischen Menschen verglichen werden? Ritus - von der Idee der Traumzeit her verstanden - und Kunst hätten demnach mehr miteinander gemein als Kunst und prophetische Verkündigung. Letztere bindet den Menschen ja an seine Zeitlichkeit, aus der ihn nur die Macht des einen Gottes erlösen kann. Für den australischen Menschen stellt diese Art Zeitlichkeit jedoch nicht einmal ein ernstzunehmendes Problem dar: für den Eingeborenen "gibt es in der legendären Urzeit keine klaren Grenzen zwischen menschlicher und außermenschlicher Welt"[68] und somit auch nicht zwischen Leben und Tod. Das Nicht-Vorhandensein bedeutet ja nur, wie wir gesehen haben, ein Nicht-Mehr- oder Noch-Nicht-Sichtbarsein. Die den monotheistischen Religionen eigentümliche Bewältigung des Zeitproblems setzt somit das "unglückliche Bewußtsein" (Hegel), das Bewußtsein tiefster Entzweiung - oder wie man es auch

---

[66] Cf. dazu G. van der Leeuw, *op. cit.*, 379.

[67] Cf. A.P. Elkin, *op. cit.*, 274/75; s. auch: "En quelque lieu qu'une personne se trouve et à quelque moment que ce soit, seules la collecte des aliments et les relations sociales l'intéressent au premier chef - elles constituent la 'réalité concrète' de l'instant" (ibid. 275).

[68] H. Petri, *op. cit.*, 233.

formulieren könnte: das Wissen um den Verlust von "Lebenswelt" (Husserl)[69] - voraus.

Gegen eine allzu problemlose Vergleichbarkeit von Kunst und Ritus könnte man aber nun einwenden, daß es die Riten, und unter ihnen besonders die Initiationsriten, darauf abgesehen haben, den Menschen auch das "Fürchten" zu lehren. Wenn es von Fall B hieß, daß hier der Mensch in der ganzen Skala seiner psychologischen Reaktionsmöglichkeiten (Furcht, Angst, Hoffnung etc.), die ihm ja gerade seine Zeitlichkeit offenbaren, angesprochen wird, - gilt dasselbe nicht auch von der rituellen Übermittlung des religiösen "code"?

Was die hier aufgeworfene Problematik angeht, so kann uns eine Beobachtung des Ethnologen Pierre Smith von Nutzen sein. In bezug auf die Initiationsriten der Bedik in Ost-Senegal, eines kleinen Volkes der Tenda-Sprache an der Grenze nach Ober-Gambia, gibt er folgende Bemerkung eines Initiators wieder:

"Wenn man den zu Initiierenden ankündigt, daß die Masken ihnen den Kopf abschneiden werden, müssen sie so tun, als ob sie das glaubten. Zeigt sich einer skeptisch... so ist das sehr schwerwiegend und er muß hart bestraft werden. Aber wenn einer von ihnen die Sache zu ernst nimmt und die Nerven verliert, fliehen will und jegliche Kontrolle verliert, so ist das noch schlimmer. Es ist ein Zeichen dafür, daß er niemals als Mann unter uns leben kann und in alter Zeit zog man vor, ihn tatsächlich zu töten".[70]

P. Smith schließt den Bericht mit den Worten: "Er (der Initiator) verteidigte also einen durchaus paradoxen Standpunkt: man nehme die Riten ernst, aber nicht zu ernst".[71] Es kann also nicht die Rede davon sein, den Menschen schonungslos in die Zeitlichkeit zu werfen, vielmehr wird von ihm jene Distanz zum Geschehen verlangt, die auch Spiel und Theater erfordern.[72]

---

[69] Zu diesem Thema s. jetzt auch: *Lebenswelt und Wissenschaft in der Philosophie Edmund Husserls*. Hrsg. von E. Ströker, Frankfurt/M. 1979.

[70] Aspects de l'organisation des rites, 142, in: *La fonction symbolique. Essais d'Anthroplogie*. Hrsg. von M. Izard u. P. Smith, Paris 1979, 139-170.

[71] Ibid. 142.

[72] Vgl. zum Problem der Schaffung von Distanz durch das Mittel der Darstellung der Angstursache auch A. Gehlen, *Über die Verstehbarkeit der Magie*, bes. 86, in: *Studien zur Anthropologie und Soziologie*. Neuwied u. Berlin 1963, 79-92.

In einem Punkt jedoch unterscheidet sich das Eintauchen in die Traumzeit sehr deutlich von C (und erst recht von D), trotz der Anwendungsmöglichkeit des Konzepts des "éternel présent" auf beide Formen. Im Fall C ist das äußere Ereignis der Natur nur *Anlaß* für das zitierte Bildbeispiel (Le Radeau de la Méduse von Géricault). Es bestimmt nicht den *Wert* des Bildes oder der ästhetischen Erfahrung, weshalb unter diesem Gesichtspunkt auch kein wesentlicher Unterschied zu D besteht. Kunst lebt von Sein und Wert der *Formen*, der formalen Gestaltung (zumindest in einer Welt, in der Kunst und Religion getrennt sind), aber weder von der Heiligkeit des Objekts, noch von der sozialen oder religiösen Stellung des Künstlers.

Nun mag das rituelle Zur-Darstellung-Bringen der Traumzeit zwar auch schön sein, aber der Wert der Riten hängt, wie wir gesehen haben, einzig und allein von der Tatsache ab, daß der Heros in "illo tempore" so gehandelt hat.[73] Durchschlagskraft und Wirksamkeit des Ritus hängen von der Treue (und sei es auch nur eine behauptete) zum Erstvollzieher ab. In der Perspektive der Betroffenen stößt der Mensch nur im Namen des ursprünglichen Setzers der Riten ins "ewige Jetzt" vor, mag die psychologische oder archetypische Aussagekraft der rituellen Handlungen in sich auch noch so groß sein.

Doch, so kann man abschließend fragen, kommt auf diese Weise nicht auch eine Art "Glaube", "Vertrauen" ins Spiel, ein Element, das sich für die monotheistischen Religionen als unabdingbar erwiesen hat? Man wird das wohl nicht von der Hand weisen können. Damit bliebe aber als ein wesentlicher Unterschied zwischen Kunst und Ritus einerseits und den Religionen prophetischen Typs andererseits[74] vor allem noch die Art und Weise bestehen, in der die Überwindung der Zeit jeweils "ausgekostet" wird: hier im Namen des "ewigen Jetzt" oder des "Traumes" das Angebot einer real vollziehbaren Erfahrung,[75] die den Menschen - so würden wir von *unserem* Zeitdenken her, das die

---

[73] Für Riten allgemein gilt, daß es keinen Unterschied macht, ob ich mythisch "datiere" - in illo tempore - oder historisch: in der Nacht, da er verraten wurde... (Christentum).

[74] Wenn wir davon absehen, daß sich Kunst und Ritus eben auch in besagtem Glaubensfaktor unterscheiden.

[75] Denn wenn auch "imaginaire", so ist der künstlerische "plan d'existence" damit keineswegs "unreal". Analoges gilt auch für die rituelle/liturgische Zeit, der Existenzweise des "Heiligen Spiels".

Entzweiung des Menschen mit der Natur ja voraussetzt, sagen - schon jetzt, in antizipierender Weise, das "Ende", die "Erfüllung" oder "Versöhnung" *erleben* läßt, so - wiederum von *unserer* Sicht aus - als ob die Schlacht schon geschlagen, d.h. die Zeit schon überwunden wäre,[76] dort letztlich einzig die innere Haltung des Vertrauens, nämlich trotz aller widrigen Gegen-Geschehnisse sich in der Hand des einen Gottes zu wissen, die paradoxe Grundhaltung des "Trotzdem" durchhaltend, auch wenn alles dagegenspricht.[77]

---

[76] Für den australischen Eingeborenen ist das ja selbstverständlich der "natürliche" Zustand.

[77] Wenn es aber - abgesehen von der angedeuteten Paradoxsituation des Glaubens - dennoch zu einem *Erleben* (oder Vorweg-Erleben) der "Versöhnung"/"Erfüllung" kommt, so geschieht dies daher bei näherer Betrachtung - lassen wir das Feld persönlicher Erfahrungen (Fruchtbarkeit, Genesung etc.) einmal beiseite - hauptsächlich auf dem historischen, will sagen: vornehmlich *politischen* Sektor (cf. Jahwes und Allâhs Eingreifen in das Schlachtgeschehen, die Theologie der Landnahme, das Konzept des "Bundes", des "auserwählten Volkes" etc.), fällt also mit dem, was wir gewöhnt sind, "Geschichte" zu nennen, zusammen. Die "Fülle" der Zeit oder "gefüllte Zeit" (cf. G. von Rad, *Die Botschaft*, 76), in der der monotheistische Gott handelt, ist eben keine ästhetische oder liturgische "Para-Zeit", sondern die konkrete "historische Normalzeit".
Bei dem oben Gesagten handelt es sich natürlich um typologisierende Grundformen. Eine *absolute* Typologisierung dieser Art widerspräche allerdings den Tatsachen. Eines der hervorstechendsten Charakteristika des Christentums z.B. besteht nämlich gerade im Miteinander von ritueller (und künstlerischer) und prophetischer Seinsweise als Religion der Liebe (cf. G. van der Leeuw, *op. cit.*, 628-639). Für das Judentum, in bezug auf ein gewisses Miteinander beider genannten Seinswesen, s. z.B. die Königsliturgie etc. Der Islam kommt dem reinen Typus einer prophetischen Religion noch am nächsten, sieht man vielleicht vom feierlichen Rezitieren des Korans (Gebet) einmal ab, - religiöses Tun, das der oben zugrunde gelegten Idee von Ritus noch am ehesten entspräche: man denke z.B. an das regelrechte "Auskosten" der arabischen Silben bei der feierlichen Koranrezitation. - Interessant für unser Thema wäre ferner noch die Hinzuziehung der sakralen Kunst der prophetischen Religionen. Schließlich sei noch einmal darauf hingewiesen, daß wir das mystische Element in den monotheistischen Religionen (so wie sie sich in ihrer geschichtlichen Gestalt zeigen) nicht in unsere Untersuchung miteinbezogen haben. Dies einmal um der besseren Typologisierung willen, zum andern aber auch, weil es den Charakter der Fremdartigkeit angesichts des "Heiligen Buches" als Religionsfundament (cf. G. Lanczowski, *Einführung*, 36; ferner unsere erläuternden Bemerkungen zu al-Hallâdsch im Rahmen der Besprechung des Buches von Lanczowski in: *WissWeish 43*, 1980, 218) nicht verleugnen kann. Dies gilt natürlich dem Christentum gegenüber, als keiner reinen Buchreligion, nur in bedingtem Maße (cf. Th. Mooren, *Islam und Christentum*, u.a. 23 u. Anm. 38, S. 23) [hier: 37/38

u. Anm. 38, S. 37]. Über die Sonderstellung des Christentums zwischen Mystik und Prophetismus s. auch R.C. Zaehner, *op. cit.*, z.B. 38.

Die Provokation des Gesetzes und der Eine Gott bei dem islamischen Mystiker Ḥusayn b. Manṣūr al-Ḥallāj und bei Jesus von Nazareth

Dies ist das Los dessen,
der Wein trinkt,
in der Glut des Sommers,
in Gesellschaft des Drachens.

(Ḥallāj)

Wo Empfindung der Liebe ist,
da ist sie ebenso rücksichtslos
und Liebe aufs innigste.

(Hegel, Vorlesungen über die Philosophie der Geschichte: der Mohammedanismus)

Der Mystiker Abû ʿAbdallah al-Ḥusayn b. Manṣûr al-Ḥallâj (858-922; islam.: 244-309) gehört mit Sicherheit zu den herausragenden Figuren der islamischen Mystik bzw. des Sufismus.[1] Die Würdigung

---

[1] Vom weißen Wollgewand "al-sûf", das die islamischen "Spirituellen" vom 2. Jh. (Hijra) an etwa zu tragen begannen. - Zur islamischen Mystik s. u.a.: T. Andrae, *Islamische Mystiker*, Stuttgart 1960; A. Schimmel, *Mystical dimensions of Islam*, Chapel Hill 1976, jetzt auch deutsch: *Mystische Dimensionen des Islam. Die Geschichte des Sufismus*, Köln 1985; dies., *Sufi Literature*, New York, Afghanistan Council of the Asian Society 1975; dies., *Pain and grace: a study of two mystical writers of eighteen century Muslim India*, Leiden 1976; dies., *Rumi: ich bin Wind und du bist Feuer: Leben und Werk des Großen Mystikers*, Düsseldorf, Köln 1978; dies., *From Sanai to Maulana and Iqbal*, Kabul 1977; A. Schimmel u.a. in: *Abdullah Ansari and other Sufis of Afghanistan*, *Afghanistan Journal (special issue)*, *published on the occasion of the Millenium of Abdullah Ansari of Herat*, Ministry of Information and culture, Historical Society of Afghanistan, april 1976; R.A. Nicholson, *The Idea of Personality in Sufism*, Lahore 1970 (reprinted); ders.: *Rumi. Poet and Mystic*, Übers., Einf. u. Komm. (Unwin Paperback), London 1978; H. Corbin, *Terre Céleste et corps de résurrection. De l'Iran Mazdéen à l'Iran Shīʿite*, Paris 1960; ders.: *En Islam*

Ḥallâjs in unserer Zeit ist nicht zuletzt das Verdienst des großen französischen Orientalisten Louis Massignon.[2] Ferner hat, neben anderen,[3] Robert Caspar eine eingehende und einfühlsame Studie geliefert.[4]

iranien. Aspects spirituels et philosophiques, I-IV, Paris 1971/2; A.J. Arberry, *A Sufi Martyr. The Apologia of ʿAin al-Quḍât al-Hamadhânî*, Übers., Einf. u. Komm., London 1969; F.M. Pareja u.a., *Islamologie*, Beirut 1964, 744-761 mit ausgezeichneter Bibliographie; A. Abbas Rizvi, *A History of Sufism in India, I: Early Sufism and its History in India to 1600 AD*, New Delhi 1978; S.B. Majrouh, *Sair-ulˋ Ibad ilˋal Maˋad de Sanai de Ghazna*, Übers. u. Komm., Ministry of Information and Culture, Historical Society of Afghanistan, oct. 1977 (= An extract from *'Afghanistan Magazine'*, vol 30, n° 2); Idries Shah, *Die Sufis. Botschaft der Derwische, Weisheit der Magier*, Düsseldorf, Köln 1964, 1980.

[2]   L. Massignon, *La Passion d'Al-Hosayn-ibn-Mansour al-Hallaj, martyr mystique de l'Islam, I-II*, Paris 1922; ders., *Essai sur les origines du Lexique technique de la mystique musulmane*, Paris 1922, ²1954; ders., *Recueil de textes inédits concernant l'histoire de la mystique en pays d'Islam*, Paris 1929; ders., *Le dîwân d'al-Hallâǧ*, Paris 1931 = *Hoseïn Mansûr Hallâj. Dîwân*, Übers. u. Komm., Cahiers du Sud, 1955; ders., *Akhbâr al-Hallâj. Recueil d'oraisons et d'exhortations du martyr mystique de l'Islam Husayn Ibn Mansûr Hallâj, mis en ordre vers 360/971 chez Nasrâbâdhi et deux fois remanié;* Veröff., Komm. u. Übers. L. Massignon u. P. Kraus, Paris ³1957 - im folgenden zitiert: Akhbâr + Seite im arabischen Textteil + Nummer des Textes; ders., *Artikel Taṣawwuf*, in E. I., 1. Ed.

[3]   L. Gardet, *Expériences mystiques en terres non chrétiennes*, Paris 1953, 132-141; 161-162; ders., *Thèmes et textes mystiques*, Paris 1958, 135-140; J.M. Abdeljalil, *Aspects intérieurs de l'Islam*, Paris 1949, 151-154; G.C. Anawati u. L. Gardet, *Mystique musulmane, Aspects et tendances, Expériences et techniques*, Paris 1961, 35-40; 80-84; 98-110 (ital.: *Mistica islamica*, Turin 1960); R. Arnaldez, *Hallâj ou la religion de la Croix*, Paris 1964; F.M. Pareja, *Islamologie* 751/2 (Anm. 1); A. Schimmel, *al-Halladsch, Märtyrer der Gottesliebe: Leben und Legenden*, Übers. u. Komm., Köln 1968; dies., *Mystische Dimensionen* 100-119; G. Kamran, *Ana al-Haqq Reconsidered*, Lahore (islam.) 1398.

[4]   R. Caspar, *Cours de Mystique Musulmane, Institut Pontifical d'Etudes Arabes*, Rom 1968, bes. 62-91, s. dort auch (62) die ausführlichen Hinweise zur Lage der Quellen. Bezugnahme auf diesen Text im folgenden unter *CMM* + Seite; ders., *Portraits et Textes des Mystiques musulmans, IV: Hallâǧ ou l'union d'amour avec Dieu u. Hallâǧ ou l'union avec Dieu (II) = EA 20 u. EA 25* in: *Etudes Arabes. Feuilles de Travail. Textes de Mystique Musulmane, Institut Pontifical d'Etudes Arabes*, Rom s. d. Diese beiden Arbeitstexte umfassen den arabischen Text (Seiten: Ḥallâǧ 1-11 + Durchnumerierung der Texte 1-43) mit franz. Übers. u. Komm.: Seiten (40)-(47) u. (50)-(59). Im folgenden beziehen wir uns auf den arabischen Text unter: H + Seite + Nummer des Textes.

Ziel der vorliegenden Arbeit ist die Wiederaufnahme der Frage, die wohl alle fasziniert hat, die sich mit Hallâj beschäfigt haben, nämlich die Ähnlichkeit seines Schicksals mit dem des Jesus von Nazareth, besonders seine Passion, Tod am Kreuz (ṣalîb) und die Umstände, die diese Passion herbeigeführt haben. Ist diese Ähnlichkeit nur äußerlich oder gibt es tiefere Gemeinsamkeiten, für beide, Jesus und Hallâj, gleich gültige Interpretamente? Wir wollen im folgenden zu zeigen versuchen, daß das in der Tat so ist: für beide war die Frage des religiösen Gesetzes von entscheidender, ja fataler Bedeutung, und beide lebten und litten im Horizont des *Einen* Gottes, der einst Abraham, mittels des Sohnesopfers, zu totalem Glaubensgehorsam herausgefordert hatte (Sure 37,99-111). Und dennoch - gerade vor dem Hintergrund gemeinsamer Thematik wird auch der Unterschied zwischen Hallâj und Jesus um so sichtbarer. Indem wir dies herausarbeiten, hoffen wir zugleich, einen weiteren Beitrag zum Verständnis der Eigenart des radikalen islamischen Monotheismus zu liefern.[5]

1. Hallâj: Wirken und Passion

Hallâj ist in der iranischen Provinz Fars, in Baydâ, geboren.[6] Sein Großvater war noch Mazdäer. Etwa 16 Jahre alt vernimmt Hallâj den Ruf zur Mystik und tritt ein Noviziat an, das über 20 Jahre dauert. Bei Sahl Tustarî (gest. 896), aus Tustar, Provinz Ahwâz (Iran) lernt er Disziplin und Aszese und wird in Koran und Hadith eingeführt. Bei ᶜAmr al-Makkî (gest. 909 in Bagdad) wird er zu skrupelhafter Treue zum Gesetz erzogen. Er erfährt die Wichtigkeit der inneren Bekehrung und des Sündenbekenntnisses. Ein Grundzug der Erziehung Makkîs ist das Mißtrauen mystischen Zuständen gegenüber. In das Jahr 878 fällt Hallâjs Heirat mit einer Sufitochter, die Makkîs Eifersucht erregt. Hallâj tritt daraufhin in den Dienst Abû l-Qâsim al-Junayds (gest. 910), eigentliches Haupt der Sufi-Schule von Bagdad. Junayd wird Hallâjs

---

[5] S u.a.: Th. Mooren, *Islam und Christentum im Horizont der anthropologischen Wirklichkeit*, in: ZM 64 (1980) 10-32 [hier: 62-86]; ders., *Monothéisme coranique et anthropologie*, in: *Anthr.* (76) 1981, 529-561; ders., *Mythos, Monotheismus und Spekulation*, in ThPh 57 (1982) 178-201 [hier: 87-117].

[6] Zu Wirken und Passion Hallâjs s. z.B. *CMM 62-76* u. die Erläuterungen in Caspar, *Portraits et Textes* (Anm. 4).

letzter Lehrer sein. Bei ihm erlernt er die doktrinale Basis der mystischen Erfahrung. Junayd lehrte die "Nacht des Willens" als Schwelle zur unio mystica und bestand trotz der unio auf einem ewigen Getrenntsein von Gott.

Hallâj war in Handeln und Denken ein unabhängiger Geist. Anstatt immer den weißen Habit der Sufis zu tragen, richtete er sich in seiner Kleidung nach den verschiedensten Volksschichten, um zu zeigen, daß seine Botschaft alle anging: Bettler, Soldaten, Traditionalisten etc. Im Jahr 869 pilgert Hallâj zum ersten Mal nach Mekka und unterzieht sich dort härtester Aszese. Unter anderm hält er in prallster Sonne so lange aus, bis der Fels, auf dem er sich befindet, in Schweiß gebadet ist. Er will mit Gottes Standhaftigkeit und Geduld "rivalisieren". Mit Makkî, den er in Mekka trifft, kommt es zum Bruch. Makkî zitiert den Koran, doch Hallâj hält ihm entgegen, er könne Gleiches produzieren. Hinter diesem kühnen Anspruch steht das Problem der inneren Authentifizierung des geoffenbarten Wortes, ohne welche jenes toter Buchstabe bleibt. Auch von Junayd trennt sich Hallâj, und zwar über eine Frage der "geistlichen" Lektüre des Korans, der mystischen Erfahrung angesichts der legalistischen Religion. Junayd, obwohl er im stillen Hallâj recht gibt, fürchtet, jener werde "zu weit" gehen. Einem andern Sufi hält Hallâj bei Gelegenheit vor, das Wichtigste, die unio mystica, über den Aufbau der verschiedenen Etappen zu diesem Ziel, die Kultivierung der spirituellen Stadien mittels Aszese, aus dem Auge zu verlieren.

Nach der Trennung von Junayd bricht Hallâj auch mit dem Milieu der Sufis. Bekleidet mit einem Soldatenmantel oder in der Tracht der Wanderasketen macht er sich auf Missionsreise,[7] die ihn (906-908) bis nach Pakistan, Kaschmir, Turkestan und Sin-Kiang (chinesisch Turkestan) führt. Von daher die spätere Anschuldigung, er sei von indischen Yogis beeinflußt worden und habe deren Magie erlernt. Mit Sicherheit kannte er gewisse Tricks, um als Volksprediger die Menge an sich zu ziehen. Sein Ziel jedoch ist es lediglich, den Islam zu verbreiten und seine Freude über die innere Gotteserfahrung, von der er meint, daß sie jedem offenstehe. Aus dieser Sorge heraus wird er "allen alles", je nach Sekte und Lehrmeinung.

---

[7] "Innere Mission": Iran, Irak 900-904; 905 2. Pilgerfahrt.

Doch Ḥallâj drängt es in die Hauptstadt Bagdad zurück. Er fühlt, daß er dort, trotz aller Gefahr, predigen muß: Gott will sich seiner bedienen als sein *Symbol* unter den Menschen (*CMM 69*). Er zieht sich noch einmal nach Mekka in absolute Einsamkeit zurück, wo er unter anderm betet:

O Führer derer, die in Ekstase sind... O mein Gott, du weißt, daß ich unfähig bin, dir in gebührender Weise Dank zu sagen. Nimm daher Platz in mir, um dir selbst Dank zu sagen. Das ist die einzig wirkliche Danksagung. Es gibt keine andere (*CMM 69*).[8]

Im Jahre 910 ist er zurück in Bagdad. Die Auseinandersetzung mit seinen Gegnern ist abzusehen:

Geh und sag meinen Freunden: Ich bin aufs hohe Meer hinausgefahren und das Boot ist entzwei. Ich werde in der Religion des Galgens sterben. Ich will nicht mehr nach Mekka noch nach Medina gehen (*H 2,7*).

Wir stoßen hier auf den entscheidenden Zug der Mystik Ḥallâjs: sie ist ohne Passion nicht denkbar. Der Leidensweg ist vorgezeichnet durch die Bestimmung aus Sure 5,33. Der mildernde Zusatz von 5,34 wird keine Verwendung finden. Ḥallâj wird nicht "bereuen".[9] Ḥallâj bittet Gott, ihm sein Ich nicht mehr zurückzuerstatten, nachdem er es einmal geraubt habe (*H 2,8*; cf. auch *Akhbâr 25/26, 10* u. *H 2,9*). Er ist "berauscht" von Gott (*H 2,8; CMM 78*) und bittet ihn, ihn zu packen und aus dem Gefängnis zu befreien, d.h. einem Leben fern der Intimität mit Gott (*H 2,9*). Diese Bitte mündet schließlich in den Wunsch: "Erhöhe die Zahl meiner Feinde unter deinen Dienern!" (*H 2,8*). Und *H*

---

[8] Die deutsche Version der Ḥallâj betreffenden Texte stammen von Th. M.

[9] Sure 5,33.34: "Der Lohn derer, die gegen Gott und seinen Gesandten Krieg führen und (überall) im Lande eifrig auf Unheil bedacht sind..., soll darin bestehen, daß sie umgebracht oder gekreuzigt werden, oder daß ihnen wechselweise (rechts und links) Hand unf Fuß abgehauen wird, oder daß sie des Landes verwiesen werden. Das kommt ihnen als Schande im Diesseits zu. Und im Jenseits haben sie... eine gewaltige Strafe zu erwarten. 34. - Ausgenommen diejenigen, die umkehren, (noch) bevor ihr Gewalt über sie habt. Ihr müßt wissen, daß Gott barmherzig ist und bereit zu vergeben." (In Koranübersetzungen folgen wir: R. Paret, *Der Koran*, Stuttgart, Berlin, Köln, Mainz 1979). - S. auch Ḥallâjs Ausspruch: "Ich will Dich! Ich will Dich nicht, um belohnt zu werden, sondern ich will Dich, um bestraft zu werden." (*CMM 83*).

11,43 formuliert das so: "Es gibt kein dringenderes Geschäft für Muslime als das, mich zu töten."

Wer sind diese Feinde? Wir können sie in drei Gruppen gliedern. Da sind zunächst einmal die Legalisten (fuqahâ'), die in der Mystik immer zumindest eine Relativierung des offiziellen Kults wittern. Da sind ferner die Sufis selbst, die Angst hatten, mit Ḥallâj käme die ganze Klasse der Sufis in Verruch. Ihr Prinzip war es, nicht zuletzt aus Sicherheitsgründen, das "Geheimnis" (sirr) nicht dem Volk zu vermitteln.[10] Schließlich sind die offiziellen Machthaber zu nennen, die Vertreter des Kalifats, die Agitatoren jeder politischen Couleur und jeder religiösen Ausrichtung zu fürchten hatten,[11] und sei es auch nur, weil es sich bei diesen um potentielle Störer der öffentlichen Ordnung handelte. Endlich muß noch hinzugefügt werden, daß das generelle Klima zur Zeit Ḥallâjs eher repressiv war. Es galt gegen "Atheismus" (zandaqa) zu kämpfen: gegen Nonkonformisten, Rebellen, Libertins, Manichäer etc. Eine Atmosphäre allgemeiner Repression, die nicht zuletzt auch Juden und Christen zu spüren bekamen.[12]

Ḥallâj brauchte nicht lange zu warten. Der Wesir Ibn al-Furât ordnet eine Untersuchung an und beauftragt zwei Groß-Qadis mit der Herstellung eines juristischen Gutachtens (fatwâ). Prozeßbeginn ist 910 (islam. 297). Der erste der beiden Qadis ist Ibn Dâwûd - der gleich zu Prozeßbeginn stirbt -, Sohn des Gründers des Ẕâhirismus, Dâwûd b. Alî, einer Schule, die die Objektivität des Buchstabens, der Äußerlichkeit des Gesetzes ins Zentrum stellte.[13] Außerdem war Ibn Dâwûd Anhänger der

---

[10] S. auch *Akhbar*, S. 171 franz. Teil, wo Massignon von der Regel im Islam spricht "de ne pas jeter les perles aux pourceaux".

[11] Bes. shîʿitische Imâmiten, Fatimiden und Qarmaten; s. dazu auch S.M. Stern, *Ismâʿîlîs and Qarmatians*, in: *L'Elaboration de l'Islam. Colloque de Strasbourg 12-14 juin 1959*, Paris 1961, 99-108; T. Nagel, *Frühe Ismailiya und Fatimiden im Lichte der Risâlat Iftitâh ad-Daʿwa. Eine religionsgeschichtliche Studie*, Bonn 1972.

[12] S. z.B. F. Gabrieli, *La "zandaqa" au Iᵉʳ siècle Abbasside*, in: *L'Elaboration de l'Islam 23-38*.

[13] S. H. Laoust, *Les Schismes dans l'Islam. Introduction à une étude de la religion musulmane*, Paris 1965, 180/1.

ʿudhritischen Liebe.[14] Die Propagierung aktueller unio mußte daher einem Mann wie ihm als Skandal erscheinen. Er kommt zu folgendem Ergebnis in bezug auf Ḥallâj:

> Wenn, was Gott seinem Propheten (Gebet und Friede über ihn!) geoffenbart hat, wahr ist, und wenn das, was der Prophet uns zu bringen gekommen ist, wahr ist, dann ist das, was Ḥallâj sagt, falsch (*CMM 71*).

Ibn Dâwûd attackiert Ḥallâj heftig und schließt, Ḥallâjs Blut sei "erlaubt" (damahu ḥalâl). Der andere Qadi, Ibn Surayj (gest. 918) aus der Rechtsschule des Shâfiʿî (gest. 820 Kairo[15]), beschuldigt Ḥallâj nicht des Unglaubens, sondern bemerkt nur:

> Dies ist ein Mensch, über dessen Inspiration ich nichts ausmachen kann. Ich enthalte mich daher einer Äußerung (*CMM 71*).

Al-Furât läßt Ḥallâj dennoch verhaften. Ḥallâj entkommt jedoch nach Sûs (iran. Provinz Aḥwâz), wird aber verraten und 914 wieder in Haft gesetzt. Er wird politischer Propaganda und der Theorie des ḥulûl, "Einwohnung", "Inkarnation" bezichtigt. Der neue Wesir ʿAlî b. ʿIsâ verurteilt Ḥallâj zu 8 Jahren, Auspeitschung und Bartrasur. Seine Haftbedingungen sind jedoch ziemlich liberal. Ḥallâj kann weiter Besuch empfangen. Ein Palastangestellter wird bekehrt und Wunder werden berichtet, die seine Gegner alamieren. Das Jahr 921 (islam. 308) sieht einen neuen, despotischen Wesir, Ḥâmid mit Namen. Der Fall Ḥallâj wird neu aufgerollt, zwei neue Großqadis leiten die Untersuchung: Abû ʿUmar aus der Rechtsschule des Mâlik b. Anas (gest. 795[16]), Spezialist in Hadithfragen und streng allen denen gegenüber, die in seinen Augen

---

[14] Es handelt sich dabei um eine Art platonischer Liebe, wie sie von den Beduinen besungen wurde, nicht unähnlich der Troubadour-Liebe: das geliebte Subjekt bleibt auf ewig unerreichbar, die Liebe verzehrt sich in Sehnsucht. Jamîl (gest. 701), vom Stamm der Banû ʿUdhra, gilt als Protagonist dieser Dichtungsart, von der Caspar folgendes Beispiel liefert: "J'aime mieux, en me privant de toi, garder mon cœur navré et mes yeux noyés. Oui je t'avais demandé l'entreinte qui eut calmé mon sang, mais sache-le, je me sens apaisé. Ah non, n'accomplis pas ta promesse de m'aimer, de peur que vienne l'oubli. Je veux être avare de mes sanglots." (*CMM 71*, Anm. 1). S. auch H.A.R. Gibb, *Arabic Literature. An introduction*, London, Oxford, New York ²1963, 44/5.

[15] Zu al-Shâfiʿî s. Laoust 90-92.

[16] S. ebd. 88/9; es ist interessant zu bemerken, daß Mâlik nicht die Reue des "zindîq", "Atheisten" akzeptierte.

Schismatiker sind, da sie die öffentliche Ordnung stören - und Ibn al-Mujâhid, der Ḥallâjs persönlicher, innerlich-spiritueller Schriftinterpretation total ablehnend gegenübersteht. Ḥallâjs Haftbedingungen werden verschärft, er wird täglich verhört, seine Schüler verfolgt. Dem Bericht Ibrâhîm b. Fâtiks zufolge soll Ḥallâj zu dieser Zeit u.a. folgendes gebetet haben:

O Du, der du durch deine Gegenwart dich an mein Herz bindest und durch deine Abwesenheit fern von mir bist, so wie die Ewigkeit von der Zeitlichkeit entfernt ist. Du machst dich mir so sehr sichtbar, daß ich glaube, Du bist Alles, und du entziehst dich mir so sehr, daß ich deine Existenz leugne. Doch dein Fernsein dauert nicht und deine Nähe ist zu nichts nutze. Mit dir Krieg zu führen, macht einen nicht reich, und mit dir Frieden zu schließen, schützt nicht (*H 3,12*).

Ibrâhîm berichtet ferner, daß Ḥallâj diejenigen, die ihn für gottlos halten, höher einschätzt als die, welche seine Heiligkeit loben: "... diejenigen, die meine Heiligkeit bezeugen, tun dies auf Grund der guten Meinung, die sie von mir haben; diejenigen hingegen, die meine Gottlosigkeit bezeugen, handeln aus Eifer für ihren Glauben. Wer immer aus Eifer für seinen Glauben handelt, ist Gott lieber als der, der irgendein Geschöpf hochschätzt" (*H 3/4, 12*). Ḥallâj beschließt das Gespräch, indem er Ibrâhîm fragt, was er wohl denke, wenn er Ḥallâj am Holz sehen wird, tot und verbrannt - und fügt hinzu: "Das wird jedoch der schönste Tag meines Lebens sein" (*H 4,12*). Dieses Bestehen auf Frömmigkeit, Gesetzestreue und Rechtgläubigkeit seiner Gegner ist von grundlegender Wichtigkeit für das Verständnis der Passion Ḥallâjs.

Ḥallâj macht es jedoch seinen Richtern nicht leicht. Auf ihre Fragen antwortet er als guter Muslim. Man kommt ihm erst bei, als man unter seinen Notizen die Beschreibung einer spirituellen Pilgerfahrt findet.[17] Es handelt sich darum, daß einer, der nicht die Mittel hat, nach Mekka zu pilgern, diese legale Pilgerfahrt unter gewissen Bedingungen bei sich zu Hause nachvollziehen kann: es muß dieselbe Zeit wie die der legalen Pilgerfahrt sein, rituelle Reinheit ist gefordert, der Umlauf (ṭawâf) ist

---

[17] Zum Folgenden s. *CMM 73/4*. Die Idee der sprituellen Pilgerfahrt steht grundsätzlich in Einklang mit Ḥallâjs Auffassung, daß "Werke" nie Endzweck sind (isqât al-wasâ'it, "Hinfälligkeit" der Werke): "Die Leute gehen auf Pilgerfahrt und ich pilgere zu meinem Gast. Sie bringen Lämmer als Opfergabe dar, ich gebe mein Herz und mein Blut hin." (*CMM 80*).

symbolisch nachzuvollziehen, und als gutes Werk können z.B. 30 Waisen gespeist werden. Als Ḥallâj das erste Mal mit seinem Text über die Pilgerfahrt konfrontiert wird, leugnet er keineswegs die dort vertretene Idee der spirituellen Mekkafahrt, betont aber, nur einen Rat gegeben zu haben und keineswegs das Gesetz habe aufheben wollen. Er behauptet, nur eine Tradition, ḥadith, zu zitieren. Er wird daraufhin von Ibn Buhlûl, der Ibn al-Mujâhid vertritt, aufgefordert, den ḥadith vorzuweisen. Abû ʿUmar aber erklärt, Ḥallâj sei "Atheist" (zindîq), und gibt ihn zur Exekution frei. Der Wesir erklärt, Abû ʿUmars Ansicht genüge und läßt, indem er von einer Abwesenheit Ibn Buhlûls profitiert, die fatwâ, das Gutachten herstellen.

Die entscheidende Szene spielt sich nach Ibn Zanji, Augenzeuge und Assistent seines Vaters, des protokollführenden Gerichtsschreibers bei Ḥallâjs Prozeß, so ab: der umstrittene Text wird verlesen und Abû ʿUmar fragt daraufhin Ḥallâj, woher er dies habe. Als dieser antwortet: aus dem Kitâb al-ikhlâṣ des Ḥasan al-Baṣrî, bezichtigt Abû ʿUmar ihn der Lüge und ruft: "'yâ ḥalâl al-dam' (dein Blut kann ohne Sünde vergossen werden): Wir haben gehört, wie das Buch al-ikhlâṣ des Ḥasan al-Baṣrî gelesen wurde, und es enthält nicht ein Wort von dem, was du da berichtest!" (CMM 73). Das war genug für den Wesir. Kaum hatte dieser die fatalen Worte Abû ʿUmars vernommen, greift er ein und fordert den Groß-Qadi auf, sie niederzuschreiben. Abû ʿUmar begreift, was er in seinem Eifer angerichtet hat, doch zu spät. Er versucht, sich dem Befehl des Wesirs zu widersetzen, hält aber seinem Befehlen und Drängen nicht stand. Er schreibt die tödliche Formel nieder: Es ist erlaubt, sein Blut zu vergießen. Die anderen Mitglieder des Tribunals unterzeichnen ihrerseits. Bei der Verkündigung der Sentenz ruft Ḥallâj aus: "Mein Blut kann nicht ohne Sünde vergossen werden (damî ḥarâm)!" (CMM 73). Er bestreitet die Richtigkeit des Vorgehens der Richter, beteuert seine Orthodoxie und verweist darauf, daß Bücher über die sunna, die Tradition, verfaßt von ihm, bei den Buchhändlern zu finden sind und ruft immer wieder: "Möge Gott mein Blut schützen"! Doch der Wesir bleibt ungebeugt und erwirkt vom Kalifen, al-Muqtadir, den Exekutionsbefehl. Am Ort der Richtstätte angekommen, betet Ḥallâj:

... Ich beschwöre dich, mein Gott, bei deiner Ewigkeit, die meine Zeitlichkeit bedeckt... gewähre mir, für die Gunst zu danken, die du mir geschenkt hast. Denn den andern hast du die Züge deines Antlitzes vorenthalten und jedem andern verboten, einen Blick (darauf) zu werfen, so wie du es mir, in den Tiefen deines Mysteriums, erlaubt hast. Siehe, deine Diner sind versammelt, um mich aus Eifer für deinen Kult und (beseelt) von dem Wunsch, sich dir zu nähern, zu töten. Verzeih ihnen! Denn wenn du ihnen enthüllt hättest, was du mir enthüllt hast, dann würde ich nicht so erprobt, wie ich es jetzt werde. Lob sei dir, für das, was du tust und Lob für das, was du beschließt. (Dann schwieg er und sprach still mit Gott. Dann rief er vernehmlich:) "Tötet mich, meine treuen Kameraden! Mein Leben liegt in meinem Gemordetwerden. Mein Tod ist Überleben und mein Leben ist Sterben. Ich fühle, daß die Vernichtung meines Seins das nobelste Geschenk... ist, und mein Überleben, so wie ich bin, das schlimmste Unrecht. Meine Seele, unter diesen stürzenden Ruinen, ist meines Lebens satt. Tötet mich daher in meinen verderblichen Knochen! Wenn ihr dann hinterher an meinen Resten, zwischen verlassenen Gräbern vorbeikommt, dann findet ihr das Geheimnis meines Freundes, in der geheimsten Herzensfalte der überlebenden Seelen.[18]

In diesem Moment näherte sich der Henker Abû l-Hârith und hieb Hallâj die Nase ab, so daß sich seine weißen Haare rot färbten. Mehrere umstehende Asketen verlieren das Bewußtsein. Ein Aufruhr droht zu entstehen, Soldaten intervenieren. Man geißelt Hallâj, bis keine Haut mehr an den Knochen ist. Hallâj schreit nicht. Anderen Berichten zufolge zählt er die Schläge mit "eins" (ahad), will heißen: "o einziger (Gott)!" Hallâj wird geviertelt: rechte Hand, linker Fuß, linke Hand, rechter Fuß, und schließlich ans Kreuz (salîb) geheftet, aufrecht oder in "T"-Form. So wird die Koranvorschrift für Häretiker erfüllt (s. Sure 5,33f.; cf. 7, 124; 20,71; 26,49).

Bis zum nächsten Morgen bleibt Hallâj am Kreuzbalken geheftet. Folgende "Worte am Kreuz" werden berichtet: Hallâj verzeiht erneut seinen Feinden und betet dann:

O mein Gott! Hier bin ich am Ort meiner Wünsche und mein Blick ist überrascht angesichts deiner Wunder. Mein Gott, ich sehe, daß Du deine Liebe denen bezeugst, die Dir Unrecht tun. Wie könntest Du deine Liebe nicht dem bezeugen, dem - in Dir - Unrecht getan wird?[19]

[18] Die Textlage ist etwas schwierig. Wir folgen hier *CMM 75*; s. dort auch 76, Anm. 1; ferner: *Akhbâr* 7/8, 1 u. SS. 103/4 franz. Teil, bes. S. 104, Anm. 5. - Zum weiteren s. *CMM 76*.

[19] *CMM 76 = Akhbâr 36, 17*; s. auch *Akhbâr 42, 20* u. S. 166/7 franz. Teil.

Shiblî, ein Mit-Sufi, befindet sich ebenfalls unterm Kreuz und befragt Hallâj über den Sufismus. Hallâj: "Der niedrigste Grad, den es zu erreichen gilt, ist der, den du vor dir siehst." - "Und was ist der höchste?" - "Der ist kaum in deiner Reichweite, aber du wirst ihn morgen sehen. Ich war sein Zeuge, ohne ihn gesehen zu haben, aber dir ist er verborgen geblieben."[20] Und Shiblî fährt fort:

Zum Moment des Nachtgebets ('ishâ') erging des Kalifen Erlaubnis, Hallâj zu enthaupten. Der Wachoffizier sagte: "Die Stunde ist zuweit vorgerückt. Laßt uns das auf morgen verschieben!" Am nächsten Morgen nahm man Hallâj vom Kreuz ab, und man zog ihn vorwärts, um ihm das Haupt abzuschlagen. Da schrie er, so laut er konnte: "Es ist für den, der Gott gefunden hat, genug, daß der Eine ihn zur Einheit zurückführt (ihn zu einem Einzelnen macht: hasb al-wâjid ifrâd al-wâhid)! Dann zitierte er den Koranvers: "Diejenigen, die nicht an die Stunde (des Gerichts) glauben, wollen sie eilends haben. Diejenigen aber, die glauben, ängstigen sich vor ihr und wissen, ... daß sie die Wahrheit ist." (42,18). Das soll das letzte gewesen sein, was man ihn hat aussprechen hören. Dann enthauptete man ihn und wickelte seinen Leib in eine Matte, goß Nephta darüber und verbrannte ihn. Seine Asche wurde hoch oben auf ein Minaret getragen, von wo der Wind sie zerstreute (*Akhbâr 36,17*).[21]

Hallâj ist am 24 dhû l-qadâ 309, d.h. Montag, den 25. März 922 gestorben.

---

[20] *Akhbâr 36, 17*; zum Sinn s. auch u. 329/30, 336.

[21] Zu hasb al-wâjid... das mehrfache Übersetzungen gefunden hat (Massignon, Gardet) bemerkt Caspar: "Le sens me paraît clair, au niveau de l'arabe: la seule chose qui compte pour celui qui, en extase (waġd) a trouvé (waġada) Dieu, c'est que le Dieu unique (wâhid) opère Lui-même cette unité (ifrâd) avec Dieu qu'Hallâġ a cherché toute sa vie et déjà trouvée, mais qui ne s'accomplira que par la mort, dans l'au-delà." (*CMM 76*, Anm. 2). - Hallâjs Kopf soll durch die Khorâsânprovinz getragen worden sein, dort, wo er viele Schüler hatte, um diese in Furcht zu versetzen. Anderen Legenden zufolge soll die Asche Hallâjs, als man sie in den Tiger warf, das Hochwasser gebändigt haben. Anhänger der Seelenwanderung nahmen verschiedene Formen der Reinkarnation an (Kuh, Maultier, Dämon etc). Tendenziösen Erzählungen aus Sufikreisen zufolge, soll er Sufis in Visionen erschienen sein und ihnen auf die Frage, warum Gott seine Hinrichtung zugelassen habe, geantwortet haben: "Weil ich das Geheimnis geoffenbart habe." - S. zu diesen Traditionsbildungen *CMM 76*.

2. Ḥallâǧ: Zeuge der Einheit und Einzigkeit Gottes

Ḥallâǧs Bestimmung war es,[22] Zeuge Gottes unter den Menschen zu sein, sein Symbol, und so in gewissem Sinn sein "Beweis".[23] Welcher Art ist der Gott, auf den sich Ḥallâǧ ohne Rückhalt, als sein Zeuge, einließ? Folgendes Gedicht, kurz vor der Hinrichtung gesprochen, führt uns auf die richtige Fährte:

Mein Mahlgenosse ist von jedem Verdacht erhaben. / Er will mir kein Unrecht tun. / Er hat mich eingeladen und dann begrüßt, / so wie der Gastgeber es mit seinem Gast tut. / Sobald jedoch der Pokal die Runde gemacht hatte, / ließ er den Teppich für die Hinrichtung und das Schwert hereintragen. / Dies ist das Los dessen, der Wein trinkt, / in der Glut des Sommers, in Gesellschaft des Drachens.[24]

Dies ist der "Freund", über dessen Geheimnis Ḥallâǧ am Ort der Richtstätte sprach.[25] Eine Freundschaft wie Feuer, aus dem der Mensch nicht mehr entrinnt, hat er sich erst einmal, wie ein Schmetterling, zu sehr der Flamme genähert. Oder soll man das Kreisen des Pokals "Liebe" nennen?[26] Dann ist es jene, frei von jeder Sentimentalität, die den Tod des Geliebten bedeutet.[27] Wie auch immer - dies ist jedenfalls der Hintergrund für den technischen Begriff der "waḥdat al-shuhûd", der

---

[22] Zum Folgenden *CMM 77-91*.

[23] Zum Mystiker als Beweis (ḥujja) Gottes s. auch *Cmm 54*, so wie die Arbeiten von Corbin (Anm. 1).

[24] *H 5,15 = Akhbâr 34/5, 16*; s. auch *CMM 75* u. Anm. 1 auf derselben Seite.

[25] Zum "Freund" s.o. 327 (Gebet Ḥallâǧs), ferner *H 7,22*: "Ich habe einen Freund (ḥabîb = 'Geliebter'), den ich in der Einsamkeit besuche..." oder "Mein Intimfreund (muʾnis) ist meine Hoffnung und mein Gedenken..." in *H 7,23*, s.u. 338.

[26] S.u. 493 u. *CMM 77*, ferner auch *CMM 84*: "Ḥallâǧ reprend la voie ouverte par Râbiʿa et trop délaissée, par son malheur, par Bistâmi (Râbiʿa gest. um 801 u. Bistami gest. 857 oder 874: herausragende Mystiker, s. *CMM 30-42; 47-61*), celle de l'amour. Il semble que ses textes primitivs parlaient sourtout du ʿišq, désir ardent, et que les rapporteurs postérieurs aient remplacé ʿišq par maḥabba. En tout cas, il connaissait les deux termes et... fait de la maḥabba une étape vers le ʿišq (ou šawq). L'amour est le point de départ, la voie et le moyen formel de l'union avec Dieu."

[27] S. Hegels erstaunlich gute Einschätzung des Charakters "orientalischer" Liebe in seinen *'Vorlesungen über die Philosophie der Geschichte', Werke XII* (Suhrkamp, Frankfurt/M. 1970), 432, im Abschnitt über den Mohammedanismus: s.o. 318.

Zeugenschaft des Schauens, der Einheit auf Grund des Schauens, die Hallâjs Schicksal wurde.[28] Und es ist nicht uninteressant hinzuzufügen, daß, ähnlich dem griechischen mártys (Zeuge, Märtyrer), vom arabischen Stamm für "schauen" auch der Begriff Märtyrer: shâhid, gebildet wird. Für Hallâj gilt mit Sicherheit: Zeugesein und Märtyrersein ist ein und dasselbe. Schon im normalen Verstande ist derjenige der beste Zeuge, der ganz hinter den Bezeugten (das Bezeugte) zurücktritt, ihn (es) möglichst rein zur Sprache bringt, sich so weit wie möglich "auszulöschen" versteht. Dies gilt aber in verschärftem Maße, wenn es darum zu tun ist, die *Einheit* und *Einzigkeit* Gottes zu bezeugen, in der Linie von Sure 55,26.27:

Alle, die auf der Erde... sind, werden vergehen. Aber... das erhabene und ehrwürdige Antlitz deines Herrn... bleibt bestehen.[29]

Eine irgendwie geartete Selbstbehauptung des Zeugen des *Einen* Gottes, der gerade dessen Einzigkeit zu bezeugen hat, ist ein krasser Widerspruch in sich selbst. Die Selbstaffirmation des Zeugen *neben* Gott gerät zum "Polytheismus", auf arabisch: shirk. Gerade die entscheidenden religiösen Akte des Menschen stellen aber in dieser Hinsicht die größte Falle dar.[30] Wir sind diesem Problem schon in dem Gebet "O Führer derer, die in Ekstase sind..." (s.o. 322) in Hinblick auf die

---

[28] Im Gegensatz zur Einheit des Seins: wahdat al-wujûd, der pantheistischen Auffassung der Mystik, so wie sie von Ibn ʿArabî oder den javanisch-sumatranischen Mystikern vertreten wurde; s.u. 350. - Zu wahdat al-shuhûd bemerkt Caspar: "L. Massignon, et après lui L. Gardet et bien d'autres, traduisent 'wahdat al-šuhûd' par 'Unité de témoignage'. C'est sans doute le sens que cette unité prend chez Hallâǧ, le 'témoignage' étant la modalité qu'elle y prend. Mais, au niveau de la langue arabe, les deux masdars du verbe šahida sont formellement différents: šuhûd est l'acte de voir de ses yeux et šahada est le témoignage de ce qu'on a vu de ses yeux." (*CMM 84*, Anm. 2). - Zum Unterschied zwischen shuhûd und wujûd bemerkt er dann noch, daß es nicht sicher ist, ob es alt und formell ist, da wujûd auch "trouver en extase" bedeuten kann (*CMM 85*, Anm. 1). - Auch die "Seinsmystik" lebt von einer "innneren Schau".

[29] Über die in dieser Sure zum Ausdruck gebrachte Theozentrik und Transzendenz und ihre Beziehungen zur mystischen Erfahrung s. auch *CMM 13 u. 59*.

[30] Ironischerweise teilen im Arabischen "shirk", Polytheismus, Beigesellung und Falle = "sharak" dieselbe Wurzel. S. dazu auch Th. Mooren, *Abstammung und Heiliges Buch. Zur Frage der semantischen Bedeutsamkeit anthropologischer Strukturen im Alten vorderen Orient im Hinblick auf den koranischen Monotheismus*, in: ZM 65 (1981), 14-39, bes. 35 [hier: 118-147, bes. 146].

Danksagung begegnet. Es gilt aber noch viel mehr für das *Bekenntnis der Einheit Gottes*, das Herzstück des islamischen Glaubens, die shahada: Es gibt keinen Gott außer Gott, und Muḥammad ist sein Prophet. Mit Blick auf dieses Bekenntnis der Einheit und Einzigkeit (tawḥîd) verkündet Ḥallâj:

> Wisse, daß der Mensch, der den tawḥîd proklamiert, sich selbst bestätigt. Sich selbst bestätigen jedoch heißt: Beigesellung, shirk, zu begehen (*H 9/10, 36*).

Es ist geradezu "häretisch", die Shahada mit der eigenen Attestation Gottes und erst recht der nachfolgenden des Propheten zu vermengen (s. auch *CMM 81/2*). Man sehe hierzu den Bericht des ᶜAbd al-Wadûd b. Saᶜîd ibn ᶜAbd al-Ghanî:

> Ich trat bei Ḥallâj ein und bat ihn: "Kläre mich über die Proklamation der Einheit auf!" Er sagte: "Die Proklamation der Einheit ist zu sehr außerhalb der Sprache, um ausgedrückt werden zu können." Da fragte ich: "Was also bedeutet die Formel: es gibt keinen Gott außer Gott?" - "Das ist die Formel, mit der Er das 'Volk' beschäftigt hat... Dies ist, über das Gesetz hinaus, die Erklärung der Proklamation der Einheit." Dann röteten sich seine Wangen. "Möchtest du, daß ich dir noch kurz etwas sage?" - "Gewiß!" - "Wer immer behauptet, die Einheit Gottes zu proklamieren, ist ein Assoziator, Polytheist" (*Akhbâr 74,49*).

Daher die "logische" Folge:

> Nur Gott kann seine eigene Einheit proklamieren durch den Mund dessen, den er auswählt (= will) unter seinen Geschöpfen (*H 10,36*).

Deswegen betet Ḥallâj:

> Füge mich zur Einheit zusammen, o mein Einziger, indem du mich wirklich bekennen läßt, daß Gott einzig ist. Dahin nämlich führt kein (menschlicher) Weg. Ich bin Wahrheit (anâ ḥaqqun), und die Wahrheit ist für die Wahrheit eine Wahrheit, bekleidet mit ihrer Essenz. (Zwischen uns) gibt es daher keine Trennung mehr. Siehe, die leuchtenden Klarheiten werden hell, die Funken springen mit dem Glänzen des Blitzes (*CMM 77*).[31]

---

[31] Cf. auch *Akhbâr 108*, [74]. Die dort befindliche Lesart mit bestimmtem Artikel ("ich bin *die* Wahrheit") wird jedoch von Massigsnon korrigiert in "ich bin Wahrheit" (S. 149, Anm. 1, franz. Teil).

Dies ist der Hintergrund des berühmten "Ich bin Wahrheit"[32]: es ist das Selbstauslöschen des Zeugen im Bezeugen der Einheit (s. auch *Akhbâr 94/5, 63*). Nur so kann er "Gott" sein, Wahrheit.[33] Daß eine solche Auffassung, sollte sie einmal den Bereich der Arkandisziplin verlassen, für die Legalisten in Religion und Glaube das Maß mehr als voll macht, liegt auf der Hand. Hallâj ist sich des gefährlichen Kurses, den er in Sachen Exoterik steuert, denn auch voll bewußt:

Wisse, daß der Mensch sich solange auf der Ebene des Gesetzes aufhält, wie er nicht die Stufen, die die Proklamation der Einheit realisieren, in Angriff nimmt. Sobald er jedoch dort angelangt ist, ist das Gesetz in seinen Augen aufgehoben, und er kümmert sich nur noch um die Lichtschimmer, die aus der Quelle der Wahrheit ausbrechen. Wenn sich ihm die Lichtschimmer anhäufen, und die Blitze über ihm einer auf den anderen folgen, dann wird die Proklamation der Einheit für ihn Unfrömmigkeit und das Gesetz Extravaganz. Und so bleibt er zurück, ohne Ich und ohne Spur, beobachtet das Gesetz nur aus reiner Form und spricht die Proklamation der Einheit nur trotz seiner (selbst) und gezwungenermaßen aus (*Akhbâr 73,47*).[34]

Der Meister derjenigen, die die Einheit bezeugen, ohne sich in deren Bezeugung selbst auszulöschen, sondern gerade hier sich in ihrer Ichheit behaupten und so shirk begehen, ist Iblîs, der Teufel.[35] Er ist, dem *Gesetz* nach, der beste Monotheist. Nach Sure 7,11 nämlich weigerte er sich, sich vor Adam niederzuwerfen ("Ich bin besser als er. Mich hast du aus Feuer erschaffen, ihn [nur] aus Lehm", 7,12). Bei Hallâj sieht das so aus:

[32] Zur Deutung dieses Ausspruchs s. muslimischerseits auch: Kamran (Anm. 3) "Ana al-Haqq has once again become a cry in the wilderness. Only the landscape has changed, and the world of Hallaj is replaced by the tensions of modern times. In the changed environment the Muslims are faced with a strange phenomenon: strange in the sense that it has no familiar counterpart in the recent history of Muslim creative thought. To my mind, therefore, the conditions of our times provide sufficient justification for a reconsideration of what Hallaj had to say in similar circumstances." (S. VII).

[33] Al-haqq, der Wahre, Wahrheit, ist auch im Islam klares Attribut Gottes, ja Name für Gott selbst.

[34] S. auch: "Ich habe den Glauben Gottes verleugnet und dieses Verleugnen ist für mich eine Pflicht, während es, für jeden Muslim, verwerflich ist." (*Akhbâr 99*, [66]).

[35] Zur Geschichte mit Iblîs s. *H 8/9, 31*.

Gott sagt zu Iblîs: "Wirf dich vor Adam nieder!"
"Niemals vor einem andern als vor Dir!"
"Auch dann nicht, wenn mein Fluch auf dir lasten sollte?"
"Auch dann nicht. Kein anderer als Du! Ich sehe keinen Weg, der zu einem anderen als Dich führen würde, denn ich bin ein demütiger und doziler Liebhaber" (muḥibbun dhalîl).

Und Iblîs fügt u.a. noch hinzu: "Es gibt nämlich keinen in den beiden Universen (Himmel und Erde), der Dich besser kennt als ich (laysa... aʿrafu minny bîka)." Genau diese Kenntnis jedoch, als Selbstbehauptung, wird Iblîs zum Verhängnis. Er will Monotheist auf eigene Faust sein und dabei nur die Art von Transzendenz anerkennen, die er sich vorstellen kann. Wir können sagen, perfekt nach dem Gesetz, doch gottlos, weil ungehorsam und selbstaffirmativ, der Sache nach. Der Fall Iblîs zeigt so noch mehr. Seine Geschichte offenbart nämlich erst dann ihren vollen Sinn, wenn man sieht, daß das Konzept der Transzendenz Gottes auf dem Spiel steht. Gott ist so sehr transzendent, daß er unsere Vorstellungen von Transzendenz und Einheit transzendiert, im Erscheinen im Bild Adams[36] schlichtweg übersteigt. Das führt uns zu folgender Frage: inwieweit bedeutet das Bezeugen der Einheit nicht nur ein Auslöschen des Zeugen in Gott, sondern in gewisser Weise auch ein wie immer geartetes Kommen Gottes, des Bezeugten, zum Menschen, ein Einswerden mit ihm? Es gibt in der Tat einen Text Ḥallâjs, sein Gebet in der letzten Nacht vor der Hinrichtung im Hause des Polizeipräfekten, der sich nahtlos an die Iblîsgeschichte anschließt:

... Du offenbarst dich,[37] wie du willst, genauso wie du dich, deinem Willen gemäß, in einem vollkommenen Bild geoffenbart hast. (Dein) "Bild" (in diesem Geschöpf) ist der intelligente (wörtl. klarer Aussage fähiger) Geist (rûḥ): durch sein Wissen, seinen präzisen Diskurs, seine Fähigkeit zur Beweisführung. Ferner hast du diesem Zeugen von dir, der ich bin, dein essentielles "Er" anvertraut. Was soll ich von dir sagen, wenn du die Figur meiner Essenz annimmst, am Ende meiner Metamorphosen, und dich an meine Essenz mittels deiner Essenz wendest? (*H 4,13*).

---

[36] Deswegen kann Gott fordern, sich vor dem Bild Adams niederzuwerfen.

[37] "tajalla" (V) = sichtbar werden (so wie wenn ein Spiegel poliert wird).

Was hier platonisch-gnostisch klingt, ist mit Hinblick auf den Koran so formuliert:

Lob sei dem, dessen Menschheit das Mysterium der Glorie seiner strahlenden Gottheit geoffenbart hat, und der sich dann offen seinen Geschöpfen gezeigt hat in der Form eines Wesens, das ißt und trinkt. So sehr, daß seine Geschöpfe ihn mit eigenen Augen gesehen haben, (so) wie das Augenzwinkern von Augenlid zu Augenlid eilt (*H 7,19*).

Dieses Gebet enthält nicht nur eine Anspielung auf den Adam von Sure 7,11, sondern ganz klar auch auf den Propheten in Sure 23,33:

Die Vornehmen aus seinem Volke, die ungläubig waren und es als Lüge erklärten, daß sie (dereinst) das Jenseits erleben werden... sagten: "Das ist ja nur ein Mensch wie ihr, der dieselbe Speise und dasselbe Getränk zu sich nimmt, wie ihr."

und auf Jesus in Sure 5,75:

Sie (Christus, der Sohn der Maria, und seine Mutter) pflegten (als sie noch auf der Erde weilten, wie gewöhnliche Sterbliche) Speise zu sich zu nehmen.

Es sind dies für Ḥallâj privilegierte Fälle der Selbstoffenbarung Gottes.[38] Von hier aus wird verständlich, wenn Ḥallâj ausrufen kann:

Ah! Bin ich es? Bist Du es? Das ergäbe zwei Götter! Weit entfernt! Weit entfernt von mir, zwei Götter zu behaupten! Es gibt ein "Er", das für immer, in meinem "Nein!", dein ist. Alles an mir, in Hinblick auf jede Sache, nimmt ein doppeltes Gesicht an. Wo also ist deine Essenz, außerhalb von mir, so daß ich sie sähe? Meine Essenz ist in Licht aufgelöst, da wo es keinen Ort mehr gibt (lâ ayna). Wo also ist dein Antlitz, Objekt meines doppelten Blicks: im Blick des Herzens oder im Blick des Auges? Zwischen Dir und mir gibt es ein "ich", das mich erdrückt. Ah! Entferne durch Dein "Ich" mein "Ich", (das) zwischen uns zweien (steht) (*H 10,40*).

---

[38] Der koranische Kontext meint natürlich nicht das, was Ḥallâj aussagen will. Der Koran will einmal den Unglauben der Mekkaner brandmarken, die mit Hinweis auf Muhammads Nur-Menschsein ihre Ablehnung untermauern, und im andern Fall darauf hinweisen, daß "Christus, der Sohn der Maria nur ein Gesandter" (5,75) und nicht Gottes Sohn ist.

Aus diesem Text geht deutlich ein Ringen um Einheit zwischen Zeuge und Bezeugtem hervor. Glückt die Erfahrung der unio, so schreckt Ḥallâj nicht vor folgenden starken Worten zurück:

> Dein Geist hat sich meinem beigemischt... Wenn etwas dich berührt, berührt es mich; also bist Du Ich (fa'idhan anta anâ). Wir sind nicht mehr getrennt (*H 10,37*).

Oder:

> Dein Geist hat sich meinem beigemischt, wie Wein mit reinem Wasser gemischt ist. Wenn etwas dich berührt, berührt es mich. Du bist also Ich in jedem Zustand (*H 10,38*).

Sogar vor dem Vokabular der Liebe macht Ḥallâj nicht halt, *seiner* Liebe zu Gott:

> Ich bin derjenige, den ich liebe (hawâ), und derjenige, den ich liebe, ist Ich geworden. Wir sind zwei Geister (dem Geiste nach), aber bewohnen denselben Leib. Wenn du mich siehst, siehst du Ihn, und wenn du Ihn siehst, siehst du uns (*H 10,41*).[39]

In Anspielung auf Moses kann Ḥallâj auch sagen, daß Gott des Mystikers "Antlitz zu Antlitz" in jeder Sache wird, um ihn mit einer "klaren und nicht verkleideten Offenbarung" zu beschenken (*Akhbâr 113,1**). In ähnlicher Weise kann Ḥallâj auch auf die Tradition des "tabâdul al-ṣifât", den Austausch der Attribute (zwischen Gott und Mensch) zurückgreifen.[40] Das sieht dann so aus:

---

[39] S. auch *CMM 77*: "... la voie ḥallâǧienne: que Dieu vienne en lui réaliser cette unité impossible à l'homme. Mais cette voie vers le tawḥîd sera la voie de l'amour et elle sera possible, parce que Dieu, qui est Amour, a créé l'homme à son image, pour manifester son amour dans le monde."

[40] Schon bei Ibrâhîm b. Adham (gest. 776) aus Khorâsân können wir den Attributenaustausch finden: "... ich (Gott) bin mit mir darüber einig geworden, daß keiner meiner Diener mich liebt, ohne daß ich sein Ohr werde, mit dem er hört, sein Auge, womit er sieht, seine Zunge, mit der er spricht, sein Herz, mit dem er versteht." (*CMM 30*). Diese Idee wird später von dem großen Mystiker Abû Yazîd al-Bistâmî (801-874 oder 857) aufgenommen. Der Austausch der Attribute bezieht sich hier sogar auf die wesentlichen Attribute Gottes, das, was Gott zu Gott macht: seine Einheit (waḥdanyya), Identität (anânyya), Moneität (aḥadyya); s. *CMM 53*.

Die Liebe bedeutet, daß du dich aufrecht hältst vor deinem Geliebten, daß du deiner eigenen Attribute beraubt wirst, und daß deine Quidditas (Qualifikation) von Seiner Quidditas stammt *(CMM 84)*.[41]

So kühn diese Worte, mit denen Hallâj die Abgründe seiner mystischen Erfahrung zu beschreiben versucht, auch klingen, wir dürfen sie weder als Pantheismustheorie noch als Inkarnationstheologie im christlichen Sinn mißverstehen. Sie sind glückliche Hoch-Zeiten im Leben eines Zeugen - und doch zugleich prekär und total ungeschützt vor dem Geheimnis eines "Er", eines Gegenüber, das im selben Atemzug der ganz Andere, Unbegreifliche, bleibt. Über nichts ist sich Hallâj mehr im klaren. Selbst wenn er die Anwesenheit Gottes in jedem kleinsten Ereignis und Zustand der Seele feiern und sogar hinzufügen kann, daß, wenn die Geschöpfe dies nur wüßten, sie Gott nicht für einen einzigen Augenblick, nicht mal den eines Augenzwinkerns, verlassen würden, und er nicht sie, so betont er doch im selben Augenblick: "Aber das Innere seines Mysteriums gehört seiner Essenz selbst" *(H 7,21)*.[42] Er geht sogar so weit zu sagen, daß das Denken der Essenz Gottes, das Sich-Vorstellen seiner Attribute und das Proklamieren seiner Existenz "zugleich ein immenser Fehler und maßloser Stolz" sind, und daß es besser ist, sich auf ewiges Danksagen zu beschränken *(Akhbâr 30,12)*. Dem Bericht des Husayn ibn Hamdân zufolge betont Hallâj:

Gott übersteigt das Wo und den Ort. Er hält sich abseits von Augenblick und Zeit. Er befindet sich außerhalb von Herz und Seele. Er entzieht sich jeder Enthüllung und jeder Offenbarung. Er ist zu heilig, um von unseren Augen erreicht und Begriffen unseres Geistes erfaßt zu werden. Er isoliert sich von den Geschöpfen durch seine Ewigkeit, genauso wie die Geschöpfe sich von ihm durch ihre Zeitlichkeit isolieren. Derjenige also, dessen Eigenschaften derart sind, - wie kann man den Weg suchen, der zu Ihm führt? Und er weinte und rezitierte:

---

[41] S. auch *CMM 84*: "Le Dieu-Amour se rend présent dans l'homme, image de l'amour divin, par l'amour qui s'échange entre eux. Les deux amours et les deux personnes, la divine et l'humaine, sont présentes dans le même homme, sans se confondre, mais ne faisant qu'un par l'amour. C'est alors que l'homme devient témoin de l'amour de Dieu."

[42] S. auch das harte Wort über den höchsten Grad des Sufismus, am Kreuz zu Shiblî gesprochen: ich war Zeuge, ohne den höchsten Grad gesehen zu haben - o. 328.

Und ich sage ihnen: "Meine Freunde! Seht die Sonne! Ihr Licht ist nahe, aber, um sie zu erreichen, wie weit ist es! (*Akhbâr 80/1, 51*).

Kommt es doch zur unio und scheint Hallâj den Weg gefunden zu haben, so ist es immer ein Schock, Vernichtung des Menschsein und der Geschöpflichkeit in Gott hinein; keine Spur, kein Ich, kein Aspekt, keine Erinnerung bleiben zurück (cf. *Akhbâr 26,10*). Es ist niemals ein permanenter oder gar gesicherter Zustand:

> Gott unterhält sich mit seinen Geschöpfen in aller Güte: er offenbart sich ihnen, dann zieht er sich zurück, wobei er immer ihre Erziehung im Auge hat. In der Tat, würde er sich nicht offenbaren, die Menschen würden in Gottlosigkeit verfallen. Doch genauso gilt: würde er sich niemals entziehen, sie wären alle geblendet. Deswegen gewährt er ihnen keinen dieser zwei Zustände in Permanenz (*Akhbâr 25/6, 10*).

Man könnte Hallâj als einen Einzelkämpfer beschreiben, der, von Gott zum Zeugnis gerufen, in unerschrockenem Mut die Einladung zur göttlich-tödlichen Gastfreundschaft annimmt, die Gastfreundschaft des Drachen (s.o. 329), aber zugleich weiß: Ich bin auf das hohe Meer hinausgefahren und das Boot ist entzwei (s.o. 322). Es kann gar nicht anders sein, denn im islamischen Kontext, im Kontext des offiziellen radikalen Monotheismus, muß Hallâj die Begegnung mit Gott auf eigene Faust oder einzig im Schatten der Faust Gottes unternehmen, total ungeschützt. Und doch ist paradoxerweise gerade dies, aus der Sicht der Zeugenschaft, der einzig wahre Monotheismus! Hallâj kann dabei auch von Liebe sprechen, aber es ist, zumindest in bezug auf das Erdendasein, eine Liebe, durch die das Schwert der Trennung hindurchgeht, eine Liebe, die das getrübte oder "unglückliche" Bewußtsein nie los wird:

> Die zwei Liebenden[43] haben sich miteinander vereint, aber das Objekt des Genusses trennt sich vom Genießenden. Die zwei... haben sich in einen Zustand (hinein) verbunden. Dort sind sie verschwunden in einem getrübten ("unglücklichen") Bewußtsein (*H 10,39*).[44]

---

[43] ʿâshiq: heiß sehnen.

[44] Zur Übertragung "unglückliches Bewußtsein" s. *CMM 86*: "conscience trouble". Der Text gebraucht "madhaqa": verwässern, auflösen.

Das Erdenleben bleibt die Nacht des Exils, Gott zwar der Nachbar,[45] aber das Größte, was der Mensch tun kann, ist, seinem Tod als Zeuge zuzustimmen, ja - und hier rundet sich das Bild ab, das wir zu Beginn dieses Kapitels gezeichnet haben - Ḥallâj scheut nicht davor zurück, Gott offen "Mörder" (qâtil) zu nennen:

> Du wohnst in meinem Herzen, dort wo, von dir geschickt, die Geheimnisse wohnen. Willkommen du, o Wohnstatt, oder vielmehr: willkommen o Nachbar! Denn kein anderer als Du wohnt dort, Geheimnis, das ich kenne. Schau dich mit deinen eigenen Augen um: gibt es noch einen Eindringling? In der Nacht des Exils, lang oder kurz, ist mein intimer Freund meine Hoffnung und mein Gedenken. Hier bin ich und stimme meinem Tod zu, wie es Dir gefallen wird o mein Mörder; ich wähle, was Du wählst (*H 7,23*).

Kehren wir noch einmal zu einem der letzten Worte Ḥallâjs zurück: es ist genug für den, der Gott gefunden hat, daß der Eine ihn zur Einheit zurückführt (s.o. 328). Diese Worte sagen sicherlich alles aus, was es über Leben und Sterben Ḥallâjs zu sagen gibt. Interessant ist dabei, wenn hier eine Spekulation à la Raymundus Lullus erlaubt ist:[46] Der Finder (wâjid) und der Eine (wâhid) schreiben sich im Arabischen beide absolut gleich, bis auf einen kleinen diakritischen Punkt unter dem zweiten Radikal in "Finder" (was in der Umschrift einen völlig neuen Buchstaben ergibt). Aber ist es nicht merkwürdig, daß man Ḥallâjs ganzes Leben als Unterdrückung oder Eliminierung dieses kleinen Punktes, des "Ich-Punktes", der den Finder noch von dem Einen trennt, betrachten kann? - Erst im Tod schreiben sich beide gleich ...

---

[45] Über den Nachbarn als einer der größten und schönsten unter den ursprünglichen Gottesvorstellungen im Islam s. Th. Mooren, *Paternité et généalogie dans la pensée religieuse de l'Ancien Proche-Orient. Le discours monothéiste du Prophète Mahomet face à l'Arabie préislamique, Ugarit, Israël et le Christianisme.* (Thèse du Doctorat en Théologie, maschinenschrftl.), Paris 1979, Institut Catholique, mit Bezug auf die sog. "medinensische Konstitution", 116.

[46] S. auch Ḥallâjs Worträtsel mit dem Begriff tawhîd (Proklamation der Einheit): *Akhbâr 59, 39*.

3. Die Rechtfertigung des Verurteilten

Es liegt auf der Hand, daß das Schicksal des Ḥallâj dazu einlädt, Vergleiche mit dem Leben und Sterben Jesu zu ziehen. Die Frage ist nur, den richtigen Schlüssel zu finden, um Ḥallâj innerhalb des Islam gerecht zu werden, und ihn nicht voreilig irgendwie "christlich" zu vereinnahmen, d.h., den Punkt herauszufinden, wo er sich mit Jesu Schicksal wirklich vergleichen läßt.[47]

Eine Gemeinsamkeit, die bei beiden sogleich ins Auge springt, ist die Stellung zum Gesetz. Hier der permanente Kampf Jesu, dieses Gesetz für den Menschen dasein zu lassen und bei seiner Erfüllung auf die innere Intention zu achten (Mt 12,1-14; 23,1-33; Mk 7; Lk 13,10-17 etc.), dort die Empfehlung Ḥallâjs, die Pilgerfahrt auch spirituell begehen zu können. Diese Empfehlung war der Anlaß, Ḥallâj das Genick zu brechen - und die Pharisäer in Mt 12,14 halten Rat, aus Anlaß der am Sabbat geheilten verdorrten Hand, wie sie Jesus umbringen könnten. Das Gesetz als solches wird dabei von Jesus keineswegs grundsätzlich verachtet - genausowenig wie von Ḥallâj -, z.B. "steht es geschrieben",

---

[47] Es kann nicht darum gehen, aus Ḥallâj einen "Krypto-Jesus" zu machen oder das Fehlen einer festen inkarnatorischen Struktur der Mystik Ḥallâjs, dem Islam als "Schwäche" auszulegen. Es ist ja gerade die Zeugenschaft für den radikal Einen Gott, die Ḥallâjs Erfahrung erst ermöglicht. S. hierzu auch neben den schon erwähnten Werken H. Corbins sein: *'Il paradosso del monoteismo'*, Casale Monferrato 1986, (franz.: *'Le paradoxe du monothéisme'*, Paris 1981), 5 etc. - Zur christlichen Rezeption Ḥallâjs cf. auch *CMM 89-91*, wo aber, im Unterschied zu unserer eigenen folgenden Analyse mehr auf Probleme wie "Gnade", übernatürliche mystische Erfahrung etc. im Falle Ḥallâjs eingegangen wird: "Son expérience dépasse l'Islam et lui fait retrouver et vivre des valeurs chrétiennes. L'Islam le plus spiritualisé ne pourra jamais dépasser certaines limites posées par le Coran: la transcendence inaccessible de Dieu... Or Ḥallâǧ affirme être uni à Dieu par l'amour... Ḥallâǧ en fait 'l'essence de l'essence de Dieu'. De même pour le rôle de la souffrance purificatrice, preuve de l'amour de Dieu, pour le pardon des ennemies. S'agit-il seulement de coïncidences fortuites? La réponse n'est ni dans des coïncidences, ni dans une imitation consciente ou des influences et emprunts externes. C'est une grâce du Christ qui était à l'oeuvre dans Ḥallâǧ, comme elle est en tout homme... (Son expérience mystique) a tous les signes d'une expérience à la fois vraiment mystique en vraiment surnaturelle: elle choisit la voie de l'amour, la vraie voie..." (*CMM 90/1*).

daß man Gott anbeten und ihm allein dienen soll (Lk 4,8; s. auch Mt 19,16-19; 5,17).[48]

Im Bereich der Vergeistigung des äußerlich objektiv Gesetzten in der Religion ist die Ähnlichkeit zwischen Jesus und Hallâj vielleicht am verblüffendsten, stellt man das Wort Jesu vom in drei Tagen wiederaufgebauten Tempel, das in der Passion eine so große Rolle spielt (Mt 26,61; 27,40; Joh 2,19-22), neben Hallâjs "Ermahnung zum Martyrium", dem Asketen Shâkir gewidmet:

... Zerstöre die Ka'aba (= den Tempel deines Leibes), dann bau sie wieder auf in Weisheit (hikma), damit sie anbetet mit den anbetenden (Engeln) und sich niederwirft mit den Niedergeworfenen (*Akhbâr* S. 68, franz. Teil).[49]

Doch die entscheidende Gemeinsamkeit im Wirken beider, Hallâj und Jesus, ist sicherlich ihr Zeugesein. Wie sehr Hallâjs Leben ganz von der Idee des Zeugnisgebens beseelt ist, haben wir im vorhergehenden studiert. Doch ist nicht auch besonders der johanneische Jesus durch und durch Zeuge? Das beginnt gleich mit Joh 1,18, wird abgestützt durch eine zweite Gestalt, die auch ganz und gar nur vom Zeugesein lebt, den Täufer (Joh 1,19ff.), geht weiter bis zum ersten Zeugenzeichen in Kana in Galiläa (Joh 2,1-11), zur Tempelreinigung in 2,13ff., Ankündigung der Erhöhung im 3,14 und dem Zeugen, der von oben kommt (3,31-36), dem Wort vom wirkenden Vater in 5,17: "mein Vater wirkt bis auf diesen Tag und ich wirke auch", dem nachfolgenden "der Sohn kann nichts aus sich selber tun" (5,19) und "der Vater hat den Sohn lieb und zeigt ihm alles, was er tut" (5,20), bis hin zur Speisung der 5000 und der anschließenden Diskussion (Kap. 6), der Erklärung auf dem Fest: "meine Lehre ist nicht mein, sondern dessen, der mich gesandt hat" in

---

[48] Man könnte Jesu und Hallâjs Stellung zum Gesetz auch mit der paulinischen Antithese gramma-graphê, Buchstaben-Schrift, umschreiben; s. U. Wilckens, *Zur Entwicklung des paulinischen Gesetzesverständnisses*, 161/2 u. 187, Anm. 23, in: *NTS*, *28* (1982) 154-190; s. auch R. Pesch, *Voraussetzungen und Anfänge der urchristlichen Mission*, 39, in: N. Brox u.a., *Mission im Neuen Testament*, Freiburg 1982, *QD 93*; 11-70; H. Merklein, *Die Gottesherrschaft als Handlungsprinzip. Untersuchung zur Ethik Jesu*, Würzburg 1978, 95: keine prinzipielle Abschaffung der Tôrâh, kein Antinomismus, jedoch: "Wohl aber tritt die Tora - wie alles Bisherige - gegenüber der hereinbrechenden Basileia in die Distanz."

[49] Cf. auch: "Shâkir en savait davantage; Hallâj le lui avait écrit: la Pierre Noire qu'il fallait détruire, c'était le 'temple de son corps'". (*Akhbâr*, S. 68 franz. Teil).

7,16 und dem Lichtsein in 8,12; der erneut provozierenden Frage der Juden: "wer bist du denn" in 8,25 und den Erläuterungen Jesu -, und gipfelt schließlich in 10,30 im "Ich und der Vater sind eins", "bewiesen" in der Auferweckung des Lazarus (11,25). Fußwaschung (13,15), Liebesgebot (13,34), Jesu Wahrheit und Wegsein,[50] die Friedensgabe (14,27) und Jesu Weinstocksein (15,5) - all das ist auf Jesu Zeugesein aufgebaut. Dieses Zeugesein zu erkennen, darin besteht das ewige Leben (3,31-26; 17,3).

Und schließlich ist das zentrale Element Jesu' Verteidigung vor Pilatus weniger sein Königsein, als vielmehr, oder mindestens gleich stark, zum letztenmal und abschließend sein Sein als Zeuge. Joh 18,37: "Dazu bin ich geboren und in die Welt gekommen, daß ich für die Wahrheit zeugen soll." Als Zeuge ist sein eigentliches Zuhause bei dem, den er bezeugt (Joh 1,1b; 2,16; 16,5a; 20,17; s. auch Lk 2,49), ähnlich wie auch Ḥallâj erst "reduziert zur Einheit" bei sich zu Hause angekommen ist und daher den Vor-Ort dieses Zuhause, den Todespfahl, den "Ort seiner Wünsche" nennt. (Cf. o. 327). Doch gerade vor dem Hintergrund der gemeinsamen Zeugenschaft beider tritt auch der Unterschied zwischen Ḥallâj und Jesus deutlich hervor. Jesus bezeugt den Vater. Joh 8,28.29: "... dann werdet ihr erkennen, daß ich es bin und nichts von mir selber tue, sondern, wie mich der Vater gelehrt hat, so rede ich. Und der mich gesandt hat, ist mit mir. Der Vater läßt mich nicht allein; denn ich tue allezeit, was ihm gefällt." (S. auch Joh 3,35). - Mehr noch: der Vater seinerseits ist Zeuge für Jesus: sein Zeugnis ist wahr, weil es nicht nur von ihm, sondern auch vom sendenden Vater bezeugt wird (Joh 8,18): und zwei Zeugen sind nach Dtn 19,15 (s. auch Joh 8,17) ausreichend für die Wahrheit.

Mit der Zeugenschaft für Gott als Vater steht Jesus durchaus auf dem Boden jüdischer Tradition. Es ist nicht die allgemeine Idee (s. auch Joh 8,41), sondern die konkrete Inanspruchnahme des Vaters durch Jesus, die das Ärgernis erregt (Joh 8,19a), daß die Erkenntnis Jesu unabdingbare Voraussetzung für die Erkenntnis des Vaters sein soll.[51]

---

[50] Cf. unsere Bemerkungen zu Ḥallâjs "anâ ḥaqqun", ich bin Wahrheit, o. 331/32.

[51] S. Jesu Antwort in Joh 8,19. Zum Ganzen: Mooren, *Paternité* (Anm. 45) 152-161 sowie z.B. auch Chr. Duquoc, *Dieu différent. Essai sur la symbolique trinitaire*, Paris 1977, 81-94.

Jesu Einheit mit Gott, auf Grund seines Zeugeseins, die auf dem Boden der Vatertradition den Titel der Sohnschaft annimmt (Joh 3,31-36, bes. v. 35; 10,31-38), dient daher von Grund auf der Verherrlichung des Vaters (Joh 17,4), damit der Vater ihn verherrliche (Joh 17,5; s. auch 13,31.32; 17,1; ferner 6,65: der Vater ist verantwortlich für die, die zum Sohn kommen). Dieser Dienst an der Verherrlichung, der Einheitsdienst des Zeugen (Joh 5,19.20), dient aber letztlich dem Leben (Joh 5,21-30; 8,51; 10,10; 11,25.26; 14,19) oder, was dasselbe ist, der Wahrheit und dem Geist (4,23; 8,32; 8,45) sowie der Freiheit (8,36): "Der Geist ist es, der lebendig macht... die Worte, die ich zu euch geredet habe, die sind Geist und Leben." (6,63).

Hallâj auf der andern Seite, bezeugt nicht den *Vater*gott, sondern den *Einen* Gott (s. Sure 55,26.27). Das Thema der Einheit Gottes ist Mittel und Ziel zugleich, es ist die Methode und der ganze Inhalt seines Zeugeseins. Es gilt überhaupt erst einmal zu zeigen, daß es möglich ist, dieses Wagnis der unio mit Gott einzugehen - und es muß möglich sein, weil es der schlagende Beweis für das Höchste selbst ist, das der Mensch von Gott aussagen kann (oder besser: Gott selbst durch den Menschen sagen muß): seine Einheit und Einzigkeit. Niemals hat Hallâj die Sicherheit, die Jesus gewissermaßen schon im Prolog des Johannesevangeliums mitgegeben wird und sich in 10,30 klar und deutlich ausspricht: "Ich und der Vater sind eins." Für Jesus als Sohn ist die Einheit mit Gott, als Vater, geradezu selbstverständlich. Es gilt "lediglich" die Juden davon zu überzeugen, daß *er* es ist, der diese Einheit realisiert. Joh 9,34: "Du bist ganz in Sünden geboren und lehrst uns? Und sie stießen ihn hinaus." Die Sache der Einheit selbst steht nicht auf dem Spiel. Auf dem Spiel steht, was mit *Vater* gemeint ist: Leben, Geist, Wahrheit und Freiheit oder wahre Freiheit. Die Einheit mit Gott ist niemals Inhalt an sich des Zeugnisses, sie ist allein dessen Mittel.

Der Inhalt des Zeugnisses ist also bei Hallâj und Jesus verschieden, was nicht anders zu erwarten war, berücksichtigt man den Unterschied im religionsgeschichtlichen Kontext. Doch in der Methode sind sich beide einig: sie müssen beide durch ihr Schicksal den Inhalt ihres Zeugnisses unter Beweis stellen. Und das heißt nicht nur durch die Werke, die sie tun (beide sind den Berichten zufolge Wundertäter), sondern durch ihren Tod. Für beide wird die Passion der zentrale Bestandteil ihres Zeugnisses, ihr Sterben und wie es interpretiert wird. Jesus und Hallâj, diese beiden großen Varianten des uralten semitischen

Themas des Zeugen, gleichen sich ferner in Hinblick auf ein weiteres typisch semitisch- und nachher monotheistisches, dem Zeugesein nicht unverwandtes Element: sie provozieren beide ihren Tod, ihre Passion und, wenn auch in paradoxer Weise, ihre Rechtfertigung, durch das Gesetz, d.h. mit den Mitteln eines seit Hammurabis Zeiten unverbrüchlich semitischen Urdatums.

Hallâj kann den Inhalt seines Zeugnisses: es gibt keinen Gott, keinen Ihn Bekennenden, außer Gott, letztlich nur dann zur Darstellung bringen, wenn es ihm gelingt, diese seine konkret-menschliche Existenz im Rahmen dieses Zeugnisses zur Auslöschung zu bringen. Und das geht nur, wenn er als Märtyrer stirbt. Dies aber macht allein das Gesetz möglich.

Jesus kann letztlich nur zeigen, was mit Gottes Vatersein gemeint ist, nämlich Leben, Wahrheit, Freiheit und Geist und der damit zusammenhängende Anspruch von Joh 11,25,26, wenn er auch im Tod der Lebendige bleibt, wenn seine Passion integraler Bestandteil dieses Zeugnisses ist. Er muß daher auf Grund seines Sohnesanspruchs sterben. Und das wiederum geht nur über das Gesetz. Joh 19,7: "Die Juden antworteten Pilatus: 'Wir haben ein Gesetz, und nach dem Gesetz muß er sterben, denn er hat sich selbst zu Gottes Sohn gemacht.'"

Ohne Gesetz, ohne dessen Provokation, können beide Zeugen ihr Zeugesein somit gar nicht vollenden, voll zur Sprache bringen. Dabei besteht in beiden Fällen ironischerweise ein Aspekt der Gesetzesprovokation darin, daß die Letztverantwortlichen unschuldig bleiben und die "direkten" Ankläger mit der Blutschuld belegt werden: Pilatus wäscht sich die Hände in Unschuld (Mt 27,24), und das Volk schreit: "Sein Blut komme über uns und unsere Kinder!" (Mt 27,25). Bei Ḥallâj (Bericht des Ibn Khafîf) sieht das so aus:

Als der Morgen gekommen war, erschien der Wesir Ḥâmid b. ʿAbbâs, zu Pferd, mit seinem Gefolge und mit dem Polizeipräfekten Muḥammad b. ʿAbdalsalam. Ḥâmid näherte sich dem Kreuz, zog aus dem Ärmel eine Papierrolle hervor, die er dem Muḥammad b. ʿAbdalsalam übergab, und der entrollte sie. Sie enthielt die Bestätigung (shahada) dank (der Kollaboration von) 84 Rechtsexperten und (Koran)lesern: "Vollstrecke an ihm das Urteil: von seinem Tode hängt der Friede des Islam ab, sein Blut komme auf unser Genick!" Und der Wesir sagte: "Ich will Zeugen!" Und die offiziellen Zeugen (shuhûd) boten sich ihm von allen Seiten an. Dann sagte er zu ihnen: "Hier ist eure Bestätigung; hier eure Unterschriften!" - "Ja", antworteten sie, "vollstrecke das Urteil an ihm:

von seinem Tod hängt der Friede des Islam ab (fî qatlihi ṣalâh al-muslimîn), sein Blut komme auf unser Genick (damuhu fî riqâbinâ)! Man nahm ihn vom Kreuz ab und der Henker näherte sich ihm, um ihm den Hals durchzuschneiden. Da sagte der Wesir zu den Zeugen: "Ist der Befehlshaber der Gläubigen unschuldig an seinem Blut?" - "Ja!" - "Und ist der Polizeipräfekt unschuldig an seinem Blut?" - "Ja!" (*Akhbâr*, S. 176 franz. Teil).

So erfüllt das Gesetz nicht nur glänzend seine Aufgabe, sondern, so könnte man sagen, "beschmutzt" sich dabei nicht einmal; es hält sich in gewissem Sinn schadlos - Paulus nennt diese Verurteilungsfunktion des Gesetzes glattweg ein "herrliches Amt" (2 Kor 3,9). Allerdings besorgt das Gesetz nicht allein die Verurteilung des Zeugen, sondern auch dessen Rechtfertigung. Letzteres allerdings nur auf paradoxem Umweg. Doch ohne Rechtfertigung wäre das Zeugnis nur halb erbracht oder gar fast wertlos. Eine Rechtfertigung des Zeugen Ḥallâj würde bedeuten, daß die Einheit ihn rechtfertigte, so wie Ḥallâjs Sterben in gewisser Weise den Monos, den Einen Gott ins volle Recht gesetzt hat. Der Sohn Jesus, der gestorben ist, um Gott als seinen Vater zu erweisen, als einen Gott nicht der Toten, sondern der Lebendigen (Mt 22,32), in dessen Namen er als guter Hirte das ewige Leben gibt (Joh 10,28), wird erst in der Auferstehung voll gerechtfertigt und unwiderruflich als Sohn erwiesen, der sich selbst in der Wahrheit für die Menschen geheiligt hat, damit auch sie in der Wahrheit geheiligt seien (Joh 17,19). Nun erst, wo der Sohn mit der Klarheit, die er beim Vater hatte, noch ehe die Welt war, verherrlicht ist (Joh 17,5), ist auch Gott als Vater endgültig verherrlicht (Joh 17,4; u. 17,1), ist es wirklich "vollbracht" (Joh 19,30). Was das allerdings für das Gesetz bedeutet und welche Rolle es dabei spielt, das hat erst Paulus in all seiner Tiefe ausgelotet. Zwar wird in gewisser Weise das Gesetz über den Begriff "Schrift" schon im Gespräch des Auferstandenen mit den Emmausjüngern zu einem göttlichen "Muß" (édei) verarbeitet (Lk 24,26),[52] ähnlich der Aussage von 1 Kor 15,3.4,[53]

---

[52] S. auch Lk 24,7, aber vom Nachdenken über den Menschensohn her entwickelt.

[53] Cf. z.B. K. Lehmann, *Auferweckt am dritten Tag nach der Schrift*, Freiburg, Basel, Wien 1968, *QD 38*, 242-250.

doch steht seine volle Enthüllung als Provokation und Paradox durch Paulus noch bevor.[54]

Die These des Paulus, so wie sie im Galaterbrief zum Ausdruck kommt,[55] lautet, daß nur durch das Werk des Gesetzes, das Jesus zum Kriminellen stempelte und in den Tod schickte, die Gnade erblühen konnte. Mit Bezug auf Dtn 21,23 argumentiert er in Gal 3,13:

Christus hat uns erlöst vom Fluch des Gesetzes, da er ein Fluch für uns wurde, denn es steht geschrieben: "Verflucht ist jeder, der am Holze hängt".

Die Aktion des Gesetzes ist also für Jesus, da er gehorsam das Kreuz bestieg, zum totalen Verhängnis geworden, zum Verhängnis über den Tod hinaus. Als Krimineller starb er in Gottes ewigem Fluch, hatte jede Art von Leben nach dem Tode verwirkt. Doch bedeutet paradoxerweise genau diese Gesetzesaktion gegen Jesus unsere Erlösung auf Grund seiner Erweckung durch Gott. Es ist ein Gnadenakt Gottes gegen das Gesetz und unabhängig von ihm, Resultat keines Menschenwerkes, keiner Menschengerechtigkeit, und bedeutet somit letztlich unsere Erlösung vom Gesetz, das Ende des Gesetzes als Heilsweg oder, wie es der Philipperbrief formuliert:

---

[54] Zu Paulus und Gesetz s. die Literaturangaben in Wilckens 186, Anm. 1.

[55] Dies ist nicht die einzige Annäherung an das Thema. Paulus' Gesetzesverständnis hat eine Entwicklung durchlaufen und ist auch abhängig von den jeweiligen Gegnern. S. dazu bes. Wilckens 164-176: zum Galaterbrief (zu Gal 3,13: 167; 170); S. 180 mit Bezug auf den Römerbrief: "Im ganzen ist die Position des Römerbriefes eine Revision der Kampfposition des Philipper- und Galaterbriefes." Zu den Gegnern des Paulus s. auch S. Schulz, *Der frühe und der späte Paulus. Überlegungen zur Entwicklung seiner Theologie und Ethik*, 236, in: *ThZ 41* (1985) 228-236: "Erst die ständigen Kämpfe und Auseinandersetzungen des Paulus mit judenchristlichen Gnostikern einerseits und judaisierenden Nomisten, die das Gesetz als Heilsweg propagierten, andererseits - nachweisbar aufgrund seiner Korrespondenz mit der galatischen, korinthischen, philippischen und römischen Gemeinde - stellen diese entscheidende historische wie theologische Zäsur dar und markieren den Beginn der Spätphase der paulinischen Theologie und Ethik... Die tiefgreifende Wandlung des frühen zum späten Paulus beginnt erst mit der Zeit der großen Kämpfe mit seinen gnostischen und judaistischen Gegnern und ist so erst in den späten Hauptbriefen nachweisbar." S. auch Pesch, (Anm. 48), 62/3.

... damit ich nicht meine eigene Gerechtigkeit habe, die aus dem Gesetz kommt, sondern die durch den Glauben an Christus, nämlich die Gerechtigkeit, die aus Gott kommt, auf Grund des Glaubens (3,9).[56]

---

[56] Wie schon angedeutet, dies ist nicht das letzte Wort des Paulus in bezug auf das Gesetz. Nimmt man nur den Philipperbrief, so scheint das Gesetz, die Tôrâh, ohne weitere Bedeutung für den Christen zu sein: "Sie scheint christlich nicht nur keine positive, sondern schlechthin überhaupt keine Bedeutung zu haben." (Wilckens 178). Erst später, im Römerbrief, wertet Paulus die Rolle des Gesetzes neu (cf. ebd. 180-186), dank der Idee der prophetischen Funktion des Gesetzes (usus propheticus legis: Bo Reicke, *Paulus über das Gesetz*, 245-253, in: *ThZ 41* [1985] 237-257), die auch das Paradox des Kreuzes in ein neues Licht setzt. Die Grundidee bleibt dieselbe: die totale Unterwerfung Jesu unter das Gesetz und Gottes nachfolgende Aktion gegen es. Will man jedoch verstehen, warum Gottes Gerechtigkeit schon durch das Gesetz (des Moses) und die Propheten bezeugt wurde (Röm 3,21) und warum Paulus in Röm 10,5b Moses als prophetischen Zeugen für Gottes "neue" Gerechtigkeit nehmen kann - "Man muß einfach zugeben, daß Paulus in Röm 10,5b die Aussage des Mose in Lev 18,5 über die Verwirklichung der Gerechtigkeit vorbehaltlos als Schriftbeweis für die Rechtfertigung im Glauben ohne Werke (9,32) angeführt hat" (ebd. 250) - in anderen Worten, warum das Gesetz "pneumatikós" (Röm 7,14), heilig, gerecht und gut (Röm 7,12), bleibt, dann kommt man nicht umhin, im Besteigen des Kreuzes durch Jesus und der damit verbundenen Annahme des Gesetzesurteils dieses eine Werk, diese eine Erfüllungstat unter dem Gesetz zu sehen, die für die Erlösung notwendig war. Diese eine Tat ist es gewesen, die das Verdammungssystem, das trotzdem ein so "herrliches" Amt war (2 Kor 3,9), zu Ende bringt. Sie ist das einzige Werk, würdig, wirklich Mittel zur Vergebung der Sünden genannt zu werden (Röm 3,25, nach Lev 16,13-15; s. auch Röm 8,3-4). Es ist diese, wenn auch vielleicht ein wenig makabre Deutung der Kreuzbesteigung durch Jesus und seiner Annahme des Gesetzesverdikts als Erfüllung des Gesetzes, die es dem Gesetz ermöglicht, gewissermaßen seine "spirituelle Haut" zu retten. Die Kreuzestat Jesu somit gesehen nicht nur die einzige Gesetzestat, die nicht zur Selbstüberheblichkeit oder Selbstgerechtigkeit geführt hat (Phil 3,9a), sondern die einzig relevante Tat unterm Gesetz schlechthin; Jesus, der in der Funktion des Kriminellen das Gesetz erfüllt hat, der Einzige auf den das "ó poiếsas (autà) (Aorist!) von Röm 10,56 und Gal 3,12 zutrifft, und der daher lebt, wie es Lev 18,5 verheißt. Das grundsätzlich Paradoxe der Situation tritt damit nur um so deutlicher zutage. Denn obwohl er das Gesetz erfüllt hat, lebt Jesus als der Christus nur gegen, trotz des Gesetzes, dessen ursprüngliche Intention ja seine Verdammnis war. Bedeutungsvoll, zôopoieîn (cf. Röm 4,17; 2 Kor 3,6b; s. auch Wilckens 162/3) wird die ganze Aktion nur durch die Auferstehung, dadurch daß sie Gott erlaubt, seine Gnade als paradoxe Erfüllung der prophetischen Funktion des Gesetzes in Anschlag zu bringen. Nur wenn man das Gesetz so sieht, macht es Sinn, wenn Paulus argumentiert: "Wie? Heben wir denn das Gesetz auf durch den Glauben? Das sei ferne! Vielmehr richten wir das Gesetz auf" (Röm 3,31), genauso wie er von Christus als dem finis/télos des Gesetzes sprechen kann (Röm 10,4). Nur

Dank des Eingreifens Gottes ist somit der Zeuge Jesus als Sohn gerechtfertigt, die Provokation des Gesetzes hat ihren Zweck erfüllt, sie hat sich erschöpft. Sie war, im Nachhinein betrachtet, ein "notwendiges" Moment im Heilsplan Gottes, ein Instrument aus dem typisch semitisch-monotheistischen Arsenal religiösen Gedankengutes (und religiöser Ränkeschmiederei). Aber Gottes definitives Urteil lautet auf Freispruch. Wie steht es nun mit dem Zeugen Ḥallâj? Wird auch er gerechtfertigt, und zwar durch den Monos, die Einheit, den Einen und Einzigen Gott, nachdem er, Ḥallâj, ein ganzes Leben lang das Gesetz provoziert hat (zum Einschreiten gegen ihn), bzw. sich die provokatorische Potenz des Gesetzes für seinen Einheitsdienst als Zeuge zunutze gemacht hat? Wir wollen hier nicht die Frage beantworten, ob und wie Ḥallâj christlicherseits als gerechtfertigt angesehen werden kann,[57] nicht zuletzt im Rahmen des von Paulus so unermüdlich dargestellten Freispruchs, den Christus für alle unter dem Gesetz Stehenden erwirkt hat,[58] sondern wie der Islam auf Ḥallâjs Zeugentod intern reagiert hat. L. Massignon

so meint finis etwas anderes als "Sackgasse", "aus und vorbei" im negativen Sinn, sondern wirklich "Erfüllung" im positiven Sinn, wie schon Luther im Gegensatz - so Reicke - zu den deutschen lutherischen Theologen festgestellt hat: "Magno velut argumento nos erudiens (apostolus), quod universa scriptura de solo Christo est ubique, si introrsum inspiciatur, licet facietenus alius sonet in figura et umbra. Unde et dicit: Finis legis Christus, q.d. omnia in Christum sonant" (*Auslegung der Epistula ad Romanos von 1515-1516*, WA 56, 1938, 414; s. Reicke 247 [Anm. 6]). Das Gesetz ist "aufgehoben", entfernt (katargeîtai) wie der Schleier in 2 Kor 3,14c in seiner anklagenden und verurteilenden Funktion - "Eben darin besteht die vorher in 3,13b erwähnte Vollendung des Gesetzes (tò télos)..." (ebd. 252) (s. auch Wilckens 161) - bleibt aber "herrlich" als prophetische Instanz.

[57] Cf. dazu *CMM 91*.

[58] Auf der Basis der pistis. - Etwas unorthodox zwar, aber nicht weniger beeindruckend spielt G. Mahler auf diese Realität an, wenn er das Finale seiner 2. Symphonie, c-moll, die Auferstehungssymphonie, mit folgenden Worten kommentiert: "... - Leise erklingt im Ohr der Heiligen und Himmlischen: 'Auferstehn, ja auferstehn wirst du!' Da erscheint die Herrlichkeit Gottes! - Ein wunderbares Licht durchdringt uns bis ans Herz. Alles ist stille und selig. - Und siehe da: Es ist kein Gericht, es ist kein Sünder, kein Gerechter - kein Großer und kein Kleiner, es ist nicht Strafe und nicht Lohn! Ein allmächtiges Liebesgefühl durchdringt uns mit seligem Wissen und Sein." (G. Stephenson, *Die Musikalische "Darstellung" des Todes als religiöses Phänomen*, 206, in: G. Stephenson, Hrsg., *Leben und Tod in den Religionen. Symbol und Wirklichkeit*, Darmstadt 1980, 184-212).

hat uns in der Tat eine Überlieferung zugänglich gemacht, die für unsere Frage von größter Bedeutung ist. Nachdem nämlich die 84 (falschen) Zeugen den Befehlshaber der Gläubigen und den Polizeipräfekten reingewaschen und das Blut Ḥallâjs auf sich genommen haben, heißt es bei Ibn Khafîf weiter:

Der Henker näherte sich Ḥallâj... sein Kopf wurde abgeschlagen; der Rumpf blieb da (wo er war) während zweier Stunden des Tages; sein Kopf jedoch wurde inmitten der abgeschlagenen Hände und Füße ausgestellt. Er redete in einer Sprache, von der man nur das Ende verstand: "Aḥad, Aḥad", "O Einziger, o Einziger". - Ich kam näher... und sah, daß das fließende Blut "Gott, Gott" auf den Boden geschrieben hatte, und zwar an 84 Stellen: genau die Zahl der falschen Zeugen. Dann verbrannte man Ḥallâj (*Akhbâr* S. 177 franz. Teil).

Und Massignon selbst liefert uns den Schlüssel zum Verständnis dieser Überlieferung:

... der Geist, dessen traditionell semitisches Zeichen das Blut ist, bezeugt, daß sein (Ḥallâjs) blutiges Opfer erhört worden ist. Der legale Formalismus des Islam annulliert hier (fait abroger) die Unterschrift der verdingten Zeugen durch die Unterschrift Gottes, der den Verurteilten unschuldig spricht (*Akhbâr* S. 177/8 franz. Teil).

Der vom Rumpf getrennte und "Aḥad, Aḥad" ausstoßende Kopf ist höchstes Zeugnis der Einheit, das sie sich, nun wirklich von jedem dazwischentretenden "Ich" befreit, selbst gibt. Diese Episode, so makaber das klingen mag, ist wiederum paradoxerweise, der absolute Höhepunkt im "Dasein" des Zeugen Ḥallâj. Sie bildet, zusammen mit der 84fachen blutigen Gegen-Zeichnung Gottes die Rechtfertigung des vom Gesetz Verurteilten und somit das strukturelle Gegenstück zur Auferstehung Jesu, genauer zur Vision Maria Magdalenas (Joh 20,18) und der nachfolgenden Erscheinung des Auferstandenen im Jüngerkreis (Joh 20,19-23) und vor Thomas (Joh 20,24-29).[59]

---

[59] Interessanterweise gibt es auch in bezug auf Ḥallâj eine Visionsgeschichte. Zâhir Sarakhsî sagt: "Ich war in Bagdad, als Ḥusayn b. Mansûr gekreuzigt wurde; als ich eines Tages, nach seiner Hinrichtung durch eine der Straßen (Bagdads) ging, kreuzte ein Ritter (fâris) zu Pferde meinen Weg. Sein Gesicht war verschleiert... mit einem... seidenen Turban und in der Hand hielt er eine Lanze. Als ich näher kam, hob er seinen Schleier und ich erkannte Ḥusayn b. Mansûr, der zu mir sagte: 'o Abû ʿAlî!' Wenn man dich fragt: 'Hast du Ḥusayn b. Mansûr (nach

Damit ist unsere Nachzeichnung zweier typisch semitischer Zeugen-schicksale an ihr Ende gelangt. Es stellt sich am Schluß unwillkürlich die Frage: was wäre geworden, wenn auch Ḥallâj seinen "Paulus" gefunden hätte, einen an Kühnheit dem Paulus in nichts nachstehenden Denker, der mit einer den Philipper- und Galaterbriefen vergleichbaren Schärfe die theologische Konsequenz aus der Erfahrung und dem Schicksal Ḥallâjs gezogen hätte? Ist nicht auch bei Ḥallâj das Gesetz gewissermaßen zu seinem télos gelangt, seine Provokationspotenz erschöpft und sein Zweck erfüllt? Und weiter: würde das Ziehen einer solchen Konsequenz notwendigerweise ein "Aufbrechen" des Islam bedeuten oder könnte sie nicht vielmehr "aufgefangen" werden in einer radikalen Rückbesinnung auf denjenigen, der auch im Islam un-verbrüchlicher Ur-Zeuge für den Glauben an den Einen Gott ist: Abraham, der erste Muslim, der erste Sich-im-Glauben-Unterwerfende[60] - ähnlich der "Kehre", die Paulus in Gal 3,10-14 unternimmt, wenn er sich auf Abraham rückbesinnt?[61] Trüge dann auch im Islam graphē den Sieg über gramma davon?[62] Dies sind nur Fragen - allerdings solche, die für die Zukunft des Islam von Bedeutung sein könnten.[63] De facto hat sich nach Ḥallâj der Sufismus, im Rahmen der sunnitischen Branche des

seiner Hinrichtung) gesehen?' antworte: 'Ja!'" (*Akhbâr 144,10**). - Ferner wird von den Leuten aus Tâlaqân berichtet, daß sie sich, bei der Nachricht vom Tode Ḥallâjs, zum Aufstand erhoben, weil sie glaubten, daß Ḥallâj als Rächer auferstehen und wiederkommen werde (s. *Akhbâr*, S. 68 franz. Teil).

[60] S. Sure 2,128; 14,35ff.; s. auch Mooren, *Paternité* (Anm. 45) 81, 117/8.

[61] S. Wilckens 166.

[62] Ebd. 162.

[63] Cf. z.B. die Rezeption Ḥallâjs bei einem Autor wie Gilani Kamran (Pakistan): "He added a new dimension to the idea of the human being, and with this dimension the Muslim history entered a more fruitful and rewarding era of its civilisation. Hallâj saved the Muslim world from collapsing under the threat of a Godless cosmology. He activated the living psychological structure to receive the Revelation in its immediacy and to know God through the mediation of the Truth. For centuries, Hallaj has spocken to Muslims in the idiom of love, and ana al-haqq has remained the consoling voice for many generations in the misery of spiritual loneliness. The grandmothers in their folk-tales still talk of Mansur in the far-off homes of the Muslim world. The old men, while looking towards the blue skies, listen to the mystery of ana al-haqq and heave sighs of inner distress. And in the silence of the tropical nights the voice of the Qawwali-singers fades out into timelessness. Ana al-haqq; ana alhaqq; ana al-haqq!" (Kamran 51 [Anm. 5]).

Islam, hauptsächlich in zwei Richtungen aufgelöst: in eine, für das Gesetz mehr oder weniger ungefährliche, sentimental-poetische und in das pantheistisch-ontologische Einheitsdenken, dessen bekanntester Vertreter Ibn ꞌArabî (1165-1240) ist.[64]

Ḥallâjs Mystik jedoch ist radikal Zeugenmystik, Mystik des Märtyrers. Und es ist dieses Thema des Zeugen, das uns zu einem Vergleich mit Jesus von Nazareth herausgefordert hat. Denn sowohl für Jesus wie auch für Ḥallâj gilt: es ist ihr Zeugesein, das die Provokation des Gesetzes enthüllt und der Idee der Rechtfertigung ihren Sinn gibt - Rechtfertigung bei beiden, Jesus und Ḥallâj, provokatorisch-paradox "durch" das Gesetz und zugleich gegen es, Rechtfertigung über den Weg der Passion, letzten und tiefsten Leidens im Angesicht des Einen Gottes, sei er "Freund" oder "Vater" genannt.

In der pantheistisch-ontologischen Mystik, die letztlich eine Art "mystischen Spinozismus" darstellt, wird der Weg zur Einheit über das Zeugesein, das Subjekt, durch den Weg über das "Sein" ersetzt. Das "Objekt" ist alles. Aus Ḥallâjs: es gibt keinen Ihn Bekennenden, außer Gott, wird: es gibt "nichts" außer Gott.

Bedenkt man das Verhältnis dieser Art von Mystik zu Ḥallâj, so wird man an den berühmten Brief Schellings an Hegel vom 4.2.1795 erinnert: "Ich bin indessen Spinozist geworden! - Staune nicht. Du wirst bald hören, wie? - Spinoza war die Welt (das Objekt schlechthin, im Gegensatz gegen das Subjekt) - Alles, mir ist es das Ich. Der eigentliche Unterschied der kritischen und dogmatischen Philosophie scheint mir darin zu liegen, daß jene vom absoluten (noch durch kein Objekt bedingten) Ich, diese vom absoluten Objekt oder Nicht-Ich ausgeht. Die letztere in ihrer höchsten Konsequenz führt auf Spinozas System, die erstere aufs Kantische. Vom Unbedingten muß die Philosophie ausgehen. Nun fragt sich's nur, worin das Unbedingte liegt, im Ich oder im Nicht-Ich. Ist diese Frage entschieden, so ist alles entschieden."[65] Bei Ḥallâj, so könnte man in gewissem Sinn wohl sagen, ist Alles Ich oder das Ich Alles; aber es ist das mystische Ich, das Ich des Zeugen, das eigentlich

---

[64] S. hierzu *CMM 92*; zu Ibn ꞌArabî: *CMM 102-109*; ferner Abdul-Hâdi (Übers.), *Al-Balabanî, Le traité de l'unité dit "d'Ibn ꞌArabî"*, Paris 1977; T. Burckhardt, *Introduction aux doctrines ésotériques de l'Islam*, Paris 1969; W. Neumann, *Der Mensch und sein Doppelgänger. Alte Ego-Vorstellungen in Mesoamerika und im Sufismus des Ibn ꞌArabi*, Wiesbaden 1981; zur Problemstellung auch die schon zitierten Werke Corbins.

[65] G.L. Plitt, *Aus Schellings Leben in Briefen, I-III*, Leipzig 1869/70, I, 76.

nur in der Ekstase, als aufgelöstes in der Passion "existiert". Man sieht hier die "gefährliche" Nähe zwischen Mystik und Philosophie: der Beweis Gottes über das Ich, in Freiheit und Denken zwar, aber seiner Passion und seines klassischen Zeugencharakters (weil aufs System, d.h. aufs Wissen gebracht)[66] beraubt[67] - das ist das Drama des Idealismus. Allerdings, so müssen wir hinzufügen, scheint bei weiterem Hinsehen[68] eine andere Reflexion Schellings, über den "Dogmatisten" nämlich, der oben gegebenen Einschätzung Ḥallâjs zu widersprechen. Ḥallâj scheint als "Dogmatist" den Gesetzesgott zu bezeugen, der dem Menschen gegenüber als absolutes Objekt, absolute und rein von außen auf ihn zukommende Kausalität auftritt.[69] Dieses Absolute fordert: "Vernichte

[66] klassisch: weil der neuzeitliche Philosoph in gewisser Weise ein neuer Zeuge für eine neu konzipierte Unendlichkeit wird.

[67] Vielleicht etwas weniger beim jungen *Schelling*, wegen der "Offenheit" seines Ich und der Rolle, die Glaube und (auch späterhin noch) Ekstase bei ihm spielen ("... der Anfang und das Ende deines Wissens dasselbe - dort Anschauung, hier Glaube!", *Werke*, Stuttgart 1856ff., K.F.A. Schelling Hrsg., I, 216; zur Ekstase: W. Schmied-Kowarzik, *Das spekulative Wissen oder die Ekstasis des Denkens. Eine Verteidigung der Philosophie als Potenz ihrer Überwindung*, in: H.P. Duerr, *Der Wissenschaftler und das Irrationale, II: Beiträge aus Philosophie und Psychologie*, Frankfurt/M. 1981, 112-138). - S. zu diesem Problem auch Chr. Wild, *Reflexion und Erfahrung. Eine Interpretation der Früh- und Spätphilosophie Schellings*, Freiburg, München 1968, 22 u. seine Bemerkung zu Schellings Hegelkritik: "Die Vollendung des Rationalismus bestände gerade darin, auf etwas anderes als sich selbst zu verweisen und sich nicht abstrakt in sich selbst als absolute Einheit zu verschließen." (Ebd. 79). Allerdings ist Schellings eigener Versuch, diesen Rationalismus zu vollenden, in der positiven Philosophie nämlich, eher ambivalent und von zweifelhaftem Wert, wohl eher eine Transformierung von Glauben in Wissen, wenn auch in ein nie abgeschlossenes, denn ein reales Durchdringen und Anerkennen dessen, was Glaube ist (cf. ebd. 24,135-146). - Uns kann es hier nicht um eine erschöpfende Darstellung eines so vielschichtigen Denkers wie Schelling gehen (s. H. Holz u.a., *Schelling, Eine Einführung in seine Philosophie*, Freiburg, München 1975) und seinen Weg von der Pantheismuskritik bis hin zu seinem eigenen "Seinsmonotheismus" nachzuzeichnen (s. auch P. Tillich, *Die religionsgeschichtliche Konstruktion in Schellings positiver Philosophie*, Breslau 1910), sondern nur um das Aufzeigen einer markant neuzeitlichen Position - als gewissermaßen typischer Geste - der hier diskutierten Thematik gegenüber.

[68] Zu Schellings Briefen über Dogmatismus und Kritizismus, bes. den 7. u. 9. Brief, s. auch Wild 24.

[69] S. dazu auch die Überlegungen des jungen *Hegels* über den Judengott als absolutes Objekt in: *Der Geist des Christentums und sein Schicksal (1798-1800), Werke I, Frühe Schriften, Suhrkamp*, Frankfurt/M. 1971, 247-418.

dich selbst durch die absolute Kausalität, oder: Verhalte dich schlechthin leidend gegen die absolute Kausalität" (I, 316). Und: "Stellt er (der Dogmatist) das Absolute als realisiert (als existierend) vor, so wird es eben dadurch objektiv; es wird Objekt des Wissens und hört eben damit auf, Objekt der Freiheit zu sein. Für das endliche Subjekt bleibt nichts übrig, als sich selbst als Subjekt zu vernichten, um durch Selbstvernichtung mit jenem Objekt identisch zu werden. Die Philosophie ist allen Schrecken der Schwärmerei preisgegeben." (I, 331/332).

Was Schelling in der so formulierten Gesetzesproblematik nicht gesehen hat, ist die Korrelation, Provokation - List. Er hat die "heilige" List des Zeugen übersehen, der sich freiwillig dem Gesetz unterstellt, ja sich seiner provokatorischen Funktion bedient, um es solcherart "ad absurdum" zu führen (als gerechtfertigter Verurteilter). Auf solche Weise - das ist der spirituelle Gewinn des Gesetzes, des "es steht geschrieben" - bleibt Gott "Gesetztes", und zwar als "Realität",[70] Wahrheit (arab. al-ḥaqq) und Leben (zoḗ), und geht doch gleichzeitig über das "Gesetzte" hinaus, indem er als "Du" oder (bei Ḥallâj) als "Er" aufgedeckt wird. Es ist die List des Zeugen, die das Gesetz als paradoxen Schleier, als paradox-provokatorischen Weg zu diesem Du oder Er hin entlarvt. Schelling kann diese List und das Paradoxe der Situation nicht sehen, da er das Gesetz rein als freudlose Last sieht, lediglich als des Menschen Fluch: "Das Gesetz ist unvermögend, ihm (dem Menschen, Th. M.) ein Herz zu geben, das ihm (dem Gesetz) 'gleich' ist, im Gegenteil, es steigert der Sünde Kraft, und anstatt die Ungleichheit zwischen ihm und dem Menschen aufzuheben, bewirkt es, daß diese immer stärker und auf alle Weise hervortritt, so sehr, daß zuletzt alles sittliche Handeln als verwerflich, das ganze Leben als brüchig erscheint. Die freiwilligen Tugenden verschönern... zwar das Leben, aber im Grunde bleibt immer der Ernst des Gesetzes, welcher es zu keiner Freudigkeit der Existenz kommen läßt. Die Erfahrungen, welche das Ich im Kampfe mit dem Gesetze macht, sind vielmehr von der Art, daß es je länger je mehr den Druck des Gesetzes als einen ihm unüberwindlichen, d.h. als Fluch empfindet, und so, völlig niedergebeugt, anfängt, das Nichts, den Unwert seines ganzen Daseins einzusehen" ((XI, 555/6).[71] Steht hier Mitteleuropäer gegen Semit in der Wahrnehmung des

---

[70] Und das "Ich" des Zeugen mit ihm: Jo 8,58: "Ehe Abraham ward, bin ich."
[71] Zu Schelling und dem Gesetz, s. auch Wild 109/10 u. Schelling XI, 172/3.

Gesetzes?[72] Was das Gesetz provoziert, wenn die freudlos gewordene Existenz überhaupt noch reizbar ist, heißt lediglich: Rückzug vom Gesetz, nicht dessen innere provokatorisch-paradoxale Überwindung. Das Gesetz stößt den Menschen geradezu ins Nicht-Agieren oder nicht mehr Agieren wollen, ins kontemplative Dasein: "sich als Wirkendes aufzugeben, sich in sich selbst zurückziehen, sich seiner Selbstheit zu begeben" (XI, 556), bzw.: "Das Eingehen des Ich ins kontemplative Leben wird also zu einem Wiederfinden (ihm wieder Objektiv-werden) Gottes, freilich... Gottes nur als Idee." (XI, 557). Nur weil der Mensch schließlich nicht anders kann als handeln, weil er hungrig ist nach dem tatsächlichen Gott, der mehr ist als die Idee in Kunst, Mystik und Wissenschaft, weil er also darauf brennt, den Gott der Vorsehung zu treffen, findet er den Weg in die Geschichte zurück, wo es nun gilt, daß Gott sich tatsächlich als Gott erweist (cf. XI, 560,566).

Die Last ist von den Schultern des Gesetzes genommen und als Beweislast der Geschichte, dem Drama der menschlichen (als göttlichen) Freiheit aufgebürdet (cf. IX, 215, 219; X, 22). Was sich für den semitischen Zeugen auf dem Kampffeld des Gesetzes abspielt, nämlich seine und seines Gottes Rechtfertigung, wird für den Philosophen-Zeugen eine Frage der Geschichte, und das heißt für Schelling letztlich: ein Problem des Wissens und nicht mehr des, semitisch verstandenen, Glaubens - sein Zeugesein ist total der Geschichte ausgeliefert, wobei noch offen ist, trotz der Hoffnung, in der Geschichte auf den Gott der Vorsehung zu treffen, ob sie Heilsgeschichte ist:[73] die Perspektive Gottes verwandelt sich in einen werdenden Gott hinein,[74] Wahrheit und Leben, nicht mehr "gesetzt", werden bezeugt unter dem Imperativ einer

---

[72] Schellings Gedankengang klingt zwar streckenweise nach Paulus (Röm 7,7,11,24), ist jedoch grundverschieden von der Intention des Paulus! (S. Röm 3,31; 7,12,14 etc.).

[73] Cf. H. Zeltner, *Das große Welttheater*, in: A.M. Koktanek (Hrsg.), *Schelling Studien, Festgabe für Manfred Schröter zum 85. Geburtstag*, München, Wien 1965, 113-130.

[74] Cf. W.R. Corti, *Die Mythopoesie des "Werdenden Gottes"*, in: Koktanek (Anm. 73) 83-112. Im selben Band s. zu Schellings Gottesbegriff ferner: H. Fuhrmans, *Der Gottesbegriff in der Schellingschen positiven Philosophie*, 9-47 u., aber anders als Fuhrman, L. van Bladel, *Die Funktion der Abfallslehre in der Gesamtbewegung der Schellingschen Philosophie*, 49-82. S. ferner Schelling IX, 215, 219; X, 22 u. Wild (Anm. 67) 85/6, 143/4.

"unendlichen Aufgabe" (I, 331), in einem "unendlichen Annäherungspro-
zeß" (cf. I, 331), der eine "unendliche Wissenschaft" (II, 11) erfordert.[75]
Es ist das sich zunächst ohnmächtig vorfindende Wissen, welches sich
nicht selbst begründen kann, das die Rolle des ohnmächtigen, verurteilten
Zeugen übernimmt, und es ist schließlich dieses Wissen, das im Drama
der Geschichte gerechtfertigt werden soll: "Das Wissen, das sich als
faktisch begriffen hat, will diese seine faktische Wirklichkeit bejahen,
bzw. das Wissen, das sich schon immer bejaht hat, will die Rechtfertigung dieser ursprünglichen Selbstbejahung erfahren. Die Sinnfrage geht
auf nichts anderes als auf die Rechtfertigung der ursprünglichen, die
eigene Aktualität und Existenz betreffenden Selbstbejahung des
Wissens."[76]

---

[75] S. hierzu auch Wild 24, 36.

[76] Ebd. 118; s. auch W. Schulz, *Die Vollendung des deutschen Idealismus in der Spätphilosophie Schellings*, Stuttgart 1955, 6/7.

Einige Hinweise
zum apologetischen Schrifttum
des Islam in Indonesien

Fast überall in der Welt befindet sich der Islam im Aufwind. Welches Gesicht dabei die Religion des arabischen Propheten in Zukunft haben wird, ist zur Zeit noch nicht auszumachen. *Khomeynis* Revolution ist nicht überall hin exportierbar, die wirtschaftlichen Bedingungen in den einzelnen Ländern des Islams zu unterschiedlich, um eine einheitliche Prognose zu wagen. Fest steht nur, daß der Islam, und wir denken hier besonders an seine "Intelligenzija", angesichts der vielfältigen Herausforderungen der Gegenwart reagieren muß und auch reagiert. Identität ist nicht etwas Statisches. Man muß sie immer wieder neu erringen. Reformbewegungen bezeugen dies. Über die *indonesischen* Reformer und ihren geistigen Hintergrund haben wir schon an anderer Stelle gesprochen.[1] Immer noch bilden die drei großen Reformer *al-Afghani* (gest. 1897), *Muhammad Abdu* (gest. 1905) und *Rashîd Ridha* (gest. 1935) den nicht wegzudenkenden "point de référence", um den muslimischen Aufbruch in die Moderne zu verstehen, auch in Indonesien.

Es liegt ferner auf der Hand, daß das Ringen um den geistigen Standpunkt, den es im Umbruch der Zeit einzunehmen gilt und die daraus resultierende Praxis, nicht zu einem einheitlichen Ergebnis führen. Mehr orthodox ausgerichtete Reform und Säkularismus, starrer Fundamentalismus und ständig wachsende Skepsis - das sind z.B. mögliche Grundhaltungen, in deren Rahmen die geistige *und* politische Auseinandersetzung mit der Umwelt ausgetragen werden kann.

Diese Auseinandersetzung darf und kann aber nicht an der Masse der Gläubigen vorbeigehen, zumal sie die Krisis der Zeiten häufig in der Form gründlicher Verunsicherung erfährt. Hier liegt einer der Gründe für das Entstehen des apologetischen Schrifttums, zahlloser Broschüren, Zeitschriften - Zeitungsartikel, "Kleinliteratur". Die Apologie stellt die

---

[1] Cf. Beobachtungen zum Islam in Indonesien, in: *Zeitschrift für Missionswissenschaft und Religionswissenschaft*, (66) 1982, SS. 35-37 bes. SS. 42ff.

Waffen zur Verteidigung bereit, in der Absicht, nach Möglichkeit, den "Gegner" auf eigenem Feld zu schlagen. Erklärtes Ziel ist dabei die Wiederherstellung des Selbstwertgefühls. Apologie als geistige Grundhaltung besitzt sicherlich viele Schattierungen - die islamischen Reformer waren von Anfang an apologetisch orientiert, was wohl in einer durch Frustration gekennzeichneten kolonialen Situation kaum anders möglich war - aber das Niveau der gefundenen Antwort, die Assimilierung gerade auch der Denkweise des "Gegners", das alles fällt doch sehr unterschiedlich aus, je nach Schreiber, je nach Publikum.[2]

Wir wollen im folgenden besonders auf drei Autoren eingehen, deren Schriften sich bewußt das Ziel der Verteidigung des Glaubens nach außen gesetzt haben, nämlich *K. Burhanudin Wahid Key, H. Hasbullah Bakry* und *Nazwar Syamsu*.

1. Islam und Rationalismus

K.B.W. Key nennt seine 77 Seiten starke Schrift *"Konzeption der geistigen Entwicklung des Menschen im Islam" (Konsepsi pembudayaan manusia dalam Islam,* Jakarta 1978).

Wahid Key stammt aus Flores, "einer Gegend der Republik Indonesien, wo die islamische Gesellschaft noch nicht sehr stark ist und der Führung bedarf", wie es im Geleitwort[3] heißt. Angesichts der relativ starken christlichen Kommunität auf Flores verbirgt der Autor keineswegs seine

---

[2] In gewisser Weise kann dogmatischem Denken insgesamt der apologetische Charakter nicht abgesprochen werden. Wir meinen im folgenden aber mit apologetischem Schrifttum jene Texte, die sich die Verteidigung des Glaubens nach außen hin bewußt zum Ziel gesetzt haben und weniger auf die Vertiefung der Glaubenswahrheiten nach innen ausgerichtet sind - obgleich natürlich auch die Verteidigung des Glaubens nach außen auf das Innere des eigenen Glaubens ein bezeichnendes Licht wirft. Formal unterscheiden sich die bewußt apologetischen Schriften besonders durch ihren oft populären Charakter, der wissenschaftlichen Kriterien, oder sagen wir: einer halbwegs objektiven Darstellung der Wahrheit des anderen, häufig nicht gerecht wird (cf. Benutzung der Quellen etc.). Es wäre aber nicht richtig, allein schon ihrer Verbreitung wegen, sie deswegen völlig zugunsten der Spitzenwerke einer Kultur in der Forschung zu vernachlässigen. Häufig geben nur sie Aufschluß über die "Durchschnittsmentalität" einer Kultur.

[3] Ibid., S. 7. Die Übersetzung der indonesischen Texte stammt vom Autor.

missionarischen Absichten, zu deren Realisierung er aber erst die Muslime auf Flores im Glauben festigen will.

Das Vorwort der Schrift nennt das Feld, auf dem die Schlacht stattfinden soll: die moderne Wissenschaft, vom Autor gefaßt als Konfrontation Islam - Rationalismus. Wie schon angedeutet: die Stärke der apologetischen Praxis mißt sich daran, inwieweit es gelingt, den "Gegner" mit seinen eigenen Waffen zu schlagen. Ist der Rationalismus, verkörpert durch westliches Denken, die Waffe der Neuzeit, so geht Wahid Key in der Anwendung dieser Praxis besonders weit. Er vergleicht ihn mit dem Wachs, mit dem Dädalus seine Flügel bestrichen hat, um aus dem Labyrinth Kretas zu entkommen. Auf den Islam angewandt, wird dann folgende These aufgestellt: "Der Rationalismus stellt nicht nur das eigentliche Wachs unseres Zeitalters dar, sondern ganz besonders ist er die Seele der islamischen Lehre selbst."[4]

Dann befaßt sich der Autor mit der Charakterisierung desjenigen Bereiches, in dem man am ehesten die Hochburg des Rationalismus vermutet: der Wissenschaft.[5] Dabei versucht Wahid Key deren grundsätzlich dogmatischen Charakter aufzuzeigen, insofern an ihre Axiome geglaubt werden muß (wie im Falle der Rechenkunst, die ich in dem guten Glauben erlerne, daß z.B. 2x2 *immer* 4 ergeben), und deren Widersprüchlichkeit (wir würden sagen: die Widersprüchlichkeit der Arbeitshypothesen, z.B. im Bereich der Physik in bezug auf die Natur des Lichtes) mich nicht an der Exaktheit der Wissenschaft zweifeln läßt. An wissenschaftliche Axiome muß also geglaubt werden *(axioma-axioma yang harus dipercaya)*, und trotz ihrer Relativität sind sie in der Lage, mannigfache Probeleme zu lösen. So gesehen, dürfte es daher nicht schwerfallen, den dogmatischen Charakter auch der Religion zu akzeptieren. Lediglich, was hier geglaubt werden muß, ist einzig und allein das Dogma der Existenz und Einheit Gottes (= Monotheismus), das im übrigen die verschiedensten Probleme des Universums unwiderlegbar lösen kann. Das religiöse Dogma stellt das Grundaxiom dar *(axioma pokok)*, unter dessen Schutz sich die wissenschaftlichen Dogmen trotz ihrer Relativität als Basis der Einzelwissenschaften entwickeln können.

---

[4] Ibid. S. 12.
[5] S. ibid., SS. 15-20.

Aus dem Gesagten läßt sich der Schluß ziehen, daß der dogmatische Charakter des Eingottglaubens keineswegs eine Verminderung seiner "Wissenschaftlichkeit", oder sagen wir besser, seines grundsätzlich rationalen Charakters, darstellt, sondern daß im Gegenteil das islamische Dogma gerade qua Dogma als eine Art "Superwissenschaft" angesehen werden kann.

Aus dem rationalen Grundwesen des islamischen Glaubens muß sich ferner ergeben, daß er nicht auf einem Geheimnis oder einer dem Denken unzugänglichen Wahrheit aufgebaut ist. Dies versucht der Autor dann auch aufzuzeigen.[6] Er folgt hier dem Weg des klassischen Gottesbeweises, wobei das Wort Beweis streng verstanden werden will, nicht nur als Hinweis. Schon der noch nicht islamische Mensch findet zu einem "Urhebergott", wobei der Ausgangspunkt der Bewußtwerdung dieses Wesens die Schwäche, Bedürfnishaftigkeit und Hilflosigkeit des Menschen ist. Es muß ein Wesen geben, das das Universum beherrscht *(menguasai)*, organisiert *(mengatur alam semesta)* und dessen Besitzer *(pemilik)* ist. Damit es sich hierbei um eine Religion handelt, müssen aber noch Lob und damit verbunden Zeremonien hinzukommen. Auf diesen "natürlichen" Menschen kann nun nahtlos der "koranische" Mensch aufbauen. Es handelt sich gewissermaßen bei ihm um die Erhellung der religiösen Grundnatur des Menschen. Zum einen wird die Welt als Schöpfung Allâhs *(cipta Allah)* präzisiert, der auch ihre Führung *(pimpinan)* und ständige Seinserhaltung übernommen, zum anderen aber auch konkrete Gesetze *(amr Allah)* aufgestellt hat. Von dort her wird das Wesen des Menschen noch näher bestimmt als Unterworfensein *(tunduk)*, was von der Idee des Begriffs "Islam" her nicht anders zu erwarten war. Des weiteren wird dem Menschen im Lichte von *Sure 2,30* das Khalîfat, die Stellvertreterschaft Gottes auf Erden zugesprochen.

Neu im Vergleich zur Naturreligion ist vor allem aber die Aussage des Korans, die Welt sei in Etappen erschaffen worden. Der Autor weist darauf hin, daß dies auch wissenschaftlich beobachtet werden könne. M.a.W. der Koran enthält die Evolutionstheorie. Zur Stützung dieser Sichtweise dienen u.a. *Sure 15,21:*

---

[6] S. ibid., SS. 21-30.

Und es gibt (auf der Welt) nichts, was wir nicht bei uns im Vorrat hätten. Und wir lassen es nur in begrenztem... Maße (auf die Erde) herabkommen (Koranübersetzungen nach R. Paret);

und *Sure 25,59:*
> (Er), der Himmel und Erde, und (alles) was dazwischen ist, in sechs Tagen geschaffen hat und sich daraufhin auf dem Thron zurechtgesetzt hat...

Damit ist ein weiterer Beweis für die "Wissenschaftlichkeit" des Korans und den Islamischen Rationalismus gegeben. Außerdem dient die Idee der phasenhaften Entwicklung dem Autor als Einstieg[7] in die Diskussion eines anderen wissenschaftlichen "Axioms", nämlich der Psychoanalyse *Sigmund Freuds.*[8]

Zunächst stellt Wahid Key fest, daß die Engel in *Sure 2,30* sich deshalb so entrüstet über die Wahl des Menschen zeigen,[9] weil sie nicht in die Pläne Gottes, will heißen: die Evolutionstheorie eingeweiht sind. Doch nicht nur die Evolutionstheorie, sondern auch der spezifische Mutationssprung hin zur Entwiclung des Menschen, die intellektuelle Mutation (*mutasi intelektuil*) findet sich im Koran, und zwar nach dem Schema der Psychoanalyse *Sigmund Freuds.* Demnach vollzieht sich der Prozeß der Khalîfwerdung des Menschen in den Bahnen von Es, Ich und Über-Ich. Koranische Repräsentanten dieser drei *Freud'*schen Elemente sind entsprechend der Teufel *(Iblîs),* Adam und die Engel. Sie werden vor allem an drei Stellen des Korans, nämlich den Berichten von der Erschaffung des Menschen, in Szene gesetzt: *Sure 2,30-39; 7,11-25; 20,115-127.* Die drei Stellen gleichen sich mehr oder weniger. Die Begebenheit, so wie sie sich im Lichte von *Sure 7* darstellt, sei kurz aufgezeigt:

---

[7] Nach einem kurzen Kapitel (cf. ibid., SS. 31-39) über die These, der Islam sei eine Religion, gut sowohl für die Erde als auch für den Himmel; in diesem Kapitel wird die islamische Pflichtenlehre, besonders in Hinblick auf die "Statthalterschaft" des Menschen, entwickelt.

[8] S. ibid., SS. 41-64.

[9] "Willst du auf der Erde jemand (vom Geschlecht der Menschen) einsetzen, der auf ihr Unheil anrichtet und Blut vergießt, wo wir (Engel) dir lobsingen und deine Heiligkeit preisen!"

11. Und wir haben doch euch (Menschen) geschaffen. Hierauf gaben wir euch eine (ebenmäßige) Gestalt. Hierauf sagten wir zu den Engeln: 'Werft euch vor Adam nieder!' Da warfen sich (alle) nieder, außer Iblîs. Er gehörte nicht zu denen, die sich niederwarfen. 12. Gott sagte: 'Was hinderte dich daran, dich niederzuwerfen, nachdem ich (es) dir befohlen habe?' Iblîs sagte: 'Ich bin besser als er. Mich hast du aus Feuer geschaffen, ihn (nur) aus Lehm.' 13. Gott sagte: 'Geh von ihm (d.h. Paradies) hinab (auf die Erde)! Du darfst darin nicht den Hochmütigen spielen...' 14. Iblîs sagte: 'Gewähre mir einen Aufschub bis zu dem Tag da sie (d.h. die Menschen) (vom Tod) erweckt... werden.' 15. Gott sagte: 'Du sollst zu denen gehören, denen Aufschub gewährt wird.'... 19. Und (Gott sagte): 'Adam! Verweile du und deine Gattin im Paradies, und eßt (Früchte), von wo ihr wollt! Aber naht euch nicht diesem Baum, sonst gehört ihr zu den Frevlern!' 20. Da flüsterte ihnen der Satan (böse Gedanken) ein, um ihnen kundzutun, was ihnen von ihrer Scham (bis dahin) verborgen war und er sagte: 'Euer Herr hat euch diesen Baum nur verboten, (um zu verhindern), daß ihr zu Engeln werdet oder (sonst) zu Wesen, die ewig leben... 22. Als sie nun von dem Baum gegessen hatten, wurde ihnen ihre Scham kund... Und der Herr rief ihnen zu: 'Habe ich euch nicht jenen Baum verboten...' 23. Sie sagten: 'Herr wir haben... gegen uns selber gefrevelt...' 24. Gott sagte: 'Geht hinab (auf die Erde)!'...

Hinzugefügt sei noch aus *Sure 2,31* die Tatsache, daß Gott Adam alle Namen lehrt, womit sein Wissen nach 2,32 das der Engel übersteigt.

Wahid Key ist nun der Ansicht, daß in Adam zunächst einmal die Menschheit als Gattung *(jenis)* angesprochen ist. Der Autor verweist auf den Wechsel in 7,11 von "euch" zu "Adam". Aus der Tatsache, daß Adam nicht nur den Mann, sondern die Gattung, Mann und Frau meint, zieht er einen weitreichenden Schluß: nämlich es fände sich hier die *Freud*'sche Lehre vom Weiblichen im Mann und vom Männlichen in der Frau, ja es wird sogar ausdrücklich auf *Jungs animus-anima*-Theorie hingewiesen.

Iblîs ferner stellt nach Wahid Key das Es-Prinzip im Menschen dar, seine ungezügelte Lebens- und Instinktkraft *(exponen dari nafsu atau naluri manusia)*. Der Mensch besitzt sie im Himmel, wo sich Iblîs zunächst aufhält, auf der Erde, wo er von Iblîs verführt wird und eventuell später noch in der Hölle *(Sure 2,39; 20,127)*. Das Ego des Menschen wird natürlich durch Adam als Vernunftwesen *(exponen dari akal manusia)* dargestellt, das die Realität kennt und anerkennt, wie es sich in der Namengebung zeigt, aber unter dem Kommando der Engel (Über-Ich) als Repräsentanten von Gesetz und Moral steht.

Interessant ist auch die Kombination von *Freud* und der Iblîsgeschichte von *Sure 7,11* (s. auch *2,34; 20,116*). Iblîs unterwirft sich Adam nicht. Hierin sieht der Autor eine Übereinstimmung mit der Theorie *Freuds*, daß Ich und Über-Ich, Realität und Moral, vom ungezügelten Lebenswillen des Es zunächst nicht anerkannt werden. Aber die "Übereinstimmung" geht noch weiter. Für *Freud* ist das Es ja die eigentliche Grundkraft, Ich und Über-Ich verdanken sich letztlich nur seiner schrittweisen Zügelung. Was aber heißt das anders, als daß das Es die überlegene, alles übertreffende Grundenergie ist. Genau das sagt aber auch der Koran, *7,12:* "Ich bin besser als er. Mich hast du aus Feuer geschaffen, ihn (nur) aus Lehm!" Das Es will sich nicht nur nicht verbeugen, sondern besitzt auch die Priorität. Doch der Unterschied zwischen Lehm und Feuer soll nicht nur anzeigen, daß Iblîs tatsächlich die vorrangige Kraft ist, sondern eben auch Energie. Denn, so sagt der Autor, wenn man, wie *Freud*, von Energie spricht, so meint man Hitze und Iblîs ist aus Feuer. Erwähnenswert ist jetzt auch *7,14,15*, die Bitte des Teufels um Aufschub bis zum Jüngsten Gericht. Iblîs kann sich zwar noch austoben, aber ihm sind Grenzen gesetzt, eine definitive sogar, und er kann nicht alle Menschen verführen. Er gleicht dem Es, das, gezähmt, doch noch weiterdrängt, dem endgültigen Sieg der Moral immer wieder einen Aufschub abzwingt, ja abzwingen muß, sonst verlöre das Ich seine vitale Grundenergie. Ferner sei darauf hingewiesen, daß *Freuds* Konzeption von der Einheit der Energie, die Es, Ich und Über-Ich umfaßt, vom Koran auch dadurch unterstrichen wird, daß Engel und Iblîs gleichen Wesens sind *(Sure 7,11; 2,34; 20,116)*.

Nach dem bisher Gesagten wird man den Autor verstehen können, wenn er zufrieden feststellt: "Ja, Freud hat wirklich recht, denn seine Ansicht stellt nur die völlige Anerkennung einer Wahrheit dar, die schon dreizehn Jahrhunderte vor ihm im Koran dargestellt wurde."[10]

Schließlich bleibt noch zu fragen, ob denn trotz der eben entwickelten Gedanken, die ganze Grundtendenz des koranischen Berichts der Erschaffung des Menschen nicht doch dem Evolutionsgedanken und der Idee der intellektuellen Mutation à la *Freud* als krönendem Abschluß dieses Prozesses widerspricht, und zwar deswegen, weil das Ziel der

---

[10]   *Op. cit.*, S. 58.

Evolution (die Selbsterkenntnis des Menschen durch seine Nacktheit und das ewige Leben, *Sure 7,20*, sowie die Herrschaft, die nicht hinfällig wird, *Sure 20,120*) eingestandenermaßen (7,23) doch nur durch Ungehorsam erreicht wurde, bzw. erreicht werden kann. Demnach müßte der ganze Prozeß doch von Gott nicht gewollt, ja sogar verboten sein. Doch diese Schwierigkeit wird vom Autor durch eine fast hegelianisch, will heißen dialektisch anmutende Interpretation umgangen. Der Ungehorsam der Menschen war notwendig *(manusia harus terpaksa meningkari larangNya).* Er war nichts anders als der Zusammenstoß mit, bzw. die Verneinung der alten Form durch die aufkeimende neue. Als notwendiger Schritt war der Ungehorsam ja auch keine "so große Sünde" *(bukan merupakan satu dosa yang besar).*[11] Der Beweis: nur so ist der Mensch auch dazu gekommen, gleich anschließend erwählt zu werden (*Sure 2,37:* Und Gott wandte sich ihm [gnädig] wieder zu. Er ist ja der Gnädige und Barmherzige. Cf. auch *Sure 20,122*), erwählt für seine Khalîfenrolle.

Das Fazit der bisherigen Überlegungen liegt, wenn wir Wahid Key folgen, im Aufweis der völligen Übereinstimmung von Islam und der Welt der modernen Wissenschaften. Nach Meinung des Autors dürfte damit sichergestellt sein, was eingangs mit Bezugnahme auf das Wachs der Dädalusflügel gesagt wurde, daß nämlich der "Rationalismus" *(rasionalisme)* die Seele des Islam sei. Nachdem dies am Detail aufgezeigt wurde (Verhältnis Glaube - Dogma - Wissenschaft, Evolutionstheorie, Psychoanalyse), kann der Autor nun zu einer grundsätzlichen Schlußüberlegung ausholen.[12] Sie gipfelt darin, im Islam die "alma mater" von Wissenschaft überhaupt auf dieser Erde zu sehen. Seit es die Lehre des Islam gibt, konnte der Mensch das Angesicht der Welt verändern. Die "civitas academica" des Islam schuf die Wissenschaft.

Näher ausgeführt wird das am Beispiel der Zahl und der Methode des induktiven Denkens. Unter Hinweis auf *F.E. Grossnickles* und *L.J. Brückners* Feststellung:[13] "Number may be regarded as 'the language of science'", wird die Bedeutung der arabischen Zahlen herausgestrichen - die Null soll sogar von Arabern erfunden worden sein -, ohne die es überhaupt keine Wissenschaft gäbe.

---

[11] Der Islam kennt keine Theologie der Erbsünde.

[12] S. ibid., SS. 65-75.

[13] *Discovering Meanings in Arithmetic*, New York 1959, S. 2.

Dabei warnt der Autor ausdrücklich vor einer gefährlichen Tendenz, die er westlichen Wissenschaftlern auf Grund ihrer intellektuellen Korruption *(korupsi intelektuil)* unterstellt,[14] nämlich nach schrittweiser Umtaufung des arabischen Zahlensystems in "indisch-arabisches" Zahlensystem bald nur noch vom "indischen" Zahlensystem sprechen zu wollen. Der Autor sieht hier die Kräfte eines modernen Kreuzzugs *(Perang Salib Modern)* am Werk, der auch in anderen Bereichen bemüht ist, islamischen Einfluß so gering wie möglich zu halten oder gar ganz zu verschweigen.

Daß das induktive Denken, die logische Basis jeder Wissenschaft, eine Erfindung des Islam sei, wird damit begründet, daß der Koran voll von Aufforderungen an den Menschen ist, Himmel und Erde zu untersuchen, um die Zeichen der Schöpferkraft Gottes zu entdecken. Der Islam hat so Rationalität überhaupt erst in die Welt gesetzt, die intellektuellen Fähigkeiten des Menschen erstmalig befreit. Er stellt die Quelle aller ratio dar, aus der die Menschheit heute noch schöpfen kann.

Zum Schluß geht der Autor mit zwei Gruppen muslimischer Widersacher ins Gericht. Einmal mit denen, für die ein Wissenschaftler ein Ungläubiger, Kâfir, ist, und zum andern mit denjenigen Intellektuellen, die im Islam nur ein Hindernis für Denken und Forschung sehen und in "zynischen Säkularismus" *(sekularisme yang sinis)* abgleiten. Die erste Gruppe verhält sich wie die Christen vor der Renaissance, als Inquisition und die Rohheit der Mönche *(keganasan para rahib)* die Wissenschaftler lebendig verbrannte. Die Gegenreaktion auf diese finstere Mönchsmentalität *(hidup dalam biara)* führte schließlich zur Entmachtung der Kirche und zur Ideologie der Trennung von Kirche und Staat, in deren Namen dann der Staat alle Macht errang. Hier liege der Ursprung des Säkularismus, des Mutterbodens jener islamfeindlichen Intellektuellen. Der Autor schließt mit dem Wunsch, beide Gruppen mögen zum Koran und zur Tradition des Propheten *(sunna)* zurückfinden, *insya Allah!*

K. Burhanudin Wahid Key liefert uns das Beispiel eines apologetischen Textes, der entschlossen die Flucht nach vorn antritt. Sein Thema ist der Rationalismus, genauer die Herausforderung der modernen wissenschaftlichen Welt. Uns kann es hier nicht darum gehen, im einzelnen nachzuprüfen oder zu widerlegen, ob W. Key recht hat mit

---

[14] Präzise Quellenangaben fehlen hier. Gesprochen wird von *"para sarjana Barat"* und *"beberapa buku"*, westlichen Wissenschaftlern und einigen Büchern (s. *op. cit.*, Ss. 68-70).

seinen Äußerungen, ob er tatsächlich den "Gegner" objektiv dargestellt hat. Uns kommt es darauf an, an konkreten Beispielen zu zeigen, wie die apologetische Schrift funktioniert, was ihr Ziel ist. Wir sagten eingangs, es ginge darum, den "Gegner" am besten mit seinen eigenen Waffen zu schlagen. Das aber versucht der Autor, indem er sich ins Herz der Wissenschaft stellt, Dogma, induktive Methode, moderne gängige Theorien. In der Folge aber wird rationales wissenschaftliches Denken nicht eigentlich assimiliert, sondern mit den Mitteln einer Art Allegorese (s. das Beispiel der Psychoanalyse) regelrecht einverleibt. Dabei geht der Autor so vor: die wissenschaftlichen Ergebnisse werden dem Koran "übergestülpt". Ist die Konkordanz aufgezeigt, so empfangen umgekehrt die von der Wissenschaft auf unabhängige Weise errungenen Resultate ihren Wert und ihre Bestätigung nicht vom Wert der angewandten Methode her, sondern vom Wert des Korans. Das geht nicht immer so gut wie beim Beispiel des *Freud*'schen Schemas. Meistens muß man sich mit der Zitation "passender" Koranverse begnügen, die für diesen Zweck dehnbar genug erscheinen (s. Evolutionstheorie). Das hat mit Exegese natürlich nichts zu tun. Gattung und Intention des Textes werden völlig übergangen.

So ist es sicher richtig, daß der Koran zur Erforschung der Zeichen Gottes aufruft, aber es geht ihm darum, im Menschen eine religiöse Grundhaltung zu erwecken, zum Lobe Gottes zu führen, nicht die induktive Methode in die Welt zu setzen. Es ist längst nicht bewiesen, daß einer, der in der Natur die Spuren der Schöpferkraft Gottes sucht, auch Wissenschaftler wird. Das kann vielleicht ein Nebenprodukt sein, aber genauso gut kann das Gegenteil einer wissenschaftlichen Haltung die Frucht dieses Suchens sein. Die absolute Schöpferkraft Gottes, die der Mensch bestaunt, setzt nämlich die Naturgesetze gerade außer Kraft, zumal wenn sie, was üblich ist, mit Wunderglauben Hand in Hand geht (s. *Feuerbachs* Kritik am Christentum). Der Koran ist eben ein religiöses Dokument und keine wissenschaftliche Charta.[15]

---

[15] S. hierzu auch Th. Mooren, *Abstammung und Heiliges Buch.* Zur Frage der semantischen Bedeutsamkeit anthropologischer Strukturen im Alten vorderen Orient im Hinblick auf den koranischen Monotheismus, Anm. 80, S. 31 [hier: Anm. 83, S. 141], in: *Zeitschrift für Missionswissenschaft und Religionswissenschaft*, (65) 1981, SS. 14-39 [hier: 118-147]. S. auch oben 257-274. - Seine These vom induktiven Denken stützt Wahid Key vor allem mit einem Hinweis auf Robert Briffault's *Making of Humanity*. Dort (S. 190) wird folgende These entwickelt: "The debt of our science to that of the Arabs does not consist in

Aber bisher hat der Islam als Buchreligion gerade die rationale Methode der Exegese noch nicht assimiliert. Sein Inspirationsbegriff ist noch weithin der des Fundamentalismus. Sein Denken kreist nicht um die ratio, sondern um den Koran als die absolute Wahrheit Gottes, so verstanden, daß sie auch im Detail, nicht nur dem Sinn nach, exakte Auskunft gibt. Dies ist der Bezugsrahmen, innerhalb dessen die vorliegende apologetische Schrift der Verunsicherung der Gläubigen beikommen will. - Eines jedoch ist dem Autor mit Sicherheit gelungen, wenn ihm seine Glaubensgenossen in der Argumentation folgen, nämlich die Erhöhung des Selbstwertgefühls, erklärtes Ziel der apologetischen Tätigkeit.

2. Islam und Trinität

a) Paulus, die Kirchenväter und die Verfälschung der Bibel

Für Die Schrift K.B.W. Keys bildet die Welt der Wissenschaft, der Rationalismus, den äußeren Bezugspunkt, für das Buch *Prof. Hasbullah Bakrys*, das wir als nächstes erörtern werden, die Dogmatik des Christentums. Das geht schon aus dem Titel hervor: *"Der Prophet Jesus im Koran und der Prophet Muhammad in der Bibel" (Nabi Isa dalam al Quran dan Nabi Muhammad dalam Bible)* Jakarta ⁵1980, ¹1959.

startling discoveries. Science owes a great deal more to Arab culture; it owes its existence. The ancient world was... pre-scientific. The Greeks systematised, generalised and theorised, but the patient way of investigation, the accumulation of positive knowledge, the minute methods of science, detailed and prolonged observation and experimental inquiry were altogether alien to the Greek temperament. What we call science in Europe is the result of a new spirit of inquiry, of new methods of investigation, of the method of experiment, observation, measurement, of the development of mathematics in a form unknown to the Greeks. The spirit and those methods were introduced into the European world by the Arabs." (Zit. nah Inamullah Khan, *Islam in the Contemporary World*, SS. 4/5, in: *God and Man in Contemporary Islamic Thought*, Beirut 1972, Ss. 1-15). Auch von *Iqbal* ist uns überliefert: "The birth of Islam was the birth of the inductive intellect." (ibid., S. 5). Allerdings könnte über diese These gestritten werdem: Wir weisen hier auf W. Jaegers Interpretation der Vorsokratiker in *Theologie der frühen griechischen Denker*, Stuttgart 1953, hin. Aber selbst wenn Key Recht hätte, so stände die von ihm angewandte "allegorische" Methode im Widerspruch zur Tradition, in die er sich einreihen möchte.

B.J. Boland[16] widmet diesem Buch einige Zeilen im Rahmen der Besprechung der jüngeren apologetischen Literatur Indonesiens. Er nennt es dort (ibid., S. 228) "a somewhat more important book", das also aus der Masse der Pamphlete und Bücher, die sich mit dem Thema Christentum befassen, etwas herausragt. *Bakrys* Buch soll nach Aussage eines holländischen Besprechers aus dem Unbehagen des Autors darüber entstanden sein, daß Hunderte, ja Tausende junger Muslime Christen wurden, als die Leitung der indonesischen Kirche in die Hände einheimischer Christen gelegt wurde (cf. ibid., S. 228). Zum andern ist das Buch, wie Bakry im Vorwort von 1959 selbst sagt, eine Reaktion auf die Schrift eines gewissen F.L. Bakker *"Der Herr Jesus im Islam" (Tuhan Jesus didalam Agama Islam,* Jakarta 1957),[17] zu der Boland (*op. cit.,* S. 288, Anm. 129) anmerkt: "Der Inhalt (dieses Buches) ist meiner Meinung nach genauso fragwürdig wie der Titel." Bakry will mit seinem Buch u.a. auf Fragen von Schülern, die im Anschluß an die Lektüre der Schrift Bakkers entstanden sind, im Rahmen der vergleichenden Religionskunde antworten. Im Vorwort zur dritten Auflage, 1968, drückt er den Wunsch aus, sein Buch möge dem gegenseitigen Kennenlernen von Christen und Muslimen dienen.

Wir wollen im folgenden nicht den gesamten Inhalt des 224 Seiten starken Buches ins Auge fassen, sondern nur einige interessante Punkte herausgreifen.

Da ist zunächst die Gestalt des hl. Paulus. Seit den ersten Jahrhunderten des Christentums hatten die "christlichen Ulama" nichts anderes im Sinn, als das Christentum aus dem Judentum herauszulösen.[18] Doch angefangen hat alles mit Paulus. Ihm und seiner Lehre werden 20 Seiten des 4. Kapitels des Buches gewidmet.[19]

Bakry beginnt mit der These, daß sich das Christentum eigentlich *Paulinismus* nennen müßte, denn vier Fünftel des ganzen Neuen Testaments seien paulinische Lehre. Zunächst wird der Lebensweg des Paulus nachgezeichnet. Er sei zwei Einflußsträngen ausgesetzt gewesen, der Thora und der griechsichen Philosophie (Stoa, Philo). Er sei weder

---

[16] *The Struggle of Islam in modern Indonesia,* Den Haag 1971, SS. 225ff.

[17] Dieser Autor ist nicht zu verwechseln mit dem bekannten Jesuiten *Y.W.M. Bakker.*

[18] Cf. H. Bakkry *op. cit.,* SS. 79/80.

[19] Cf. ibid., SS. 80-100.

in Jerusalem, noch in Nazareth, Schüler oder Jünger Jesu gewesen. Paulus gehörte auch nicht zu den 12 Aposteln. Wie ist er überhaupt Christ geworden, wie ist seine Bekehrung zustande gekommen? Vor Damaskus, lautet die bekannte Antwort. Doch H. Bakry weiß mehr. Er untersucht die Berichte der Apostelgeschichte. In bezug auf die Erscheinung vor Damaskus heißt es *Apg 9,7* von den Gefährten: "Sie hörten zwar die Stimme, sahen aber niemand." In *Apg 22,9* hingegen lesen wir: "Meine Begleiter sahen zwar das Licht, die Stimme aber, die mit mir redete, hörten sie nicht." Bakry weist nun darauf hin, daß es nach den Gesetzen der Psychologie zwei Möglichkeiten gibt, wenn einer eine Geschichte erzählt und sich dabei ständig widerspricht, daß nämlich entweder mit der Geschichte etwas nicht in Ordnung sei *(peristiwa itu bohong)* oder der Erzähler nicht normal. Deswegen seien die Ulama (Rechtsexperten) des Islam und "nüchterne westliche Ulama der Ansicht, Paulus sei zu diesem Zeitpunkt das Opfer eines Sonnenstichs (kena zonnesteek) geworden",[20] ein Opfer der Mittagshitze vor Damaskus.

Zur Lehre des Paulus ist folgendes zu sagen: im Gegensatz zu Jesus predigt Paulus nicht mehr das kommende Reich, sondern den kommenden Jesus (Problem der Parusieverzögerung). Im Gegensatz zu Jesus habe für Paulus das Gesetz keine Gültigkeit mehr. Paulus, der mit "seiner Religion" außerhalb des Judentums steht, predigt nur noch eine Religion der Hoffnung. Dies jedoch hat persönliche Gründe. Paulus hat gar keine Chance auf Grund der Thora, die auch den kleinsten Fehler ahndet, in den Himmel zu kommen. Er führt ein von Leidenschaften gepeitschtes, ungezügeltes Leben - er hat keine Frau und kein Zuhause. Kurz: er ist voller Sünden, und was noch schlimmer ist, er denkt, alle Menschen wären so wie er. Hier kommen Paulus die Lehren von der Erbsünde und der erlösenden Kraft des Kreuzes zuhilfe. Damit das Kreuzesopfer aber wirklich halten kann, was es verspricht, muß Jesus "mehr" sein als nur ein Mensch, nämlich Gott, "Herr" (Kyrios, Tuhan). Paulus konstruiert die gottmenschliche Doppelgestalt unter Zuhilfenahme der Stoa und des Pneumabegriffes, obwohl er sich damit in ausdrücklichen Widerspruch zu Jesus selbst setzt *(Mt 7,21,22)*, ja er sieht sich sogar selbst als ein "Stück" Tuhan an, als Inkarnation Christi *(Gal 2,19,20)*. Schließlich vergißt Paulus, daß Jesus nur zu Israel gesandt ist *(Mt 15,24 u. 26)*, daß die *"syariat Musa"* (Gesetz des Moses) und die

---

[20] Ibid., S. 86.

"syariat Isa" (Gesetz Jesu) nur für die Juden gelten, und daß Gott für andere Völker andere Propheten mit anderen Gesetzen vorgesehen hat. Alles in allem: "Wenn Paulus recht hat, ist Jesus im Unrecht. Wenn Jesus recht hat, ist Paulus im Unrecht."[21] Aber es ist wohl kaum denkbar, daß Jesus unrecht hat. Vielmehr treffen auf Paulus alle von Jesus selbst genannten Merkmale des falschen Propheten zu (vgl. *Mt 7,21-23; Mk 13,5,6,21*). Schließlich fragt Bakry, ob nicht endlich die Zeit für die Christen und ihre *Ulama* gekommen sei, die von Jesus abweichende Lehre des Paulus zu korrigieren, und schließt das 4. Kapitel mit dem Ausruf: vielleicht ist diese Zeit jetzt da!

Daß nicht nur mit Paulus, sondern erst recht durch die Konzilien der ersten christlichen Jahrhunderte, die sich um die Trinitätstheologie bemühten, das Christentum gänzlich von Jesus abgekommen ist, stellt einen Gemeinplatz muslimischer Theologie und erst recht ihres apologetischen Schrifttums dar.[22] Noch gegen Ende seiner Paulus gewidmeten Zeilen hatte Bakry darauf hingewiesen, daß der Islam zwar im übertragenen Sinn den Ausdruck "Sohn Gottes" akzeptieren könne, als Gegenstück des auch vorkommenden Ausdrucks "Sohn des Satans", aber nicht als Gott (Tuhan) oder als Hypostase (*oknum*, von arabisch *uqnûm*, Basiselement, Hypostase) oder Person Gottes. Im 5. Kapitel[23] macht sich der Autor denn auch die Mühe, anhand eines Abrisses der Patristik, der Geschichte dieser enormen Abweichung, die die Lehre von der Trinität darstellt, nachzugehen. Wie kam es zu diesen "theologisch spitsvondige theorieen",[24] zur Aufstellung einer Lehre, deren Probleme die Christen bis heute noch nicht nach eigenem Eingeständnis zur Zufriedenheit gelöst haben?[25] Nach der Ansicht Bakrys finden wir die

---

[21] Ibid., S. 96.

[22] S. auch das Urteil eines gewissen *Abdul Razak Naufal* - über diesen Autor konnten wir nichts Näheres ausmachen - in seiner ins Indonesische übersetzten Schrift *Al-Quran dan masyarakat modern* ("Der Koran und die moderne Gesellschaft"), Jakarta 1978, über den "Kongress" (sic!) von Nizäa, der sich in seinen Entscheidungen "total von der Lehre, die der Prophet Jesus gebracht hat, unterscheidet (S. 13)."

[23] S. *op. cit.*, SS. 101-116.

[24] Ibid., S. 101; zit. im Text nach A. van Onck, *Islam. De kracht die de Wereld der Moslims beweegt.* (Ort und Erscheinungsjahr des Werkes sind nicht angegeben).

[25] Der Autor beruft sich hier auf A. v. Platens *Sejarah filsafat Barat* ("Geschichte der westlichen Philosophie"), ed. vom KPPK Balai Pendidikan Guru, Bandung.

Antwort auf diese Frage, wenn wir in Rechnung stellen, daß die Väter zwei völlig verschiedene Gottesvorstellungen miteinander versöhnen mußten: hier den Gott des Monotheismus, der den sündigen Menschen richtet, dort der Gott des Paulus und der Liebe, der, um die Menschen von der Sünde zu erlösen, "ein Drittel seiner Substanz, die Mensch geworden ist",[26] opfert. Angesichts der sich aus diesem Harmonisierungsversuch ergebenden Probleme fragt der Autor erstaunt an, warum denn die Christen nicht einfach Paulus korrigiert haben, anstatt sich in soviele Schwierigkeiten zu verwickeln. Aber das ginge nun ja wohl nicht mehr, weil man dann auch akzeptieren müßte, daß Nicht-Juden nicht ins Christentum, will heißen, die Lehre Jesu gehörten.

Wir wollen von den besprochenen Vätern nur einige Beispiele herausgreifen. *Justinus* wollte das Interesse der heidnischen Philosophen auf das Christentum lenken. Er brauchte dabei in seiner Logostheorie nicht kühner *(berani)* sein, als es das Johannesevangelium in seiner "Hypothese"[27] vom Logos, zustandegekommen ganz und gar unter griechischem Einfluß, schon gewesen war. Das Johannesevangelium übertraf sogar die Griechen, da sein Logos stirbt, ißt und trinkt, ein völlig neuer Gesichtspunkt.[28] *Irenäus* opferte seinen gesunden Menschenverstand um der abweichlerischen Lehre des Paulus willen. Für *Origenes* sei der Logos nur der halbe Gott (Tuhan) und im übrigen sei seine Lehre eine Mischung aus Christentum und Neuplatonismus. Mit großem Lob kommt *Arius* davon, dem des Autors (und des Islams) ganze Sympathie gehört. In einer Anmerkung bemerkt Bakry:[29] "Arius stellt nach Ansicht der muslimischen Ulama das Beispiel (eines Kämpfers) des Eingottglaubens (tokoh Tauhid) innerhalb des Christentums dar, der wahrheitsgetreu der Lehre des Propheten Jesus gefolgt ist." Bis hin zu *Arius* waren die Ansichten der Christen über die Göttlichkeit Jesu "noch nicht homogen."[30] Mit *Arius* endlich wird klar, daß dem Logos nur Ehre gebührt, weil er ganz und gar gehorsam und Gottes Diener war. "Die

---

[26]   *Op. cit.*, S. 101.

[27]   Ibid., S. 103.

[28]   Zur muslimischen Ansicht über diese Vorstellung, auf die *Sure 5,75* Bezug nimmt, s. unsere Diskussion in *Islam und Christentum im Horizont der anthroplogischen Wirklichkeit*, S. 14 [hier: 67/68], in: *Zeitschrift für Missionswissenschaft und Religionswissenschaft*, (64) 1980, SS. 10-32 [hier: 62-86].

[29]   *Op. cit.*, S. 107.

[30]   Ibid., S. 107.

Ansicht des Arius bedeutet die völlige Zerschmetterung der ersten Verse des Johannesevangeliums und derjenigen Verse der Paulusbriefe, die von der Göttlichkeit Jesu handeln."[31] Es folgt ein kurzer Bericht über den "Kongreß..., d.h. das ökumenische Konzil"[32] von Nizäa. Das Wirken des *Athanasius* fällt in eine Zeit, in der die christliche Gesellschaft noch gespalten war in bezug auf die Trinität. *Nestorius* gehörte zu denjenigen, die trotz des Konzils von Istanbul klares Denken und gesunden Menschenverstand noch nicht aufgegeben hatten.

Das Ergebnis der Vätergeschichte und damit der Herausarbeitung der Trinitätslehre sieht düster aus. Nach *Gregor von Nyssa*, so Bakry, soll es sich bei dem Ganzen letztlich um einen Kompromiß zwischen jüdischem Monotheismus und griechischem Polytheismus handeln.[33] Das Ergebnis der Debatten, wie Bakry weiter unten behauptet,[34] sei schließlich das Eingeständnis der Kirche, daß Trinität und Gottessohnschaft ein Geheimnis seien, will heißen: klarem menschlichen Denken nicht zugänglich. Der Autor nimmt zum Schluß[35] die Versuche der Christen aufs Korn, die Trinität in Bildern wenigstens annähernd begreiflich zu machen. So würde im Christentum die Trinität beispielsweise mit der Sonne und ihren Eigenschaften verglichen. Warum sich aber mit nur drei ihrer Eigenschaften begnügen, wenn es deren eine ganze Reihe gibt? Solche Bilder *beweisen* nichts. Und schließlich, was auch immer man vorbringe, drei sei nicht identisch mit eins, die Mehrzahl nach anerkannter philosophischer Meinung keine Einzahl. "Auf diese Weise bedeutet Trinität Polytheismus, nicht Monotheismus".[36] Die Einheit, die da im Christentum gelehrt werde, sei bestenfalls mit monistisch pantheistischem Denken vereinbar, mit der Stoa, dem Neuplatonismus oder der Philosophie *Spinozas*.

Nach diesen grundsätzlichen Erwägungen zur christlichen Theologie widmet der Autor ein Kapitel der Auseinandersetzung mit dem schon

---

[31] Ibid., S. 108.

[32] Ibid., S. 109.

[33] Cf. ibid., S. 114.

[34] Cf. ibid., S. 129; Bakry beruft sich hier auf H. Berkhof u. I.H. Enklaar, *Sejarah Gerejah* ("Geschichte der Kirche"). (Ort und Erscheinungsjahr des Werkes sind nicht angegeben).

[35] Cf. *op. cit.*, SS. 114/5.

[36] Ibid., S. 115.

erwähnten Buch F.L. Bakkers über Jesus im Islam.[37] Uns soll es hier nicht um die Diskussion Bakker - Bakry gehen. Es sei nur erwähnt, was für die Untersuchung der apologetischen Methode von Nützlichkeit sein kann. F.L. Bakker unterstreicht offensichtlich die Rolle jüdischen und christlichen Einflusses auf das Entstehen des Islams, so als sei der Koran, wie Bakry in seiner Entgegnung Bakker allem Anschein nach versteht, die Frucht einer "Lehrzeit" Muhammads bei Juden und Christen gewesen. Bakry vermutet wohl in dieser Einflußthese einen Angriff auf die göttliche Inspiration des Korans, (um damit der Motivation, Muslim zu werden, den Boden zu entziehen). Mit Blick auf Paulus kehrt er das Argument um und wendet ein, die Christen glaubten ja ihrerseits an die göttliche Offenbarung der Paulusbriefe, obgleich doch bewiesen sei, daß sie von Paulus selbst stammen. Mehr noch: es sei um so verwunderlicher, daß sie nicht die wirkliche Offenbarung Gottes, so wie sie im Koran vorliegt, akzeptieren könnten. In diesem Zusammenhang fällt nun eine weitere wichtige Aussage auf, die auch bei der gesamten Erörterung über Paulus und Trinität schon zugrunde gelegt werden muß, nämlich über das Richteramt des Korans in Sachen Offenbarung. Für einen Muslim ergibt sich das eindeutig aus *Sure 33,40* u.a., der Tatsache, daß Muhammad das Siegel der Propheten ist. Der Koran als letzte Offenbarung dient somit als Korrektiv, er reinigt Thora und Evangelium von falscher Lehre *(al Quran mengoreksi dan membersihkan Taurat dan Injil).*[38]

Dieses Prinzip steht nicht nur im Hintergrund bei der Behandlung des Falles Paulus und der Trinität - vor allem das Thema Trinität wird von dieser Basis aus auch in der Diskussion mit Bakker erneut aufgegriffen -, sondern muß auch noch am Werk gesehen werden, wenn Bakry in den letzten Kapiteln seines Buches[39] alle nur denkbaren Verse des AT und NT durchkämmt, um mit ihrer Hilfe zu beweisen, daß Muhammad derjenige Prophet ist, den AT und NT angekündigt haben. So wird z.B. die Abfolge der Reiche in *Daniel 2,38-45* in Hinblick auf

---

[37] S. ibid., SS. 126-141.

[38] S. ibid., S. 127.

[39] 8. Kapitel: Der Prophet Muhammad in der Bibel, SS. 142-146; 9. Kapitel: Die Vorhersage (des Kommens) des Propheten Muhammad im Alten Testament, SS. 147-174; 10. Kapitel: Die Vorhersage (des Kommens) des Propheten Muhammad im Neuen Testament, SS. 175-214.

das islamische Reich *(kerajaan Islam)* interpretiert.[40] Der Stein, den die Bauleute verworfen haben und der zum Eckstein geworden ist *(Mt 21,42)*, wird so der Prophet Muḥammad, und das Reich Gottes, das den Juden genommen und einem *Volke* gegeben werden wird, das Gottes Früchte bringt *(Mt 21,43)* bezieht sich auf das Volk der *Bani Ismail,* der Hagarsöhne, aus deren Geschlecht Muḥammad sei.[41] Ebenso fehlt natürlich nicht der klassische Hinweis auf den Parakletos von *Jo 14,16,* der unter Zuhilfenahme des italienischen Orientalisten G.A. Nallino als das griechische Pendant zu Aḥmad/Muḥammad gedeutet wird.[42]

AT und NT werden also gleichermaßen auf die koranische Offenbarung zugeschnitten. Was sich in ihnen an Verheißung findet, bezieht sich auf den Islam, was nicht mit der islamischen Auffassung vom Monotheismus übereinstimmt (Paulus, Trinität), ist Verfälschung. Wir haben gesehen, wie die koranische Meßschnur an die paulinischen Schriften angelegt wurde, weil hier Jesus "mehr" wird als ein Prophet, der das Gesetz nur den Kindern Israels bringt, ihnen gegenüber die Lehre vom einen Gott erneuert, die schon seit Adam bekannt und der einzige Inhalt der prophetischen Offenbarung aller Zeiten ist.[43] Demgemäß verfiel die Trinitätslehre erst recht der Ablehnung, unter kräftiger Zuhilfenahme des Arguments vom "gesunden Menschenverstand".

Ein interessanter Sachverhalt, der das Ergebnis eines solchen Vorgehens betrifft, liegt aber noch in folgendem: Ähneln die so erzielten Resultate wenigstens in formaler Hinsicht nicht gewissen Thesen der Liberalen Theologie, der Leben-Jesu-Forschung? Bakry selbst läßt sich bei seiner Argumentation den Hinweis auf *David Friedrich Strauss* und *Bruno Bauer* nicht entgehen.[44] Kann Bakry nicht in voller Übereinstim-

---

[40] Cf. ibid., SS. 157ff.

[41] S. ibid., SS. 188ff. Zum Problem der Beziehungen Ismael - Muhammad s. bes. M. Hayek, *Le Mystère d'Ismaël,* Paris 1964 und unsere Einführung in den Islam *Pengantar Agama Islam. I. Islam - Pencaharian identitas orang Arab,* Pematang Siantar 1981, SS. 61-72, 108ff.

[42] Cf. H. Bakry, *op. cit.,* S. 203.

[43] Zu dieser Auffassung von der einen Offenbarung zu allen Zeiten der Geschichte s. auch unsere Bemerkungen in *Islam und Christentum im Horizont der anthropologischen Wirklichkeit,* SS. 28/29 [hier: 84-86], in *Zeitschrift für Missionswissenschaft und Religionswissenschaft,* (64) 1980, SS. 10-32 [hier: 62-86].

[44] Cf. *op. cit.,* S. 135.

mung mit gewissen Tendenzen der modernen Exegese behaupten, Jesus habe von der Trinität, so wie sie das NT entwickelt, gar nichts gewußt?[45] Bakry gibt zu, daß das NT von Vater, Sohn und Hl. Geist spreche, "aber das zeigt nicht an, daß sie alle zusammen Gott in einer Wesenheit und drei Hypostasen sind".[46] Daß, rein formal gesehen, die Trinität *so* nicht im NT vorkommt, dürfte heute auch jeder christliche Theologe Bakry zugestehen. Hat die christliche Exegese/Theologie damit etwa von selbst mit den "Verfälschungen" des Paulus aufgeräumt und mit der "Korrektur" des NT und seiner Folgetheologien begonnen, ganz so wie es Bakry in dem oben zitierten Ausruf "Vielleicht ist diese Zeit jetzt da!"[47] als vorsichtige Hoffnung formulierte?

Es sei einmal dahingestellt, wie weit der "Kreditverlust" der Trinitätslehre/Gottessohnschaft Jesu im Bewußtsein der Christen tatsächlich fortgeschritten ist, wie gering die Rolle der Trinität im "normalen" Glaubensbewußtsein ist und ob nicht auch von der Mehrzahl der Christen - wenn auch mit Hinweis auf den Mysteriencharakter des Glaubens - dieses zentrale Dogma als etwas angesehen wird, was schlicht dem gesunden Menschenverstand widerspricht, *ohne* die geringste Verstehensmöglichkeit außerhalb einer gewissen rationalisti-

[45] Der Autor benutzt dieses Argument, um Muhammad gegen Bakkers Vorwurf zu entlasten, dieser sei schlecht über die Trinitätslehre unterrichtet gewesen, er habe es nur mit in dogmatischen Formulierungen wenig erfahrenen Christen in Mekka zu tun gehabt. Wenn Muhammad aber nicht die Trinitätslehre des NT kannte, so gleiche er hierin nur Jesus, der sie auch nicht kannte, genausowenig wie sie die anderen Propheten Abraham, Ismael, Isaak, Jakob, Moses kannten, da sie nämlich eine spekulative Äußerung *(rumusan spekulatif)* des *Athanasius* sei (cf. ibid., SS. 128/9).

[46] Ibid., S. 129.

[47] Ibid., S. 100.

schen Enge. Es gibt dazu aufschlußreiche Statistiken.[48] Was aber unbedingt herausgestellt werden muß, ist der Unterschied in der Methode und den Grundvoraussetzungen, mit denen christliche Exegese einerseits und islamische Apologie andererseits arbeiten. Wir haben hier einen ähnlich gelagerten Fall vor uns, wie bei der Diskussion des Rationalismusproblems. Die Methode der Exegese wird von Bakry keineswegs assimiliert, sondern formale Ergebnisse der christlich historischen Forschung werden für gut befunden, weil sie mit dem Islam übereinstimmen oder als mit ihm übereinstimmend interpretierbar sind. Nun ist es zwar sehr wahrscheinlich, daß die islamische Methode und die christliche Theologie der Neuzeit einen gewissen Rationalismus, will heißen Appell an den "gesunden Menschenverstand" miteinander gemein haben, nämlich in dem Sinn, daß die kritische christliche Theologie der Neuzeit ohne das Zerbrechen des alten "Wunderglaubens"[49] und die Herausforderung des wissenschaftlich-technischen Weltbildes nicht denkbar wäre. Der Islam beruft sich auf diesen gesunden Menschenverstand jedoch nur, weil er in *diesem* Fall in Einklang mit einer unter gewissen Gesichtspunkten recht einfachen Lehre (des Nur-Prophetentums des Offenbarungsbringers) steht, nicht weil er der geschichtlichen oder exegetischen Forschung eine, wenn auch nur methodische, Autonomie zugestehen würde. In der Regel bleibt für den Islam die Verbalinspiration der Maßstab und mit dieser Grundvoraussetzung geht er auch an die christlichen Texte heran. Widersprüche auf Satzniveau, werden zu Sinnwidersprüchen. Der Islam denkt nicht daran, im NT z.B. Formulierungen von *Erfahrungen* zu sehen, die sich im *Ausdruck* eventuell

[48] Vgl. zu diesem Problem Chr. Duquoc, *Dieu différent. Essai sur la symbolique trinitaire*, Paris 1977 und Th. Mooren, *op. cit.*, S. 10 [hier: 62/63]. Es sei auch dahingestellt, inwieweit es berechtigt wäre, von einer teilweisen "De-facto-Islamisierung" des christlichen Bewußtseins zu sprechen, die häufig ihren Namen nur deswegen nicht nennt, weil die an der Diskussion dieses Themas Beteiligten kaum mit religionsgeschichtlichen Fakten vertraut sind, bzw. in einem solchen Fall um die Originalität ihrer Position fürchten müßten. Wir sprechen von einer *teilweisen* "De-facto-Islamisierung", weil dieses Phänomen nicht die Anerkennung der ganzen Lehre des Islam miteinschließt. Desweiteren soll dieser Ausdruck nur beschreibenden Charakter haben und enthält nicht die Behauptung einer direkten Kausalkonnektion mit der islamischen Theologie.

[49] Was vor über 100 Jahren wiederum schon von *Feuerbach* brillant analysiert wurde (cf. C. Ascheri, *Feuerbachs Bruch mit der Spekulation*, Frankfurt, Wien 1969).

nicht decken, aber dieselbe *Sache* meinen können. Die hl. Bücher von Judentum und Christentum haben nur ein einziges Thema, das sie im übrigen mit dem Koran gemein haben, meint Bakry: Gehorsam und Rebellion Gott gegenüber und Gottes Antwort darauf in dieser und der jenseitigen Welt.[50] Das Spezifische des Christentums als Nicht-Buchreligion im Sinne des Islams, des NT als Nicht-Gesetzbuch im Sinne des Korans, wird nicht gesehen.[51] Der der Auffassung von der Verbalinspiration entsprechende Textpositivismus, nicht historisch-kritische Forschung, führt Bakry zu der Alternative: Wenn Jesus recht hat, dann hat Paulus unrecht und umgekehrt. Ob Paulus nicht auf seine Art dasselbe *erfahren* hat wie die anderen Jünger und es nur in einem anderen Kontext anders formuliert hat - diese Frage, d.h. das Problem des Sitzes im Leben, der ultima ratio der modernen Exegese, kommt auf seiten des Islam nicht einmal als Problem zu Gesicht.

Das Nicht-Verstehen des NT als Dokument der Erfahrung, letztlich der Erfahrung des Auferstandenen, kommt besonders deutlich da zum Ausdruck, wo Bakry Paulus in bezug auf *1 Kor 10,16-18* vorwirft, seinen eigenen, d.h. separatistischen Ritus für *seine* Gläubigen zu organisieren.[52] Genauso schwer tut sich der Islam mit einer Idee von Tradition, die mehr ist als nur die *Anwendung* von vorgegebenen Prinzipien. Das ihm vorschwebende Aktualisierungsmodell stammt aus der Sphäre des Rechts *(fiqh)*, aber nicht aus der Sphäre der *Liturgie*, wo eine der Hauptquellen für die "Weiterentwicklung" der Trinitätslehre zu suchen ist.[53] Christliche Theologie kann ohne Furcht der Geschichtswissenschaft bei der Freilegung der einzelnen Schichten der Glaubensformulierungen, der unterschiedlichen Christusprädikationen etc. das Wort erteilen, auch wenn sich dann herausstellt, daß *Athanasius so* nicht im

---

[50] Cf. *op. cit.*, S. 13 [hier: 66/67].

[51] Vgl. dazu auch Th. Mooren, *op. cit.*, S. 23, Anm. 38 [hier: 78, Anm. 38] und vom selben Autor *Abstammung und Heiliges Buch. Zur Frage der Bedeutsamkeit anthropologischer Strukturen im Alten vorderen Orient im Hinblick auf den koranischen Monotheismus,* SS. 29/30, Anm. 77 [hier: 138, Anm. 78], in: *Zeitschrift für Missionswissenschaft und Religionswissenschaft,* (65) 1981, SS. 14-39 [hier: 118-147].

[52] Cf. *op. cit.*, S. 120; s. auch ibid., S. 121. Überhaupt hat der Islam Schwierigkeiten, das zu verstehen, was die katholischen Christen Sakramente nennen. In bezug auf die Ehe z.B. heißt es bei Abdul Razak Naufal, *op. cit.*, S. 75, Scheidung sei *aus irgendeinem Grunde* verboten *(dengan alasan apapun).*

[53] Vgl. das Vorgehen Basils von Cäsaräa in seinem Traktat über den Hl. Geist u.a.

NT zu finden sein sollte, weil ihr Zentrum nicht der Text, das Gesetz, sondern das Mysterium Fidei, der Glaube an den Auferstandenen ist, der sich u.a. auch liturgisch konkretisiert.

b. Trinität und Trimurti

Ein aufschlußreiches Beispiel der Anwendung des Prinzips der Verbalinspiration auf das NT und die Probleme der Christologie findet sich auch in "Religionsvergleich (Koran und Bibel)" *(Perbandingan Agama [Al Qur'an dan Bible]*, Jakarta 1977) von Nazwar Syamsu.
In dieser 176 Seiten starken Schrift, die sich besonders an Studenten richtet, drückt der Autor im Vorwort sein Bedauern darüber aus, daß ein Großteil der Muslime nur die eigene Religion kenne, ohne über Grund und Ausmaß des Unterschiedes zwischen Islam und anderen Religionen informiert zu sein. Die Bibel und religiöse Bücher überhaupt würden auch in Studentenkreisen nur selten gelesen.

Es geht wieder darum, die Trinität als im Widerspruch zur Lehre Jesu stehend aufzuzeigen. Der angewandte Maßstab bei der Beurteilung der einzelnen Verse ist erneut der Koran,[54] allerdings untermauert von der mit der Verbalinspiration zusammenhängenden These, daß Widersprüche in einem Offenbarungsdokument beweisen, daß diese Offenbarung nicht von Gott stamme.[55] Es wird behauptet, mit Hinweis auf *Sure 4,82*,[56] daß im ganzen Universum der 6326 Koranverse kein einziger Widerspruch zu finden sei, was die Wahrheit des Korans beweise.[57] Den Beweis der Widerspruchsfreiheit tritt der Autor allerdings nicht an. Statt dessen wird *Sure 34,6* zitiert:
Und diejenigen, die das Wissen erhalten haben, sehen, daß das, was (als Offenbarung) von deinem Herrn zu dir herabgesandt worden ist, die Wahrheit ist und auf den Weg dessen führt, der mächtig und des Lobes würdig ist.

[54] Cf. N. Syamsu, *op. cit.*, S. 121.
[55] Cf. ibid., S. 153.
[56] "Machen sie sich denn keine Gedanken über den Koran? Wenn er von jemand anderem als (von) Gott wäre, würden sie in ihm viel Widerspruch finden."
[57] Cf. N. Syamsu, *op. cit.*, S. 153.

Allerdings übersetzt der Autor das dort vorkommende Wort für "Wahrheit" *(al-ḥaqq)* mit *Logik (penuh logika)*.[58] Damit verfehlt er den Sinn des Verses, legt aber den Hintergrund seiner gesamten Exegese um so deutlicher bloß. Bei einer derart engen Vorstellung von Wahrheit steht für die Trinität, vom Autor immer mit dem englischen Ausdruck *"Trinity"* belegt - wie überhaupt seinen Bibelzitaten nur eine englische Übersetzung zugrunde liegt -, nichts Gutes zu erwarten. Als einziges authentisches Jesuswort und Essenz seiner Lehre bleibt praktisch nur *Mk 12,29* übrig. Ausführlich[59] wird anhand der Ausdrücke Menschensohn, Gottessohn, Söhne Gottes in der Bibel aufgezeigt, wie das NT all diese Bezeichnungen in Richtung auf die Trinität manipuliert. Jesus selbst hingegen nenne sich *nur* Menschensohn *(anak manusia)*, weil er tatsächlich nur Mensch sei. Die *anderen* hingegen vergöttlichten ihn *(Mt 16,16*; s. auch *Mt 14,33)*. Und schließlich, selbst wenn er der Sohn Gottes sei, so gleiche er hierin doch nur Adam, wenn man *Lk 3,38* hinzuzieht.

Natürlich fehlt auch bei Syamsu nicht die In-Bezugsetzung der Trinität zu polytheistischen Vorstellungen.[60] Der Autor versucht sogar aufzuzeigen, wie es im Trinitätsbegriff zu einer Art Läuterung des Polytheismuskonzepts kommt. Dabei unterscheidet sich die *"Trinity"* aber nicht wesentlich von der *Trimurti"* des Hinduismus. Ob Shiva oder Sohn Gottes, Vishnu, Hl. Geist oder Maria, in jedem Fall versuchte der mit dem Polytheismus nicht mehr zufriedene Mensch, die göttliche Kraft auf einen Ort und mitten in der Gesellschaft (König als Sohn Gottes) zu konzentrieren.[61] Ansonsten begnüge sich die populäre Trinitätslehre sogar mit nur zwei Göttern/Herren: Gottvater und Gottsohn. Schließlich seien auch die Juden infolge andauernder Fremdherrschaft trinitarisch

---

[58] S. ibid., S. 152.

[59] S. ibid., SS. 144ff.

[60] S. ibid., SS. 120ff.

[61] "Der Unterschied zwischen Trimurti und Trinität ist nur gering. In bezug auf die Trimurti glaubt man, daß Vishnu und Shiva Götter sind, die, von einer Mutter geboren, menschliche Gestalt angenommen haben, sich aber in ihrem Aufgabenbereich unterscheiden. Vishnu bringt die Lehre des Lebens... Shiva verkörpert die Kraft der Lebensweise hienieden... Die Trinität liefert (uns) ein Bild, das in bezug auf Vishnu und Shiva schwankend ist: die eine Hälfte glaubt, Maria, die den Messias geboren habe, sei Vishnu, der Messias selbst Shiva. Die andere Hälfte glaubt, der Hl. Geist sei Vishnu, d.h. derjenige, der Basis und Grundlage für die Existenz der Wissenschaft den Menschen bringt (ibid., S. 134)."

orientierter Mächte von dieser Lehre beeinflußt worden. Sie hätten z.B. *ʿUzair* (Esdras), der einzige, der nach dem Fall Jerusalems noch die Thora kannte, zum Gott gemacht (cf. *Sure 2,259* u. *9,30*), einfach weil er ein großer Mann gewesen sei, also wohl das shivaitische oder vishnuitische Prinzip verkörpere.

Der Hauptagent der Trinitätslehre ist wiederum Paulus.[62] Vielleicht war er sogar ein römischer Soldat (gehörte also der "Trinity-Kultur" an), denn kein Jude wäre mit so weitreichenden Vollmachten bei der Christenverfolgung ausgestattet worden wie Paulus es wurde. Für Syamsu war Paulus auf jeden Fall ein Politiker *(seorang politikus)*, der von der kaiserlichen Regierung (!) den Sonderauftrag empfangen hatte, den Monotheismus zu zerstören (s. auch *Apg 19,21; 16,37; 25,10*). Dazu war der "bekehrte" Paulus aber noch viel geeigneter als der alte Saulus. Er konnte jetzt das eigentliche Vernichtungswerk viel raffinierter als vorher von innen heraus fortsetzen. Ein Beweis für den völlig unjüdischen, d.h. mittelmeer(= trinitäts)bezogenen Charakter des Christentums liegt für Syamsu u.a. in der Tatsache, daß nach *Apg 11,26* der Name "Christen" zum erstenmal in Antiochien auftrat.

Interessant ist ferner, daß Petrus für den Autor nicht in Gegensatz zu Paulus tritt, als Anhänger des wahren Jerusalemer Jesus-Monotheismus, sondern ebenfalls mit der Gründung einer neuen Religion beschäftigt war, die von Jesu Lehre abwich - er hat nicht umsonst Jesus verleugnet *(Jo 18,27)*. Die Wunder jedenfalls, die er - hier Paulus in nichts nachstehend - vollbrachte *(Apg 9,40; 10,11* [sic!]*; 12,10)* und die noch Jesu Wunderkraft übertreffen *(melebihi kesanggupan yang pada Jesus)*, werden im Volk dieselbe Reaktion hervorgerufen haben wie die außergewöhnlichen des Paulus *(Apg 19,11.12)*, nämlich: "'Götter sind in Menschengestalt zu uns gekommen!' Barnabas nannten sie Zeus und Paulus Hermes..." *(Apg 14,11.12)*. Das aber bedeutet nichts anderes, als daß die Lehre Jesu im allgemeinen "Trinitätsklima" unterzugehen droht, bzw. zeigt auf, wie geneigt die Zeitgenossen waren, die monotheistische Lehre des Propheten Jesus zugunsten der alten Trimurti-Idee, aus ihrem Hang heraus, große Menschen zu vergöttlichen, zu verfälschen, wobei

---

[62] Cf. ibid., SS. 154ff.

der göttliche Charakter solcher Wundertäter sogar noch größer ist als bei Jesus selbst.[63]

Von dort her wird dann auch die systematische Verdunklung und Verfälschung der Muḥammad-Prophetie von *Jo 14,16* verständlich. Stephanus wird nämlich als Erfüllung dieser Weissagung vorgeschoben mit Hinweis auf *Apg 7,37*, Verteidigungsrede des Stephanus: "Dieser Moses ist es, der zu den Israeliten sprach: 'Einen Propheten wie mich wird euch Gott aus euren Brüdern erwecken'",[64] und das obwohl doch der wahre Verheißene nach *Jo 14,16* lange lebt, also ein alter Mann ist (so wird das "in aeternum" gedeutet!), Stephanus aber in jungen Jahren gesteinigt starb.[65] Doch die Bibel hält auch noch Petrus als Erfüllung dieser Weissagung bereit, heißt es dann weiter, und zwar mit Hinweis auf *Apg 3,22*, wo dieses Moseswort nach demselben Schema diesmal auf Petrus bezogen wird. Es bleibt kein anderer Schluß übrig -- auch Petrus stand im Sold Roms, um die Trinitätslehre zu verbreiten.[66]

Kurzum: der Ursprung der Trinitätslehre ist Rom, will heißen: das mittelmeerische, bzw. gemeinorientalische *"Trimurti - Trinity - Klima"*. Doch diese Lehre, hierin stimmt Syamsu mit Bakry überein, ist völlig gegen jede Vernunft oder genauer, gegen jede *Logik*, wenn wir an Syamsus Wiedergabe von *"al-ḥaqq"* in *Sure 34,6* denken: "... drei in eins und eins in drei, eine Vorstellung, die außerhalb des Bereichs der Logik liegt."[67]

Zum Schluß[68] fragt Syamsu noch, ob Paulus und Petrus, diese beiden großen Verfälscher im *Koran* erwähnt seien. Er sieht sie tatsächlich in der Figur zweier Zauberer-Engel aus Babylon namens *Hârût* und *Mârût (Sure 2,102)*, die neben allerlei Schädlichem die Menschen auch ein Mittel lehren, mit dem man ein Zerwürfnis zwischen Mann und Frau herstellen kann. Und die Menschen haben sich fürwahr in einen schlechten Handel eingelassen. Mit *Hârût* und *Mârût* sind Paulus und Petrus also deswegen gemeint, weil die "Religionslehrer" *(guru-guru*

---

[63] "Paulus ist noch mehr Gottes Sohn als Jesus selbst (Paulus lebih anak tuhan daripada Jesus sendiri) (ibid., S. 159)."

[64] Das Personalpronomen "mich" soll sich also nicht auf Moses, sondern auf Stephanus beziehen!

[65] Cf. ibid., S. 163.

[66] Cf. ibid., S. 164.

[67] Ibid., S. 174/5.

[68] Cf. ibid., S. 175.

agama) der Trinitätsreligionen ohne Ehe und Familie leben, als gute Schüler der beiden wirksamen Eheentzweier...

Das Beispiel Syamsus zeigt noch deutlicher als die Schrift Bakrys, wie weit apologetische Texte vom Verstehen des Anderen entfernt sein können. Es wird hier besonders deutlich, wie schwierig ein Dialog ist, wenn man mit völlig überraschenden Schriftbeweisen rechnen muß (vgl. die Deutung des Personalpronomens in der Stephanus-Petrusrede), mehr noch, einem völlig anderen Schriftverständnis gegenübersteht, zusätzlich unterstützt durch die Idee, die Wahrheit zu besitzen. Wenn nicht einmal Wissenschaftlichkeit ein "neutrales" Terrain darstellt, um über Thesen vom Schlage: Paulus als Arbeiter im Dienste der römischen Regierung, diskutieren zu können, dann wird man ermessen, wie weit der Weg zu echter gemeinsamer Wahrheitssuche noch ist. Und dabei handelt es sich um einen Autor, der sich die Mühe macht, die Bibel zu lesen! - An sich wäre ja nichts interessanter, als ernsthaft der These vom orientalischen Einfluß, der sog. *Trimurti*-Konzeption etc., wiederum im Gefolge der großen klassischen Theorien der Jahrhundertwende, nachzugehen. Aber dazu bedürfte es wohl einer gewissen Vorbildung und, unter psychologischem Gesichtspunkt, vor allem des Abbaus der Furcht, des Gefühls der Frustration, eine Last aus dem Erbe kolonialer Vergangenheit.

Neben den im Artikel behandelten, gäbe es sicher noch eine Reihe weiterer interessanter Themen, die hierher gehörten, um uns Aufschlüsse über die Mentalität gewisser muslimischer Kreise zu vermitteln, wie z.B. das Problem Polygamie - Monogamie, das einen eigenen Artikel wert wäre, da es ebenfalls ein bevorzugtes Objekt apologetischen Schrifttums ist. Aber über die apologetische Methode als solche würden wir dabei keine neuen Erkenntnisse gewinnen. Wir fänden wiederum eine Anzahl "westlicher" Autoren zitiert, die die Meinung des Korans zu stützen hätten, wobei am Ende in der Regel als Ergebnis erzielt wird, daß der Prophet noch lange vor der westlichen Gesetzgebung die weisesten und in Übereinstimmung mit der menschlichen Natur besten Gesetze erlassen hat.[69]

---

[69] Vgl. hierzu z.B. Yusuf Wibisono, *Monogamie atau poligami. Masalah sepanjang masa* ("Monogamie oder Polygamie. Ein ewiges Problem"), Jakarta 1980. Dieses Buch enthält eine ganze Reihe Feststellungen westlicher Autoren über die sozialen Wohltaten der Polygamie. Sie sei besser als uneheliche Kinder, Prostitution etc. Zitiert werden u.a. Gustav le Bon: "Je ne vois pas en quoi la

polygamie légale des orientaux est inférieure à la polygamie hypocrite des Européens... (ibid., S. 67)", Schopenhauer: "Wo gibt es denn wirklich Monogamisten? Wir alle leben wengistens eine Zeit lang, meistens aber immer, in Polygamie (ibid., S. 67)." - Was die anthropologische Seite ferner angeht, so wird behauptet, beim Mann sei die Spannung zwischen Denken und Fühlen ausgeglichener als bei der Frau, die rein gefühlsmäßig handele. Die Scheidungs-initiative gehe deswegen vom Manne aus (cf. ibid., S. 100). Die Frau wird ermahnt, ihren Egoismus zu zügeln, da eine größere religiöse und sozial-ethische Verpflichtung ihr auferlege, die Liebe zu ihrem Mann mit einem anderen Menschen zu teilen. Westliche Einehe sei ein Produkt des Egoismus (cf. ibid., SS. 130/1). - Zu erwähnen wäre hier auch Abdul Razak Naufals Beschreibung der zum sexuellen Objekt degradierten Westfrau im Vergleich zur tugendhaften Muselmanin, die den Mann nicht durch "make up" reizt und sich nur in dem Bereich aufhält, der ihr von "Natur" aus zusteht (Haus, Familie) (cf. *op. cit.*, SS. 67ff). Schließlich wird die rechtliche und vor allem religiöse Gleichstellung von Mann und Frau durch den Koran betont und beschrieben, wie fortschrittlich die koranische Gesetzgebung zur Zeit des Propheten gewesen ist (cf. ibid., SS. 58ff). - Das Problem liegt aber darin, daß die damalige Gesetzgebung nun für alle Zeiten festgeschrieben ist - zumindest in der Theorie, was wiederum mit dem islamischen Offenbarungsbegriff zusammenhängt, der den "Rückzug" auf das formale Gesetz der Liebe nicht erlaubt - allerdings, sofern der Wille dazu vorhanden ist, neuen *Interpretationen* der alten Normen Platz läßt (s. dazu auch A. Zaki Yamani, *Islamic Law and Contemporary Issues*, bes. S. 55, in: *God and Man in Contemporary Islamic Thought*, Beirut 1972, SS. 48-82).

Literaturverzeichnis

A. Nicht-Arabische Quellen

Abbas Rizvi, A., *A History of Sufism in India, Bd. I: Early Sufism and its History in India to 1600 AD*, New Delhi 1978.

Abdeljalil, J.M., *Aspects intérieurs de l'Islam*, Paris 1949.

Abdel-Malek, A., Belal, A.-A., Hanafi, H. (Hrsg.), *Renaissance du monde arabe. Colloque interarabe de Louvain*, Gembloux, Algier 1972.

Abdul-Hâdi (Übers.), *Al-Balabanî, Le traité de l'unité dit "d'Ibn ʿArabî"*, Paris 1977.

Abel, A., *La polémique damascénienne et son influence sur les origines de la théologie musulmane*, in: L'Elaboration de l'Islam, Colloque de Straßbourg, 12.-14. Juni 1959, Paris 1961.

Aberle, D.F., *The peyote religion among the Navaho, Viking Fund Publications in Anthropology*, Chicago 1966.

Adams, Ch. J., *Islam and Christianity. The Opposition of Similarities*, in: R.M. Savory, D.A. Agius (Hrsg.), *Logos Islamicos. Studia Islamica in Honorem Georgii Michaelis Wickens*, Toronto 1984.

Agius, D.A., s. Adams, Ch.J.

Aguadé, J., *Some remarks about sectarian movements in al-Andalus*, in: *Studia Islamica*, 64, 1986.

Alanus von Lille, s. Chenu, M.D.

Al-Husry, Kh.S., *Three Reformers. A Study in Modern Arab Political Thought*, Beirut 1966.

Alt, A., *Der Gott der Väter (1929)*, in: *Kleine Schriften zur Geschichte des Volkes Israel*, München 1953.

Amîn, A., *Fadjru 'l-Islâm*, Bd. I, Kairo ²1933, in: Tapiéro, E., *Le Dogme et les Rites de l'Islam. Par les textes*, Paris 1971 (franz. Übstzg. M. Borrmans, *Le Dogme...*, Rom, PISAI, s.d.).

- *Duhâ' l-Islâm*, Bd. II, Kairo ²1934-36, in: Tapiéro, E., *Le Dogme et les Rites de l'Islam. Par les textes*, Paris 1971 (franz. Übstzg. M. Borrmans, *Le Dogme...*, Rom, PISAI, s.d.).

Anawati, Georges C., *Die Botschaft des Korans und die biblische Offenbarung*, in: *Jesus Christus und die Religionen* (Hrsg. A. Paus), Graz, Wien, Köln, Kevelaer 1980.

Anawati G.C. und Gardet, L., *Mystique musulmane, Aspects et tendences, Expériences et techniques*, Paris 1961 (ital.: Mistica islamica, Turin 1960).

- S. auch Gardet, L.

Andrae, T., *Les origines de l'Islam et le christianisme*, Paris 1955 (franz. Übersetzung von *Der Ursprung des Islams und das Christentum*, Uppsala 1926).

- *Islamische Mystiker*, Stuttgart 1960.

ANET (= Ancient Near Eastern Text, Relating to the Old Testament. J.B. Pritchard (Hrsg.), Princeton ²1955.

Arberry, A.J., *A Sufi Martyr. The Apologia of ʿAin al-Quḍât al-Hamadhânî*, Übstzg., Einf. u. Komm., London 1969.

Arkoun, M., Pour une critique de la raison Islamique, Paris 1984.

Armani, A., *Città di Dio e Città del Sole. Lo "stato" gesuita dei Guarani (1609-1768)*, Rom 1977.

Arnaldez, R., *Hallâj ou la religion de la Croix*, Paris 1964.

Ascheri, C., *Feuerbachs Bruch mit der Spekulation. Kritische Einleitung zu Feuerbach: Die Notwendigkeit einer Veränderung (1842)*, Frankfurt/M. 1969.

Atallah, Wahib, *Al-Buss. Vestige de cultes chtoniens en Arabie*, in: *Arabica* (22) 1975.

Augustinus, *Über die Dreieinigkeit (De Trinitate):* Des Heiligen Kirchenvaters Augustinus Fünfzehn Bücher über die Dreieinigkeit, Einltg. und Übstzg. von M. Schmaus, I. Bd. (Buch I-VII); in *Bibliothek der Kirchenväter*, 2. Reihe (XIII. Bd.), München 1935.

Bachmann, I., *Alles*, in: M.L. Kaschnitz (Hrsg.), *Deutsche Erzähler, Bd. II*, Frankfurt/M. ⁷1982.

Bachofen, J.J., *Das Mutterrecht. Eine Untersuchung über die Gynaikokratie der alten Welt nach ihrer religiösen und rechtlichen Natur, Auswahl*, hrsg. v. H.-J. Heinrichs, Frankfurt/M. ³1980.

Bacon s. Crombie, A.C.

Bakker, F.L., *"Der Herr Jesus im Islam" (Tuhan Jesus didalam Agama Islam*, Jakarta 1957.

Bakry, Hasbullah H., *Der Prophet Jesus im Koran und der Prophet Muhammad in der Bibel" (Nabi Isa dalam al Quran dan Nabi Muhammad dalam Bible)*, Jakarta ⁵1980.

Balthasar, H. Urs v., *Herrlichkeit. Eine theologische Ästhethik, I. Schau der Gestalt*, Einsiedeln ²1961.

Bart, G., *Die Götter der Interpreten. Ein Dialog*, in: H.P. Duerr (Hrsg.), *Der Wissenschaftler und das Irrationale, I. Beiträge aus Ethnologie und Anthropologie*, Frankfurt/M. 1981.

Bassenge, F. (Hrsg.), *Hegel, Ästhetik*, (Ost)-Berlin 1955.

Beer, G., s. Darwin, Ch.

Benn, G., *Der Ptolemäer. Berliner Novelle*, 1947, in: M.L. Kaschnitz (Hrsg.), *Deutsche Erzähler, Bd. II*, Frankfurt/M. ⁷1982.

Berkhof H. u. Enklaar, I.H., *Sejarah Gerejah*, ("Geschichte der Kirche"), (Ort und Erscheinungsjahr unbekannt).

Bernand, M., *Le savoir entre la volonté et la spontanéité selon an-Nazzâm et al-Ğâhiz*, in: *Studia Islamica* 39, 1974.

Bertrand, F., *Mystique de Jésus chez Origène*, Paris 1951.

Bitterli, U., *Der europäisch-indianische Kulturschock auf Hispaniola*, in: *Unter dem Pflaster liegt der Strand* (11), 1982.

Blachère, Régis, *Le Coran (al-Qor'ân)*, Paris 1966.

Bladel, L. van, *Die Funktion der Abfallslehre in der Gesamtbewegung der Schellingschen Philosophie*, in: A.M. Koktanek (Hrsg), *Schelling Studien, Festgabe für Manfred Schröter zum 85. Geburtstag*, München, Wien 1965.

Blumenberg, Hans, *Arbeit am Mythos*, Frankfurt/M. 1979.

Böhme, G., *Klassische Wissenschaft. Newtons "Principa Mathematica" erschien vor dreihundert Jahren*, in: *Frankfurter Allgemeine Zeitung*, 4. Juli 1987.

Boland, B.J., *The Struggle of Islam in modern Indonesia*, Den Haag 1971.

Bolin, W., s. Feuerbach, L.

Bonaventura, *Itineraire de l'Esprit vers Dieu (Itinerarium mentis in Deum)*, Quaracchi-Text, Einltg., Übstzg. und Anm. von H. Duméry, Paris ²1967.

Bonnin, G., *Why I am a Pagan*, in: B. Peyer, Hrsg., *The Elders wrote. An Anthology of Early Prose by North-American Indians 1778-1931*, Berlin 1982.

Bonsirven, J., *Le Judaisme Palestinien aux Temps de Jésus-Christ, sa Théologie, I, La Théologie dogmatique*, Paris 1934.

Bosworth, C.-E., s. Schacht, J.

Bozorg, Kapitän, Sohn des Shahriyâr aus Râmhormoz, *Kitâb ᶜağâib al-Hind* (Buch der Wunder Indiens), hrsgb. u. übersetzt: van der Lith, M. Devic, Leiden 1883-1886. S. Carra de Vaux II.

Bräunlich, Ernst, *Beiträge zur Gesellschaftsordnung der arabischen Beduinenstämme*, in: *Islamica* (6) 1934.

Breuil, P. du, *Zarathoustra et la transfiguration du monde*, Paris 1978.

Brochier, Jean-Jacques, s. Jaulin, R. u. Lévy, B.-H.

Brown, J.E., *The Roots of Renewal*, in: W.H. Capps (Hrsg.), *Seeing with a Native Eye. Essays on Native American Religion*, New York, Hagerstown, San Francisco, London 1976.

Brox, N., s. Pesch, R.

Brückner, L.J., s. Grossnickles, F.E.

Bubenheim, Abdullah Frank, *Was ist des deutschen Muslim Vaterland?*, in: Denffer.

Buhl, F., s. Gesenius.

Bukhsh, S.Kh., Islamic Studies, Lahore s.d.

Bulliet, R.W., *Conversion to Islam in the Medieval Period. An Essay in Quantitative History*, Cambridge, Mass. London 1979.

Bultmann, R., *Jesus*, München, Hamburg ²1965.

Burckhardt, T., *Introduction aux doctrines ésotériques de l'Islam*, Paris 1969.

Burton, J., *The Collection of the Qur'ân*, Cambridge, London, New York, Melbourne 1977.

Capps, W.H., s. Brown, J.E.

Carra de Vaux, *Les penseurs de l'Islam*, 3 Bde. Paris 1921-1923.

Caskel, Werner, *Gamharat AN-NASAB. Das genealogische Werk des Hišâm ibn Muhammad al-Kalbî*, 2 Bde., Leiden 1966.

Caspar, R., *Cours de Théologie Musulmane*, Institut Pontifical d'Etudes Arabes, Rom 1968.

- *Cours de Mystique Musulmane*, Institut Pontifical d'Etudes Arabes, Rom 1968.

- *Portraits et Textes des Mystiques musulmans, IV: Hallâĝ ou l'union d'amour avec Dieu u. Hallâĝ ou l'union avec Dieu (II)* = EA 20 u. EA 25 in: *Etudes Arabes. Feuilles de Travail. Textes de Mystique Musulmane*, Institut Pontifical d'Etudes Arabes, Rom 1968.

- *Cours de soufisme (Mystique musulmane),,* Institut Pontifical d'Etudes Arabes, Rom 1968.

- *Les déclarations des droits de l'homme en Islam depuis dix ans*, in: *Islamochristiana* 9, 1983.

- *Der Monotheismus des Islams und seine bleibende Bedeutung*, in: *Concilium*, (21) 1985.

Castro, A., *The Structure of Spanish History*, Princeton 1954.

Cazelles, H., *Israël du Nord et Arche d'Alliance (Jer. III 16)*, in: *Vetus Testamentum 2*, 1968.

- *Le Dieu d'Abraham*, in: *Les quatre fleuves. Cahiers de recherches et de réflexion religieuses*, (6) 1976.

Cazeneuve, J., *Les dieux dansent à Cibola. Le Shalako des Indiens Zuñis*, Paris 1957.

Charfi, A., *La sécularisation dans les sociétés arabo-musulmanes modernes*, in: *Islamochristiana 8*, 1982.

Chelhod, Joseph, *Introduction à la sociologie de l'Islam. De l'animisme à l'universalisme*, Paris 1958.

- *Les Structures du sacré chez les Arabes*, Paris 1964.

- *Le droit dans la société bédouine. Recherches sur le ᶜorf ou le droit coutumier des Bédouins*, Paris 1971.

- *La place de la coutume dans le FIQH primitif et sa permanence dans les sociétés Arabes à tradition orale*, in: *Studia Islamica 64*, 1986.

Chenu, M.D., *L'Homme et la Nature. Perspectives sur la renaissance du XIIᵉ siècle*, in: *Archives d'Histoire Doctrinale et Littéraire du Moyen Âge 27*, 1952.

- *Nature ou Histoire? Une controverse exégétique sur la création au XII*
  siècle, in: *Archives d'Histoire Doctrinale et Littéraire du Moyen Âge* 28,
  1953.
- *Cur Homo? Le sous-sol d'une controverse au XII* *siècle*, in: *Mélanges*
  des Sciences Religieuses 10, 1953.
- *Nature, Man, and Society in the Twelfth Century. Essay on new*
  theological perspectives in the Latin West, Chicago 1968 (Ausgew., hrsg.
  u. übersetzt von J. Taylor u. L.K. Little nach d. franz. Original: La
  théologie au douzième siècle, Paris 1957).
Colli, G., s. Nietzsche, F., *Nach Nietzsche*, Frankfurt/M. 1980.
- *Die Geburt der Philosophie*, Frankfurt/M. 1981.
Comstock, W.R., *On Seeing with the Eye of the native European*, in: Capps,
  W.H.
Corbin, H., *Terre Céleste et corps de résurrection. De l'Iran Mazdéen à*
  l'Iran Shīīte, Paris 1960.
- *En Islam iranien. Aspects spirituels et philosophiques, I-IV*, Paris 1971/2.
- *Il paradosso del monoteismo*, Casale Monferrato 1986 (franz.: Le
  paradoxe du monothéisme, Paris 1981).
Corpus Inscriptionum Semiticarum, pars V, *Inscriptiones Saracenicas*
  continens, t. I, fasc. 1, Paris 1950.
Corti, W.R., *Die Mythopoesie des "Werdenden Gottes"*, in: Koktanek, A.M.
Coulson, N.J., *A History of Islamic Law*, Edinburgh 1964 (Paperback 1978).
Crehan, J., *La Vida despues de la Muerte. A. Toynbee u. A. Koestler
  (Hrsg.)* , Buenos Aires ⁹1979 (Übstzg. von: Life after Death).
Crombie, A.C., *Von Augustinus bis Galilei. Die Emanzipation der Naturwis-*
  senschaft, Köln, Berlin, 1959.
Crouzel, H., *Origène et la Philosophie*, Paris 1962.

Dagorn, R., *La geste d'Ismaël d'après l'onomastique et la tradition arabes*,
  Paris 1981, in: *Islamochristiana* (8) 1982.
Daiber, H., Wâsil Ibn ʿAtâ' als Prediger und Theologe. Ein neuer Text aus
  dem 8. Jahrhundert n.Chr. (Hrsg., Übstzg., Komm.), Leiden, New York,
  Kopenhagen, Köln 1988.
Daniélou, J., *Platonisme et Théologie mystique. Essai sur la doctrine*
  spirituelle de Saint Grégoire de Nysse, Paris 1944.
Darwin, Ch., *On the Origin of Species. A Variorum Edition* (Hrsg. M.
  Peckham), Philadelphia 1959, zit. nach G. Beer, *'The Face of Nature':*
  Anthropomorphic Elements in the Language of The Origin of Species, in:
  Jordanova, L.J.
Déclaration Universelle des Droits de l'Homme en Islam, in: *Islamochri-*
  stiana 9, 1983 (deutsch s. Forstner).
Delling, G., *Art. Kairos*, in: *Theol. Wörterb. z. NT*, Stuttgart 1938.
Denffer, A. v., *Die Rechte und Pflichten von Mann und Frau im Islam*,
  und *Religion im Hinterhof* und *Kindererziehung aus islamischer Sicht*,

in: A. von Denffer (Hrsg.), *Islam hier und heute. Beiträge vom 1.-12. Treffen deutschsprachiger Muslime (1976-1981)*, Köln 1401 H/1981.

Denzinger, Heinrich, *Enchiridion Symbolorum Definitionum et Declarationum de rebus Fidei et Morum*, Freiburg (Brg.) [12]1913.

Déodat de Basly, *Un Tournoi Théologique*, Rom, Paris, Le Havre 1907.

Dermenghem, E., *Le culte des Saints dans l'Islam Noir*, Paris 1971.

Devereux, G., *Baubo. Die mythische Vulva*, Frankfurt/M. 1981.

Dhorme, E., *L'Evolution Religieuse d'Israël*, Bd. I: *La Religion des Hébreux Nomades*, Brüssel 1937.

Die Franziskaner unter den Muslimen, in: *Franziskanische Studien* 68, 1986. Heft 4.

Die Religion in Geschichte und Gegenwart, (K. Galling, Hrsg.), Tübingen [3]1957ff., I-VI; s. Haekel, J., Kraus, H.-J., Lohse, E., Sløk, J.

Diels, H., *Die Fragmente der Vorsokratiker* (W. Kranz, Hrsg.), Berlin 1951/52.

Dieterici, F., *Die Philosophie der Araber im X. Jahrhundert n. Chr., XIV Bände*, Bd. V: Berlin 1861; Bd. VIII: Leipzig 1872 (Nachdruck Hildesheim 1969).

Dietzsch, St. (Hrsg., Komm.), *F.W.J. Schelling, Schriften 1804-1812, Philosophische Untersuchungen über das Wesen der menschlichen Freiheit und die damit zusammenhängenden Gegenstände (1809)*, in: *Texte zur Philosophie - und Religionsgeschichte*, Berlin 1982.

Dill, S.D., *The Shadow of a Vision Yonder*, in: W.H. Capps.

Djamily, M., *Mengenal Kabinet Pembangunan V*, Jakarta 1988 (P. T. Kreasi Jaya Utama).

Doniger O'Flaherty, W., *Der wissenschaftliche Beweis mythischer Erfahrung*, in: H.P. Duerr (Hrsg.), *Der Wissenschaftler und das Irrationale, I. Beiträge aus Ethnologie und Anthropologie*, Frankfurt/M. 1981.

Draz, M.A., *La Morale du Koran. Etude de la Morale Théorique du Koran, suivie d'une classification de versets choisis, formant le code complet de la morale pratique*, Kairo 1950.

Dreier, T., *Wissen und Welt in den modernen Naturwissenschaften und bei den Navajo*, in: H.P. Duerr, (Hrsg.), *Der Wissenschaftler und das Irrationale, I.* 1981.

Driver, H.E., *The vision quest of Sanpoil*, in: *Indians of North America*, Chicago [5]1975.

Ducellier, A., *Le Miroir de l'Islam. Musulmans et Chrétiens d'Orient au Moyen Age (VIIᵉ-XIᵉ siècle)*, Paris 1971.

Duerr, H.P., *Traumzeit. Über die Grenze zwischen Wildnis und Zivilisation*, Frankfurt/M. [2]1978.

- Hrsg., *Versuchungen. Aufsätze zur Philosophie Paul Feyerabends I.*, Frankfurt/M. 1980.

s. Doninger O'Flaherty, W; s. Feyerabend, P.; s. Ray, R.

Dumeige, G. *A Propos "D'Abélard et son Époque"*, in: *Cahiers d'Histoire Mondiale* 6, 1960.

Duquoc, Christian, *Dieu différent. Essai sur la symbolique trinitaire*, Paris 1977.

Dussaud, Réné, *La Pénétration des Arabes en Syrie avant l'Islam*, Paris 1955.

Eissfeldt, O., *Israels Religion und die Religionen seiner Umwelt*, in: *Neue Zeitschrift für systematische Theologie und Religionsphilosophie* 9 1967.

El-Ehwany, A.F., *Islamic Philosophy* (Lectures delivered in 1956 in Washington University, St. Louis). Kairo 1957.

Eliade, Mircea, *Dimensions religieuses du renouvellement cosmique*, in: *Eranos Jahrbuch* (28) 1959.

- *Traité d'Histoire des Religions*, Paris 1970.

- *Schamanismus und archaische Ekstasetechnik*, Zürich, Stuttgart s.d.

Elias, N., *Zum Zusammenhang von Triebkontrolle und Familienreform bzw. Gesellschaftsstruktur*, in: H. Rosenbaum (Hrsg.), *Seminar: Familie und Gesellschaftsstruktur, Materialien zu den sozioökonomischen Bedingungen von Familienformen*, Frankfurt/M. 1980.

Elkin, A.P., *Les Aborigènes australiens*, Paris 1967 (Übstzg. von: The Australian Aborigines).

- *The Nature of Australian Totemism*, in: Middleton, J. (Hrsg.), *Gods and Rituals*, Austin, London 1967 (Nachdruck aus: Oceania 2, 1933).

Elwan, O., *Empfängnisregelung und Abtreibung im Islam*, in: *Rechtsvergleichung und Rechtsvereinheitlichung. Festschrift 50jährig. Bestehen d. Inst. f. ausl. u. intern. Recht*, Universität Heidelberg 1967.

Encyclopaedia of Religion and Ethics (J. Hastings, Hrsg.), Edinburgh, New York 1974, I-XII; s. Gardner, E.A.; Hartland, E.S.

Encyclopédie de l'Islam, Leiden 1913-36, I-IV; Suppl. 1938, nouv. éd. I, 1954ff; s. Gardet, L.; Macdonald, D.B.; Massignon, L.

Enklaar, I.H., s. Berkhof, H.

Ess, J. v., *Die Erkenntnislehre des ᶜAdudaddîn al-Îcî*, Übstzg. u. Komm. d. ersten Buches seiner Mawâqif, Wiesbaden 1966; *Dirâr b. ᶜAmr und die "Cahmîya". Biographie einer vergessenen Schule* (Fortstzg. u. Schluß), in: *Der Islam*, 44, 1968.

- *Skepticism in Islamic Religious Thought*, in: Ch. Malik (Hrsg.), *God and Man in Contemporary Islamic Thought*, Beirut 1972.

Evans-Pritchard, E.E., *La Religion des Primitifs à travers les théories des anthropologues*, Paris 1965 (Übstzg. von: Theories of Primitive Religion).

Fahd, Toufic, *Le Panthéon de l'Arabie centrale à la Veille de l'Hégire*, Paris 1968.

Federspiel, H.F. *Persatuan Islam. Islamic Reform in twentieth century Indonesia*, Ithaca N. Y. 1970.

Feuerbach, L., Sämtliche Werke, W. Bolin, F. Jodl (Hrsg.), Stuttgart 1960-1964 (Neudruck: Stuttgart 1903-11).

Feyerabend, P., *Wider den Methodenzwang. Skizze einer anarchistischen Erkenntnistheorie"*, Frankfurt/M. 1976.

- *Irrationalität oder: Wer hat Angst vorm schwarzen Mann?*, in: H.P. Duerr (Hrsg.), *Der Wissenschaftler und das Irrationale. II. Beiträge aus Philosophie und Psychologie*, Frankfurt/M. 1981.

Fichte, J.G., Werke (Auswahl in 6 Bänden), Leipzig 1911, F. Medicus (Hrsg.).

Fischer-Barnicol, H., *Fragen aus Fernost. Eine Begegnung mit dem japanischen Philosophen Nishitani*, in: *Hochl.* 58, 1965/66.

Fohrer, G., *Geschichte der israelitischen Religion*, Berlin 1969.

- *Studien zur alttestamentlichen Theologie und Geschichte (1949-1966)*. Berlin 1969 (BZAW).

Forstner, M., *Allgemeine islamische Menschenrechtserklärung*, CIBEDO-Dokumentation Nr. 15/16, Frankfurt/M. 1982.

- *Der Islam in der westafrikanischen Sahel-Zone. Erscheinungsbild Geschichte - Wirkung*, in: *Zeitschrift für Missionswissenschaft und Religionswissenschaft* 71, 1987.

Fromm, E., *Haben oder Sein. Die seelischen Grundlagen einer neuen Gesellschaft*, München 1980.

Fuhrmanns, H., *Der Gottesbegriff in der Schellingschen positiven Philosophie*, in: Koktanek, A.M.

Furger, F., *Was Ethik begründet. Deontologie oder Teleologie - Hintergrund einer moraltheologischen Auseinandersetzung*, Zürich, Einsiedeln, Köln 1984.

Gabrieli, F., *La "Zandaqa" au Ier siècle abbasside*, in: *L'élaboration de l'Islam*, Colloque de Strasbourg, 12-14 juin 1959, Paris 1961.

- *Islam in the Mediterranean World*, in: Schacht, J., Bosworth, C.E.

Galling, K., s. Die Religion...

Gardet, L., *Expériences mystiques en terres non chrétiennes*, Paris 1953.

- *Thèmes et textes mystiques*, Paris 1958.

- Art. *Dîn*, in: *E.I., II* (nouv. éd.)

- *Vues musulmanes sur le Temps et l'Histoire* (essai de typologie culturelle); in *Les cultures et le temps*, Paris 1975.

- u. Anawati (M.-M.), *Introduction à la Théologie Musulmane. Essai de Théologie Comparée*, Paris 1970.

Gardner, E.A. Art. *Mythologie*, in: *ERE IX*.

Gätje, H., *Koran und Koranexegese*, Zürich 1971 (engl.: The Qur'ân and its Exegesis. Selected Texts with Classical and Modern Muslim Interpretations, London, Henley 1976).

Gaudefroy-Demombynes, M., *Mahomet*, Paris 1957 u. 1969.

Geanakoplos, D.J., *Bisanzio e il Rinascimento. Umanisti greci a Venezia e la diffusione del greco in Occidente (1400-1535)*, Rom 1967 (ital. Überstzg. von: "Greek Scholars in Venice", Cambridge, Mass. 1962).

Gehlen, A., *Über die Verstehbarkeit der Magie*, in: *Studien zur Anthropologie und Soziologie*, Neuwied, Berlin 1963.

Gehrmann, Ahmet, *Kinder in der Isolation*, in: Denffer, A. v.

Gesenius, Wilhelm u. Buhl, Frants, *Hebräisches und Aramäisches Handwörterbuch*, 17. Ed., Leipzig 1921.

Geus, C.H.J. de, *The Tribes of Israel. An Investigation into some of the presuppositions of Martin Noth's Amphictyony Hypothesis*, Assen, Amsterdam 1976.

Gibb, H.A.R., *Arabic Literature. An introduction*, London, Oxford, New York ²1963.

Gilman, S.L., *Nietzschean Parody. An Introduction to Reading Nietzsche*, Bonn 1976.

Gimaret, D., *Un problème de théologie musulmane: Dieu veut-il les actes mauvais? Thèses et Arguments*, in: *Studia Islamica 40*, 1974.

- *Théories de l'Acte Humain en Théologie Musulmane*, Paris 1980.

Girard, R., In Zusammenarbeit mit J.M. Ougourlian, G. Lefort, *Des choses cachées depuis la fondation du monde*, Paris 1978.

Girard, R., *Die ewigen Mayas*, Zürich 1969.

Gneo, C., *Conoscere è Amare. Note di ontologia della conoscenza secondo la mente di s. Bonaventura*, Rom 1985.

Goldziher, I., *Études sur la tradition Islamique*, Paris 1952.

- *Le Dogme et la Loi de l'Islam. Histoire du développment dogmatique et juridique de la religion musulmane*, Paris 1973.

Greussing, K., (Red.), *Religion und Politik im Iran* (E. Veröff. d. Berliner Inst. für Vergleichende Sozialforschung), Frankfurt/M. 1981.

Grimm, *Deutsche Mythologie, II*, Frankfurt/M., Berlin, Wien 1981.

Grossnickles, F.E. u. Brückner, L.J., *Discovering Meanings in Arithmetic*, New York 1959.

Grunebaum, G.E. v., *The Nature of Arab Unity*, in *Arabica* (10) 1963.

- *Studien zum Kulturbild und Selbstverständnis des Islams*, Zürich 1969.

Guereñu, E. de, *Das Gottesbild des jungen Hegel. Eine Studie zu "Der Geist des Christentums und sein Schicksal"*, Freiburg, München 1969.

Gundert, W., Übstzg. u. Komm. des *Bi-Yän-Lu, II*, München 1967.

Gunkel, H., *HK, Genesis*, Göttingen 1922.

Gustafsson, L., *Drei sprachphilosophische Extremisten. Friedrich Nietzsche, Alexander Bryan, Fritz Mauthner*, München, Wien 1980.

Haarbrücker, Th., *Abu-l-Fath Muhammad asch-Schahrastâni's Religionsparteien und Philosophen-Schulen* (= Kitâb al-milal wa an-nihal), Übstzg., Komm., Bd. I, Halle 1850, Nachdruck: Hildesheim 1969.

Haddad, Y.Y., *Muslim Revivalist Thought in the Arab World: an overview*, in: *The Muslim World*, 76, 1986.

Hadricourt, A.G., *Domestication des animaux, culture des plantes et traitement d'autrui*, in: *L'Homme* 1962.

Haekel, J., *Art. Totemismus*, in: *RGG VI*.

Hallowell, A.I., *Ontologie, Verhalten und Weltbild der Ojibwa*, in: D. u. B. Tedlock (Hrsg.), *Über den Rand des tiefen Canyon. Lehren indianischer Schamanen*, Düsseldorf, Köln ³1982.

Hamka, *Wie der Islam nach Indonesien kam*, s. Italiaander, R. *Die Herausforderung...*

- *Das Verhältnis zwischen Religion und Staat im Islam*, s. Italiaander, R., *Indonesiens...*

Harris, Marwin, *The Rise of Anthropological Theory. A History of Theories of Culture*, New York 1968.

Hartland, E. Sidney, *Art. Totemism*, in: *ERE XII*.

Hasbi Ash-Shiddieqy, T.M., *2002 Mutiara Hadits*, Bd. I, Jakarta ⁵1978.

Hastings, J., s. Encyclopaedia...

Hawkins, D.J.B., *Wittgenstein and the Cult of Language*, London 1956, Aquinas Society of London, in: *Aquinas papers 27*.

Hayek, Michel, *Le Christ de l'Islam*, Paris 1959.

- *Le Mystère d'Ismaël*, Paris 1964.

- *L'Originalité de l'apport chrétien dans les Lettres Arabes*, Sonderabdruck aus: *Normes et Valeurs dans l'Islam contemporain*, Ed. J.P. Charnay, Paris 1966.

- *Les arabes ou le baptême des larmes*, Paris 1972.

Hegel, G.W.F., Werke XII, *Vorlesungen über die Philosophie der Geschichte*, Suhrkamp, Frankfurt/M. 1970.

- Werke I, *Frühe Schriften*, Suhrkamp, Frankfurt/M. 1971.

Heidegger, M., *Sein und Zeit*, Tübingen ⁹1960.

- s. Bassenge, F.

- s. Hoffmeister, J.

Heinrichs, H.-J. (Hrsg.), s. Bachofen, J.J., *Materialien zu Bachofens 'Das Mutterrecht'*, Frankfurt/M. 1975.

- s. Bachofen, J.J.

Henninger, Joseph, Die Familie bei den heutigen Beduinen Arabiens und seiner Randgebiete. Ein Beitrag zur Frage der ursprünglichen Familienform der Semiten, in *Internationales Archiv für Ethnographie*, Bd. XLII, Leiden 1943.

- Les Fêtes de Printemps chez les Arabes et leurs Implications historiques, in *Revista do Museo Paulista*, Neue Folge (4) 1950.

- Das Eigentumsrecht bei den heutigen Beduinen Arabiens, in *Zeitschrift für vergleichende Rechtswissenschaft einschließlich der ethnologischen Rechtsforschung*, (61) 1959.

- La société bédouine ancienne, in *L'Antica Società Beduina*, Hrsg. F. Gabrieli, *Studi Semitici 2*, Rom 1959; u. in demselben Band: *La Religion bédouine préislamique*.
- Geisterglaube bei den vorislamischen Arabern, in *Studia Instituti Anthropos*, Bd. XVIII, Wien-Mödling 1963.
- La primogéniture en ethnologie, in *Dictionnaire de la Bible. Supplément*, Bd. VIII, Art. *Premiers - Nés*, Paris 1972.

Herrenschmidt, Olivier, Sacrifice symbolique ou sacrifice efficace, in: M. Izard, P. Smith.

Heusch, Luc de, *Pourquoi l'épouser et autres essais*, Paris 1971.

Hirzel, L., s. Schramm, M.

Hiskett, M., *The Development of Islam in West Africa*, London, New York 1984.

Hitzler, R., *Der "begeisterte" Körper. (Zur persönlichen Identität von Schamanen)*, in: *Unter dem Pflaster liegt der Strand* (11), 1982.

Hoffmeister, J. (Hrsg.), *Hegel, Jenaer Realphilosophie*, Hamburg 1931/1967.

Höfner, Maria, Die vorislamischen Religionen Arabiens, in Gese, Höfner, Rudolph, *Die Religionen Altsyriens, Altarabiens und der Mandäer*; Koll.: *Die Religionen der Menschheit*, Bd. X, 2, Stuttgart, Berlin, Köln, Mainz 1970.

Hohmann, J.S. (Hrsg.), *Zehn in der Nacht sind neun. Geschichte und Geschichten der Zigeuner*, Darmstadt, Neuwied 1982.

Holz, H. u.a., *Schelling. Eine Einführung in seine Philosophie*, Freiburg, München 1975.

Honorius von Autun, s. Chenu, M.D.

Höpfer, W., s. Raeder, S.

Horovitz, J., *Koranische Untersuchungen*, Berlin, Leipzig 1926.

Hornui, G.F., *Averroes - On the Harmony of Religion and Philosophy*, London 1976.

Hugo von Sankt-Viktor, s. Chenu, M.D.

Italiaander, R. (Hrsg.), *Die Herausforderung des Islam*, Göttingen, Berlin, Frankfurt/M. 1965.
- *Indonesiens verantwortete Gesellschaft*, Erlangen 1976.

Izard, M., Smith, P. (Hrsg.), *La fonction symbolique. Essais d'Anthropologie*, Paris 1979.

Jacobsen, Thorkild, *The treasures of Darkness. A History of Mesopotamian Religion*, New Haven, London 1976.
- *Before Philosophy. The Intellectual Adventure of Ancient Man. An essay on Speculative Thought in the Ancient Near East*, Harmondsworth s. d., 148.

Jaeger, W., *Theologie der frühen griechischen Denker*, Stuttgart 1953.

Jalloul, M. u. I., *Empfängnisregelung und Abtreibung im Islam*, in: Denffer, A. v.

Jandora, J.W., *Developments in islamic warfare: the early conquests*, in: *Studia Islamica* 64, 1986.

Jaulin, Robert, Le sacré, l'ésotérisme et le quotidien (Gespräch mit J.J. Brochier), in *Magazine Littéraire* (149) 1979.

Jaussen, Antonin, *Coutumes des Arabes au pays de Moab*, Paris 1948.

- u. Savignac, Mission archéologique en Arabie, Supplement zu Bd. II: *Coutumes des Fuqarâ*, Paris 1914 (erschien. 1920).

Jirku, A., *Altorientalischer Kommentar zum Alten Testament*, Leipzig 1923.

Jodl, F., s. Feuerbach, L.

Jomier, J., *Le Commentaire Coranique du Mânar. Tendences modernes de l'exégèse coranique en Egypte*, Paris 1954.

Jordanova, L.J. (Hrsg.), *Languages of Nature. Critical essays on science and literature*, Rutgers University Press, New Brunswick, New Jersey 1986.

Jorgensen, J.G., *The Sun Dance Religion. Power for the Powerless*, Chicago, London 1972.

Kafka, F., *Die Verwandlung*, in: P. Raabe (Hrsg.), *Sämtliche Erzählungen*, Frankfurt/M. 1971.

Kaschnitz, M.L., s. Bachmann I.

Kamran, G., *Ana al-Haqq Reconsidered*, Lahore (islam.) 1398.

Kazimirski, A. de Biberstein, *Dictionnaire Arabe - Français*, neue Ed., 2 Bde, Paris 1960.

Keen, B., s. Comstock, W.R.

Kepel, G., *Le Prophète et Pharaon. Les mouvements islamistes dans l'Égypte contemporaine*, Paris 1984.

Key, K. Burhanudin Wahid, *Konsepsi pembudayaan manusia dalam Islam* (Kulturkonzept des Menschen im Islam), Jakarta 1978.

Khan, Inamullah, *Islam in the Contemporary World*, in: Malik, Ch. (Hrsg.), *God and Man in Contemporary Islamic Thought*, Beirut 1972.

Khoury, A.-Th., *Polémique Byzantine contre l'Islam (VIIIᵉ-XIIIᵉs.)*, Leiden ²1972.

- *Toleranz im Islam*, München 1980.

- *Muslime und Nicht-Muslime. Grundlehren des Islam zur Toleranz*, in: *Theologische Quartalschrift (161)* 1981.

Kluckhohn, C., s. Kroeber.

Koch, K., *Die Profeten, 2 Bde.*, Stuttgart, Berlin, Köln, Mainz 1978 u. 1980.

Koestler, A., s. Crehan, J.

Koktanek, A.M., s. Bladel, L. van.

Kornrumpf, H.-J., *Untersuchungen zum Bild ᶜAlīs und des frühen Islams bei den Schiiten (nach dem Nahǧ al-Balâǧa des Sarîf ar-Radî)*, in: *Der Islam* 45, 1969.

Kramer, F. u. Sigrist, Chr. (Hrsg.), *Gesellschaften ohne Staat, II: Genealogie und Solidarität*, Frankfurt/M. 1978.

Kramer, S.N., *Sumerian Mythology*, Philadelphia ²1972.

Kranz, W., *Geschichte der griechischen Literatur*, Leipzig 1949.

Krappe, A.H., *La genèse des mythes*, Paris 1952.

Kraus, H.-J., *Art. Auferstehung*, in: *RGG I*.

Kroeber, A.L. u. Kluckhohn, C., *Culture. A critical review of concepts an definitions*, New York 1952.

Krohn, W. (Hrsg.), *Die sozialen Ursprünge der neuzeitlichen Wissenschaft*, Frankfurt/M. 1976.

Krüger, G., *Religiöse und profane Welterfahrung*, Frankfurt/M. 1973.

Krüger, H.-J. *Theologie und Aufklärung. Untersuchungen zu ihrer Vermittlung beim jungen Hegel*, Stuttgart 1966.

Lambton, A.K.S., *Islamic Political Thought*, in: Schacht, J., Bosworth, C.E.

Lammens, Henri, *L'Arabie occidentale avant l'Hégire*, Beirut 1928.

Lanczkowski, G., *Einführung in die Religionswissenschaft*, Darmstadt 1980.

Lane, E.W., *An Arabic-English-Lexicon, I.*, 4, Beirut 1968.

Lang, B., *Jahwe allein! Ursprung und Gestalt des biblischen Monotheismus*, in: *Concilium* (21) 1985.

Laoust, H., *Les schismes dans l'Islam. Introduction à une étude de la religion musulmane*, Paris 1965.

Lawrence, P., *Die Cargo-Bewegung im südlichen Madang-Distrikt von Neuguinea*, in: *Köner Zeitschrift für Soziologie und Sozialpsychologie*, (13) 1969.

Lawton jr., P.N., *A difficult Freedom: Levinas' Judaism*, in: *Tijdschrift voor Filosofie* 37, 1975.

Lefort, G., s. Girard, R.

L'élaboration de l'Islam, s. Gabrieli, F.

Leeuw, G. van der, *La Religion dans son essence et ses manifestations*, Paris 1955.

Lehmann, K., *Auferweckt am dritten Tag nach der Schrift*, Freiburg, Basel, Wien 1968 (QD 38).

Levenson, J.R., *"History" and "Value": the tensions of intellectual choice in modern China*, in: A.F. Wright (Hrsg.), *Studies in Chinese Thought*, Chicago 1953 (Midway reprint 1976).

Lévi-Strauss, Claude, *Les structures élémentaires de la parenté*, Paris 1949.

- *Anthropologie structurale*, Paris 1958.

- *La pensée sauvage*, Paris 1962.

- *Le Totémisme aujourd'hui*, Paris 1962.

Levinas, E., s. Lawton jr., P.N.

Levtzion, N., *Conversion to Islam: some notes towards a comparative study*, in: Etudes Arabes et Islamiques 3, 1975.

Lévy, Bernard-Henri, *Le Testament de Dieu*, Paris 1979.

- Le roc monothéisme (Gespräch mit J.J. Brochier), in *Magazine Littéraire* (149) 1979.
Linton, R., *Nativistic Movements*, in: *American Anthropologist*, 45, 1943.
Littmann, Enno, Safaïtic Inscriptions, in *Syria, Publications of the Princeton University Archeological Expeditions to Syria in 1904-5 and 1909;* Division IV, Semitic Inscriptions, Leiden 1943.
Lohse, E., *Art. Auferstehung*, in: *RGG I.*
Lortz, J. *Geschichte der Kirche in ideengeschichtlicher Betrachtung, Bd. I,* Münster 1962.
Lüders, M., *Für eine Kritik der islamischen Vernunft. Ein Gespräch mit Mohammed Arkoun,* in: *Die Zeit, Nr. 29, 10. Juli 1987.*
Ludwig, E., *Chalcedon and its Aftermath: three unresolved crises,* in: *Laurentianum* 27, 1986.

Macdonald, D.B., Art. *Djinn,* in *E.I., II.* (nouv. éd.), (in Kollab. mit H. Massé).
Madjid, N., *Islam dan Sempalan Ekstrem,* in: Tempo, 27. Okt. 1984.
Majrouh, S.B., *Sairu l-ʿIbad ila l-Maʿad de Sanai de Ghazna,* Übers. u. Komm., Ministry of Information and Culture, Historical Society of Afghanistan, oct. 1977 (= An extract from 'Afghanistan Magazine').
Malik, Ch., s. Ess, J. v.
Malinowski, B., *Argonauten des westlichen Pazifik,* Frankfurt/M. 1979.
Mann, Thomas, *Das Gesetz,* in: *Die Erzählungen,* Frankfurt/M. 1986.
Markus, R.A., *Time and Contingency in St. Augustine,* in: *Augustine. A collection of critical essays,* New York 1972.
Marquard, O., *Apologie des Zufälligen, Philosophische Studien,* Stuttgart 1986.
Massignon, L., *La Passion d'Al-Hosayn-ibn-Mansour al-Hallaj, martyr mystique de l'Islam, I-II,* Paris 1922.
- *Recueil des textes inédits concernant l'histoire de la Mystique en pays d'Islam,* Paris 1929.
- *Essai sur les origines du Lexique technique de la mystique musulmane,* Paris 1922, ²1954.
- *Le dîwân d'al-Hallâǧ,* Paris 1931 = *Hoseïn Mansûr Hallâj. Dîwân,* Übers. u. Komm., Cahiers du Sud, 1955.
- *Akhbâr al-Hallâj. Recueil d'oraisons et d'exhortations du martyr mystique de l'Islam Husayn Ibn Mansûr Hallâj, mis en ordre vers 360/971 chez Nasrâbâdhi et deux fois remanié;* Veröff., Komm. u. Übstzg. L. Massignon u. P. Kraus, Paris ³1957.
- Art. *Taṣawwuf,* in *E.I.,* 1. Ed.
May, G., *Schöpfung aus dem Nichts. Die Entstehung der Lehre von der creatio ex nihilo,* Berlin, New York 1978.
Mayr, F.K., *"Genos" und Geschlecht. Zum Problem der Metaphysik,* in: *Tijdschrift voor Filosofie,* 29, 1967.

- *Philosophische Hermeneutik und Deutsche Sprache*, in: *Tijdschrift voor Filosofie*, 48, 1968.
- *"Ludwig Wittgenstein und das Problem einer philosophischen Anthropologie"*, in: *Tijdschrift voor Filosofie* 32, 1970.

McAuliffe, J.D., *The Wines of Earth and Paradise: Qur'anic Proscriptions and Promises*, in: R.M. Savory, D.A. Agius.

McLuhan, M., *The Gutenberg Galaxy. The Making of typographic Man*, Toronto 1962.
- *Understanding Media. The Extensions of Man*, New York, Toronto, London 1964.

Mc Neil, M., *The Scientific Muse: The Poetry of Erasmus Darwin*, in: Jordanova, L.J.

Medicus F., s. Fichte J.G.

Merklein, H., *Die Gottesherrschaft als Handlungsprinzip. Untersuchung zur Ethik Jesu*, Würzburg 1978.

Metraux, S.A., *Religions et magies indiennes*, Paris 1967.

Middleton, J., s. Elkin, A.P.

Moenawar Cholil, H., *Al-Qur'an sebagai Mu^{c}djizat Nabi jang terbesar dan Peristiwa 17 Ramadhan*, Veröffentlichung des Religionsministeriums, Yogjakarta s.d.

Momaday, N.S., *Native American Attitudes to the Environment*, in: Capps, W.H.

Montinari, M., s. Nietzsche, F., *Nietzsche lesen*, Berlin, New York 1982.

Mooren, Thomas, *Paternité et Généalogie dans la pensée religieuse de l'ancien Proche-Orient. Le discours monothéiste du Prophète Mahomet face à l'Arabie préislamique, Ugarit, Israël et le christianisme*. Thèse du Doctorat en Théologie, Institut Catholique de Paris, Paris 1979; (maschinenschriftlich).
- *Parenté et Religion Arabe préislamique*, Koblenz 1979.
- *Le Kitâb al-Açnâm de Ibn al-Kalbî*. Essai d'une traduction partielle, Koblenz 1979.
- *Islam und Christentum im Horizont der anthropologischen Wirklichkeit*, in *Zeitschrift für Missionswissenschaft und Religionswissenschaft*, 64, 1980.
- *Monothéisme coranique et anthropologie*, in: *Anthropos* 76, 1981.
- *Abstammung und Heiliges Buch. Zur Frage der semantischen Bedeutsamkeit anthropologischer Strukturen im Alten Vorderen Orient im Hinblick auf den koranischen Monotheismus*, in: *Zeitschrift für Missionswissenschaft und Religionswissenschaft*, 65, 1981.
- *Pengantar Agama Islam, I. Islam. Pencaharian Identitas Orang Arab* (Einführung in den Islam, I. Islam. Die Suche nach einer arabischen Identität), Pematang Siantar 1981.
- *Pengantar Agama Islam II. Sejarah Agama Islam di Indonesia*, Parapat 1982 (Manuskript Sekolah Tinggi Filsafat).

- *Einige Hinweise zum apologetischen Schrifttum des Islam in Indonesien,* in: *Zeitschrift für Missionswissenschaft und Religionswissenschaft,* 66, 1982.
- *Beobachtungen zum Islam in Indonesien,* in: *Zeitschrift für Missionswissenschaft und Religionswissenschaft,* 66, 1982.
- *Mythos, Monotheismus und Spekulation. Zur Rolle der Vernunft angesichts göttlicher Macht unter besonderer Berücksichtigung des Islam,* in: *Theologie und Philosophie,* 57, 1982.
- *Auszug aus der Zeit in Kunst und Religion. Gedanken im Anschluß an Marina Scriabine,* in: *Wissenschaft und Weisheit,* 46, 1983.
- *Macht und Abstraktion. Sprache und Wahrnehmung vor dem Hintergrund radikal-monotheistischer Theologie,* in: *Theologie und Philosophie,* 59, 1984.
- *Die Provokation des Gesetzes und der Eine Gott bei dem islamischen Mystiker Ḥusayn b. Manṣûr al-Ḥallâj und bei Jesus von Nazareth,* in: *Theologie und Philosophie* 61, 1986.
- *Der Islam in theologischer, anthropologischer und philosophischer Sicht,* in: *Franziskanische Studien* 68, 1986.
- *La présence des Frères Mineurs Capucins parmi les Musulmans,* in: *Franziskanische Studien* 68, 1986.
- *Dei proles, genitrixque rerum: Natur und Naturgesetze im Umfeld monotheistischen Denkens und der neuzeitlichen Monotheismuskritik,* in: *Theologie und Philosophie* 62, 1987.
- *"Kein Zwang in der Religion!" Zum Verständnis von Sure 2,256 mit einem Beispiel aus einem indonesischen Korankommentar,* in: *Zeitschrift für Missionswissenschaft und Religionswissenschaft* 72, 1988.
- *Muslimische und christliche Spiritualität: Zwei Weisen des Handelns und In-der-Welt-Seins.* in: *Wissenschaft und Weisheit* 52, 1989.
- *Hermeneutische Strategien im gegenwärtigen Islam,* in: *Zeitschrift für Missionswissenschaft und Religionswissenschaft* 73, 1989.
- Rezension von: Lanczkowski, G., *Einführung...,* in: *Wissenschaft und Weisheit* 43, 1980.

Morenz, S., *La religion égyptienne,* Paris 1962.

Moubarac, Youakim, *Abraham dans le Coran. L'histoire d'Abraham dans le Coran et la naissance de l'Islam,* Paris 1958.

Mulisch, H., *Das Licht,* in: *Lettre International,* 11, 1990.

Müller, W., *Indianische Welterfahrung,* Frankfurt/M., Berlin, Wien 1981.

Müller-Lauter, W., *Welt als Wille zur Macht. Ein Beitrag zum Verständnis von Nietzsches Philosophie,* in: *Tijdschrift voor Filosofie* 36, 1974.

Musil, Alois, *The Manners and Customs of the Rwala Bedouins,* New York 1928.

Nader, A.N., *Le système philosophique des Muʿtazila.* (Premiers penseurs de l'Islam), Beirut 1956.

Nagel, T., *Frühe Ismailiya und Fatimiden im Lichte der Risâlat Iftitâh ad-Daʿwa. Eine religionsgeschichtliche Studie*, Bonn 1972.

Nasr, S.H., *Die islamische Sicht des Christentums*, in: *Concilium* 22, 1986.

Nasution, H., *Der islamische Staat - ein indonesisches Konzept*, in: R. Italiaander, *Indonesiens verantwortliche Gesellschaft*, Erlangen 1967.

Natsir, Ismed, *Yang Muda yang Beragama* (Jugend und Religion), in: *Prisma*, 5, 1978.

Naufal, Abdul Razak, *Al Quran dan masyarakat modern* (Der Koran und die moderne Gesellschaft"), Jakarta 1978.

Naughton, J., *Adin Steinsaltz's 25-Year Quest to Translate the Talmud*, D2, col. 5/6 in: *The Washington Post*, 27. April 1988.

Needham, J., *Wissenschaftlicher Universalismus. Über Bedeutung und Besonderheit der chinesischen Wissenschaft*, Frankfurt/M. 1979.

Neumann, W., *Der Mensch und sein Doppelgänger. Alter Ego-Vorstellungen in Mesoamerika und im Sufismus des Ibn ʿArabi*, Wiesbaden 1981.

Nicholson, R.A., *The Idea of Personality in Sufism*, Nachdruck: Lahore 1970.

Niebuhr, A.R., *Radical Monotheism and Western Culture*, New York 1960.
- *Rumi. Poet and Mystic*, Übstzg., Einf. u. Komm., London 1978.

Nielsen, Ditlef, *Handbuch der altarabischen Altertumskunde*. I. Bd.: *Die altarabische Kultur*, Paris, Kopenhagen und Leipzig 1927.

Nietzsche, F., *Sämtliche Werke*. Kritische Studienausgabe in 15 Bänden. G. Colli u. M. Montinari (Hrsg.), München, Berlin, New York 1967-1977 (= KSA);
- *Die Fröhliche Wissenschaft* (Goldmann Bd. 569/70); s. Colli, G.; s. Gilman, S.L.; s. Gustafsson, L.; s. Montinari; s. Müller-Lauter, W.; s. Stern, J.P.

Nishitani, K., *Was ist Religion?*, Frankfurt/M. 1982.
- s. Fischer-Barnicol, H.

Noica, C., *Réflexions d'un Paysan du Danube über Paul Feyerabend oder Ama et fac quod vis*, in: H.P. Duerr (Hrsg.), *Der Wissenschaftler und das Irrationale*, II.

Nöldeke, Th., *Geschichte des Qorans*, Göttingen 1860, 2. Ed. Fr. Schwally, 2 Bd., Leipzig 1909-19.

Noth, Martin, Die israelitischen Personennamen im Rahmen der gemeinsemitischen Namengebung, in *Beiträge zur Wissenschaft vom Alten und Neuen Testament*, Heft 46, Stuttgart 1930.

Oelmüller, W., *Die unbefriedigte Aufklärung*. Beiträge zu einer Theorie der Moderne von Lessing, Kant und Hegel, Frankfurt/M. 1969.

Onck, A. van, *Islam. De kracht die de Wereld der Moslims beweegt*, (Ort und Erscheinungsjahr unbekannt).

Opelt, I., *Griechische Philosophie bei den Arabern*, München 1970.

Oppitz, M., *Schamanen, Hexen, Ethnographen*, in: H.P. Duerr (Hrsg.), *Der Wissenschaftler und das Irrationale, I.*

Orbe, A., *San Ireneo y la creación de la materia*, in: *Gregorianum 59*, 1978.

Ougour(ian,) M., s. Girard, R.

Oxtoby, Willard G., *Some Inscriptions of the Safaitic Bedouins*, New Haven 1968.

Paikada, M., *Characteristics of an Indian Liberation Theology as an Authentic Christian Theology. A Study Based on the Analysis of the Indian Situation and the Documents of the CBCI and the FABC*, Inaugural Dissertation in Theologie, Münster 1988.

Pandji Islam 28, 15.7.1940, in: W. Wawer, *Muslime und Christen in der Republik Indonesia*, Wiesbaden 1974.

Pareja, F.M. u.a. *Islamologie*, Beirut 1957-1963.

Paret, Rudi, *Sure 2,256: lâ ikrâha fî d-dîni. Toleranz oder Resignation?*, in: *Der Islam 45*, 1969.

- *Toleranz und Intoleranz im Islam*, in: *Saeculum* (21) 1970.

- *Der Koran. Kommentar und Konkordanz*, Stuttgart, Berlin, Köln, Mainz 1971.

- *Mohammed und der Koran*, Stuttgart, Berlin, Köln, Mainz ³1972.

Paus, A., s. Scheele, P.-W.

Pesch, R., *Voraussetzungen und Anfänge der urchristlichen Mission*, in: N. Brox u.a., *Mission im Neuen Testament*, Freiburg 1982.

Petri, H., *Kult-Totemismus in Australien*, in: Schmitz, C.A., Religionsethnologie.

Pilkington, A.E., *'Nature' as Ethical Norm in the Enlightenment*, in: Jordanova, L.J.

Platens, A.V., *Sejarah Filsafat Barat* ("Geschichte der westlichen Philosophie"). KPPK Balai Pendidikan Guru, Bandung s.d.

Platon, oeuvres complètes, IV, 1, Text u. Übstzg.: L. Robin, Paris 1941.

- *oeuvres complètes, VI*, Text u. Übstzg. E. Chambry, Paris 1943.

Plessner, M., Vernet, J., Wright, O., *Kap. "Science"*, in: Schacht, J., Bosworth, C.E.

Plitt, G.L., *Aus Schellings Leben in Briefen, I-III*, Leipzig 1869/70.

Pritchard, J.B., S. ANET.

Raabe, P., s. Kafka, F.

Rad, G. v., *Die Botschaft der Propheten*, München 1957/1960.

- *Theologie des Alten Testamentes, II*, 2 Bde. München 1962.

Raeder, S., *Toleranz und göttliche Sendung in islamischer und christlicher Sicht*, in: W. Höpfer (Hrsg.), *Christentum und Islam*, Heft 6: *Toleranz und Absolutheitsanspruch*, Breklum 1975.

Rahner, K., *Sendung und Gnade. Beiträge zur Pastoraltheologie*, Innsbruck, Wien, München 1961 (engl.: The Christian Commitment, Essays in Pastoral Theology, New York 1963).

- *Grundkurs des Glaubens. Einführung in den Begriff des Christentums*, Freiburg, Basel, Wien 1984.

Rajewsky, Chr., *Der gerechte Krieg im Islam*, in: R. Steinweg (Red.), *Der gerechte Krieg: Christentum, Islam, Marxismus*, Frankfurt/M. 1980.

Rathmann L. u.a., *Geschichte der Araber. Von den Anfängen bis zur Gegenwart*, Berlin 1975.

Rauf, A., *Renaissance of Islamic Culture and Civilization in Pakistan* (unveröffentl. Manuskript 1964), zit. n. Grunebaum, G.E. v.

Ray, R., *Yoga-Typologie und die Frage des Buddhismus bei Eliade*, in: H.P. Duerr (Hrsg.), *Sehnsucht nach dem Ursprung. Zu Mircea Eliade*, Frankfurt/M. 1983.

Read, H., *I simboli dell'Ignoto*, Bari 1977 (ital. Überstzg. von: "Icon and Idea", Harvard University Press 1965.

Reicke Bo, *Paulus über das Gesetz*, in: *ThZ* 41, 1985.

Répertoire d'Epigraphie Sémitique, publié par la Commission du *Corpus Inscriptionum Semiticarum*, Bd. I, Paris 1900-1905.

Ricoeur, Paul, *La paternité: du fantasme au symbole;* in *L'Analyse du Langage Théologique. Le Nom de Dieu*. Actes du Colloque de Rome, 5-11 Janv. 1969; dir. E. Castelli, Paris 1969.

Ridington, R. u. T., *Das Innere Gesicht von Schamanismus und Totemismus*, in: Tedlock, D. u. B.

Rodinson, Maxime, *Mahomet*, Paris 1961.

- *Islam und Kapitalismus*, Frankfurt/M. 1971 (Übers. von: *Islam et Capitalisme*, Paris 1966).

Roheim, G., *Australian Totemism*, London, Plymouth 1971.

Rosenbaum, H., s. Elias, N.

Roux, J.-P., *L'Islam en Occident. Europe - Afrique*, Paris 1959.

Rudolph, K., *Neue Wege der Qoranforschung?*, in: *Theologische Literaturzeitung* (105) 1980.

Ruggieri, G., *Gott und Macht: Hat der Monotheismus eine politische Funktion?*, in: *Concilium* (21) 1985.

Ryan, *Die Bedeutung der Revitalisationsbewegungen für den sozialen Wandel in den Entwicklungsländern*, in: *Kölner Zeitschrift für Soziologie und Sozialpsychologie*, (13) 1969.

Sabanegh, E.S., *Muhammad b. ʿAbdallâh "Le Prophète"; portraits contemporains, Egypte 1930-1950. Jalons pour une histoire de la pensée islamique moderne*, Paris, Rom 1981.

Sahlins, Marshall, *Âge de pierre, âge d'abondance. L'economie des sociétés primitives*, Paris 1972.

Said, E., *Orientalism*, Cambridge 1978 (dt.: Orientalismus), Frankfurt/M., Berlin, Wien 1981.

- *Lovering Islam*, New York 1981.

Salamatian, A., *L'Imam Khomeiny se retourne contre les conservateurs*, in: *Le Monde Diplomatique*, 14. 6. *1988*.

Sala-Molins, Louis, *Lulle. L'Arbre de Philosophie d'Amour, le livre de l'Ami et de l'Aimé et choix des textes philosophiques et mystiques;* Einltg., Trad. und Anm.; Paris 1967.

Savignac, s. Jaussen.

Savory, R.M., s. Adams, Ch.J.

Schacht, J., *An Introduction to Islamic Law*, Oxford 1964.

- *Islamic religious Law*, in: Schacht, J., Bosworth, C.E. (Hrsg.), *The Legacy of Islam*, Oxford, ²1974.

Scheele, P.-W., *Universaler Geltungsanspruch des Christentums*, in: A. Paus (Hrsg.), *Jesus Christus und die Religionen*, Graz, Wien, Köln, Kevelaer 1980.

Schelling, F.W.J., Werke Stuttgart 1856ff, K.F.A. Schelling (Hrsg.).

Schimmel, A., *al-Halladsch, Märtyprer der Gottesliebe: Leben und Legenden*, Übstzg. u. Komm., Köln 1968.

- *Sufi Literature*, New York, Afghanistan Council of the Asian Society 1975.

- *Pain and grace: a study of two mystical writers of eighteen century Muslim India*, Leiden 1976.

- *From Sinai to Maulana and Iqbal*, Kabul 1977.

- *Rumi: ich bin Wind und du bist Feuer: Leben und Werk des Großen Mystikers*, Düsseldorf, Köln 1978.

- *Mystische Dimensionen des Islam. Die Geschichte des Sufismus*, Köln 1985 (engl.: Mystical Dimensions of Islam, Chapel Hill NC 1975).

- *Gedankensplitter einer Islamistin*, in: H.P. Duerr (Hrsg.).

Schimmel, A. u.a. in: *Abdullah Ansari and other Sufis of Afghanistan, Afghanistan Journal (special issue), published on the occasion of the Millenium of Abdullah Ansari of Herat*, Ministry of Information and culture, Historical Society of Afghanistan, april 1976.

Schmidt, P.W., *Origine et Evolution de la Religion. Les Théories et les Faits*, Paris 1931.

Schmied-Korwarzik, W., *Das spekulative Wissen oder die Ekstasis des Denkens. Eine Verteidigung der Philosophie als Potenz ihrer Überwindung*, in: H.P. Duerr (Hrsg.), *Der Wissenschaftler und das Irrationale, I.*

Schmiede, A. Achmed, *Jungmuslime kommen zu Wort*, in: Denffer, A. v.

Schmitt, F.S. (Hrsg.), s. Blumenberg, H.

Schmitz, C.A. (Hrsg.), *Kultur*, Frankfurt/M. 1963 und *Religionsethnologie*, Frankfurt/M. 1964.

Scholem, G., *Über einige Grundbegriffe des Judentums*, Frankfurt/M. 1970.

Schöpfer, H., *Gibt es für Lateinamerika einen "Dritten Weg?" Bemerkungen zur gesellschaftspolitischen Grundsatzdiskussion in der lateinamerikanischen Theologie*, in: Zeitschrift für Missionswissenschaft und Religionswissenschaft 65, 1981.

Schramm, M., *Natur ohne Sinn? Das Ende des teleologischen Weltbildes*, Graz, Wien, Köln 1985.

Schröter, M., *Kritische Studien. Über Schelling und zur Kulturphilosophie*, München 1971.

Schulz, S., *Der frühe und der späte Paulus. Überlegungen zur Entwicklung seiner Theologie und Ethik*, in: Theologische Zeitschrift 41, 1985.

Schulz, W., *Die Vollendung des deutschen Idealismus in der Spätphilosophie Schellings*, Stuttgart 1955.

Scriabine, Marina, *Expérience et communication dans la création*, im Sammelband *"Au carrefour de Thèbes"*, Paris ²1977.

Seale,, M.S., *La sociedad islamica*, in: Grehan, J.

Seferta, Y.H.R., *The Prophethood of Muḥammad in the Writings of Muḥammad ʿAbdu and Rashîd Irḍâ*, in: Hamdard Islamicus, 8, 1985.

Sekaquaptewa, E., *Hopi Indian Ceremonies*, in: Capps, W.H.

Sepúlveda, Juan Gines de, s. Bitterli, U.

Shah, Idries, *Die Sufis. Botschaft der Derwische, Weisheit der Magier*, Düsseldorf, Köln 1964.

Shuttleworth, S., *Fairy Tale or Science? Physiological Psychology in Silas Marner*, in: Jordanova, L.J.

Sieben, H.-J., Rezension von: May, G., *Schöpfung aus dem Nichts...*, in: Theologie und Philosopohie 54, 1979.

Siikala, J., *Cult and Conflict in Tropical Polynesia. A study of Traditional Religion, Christianity and Nativistic Movements*, Helsinki 1982.

Silverman, H.J., *The Self in Hussel's 'Crisis'*, in: Journal of the British Society for Phenomenology 7, 1976.

Simmen, J., *Kunst-Ideal oder Augenschein. Ein Versuch zu Hegels Ästhetik*, Berlin 1980.

Sløk, J., Art. *Mythos, begrifflich und religionsgeschichtlich*, in: RGG IV.

Smith, P., s. Izard, M.

Snell, B., *Die alten Griechen und wir*, Göttingen 1962.

Southern, R.W., *Das Islambild des Mittelalters*, Stuttgart, Berlin, Köln, Mainz 1981 (dt. Übstzg. v. *Western Views of Islam in the Middle Ages*, Cambridge 1962).

Spae, J.J., Kultur und Religion. Zur Erneuerung der Missiologie, in *"... denn ich bin bei euch". Perspektiven im christlichen Missionsbewußtsein heute*, in: H. Waldenfels (Hrsg.), Zürich, Einsiedeln, Köln 1979.

Splett, J., *"Macht euch die Erde untertan"? Zur ethisch-religiösen Begrenzung technischen Zugriffs*, in: Theologie und Philosophie 57, 1982.

Srour, H., *Die Staats- und Gesellschaftstheorie bei Sayyid Ğamâladdîn "Al Afghâni" als Beitrag zur Reform der islamischen Gesellschaften in der zweiten Hälfte des 19. Jahrhunderts*, Freiburg 1977.

Starcky, Jean, Petra et la Nabatène in *Dictionnaire de la Bible. Supplément*, Bd. VII, Paris 1966.

Stephenson, G., *Die Musikalische "Darstellung" des Todes als religiöses Phänomen*, in: G. Stephenson (Hrsg.), *Leben und Tod in den Religionen. Symbol und Wirklichkeit*, Darmstadt 1980.

Stern, J.P., *Nietzsche. Die Moralität der äußersten Anstrengung*, Köln-Lövenich 1982.

Stern, S.M., *Ismâ'îlîs and Qarmatians*, in: *L'Elaboration de l'Islam*.

Stöhr, W., *Die altindonesischen Religionen*, in: *Hb. d. Orientalistik, III. Abt. II, 3*, Leiden, Köln 1976.

Strehlow, T.G.H., *Aranda Traditions*, Melbourne 1947.

Ströker, E. (Hrsg.), *Lebenswelt und Wissenschaft in der Philosophie Edmund Husserls*, Frankfurt/M. 1979.

Studer, Basil, *Zur Theophanie-Exegese Augustins*, in *Studia Anselmiana*, 59, Rom 1971.

Sweet, L.E., *Camel Pastoralism in North Arabia and the Minimal Camping Unit*, in: A.P. Vayda, *Environment and cultural Behavior Ecological Studies in Cultural Anthropology*, New York 1969.

Syamsu, Nazwar, *Perbandingan Agama (Al Qur'an dan Bible*, ("Religionsvergleich [Koran und Bibel]", Jakarta 1977.

Talbi, M., *Islam et Occident au-delà des affrontements, des ambiguités et des complexes*, in: *Islamochristiana 7*, 1981.

Tallqvist, K., *Akkadische Götterepitheta*, Helsingfors 1938.

Tapiéro, E., *Le Dogme et les Rites de l'Islam. Par les textes*, Paris 1971 (franz. Übstzg M. Borrmans, *Le Dogme...*, Rom, PISAI, s.d.).

Tedlock, D. u. B., s. Hallowell, A.I.

Thomas von Aquin, *Gott und seine Schöpfung*, Texte, Überstzg., P. Engelhardt, D. Eickelschulte, Freiburg, Basel, Wien 1963.

Tibi, B., *Der Islam und das Problem der kulturellen Bewältigung sozialen Wandels*, Frankfurt/M. 1985.

Tillich, P., *Die religionsgeschichtliche Konstruktion in Schellings positiver Philosophie*, Breslau 1910.

- *Systematische Theologie, Bd. I*, Stuttgart 1956.

- *Le christianisme et les religions, précédé des réflexions autobiographiques*, Paris 1968 (engl.: Autobiographical Reflections, New York 1952 u. Christianity and the Encounter of the World Religions = Bampton Lectures 1961).

Timm, H., *Fallhöhe des Geistes. Das religiöse Denken des jungen Hegel*, Frankfurt/M. 1979.

Toynbee, A., s. Crehan, J.

Trevor-Roper, H.R., *De la Réforme aux Lumières*, Paris 1972 (franz. Übstzg. von: Religion, Reformation and Social Change).
Trigano, Shmuel, Le Dieu vivant n'a pas de testament, in *Le Monde*, 24. 5. 1979.
Trümpy, H. (Hrsg.), *Kontinuität - Diskontinuität in den Geisteswissenschaften*, Darmstadt 1973.
Tylor, E.B., *Die Culturwissenschaft*, in: Schmitz, C.A. (Hrsg.).

Ülken, H.Z., *Infiltrations des religions païnnes dans les moeurs et les coutumes Anatoliennes*, in: *Traditions religieuses et para-religieuses des peuples Altaïques, Communications présentées au XIIIe Congrès de la "Permanent International Altaistic Conference"*, Strasbourg 25-30 Juni 1970, Paris 1972.

Vaucelles, Louis de, Rezension von *Dieu différent* (Chr. Duquoc); in *Études* 348, 1978.
Vayda, A.P., s. Sweet, L.E.
Vernet, J., s. Plessner, M.
Virgilio, R. di, *Dall' epos al romanzo. Introduzione alla narrative greca antica*, Bari 1978.
Voll, J.O., *Revivalism and Social Transformations in Islamic History*, in: *The Muslim World*, 76, 1986.
Volz, P., *Die Eschatologie der jüdischen Gemeinde im neutestamentlichen Zeitalter*, Tübingen 1934.
- *Prophetengestalten des Alten Testaments. Sendung und Botschaft der alttestamentlichen Gotteszeugen*, Stuttgart 1938.

Waardenburg, J., *"Leben verlieren" oder "Leben gewinnen" als Alternative in prophetischen Religionen*, in: Stephenson, G.
Wagner, *Les Sectes en Afrique du Sud*, in: *Devant les Sectes non-chrétiennes. Rapports et Compte Rendu le da XXXIe Semaine de Missiologie*, Louvain 1961, *Museum Lessianum-Section Missiologique*.
Walker, J.R., *Die Metaphysik der Oglala*, in: Tedlock, D. u. B.
Waldenfels, H., s. Spae, J.J.
Walzer, R., *L'Éveil de la Philosophie Islamique*, Paris 1971 = Extrait: *Revue des études islamiques*, (1970).
Wansbrough, J., *Quranic Studies. Sources and Methods of Scriptural Interpretation*, London 1977.
Watt, W. Montgomery, *Mahomet à la Mecque*, Paris 1958 (franz. Übstzg. von *Muhammad at Mecca*, Oxford 1953).
- *Mahomet à Médine*, Paris 1959 (franz. Übstzg. von *Muhammad at Medina*, Oxford 1956).
Wawer, W., *Muslime und Christen in der Republik Indonesien*, Wiesbaden 1974.

Weipert, *Zur Syrienpolitik Tiglathpilesers III*, in *Mesopotamien und seine Nachbarn. Politische und kulturelle Wechselbeziehungen im Alten Vorderasien vom 4. bis 1. Jahrtausend v. Chr.*, (XXV. Rencontre Assyriologique Internationale, Berlin 3.-7. Juli 1978), H.-J. Nissen u. J. Renger (Hrsg.), Bd. II, Berlin 1982.

Wellhausen, Julius, *Reste arabischen Heidentums*, Berlin ³1961.

Wensinck, A.J., *La pensée de Ghazzâlî*, Paris 1940.

Widengren, G., *Die Religionen Irans*, Stuttgart 1965 (Die Religionen der Menschheit, Bd. XIV).

Wiederkehr, Dietrich, Jesus Christus als Erfüllung der Religionen, in: Paus, A.

Wielandt, R., *Offenbarung und Geschichte im Denken moderner Muslime,* Wiesbaden 1971.

Wilckens, U., *Zur Entwicklung des paulinischen Gesetzesverständnisses*, in: *New Testament Studies* 28, 1982.

Wild, Chr., *Reflexion und Erfahrung. Eine Interpretation der Früh- und Spätphilosophie Schellings*, Freiburg, München 1968.

Williams, J.A. (Hrsg.), *Themes of Islamic Civilization*, Berkeley, Los Angeles, London 1971.

Wilson, Robert R., *Genealogy and History in the Biblical World*, New Haven, London 1977.

Wittgenstein, L., *Schriften (Teilsamml.): "Tractatus Logico-Philosophicus"; Tagebücher 1914-1916; Philosophische Untersuchungen*, Frankfurt/M. 1960 u. *Philosophische Untersuchungen*, Frankfurt/M. 1967.

Wittfogel, K.A., *Die orientalische Despotie. Eine vergleichende Untersuchung totaler Macht*, Frankfurt/M., Berlin, Wien 1977.

Wrigth, A.F., s. Levenson, J.R.

Wright, O., s. Plessner, M.

Wüstenfeld, F., *Geschichte der Arabischen Aerzte und Naturforscher. Nach den Quellen bearbeitet*, Göttingen 1840, Nachdruck: Hildesheim, New York 1978.

- (Hrsg.), *Ibn Hishâm, Sîrat al-nabî*, in *Das Leben Muhammeds nach Muhammed Ibn Ishâk, bearbeitet von Abd al-Malik Ibn Hischam*, Bd. I, Text, Göttingen 1859.

Yasin, M., *A Social History of Islamic India 1605-1748*, New Delhi 1971.

Yayinlari, H., *Der Islam. Geschichte, Religion, Kultur,* Islamisches Zentrum Genf, Paris 1393 H/1973.

Zaehner, R.C., *Mystik. Harmonie und Dissonanz. Die östlichen und westlichen Religionen*, Olten 1980 (Übstzg. von: *Concordant Discord. The interdependence of Faiths*, Oxford 1970).

Zeltner, H., *Das große Welttheater*, in: Koktanek, A.M.

Zilsel, E., *Die Entstehung des Begriffs des wissenschaftlichen Fortschritts*, in: W. Krohn (Hrsg.).

Zimmerli, W., *Das Menschenbild des Alten Testaments*, München 1949 (Theologische Existenz heute, Neue Folge 14).

- *Der Mensch und seine Hoffnung im Alten Testament*, Göttingen 1968.

B. Arabische Quellen

ᶜAbdallâh Imâm, *ᶜAbd al-Nâṣir wa-l-Ikhwân al-Muslimûn*, Kairo 1980.

Abû-l-Suᶜûd al-ᶜIrmâdî, *Tafsîr Abî-l-Suᶜûd*, V. Kairo s. d. Impr. Moh. ᶜAlî Ṣubayḥ.

ᶜAlâ᾽ ad-Dîn al-Baghdâdî, *Lubâb at-taᵓwîl fî maᶜânî at-tanzîl*, VII. Kairo s. d. Impr. Muṣṭafâ Moḥammad.

Âlûsî al-Baghdâdî, *Rûḥ al-maᶜânî fî tafsîr al-kurᵓân al-ᶜazîm*. Kairo 1301 H. Impr. Boulâk.

Azraqî, *Akhbâr Makka wa mâ djâᵓa fîhâ min al-athâr*, Bd. I, neue Ed., Mekka 1352 H., Impr. al-Madjidiyya.

Baghawî, *Maᶜâlim at-tanzîl*, am Rande des *"Lubâb"* von ᶜAlâ᾽ ad-Dîn al-Baghdâdî.

Bukhârî, *Kitâb al Jâmiᶜ aṣ-ṣaḥîḥ*, in A. Fischer, *Arabische Chrestomathie*, Leipzig 1948.

Ibn Djuzayy al-Kalbî, *Kitâb at-tashîl li-ᶜulûm at-tanzîl*, IV. Kairo 1335 H. Impr. Muṣṭafâ Moḥammad.

Ibn Hisham, *Sîrat al-nabî*, Hrsg. Ferdinand Wüstenfeld: *Das Leben Muhammeds nach Muhammed Ibn Ishâk*, bearbeitet von Abd al-Malik Ibn Hischam, Bd. I, *Text*, Göttingen 1859.

Ibn al-Kalbî, *Kitâb al-aṣnâm*, Hrsg. Ahmed Zéki Pacha: *Le Livre des idoles*, Kairo 1914, Impr. Nationale.

Ibn Kathîr, *Tafsîr al-kurᵓân al-ᶜazîm*, IV. Kairo 1937. Impr. Muṣṭafâ Moḥammad.

Kâsimî, *Tafsîr al-Kâsimî*, XVII. Kairo 1960. Impr. al-Ḥalabî.

Nasafî, *Tafsîr al-kurᵓân al-djalîl*, III. Kairo 1962.

Nîsâbûrî, *Tafsîr gharâᵓib al-kurᵓân wa raghâᵓib al-furkân*, am Rande des Tafsîrs von Ṭabarî.

Qutb, Sayyid, Maᶜalim fî-᾽l ṭarîk, Dâr al-Shurûk, Beirut, Kairo 1980.

Shawkânî, *Fath al-kadîr al-djâmi' bayna fannay ar-riwâya wa ad-dirâya min 'ilm at-tafsîr*, V. Kairo ²1965. Impr. al-Halabî.

Sheshdîv, Mânkadîm, *Sharh al-uṣûl al-khamsa* (= Erklärung der Fünf Prinzipien), Hrsg. A.K. 'Uthmân, Kairo 1965.

Tabarî, *Djâmi' al-bayân fî tafsîr al-kur'ân*, XXX. Kairo 1329 H. Impr. Boulâk.

Yahyâ, O., *At-tawhîd wa tahrîr aḍ-ḍamîr al-insâniyy tahta daw' al-islâm* (= Einheit und Befreiung des menschlichen Bewußtseins im Lichte des Islam), in: Malik, Ch. (Hrsg.), *God and Man in Contemporary Islamic Thought*, Beirut 1972.

Zamakhsharî, *Al-Kashshâf*, III. Kairo 1948. Impr. al-Halabî.

Der Autor

Thomas Mooren wurde am 1.11.1947 in Dortmund-Kurl gebo-
ren. Nach dem theologischen Grundstudium spezialisierte er
sich in Theologie der nicht-christlichen Religionen, Orientalistik,
Anthropologie und Malayologie in Paris, Kairo und Köln. 1976
Élève diplômé d'École Pratique des Hautes Études (Sektion
Religionsgeschichte); 1979 theologische Dissertation am Institut
Catholique, Paris. Danach Lehr- und Forschungstätigkeit in
Indonesien, Indien, Rom, Münster, Washington D.C. und
Ottawa. Zur Zeit lehrt er an der St. Pauls Universität, Ottawa,
Dialog mit den nicht-christlichen Religionen, religiöse Anthro-
pologie und Missions-Spiritualität sowie in Trichur (Kerala,
Indien) Islamologie am Calvary-Philosophical College. Thomas
Mooren ist Autor von *Auf der Grenze - die Andersheit Gottes
und die Vielfalt der Religionen* (P. Lang Verlag) sowie (in
Vorbereitung) *Death and dying. Studies in Religious Anthropo-
logy.*

RELIGIONSWISSENSCHAFTLICHE STUDIEN

Herausgegeben von
Adel Th. Khoury, Münster
und
Ludwig Hagemann, Würzburg

1. *A.Th. Khoury,* Apologétique byzantine contre l'Islam.
    Altenberge 1982, 148 S., DM 24,80.

2. *Maria Boxberg,* Leiden - Ein Grundproblem menschlicher Existenz.
    Altenberge 1981, 153 S., DM 24,-.

3. *Erhard Meier,* Struktur und Wesen der Negation in den mystischen
    Schriften des Johannes vom Kreuz.
    Altenberge 1982, 188 S., DM 38,-.

4. *Ludwig Hagemann,* Christentum und Isläm zwischen Konfrontation
    und Begegnung.
    2. Auflage, Echter Verlag, Würzburg/Telos Verlag, Altenberge 1990,
    160 S., DM 32,-.

5. *Rita Rieplhuber,* Die Stellung der Frau in den neutestamentlichen
    Schriften und im Koran.
    Altenberge 1986, 293 S., DM 49,80.

6. *Karl Prenner,* Muhammad und Musa. Strukturanalytische und
    theologiegeschichtliche Untersuchungen zu den mekkanischen Musa-
    Perikopen des Qur'ân.
    Altenberge 1986, XL+408 S., DM 84,80.

7. *Adel Theodor Khoury/Ludwig Hagemann,* Christentum und Christen im
    Denken zeitgenössischer Muslime.
    Altenberge 1986, 205 S., DM 39,80.

8. *Adel Theodor Khoury,* Toleranz im Islam. 2. Auflage,
    Altenberge 1986, 207 S., DM 29,80.

9. *Jacques Levrat*, Une Expérience de Dialogue. Les centres d'étude chrétiens en monde musulman.
Altenberge 1987, 392 S., DM 69,80.

10. *Wolfgang Heinemann*, Einheit in Verschiedenheit. Das Konzept eines intellektuellen Religionenfriedens in der Schrift "De pace fidei" des Nikolaus von Kues.
Altenberge 1987, 192 S., DM 39,80.

11/1. *Paul Khoury*, Matériaux pour servir à l'étude de la controverse théologique islamo-chrétienne de langue arabe du VIIIe au XIIe siècle.
Echter Verlag, Würzburg/Telos Verlag, Altenberge 1989, IV+407 S., DM 74,80

11/2. *Paul Khoury*, Matériaux pour servir à l'étude de la controverse théologique islamo-chrétienne de langue arabe du VIIIe au XIIe siècle.
Echter Verlag, Würzburg/Oros Verlag, Altenberge 1991, 633 S., DM 99,80

12. *Aydin Zevkliler*, Nichteheliche Lebensgemeinschaft nach deutschem und türkischem Recht, unter besonderer Berücksichtigung der geschichtlichen Entwicklung.
Echter Verlag, Würzburg/Telos Verlag, Altenberge 1989, X+169 S., DM 34,80

13. *Monika Springberg-Hinsen*, Die Zeit vor dem Islam in arabischen Universalgeschichten des 9. bis 12. Jahrhunderts.
Echter Verlag, Würzburg/Telos Verlag, Altenberge 1989, X+169 S., DM 34,80

14. *Ludwig Hagemann/Ernst Pulsfort* (Hg.), "Ihr alle aber seid Brüder". Festschrift für A.Th. Khoury zum 60. Geburtstag.
2. Auflage, Echter Verlag, Würzburg/Telos Verlag, Altenberge 1990, 640 S., gebunden DM 89,80; kartoniert 74,80.

15. *Walter Andreas Euler*, Unitas et Pax. Religionsvergleich bei Raimundus Lullus und Nikolaus von Kues.
Echter Verlag, Würzburg/Telos Verlag, Altenberge 1990, 296 S., DM 43,80.

16. *Klaus-Peter Todt*, Kaiser Johannes VI. Kantakuzenos und der Islam. Politische Realität und theologische Polemik im palaiologenzeitlichen Byzanz.
Echter Verlag, Würzburg / Oros Verlag, Altenberge 1991, LX+705 S., DM 94,80.

17. *Thomas Mooren*, Macht und Einsamkeit Gottes. Dialog mit dem islamischen Radikal-Monotheismus.
Echter Verlag, Würzburg / Oros Verlag, Altenberge 1991, 408 S., DM 59,80.

18. *Ernst Pulsfort*, Indien am Scheideweg zwischen Säkularismus und Fundamentalismus.
Echter Verlag, Würzburg / Oros Verlag, Altenberge 1991, 112 S., DM 19,80.